井上雅二と秀の青春

一八九四―一九〇三 明治時代のアジア主義と女子教育―

藤谷浩悦
Fujiya Koetsu

集広舎

本書を両親に捧げる

目次

凡例

一　年月日は原則として西暦で記し、必要と認められる場合に限り、「西暦」の文字を付した。また、旧暦を用いる場合は、「旧暦」の語を付した。

二　日本の外務省文書や新聞記事、日記、書簡などを引用する場合は、読みやすいように、漢字を一部、当用漢字に改めると共に、適宜句読点を補い、片仮名を平仮名に改めた。

三　論文や史料の巻、号、頁数及び年月日はアラビア数字を、他は漢数字を用いた。ただし、引用史料中の数字の標記は、引用史料で記載されているまま用いた。

四　数字の表記は、引用史料中の記載を除けば、十、百、千は一〇、一〇〇、一〇〇〇と、万は万、億は億と記した。

五　引用史料中の〈　〉は原注、（　）は引用者の説明の注、〔　〕は引用者の補足の注である。

六　引用史料中の〇〇は、原文に記されたものである。

七　引用史料中の……は、引用者による省略を意味する。

八　引用史料の中には侮蔑的、差別的な表現も現われるが、これも歴史研究の対象となるため、そのまま表記した。

序論

一　本書の目的

本書は、井上雅二と秀の生涯のうち、一八九四年の日清戦争勃発から一九〇三年の日露戦争前夜までの青春期の活動に考察を加え、あわせて一、日本のアジア主義者の思想と行動、二、日本の女子高等教育の展開、三、日本と清国、朝鮮、暹羅（タイ）の交流、以上の三点を跡付け、これまでの研究で未詳であった部分を明らかにすると共に、日本とアジアの多様な関係を浮き彫りにするものである。この場合、日本のアジア主義者の思想と活動は、東亜会や同文会、更に東亜同文会の成立と活動を中心に、日本の女子高等教育の展開は、日本女子大学校の設立を中心に、日本と清国、朝鮮、暹羅の交流は、日本のアジア主義者による清国、朝鮮、暹羅の改革への関与を中心に分析する。

二　時期区分

ここで、井上雅二（旧姓は足立雅二。雅二は井上秀と結婚し井上家に婿入りして始めて井上雅二となるが、本書では井上家との養子縁組前も含め井上雅二と表記する）と秀の生涯を簡単に紹介し、二人の青春期として一八九四年から一九〇三年までに時期を設定した理由を述べる。

井上雅二は一八七七年に兵庫県氷上郡神楽村に生まれ、鳳鳴義塾に学んで後、海軍機関学校に入学、一八九四年に同校を中退、翌一八九五年に京都で荒尾精に師事し、一八九六年に東京専門学校に入学、同校の同人会に参加、一八九八年に東亜会、東亜同文会の結成に加わると、この間に台湾、上海、シベリア東部の他、清国の各地を周遊し、戊戌政変などに遭遇した。井上雅二は一八九九年に東亜同文会上海支部事務員として上海に渡り、翌一九〇〇年に唐才常の自立軍蜂起に関与して帰国、一九〇一年四月以降、ウィーン大学とベルリン大学に留学する傍ら、バルカン半島、ロシア、中央アジアを旅行し、一九〇三年七月に帰国を果たした。帰国後、犬養毅より、暹羅在留清国人の東亜商務公所の顧問就任を要請されるが、一九〇四年の日露戦争の開戦を受けてこれを正式に断わり、東亜同文会韓国派遣員として京城に赴いた。そして、井上雅二は一九〇五年、韓国財政顧問目賀田種太郎に請われて、同財政顧問部附財政官に就任し、一九〇七年には宮内次官鶴原定吉の下で一等書記官となり、宮中改革の任にあたった。一九一〇年、井上雅二は日韓併合の直前に同職を辞任、世界周遊に旅に出て各国の植民政策を視察後、帰途の途次にマレー半島でゴム園を見て、ゴム栽培を決意し、「南洋」の開発に着手し、一九一一年に南亜公司常務、一九一五年に南洋協会理事、一九二〇年に同協会専務理事、一九二四年に海外興行株式会社社長に就任し、日本の「南洋」政策に携わった。井上雅二の足跡は、中国、台湾、韓国に留まらず、中央アジアから「南洋」、南米のブラジルにまで及んだ。井上雅二は一九四五年、鈴木貫太郎内閣の顧問に就任して終戦を迎え、二年後の一九四七年に逝去した。享年七一。

井上秀は一八七五年に、兵庫県氷上郡船城村に生まれた。井上秀の実家は郷土の素封家であり、自由な気風の下に幼少年期を送った。井上秀は小学校を卒業後、父の反対を説得して京都府高等女学校に進学し、一八九四年に同校を首席で卒業すると、同校の補修科に進み、学問を続けた。井上秀はこの期間、同級生の母の広岡浅子に懇意にされ、日本女子大学校の設立計画を知り、広岡浅子によって成瀬仁蔵を紹介された。井上秀は成瀬仁蔵に才能を見出され、一九〇一年に日本女子大学校に第一期生で入学すると、寄宿舎の舎監に就任し、学生の指導にあたる傍ら、家政学を学び、一九〇四年に首席で同校を卒業した。井上秀は卒業後も同校附属高校の教師となり、成瀬仁蔵の仕事を助けると、一九〇八年よりアメリカに渡り、コロンビア師範大学、シカゴ大学で研鑽を積み、家政学及び女子教育の学問を深め、一九一〇年に帰国すると、日本女子大学校の教授に就任した。また、井上秀は一九三一年、日本女子大学校校長、同附属高等女学校・附属豊明小学校長、附属豊明幼稚園長、桜楓会会長に就任した。井上秀は一九二二年に日本婦人平和協会理事長に就任し、同年のワシントンにおける世界婦人軍縮会議に参加したが、一九四一年に大日本青年団副団長に就任し、この戦時中の発言、行動が原因となり、GHQ（連合国最高司令官総司令部）より一九四六年一一月に教職追放、一九四七年二月に公職追放の処分を受けるが、程なく解除され、教職に復帰、一九五六年に小田原女子短期大学の学長に就任して後進の育成を図り、一九六一年に藍授褒章を受章した。一九六三年逝去。享年八八。

井上秀は、雅二の二歳年上である。二人は遠い親戚にあたる。井上秀の三歳年下の弟・順太郎が若くしてチフスで亡くなったため、親族が井上秀と雅二を見合い、結婚させて、雅二に井上家を継がせようとした。二人は一八九五年に許嫁となり、一八九七年に結婚式を挙げた。井上雅二は、一九四四年に刊行した『剣掃録』で、自らの生涯を振り返り、一八八二年から一九〇四年までを「少青年時代」、一九〇五年から一九三五年までを「壮年時代」、一九三六年以降を「老年時代」としつつ、この「少青年時代」も一八八二年から一八九四年までの「首春」、一八九五年から一八九九年までの「盛春」、一九〇〇年から一九〇四年までの「晩春」に区分した。井上雅二は一八九五年に荒尾精に師事し、一八九六年から一八九九年まで東京専門学校、東亜同文会、ウィーン大学、ベルリン大学などに在籍し、一九〇三年に帰国して、一九〇四年以降、韓国に活躍の場を移した。いわば、井上雅二は自らの青春時代を、日本、清国、オーストリア、ドイツに滞在期、就学時代に設定していた。本書もこの見解を受け継ぐ。井上秀は、一八九五年に京都府高等女学校を卒業すると、京都で引き続き勉学を続け、一九〇三年に日本女子大学校に第一期生徒として入学、一九〇四年に卒業すると、同大学に残り、校長の成瀬仁蔵を助け、一九〇五年以降、同校附属高等学校の教員を皮切りに、同校の教師として活躍することになる。このため、一九〇四年は、井上秀も日本女子大学校の教員として、新たなスタートを切ったという意味で、一つの区切りとなる年であった。いわば、井上雅二は一九〇三年に、秀は一九〇四年に就学を終え、次の目標に進んだ。そして、一九〇四年二月には、日露戦争が始まっている。このため、本書も井上雅二と秀の青春期として、一八九四年の日清戦争の開始から一九〇三年の日露戦争の始まらない時期までを設定する。

三　時代的背景

欧米諸国の東アジア進出は一六世紀、スペインによるフィリピンを端緒とする。しかし、これらの動きは一九世紀に加速し、清朝の華夷秩序も動揺した。一八四二年の南京条約（アヘン戦争）、一八八五年の天津条約（清仏戦争）、一八五八年のアイグン条約、一八六〇年の北京条約など、一連の条約締結がこれを裏付けた。一八九四年に日清戦争が勃発し、一八九五年に日清講和条約が締結された。これと同時期、アメリカが一八六九年、大陸横断鉄道を完成させ、東西両岸を繋げると太平洋に進出を図り、一八七〇年代の南太平洋のサモアをめぐるドイツとの覇権争いをへて、ハワイに触手を伸ばした。一八九四年、ハワイの暫定政府は女王リリウオカラニをイオラニ宮殿に幽閉した。アメリカの連邦議会は一八九八年、米西戦争を契機として、ハワイの併合を承認した。一八九五年の日清講和条約は、一、朝鮮の独立、二、遼東半島（三国干渉により返還）、台湾、澎湖諸島の日本への割譲、以上の内容を持ち、東アジア海洋世界の再編を促したが、東アジアの各国も日本の例に倣い、欧米列国をモデルとした近代化を進める契機となった。すなわち、東アジアの海洋世界の再編が進んだ時期に、朝鮮は一八九七年に「大韓帝国」と改称し、一八九八年に独立協会が万民共同会を開催し、清国は一八九八年に光緒帝を中心に戊戌変法を起こし、日本は一八九八年、第一次大隈重信内閣が成立し、民間では東亜同文会が結成された。一八九八年、日本は、東南アジアで唯一の独立国、暹羅との間で日暹修好通商航海条約を締結し、両国の関係を進展させた。もちろん、これら出来事は相互に関連した。

日本女子大学名誉教授の中嶌邦は「明治期における女子教育――私学を中心として――」において、明治時代の私学の女子教育を、第一期、一八六八年（明治元年）から明治一〇年代半ば、すなわち一八八二年頃まで、第二期、一八八二年頃から一八九三年頃、すなわち日清戦争前夜まで、第三期、一八九四年頃から一九〇三年頃、すなわち日露戦争前夜まで、第四期、一九〇四年頃から、大正初期にかけて、以上の四期に分けた。第一期は、日本の教育行政がまだ暗中模索の時期であり、江戸時代からの寺子屋、私塾、家塾がこのような行政の不備を補っていた。同期は、男女共学が主となり、英語を授ける学校ができ、キリスト教系の学校も誕生し普及した。第二期は、初等教育の拡充から、中等教育の普及が図られたが、男子に比べて女子の中等教育が等閑視されたため、私立学校、特にキリスト教系の学校が女子の中等教育の受け皿となった。また、中等教育の男女の分離も進んだ。第三期は、一八九五年に高等女学校規程が出されて以降、一八九九年の高等女学校令や女子教育に関する関連法規が次々に公布され、公立高等学校が漸次設置されると共に、文部省による女子の中等教育への規制が強化された。この規制の方向性は国家主義的な教育の徹底化にあり、宗教教育が禁止され、キリスト教系の学校も打撃を受けた。同時期には、私立学校でも、いわゆる良妻賢母の養成を目的とする学校が設立され、女子英学塾や東京女医学校、日本女子大学校など、女子の高等教育機関が登場した。第四期は、女子の私立学校の充実と発展が図られた時期である。同時期は、公立学校の増加とは裏腹に、私立学校の志望者数が伸び悩んだ。これには、日露戦争後の経済的不況に加えて、キリスト教系学校の国家主義教育との抵触が問題となった。

本書の対象とする一八九四年から一九〇三年までは、日清戦争の勃発から日露戦争開戦前夜にあたり、日本が「南洋」政策においても、また女子教育政策においても、転換点にあたった。人は、いかなる意味においても、時代や地域と切り離れて存在することができない。一八九四年から一九〇三年までの時期は、東アジアの海洋世界が再編される時期にあたる。日本の台湾領有は、この契機となった。これと同時に、日本の中では、アジアを蔑視する風潮が急速に強まり、ごう慢が日本の代名詞ともなった。東アジアの各国は、日本が欧米をモデルに近代化を推し進めたことから、自らも欧米及び日本を範に取り、近代化を推進すると共に、知識人を中心に、ナショナリズムが形成された。また、日本では同時期、日本の女子の中等教育が拡充されたが、これは文部省の女子の中等教育に対する規制の強化と裏腹の関係にあった。この規制の強化は、国家主義的な特徴を強め、良妻賢母の養成など、ジェンダー秩序の再編という形を取った。そして、アジアの各国でも、キリスト教系の学校以外で、女子教育が萌芽し、日本からも女性教員が派遣された。もちろん、井上雅二も秀も、このような時代の風潮に強い影響を受けた。井上雅二が最初に海外で足を踏み入れた地域が台湾であったことは、必ずしも偶然ではない。また、井上秀は関西の名門、京都府高等女学校に学んだ。ただし、この京都府高等女学校自体が府議会の無理解、経営難を理由に、存亡の危機に立たされると共に、英語教育と良妻賢母の要請の間にたって、教育方針の見直しに迫られていたのである。もちろん、井上雅二も秀もこの渦中にあった。

四　問題提起

これまで、井上雅二と秀については、一部の研究者によって注目されてきた。しかし、二人の事績が、多くの人々によく知られてきたわけではない。また、井上雅二と秀に関する研究も、決して多くはない。この理由の一つは、研究者の視点の問題にある。これまで、日本の歴史研究は、西洋史、東洋史、日本史に分かれ、個々の領域で研究も細分化されてきた。ところが、井上雅二は、東アジアから中央アジア、バルカン、ヨーロッパ、更に「南洋」と、活動範囲が多岐に渉っている。このため、井上雅二については、井上雅二の特定の時期の活動、すなわち戊戌政変や中央アジア旅行、「南洋」での活動が、個々の研究者の関心に従って、断片的に取り上げられることはあっても、全貌を解明するまでには至らなかった。もう一つは、井上雅二がセシル・ローズを範として、植民政策を説いた点である。そして、この植民政策に関する研究も、日本では蓄積が余り多くはない。また、井上秀についても、井上秀が自らを成瀬仁蔵の教育理論の忠実な継承者、後継者と位置付けてきたこともあって、成瀬仁蔵との関連から捉えられてきた。ただし、井上秀は、成瀬仁蔵の教育理論の影響を受けながら、極めて個性的かつ独創的な教育者である。このことは、井上秀の青春期の論説が少ないこともあり、見逃されがちな部分である。また、井上秀が一九四六年に戦時中の役職、言論が問われ、公職追放になったことも、井上秀の研究の少ない、もう一つの原因となる。しかし、この場合、井上秀が二〇歳代で、自分なりの思索と経験を重ねた上で、日本女子大学校に入学したことは、重要な要素となる。このため、井上秀の家政学には、成瀬仁蔵の影響ばかりではなく、井上秀の特徴も顕在している。また、井上秀が公職追放になった理由も、当時の政治、社会状況の中から、多面的に考察する必要がある。

本書は、井上雅二と秀の青春期の活動を考察したものである。この考察にあたっては、次の三点に留意した。第一点は、日本のアジア主義者の思想と行動、特に東亜会、同文会、東亜同文会の成立と活動である。第二点は、日本の女子高等教育の展開、特に日本女子大学校の設立である。第三点は、日本と清国、朝鮮、暹羅（タイ）の人的交流、特に日本のアジア主義者の支援である。本書はこの三点の分析を行うことで、日本とアジアの多様な関係を跡付けた。井上雅二は一八九五年に荒尾精と知り合い、「興亜」の志を定める。しかし、井上雅二は東京専門学校に入学後、同人会に入り、稲垣満次郎、大石正巳、福島安正の薫陶を受け、「興亜」の対象として、清国や朝鮮だけでなく、「南洋」更に中央アジアへの関心を高めてゆく。いわば、井上雅二の関心の拡大は、日本のアジア主義者の多様性を考える上でも重要な意味を持つ。これに対して、井上秀は優秀な成績を持ちながら、上級学校への進学では苦労した。この原因は、日本の教育制度における男女間の格差にある。すなわち、女性は中等教育以上の教育を受けようにも、家族の反対、社会の偏見、何よりも教育制度の男女間の格差から、思うように進学することができなかった。井上秀の苦難の歩みは、雅二と対比することで、より明らかとなる。いわば、井上雅二と秀の青春期の歩みには、日本の教育制度の問題点が顕在していた。井上雅二は清国の改革を支援し、一八九八年、戊戌変法の視察のため北京を訪れ、戊戌政変に遭遇し、一九〇〇年には唐才常の自立軍蜂起に加担し、挫折する。また、清国では、一九〇二年に光緒新政が始まり、日本をモデルに各種の改革が始まるが、このような中で最も顕著なものが教育制度の改革であった。

これまでの研究では、井上雅二が「南洋」に志を立て、南洋協会を設立したことは明らかにされてきた。しかし、井上雅二がなぜ「南洋」に志を立て、南洋協会を設立するようになったのか、この目的が井上雅二の青春期にどのように形成され、日本のアジア主義者全体の中でいかなる意味を持ったのかについては、考察が不充分であった。この原因は、井上雅二の思想と行動がどのように形成されたのか、すなわち初期の思想形成が明らかになってこなかった点に由来する。井上雅二は、自らが荒尾精によって前途の路を示されたことを再三にわたり言及している。確かに、井上雅二は一八九四年に海軍機関学校を中退し、進路に迷っていた時期に、荒尾精に出逢うことで進むべき路を明確にすることができた。しかし、このことは、井上雅二に影響を与えた人物が、荒尾精一人であったことを示すものではない。井上雅二に影響を与えた人物は、東京専門学校在学中、特に同人会で活動していた時期に、多くの校友会関係、更に師、友人、同僚の中に存在した。井上雅二はここで、稲垣満次郎や大石正巳、福島安正だけでなく、福本誠などと親しく交わり、多くの知識を得ていた。井上雅二の「南洋」に対する関心は、これらの交友関係の中で育まれたといえよう。しかし、これまでの研究では、井上雅二の多彩な交友関係は、等閑視されてきた。この理由は、井上雅二の研究が主に伝記や回顧録に依拠し、井上雅二の日記に詳細な分析を加えてこなかった点に由来する。井上雅二は日記の中で、自らの交友関係を詳細に記している。この意味で、井上雅二の行動、思想形成を知る上で、日記は大きな意味を持つ。

また、井上秀についても、同様の点を指摘することができる。これまで、井上秀の青春期を考察する際に依拠してきたものは、井上秀の回想である。個人の回想、伝記には、本人の記憶違いや誤解が含まれ、本人があえて言及しなかった事柄も多く存在する。このため、回想、伝記は慎重に取り扱われなければならず、井上秀の回想もまた、他の史料で補いながら、再構成する必要が生ずる。ただし、これまでの井上秀に関する研究では、このような史料が極めて限定的であった。井上雅二は、井上秀の夫であるだけに、日記の中で井上秀との婚約の経緯、結婚式など、井上秀の日本女子大学校に入学するまでの出来事を、断片的ではあるものの、或る程度纏まった形で記している。ここからは、井上秀が成瀬仁蔵に巡り会い、成瀬仁蔵の人間性に傾倒し、日本女子大学校に入学し、家政学を極めようとするまでに、多くの彷徨を重ねた点が明らかとなる。井上秀は二〇歳代に成瀬仁蔵と出逢っているため、成瀬仁蔵に出逢うまでに、ある程度学問の基盤ができ上がっていたことになる。特に、井上秀が京都府高等女学校を卒業後、鈴木無隠に師事し、峨山禅師に従って、禅を極めた点などがそれである。これよりすれば、井上秀はもともと、人格の形成などの関心を抱いていたといえよう。井上秀は自らを成瀬仁蔵の教育路線の忠実な踏襲者、正当な継承者に位置付けるが、やはり井上秀の独自の特徴は成瀬仁蔵と一先ず切り離して考える必要がある。このため、井上雅二の日記は、井上秀の青春期の彷徨や思想形成を知る上で重要な意味を持つ。

五　観点

井上雅二は、アジア主義者の一人に目される。アジア主義は、欧米のアジア進出に対して、アジアの仮想的な文化的、地縁的同質性を根拠に（同文、同種）、アジアの連帯と抵抗を説いたものである。しかし、この論理では、アジアの連帯はあるがままのアジアではなく、「近代」性の構築を目指した改革や改造が前提となった。このため、アジア主義ではアジアの連帯と共に、アジア諸国の「西欧」化が求められ、前者がアジアを向くとすれば、後者が欧米を向くという、入り組んだ構造になっていた。日本はこの入り組んだ構造の中で、他のアジアの諸国に先駆けて「西欧」化を達成し、「近代」性を構築したという理由で、他のアジアの諸国に対して優位性を誇示する形になっていた。そして、日本が他のアジア諸国を指導して「近代」性の構築を助け、アジアの連帯をなし遂げるという、日本の東洋盟主論もこのアジア主義から生まれた。このことは、アジア主義が日本のアジア侵略と結び付く結果ともなった。ただし、アジア主義については、結果から過去に溯り、原因を探求しようとするだけではなく、日本のアジア主義が歴史の営みの中でどのように形成され、いかに展開して人々に働き掛けたのかを実証的に考察する必要がある。一九世紀後半以降、日本ではアジア主義を表すものとして「振亜」や「興亜」の語が用いられ、振亜会、興亜会、亜細亜協会が設立された。ただし、「振亜」や「興亜」の主体は日本、客体は他のアジアの諸国である。このため、アジア主義は、日本が幕末に「開国」し国際世界に参入する中で、自らの立ち位置を確認し、進路や方向性を見定めるための、自己認識のあり様の一つでもあった。

アジア主義は、日本の発展とアジアの諸国の連帯が矛盾なく合致していた。換言すれば、アジア主義は、アジア諸国の連帯と日本の利権拡張を一体化させることで、有効性を保持していた。従って、アジア主義は、この二つに矛盾をきたしたならば、日本の利権拡張の方法を見直すか、アジア諸国を教誨、訓導するか、いずれかの路を選ばざるをえなかったといえよう。もともと、アジア主義は、本来の理念とは別に、海外への利権の拡張を図るために、日本が他のアジアの諸国との連携を求め、指導するためのものとして機能した。ただし、他国に対する指導は、干渉と裏腹の関係に立った。他国への干渉は武力を用いた強制、更には侵略に転ずる可能性を秘めた。すなわち、欧米の強者に対するアジアの抵抗及び連帯が、アジアの内部で強者と弱者の関係を生み出し、これらアジア間の対立が欧米との間で別の関係をもたらし、更なる抵抗を生み出す契機ともなった。このため、アジア主義を考えようとするならば、アジア主義の思想的理念と共に、アジア主義が実践され、展開した場合に潜む陥穽、更には当為と実態の乖離、理念と現実の食い違いにも関心が向けられる必要がある。この一方で、アジア主義に関する研究が近年、盛んになった理由は、二〇世紀に達成した国際関係が大きく動揺する中で、多くの研究者がアジア主義の本来備えたであろう「思想的可能性」に着目しているからでもある。このため、近年の研究では、歴史的事象を単に敵対と友好或いは侵略と聯盟などの二項対立で考えるのではなく、友好の中に潜む敵対、聯盟の中に潜む侵略の芽、或いはこの逆のケースなど、より複雑で、重層的な関係に着目し、個々の事例の実証的分析から全体へと敷衍し、読み解く姿勢を持つ必要がある。

日本の女子教育と井上秀の関係については、一、井上秀を成瀬仁蔵の忠実な後継者としてだけではなく、一人の自立した教育者として捉えること、二、明治維新以降の女子教育の全体を捉え、この中に井上秀を位置付けること、三、近代と伝統の二項対立の図式を回避し、「近代性」の観点からだけではなく、各地域の私塾や家塾の女子教育に果した役割にも着目すること、以上の三点に留意して考察を行なう。もちろん、明治時代の女子の高等教育は、成瀬仁蔵や下田歌子、津田梅子など、特定の個人によってなしとげられたものではなく、成瀬仁蔵の日本女子大学校についても、多くの支援者の協力、支持があって設立が可能になった。これら全体像を明らかにすることは、成瀬仁蔵や井上秀の功績を考える上でも重要な事柄である。また、これまでの研究は、研究者そのものが、「欧米」の眼差しから自由でなかったために、女子の高等教育について、江戸時代からの継承面、特に各地域の私塾や家塾の影響力に対する配慮が不充分であった。この点は、明治時代の女子教育に対する、各地域の私塾や家塾の分析が欠如したり、儒教的な教育が低く見られたりした点にも表れている。明治の女子教育も、江戸時代から継承した側面を多々備えており、ならばこそ明治政府が唱えた政策に積極的に対応することができたということができるであろう。

井上雅二は自らを実践家に位置付けたが、新聞記事や報告書など、著述は多い。また、井上秀も青春期の記述は少ないものの、後半生の著述は多い。本書は、これらの著述、特に井上雅二の日記を丹念に読み解きながら、井上雅二と秀の思想と行動の一端を明らかにする。井上雅二と秀は別々の個性を持ち、行動をしたが、相互に影響し合いながら、人格を高めていったことは疑いない。このため、本書では、井上雅二と秀の行動を同時進行的に表わすことによって、二人の青春の特徴を明らかにする。

六　構成と内容

本書は、この井上雅二と秀の生涯のうち、一八九四年の日清戦争の勃発から一九〇三年の日露戦争開戦前夜までの青春期の活動を捉えるものである。同時期は、日清戦争後の東アジアにおける国際関係が大きく変容し、東アジア各国で変革の気運が大きく盛り上がる時期にあたった。すなわち、一八九七年に朝鮮が国号を「大韓帝国」と改称し、一八九八年に独立協会が万民共同会を開催し、同年に清国で光緒帝を中心に戊戌変法が起き、日清聯盟が模索され、日本では第一次大隈重信内閣が成立し、アジア主義者が東亜会、同文会、東亜同文会を相次いで設立した。また、同時期、日本では、日本政府が軍備拡張政策を推し進め、外交的に孤立し、台湾経営も難航する中で、清国との聯盟を模索し、ロシアの満洲における勢力拡大を前に、一九〇二年に日英同盟を成立させた。また、日本政府は一八九四年に「尋常中学校入学規定改正」を行い、一八九九年に中学校令、高等女学校令、実業学校令を制定した結果、中学校の増設が相次ぎ、高等女学校も一八九六年の全国一九校から一九〇二年には八〇校を越えて四倍近くに増え、実業学校も同時期、三倍近くになった。そして、一九〇一年、日本女子大学校が成瀬仁蔵を校長に設立された。このような中で、女性教員が清国、韓国だけでなく、蒙古や暹羅に派遣された。前者には河原操子が、後者には安井てつがいる。本書では、日本だけでなく、これらアジアに起きた女子教育の発展の多様な動向にも考察の範囲を拡げる。

第一部は一八九四年から一八九七年までを考察する。

第一章では、井上雅二と秀が丹波篠山で育ち、いかにして自立し、婚約をして、各々の道を選択していったのかが考察の対象となる。同時期は、井上雅二が鳳鳴義塾を出て、海軍機関学校を中退後、荒尾精と出逢い、荒尾精の薫陶を得て、台湾総督府民政局に勤務し、多くの体験をして、日本の植民地行政に関して教訓を得る一方、井上秀が父の井上藤兵衛の反対を押し切って京都府高等女学校に入学し、同校卒業後も郷里には戻らず、自立の道を模索した時期にあたる。

第二章では、井上雅二と秀が進路を選択するにあたり、周囲の人々からどのような影響を受け、進路を決定したのかに考察を加える。井上雅二は荒尾精から、秀は成瀬仁蔵から各々大きな影響を受け、共に生涯の師と仰いだ。荒尾精は根津一、成瀬仁蔵は麻生正蔵という、貴重な親友に支えられて事業を完遂した。ここでは、荒尾精、根津一、成瀬仁蔵、麻生正蔵などの人と為りを紹介しながら、井上雅二と秀がこれらの人物からいかなる影響を受け、進路を選択したのかに言及する。

第三章では、井上雅二と秀の結婚前後の成長過程に考察を加える。同時期、井上雅二は東京専門学校で勉学に勤しむ一方、師・荒尾精の死という衝撃的な出来事を迎え、井上秀は京都府高等女学校卒業後、新たに勉学の道を進むことになる。ここでは、井上雅二が東京専門学校の同人会に入り、稲垣満次郎、大石正巳、福島安正の諸先達から世界の情勢を知らされ、「南洋」や中央アジアなど、海外の諸地域に対して新たな知見を得て、目を向ける過程に言及する。

第二部は一八九八年を考察する。

第四章は、日清戦争の敗北後、清国で改革運動が起こり、一八九七年一一月のドイツの膠州湾占領事件をへて、日本との連携を目指す動きが強まる過程で、井上雅二がいかなる行動を起こしたのか、また日本で成瀬仁蔵が日本女子大学校の設立計画を練り、資金集めに奔走する中で、井上秀がこれにどのように応じ、いかなる障害にあったのかに考察を加える。ここでは、井上雅二と秀の対照的な進路選択と共に、相互の理解、助け合いについても分析を加える。

第五章は、一八九八年、光緒帝が戊戌変法を発動し、井上雅二がこの視察、調査を目的として清国を周遊し、北京で戊戌政変に遭遇し、梁啓超、王照らの日本亡命を手助けする過程、及び日本の女子教育の普及及びキリスト教宣教師の影響を受けて、清国で女学堂が設立される経緯に考察を加える。ここでは、日清戦争後、東アジアの清国と日本の各々の政治、社会、文化が互いに影響を与えあい、刺激し反応して、多彩な営みが形成されていた点に着目する。

第六章は、日本のアジア主義民間団体が康有為、梁啓超、王照らをどのように処遇し、また井上雅二がこれにいかに対応したのか、また成瀬仁蔵が失意からいかに立ち上がり、どのように日本女子大学校の設立に向けて活動を開始し、井上秀がこれにどのように呼応したのかに考察を加える。ここでは、井上雅二と秀がこれら苦闘の時期に、どのように生きたのかが焦点となる。

第三部は一八九九年から一九〇一年までを考察する。

第七章は、井上雅二と秀の一八九九年の生活と行動を中心に考察する。井上雅二は同年、東京専門学校英語政治科を卒業し、秀との間に第一子、支那子を授かる。井上雅二は東亜同文会上海支部事務員の任に就き、上海の改革派と交流を深めた。また、井上秀も出産と日本女子大学校の設立準備に、慌しい時間をすごした。本章は、井上雅二と秀のこの期間の行動を分析する。

第八章は、井上雅二が一九〇〇年の義和団戦争の最中に何を考え、唐才常の自立軍蜂起、孫文の恵州蜂起にどのように対応し、また井上秀が翌一九〇一年四月の日本女子大学校の設立を控えていかなる準備を行ったのかに考察を加える。井上雅二は一九〇一年以降、清国の改革運動の支援から身を引く。また、井上秀も同時期から、成瀬仁蔵によって右腕として重用されてゆく。

第九章は、井上雅二がなぜ、ウィーンを留学先に選んだのか、ウィーン留学で何を考え、いかなる体験をしたのか、また井上秀が日本女子大学校の開校でいかなる役割を果たし、どのような教訓を得たのかに、考察を加える。一九〇二年、井上雅二と秀は、オーストリアと日本で別々に暮らすが、相互に連絡を取り、影響しあって、キャリアを深めた点にも言及する。

第四部は一九〇二年から一九〇三年までを考察する。

第一〇章は、井上雅二が中央アジア周遊を志した動機と経緯、及び中央アジアで経験した事柄、更に日本女子大学校の設立がアジアに与えた影響に考察を加える。一九〇二年は、清朝政府が義和団戦争をへて、光緒新政に舵を切り、近代化の端緒を切り開いた。この光緒新政の重要な項目の一つが教育改革であった。ここでは、日本が清国の教育改革に与えた影響にも言及する。

第一一章は、井上雅二が一九〇二年初頭、ロシアとブルガリアを訪問し、バルカン問題をいかに捉え、バルカン問題が東アジアに及ぼす影響をどのように見て、更に帰国後、いかなる活動を行ったのかに考察を加える。井上雅二の行動は、ロシアから韓国に及ぶ。また、日本の活動も、満洲、韓国の他、暹羅に及ぶ。本章は、これら日露戦争前の東アジア情勢にも言及する。

なお、本書でいう「南洋」はカロリン、マリアナ諸島を中心とする内南洋及び東南アジアを含む地域を指し、台湾原住民も先史時代から台湾に住むオーストロネシア語族の複数民族（タイヤル、サイシャット、ブヌン、ツォウ、ルカイ、パイワン、プユマ、アミ、ヤミ、サオ、クヴァラン、タロコ）を意味する。台湾原住民は、日本植民地期には「高砂族」と、また国民党政権には「高山族」「山地同胞」と呼ばれた。暹羅（タイ）国王のチュラロンコルン、ワチラーウットなどは、原音に従って複数の表記があるが、おおむね日本で広く用いられている読み方を採用した。ヨーロッパや中央アジア、バルカンの地名についても同様である。

本書では、興亜会、亜細亜協会、東邦協会、東亜会、同文会、東亜同文会など、アジアの言語の学習、国勢の調査、人的交流を目的とした団体を、一括してアジア主義民間団体と呼ぶ。また、浄土真宗本願寺派は西本願寺、同大谷派は東本願寺と略称した。この他に、朝鮮は一八九七年一〇月一二日に国号を「大韓帝国」と改称するため、これ以前を朝鮮、これ以降を韓国と表記し、首都の京城の名も日本人には以前から用いられていたが、正式な呼称は一九一〇年の日韓併合の後となるため、例外を除き、漢城の名で統一した。更に、井上雅二は井上雅次、上野靺鞨は上野靺羯、田野橘治は田野橘次、成瀬万寿枝は成瀬ますえ、安井てつは安井哲、安井哲子、林錫珪は林圭とも記されるが、井上雅二、上野靺鞨、田野橘治、成瀬万寿枝、安井てつ、林錫珪に統一した。なお、池辺吉太郎（三山）

は吉太郎、伊東知也（正基）は正基、上野岩太郎（鞜鞨）は鞜鞨、内田甲（良平）は甲、角田勤一郎（浩浩）は勤一郎、川崎三郎（紫山）は紫山、陸実（羯南）は実、鈴木力（天眼）は天眼、田岡佐代治（嶺雲）は嶺雲、徳富猪一郎（蘇峰）は蘇峰、鳥居赫雄（素川）は赫雄、内藤虎次郎（湖南）は湖南、永井久一郎（禾原）は久一郎、長沢説（別天）は説、中村正直（敬宇）は敬宇、西村時彦（天囚）は天囚、福本誠（日南）は誠、藤田豊八（剣峰）は豊八、牧巻次郎（放浪）は巻次郎、三宅雄二郎（雪嶺）は雄二郎、宮崎繁吉（来城小隠）は来城小隠、宮崎虎蔵（滔天）は滔天、森泰二郎（槐南）は泰二郎で、各々統一して表記した。

第一部　彷徨の日々（一八九四——一八九七）

第一章　郷里からの旅立ち　――アジア主義と女子教育――

第一節　郷里の丹波篠山

一　雅二の少年時代
二　雅二と秀の見合
三　荒尾精との会合

第二節　井上雅二と台湾

一　台湾への赴任
二　原住民との交流
三　台湾からの帰国

第三節　沈思黙考の結果

一　新たな出会い
二　日清戦争の影響
三　清国本土への憧憬

第一節　郷里の丹波篠山

一　雅二の少年時代

兵庫県の三国山は、播磨、丹波、但馬の三国に渡るために、この名がある。井上（旧姓・足立）雅二は、一八七七年二月二三日、三国山の東側、大箕山のふもと、播州加古川の上の寒村、兵庫県氷上郡神楽村字菅原郷に、父・足立多兵衛、母・イト子の三男一女の次男として生れた。一八七七年は西南戦争が起き、西郷隆盛の戦死した年である。足立多兵衛の長男は悦太郎、三男は順市、長女は静江である。足立多兵衛は、幼少の雅二に対して厳格な教育で臨んだが、折に触れて豊臣秀吉などの話を聞かせた。このため、雅二も豊臣秀吉の、とりわけ明や朝鮮への出征に関心を抱き、母・イト子に頼んで羽織の背と前掛に「豊太閤」の三文字を刺繍してもらい、秀吉を任じて行動した。井上雅二によれば、海外への雄飛の志は、豊臣秀吉に憧れた時期から芽生えていたという。やがて、雅二は一八八六年四月、菅原郷の尋常小学校、ついで学制の変更から、佐治町の尋常小学校に学び、同校を卒業すると、柏原高等小学校に学んだ。柏原には、郡役所があった。雅二は、同校が菅原郷の生家から遠距離に位置したため、寄宿舎に入った。寄宿舎の舎長は柳原肇三で、雅二らに日本外史などを教えた。雅二は、この柳原肇三に感化された。特に、雅二はここで、源為朝が保元の乱で、検非違使の職を与えられんとした時、「われは鎮西八郎にて足れり矣」と豪語したと教えられて感銘を受け、豊臣秀吉と源為朝を生涯の目標とした。また、雅二は女性嫌いで通し、柏原高等小学校の女性教師と対立して、物議を醸した。井上雅二は一八八九年三月、柏原高等小学校の学業を終えると、四月に篠山にある鳳鳴義塾の二年に入学した。

鳳鳴義塾の前身は、私立篠山中年学舎である。私立篠山中年学舎は一八七六年、旧篠山藩主の青山忠誠が安藤直紀ら十数名に命じ、郷党の子弟教育のために創立したものである。同舎は、明治維新以降の軽薄姑息な気風に抗して、「勤倹尚武」を旨とし、「質実剛健な気象」を養成するために設立された。このため、教科の内容は、『大学』『論語』

『中庸』『小学』を中心に、尊皇愛国の精神を基本とした。同舎は一八七八年に篠山中学校と改称したが、一八八四年に中学校設備規則が発布されると、この中学校の基準を満たさずに、廃止を余儀なくされた。ただし、同舎は同年、青山忠誠の悲願と有志の尽力により、広く寄金を募集し、学科程度、修業年限を中学校の規程に合うように改めて、私立鳳鳴義塾として再興された。塾主は園田多祐、塾主代理は我妻助輔である。同塾の塾風は、一八八七年の青山忠誠の死後も基本的に継承された。雅二が同塾について、「軍人志望が生徒の主なる志望で、陸軍豫備校の観さへあった」と記したように、同塾は陸軍希望者が多く、精神や肉体の錬磨を奨励し、毎週土曜の晩には錬磨会と称して、上級生の精神講話や討論が行われ、更に御幣取り、棒取りをして、尚武の精神を養った。井上雅二の同期生には岡田元三郎、鈴木謙三郎、天野邦太郎、萩原為次が、また一級下には後に関東軍司令長官、陸軍大将となる本庄繁がいた。同塾の学科の内容は上級の学校に進学するためには不利であった。このため、多くの塾生は同塾を中途で退学し、他校に転校した。井上雅二も進学を望み、陸軍ではなく海軍を志望した。井上雅二は一八九一年三月、同塾第四学年を修了すると、九月に上京した。

井上雅二は一八九一年九月、海軍志願者の予備校である攻玉社に入学して受験勉強に励む傍ら、神田の国民英学会に通い英語を学んだ。国民英学会は一八八八年、慶應義塾の英語教師フレデリック・イーストレイクと英学者磯辺弥一郎によって、神田区錦町に設立された。同会は月謝が安く、苦学生のために夜間部も開き、多くの学生を育てた。井上雅二は一八九一年一二月に麹町元園町の海軍予備校に転学し、翌一八九二年八月に海軍兵学校を受験するが、同時点では一五歳六ヵ月であり、同校の受験資格には半年不足したため、一八七六年六月二三日と誕生日を偽って報告して受験資格を得た。ただし、井上雅二は、一八九二年八月の海軍兵学校の入学試験では不合格であった。同年一二月、海軍兵学校は機関科の学生を新たに募集した。井上雅二はこの海軍兵学校機関科の入学試験を受け、見事に合格して、翌一八九三年二月、江田島の海軍兵学校に入った。新入生は八分隊に分かれ、第七隊と第八隊が機関分隊となった。ところが、一八九三年一二月、海軍兵学校条令が改正され、海軍機関学校が横須賀に設置された。同校の前身は、一八七四年に横須賀に置かれた海軍兵学寮分校であり、同分校は一八七八年に海軍兵学校附属機関学校となり、一八八一年に海軍機関学校と改称され、一八八七年に一端廃止されたものの一八九三年に復活した。これにより、井上雅二は一八九三年一二月に海軍兵学校機関科の学生から、海軍機関学校の学生に変わり、江田島から横須賀に移転することになった。海軍機関学校の学科は、兵科の士官を養成する兵学校とは異なり、機関の技術が中心であった。

　海軍兵学校の級友は同志的絆が強く、血を分けた兄弟のような仲を築いた。攻玉社や海軍予備校は、この海軍兵学校に入るための予備校である。井上雅二はここで、丸山寿美太郎や川口甲助などと知り合い、毎朝、皇居の二重橋外で跪いて皇居を遥拝した。また、井上雅二は海軍機関学校入学後、一八九四年の夏季休暇を利用して武者修行の旅に出て、横須賀から東京に出て、信州、東海、近畿、九州を回り、福岡の玄洋社を訪れて、進藤嘉平太、浦上正孝、大原義剛、末永純一郎と会談し、熊本の濟々黌に赴いて、秋月胤永とも会見した。井上雅二は丸山寿美太郎、川口甲助らと行動を共にし、現在の国際情勢を「東洋の危機」と捉え、「是れ実に吾人神州の臣民たるものが奮起、以て尽忠報国（忠義を尽くし国家に報いる）の為め、身命を顧みるべからざるの時なり」としながら、多くの人々が軽薄な風潮に泥み、「我国体を凌辱し、覥《てん》として恥〔じ〕るなきに至る〔こと〕」に憤りを発した。そして、井上雅二はこの二人と「刎頸の交り」を結び、「尽忠報国の精神」を鼓舞し、「世の逆流」に抗して「攘夷の功」を成し遂げ、「我神州の稜威を世界萬邦の上に輝かし、皇恩を五洲に普及せしめんことを期す〔こと〕」を誓った。井上雅二は丸山寿美太郎、川口甲助の他にも、庄野義雄、田中侶一郎、川上正一、飯田延太郎などと親交を深めた。そして、井上雅二は丸山寿美太郎、川上正一との別離に際して、「丈夫〔は〕畢竟一片之土塊、願はくは吾同志の本領を失する勿れ、赤誠萃《あつ》まる所は鬼神〔すら〕亦泣かん、別れに臨んで一言す」の句を与え、いかなる時でも天下国家のために死ぬ覚悟を示した。

　井上雅二は海軍兵学校、海軍機関学校に学んだことで、多くの知友を得た。井上雅二の同期には日露戦争の旅順閉塞戦で名をあげた栗田富太郎の他に、足立重徳、木村貫一、鈴木為重、南沢安雄、一級上に風間篤次郎、二級上に岩辺季貴がいた。これらの人脈は、郷里の丹波篠山の出身者、鳳鳴義塾の卒業生や同窓生、荒尾精の門下生と共に、雅二のこれ以降の人生で貴重な財産となった。また、井上雅二は、海軍兵学校、海軍機関学校の生活を通じて、厳正な規律、生活規範を身に付ける一方で、持ち前の破天荒、天衣無縫な性格に、より一層の磨きをかけることになった。井上雅二に江田島で酒を教えたのは栗田富太郎である。井上雅二はこれ以後、大酒とは切っても切れない関係となった。ただし、井上雅二はもともと海軍兵学校を希望しており、ハンマーを振い、ボイラーを焚くような、海軍機関学校の教科には満たされないものを感じていた。また、横須賀は江田島に較べて辺鄙な場所にあり、無聊に悩まざるをえなかった。このため、井上雅二は一八九四年に日清戦争の勃発後、上官に清国出征を願い出て、これが却下された事を契機に、海軍機関学校の中退を決意した。もちろん、海軍機関学校の中退は、許されるものではなかった。しかし、井上雅二は郷里の先輩で保証人の田健治郎及び教官の船橋善彌、加茂厳雄の両大尉の理解と支援を得て、病気を名目に、海軍機関学校中退の許可を得た。一八九四年一二月三〇日のことである。井上雅二は海軍機関学校を中退すると、不本意ながら郷里に戻り、暫らく静養を図った。

二　雅二と秀の見合

井上秀は一八七五年一月六日、兵庫県氷上郡船城村字山田一三二番地の代々続く地主の家に生まれた。雅二の二歳年上となる。祖父の井上金次は一八七一年、三〇歳代の若さでチフスに罹り他界した。祖母・のえは、長男の與一が幼少であったため、荻野藤兵衛を長女のいとと結婚させ、養子にして家督を継がせた。この長女夫婦、すなわち井上藤兵衛といとが、秀の両親である。祖母・のえの実家は、成松村の佐野家である。佐野家は名酒の醸造元で、裕福な家柄を誇り、自由党員の中島俊子（湘烟）など、政論家を庇護した。いとの妹・ちえは、佐野家の跡取り、林三と結婚した。佐野林三と井上（足立）雅二の母・イト子とは、兄弟である。このため、井上雅二は佐野林三を佐野の叔父と呼び、秀とはとこの関係になった。秀の三歳年下に、弟の順太郎がいた。井上秀は一八八一年に船城村の長見小学校に入学し、一八八五年に氷上郡柏原高等小学校に入学し、寄宿舎に入った。この寄宿舎の舎監で裁縫の教師が、京都府高等女学校出身の今井まき子であった。今井まき子は、女子にも学問が必要であると述べ、秀に上級の学校への進学を勧めた。井上秀は一八九〇年三月の同校卒業を前に、父の藤兵衛に京都府高等女学校への進学を懇願したが、許されなかった。しかし、秀はどうしても勉学を続けたかった。祖母の井上のえ、叔父の佐野林三が秀の志望を支持し、一八九〇年七月に同校に進学することが決まった。篠山の地は古くから交通の要衝に位置し、京都、園部から柏原、佐治に向かう道筋として発展し、重厚でありながら開明的な雰囲気に満ちていた。佐野家はこの雰囲気を受け継ぎ、秀の進学を後押ししたのである。

京都府高等女学校の前身は、新英学校及び女紅場である。新英学校及び女紅場は一八七二年、イギリス人ボルンビー・イーヴアンスと妻のエメリーを教師に招聘して、京都の上京土手町通丸太町南に開かれた。イーヴアンスは新英学校で男子の教育を、エメリーは女紅場で女子の教育を受け持った。新英学校の女紅場は一八七四年に英女学校と改称し、女子のみの教育とした。同校の講師には、エメリーの他、梅田雲浜の未亡人の千代、山本覚馬の妹の八重（新島八重）もいた。一八七五年、東京女子師範学校が開校した。英女学校は翌一八七六年、京都府女学校女紅場と改称し、給費生規則、入舎規則等を定め、英学普通科教則をまとめた。同校は一八八一年に「京都府女学校女紅場教則」を定め、女学科と英学科を置き、一八八二年に女紅場の名を廃して女学校と称し、普通学科、師範学科、手芸専修科を置き、課程を各三ヵ年とした。一八八五年、同校の師範学科は尋常師範学校に移された。京都府女学校は一八八七年、東京高等女学校の職制に倣い、京都府高等女学校と改称し、職制も学校長、教諭、助教諭、書記とした。同年の学生は普通科が一五五人、中英語兼修生が一〇四人、裁縫科が一九〇人、綴錦科が六人、刺繍科が六人、レース科が二五人、併せて三八二人、うち入舎生が一一五人、通学生が二六七人であった。この間、学務課員塩津寛一郎が一八七七年に同校出仕を命ぜられ、翌一八七九年に監事、一八八三年に校長心得、翌一八八四年に本官となった。ついで、吉田秀穀が一八八五年、原田千之介が一八八七年、河原一郎が一八九〇年一一月に学校長に就任し、同校の教科の充実に務めた。同校は教育方針を「尊皇愛国の精神」の涵養に置き、修身、日本歴史、日本地理で日本の「国体」の優位を説いた。更に、同校は女子教育の基本を高い技術や態度の習得に求め、数学を算術、特に暗算、理化学を日常生活に必要なもの、博物を実物、更に家事割烹に繋げるなど、実用面に留意し、「良妻賢母」

の育成に置いた。

一八九〇年七月、井上秀は京都府高等女学校に入学して、寄宿舎に入った。同校は名門の故に、学生が関西のみならず、九州や山陰、山陽からも雲集し、高いレベルを保った。井上秀は英語の学習に後れを感じ、今井まき子に相談して、東三本木の閑居な家に間借りし、河原町二条にある柴田という英語の私塾に通い、英語が上達するのを待って寄宿舎に戻った。同校には、優秀な教師が揃っていた。国文は猪熊夏樹が担当し、『竹取物語』『十六夜日記』『源氏物語』『万葉集』などを講義した。また、漢文では『日本外史』『文章記範』『論語』『十八史略』が教えられ、英語も上級では小説類に及び、万国史も英文で教授された。ただし、学校長の河原一郎は同校の「良妻賢母」の育成と英語教育の矛盾に悩み、一八九一年、一八九二年に生徒を帰省させ、父母に希望を聞いている。井上秀もこの方針に従って、父母に意向を聞いたことになる。日本の女子教育も京都府高等女学校も、岐路にさしかかっていた。

井上秀は一八九四年四月一四日、同校を首席で卒業した。同校は一八九二年四月に練習科を設け、本科卒業生の志願者に更に一ヵ年在学し、須要の学科を学習できるようにした。一八九四年の卒業式では、学校長の河原一郎から本科二六名、本科中の撰科三名、別科裁縫科二四名、唱歌専修科七名に卒業証書が、練習科修了生二名に修了証書が授与された。井上秀は一八九四年四月、同校を卒業すると、直ちに練習科に進んだ。同校は一八九五年四月、文部省令第一号高等女学校規程に準拠して、従来の予備科二ヵ年、本科四ヵ年を合併して本科六学年とし、練習科を補修科に改め、年限も一学年或いは二学年とし、更に別科裁縫専修科を設けて、唱歌専修科を廃して課業を裁縫専修科の附属にした。このため、井上秀は一年間、同校練習科（補修科）に在学して後、更に一年、学習が可能となった。井上秀が同校練習科に在学した時期は日清戦争の最中であり、同校も一八九四年八月二日、「報国恤兵」の趣旨より、繃帯用金巾袋大小六〇〇〇枚を陸軍恤兵部に寄送し、九月には白木錦繻袢八〇〇枚を陸軍恤兵部に、同上三〇〇枚と金二五円を海軍恤兵部に寄送した。

一八九四年八月五日、井上秀の三歳年下の弟で、井上家の跡取りの順太郎が、鳳鳴義塾在学中にチフスに罹り、自宅に戻り病気療養することになった。チフスは、祖父の井上金次を三〇歳代の若さで死に追いやった病気であった。順太郎は学校の成績もよく、両親思いの子で、両親の寵愛を一身に受けて育った。また、秀にとっても、たった一人の兄弟であった。しかし、順太郎は病気が回復に向かわず、やがて呼吸困難となり、危篤の状態に至ったが、それでも枕下に教科書をつみあげ、病気回復後の希望を語った。このため、秀をはじめ家族は、順太郎の健気な姿に涙した。やがて、順太郎は、危篤の状態から不帰の人となった。秀は、順太郎の最期を看取り、悲しみに浸りながら、もっと努力して弟の分も学業に励みたいと考えた。井上家は順太郎が逝去したことで、跡取りを失ってしまったため、秀に養子縁組をさせて跡を継がせようとした。井上藤兵衛といとは秀の気持ちを尊重し、見合いも慎重に取り扱った。井上秀はこのことが嫌で、却って家によりつかなくなり、親戚とも絶交状態になった。井上家と遠い縁戚で、神楽村の足立家の雅二に立てられた。やがて、この養子縁組の白羽の矢が、井上秀は雅二より二歳年上で、柏原高等小学校の寄宿舎に居た経験があったため、雅二と面識があったであろう。また、雅二も鳳鳴義塾に通い、二歳年下に井上順太郎がいたため、井上家のことに全くの無知ではなかったように思われる。

井上雅二は一八九五年二月初旬に郷里に戻った。井上雅二は同級生、友人が自らの目標に邁進しているのを見て、いたたまれない思いであったであろう。井上雅二は帰郷後、慈愛に満ちた両親と暮らし、一家団欒の楽しみを味わいつつも、心中満たされないものを感じ、「其れより二月中旬に至る。寝て喰て起るのみ。此の間〔に〕機に乗じて、余の心中を吐露し許可を得しかば、一日も速に上京遊学せんと欲し、二月廿日早朝出発」と記し、再び上京を図った。ところが、雅二は佐治駅に至ったところで忘れ物に気付き、実家に戻ると、叔父の佐野林三が来ていた。佐野林三は雅二に対して、井上秀との養子縁組の件を打診した。井上家と足立家は縁戚関係にあった。雅二は同日の出発を取り止め、「心中企図する所のもの」があり、結婚と養子縁組を了承した。佐野林三は後に、雅二に養子の件を話すと、雅二が「行きます」と答えると共に、「もっと勉強をしたい」「支那問題を勉強したい」と抱負を述べたとしている。雅二は翌二月二一日、井上家の方から立ち寄ってほしいと依頼があったため、兄の悦太郎と共に、「豪傑袋」を肩にかけ、降り頻る雪の中を山田村の井上家に向かい、婚約の模様を「何んだか余〔は〕由来、疎狂（粗忽)、礼法に智《さと》らず、衣裳は破れ、乱髪蓬々、一見浪人たり。村人一同〔が〕狂と呼ぶも可笑《笑うべし》。こんな婿さんは昔ならないと。面倒臭い儀式も、余は天に嘯《うそぶ》きて哄然する(どっと声をあげて笑う)のみで事終れり」と記した。井上秀と雅二の婚約は、極めてあっさり成立した。雅二は井上秀との婚約、養子の件について、偶然決したものではなく、心中目論む事があり、かつ天命によるところも多いと考え、承諾したとしている。そして、井上雅二は「檐《ひさし》は英雄応変の道なり。大小軽重を権《はか》りて行ふを知らば、此の事大に吾か生涯に益処あるなり」と述べて、井上家の家系、財力の自らに及ぼすところに期待した。

三　荒尾精との会合

一八九五年、井上雅二は、二月二二日に井上秀との婚約を決めると、二月二八日に東京に出て、政治や経済を修めるため、郷里の神楽村を出立し、翌二月二九日に播州加古川に到着、同地から神戸をへて、三月一日に京都に入った。京都は教育水準が高く、各地に私塾、家塾が存在し、漢学の他、算術などを教えていた。井上雅二は京都に到着すると、相国寺慈照院の小林全信の他、稲垣満次郎などを訪問し、折から開催中の内国勧業博覧会を見学し、三月四日、小林全信の紹介により、『春日潜庵遺稿』を携えて、若王子山中に隠居中の荒尾精を訪れた。一八九四年一〇月、京都隠棲中の荒尾精は『対清意見』を刊行し、評判を呼んだ。このため、荒尾精は、井上雅二が若王子山中を訪問した時、読者の質問に答えて、『対清辨妄』の発刊を準備している最中にあった。井上雅二は、若王子山中で荒尾精に見えると、海軍機関学校を中退した理由、志を東方に抱き、政治、経済を修め、将来に資さんとする希望を伝えた。すると、荒尾精は、「幸ひ余も退隠〔して〕道を修め、其余吶々《とつとつ》、興亜学院の如きものを鹿〔ケ〕谷に設けて、数多知名の士と共に天下の士を養成し、相互に天下の為めに尽すの考へにて」、高橋健三、頭山満と資金捻出のため奔走中であるとして、井上雅二に向かい、志が自分と同じであるから共に勉励しようではないかと諭し、仲間に加わるよう促した。井上雅二はこれに対して、「鹿ケ谷にて暫らく其の大体を極むれば、〔将来において〕政治、経済、兵学の諸学を修むるにも大に益する所あらん」と述べて、謝意を表した。荒尾精も「興亜」の志を遂げるために、陸軍を退役するという経験を有していた。井上雅二は荒尾精の勧めに従い、荒尾精の許で修行に励むことにし、川越宇三郎の二階に間借りした。やがて、何人かの学生が荒尾精の門下に加わったため、井上雅二の間借りした部屋では全ての門弟を収容しきれず、鹿ケ谷に一軒家を借り、この寓居を東方斎別院となし、更に山中の家を延年台と称した。

荒尾精（号は東方斎、耕雲）は一八五八年に尾張に生まれ、陸軍教導団、陸軍士官学校をへて、一八八三年に熊本の第一三連隊に赴任し、御幡雅文より漢語を学び、一八八五年に参謀本部支那附となり、翌一八八六年に上海に渡り、岸田吟香の知遇を得た。岸田吟香は上海で楽善堂（上海楽善堂）を経営し、点眼薬の精錡水の他、書籍、雑貨を販売していた。荒尾精は一八八五年以降、長江流域の漢口に拠点を定め、岸田吟香より、精錡水、書籍、雑貨を送ってもらい、これを販売する傍ら、清国各地に同志を派遣し、各地の情報収集に務めた。この時、荒尾精の許に集った同志には、中西正樹、井手三郎、高橋謙、宗方小太郎、山内嵓、浦敬一、井深彦三郎、中野二郎、白井新太郎、片山敏彦、前田彪、山崎羔三郎、緒方二三、藤島武彦、北御門松次郎、松田満雄、広岡安太、大屋半一郎、河原角次郎、石川伍一などがいた。荒尾精は、一八八九年四月に帰国すると、翌五月に参謀本部に『復命書』を提出し、軍籍を離れた。荒尾精は『復命書』で、東アジアの国際情勢と清国の現状を述べ、日本が清国の有志と結び、満洲王朝の打倒と清国の再生、アジアの再建を図るために、清国と日本の貿易、通商の振興を説いた。荒尾精は、この目的達成の鍵を人材の育成に置き、日清貿易研究所の設立を図った。荒尾精は一八八九年四月に帰朝し、首相黒田清隆、大蔵大臣松方正義、農商務大臣岩村通俊から協力の約束を得ると、日本各地を遊説して生徒を募集し、一八九〇年四月には三〇〇名有余の応募者を得た。荒尾精はここから一〇〇名余りを選抜し、九月二日に横浜を出港、同月九日に上海に到着し、日清貿易研究所の開校式を挙行した。ただし、日清貿易研究所は資金難に陥り、運営も困難を極めた。荒尾精は盟友の根津一、小山秋作らに上海の同校の運営を委ねると、一端帰朝して、資金の捻出に奔走した。そして、一八九三年七月、日清貿易研究所は八九名の卒業生を出して閉鎖した。荒尾精は、上海に日清商品陳列所、すなわち瀛華洋行を設立し、卒業生に貿易の業務を実習させると、上海から日本に戻り、京都に引き籠って執筆活動に従事した。

　明治維新以降、京都は明治天皇が東京に行幸して戻らず、寂れる一方であった。このため、第二代京都府知事槇原正直、第三代同知事北垣国道は山本覚馬などを登用し、小学校の設立、琵琶湖疎水の建設、万国博覧会の誘致などを通じて産業の振興、文化の発展を図った。一八七七年、第一回内国勧業博覧会が産業の奨励、民衆の啓蒙を目的に、東京の上野公園で開催されると、第一回から第三回までは東京で開かれた。一八九五年は平安遷都一一〇〇年の佳歳の年であり、大日本武徳会（初代総裁は小松宮彰仁親王）が設立された。また、第四回内国勧業博覧会が第六代京都府知事渡辺千秋の下で、平安遷都一一〇〇年紀念祭にあわせて、京都で開催された。井上雅二は一八九五年四月、「〔第四回内国勧業〕博覧会開会中の為め、洛中洛外の熱閙（賑やかさ）は非常にして、日に出入者二、三萬、加へて桜花の時節に際し、若王子も東山の名所なるにより、遊客粋士続々跡を絶たず。家郷の父老の来往するもの、又皆余か蘆を訪ひ、月末大本営の移転よりして、朝野知名の士の東方斎に出入するもの、又日に十数人等を以てし、此の好時節に遊意書巻に堪えざるより、後の半ヶ月は酔中に過ぎたり」と記している。同博覧会では、工業館、農林館、器械館、水産館、美術館、動物館や各府県の売店が設置され、出品点数は一六万九〇〇〇点、入場者は四月一日から四ヵ月間で一三万人をこえた。また、京都電気鉄道会社が同博覧会の開催にあわせて開業し、二月一日に七条停車場京都駅と伏見油掛間が結ばれ、四月一日に七条停車場から博覧会場をへて疏水ほとりの南禅寺船溜りまで開業した。井上雅二が若王子山中の荒尾精の下で修行を始めたのは、この第四回内国勧業博覧会で京都が賑わっている最中であった。

　井上雅二は若王子山中で、荒尾精より「東西古今の形勢」に始まり、「今日の現勢を来したる所以」、「志士当今急務の存する所」「志士の死所」「興亜の大策」など、種々の講義を受けると共に、自ずと進路を見極めるようになった。特に、荒尾精は研学修行の修養方針として、『大学』の三綱領八条目を王陽明の学問に照らして実践的に練り上げた他に、曾国藩の家訓をも参照して、「主敬」「静坐」「早起」「養気」「学経」「読史」「写日記」などの規律を授けた。荒尾精はこれら門弟たちに、漢語の他、経書及び国際法を教授した。荒尾精は肥満性の巨漢であり、この巨漢をゆすりながら、汗をふきふき、雅二らに「あー」「おー」などの発声、声調（音の上げ下げ）を教えた。この様子は、真剣であるが故に、滑稽でさえあった。井上雅二は荒尾精の指導ぶりを見るにつけ、生涯の師に巡り会えた気がした。やがて、白岩龍平が上海より帰朝して、荒尾精に代わり漢語の授業を受け持った。白岩龍平は一八七〇年、岡山県の神官の三男として生れ、同郷の先輩、岸田吟香、西毅一の影響を受けて上海に渡り、荒尾精の日清貿易研究所で学んだ経歴を持った。井上雅二は、佐々木頼母、高宮議、田野橘治、立花凜太郎、宮坂九郎、曽根原千代三、木下国明、大原信、前田清吉、遠藤留吉などの同志と共に学んだ。井上雅二らの生活は放蕩を極め、一枚の着物を三、四人で交代に着て、昼夜の別なく寓居に出入りし、高吟をしたり角力を取ったり撃拳をしたり読書をした。彼らは袴が破れた者、羽織の袖がない者、長髪にした者、鉄扇を持った者、陣笠を付けた者、洋服を着て学生帽をかぶった者など、各々が思い思いの格好をし、全員の下駄が足りないため、何人かが裸足になり、一緒に京都の町中に出掛けた。

一八九五年四月以降、井上雅二が「四月中は余も春風に浮かれ、加ふるに来往甚だしくして、勉学する能はざりき。只た前数ヶ月は大学禅定を苦心せしめし。代議士諸氏、樺山〔資紀〕、松方〔正義〕諸大臣と東方斎〔荒尾精〕の往復度々なりき。故に東方斎も浮世〔を〕厭ふて四月初旬より浮世を離れて、何れか身を隠して二、三月にして初めて一日〔だけ〕帰り来る。人遂に其何れの処に隠るゝやを知るなし。後に鞍馬山に九郎判官（源義経）を気取りしと云ふ説、真にちかし」と記したように、荒尾精が京都の喧騒を嫌い、同地を不在にしたため、井上雅二らの生活はますます乱れた。井上雅二は七月中旬、丹波篠山の郷里に帰省することにした。井上雅二は七月一九日、篠山に到着すると、鳳鳴義塾を訪れて宿泊し、昔日の感慨にふけったところ、「時恰《あたか》も土曜日に際せるを以て、生徒の錬磨会あり、即ち大に少年と共に豪遊を試みんと欲し」、塾生十数名を篠山角源に招き、鳥を煮て酒を飲ませ、遊んだ。この後、井上雅二は七月二一日に篠山を出立すると、奇妙ないで立ちをしていたため、帰途、周囲から「坊さん」とか「乞食」とか呼ばれつつ、七月二二日に叔父の佐野林三の家に泊まり、七月二三日に神楽村の実家に戻り、七月二四日に山田村の井上家に至り、七月二八日に天の橋立に遊んだところ、両親から通知を受け、七月二九日に再び神楽村の実家に戻った。井上雅二はこの時の模様を、「両親は余が余りに人を救はん為めに財を散じ、遂に吾身までも立つ能はざるに至らんを憂え、人を救ふは善行なれども、学生中は専心積徳して止むべしと。其辞慇懃〔丁寧〕、余〔は〕感泣して、決して誤ちなく、又かの及ばざることは、年少の中は勉めて成さざるべきを言ひ、之れを慰めて、其他談言〔論〕〔して〕前二時に至る」と記している。雅二は男友達で集まり、大騒ぎをしながら、破天荒な生活をして暮すのが好きであった。しかし、井上雅二は七月三〇日に家を出て、三国山を越え、六里の山中を歩き、生野に出て、京都の若王子山中に戻ると、さすがに放縦な生活を反省して、勉学に励んだ。

第二節　井上雅二と台湾

一　台湾への赴任

一八九五年三月一九日、清国全権の李鴻章、李経方、伍廷芳が門司に到着し、翌三月二〇日より、日本全権の伊藤博文、陸奥宗光と下関の春帆楼で講和協議に入った。四月一七日、双方は日清講和条約（下関条約）を締結し、朝鮮の独立承認及び遼東半島、澎湖島、台湾の日本割譲、庫平銀二億両の償金額を定めたが、三国干渉の結果、遼東半島は清国に返還された。同条約の批准書の交換は、五月八日である。三月三〇日、日本政府は清国との間で日清休戦協定に調印すると、翌三月三一日に各官制を発布し、五月一〇日、海軍大将樺山資紀を台湾総督兼軍司令に、水野遵を民政長官心得に任命した。樺山資紀は一八三七年（天保八年）、薩摩藩に生まれ、一八七七年の西南戦争では熊本鎮台参謀長として熊本城を守り抜き、警視総監などをへて海軍に転じ、一八九一年に海軍大臣になり、一八九四年に日清戦争が勃発すると、軍令局長に就任した。樺山資紀は一八七四年の台湾出兵を前に、台湾の調査に従事した経験があった。樺山資紀は五月一七日に京都を出立、五月二一日に台湾総督府仮条令を制定し、民政、陸軍及び海軍の三局の設置を命ずると、五月二七日に沖縄の中城湾で北白川宮能久親王率いる近衛師団と合流し、台湾に向かった。日本軍は、まず五月二九日に台湾に基隆の南方、三貂角の北に位置する澳底に上陸し、三貂嶺を越えて、六月六日に基隆に入り、六月七日に台北、六月九日に淡水を占領した。この間、伊藤博文内閣は六月一四日、勅令第七四号で台湾事務局を設置した。六月一七日、樺山資紀は台北の元台湾巡撫衙門で始政式典を挙行した。これより先、五月二三日、唐景崧、邱逢甲、劉永福らは台湾民主国独立宣言を布告し、日本軍への徹底抗戦を誓ったが、唐景崧は程なく離脱して逃走した。日本軍は、六月一九日以降、南進作戦を遂行すると、各地で激しい抵抗に遭遇し、部隊の増派を余儀なくされた。一〇月一九日、劉永福らは日本軍の攻撃を受けて安平から廈門に脱出して、台湾民主国も瓦解した。

台湾は台湾本島及び澎湖島以下、属島七八からなる。鄭成功が一六六一年、オランダを同地から追放して支配を確立したが、一六八三年に清朝政府の攻撃を受けて鄭氏政権が倒壊した。この結果、同地は福建省台湾府となった。一八八四年、劉銘伝が福建巡撫に就任すると、福建と台湾の分離を進言して認められ、台湾省が成立した。台湾省の初代巡撫は、劉銘伝である。劉銘伝は積極的な台湾統治を行い、行政区画を三府一一県三庁一直隷州に再編成した。このうち、三府は台北府、台湾府、台南府である。また、劉銘伝は三十余の機構を創設し、またこれまでの機構を再編成した。日本の台湾総督府は、これら、劉銘伝の創設、再編成した機構を継承して、台湾統治を行った。八月六日、台湾総督府条例が制定され、台湾総督が民政系統だけでなく、軍政系統の機関も兼ねるという軍政が布かれた。地方行政庁は、六月の地方官仮官制に基づき、台北、台湾、台南の三県及び澎湖島庁が設置され、これらの行政機関として台北県では知事官房、内務部、警察部、補助機関として支庁が、また台湾と台南の両県では県に民政支部、県下枢要の地には民政支部出張所が設けられた。ただし、澎湖島庁では別に分課は設けられなかった。この三県一島の庁は、下部補助機関として、街庄社長を置いた。この後、一八九六年三月三一日、勅令第八八号で台湾総督府条例が定められ、四月一日より軍政を止め、民政を布いて、中央でも勅令第八七号で拓殖務省官制を施行し、台湾の事務を管理する一省を設けることになり、台湾事務局官制も同月一〇日に廃止された。なお、北白川宮能久親王は台湾に到着後、野営を続けながら台北から台南に向かう途中、下痢、発熱に悩まされ、一〇月二八日に病死した。享年三八。

井上雅二は九月、若王子山中の生活を「是れより先、七、八月の頃等は実に不潔にして、茶碗にても鍋にても洗ふたることなく、因より家の掃除等は開闢以来絶えて無し。飯の腐るやら、菜の敗れた（ぼろぼろになったもの）やら、其の食病（食中毒）の犯かされしは、以（意）外の幸ひなりき。其の乱暴、豈に二松学舎の比ならんや。小供等の来りて、刀にて柱を切るやら、屋板を取て薪となすやら、障子に大糞するやら、小便を庭に流すやら、布団は年中敷き居り、実に梁山泊も是に至りて極りしなり。登山するもの一見して怪み、婦女子の如きも恐れて、敢て近〔づ〕かず。益々、天狗連の名〔が〕顕はる」と記している。井上雅二らの若王子山中の生活は、血気盛んな若者たちの集まりであったため、規律もあってないようなもので、奔放を極めた。このため、京都市中の人々は、彼らを「天狗連」と呼んだ。ただし、井上雅二は七月の帰省から戻ると、些か悟るところがあり、「八月中は聊《いささ》か金策に奔走することを止めたれば、八月中旬より勉学することとなる。支那語、国際法、歴史、経書の外に、土曜日に伴直之介氏の経綸学あり。日曜も鈴木〔無隠〕氏の論語心解あり。以て例となす」と記したように、勉学に集中する日々が続いた。そして、井上雅二は「茲《ここ》に於て余も聊《いささ》か東方斎（荒尾精）に大勢を聞きたるを以て、東京に出て政治学を専究せんと欲せしも、其れより先き、一ヶ年位大陸に遊浪せんと欲し、愈々先つ渡台（台湾に渡航する）に決し、其れよりは諸学問を廃して一意〔専心〕清語研究に従ふこととす」と述べて、清国周遊、台湾渡航を目指して漢語の習得に励んだ。

一〇月二六日早朝、荒尾精は突如、井上雅二に対して「何時にても上京して見よ、若し清語及第の見込あれば」と告げた。日清戦争の結果、台湾が日本の植民地となり、通訳が必要となった。井上雅二は、勉学に励みながらも、一、二年放浪して精神の一掃を図るために、「大陸の水を飲み、大陸の飯を喰ひ、異域の山川草木の間に心界改革の動機を開かん」とする日々を夢みていた。このため、井上雅二は荒尾精の申し出を受け入れ、早速同日、京都を出立して上京した。東京は、日清戦争の勝利で増長、軽薄な雰囲気が充満していた。井上雅二は一一月三日、日清戦争の結果、多くの若者や気鋭の士が堕落し、世間の雰囲気も軽薄に流れ、学生も日々、遊惰に赴いているとして、この風潮を歎いた。そして、井上雅二は一一月四日に宮坂九郎、曽根原千代三と共に参謀本部に出頭し、漢語の試験を受験した。試験官は荒尾精の門下生、三浦信一であった。井上雅二は試験に見事に合格し、陸軍通訳として台湾への赴任が決まった。月給は三五円である。井上雅二は一一月六日、尾崎行昌と共に横須賀に赴き、海軍機関学校の諸友を訪問すると別離を告げて会飲し、同日のうちに東京に戻った。井上雅二は一一月八日に東海道を上り、京都で若王子山中の友人らと別れを告げ、一一月一〇日に「延年台諸兄の友情の濃なる、其比を見ず（他に比べようがない）。如何に同じ釜の飯を喰い、同じ蒲団の中に夢を結びしとは云へ、諸兄の厚情〔の〕濃なる、破天（井上雅二）唯だ感涙を催ふのみ。知己の恩、何の日か報いん。荒尾〔精〕先生には度々教示を蒙り、余の今日に至り、聊《いささ》か世の中を知り、人間たらしめたるものは、師の訓なり。今、此の良師に離る、破天の心中〔は〕可憐《憐れむべき》の至り、然れとも抱負大にして、別離何ぞ悲むに足らん」と記している。

一一月一一日、井上雅二は台湾に赴くにあたり、郷里の神楽村に戻り、両親に挨拶を行おうとした。ところが、井上雅二が神楽村に到着し、両親に台湾赴任の経緯を語っていると、親族、知友と挨拶を交わす間もなく、荒尾精より急遽、広島に赴くよう急電があった。父の足立多兵衛は見送りを固辞した。このため、雅二は母のイト子一人に見送られて神楽村を立ち、広島、更に宇品に至った。一八九四年、山陽鉄道により広島と宇品の間に軍用鉄道が敷設されると、宇品が対外進出の重要な前進基地となっていた。井上雅二は一一月一八日、汽船に乗り、宇品を出港して台湾に向かった。船中は、人夫などで寿し詰め状態であった。井上雅二は「余等一行は人夫抔と一緒の室に豚の如く積み込まれ、狭隘身を横にする能はず」の状態の中で台湾に向い、一一月二二日に基隆に到着し、兵站宿舎に泊まり、「例の豚生活となる」と記した。井上雅二は一一月二三日、「〔汽車は〕馬車より遅し。坂を上るには却て後より車を推すの奇談あり」と述べて、汽車で基隆を出て台北に向かった。雅二は同日、台北に到着後、人力車で台湾総督府、更に宿舎に至り、「総督府は西門街にあり。固《もと》府庁の跡、城内は東西南北街等ありて、町内清潔、日本人は殆んど城内に満ち、日用品は悉く備はり、玉突屋迄出来たり、又異郷の感あらず」と感想を述べている。井上雅二はこれより約二週間、台北でぶらぶらした後、一二月一〇日に民政局付けを命ぜられ、一二月一一日に台湾民政局埔里社出張所詰めとなった。埔里社は、台湾のほぼ中央に位置した。

二　原住民との交流

一八九五年一二月一六日、井上雅二は台北を出立し、新竹をへて、一二月二三日に北斗に到着、一二月二四日に人夫を入れて四〇数名で北斗を出立し、頭社をへて、「行程五里、此の間亦た一の坦道なく、連山重畳（山々が折り重なるように連なり）、前日に同じく、道路の峻険なる、殆んど内地に見るべからず」という状況の中、一二月二六日に埔里に到着した。埔里は「蕃山四塞の間」にあり、「僅か平地一里四方あるのみ」の地であった。一二月二六日、井上雅二は埔里社出張所の所長以下、各所員に対して、挨拶を行った。井上雅二が撫墾局で与えられた仕事は、原住民との交渉、通訳である。しかし、井上雅二が日本で習った漢語は台湾では通ぜずに、全く意味をなさなかった。やがて歳の瀬に入り、撫墾局もまた休業状態となった。井上雅二は一二月二九日、漢人も招撫局（撫墾局）より北に入ることができず、仮に入ったならば局も焼き払われるとして、「社員嘗て蕃界（原住民の住地）に入る数町、忽ち蕃衆（大勢の原住民）来り、兵器を以て之れに擬す、社員愴惶（あわてふためき）、蕃婆によりて遁れ返る」という話を聞いた。井上雅二が何より驚いたのは、このような台湾の僻遠の地にもカトリック教会が数多く存在したことである。カトリック教徒は漢族だけでなく、原住民の中にもいて、ローマ字を解し、十字架を身に付けていた。このため、井上雅二は一二月三〇日、「宣教師の此の如き、関山千里の埔〔里〕社に入りしより、既に二十余年を経ると云ふ。其の熱心真に感ずべし。我内地の腐僧侶（腐れ坊主）等大に奮発せずして可ならんや」と記して、日本の仏教徒の奮起を促した。翌一二月三一日は、大晦日である。井上雅二はこの一年を振り返って、郷里で井上秀と婚約し、京都で荒尾精に会い、若王子山中で仲間と修行に励み、今また台湾で暮らしていることに、一抹の感慨を覚えた。

台湾総督樺山資紀は、一〇月一九日の劉永福らが台南府から脱出し、廈門に向かったことを受けて、一一月に東京の大本営に対して全島の平定を報告した。しかし、台湾全島では、この頃より各地で原住民のゲリラ活動が活性化した。翌一二月、台湾東北部で蜂起が起こり、宜蘭を包囲、日本軍を襲撃した。また、同月から翌一八九六年一月にかけて、簡大獅や陳秋菊らの原住民が台北を奪回しようとして襲撃し、台湾全島が騒然となった。台湾総督樺山資紀は一月二日、大本営に対して、増援を要請した。井上雅二は一月一日、「蕃民撫育掛となる。是れ余の尤も望みし所、是れからは生蕃相手に太古の民となり変り、大に試みる所あらん」と、決意の程を述べている。井上雅二は同日、正月にも拘らず、原住民が招撫局を訪問する日であったため、準備に余念がなかった。やがて、井上雅二らは招撫局に赴き、霧社の首領と兄弟の契りをなし、石を埋めて誓約の不変なことを告げると、霧社の首領は百方力を尽くし、四〇名余りの配下の小首領を帯同してきて、総勢二〇〇余の大勢となった。井上雅二は彼らと酒食を共にして交流を深めた。すると、これら現住民は「蕃舞胡茄」を歌い、出張所の所員も剣舞などして親密の意を表し、一椀にて酒を酌み交した。夕刻、井上雅二らは、彼等に水牛などを与えて帰すと、河村久太郎と夜遅くまで談笑して帰途に就いたが、途中で泥酔者に遭遇し、キリスト教の礼拝堂に避難し、更に原住民同士の争いに巻き込まれるなどして、ほうほうの態で帰庁した。井上雅二らが庁に返ると、数名の原住民が来て耳飾を乞うたため、苦心して種々の物を作って与え、帰らせた。

　一月三日、井上雅二は陸軍少佐仙波太郎の提案で、埔里社から台中に至る間道を探し出すため、総計一四名で合水渓の流域を探検した。仙波太郎は、一八五五年（安政二年）、伊予（愛媛）に生まれ、陸軍士官学校、陸軍大学校を卒業後、ドイツに留学し、日清戦争では歩兵第一一聯隊大隊長として出征した。仙波太郎の判断によれば、埔里社の地勢が西に開いており、合水渓を下れば台中への間道に出るはずであった。井上雅二らは鉄砧山を越えて打剪山から奥地に入り、鬱蒼とした密林をへて一月四日に彰化に出て、新しい行路を発見した。一月五日、新年の宴会が陸軍少将児玉源太郎を迎えて行われた。この矢先に、台北附近における原住民の蜂起が伝えられた。井上雅二は、台北附近が太平楽に流れ、この事態を予見できなかったとして、「実に迂闊《うかつ》の極と云ふべし」と記した上で、この原因を「施政の方針」の誤りに帰した。台湾では風説が入り乱れた。井上雅二は一月一〇日、「生蕃交易場」の監督に従事したが、「蕃民は公平無私、天真爛漫のものたり。貿易章程二月六日に布達す。彼等太古の蒙民、此れを撫育する、実に大切なり。彼等をして恐るべくして、敬せしむるの観念を与へざるべからず」と述べ、「我朝に於て招撫局を設け、之れを民政局より独立して行はしめ、局員〔が〕専門に之れに当るにあらざれば、好果得て望むべからず」と論じた。井上雅二の方策は、武力による威圧ではなく、慰撫と啓蒙、教化にあった。日本の増援軍は一月一一日に基隆に到着し、宜蘭地区を平定した。ただし、雅二は一月一六日、人心が戦々恐々として交戦中の面持ちとなり、所長までもが門前に薪を焼き徹夜の警戒を主張したため、彼らを嘲笑して「日本官吏も剛胆なるものかな」と喝破した。

井上雅二によれば、台湾の治政は、「清国通」に委ねるべきものであった。何故ならば、台湾の治政も、台湾の事情に通じた者でなければ必ずや失敗すると思ったからである。一月二四日、井上雅二は他の人員と共に北角招撫局に赴き、ここで霧社の首領「ヒオサポ」と落ち合うと、彼の先導で奥地へと入り、「行くこと十余町、蕃界に入る。此の豁の間を溯り、九芭林山を左にして往く。此間、蘆葦〔が〕人影を没し、殺気人に迫る。行く一里にして、酋長動かず。三人以上の人は今日は之より奥へ入るべからずと。談論数刻、已むなく抽籤して三人のみ入ることゝして、余等は各処を探検、得る所少なくして、夕刻帰る。……軽躁は事を誤り、宋襄の仁（無用のなさけ）は大将の為にならず。余は此の二語の味を知得せり。此行の利は是れのみ」と記した。井上雅二は一月三〇日、官吏が将たるの略もなく長たるの才もなければ、部下の分裂も収拾できないとして、「属僚俗吏の真面目」として、「上たるもの〻馬鹿は遂に大方針を誤り、不測の災害を来すものなる〔こと〕」を知り、現今のアジアの多難なることを思うと、深夜にもなかなか寝付くことができなかった。井上雅二は一月三一日、「一月中諸感。俗吏間の情体（態）、是れが御上の飯喰初めなれば、此等の点に付き大に会得する所あり。益々俗吏の下等なるを知る。山林的の精神一もなく、名利に汲々たるの情〔は〕可憐の至り。身存して心既に死するもの。正邪曲直の辨、大に会する所あり。……生蕃相手に心を益する多く、語るに友なく、蕃山四塞の別天地、大に吾が真を養ふに足る」と述べて、台湾の治政、日本の官吏に嫌悪感を示している。

台湾総督府は腐敗し、汚職も頻発し、疑獄事件も多発した。日本の官吏は、一攫千金を狙って台湾に至り、統治を行ったため、物盗り同様の態をなした。これに対して、台湾では古来より固有の慣習、方法で統治が行われていた。井上雅二は、原住民の蜂起が台湾総督府の統治方法の誤りによると考え、この台湾の固有の慣習を尊重すべきとした。井上雅二は二月七日、陸軍少佐花坂圓との間で原住民の統治方法を論じ合った。花坂圓は一八五三年（嘉永六年）、南部藩の盛岡に生まれ、陸軍士官学校に入学、参謀本部出仕となり、一八七九年と一八八四年に清国に差遣され、各地を周遊して一八八五年に帰朝、日清戦争では歩兵一二聯隊中隊長として出征、第一軍司令部附に転じ、大本営附、台湾総督府附となり、台湾に赴いた。花坂圓はここで、井上雅二に対して「撫育的の緩慢手続を取らず、充分取扱（調）べをなしたる上、若《も》し打払ふべきんば、之れを討滅するの勢を以て生蕃に対せん」と述べ、この理由を「若《も》し主人（原住民）を屈従、吾治下ならしむる能はずんば、帝国の主権なるもの何の辺にある」と説明した。井上雅二はこれに対して、「主論なり。然れとも余は之に反す」と述べて、招撫局を民政部より独立させて台湾総督府の直轄とし、「之れに熱心なるものに全権を委ね、以て生蕃の智識を開拓し、之れに人倫礼儀の何たるを知らしめ、所謂此の民を率いて此の土に役し、去るものは去らしめん」と主張した。日本の官吏の中には、アヘンの吸飲に染まる者も出た。このため、井上雅二は二月一二日、「世の中に馬鹿程恐ろしきものなく、世の中に小人程始末に困るものはない。己れの卑俗なるを知らずして徒に『チャン』輩〔が〕己れ等を軽蔑すとて怒る。不知自ら招くものなるを。中心、一の光風霽月的のものなく、極小、豆よりも小に、余輩傍観して大に自戒する所あり。当府俗吏の情頗る可憐《憐れむべし》」と記して、官吏の育成、精神修養が肝要になると考えた。

三　台湾からの帰国

日清戦争では、日本軍将兵の死者の約八割が台湾領有戦争により、台湾領有戦争の死者の約九割が感染症によった。すなわち、感染症による死者は、戦闘による死者よりも圧倒的に多かった。日本軍将兵の間に流行したのは、マラリア、赤痢、ペスト、栄養不足による脚気病などである。もともと、台湾では、至る所に窪地、水たまりがあった。また、各家屋に便所がなく、下水が道路に排出され、下水溝もなかったため、地下に汚水が浸透した。このような衛生環境の悪さは、日本から台湾に渡った官吏、商人にも、言い知れぬ恐怖を与えたであろう。もちろん、井上雅二の周辺でも、感染症による死者が出た。二月一四日、旧暦の正月であった。このため、井上雅二は同日、「旧暦正月の元日にて、蕃家爆竹の声、夜眠を驚かす。二月一四日は故国の正月元日、雑煮を喰ふの日、感多少ぞ。天涯遊士、長く慈情に背く。仮令《たとえ》大志を抱くとは云へ、無限の暗涙あり。『チャン』の小供等の餅を喰ふて呼ぶのも浦山敷《うらやまし》き限りなり」と記している。さすがの井上雅二も、故郷の正月を思えば、涙がしとどに流れた。のみならず、同日、井上雅二は一巡査が重病に陥っていることを知り、「氏の心中に立入りて、余の情に弱き密かに暗涙を流したり。皇天願くは吾が壮士を助けて病を癒えしめよ」と記した。しかし、翌二月一五日、井上雅二らの祈りも適わずに、同巡査は死亡した。いかに職務とはいえ、家族と離れ、異郷の地に死すことは、痛恨の極みであったであろう。井上雅二は二月一六日、「久保田巡査部長〈鹿児島県人〉瘧（おこり、現在のマラリア）を以て遂に死去せり。西門外の郊野に葬る。日本人の来りしより、死者二人を数す。万里の山河に北邙（墓地）一片の烟と化す。余〔は〕想過考来（あれこれ繰り返し考える）、人生朝露の如きに歎し、一長篇を以て之れに弔す」と記し、異郷の地で死んだ巡査を追悼した。

井上雅二は三月四日、「桧山〔鉄三郎〕所長等帰庁す。ガヤ〳〵面倒臭い。独乙（ドイツ）の中尉〈公使館の奴〉来る。役人共、大騒するも可笑《笑うべし》。彼れ何物、吾国の横坐弁慶には驚き入れり」と記した。そして、井上雅二は三月六日、これまでの生活を総括し、「会々此の蕃界にあり、常人の知らざる心境工夫に便を得しと雖も、今や通訳官は全く通弁のみとなり、以て少しも能力を使ふ能はざることとなれり」と述べた上で、官吏の無能を批判し、「即ち以て去るべきの時来れるなり。然かも徒らに見、徒らに聞き、徒らに異域を跋渉したとて、何の益する所あらん」として、台湾を去り日本への帰国を決意した。井上雅二はここで、台湾総督府民政庁を一端辞職して、台北から淡水に出て、廈門に渡って上海に入り、清国本土を遊歴するか、適わなければ一端帰朝し、改めて清国を旅しようと考えた。ただし、井上雅二は参謀本部で試験を受け、陸軍通訳として台湾への派遣が決まり、台北で民政局附を命ぜられ、台湾民政支部埔里社出張所詰となり、埔里社に派遣されていた。このため、井上雅二が辞職するためには、台湾総督府ばかりでなく、陸軍の承諾も得る必要があった。同日、井上雅二は埔里社撫墾署署長桧山鉄三郎に辞職の件を相談し、桧山鉄三郎の賛同を得て、「御用出張」の名義で台北に行くことになった。ただし、井上雅二の埔里社出立は、都合により遅れた。そして、井上雅二は「台北行も今日延び、明日延び、空しく行李を収めて唖然大笑するのみ。世の中は妙なもんぢゃ」と述べつつ、三月一六日に漸く出立が決まると、早朝に諸官吏に別れを告げ、埔社里を出立し、台北に向かった。この時点で、台北と埔里の間には、往時と異なり道路が開通していたが、急造のため快適とはいかず、何度も椅子からころげ落ちそうになった。

三月、明治政府は帝国議会に「台湾に施行すべき法令に関する法律案」を提出して採択され、同月末日に法律第六三号として布告、四月一日から施行した。これが、いわゆる「六三法」である。同法律は、台湾総督に対して台湾のみに限定した立法権を与えていた。もちろん、この背景には、漢族、原住民の蜂起があった。台湾総督樺山資紀は早速、「台湾総督府法律条例」（律令第一号）を制定して、各級裁判所（法院）を設立、裁判官と検察官を任命した。ただし、樺山資紀は五月に在任一三ヵ月足らずで辞任し、陸軍中将桂太郎と交代した。しかし、桂太郎もまた、同年一〇月、在任期間わずか四ヵ月で辞任し、陸軍中将乃木希典と交代した。この間、井上雅二は三月末、台北に戻ると、台湾総督府で辞任運動を続けた。井上雅二は三月二七日、台北で知人の草間正人に遭遇し、辞任の協力を要請すると、三月二九日に淡水に旅行をした。井上雅二は「此の間行程五里、沿道の風色亦佳なり。淡水滬尾街の遠望は中々文明国の様ぢや」と述べつつ、二時間ばかりたつと、船が税関前に投錨したため、直ちに上陸し、支庁長代理の隠岐を訪問し、その周旋で東洋館に宿泊し、夕刻各地を散策した。井上雅二はここで、「恰《あたか》も名月の夜なるを以て、丘上に登りて支那海を眺め、怒濤叫号（泣き叫ぶ）、氷輪水中に落ち、波静かにして金紋点々、捕ふべからず。如《も》し一葦帯水（一本の川を隔てたような親密な関係）を隔て大陸通ずるかと思へば、雄心破浪（浪を蹴立てる）の気〔も〕已み難し。況んや、今回の此の遊、固より禹域跋渉（清国の山野を駆け回る）を期するものなるをや」と述べて、大陸への思いを深くした。

三月三一日、井上雅二はこの月を振り返り、「此の月は夢裡に過ぎたと謂ふべし。何の得る所なく埔域に寝喰するも、心思不定にして未だ心胆錬磨の妙味を解するなく、此の後、悠々徒消して台北に来りしも、運動〔も〕不如意（意の如くならず）、只た茫然として浮世の役人連に伍し、嘻々（喜び笑い）哼々（世間話をする）せるのみ。心中一つの益する所なし。此の大愉快の時に当り光陰を徒消（いたずらに消耗）す。実に断腸の思あるなり」と述べている。井上雅二は四月一日、草間正人より呼び出されると、文書課より通達を受けて、一端、辞表を提出することになった。ところが、四月一八日、本国より、民政局の通訳生で不要の者に対して、内地に帰還させるように指令が出た。このため、井上雅二はもともと陸軍通訳として赴任していたが、身分を民政局通訳生に変更して辞職、内地に帰還するという形を取った。井上雅二は同日、台湾総督府の朝令暮改、辞職手続きをする際の混乱を批判し、かつ同府についても「然かも台湾方今の施政の頽れたる、昔日清帝政府の時より甚しきものあり。官吏の賄賂公行し、其の積金を私するもの、比々（いずれもみな）然り。鴉片規則と云ひ、樟脳製造規則と云ひ、一も可なるものあらず。人夫のみならず、官吏の淫風盛にして、白昼公然姦淫するものあり。実に慨嘆の至りなり。土匪の蜂起する、其理あるなり。嗚呼、百戦万骨に枯らして買得たる此の掌的島（手のひらのような島）すら、経営する能はず、吁、余亦何をか云はん。実に嘔吐を催するあるのみ」と記した。日清戦争の結果、日本政府は台湾を植民地にしても、統治の準備が出来ていなかった。井上雅二は、台湾総督府の混乱を身に沁みて感じると、台湾総督府で書類を作成して辞職の手続きを行い、早速に帰国の準備に入った。しかし、井上雅二の帰国の手続きは、なかなか順調には進まなかった。

井上雅二は五月一日に兵站部で旅券を受け取ると、翌五月二日に一〇数人の見送りを受けて台北を出立、基隆に入った。五月三日、井上雅二は、同行者六人と基隆で小樽丸に乗船し、帰国することに決まった。雅二は、同日の日記に「暫らく台湾の風土には離れねばならぬ。只だ事情頗る閉口の一事のみ、翻て昨秋、此地に来りてより以後の事思へば、茫として夢めの如しだ。空拳に来て空拳に去る。得たる所は」と記している。そして、雅二は五月四日、他の仲間と共に基隆を出港し、玄海灘を渡り、五月七日に宮島をへて、宇品に到着した。しかし、井上雅二ら三名は、勝手に民政局通訳生に名目を変更したとして、辞職の辞令交付の問題点を指摘され、暫く広島に留まって審査を待った。五月九日、井上雅二は辞職を正式に認められ、四月分の月給を得て、田鍋安之助と共に広島を出立した。井上雅二は五月一〇日に田鍋安之助と共に岡山、神戸をへて、京都に到着し、若王子山中に根津一を訪れて、帰朝報告をした。そして、井上雅二は五月一一日に田鍋安之助と東山病院に中島真雄を訪ね、宿舎に戻ると、奈良崎八郎、黒木実猛が来ていたため、連れ立って根津一、荒尾精の許を訪れて酒を飲んだ。井上雅二は五月一二日に汽車に乗って京都を離れ、上京の途についた。井上雅二は五月一三日に東京に到着すると、田鍋安之助と共に駿河台の日昇館に投宿し、友人らに帰京を通知した。井上雅二はこれ以降、五月一四日には尾崎行昌、頭山満と、また五月一五日には沖禎介、新橋栄二郎、福本誠と、五月一六日には横田文吾、大沢龍次郎と会い、連日のように友人と痛飲、談笑した。そして、井上雅二は五月一八日、田野橘治と散歩し、下戸塚町に下宿を定めると、五月二一日、郷里に知らせを発し、東京における修学を申し送った。

第三節　沈思黙考の結果

一　新たな出会い

一八九六年五月、井上雅二は台湾から帰朝した。台湾の領有は、日本が海外、特に「南洋」に進出する上で大きな意味を持った。しかし、日本政府は、何ら充分な準備を伴わないままこれを行ったために、大きな問題を派生させた。また、井上雅二にとって、台湾赴任は、長い人生で最初の海外訪問及び現地滞在であった。雅二は台湾総督府の施政、日本の官吏の横柄、無能に失望したが、却ってこれらの経験を得ることで、将来に新たな指針を見出すことができた。これらの将来の指針は、次の三点に収斂する。第一点は日本政府の植民地経営の杜撰さである。台湾の日本割譲は、日本政府が日清戦争を優位に進める過程で、急遽加えられた。このため、日本政府は、台湾経営に充分な準備をできなかった。日本の将兵や通訳の中に、鴉片吸飲者や多数の感染症による死者を出したのも、これが一因であったとされる。また、台湾総督府の通訳の多くは、台湾で用いられる言語に通じていなかった。井上雅二も、日本で習った漢語が役に立たなかったため、始終暇を持て余していた。ただし、井上雅二はこのために、日本の植民地経営について、重大な教訓を得た。第二点は、日本の官僚、役人、商人に対する幻滅である。日本人で台湾に渡った者は、多くが一攫千金を夢見た投機的な人物であった。彼らは台湾に定住する積りも、骨を埋める覚悟もなく、台湾の漢族、原住民に軽侮された。雅二はここで、人材育成、精神修養の必要性を痛感した。第三点は、台湾の漢族や原住民に抱いた親近感である。井上雅二は日本の役人の傲慢さに辟易する反面、台湾の原住民の素朴で純粋な性格に親近感を抱いた。

井上雅二は台湾から戻ると、再び勉学に励む決意を固めた。もともと、井上雅二は一八九四年一二月に海軍機関学校を辞めて帰郷し、翌一八九五年二月に山田村の井上秀と婚約を果たすと、直ちに上京して学校に入り、政治、経済などを学ぶ予定でいた。ところが、井上雅二は偶然にも京都で荒尾精に出逢い、意気投合して、若王子山中で荒尾精に師事することになり、更に荒尾精の紹介で台湾に渡り、民政庁埔里社出張所で陸軍通訳として働き、一八九六年五月に見聞を広めて帰朝するに至った。この結果、当初の計画よりも、一年間、学校に入る予定が遅れたことになった。ただし、井上雅二は台湾で台湾総督府の統治や官吏の資質に幻滅すると共に、国際情勢など、勉学の必要性をより深く感じ、目標を明確にすることができた。雅二は五月二二日に東京専門学校に赴き、入学規則を聞いたが、春学期が既に開始しており、学期途中の入学が不可能なため、九月の秋入学を目指した。雅二は五月二二日、「夜来読書数刻、自ら思ふ、余台湾に航してより放浪、禁酒に〔加えて〕流連（ぶっ続けで遊ぶ）して読書に乏しかりし為め、且つ風土の悪しきとにより、脳を鈍にせしの気味あり。其の根気に乏しきに至りしこと甚し。「歳大革新以て一掃せざるべからず」と記して、これ以降、曾国藩の家訓に従って修身の道を極めんとすると共に、「歳月人を待たず。悠々已に二十春秋（年）、然かも志大に天下を以て自ら任ず。豈に小疵の至りならずや。吁々、机に対して感慨多し」と述べた。

五月、海軍機関学校の井上雅二の同期生が卒業となった。井上雅二も海軍機関学校で順調に学科を修めたならば、同時期に卒業したはずであった。同期生たちは卒業後、遠洋航海の途に就く予定であった。井上雅二は東京専門学校の入学が九月になり、時間に余裕ができたため、湘南周遊を試み、横須賀に出て彼らに会おうとした。井上雅二は五月二三日、「蕃布製の豪傑袋」に刀杖を携え、新橋から汽車に乗り、品川、大崎、川崎、大船をへて湘南に到着すると、楠ヶ浦倶楽部に身を投じた。翌五月二四日、海軍機関学校時代の友人たち、栗田富太郎、木村貫一、足立重徳、前野邦忠、南沢安雄、藤江逸志、小川正男、鈴木重彦など、十数名が井上雅二の許を訪れて、共に酒を酌み交した。井上雅二はこの模様について、「漸く談佳境に入れば、酒益々薦められ、杯盤狼藉（酒杯や皿が散乱する）たり。諸友の厚情、何〔時〕もなから多謝々々、鯨飲（鯨が水を飲むように大酒を飲む）、日の傾くを知らず。薄暮相携えて学校に至る。古戦場なる橋上に蝟集して濃情百出、別るゝに忍びず」と記している。横須賀は、井上雅二がかつて海軍機関学校で研鑽を深めた、正に「古戦場」であった。井上雅二は海軍機関学校を訪問後、友人らと別れ、夕刻の列車で逗子に赴き、養神亭に入った。井上雅二の目的は、池辺吉太郎を訪ねることにあった。女中の話では、池辺吉太郎は葉山の井上馨の別荘に滞在中であった。このため、井上雅二は晩餐を済ますと、葉山の別荘に出掛け案内を乞うと、池辺吉太郎が独りでいたため、「初対面の挨拶終りて、世談暫時再会を期して別る。氏も不日（近いうちに）上京の様子」と述べた。

池辺吉太郎は一八六四年（文久四年）、熊本藩士池辺吉十郎の長子として熊本に生まれた。池辺吉十郎は、西南戦争で熊本の同志を率い、西郷隆盛側に立って官軍と戦い、敗れて刑死した。池辺吉太郎は熊本で国友古照軒の下で漢学を修め、一七歳で上京して中村敬宇（正直）の同人社に学び、福沢諭吉の慶應義塾に転じ、一八八八年、柴四郎と共に『経世評論』を創刊、一八九一年の東邦協会の創立会議では久島惇徳、川崎紫山と共に編纂委員の一人となり、一八九二年に『日本』に客員として執筆した。池辺吉太郎は一八九三年、細川護成に学友として随伴してフランスに遊学し、一八九六年に帰朝した。フランスは第三共和政にあたった。細川護成は肥後熊本藩第一二代藩主の細川護久の子息で、長岡護美の従兄弟である。井上雅二は、一八九六年にフランスから帰朝したばかりの池辺吉太郎を訪れ、「氏は故熊本豪傑池辺吉十郎翁の子にして、多年欧州に留学、近頃帰朝せるなり。容貌魁梧、風采堂々、然かも大志あるものゝ如し。大に世人に賞讃せらるゝの人なり。其の濃情は直に動作の間に顕る」と記した。この当時、『大阪朝日新聞』と『東京朝日新聞』は別立てであり、社説も異なった。池辺吉太郎は同年一二月、『大阪朝日新聞』の客員（事実上の主筆）高橋健三の後任として同社に入ると、一八九七年一一月に西村天囚の清国渡航に伴い、『大阪朝日新聞』と『東京朝日新聞』の主筆格になり、一八九八年以降、『東京朝日新聞』の専任となった。池辺吉太郎は入社後、同紙の紙面を大胆に刷新し、社説、論説に力を入れると共に、特派員を海外の各地に派遣して海外報道の充実に努めた。この結果、一八九七年の全国の各新聞の発行部数は、『大阪朝日新聞』が三六二一万部、『万朝報』が二六四一万部、『大阪毎日新聞』が二一四二万部、『東京朝日新聞』が二〇〇四万部、『中央新聞』が一九二九万部となった。

井上雅二は五月二四日、池辺吉太郎に葉山で会って後、五月二五日に鎌倉に向い、大船で高田早苗と会い、ここで湘南旅行を終えて東京に戻ると、台湾時代の同僚、山田良政も東京に来ていた。山田良政は、一八六八年一月、津軽藩士山田浩蔵の長子として弘前に生まれ、叔父の菊池九郎の経営する東奥義塾に学び、更に青森師範学校に進学したが、全寮制の寮内で賄経費をめぐる騒動で、退学処分を受けた。このため、山田良政は同校退学後、同郷の先輩の陸実を頼って上京し、漢語を学習すると共に、一八八九年に水産伝習所に第一期生として入り、一八九〇年に北海道昆布会社に入社し、上海支店に赴任した。陸実は一八五七年（安政四年）、津軽藩士中田謙斎の二男に生まれ、一八七九年に陸家を継ぎ、司法省法律学校に入学、国分高胤、福本誠、原敬、寺尾亨と同窓となり、同校卒業後に農商務省翻訳局に勤務するも、明治政府の欧化政策に反対して辞職、一八八八年に『東京電報』、一八八九年に『日本』を創刊し、論陣を張った。山田良政の生家は、陸実の生家の通りを挟んだ向いにあった。山田良政は一八九四年、日清戦争が勃発すると、陸軍の通訳官として遼東半島や台湾に赴き、一八九五年に台湾総督府に勤務し、井上雅二と同僚として知り合った。井上雅二は四カ月前の一月二五日、「山田〔良政〕通事、温竹郷と同行、五崎堡附近を巡回す。田租徴収の為めなり。或る村落抔《など》は総理もなく、不規律極〔ま〕るあり。皆、民政局の落度〔による〕。夕方帰れは、三人の一行も政庁も居れり」と、台湾での山田良政の勤務ぶりを記している。井上雅二は台湾で殆ど友人を持つ事ができなかったが、山田良政こそ数少ない友人の一人であった。このため、井上雅二は、台湾総督府の辞職に際しても、様々な手続きの斡旋について、山田良政に相談を行っていた。このため、井上雅二は五月二六日、奈良崎八郎を信濃屋に訪問して会話を行い、更に西紺屋町に山田良政を訪ねた。しかし、山田良政は同日、不在であった。

二　日清戦争の影響

大本営は戦時の最高統帥機関として、明治天皇の名の下に設営された。一八九四年九月一五日、大本営は、広島に進出した。参謀総長の有栖川熾仁親王（一八九五年一月死去）、ついで小松宮彰仁親王、参謀次長川上操六、海軍軍令部長樺山資紀が、明治天皇の幕僚長として陸海軍の作戦計画に参画した。陸軍では、山県有朋が第一軍司令官として戦地に行き、陸軍大臣の大山巌が第二軍司令官として出征し、海軍大臣の西郷従道が陸軍大臣代理を兼任したが、陸軍次官兼軍務局長の児玉源太郎が陸軍の実質的な軍事行政の責任者となった。川上操六は一八四八年（嘉永元年）、薩摩藩士の三男に生まれ、一八六八年の戊辰戦争、一八七七年の西南戦争を戦い、一八八四年から約一年間、陸軍卿大山巌の欧州兵制視察団の一員としてヨーロッパに赴き、帰国後に参謀本部次長となり、一八八七年より約一年半、ドイツの軍制、軍略、国際情勢の分析に従事し、一八八九年三月、再び参謀次長の職に就いた。川上操六は、荒尾精の日清貿易研究所も支援した。しかし、宗方小太郎が一八九三年四月二五日、「蓋し機密費の実権は参謀本部川上操六〔が〕之を握る。川上嘗て荒尾精の事業を賛し数万の金を費し、今日の失敗に至りしを以て四方の攻撃を受け、又た大山〔巌〕等も其不始末を咎め居る際なれば、大山より主として之を賛する能はざるの情実あり」と記したように、同所の借金が川上操六の責任問題になりかけた。一八九四年五月末、川上操六は日清戦争の勃発を想定して運輸通信業務の準備を進め、大本営が六月五日に参謀本部内に設立されると、参謀部陸軍主席参謀と兵站総監を担い各部署の総指揮官となった。

荒尾精が日本で資金調達に奔走する間、上海で日清貿易研究所代理として学生の監督・教育に当ったのが、根津一である。根津一は一八六〇年（万延元年）に甲斐の日川村に生まれ、一八七七年に陸軍の教導団、一八七九年に陸軍士官学校に入って荒尾精と知り合い、一八八五年に陸軍大学校に進学した。陸軍は山県有朋、大山巖ら主流派と三浦梧楼、曽我祐準、谷干城、鳥居小弥太ら「四将軍」が軍制改革をめぐり対立していた。しかし、前者の主流派が後者の「四将軍」を押し切り、桂太郎の主張を入れて、軍制改革にドイツ・モデルを採用し、ドイツから参謀将校を招くことになった。陸軍卿大山巖はドイツの陸軍大臣シュレンドルフにこの人選を依頼した。シュレンドルフはゴルツを推薦したが、参謀総長のモルトケがこれに反対し、メッケルを日本に派遣した。ゴルツはモルトケの正統の後継者で理論派であったが、メッケルは実用的な戦術を得意とした。ところが、メッケルは陸軍大学校の講義中、ドイツの一師団を自分に率らせたならば、日本陸軍など縦横に駆逐することなど簡単であると述べた。根津一はこれに激怒し、事々にメッケルと対立して、一八八六年に同校を退学した。根津一は同校退学後、東京砲兵聯隊付、仙台の砲兵大隊副官をへて、参謀本部に転じたが、一八九〇年には参謀本部を辞して軍籍を離れ、荒尾精の日清貿易研究所に協力するため、上海に渡った。根津一は一八九二年に『清国通商綜覧』を発刊し、一八九三年六月に日清貿易研究所が八九名の卒業生を出して閉鎖すると、蘇州、杭州、清国北部、満洲、朝鮮を視察して一一月に帰朝した。根津一は参謀次長川上操六の内命により、福島安正の後任として参謀本部編纂部長に就くか、神尾光臣の後任として清国公使館附武官に就くか、いずれかの進路を打診されたが、いずれも断わり、翌一二月に京都の南禅寺付近に隠棲した。

一八九四年、根津一は京都隠棲中、林丘寺の滴水禅師に師事し、参禅の日々を送ったが、日清戦争勃発の気配が濃厚になると、参謀次長川上操六からの電報を受取り、急遽、上京を促された。根津一は上京後、参謀本部に赴き、川上操六に対して、時局に関する意見を問われるまま建策した。根津一は七月二三日、川上操六の命により、参謀本部に復職し、上海に赴く途中、長崎で宣戦の布告を知った。根津一は九月一四日、上海から帰朝した。明治天皇は九月一三日、参謀総長有栖川熾仁親王、参謀次長川上操六などと共に新橋を出立し、九月一五日に広島に到着した。九月一七日、根津一は広島大本営の御前会議で、作戦意見を奏上した。同奏上は、二時間半にも及んだ。根津一は広島大本営で、川上操六より通訳官の探索を委嘱され、日清貿易研究所の卒業生、関係者に急電を発して、広島に参集させた。この数は、百数十名に上った。根津一は一〇月一六日、大本営より員外参謀を命ぜられ、第二軍司令部付けとなり出征、大同江に七日間停泊し、海軍水雷艇で上陸地点を探った。日清貿易研究所の卒業生、山崎羔三郎、鐘崎三郎、藤崎秀三は、清国の漁夫の服を着て水雷艇に乗り、花園口附近に上陸した。一〇月二六日、この三名は旅順方面の敵情視察の任に就く途中、金州付近の碧流河で清朝政府の巡邏兵に捕縛され、処刑された。根津一は一八九五年二月六日、民政庁の雇用者から、山崎羔三郎、鐘崎三郎、藤崎秀三の三名が金州城外で処刑され、金州城外西南の地、旅順街道の右側に埋められたことを聞き出すと、同地に赴いて凍結土を掘り返し、三体の遺骸を発見して荼毘に付し、懇ろに追悼の法要を営んだ。

根津一はこの後、「大日本国志士山崎羔三郎君、鐘崎三郎君、藤崎秀君、捨生取義（命を捨て義を取る）之碑」と大書した碑を、金州城北門外の山上に建立し、同山を三崎山と命名した。一八九五年六月一五日、根津一は軍司令部と共に宇品に凱旋して参謀本部に復命すると、京都の若王子山中に隠棲を決意した。宗方小太郎は一〇月三〇日、根津一の訪問を受け、明日より京都に転居するとして、別離を告げられた。根津一は翌一〇月三一日早朝、新橋を列車で出立し、同日深夜に京都に到着すると、若王子山中の寓居に再び隠棲を始めた。根津一は、日清貿易研究所の教え子を諜報活動で死なせたことに痛惜の念を抱き、晩年まで「嗚呼、予は実にかの九人を殺せり」と述べたとされる。根津一はこれらの遺族の子弟を若生寺山中にある寓居に引き取り、養育に務めた。三名の碑は、占領守備軍の撤退と共に、金州から日本に運ばれ、一八九六年四月に泉岳寺に移され、赤穂浪士の四七士の墓前に建立された。井上雅二は五月二八日、田野橘治、中原毛介と共に泉岳寺に出掛け、赤穂浪士を弔うと共に、山崎羔三郎、鐘崎三郎、藤崎秀の三氏の碑を見て、「碑は三个を連て高からず大ならず、山崎、藤崎、鐘崎三氏の記念、遼東金州城外より持来りしなり。只た其の位置の良からざるを惜む。然かも三氏の忠烈可想《想うべし》。而して大日本帝国志士某君捨生取義之碑と題せるに至ては、知人根津〔一〕氏の深意のある所、後進の吾輩〔は〕深夜〔に〕墓側に至り、竦然（慎しみて）感嘆久之《これを久しくす》」と記した。

日清戦争で清国の各地で諜報活動に従事し、清国の官憲、兵士に処刑されたり、行方不明になった者は、先の三名の他にも、藤島武彦、大熊鴻、猪田正吉、楠内友次郎、福原林平、石川伍一の六名がいた。石川伍一は一八九三年以降、清国公使館附武官井上敏夫や駐在員の瀧川具知などと天津などで情報収集にあたっていた。一八九四年、日清戦争が勃発すると、日本の公使館員、領事館員に引揚げ命令が下った。石川伍一はこれにより、天津方面の情報が途絶えることを恐れ、宗方小太郎を制して天津に留まる決意をし、なおも情報収集にあたったが、清国の官憲に発見され、天津城西門外の刑場で処刑された。享年二九。盟友の井手三郎は、一八九六年三月二四日に天津に戻ると、石川伍一の埋葬地を探し出そうとして、梶川重太郎と共に馬に乗り、天津城の南の壁に沿って西門を出て、小西門（三慶門）の外の廟から南に行った場所に塁々たる墳墓を見付け、ここに土を掘り出した跡を見付けた。これこそが、石川伍一の埋葬された場所であった。これより先、井上敏夫がこれを発見し、掘り返し、遺骨を納めて日本に搬送し、日本の地に懇ろに葬った。井上敏夫は石川伍一の遺骨を日本に運ぶまでの間、同地で毎朝焼香し、供養に務めた。井手三郎は石川伍一の死を、「士統前途無量の志望を齎られ、是の如き非運に斃れ、幽明を隔つるに至りたるも、国家の士統の遺霊を遇する此の如く、国民亦た士統の義烈を敬慕して忘れず、同友亦た殉節を潔とす。士統たる者亦た以て瞑すへき歟。徘徊（心に引っかかり行ったり来たりする）久之《これを久しく》して去る」と記した。荒尾精と根津一は、山崎羔三郎、鐘崎三郎、藤崎秀の三名と、藤島武彦、大熊鴻、猪田正吉、楠内友次郎、福原林平、石川伍一の六名の、合わせて九名の戦死者の碑を「征清殉難九烈士表紹之碑」と名付け、京都の若王子神社境内に建立した。

三　清国本土への憧憬

井上雅二は五月二七日、東京で台湾総督府の同僚、山田良政と語り合い、「夫れ台湾経営の一も断然たるものなく、恰《あたか》も借地に対する如き観あり。官民の射利（利益を貪ること）飽くなく、土人（原住民）離叛し、妖言各処に流言する、実に長嘆に堪えざるものあるなり」と記して、台湾の治世に義憤を高めた。井上雅二は五月二七日、東京で山田良政と共に神田三橋亭を訪れ、西洋料理を食べて酒を飲み、「君は六月五日の便船を以て再び渡台、其れより欧州に遊ぶの都合なり。希《こいねがわ》くは安全なれ。君〔は〕肺疾を抱く、自ら久しからざるを知る。其情真に可憐《憐れむべし》」と記している。山田良政は肺病に蝕まれ、余命の僅かなことを知り、ヨーロッパに旅立つ予定であった。しかし、山田良政はヨーロッパ漫遊を断念した。井上雅二はこの後、上野、浅草を散策すると、旧態依然として、物見遊山の人々で混雑を極め、天下泰平の趣を表している様を嘆き、「嗚呼、誰か此の無邪気の国民を救ふものぞ。彼等胸中一天天下の憂なし。詎《な》んぞ志士の涙を知らんや」と述べた。また、井上雅二は日清戦争のパノラマを観ると、三国干渉による遼東半島の返還で朝鮮への勢力扶植も放棄されたとして、不快感を表すと、日本新聞社を訪れ、山田良政と別離の挨拶をした。井上雅二は五月三一日、九段界隈を散策し、ほろ酔いかげんで歩き、一人の男とぶつかり、これに喧嘩をふっかけようとした。ところが、井上雅二は、相手が子供のようであることに気づき、俄かに自重すべきを知って恥じ入り、「途に当り喧嘩せんと欲する如き、尤も恥づべき賤行、吁々、我れ之れを殼《う》つ。此の如くんば、何を以て天空海闊（おおらかでさっぱりした）の心胸に詣るを得ん。是れ頂門の一針（痛い所を抑えて戒める）、大に慎むべし」と記した。

井上雅二はこの間、東京で学業に励む一方で、東京専門学校の学生、特に田野橘治、山下稲三郎、大沢龍次郎、尾崎行昌などと交友を深めた。井上雅二は六月二日、現在の社会に、一つが「労働社会跋扈の風潮遠《とおか》らずして濠洲の南天より襲来する」こと、二つが「黄色人種の白皙〔人種〕に排斥せられんとする風潮、漸く日本臣民に及ばんとす」こと、以上の二憂があるとしている。そして、井上雅二はアジアの現状について、「亜細亜八億の生霊未だ結託するを知らず。兄弟牆に争ふ（仲間争い）の愚を為す」状態に陥っているため、「我党有為の志士」が中央アジアに赴き、「其固信する宗教〈回々教〉の真理中よりして、十九世紀文明の制度を編出し来り、之れが実施を勧告し、傍ら野に在つて大に奔馳尽力せば、元来〔が〕猛烈勇敢の韃靼種族、大に旗幟を振ひて国光を輝し、亜洲西方或は中央の藩屏とならざるあらんや」と述べ、海外、特に中央アジアへの志を論じた。ここには、井上雅二の次のような二点の特徴が表れている。一つは「労働社会跋扈の風潮」への嫌悪、他の一つはアジアの連携に対する希望である。井上雅二はアジアの連携を遂げるために、中央アジアに思いを巡らせると共に、六月三日、「余、〔東邦協会〕報告を見る毎に、東洋の不幸を知る、益々深く、実に中宵〔に〕衾を蹶て起つもの数回、嗚呼、何日にか鉄馬〔に乗り〕中原に馳駆し、斯の志に報ゆるものぞ。空論徒議、畢竟世に寸功（効）なし。大智大勇を養ふべきなり。安南（ベトナム）の事、印度の事、朝鮮の事、支那の事、若《もし》くは日本の事、如何にするものぞ」と記した。井上雅二は机上の空論を嫌い、学理よりも実践、行動を好んだ。

井上雅二は六月七日、青山別邸で開かれた鳳鳴義塾同窓会に出席後、青山家の寄宿舎に戻り、飲み且つ談じ、他の人々が寝込んだため、羽室庸之介と談議を尽くして深夜一二時に至ると、これ以降前後不覚に眠った。そして、井上雅二は眠りから醒めると、これまでの日々の生活を顧みて、「余自ら省みるに、近来沈黙の禁を破り、酒興に乗じて往々、饒舌に走るの病あり。仮令《たとえ》酒後と雖も、謹まざるべからず。只一つなり、徒に屑々の徒（こせこせした連中）に向て喋々〔するは〕只《ただ》笑を招くのみ。寧ろ言はざるの優れるに如かず、戒心戒心」と記した。井上雅二は行動の人であり、実践を重んじたたま、台湾から帰朝後も、依然として机上の勉学に励むことができなかった。六月一五日、井上雅二は神田図書館で読書し、閲覧者の多さに感嘆しながら、「嗚呼、読書万巻何の切かある。人は有字の書を読むを知り、無字の書を読むもの少し。然かも営々として此の塵世にある、須らく活眼を開いて活書を読み、天下の大才を養ふべし。何の章句の末に拘るべけん。大将の要は善く英雄の心を攬るにあり。此の一言以て英雄伝の骨子たり。亦何ぞ重ねて読むを用ひん」と記した。井上雅二は自らを、行動、実践の人と位置付けた。このため、井上雅二は六月一七日、国際情勢のみならず日本の社会問題にも関心を示しながら、「区々（くだらない）の勉学、坐上の陳論、何の用をなさん。時事を講ひ、久しく右書を究て、之れを世の先進名士に正して、以て断を下すべきなり。然らずんば、読書万巻、唯《ただ》腐儒者（腐れ儒者）流に終らんのみ」と述べて大酒に溺れ、大陸に雄飛する日を待ち焦がれた。

井上雅二は五月以降、連日のように、勉学の傍ら、友人と遊び続けた。六月二一日、井上雅二は、田野橘治、新橋栄二郎、沖禎介、山下稲三郎ら友人七、八名と隅田川で船遊びを試み、浅草橋下の野田屋で小船を借り、隅田川を上流に向かった。ただし、井上雅二らは船の漕ぎ方がへたで、幾度か他の船に衝突しかけながら、漸く吾妻橋を越えて向島に達した。山下稲三郎が船を降りて、二升の酒を購入してきた。井上雅二らは酒を回し飲み、歌を唄い大騒ぎをして、言問橋の下に来ると、船を橋の下に繋ぎ、橋上に登り団子屋に入った。井上雅二はこの時の模様を、「舟〔を〕言問団子屋の下に纜ぎ、一同乱舞して橋に上る。主人驚愕、然かも世事に狎れ、温言（穏やかな言葉）を以て饗す（対応する）。即ち冷酒を暖め、団子を肴に大に飲む。山下〔稲三郎〕豪飲、大に酔ひ、不羈（束縛されない）の気盛に気焔を吐き、裸身で屋上に上りて酒器を投し、伊東〔正基〕も悲歌乱舞す。余は不相変《あいかわらず》黙々として飲む。沖〔禎介〕は呵々大笑し、新橋〔粂二郎〕は時に譫言を吐くのみ。一時間余にして大快を尽し、四筵の俗人の胆を奪ひて再ひ乗船、尚上流に溯りて、鐘ヶ崎紡績会社辺に至る。此の間豪飲放歌、実に快なりき」と記している。井上雅二らは鐘ヶ崎紡績会社の辺で船の舵を転じて隅田川を下りると、既に夕刻に近く、元の場所に戻って小船を降り、小川町を通り神田に戻ろうとした。ここで、山下稲三郎らが「放歌横行、人なきが如し」となり、警吏に呼び止められて拘引されたため、「路上幾百の人、争ふて蝟集す。実に文明の今日、馬鹿らしきなり」という状態になった。山下稲三郎らは一時間有余の審問の後、罰金二〇銭で放免となった。井上雅二はこれについて、「聞く、方今探偵の密なる、進歩党の行為等、細大分明なりと。嗚呼、今の時に当り、爆裂弾、斬捨て騒〔ぎ〕も六ツ《むつ》敷《かし》哉」と記すと、深夜一二時過ぎに帰宅した。

井上雅二の「豪傑」気取りは自らを特別な立場に位置付け、下層社会を蔑視したことに由来する。このため、井上雅二は自由民権運動には関心を示さず、一般の民衆を嘲笑した。このことは、井上雅二が六月一八日、「革命の躍雲、果して如何を称す」と自問しながら、この参加者が少数の人士に留まるとして、「未だ一般人民に至ては一も人権を辨せず、時事を解せず、未だ以て仏国革命的好果を得る能はざらん。要するに政海の小波動のみ」と述べ、かつ「彼れ此れ共に滔々、利己先生のみ。何ぞ論ずるに足らん」と指摘した点にも表れている。しかし、井上雅二は自ら労働に勤しむ訳ではなく、勉学の資金も郷里からの仕送りに依存し、かつ勉学に集中できたわけでもなかった。このため、井上雅二は怠惰な生活と勉学の義務の矛盾に悩み、六月二三日には「夜来雑談時を費す。可惜《おしむべし》。自ら思ふ、余〔は〕近来読書に惰なるを。要之《ようするに》暑気然らしむるとは雖も、時事に憤慨して然るものあるなり。日課を怠る。此の日饒舌、俗人の謗りを取らんとせり。可戒懋哉（自戒して励むべし）。沈黙なるかな、沈黙なるかな。以て座右の銘となすべし」と記し、自らの不甲斐なさにいら立ちを隠さなかった。井上雅二は翌六月二四日、「家郷に長文の信書を送りて、以て学資の件に就き相談をなし、帰国を見合はすこととせり。近来晨起（朝の起床）遅し。是れ就寝の遅き為めと雖も、可恥《はずべき》の至り、又昼眠は一種の習慣となり居るものゝ如し」と記している。井上雅二は六月二九日に東京専門学校の入学試験を受け、試験の途中で無試験入学を許された。しかし、井上雅二はこのことによって矛盾した立場を解消した訳ではなく、これ以降もいら立ちを酒に投じ続けたのである。

第二章　井上雅二と秀の模索 ——禅とキリスト教、柔道——

第一節　二人を取巻く環境

一　根津一と鈴木無隠
二　成瀬仁蔵の決断
三　有馬温泉の湯治

第二節　上海と蘇州の体験

一　上海から蘇州へ
二　上海からの帰国
三　根津一の訓話

第三節　二人の新たな出発

一　東京専門学校入学
二　孫文と陳少白
三　柔道と酒、読書

第一節　二人を取巻く環境

一　根津一と鈴木無隠

一八九五年三月中旬、井上雅二は秀と郷里で婚約すると京都に出て、「清水寺の鉄巌（眼）愚庵居士（天田愚庵）を訪ふて一本喰はされ、臀をかきて返る。氏は僧侶と云はゝ云へ、墨衣に身を隠すのみ。意馬〔心猿〕常に世間に向はて走せ居るの偏骨坊主なり。又黒木実猛氏により、鈴木無隠師を知り、度々教を聞く。師は戊辰の有志家、今尚ほ意気壮者の如く、松園忠貫師を東山智恩院に訪ふ。建仁寺竹（武）田黙雷禅師にも見る。共に京都の名物にて、洛陽の異人なり」と記したように、多くの名士を訪ねて教えを受けた。この中で、鈴木無隠は東三本木に住み、同地に居住した秀の師匠ともなった。秀は弟・順太郎の逝去後の家督相続の問題に悩み、東三本木の鈴木無隠の許を訪れて教えを請い、家督相続後の進路について解決の糸口を模索した。井上秀は鈴木無隠に対して、孟子のいう「浩然の気」の意を尋ねたことがあった。「浩然の気」は宇宙や自然に漲る生命を意味し、一〇歳代の少女の問う質問では異例であった。鈴木無隠は天龍寺の峨山禅師と談議中、秀のことを話題に出した。峨山禅師は鈴木無隠の話を聞いて、秀に関心を示した。そして、峨山禅師は秀に面談すると、秀に対して「隻手の音声《おんじょう》に何の音声があるか」という公案を与えた。秀は天竜寺近くの尼寺に宿泊してこの公案に取り組み、峨山禅師の下に参禅しながら、約半年後に答えを得た。井上秀がこの時の状況を「目に見る緑は一層鮮やかに、耳に聞ゆる音声は一しお澄んで、世界は全く一変した感じでありました」と記したように、秀は禅の研ぎ澄まされた空気の中に一閃の光明を見出した。この体験は、秀の生涯を支えることになった。

根津一は一八九三年、日清貿易研究所の閉鎖後、参謀次長川上操六の招聘を断り、一二月に京都に隠棲した。この時、根津一が師事し、参禅に努めたのが、滴水禅師である。滴水は俗名が上田、のち由理、一八二二年に丹波国何鹿郡白道路に生まれ、儀山禅師に師事し、京都の要行院に住すること十余年、龍済院、慈済院、養寧院をへて天龍寺に入った。天龍寺は一八六四年（元治元年）、長州藩の将兵が蛤御門の変で同寺に退いたため、薩摩藩に焼き討ちされ、堂塔伽藍悉く灰塵に帰し、明治維新後も廃仏毀釈で甚大な被害にあった。滴水禅師は天龍寺の復興を誓う一方、弟子には厳格な指導を果し、一八八四年に林丘寺の住職を兼任すると、天龍寺での指導を弟子の龍淵に託し、自身は林丘寺に居住して、龍淵の他に、山岡鐵舟の居士、頑極、峨山、龍水、東昱などの名僧を育てた。天田愚庵もまた、滴水禅師の指導を受け、一八八七年四月八日出家を決意した一人である。天田愚庵、幼名は甘田久五郎、安政元年（一八五四年）、磐城国平城下に生まれ、一八六八年、戊辰戦争で平が攻撃されて後、父母、妹の行方を捜し回り、侠客の山本長五郎（清水次郎長）の庇護を受け、山岡鐵舟の紹介で京都に赴き、林丘寺の滴水禅師に師事して参禅を始め、鐵眼を名乗った。天田愚庵は一八八八年四月八日に滴水禅師の下で出家すると、一八九一年に林丘寺を出て、産寧坂の小さな庵に住んだ。天田愚庵は一八九四年五月二二日に荒尾精の訪問を受け、翌二三日に陸実にあてて「昨日、知合〔い〕の荒尾〔精〕参り、対清意見、満腹之経論〔を語り〕、中々面白き事に候」と記している。井上雅二が天田愚庵を訪れて「一本喰はされ」、更に荒尾精を訪ねて門弟となったのは、この翌年のことである。

峨山禅師は天田愚庵と共に、滴水禅師の高弟に挙げられ、天龍寺の住職を委ねられた。峨山、一八五二年、京都に生まれた。姓は橋本、名は昌禎、号は息耕軒、字は峨山である。峨山禅師は、井上秀の師・鈴木無隠と親交を持った。鈴木無隠、本名は鈴木三郎、後に刈谷を姓、無隠を号とした。一八四四年（弘化元年）、米沢に生まれた。父は千量（漸斎）、蘭医である。鈴木無隠は若くして江戸に遊学し、古賀謹一郎（号は茶溪）に就いて漢学と蘭学を学び、久敬舎で河合継之助と知り合った。鈴木無隠は江戸で尊王攘夷に与し、一八六四年（元治元年）、武田耕雲斎の筑波山における蜂起を助け、同蜂起の敗退後、商人に身をやつし、また僧衣を身に纏ったりして、京都に隠棲した。一八六八年（明治元年）、明治政府の成立後、鈴木無隠の友人たちは明治政府で高位高官に達した。ただし、鈴木無隠は官職に眼を向けることはなかった。鈴木無隠は時流とは離れて学問に精進し、陽明学を極め、禅に勤しんだ。鈴木無隠は石崎東国の主催する大阪陽明学会を支援し、高瀬武次郎、倉田積などと共に大阪の講席に立ち、雑誌『陽明学』に論文を寄稿した。高瀬武次郎は一八九八年七月、東京帝国大学文科大学漢学科を卒業し、一八九八年に鉄華書院より『日本之陽明学』を出版した。鉄華書院は、雑誌『陽明学』も刊行した。鈴木無隠は『陽明学』の主幹・吉田襄にあてて、「昨秋荒尾精に托し、〔『呂晩村四書語録』『呂晩村四書講義』について〕支那内地を尋ねさせ候へ共、更に見あたらず。幸ひ維新前、高杉晋作等と清国に遊び候先輩の家に、右語録も講義も駁議（『駁留良四書講義』）も所持いたし居〔り〕、近々借入〔れ〕候」と記し、荒尾精とも誼を通じていた。なお、井上雅二も一八九五年以降、鈴木無隠の許を訪れた。

一八九五年八月下旬、井上雅二は「是れより先き秀子（秀）上京、細川邸に入る」と記している。この「細川邸」とは、女子高等師範学校長の細川潤次郎の邸宅を意味するのではなかろうか。井上秀は一八九四年四月に京都府高等女学校を卒業後、同校の学科生となった。ただし、同時点では、学科生の修了年限は一年である。このため、秀は一八九五年四月に学科生を修了後、上京して細川潤次郎の許で学んだように思われる。細川潤次郎は、一八三四年（天保五年）、土佐（高知）の南新町に出生した。父は細川延平、儒者である。細川潤次郎は幼少より秀才の誉れが高く、間崎哲馬、岩崎馬之助と共に土佐の三奇童と呼ばれ、一八五四年に江戸に上り、長崎に遊学して蘭学を学ぶと共に、高島秋帆に師事して兵学・砲学を修め、一八五五年に江戸幕府の海軍繰練所に入り、航海術を修めると共に中浜万次郎に就いて英語を学んだ。細川潤次郎は一八六八年に開成館翻訳局教授となり、学校翻訳局取調御用掛などの任に就き、更に新聞紙条令、出版条令を起草し、一八七一年にサンフランシスコにおける博覧会の用務でアメリカに渡った。細川潤次郎はアメリカ滞在中、博覧会のみならず、農業や選挙制度、各種工場、刑務所などの施設を見学して日本に戻った。この後、細川潤次郎は明治政府の下で要職を歴任し、東京学士会会員、元老院議官、貴族院議員、枢密院顧問官を歴任し、一八九一年に女子高等師範学校長、貴族院副議長に就き、一八九三年に西村茂樹が華族女学校長を辞任したのに伴い、第四代華族女学校長に就任し、一八九四年に女子高等師範学校長を辞任し、一八九五年に東京学士会会長となった。

この約一年後、一八九六年七月二日、井上雅二は東京専門学校に学費を納めて帰宅すると、郷里から荷物と送金が到着していた。もともと、井上雅二は、五月に台湾において、廈門をへて上海に渡る計画を立てていたが、この計画が頓挫して帰朝を余儀なくされていた。井上雅二は郷里からの送金を得て、また東京専門学校の入学にも間があったため、七月三日にこれから夏休みに入り、日課を修めることもできず、毎日、静座して日誌を写すだけの日々となるため、初志を貫徹すべく九州を旅し、更に長崎から上海に渡ろうとして、旅行の準備を進めた。井上雅二は、七月四日に汽車に乗り新橋を出ると、「沿道の風色、今猶〔お〕古の如し。只だ見は青稲万碧、浪風を起す。欣々、（喜び楽しみ）瑞穂の国を想はしむ」と述べて、道中の景色を愛でながら、横浜、静岡、名古屋をへて京都、大阪をへて西宮で下車し、西宮から人力車で有馬温泉に向かった。有馬温泉は、日本三古湯の一つにあげられる名泉である。有馬温泉では、祖母が湯治中であった。井上雅二は六甲山を越えて湯山町に入り、湯治中の祖母に会った。祖母の話によれば、井上雅二の家族は皆、雅二の将来を案じていて、種々に愚痴をこぼした。しかし、祖母が雅二の心情に理解を示し、「幾分愚痴を少くせん」と述べたところ、これらの愚痴も漸く鎮まったという。井上雅二はここで「家を憂ふ〔に〕至れりと雖も、眼前の事を知りて、将来の如何を知らず、此の家族をもて快意安心せしむ」と記している。井上雅二とて、家族の心配が理解できないわけではなかった。しかし、雅二には志があった。雅二にいかに家族が心配しようとも、志を枉げるわけにはいかなかったのである。祖母は七月八日、雅二と秀に気をきかせて、湯治も余り効果がないとして、二人を残して郷里に戻った。このため、井上雅二は秀と共に、湯山に一週間滞在することになった。

二　成瀬仁蔵の決断

明治時代の公的学校制度は、一八七二年の学制発布に始まる。この学制では、男女とも義務教育を尋常小学校、高等小学校で終えた。ただし、高等小学校卒業後の男女の進路は、均等ではなかった。すなわち、男子が高等小学校を卒業後、旧制中学五年をへて旧制高校、帝国大学に進むことができたのに対して、女子は高等小学校の上に高等女学校、女子高等師範学校があるのみであった。そして、この高等女学校は男子の中学校に相当し、しかも教科の基本が家事や裁縫にあった。いわば、女子の中等以上の教育機関は高等女学校に位置付けられ、普通教育の最終段階とされる一方、男子の場合、同等の教育機関が中学校とされ、この上に高校、大学への進学の道が拓かれていた。男女間の就学上の格差は、師範学校においても同様であった。一八八六年四月、文部大臣森有礼は、師範学校令と高等師範学校官制を布告し、既設の東京師範学校を高等師範学校に昇格させ、同校校長に山川浩を充てて、男子師範学科と女子師範科の二つに分けた。ただし、修業年限は男子が三年で、文学、理化学、博物学の三科に分かれたのに対して、女子が四年で、分科がなく、専門化が認められていなかった。女子師範科は一八九〇年に男子部から分離独立し、女子高等師範学校になったが、同校は東京に一校置かれただけであった。女子高等師範学校は、一八九八年に文科と理科の分科が規定され、一八九九年に新たに技芸科が加わり三分科制となると共に、本科の他に一八九五年に撰科を、一八九六年に専修科を、一八九八年に研究科を置き、男子の高等師範学校と同一の組織となった。しかし、津田梅子が一八八二年、アメリカでの一〇年にも及ぶ留学を終えて帰国してから、数年間も正式な就職先を見つけることができなかったように、学校を出たとしても、女子の就業先は著しく制限されていたのである。

この女子教育の現状を憂い、女子大学の設立を図ろうとした一人が、成瀬仁蔵である。成瀬仁蔵は、一八五八年（安政五年）、父・成瀬小佐衛門、母・歌子の長男として生まれた。成瀬小佐衛門は、長州藩の支藩、吉敷の藩士で、萩に出仕して、文書係の祐筆の職を任じた。成瀬仁蔵は吉敷の憲章館に、ついで山口県教員養成所に学び、一八七八年の卒業と共に室津小学校や二島小学校の訓導となった。しかし、成瀬仁蔵は教職を目指しながら、これらの職に充たされないものを感じ、一八七七年に澤山保羅の教えを聞いてキリスト教に目覚め、大阪の浪華教会で洗礼を受け、伝道に従事した。成瀬仁蔵は、一八七八年に梅花女学校で教師を務め、翌一八七九年に福井藩士の娘、服部万寿枝と結婚後、奈良、伊勢、津などに伝道し、一八八四年に奈良の郡山教会を、一八八六年に新潟女学校を設立し、翌一八八七年に北越学館の創設に関わると、内村鑑三に不満を抱いて退去させ、この代わりに松村介石と麻生正蔵を招聘し、北陸において教会活動及び教育に力を尽した。成瀬仁蔵は一八九〇年一一月にアメリカ留学を決意すると、新潟を出て一二月に横浜から船に乗り、渡米を図った。成瀬仁蔵は翌一八九一年二月、妻の万寿枝にあてて「素より未だ視察も研究も足らざる故、女子教育の方針をも確定甚だ六ケ敷《難しく》候へ共、とも角余が帰朝後は一の女大学校を興し、之を中心とし本体として、日本全体に感化を及ぼす事に致〔し〕度《たく》〈凡てこれらの事は秘密にして、誰にも御噺無之《これなきよう》、極《ごく》内密に被成下度候《なしくだされたく》〉」、其大学といふは今米国にある女カレージ或は日本にあるカレージ〈神戸の〉の如きものとは異〔な〕り、一種殊（特）別の日本に適する専門学校也」と述べて、今後の学校設立に抱負を示した。成瀬仁蔵はアメリカのアンドヴァー神学院、クラーク大学などで神学や教育学を学び、一八九四年一月に帰国した。

一八九六年二月、成瀬仁蔵はアメリカから帰国後、再び梅花女学校などで教鞭を執っていたが、朋友の麻生正蔵との共同で『女子教育』を上梓し、女子教育の新しい方針を示した。麻生正蔵は一八六四年（文久四年）、豊後（大分県）に生まれ、一八七六年に石園舎で漢学を学び、一八八〇年に福岡に出て、更に一八八二年に京都の同志社英語学校に学び、数年間、新島襄の薫陶を受けた。麻生正蔵は一八八八年六月、東京帝国大学文科大学哲学科選科生となったが、翌一八八九年に新潟の北越学校に赴任し、成瀬仁蔵と親交を深めた。麻生正蔵は、成瀬仁蔵の人生観、世界観に共鳴するところが多く、莫逆の友となった。成瀬仁蔵は『女子教育』で、従来の女子教育を痛切に批判しながら、女子教育の新しい方針として女子を「人間として」教育する、女子を「婦人として」教育する、女子を「国民として」教育する、以上の三点を掲げた。まず、成瀬仁蔵は女子が道具ではなく、「人間として」教育が行われるべきとして、普通教育が必要となり高等教育が不可欠となる所以を指摘した。次に、「婦人として」の教育は、この「人間として」の教育の下に説かれた。何となれば、男女は「人間として」平等であるが、男女各々に「自然の天職」があり、「女子の天職を尽くすに足る資格を養うこと」が「婦人として」の教育の骨子であると考えたからである。成瀬仁蔵は、この二点の教育の上に立って、最後に「女子も亦是れ社会の一員、国家の臣民たるは余の言をまたず、……男子に高等教育の教育を要するとせば、女子を教育するにも亦然らざるを得んや」と述べ、「国民として」の教育の必要性を論じた。この「国民として」の教育では、世界に眼を向けると共に、日本独自の立場でこの追求を図るべきであるとした。

一八九六年七月、成瀬仁蔵と麻生正蔵は女子大学校の設立に広岡浅子、土倉庄三郎の協力を得て各地を奔走した。

広岡浅子は一八四九年（嘉永二年）、京都の油小路出水の三井家に生まれた。ただし、浅子は六代目当主・三井高益の妾腹の子であり、数え年三歳の時に入家した。三井家は江戸時代、呉服商から両替業に進出し、江戸、大阪（坂）、京都に広がり、実質的な創業者・三井高利の死後、男子の六家（本家）、婿入りの三家（連家）の、併せて九家（のちに一一家）の合議制で束ねられていた。出水三井家は、この九家の一つであった。浅子は一八八五年、広岡信吾郎と結婚し、広岡姓を名乗った。広岡信吾郎は第八代広岡久右衛門正饒の次男にあたり、長男の正秋が広岡家の家督を継いだため、信吾郎は分家の加島五兵衛の養子となり、加島家を取り仕切った。広岡浅子は幼少時から、兄弟の書物を借りて、『大学』や『論語』を読んだ。すると、両親や伯父、伯母が浅子に対して「そんな男のすることをまねてはいけません」と小言を述べた。広岡浅子はこれについて、なぜ女は男のする事をしてはいけないのか、考えれば考える程わからなくなり、やがて「女も人であれば社会を形成する一員であります故に、之を人として教育せぬことは間違〔い〕でしょう」と考えるようになった。これが、広岡浅子が女子教育に関心を抱く、一つの契機であった。広岡浅子の嫁いだ加島家は豪商であったが、幕末維新の動乱で時流に乗り遅れ、経営も不調で没落の一途を辿っていた。広岡信吾郎も、謡曲、茶の湯など、遊興に耽っていた。このため、広岡浅子は嫁入り後、簿記、算術を習い、広岡信吾郎に代わり、加島家の再建に着手し、加島銀行を創設し、尼崎紡績を支援し、石炭輸送から炭鉱経営へと事業を拡げた。

成瀬仁蔵は一八九六年に『女子教育』、更に『女子大学設立趣旨書』を著すと、これを印刷し、知人や友人などに配布した。そして、成瀬仁蔵が女子大学校設立に支援を求めて、広岡浅子の許を訪れた。広岡浅子は成瀬仁蔵の『女子教育』を読むと、これに感動し、成瀬仁蔵に全面的な協力を約束した。成瀬仁蔵は奈良の富豪・土倉庄三郎にも協力を求めて、これが賛意を得た。成瀬仁蔵は一八八六年、新潟女学校を設立した経緯（程なく閉鎖）から、新潟に支援者が多く、しばしば新潟に出掛け、一八九六年八月には新潟から東京の創立事務所に指示を出した。また、一八九六年、広岡浅子は八月八日、岡山より大阪に戻ると、八月一一日に大和の土倉庄三郎の許を訪れ、八月一二日に大阪に戻り、八月二〇日に須磨に赴き、下田歌子と面談を試みた。広岡浅子は、下田歌子に協力を要請したと思われる。下田歌子、本名は平尾鉐、一八八四年に宮内省御用掛の辞令を受け、華族女学校の設立に携わり、一八八八年に西村茂樹が同校校長に就任すると、教育方針をめぐり西村茂樹と対立し、一八九三年九月に欧州訪問を決行した。下田歌子はイギリス王室の皇女教育、欧米の女子教育を視察して一八九五年に帰国、同校の学監兼教授に復職した。華族女学校は一八九六年四月に廃止され、学習院女子部となった。八月二三日、創立事務局は『女子教育』を下田歌子に郵送した。広岡浅子と成瀬仁蔵は八月二七日に神戸と大阪の間を往復し、翌八月二八日に兵庫県師範学校長伊村則久に書状を送り、八月二九日に伊村則久に『女子教育』五冊を送った。成瀬仁蔵と広岡浅子は九月、奈良、兵庫、京都を重点的に回った。広岡浅子は東京では麹町区飯田町の三井別邸に居住したが、成瀬仁蔵は知人、友人の住居や旅館を転々とした。

三　有馬温泉の湯治

一八九五年の日清講和条約第六条第一項は、「日本国政府は以上列記する所の市港中何れの処にも領事官を置く権利あるものとす」として、湖北省荊州府沙市、四川省重慶府、江蘇省蘇州府、浙江省杭州府の四都市を挙げると、第二項で日本の汽船の航路を一、湖北省宜昌より四川省重慶まで、上海より呉淞江及び運河をへて蘇州、杭州まで拡張することができるとした。この内容に依拠して大東新利洋行を設立し、上海と蘇州、杭州の間の汽船の運航を図ったのが、白岩龍平である。白岩龍平は一八七〇年、岡山県の神官の家に生まれ、同郷の先輩の岸田吟香、西毅一に影響され、日清交易に関心を抱いて上海に渡り、一八九〇年に荒尾精の日清貿易研究所に学んだ。白岩龍平は一八九三年に同所を卒業後、上海商品陳列所で実地研修を行い、日清戦争では漢語の能力を活かして情報収集に従事した。一八九五年、白岩龍平は、上海から杭州、蘇州の実地調査をし、上海駐在総領事珍田捨巳に対して上海、杭州、蘇州の三角貿易の構想を持ち掛け、賛同を得た。白岩龍平は帰朝すると、政財界の要人に協力を要請し、京都の若王子山中の荒尾精を訪れて報告し、一八九六年から汽船の運営を試みた。白岩龍平は若王子山中を訪れると、荒尾精を助けて漢語の教育に従事した。井上雅二は、ここで白岩龍平と面識を持った。井上雅二はこれ以降、白岩龍平と面会、談義を交して、清国に関する知識を得ただけではなく、一八九六年七月に上海、蘇州に渡り、清国の見聞を広めようとした際には、この白岩龍平を頼った。なお、白岩龍平は一八九九年、西毅一の三女の艶子と結婚した。白岩艶子は佐佐木信綱に師事し、歌人としても著名で、白岩龍平に従って上海、長沙に居住し、多くの歌を詠んだ。

上海は、かつては小さな漁村であった。しかし、上海は蘇州河（呉淞江）と黄埔江の合流点に位置し、かつ長江をへて外洋と繋がり、立地条件に適し、宋代に上海鎮が置かれ、元代に県に昇格して松江府に属し、明代に城壁が出来て、大都市へと変貌を遂げた。清朝政府は一六八五年（康熙二四年）、ここに江海関を築いた。一八四二年、南京条約の結果、上海の開港が認められると、イギリスは一八四五年から正式に土地章程を取り決め、土地の買収権を得て、租界の経営を始めた。アメリカも一八四八年、蘇州河の北に、フランスも同年、イギリス租界の南に租界を設定し、イギリス租界とアメリカ租界が一八六三年に合併して共同租界となった。一八六二年（文久二年）、江戸幕府は、外国貿易の情況調査を兼ねて、千歳丸を上海に派遣した。この千歳丸には、高杉晋作が乗船していた。高杉晋作は上海で、外国人が我がもの顔に振舞い、清国人が奴隷のように使役されているのを目撃した。江戸幕府は一八六二年の千歳丸に続き、一八六四年に健順丸で、一八六七年にイギリス船ガンジス号で、上海に使節を派遣した。江戸幕府が一八六六年、海外渡航を公認したのに前後して、多くの日本人が上海に渡った。明治政府は一八七五年、岩崎弥太郎の郵便汽船三菱会社を支援し、横浜から神戸、下関、長崎をへて上海に至る定期航路を開設した。日本人が東南アジア、インド洋をへて、ヨーロッパに赴く場合、最初に上海に停留した。このため、日本人の多くは、上海で初めて異国の体験をした。三菱商会は一八七四年に、三井洋行は一八七六年に上海支店を開設した。東本願寺も一八七五年に上海別院を設立し、同地の文化、娯楽のセンターとなった。また、一八九三年には、横浜正金銀行が上海出張所を設けた。

一八八〇年、この上海に楽善堂支店（上海楽善堂）を設立したのが、岸田吟香である。岸田吟香は一八三三年（天保四年）、美作（岡山県）に生まれ、キリスト教宣教師で医師のヘボンより目薬の調合を学び、一八六六年、ヘボンと共に上海を訪れ、和英・英和辞典の印刷を始め、更に一八六七年に目薬「精錡水」の製造、販売を行い、一八八〇年に上海楽善堂を開設した。上海楽善堂は、上海在留邦人の上海の拠点となった。岸田吟香は一八八一年に興亜会の議員、一八九五年に亜細亜協会の特別評議員にもなった。荒尾精は一八八六年に上海に渡ると、岸田吟香の支援を得て長江を溯り、漢口に漢口楽善堂を開設し、清国各地における情報収集の拠点とした。井手三郎は一八八七年一〇月、漢語の学習のため、一〇月八日に長崎を出て、一〇月一〇日に上海に到着した。しかし、井手三郎は上海で知人とてなく、途方に暮れていた。すると、井手三郎が一〇月一一日に「此に意外なる同遊を得たり。其一人は数年熊本に在て其の素を聞き、其人を見さる荒尾精氏其人也〈目下漢口駐在を命せらる〉。事を以て当港に来り、熱を病み褥中に在り、慇懃恭敬（丁寧で恭しい）、一見して其卓慮あるを知るに足る」と記したように、上海で荒尾精の他、井深彦三郎、高浜直記と邂逅した。やがて、荒尾精は井手三郎に対して、仲間に加わるよう要請した。井手三郎はこれを受けて、荒尾精と行動を共にした。井手三郎は、熊本の出身である。荒尾精は陸軍教導団、陸軍士官学校をへて、一八八三年に陸軍少尉として熊本第一三連隊に赴任し、御幡雅文より漢語を習っていた。このため、荒尾精の仲間には、宗方小太郎など、熊本の出身者が多くいた。荒尾精は一八九〇年に陸軍士官学校時代の盟友、根津一の協力を得て、日清貿易研究所を設立した。日本人の上海在住者は一八七七年当時、一〇〇名程度であったが、日清戦争をへて大きく膨れ上がった。

一八九六年七月、井上雅二は九州を回り、上海に渡航するに際して、有馬温泉で祖母及び秀と湯治をし、穏やかな日々を過ごした。井上雅二はこの湯治について、「幸に祖母及秀子のあるあり。終日雑談と雖も、団欒家郷の愛情、一室に満ち、快云ふべからず。且つや此の地、山間の仙郷、近来諸方の俗客の来往あり。大に風俗をして軽薄ならしめたるの観ありと雖も、尚ほ士民淳朴、都門人士の比にあらず。亦以て家門の娯楽に擬するに足る」と記している。この湯治は、祖母の粋な計らいによるものであろう。井上雅二は湯治を終えると、郷里の実家には戻らず、湯山から神戸に赴く予定であった。すると、井上秀も雅二に対して、「帰家せずして直に上京に決す」と決意を告げた。秀はこの理由について、「一旦帰家すれば、父母の愚痴、到底上京の許可〔は〕覚束なし。左《さ》りとて家に在る、一事なすなく、身心亦健なり難し。且つや細川氏も河原〔一郎〕校長も共に上京を促すあり。故に茲《ここ》に決心す」と説明した。雅二はこの秀の決心に理解を示し、「余〔は〕其の父母を苦ましむるを嘆ずるも、渺々（遥かで微か）前途の行路、難なるを想へば、穴勝《あながち》山居するの不得策なるを知り、敢て止むる能はず。充分父母を慰せんことを勧む」と記した。雅二も秀も、将来の志と両親の意向の間で苦慮を重ねていた。雅二が七月一一日、秀に見送られて篠山を出立し長崎に向かうと、秀も家を飛び出して再び京都の東三本木の寓居に向かった。井上秀が後年、この間の心境を「〔京都府高等女学校卒業後〕帰れ帰れと父はしきりに言つて来ますけれど、私はどうしても帰りたくない。……なおも私は研究科にとどまって、そのうちどうかして東京に出たいと思ひ、ひそかに上京の機会をねらつてをりました」と述べている。

井上雅二は七月一一日、有馬温泉の湯山より住吉に向い、六甲山を越えて神戸に出て汽船に乗船し、翌七月一二日早朝に起床し、甲板に出ると、まだ朝日が東の空より出ていなかったが、周囲を見渡すことができた。船は、備前沖を航行中のようであった。風が全くなく、海面も砥石のように滑らかで、静まりかえっていた。井上雅二は博多で下船すると、玄洋社に赴き奈良崎八郎を訪ねたが、不在であった。井上雅二は同日、列車で博多から早岐をへて佐世保に到着すると、佐世保が横須賀より大きいものの、市街が新らしく呉に似ていると感じた。そして、井上雅二は翌七月一五日、平戸をへて長崎に到着し、「蓋し緑屋女将軍は豪傑なり」と評判の緑屋に逗留を試みた。ところが、井上雅二の姿たるや、髪はザンバラ髪でしかも長髪、顔も身体も垢だらけで黒ずんでいた。このため、緑屋の女将は専ら理屈をこねて、雅二の逗留を拒んだ。雅二がここで奇計をめぐらし、順々に説いたところ、女将も漸く宿泊を許可してくれた。緑屋の女将は、眉が上がり顔も四角で、「一見、御転婆たるを知る」ような顔立ちであった。井上雅二は翌七月一六日、旅券を得るため、市役所、県庁を回って、官庁の煩瑣で形式的な手続きに辟易し、「実に官吏の倨傲尊大なるは嘔吐を催ふさしむ」と述べると、即刻この風習の改正を説き、かつ「明治の世は益々繁文（煩瑣な手続き）大〔なる〕哉」と嘆きの声を上げている。雅二にとって、次の問題は資金の捻出であった。井上雅二はもともと旅費を友人などから借りる積りでいた。ところが、井上雅二は長崎から佐賀、博多の間を奔走して、友人、知人の間を駆け回りながら、旅費を工面することができなかった。雅二は七月一六日、「夜長文を認めて秀に送る。聊《いささ》か彼れ戒飾（節約）せしなり」と述べて、秀の日ごろの貯金に期待した。

第二節　上海と蘇州の体験

一　上海から蘇州へ

一八九六年七月一八日、井上雅二が佐世保と長崎の間を往復して、旅費を捻出しようとして果たせずに、「想へば波浪の為め、佐〔世保〕長〔崎〕間を航する茲《ここ》に三回、遂に意の如くならず。実に人世も面倒なる哉」と述べ、憮然として長崎に戻り緑屋に辿り着いた。すると、何と、井上秀の許より、緑屋の井上雅二にあてて為替が届いていた。井上雅二はここで、「漸く蘇生の思ひなり。僅かに上海に到れるを得べし」と記し、上海行きの目途がついて一息ついた。井上雅二はこの秀から送られた為替を早速兌換して、翌日出航予定の横浜丸の乗船手続きをした。井上雅二は翌七月一九日に横浜丸に乗り、長崎を出立すると、甲板の欄干にもたれ掛り、「遊士無限の愭」を抱いた。横浜丸は、上海を目指して西に向かって進んだ。井上雅二が七月二〇日早朝、夢から醒め、甲板に出ると、太陽が東海の海から出ようとして、朝日が明々と周辺を照らしていたため、壮大な気分となり、周りを見渡しても水平線ばかりで、大海原に一人で立ち尽くす気がした。波は静かであった。このため、汽船は終始、揺れることもなく、長江に入った。井上雅二はここで、「船已に大陸に近づきつゝあるを。且つや今や海辺は濁を呈して、一面濁浪滔々たり。是れ長江の海に朝し、泥砂を洗ひ去るを以て、大約海上五十里以外に至る。海浪渾て濁れりと。豈に盛ならずや。……嗚呼、大陸風光の広且漠たる、想像すべきなり。此の如き山川に浴する、大国の民にして、何ぞ夫れ衰弱なる。好し一片の男児の骨、此の如き地に埋む、遺憾なきなり」と記し、今回の旅行に期待をふくらませ、大陸への憧憬を深めた。

七月二一日、井上雅二は上海に到着し、日本郵船会社の埠頭で下船すると、直ちにイギリス租界の日清商品陳列所、すなわち瀛華洋行に直行した。同洋行では、遠藤留吉が出迎えてくれた。瀛華洋行は、土井伊八、金島文四郎らが荒尾精の薫陶を受けて設立したもので、井上雅二の訪問時には那部武二、遠藤留吉、橋元裕蔵が勤務していた。この他、井上雅二と知り合った上海在留の邦人には、新聞『日本』の記者、渡辺金太郎がいた。渡辺金太郎は秋田県の出身であり、荒尾精の要請により、宗方小太郎の買収した『漢報』の記者となるために同地を訪れていた。しかし、荒尾精は同地を留守にしていたため、渡辺金太郎は空しく時日を費していた。井上雅二は上海の印象について、「大馬路は上海第一の繁華の街路にして、三層楼の洋館駢立、道路平坦、行人絡繹（連なり続き）、昼夜を絶たず。試みに、楼上市街を俯瞰（高い所から見おろす）すれば、馬車人車〔が〕傍午（交差）して肩摩轂撃（往来が人や車で混雑し）、其の盛なる驚嘆の外なし。全界（全世界）各国各種の人物物品一畔の内に渭まり、又江中には大船巨舶の数を知らず、実に東洋第一の互市場と称すべし」と述べている。井上雅二が上海で頼りにしたのは、荒尾精の門下生たち、とりわけ白岩龍平である。白岩龍平は荒尾精の志を受け継ぎ、清国との通商拡大を目指した。白岩龍平は上海駐在総領事珍田捨巳の支援を得て大東新利洋行を設立し、上海と蘇州の間に汽船の就航を図った。ところが、上海道台が総理衙門から通知が至らないことを理由に、汽船の就航に許可を下さなかったため、白岩龍平も上海で足止めをくわされていた。

七月二一日夕刻、井上雅二は遠藤留吉、渡辺金太郎と共に白岩龍平を訪問し、日本の台湾経営などの雑談に数時間を費やした。白岩龍平は岡山の出身のため、岸田吟香の後輩にあたった。宗方小太郎もそれまでは上海にいたが、この時期には漢口に出掛けて不在であった。このため、井上雅二は上海で宗方小太郎に会うことはできなかった。白岩龍平は台湾の前途に絶大な期待を示していた。このため、白岩龍平は、台湾の施政を良好にすれば、清国から人々が大挙、台湾に押し寄せるであろうと想定して、更に「故に異日禹域分食（清国分割）の事あるも、或は禹域瓦解（清国崩壊）のことあるも、優に一方に拠り、帝国の旭日〔旗〕を立つを得るものなり」と述べた。しかし、井上雅二は近年、台湾より大陸に渡る外国人が多く、上海の租界界隈を徘徊して問題を引き起こし、居留民会議も警戒を強めている現状に触れ、この原因を台湾総督府の行政の不備に求め、これを「堂々たる東海扶植の任に当る」日本の恥とした。また、井上雅二は、「居留外人〔の〕中で、英（イギリス）尤も多く、日本之れに亜《つ》ぐ。然かも皆区々の徒（取るに足らない人々）に、未だ大に権を奮ふに足らず、和装のものは軽んぜられ、洋装のものは貴ばる、会々《たまたま》洋妾（外国人の妾）の揚々〔として〕駟馬を鞭ち、薄暮涼を公園に入るもの丶あるを見るのみ。可嘆《嘆くべし》〳〵《嘆くべし》」と記して、上海に居住する日本人の地位の低さも嘆いた。七月二三日、井上雅二は、白岩龍平より招待状を受け、瀛華洋行の遠藤留吉、横浜正金銀行副支配人某、『九州日々新聞』記者高木正雄と共に、アメリカ租界の熊本屋で日本料理による歓待を受けた。

　七月二四日、井上雅二は岡幸七郎の訪問を受け、「氏は平戸の人にして岩永〔八之丞〕、石橋〔禹三郎〕等の友人なり。今や蘇報館に在りて、支那人相手に新聞事業に雇はる。后四時岡〔幸七郎〕氏去る。上海の事、未だ委しく知らず。夕刻来椅子に倚り、楼上に涼を入る。暑気昨日に酷だし。天主教の信徒の行列、路人の争闘、常に絶ゆる時なし」と記した。岡幸七郎は一八六八年、平戸藩士の二男に生まれ、一八九六年に上海に渡り、宗方小太郎の知遇を得て漢口に赴き、『漢報』の主筆となった。このため、岡幸七郎は、渡辺金太郎と同じ目的で上海に滞在していたことになるであろう。井上雅二は平戸出身者、特に岡幸七郎の他に、佐藤宏、稲垣満次郎などと親交を深めていた。この中でも、稲垣満次郎は菅沼貞風と浦敬一と共に、「平戸の三傑」と称され、「南洋」論者或いは「興亜」論者として名を馳せていた。平戸の開放的な気風が、人々を海外、特に「南洋」に眼を開かせたともいえよう。井上雅二は彼らの影響で、「南洋」に眼を開かされていた。七月二五日、井上雅二は高木正雄と蘇州旅行を計画すると、郵便局員の高木睦郎も同行を希望した。井上雅二はここで、「上海に滞留する数日、未た観察の細なること能はず。言語不通、規模光大、為めに始末を失ふ。其の居留地制度の点に至ては、別に自治制をなし、清朝の顧使（指）に左右する所とならず。隠然一独立地の姿あり。大国の度量、嗚呼何んぞ大なる。商権、政権〔とも〕凡そ欧米人に掌握され、吾東洋人は微々彼等の鼻下を候ふし、吾人切歯に堪えざるなり」と記し、同地の外国人の尊大な振る舞いに憤りを示した。井上雅二は翌七月二六日、東和洋行を訪れた。東和洋行の三階の一室は一八九四年三月二八日、韓国改革派の金玉均が閔妃及び事大党の刺客に暗殺された場所であった。井上雅二は同所で金玉均を思い、感慨に耽った。

　日本政府は日清講和条約の規定により、沙市、重慶、蘇州、杭州の四カ所に郵便局設置の権利を得て、この方法を検討した結果、まずは領事館の一部を借りて開局することになった。七月、蘇州領事館在勤の郵便局員が、蘇州に赴くことになった。白岩龍平は、今回の汽船の運航が官吏の赴任のためであるとして、上海道台黄祖絡と交渉を始めた。井上雅二は七月二七日、白岩龍平らと共に、この汽船に同乗して蘇州に向かおうとした。しかし、同旅行は、上海道台黄祖絡の許可がおりずに、延期を余儀なくされた。同日、井上雅二は和服姿で人力車に乗ろうとして、車夫に乗車を拒否され、怒り心頭に達し、これと一悶着起こして大事件になりかけたが、インド人の巡査が間に入り、車夫を人力車ごと放り出して、事は収まった。井上雅二はここで、インドに思いを巡らせ、「嗚呼、彼れ身材魁梧（大きくて頑健）、厳然たる古武士の如し。然るに日常怠惰にして、団性なく、酒色に耽るのみ。嗚呼、誰か彼を救ふものぞ」と記し、複雑な感情を示した。蘇州旅行は、上海道台黄祖絡の認可を得て、七月二九日に漸く実行の運びとなった。蘇州旅行の同行者は、白岩龍平、井上雅二の他、『九州日々新聞』記者の高木正雄及び上山良吉、高木睦郎、鈴木禄寿の三郵便局員であった。郵便局員の高木睦郎は蘇州に、上山良吉と鈴木禄寿は重慶と沙市に各々赴任する予定であった。このうち、上山良吉は慶應義塾の卒業生で、丹波篠山の柏原南町の出身、すなわち井上雅二と郷里を同じくした。井上雅二はこの奇遇を喜んだ。大東新利洋行の曳き船は、日本国籍の船が初めて上海と蘇州の間を航行するものであった。このため、清国人の同船に対する罵詈雑言は、激しかった。井上雅二も同船の航運及び清国人の妨害について、「舟、我帝国々旗を翻して行船の内地に入るは、真に是れが嚆矢たるを以て、其快云ふべからず。辮髪連（清国人）の囂々（騒がしく）悪評をなし、中には已に西瓜の喰片を投ずるものあるも可笑《笑うべし》」と記している。

二　上海からの帰国

井上雅二は、上海と蘇州の間の航行を一八九五年の日清講和条約第六条第二項で定められた合法的な行為と見なした。このため、井上雅二は、大東新利洋行の汽船の運航が清朝政府の官憲、現地の水運業者の妨害で支障をきたしたことに、大きな衝撃を覚えた。のみならず、蘇州旅行の体験も、井上雅二に大きな教訓を与えた。井上雅二が七月三〇日に「夜来蚊（か）蚋（ぶよ）、床虫（床じらみ）に襲はれ、一夢を結ぶ能はず」と記したように、井上雅二はこの間、猛暑に悩まされ、ついで蚊やゴキブリなど、衛生状態の悪さに苦しめられた。この結果、井上雅二は夜になっても殆ど寝付くことができず、「満月荒涼、広瀑無辺にして、不潔極まるの地を旅行す。遂に身を歿すに至るや必せり。日中一歩も出づる能はず。食料を得ず。水を得ず。衣物を得ず。何を以て此の酷暑を犯して漫遊するに得ず。昨夜より一睡せず、殆んど身体の軟弱に愛想尽きるなり」と記すような状態となった。井上雅二は台湾で衛生状態の悪さには慣れていたものの、上海、蘇州では殆ど死を予想せざるをえなかった。このため、高木正雄は同じ汽船に同乗していたが、蘇州から杭州に行く予定を中止しようと言い出した。井上雅二も高木正雄の意見に同調して、杭州行きが中止となった。更に、井上雅二は蘇州において、日清講和条約締結以降の日本への根強い反感に遭遇した。すなわち、井上雅二が「船〔か〕蘇城に入るや、蛮衆相顧み罵りて曰く、東洋人（日本人）新に中国に勝ち、傲然国旗を翻して茲《ここ》に至る。可憎〱《憎むべし憎むべし》、厘（釐）金局の如きも猥りに饒舌を弄して防阻かんとするなり」と述べたように、至る所で日本を罵倒する声を聞かされた。井上雅二は、日本人が外国に入る場合、何を重要視すべきか、再認識したといえよう。

八月一日、白岩龍平が井上雅二の許に駕籠をさし向け、宴会に招待した。井上雅二は駕籠に乗るなど、男子の恥ずべき軟弱な行為と考えてこれを断わり、徒歩で宴会に出向いた。宴会は白岩龍平の貸りた大家屋で行われ、蘇州領事館員など十数名が参加した。井上雅二はこの宴席を、蘇州における日本人の会合の嚆矢に位置付けている。しかし、清国人の家主、家族、同業者は白岩龍平に家屋を貸した廉により、清国の警邏に捕えられてしまった。八月一日の宴会には、「支那開化党」の一人、姚文藻も出席した。姚文藻は、宗方小太郎の『漢報』買収に際し、これを援助した人物である。いわば、姚文藻は宗方小太郎や井手三郎など、日本人と親交が厚く、親日派の一人に目されていた。姚文藻は宴会の出席者に対して、「今主人茶館にあり、楼下数人の巡査ありて、主人を捕へんとせり、君等乞ふ、往いて連れ来り〔て〕呉れ」と述べて、警邏に捕縛された家主らの救助を懇願した。井上雅二と高木正雄はこの場にあって、家主らの救助を力説した。しかし、蘇州の領事館員らは「〔清朝官憲の〕後来の感情を害する」として、家主らを救助することができないと述べた。双方の議論は平行線を辿った。やがて、井上雅二と高木正雄の意見が認められ、家主らを救助することに決した。しかし、この決定がなされた時は、屋主らが既に捕縛、拘引された後であった。井上雅二はここで、蘇州の領事館員を「皆変通を知らず」と批判しつつも、領事の荒川己次については、「荒川〔己次〕も其性、神経質にして議論家なり。未だ変通を知らず。然れども訣別の強硬にして万一の失なきは可嘉《よみすべし》」と述べて評価を示していた。

八月一日夜、日本政府から蘇州領事館に電報が入った。この内容は、蘇州駐在領事荒川己次に対して、「談判破裂」を理由に、帰朝を命じたものであった。この談判とは、蘇州の租借地をめぐる交渉を意味した。すなわち、同租借地は、日本政府が「永久租地」（土地の買収と所有）と解したのに対して、清朝政府は「借地」（土地の借用）と見なした。また、警察権も、日本政府がこれを掌握すると解したのに対して、清朝政府はこれを清朝政府の手中にあると見なした。この「談判」の帰趨は、全て杭州、沙市、重慶に波及した。井上雅二はこれについて、「嗚呼、清人頑固、事理を知らず。常に実利問題に至れば、種々口実を作りて容易に承諾せず。往々にして我国亦非常の不幸を蒙ることあらん。「可戒〳〵《戒しむべし戒しむべし》」と述べて、清朝政府及び民衆の条約の無理解に帰している。のみならず、蘇州では、河川の中央に鉄柵を設けて、日本の船の交通を妨害し、更にこの鉄柵を無理やり開くと、日本の船に乗るものは悉く捕縛するなどの布告が出された。このことは、条約が締結されたとしても、これを実行する段階での困難さを示していた。井上雅二はこれらの出来事を目撃し、清朝政府との交渉の困難さを実感しながら、八月二日に上海に戻ることにした。同船には「支那開化党にして、慷慨気節の士」の姚文藻も乗船していた。蘇州から上海への帰路は下りであり、荷物が少なかったため、順調に進んだ。井上雅二は午後九時に上海に帰還すると、人力車で瀛華洋行に戻った。

八月三日、井上雅二は橋元裕蔵と白岩龍平を訪れ、岡幸七郎、多田亀毛と会談し、午後一一時に帰宅すると、終日ぶらぶらとし、姚文藻に詩の添削を依頼したり、白岩龍平らと朱子学を論じたりした。このように、井上雅二は八月四日、五日、六日と為すべきこともなく過ごすと、これから漢口に赴こうにも、旅費を使い果たして到底二、三〇金も支出することができず、また上海に滞在するにしても、既に一般の事情に通じて、ぶらぶらしている以外に用がなく、かつ猛暑が酷く到底外に出ることもできないため、時日の空費を避けて帰朝することに決した。井上雅二は些か望郷の念にもかられ、「家郷団欒の楽」も欲したようである。井上雅二は同日、白岩龍平、岡幸七郎、姚文藻らに別れを告げ、遠藤留吉、渡辺金太郎、高木正雄と熊本屋で酒を飲み、翌八月八日に行李を整え、アメリカ租界の埠頭に至り、渡辺金太郎と共に西京丸に乗船した。同船には、日本政府より退去を命ぜられた蘇州駐在領事荒川己次の一行の一二名も乗船した。井上雅二は七月一九日、横浜丸で長崎から上海に向かう途中、船中で日本人の売春婦を目撃して、「婦人は男子の先鞭を着けて常に遠征〔し〕、醜業を企つ。同船にも島原の婦二、三人あり。可恥〳〵《耻むべし耻むべし》。然かも大胆、可驚《驚くべし》」と記していた。そして、井上雅二は八月八日、帰路の船中でも売春婦を目撃し、「船客日本人五十名計り、洋妾の多きには一驚を喫す。熊本屋下女〔の〕松も同船にあり。彼れ香港に往き、洋妾たらんと欲し、捕へられ、遂に今日の始末となれり。其の流行以て察すべし」と記し、日本人売春婦の多さに驚愕の声を上げるに至ったのである。

八月八日の井上雅二と渡辺金太郎の出立には、白岩龍平の他、瀛華洋行の遠藤留吉、那部武二、橋元裕蔵、岡幸七郎、多田亀毛の他、高木正雄など、埠頭まで見送りに来てくれた。西京丸は午前一〇時半に解纜し、上海を出港した。井上雅二の上海、蘇州の旅行は、暑さ、不衛生に悩まされ、惨憺たるものであったが、日本に対する悪感情など、当地で得た経験は貴重なものであった。同日、井上雅二は「天晴れて雨至らず、可賀〳〵《賀すべし賀すべし》。船〔は〕益々進航して呉淞は模糊の中にあり。寧波、鼻仔島も破浪の間に隠見し、独り濁浪滔々として、大陸の面影を映すのみ。

胸中無限の情あり。波平にして船動揺せず、畳中に坐するが如し。午后五時頃に至り浪漸く蒼し」と述べて、帰途についた。西京丸は八月九日に五島列島を過ぎ、八月一〇日に長崎に入った。井上雅二は長崎の海上で上海に比べて一幅の冷気を感じ、午前二時に検疫を終え、五時に上陸を始めた。井上雅二は長崎の埠頭に到着後、緑屋に身を投ずると、緑屋の女将が穏やかな顔で迎えてくれた。井上雅二はここで朝飯を食べて、船中の疲労を休めて後、人力車で福屋に赴き、洋食を食べ、「福屋は吾国洋食店の元祖にして、数十年以来繁盛を極むと。女郎数多、席に侍するには閉口せり」と記した。この後、井上雅二は湯あみをし、「満身の垢」を落し、午後三時に再び帰船すると、汽船には乗客が満ちていて、危うく座席を失うところであった。やがて、汽船は井上雅二と渡辺金太郎を乗せて、午後五時半に解纜すると、平戸、五島列島、玄海灘をすぎ、翌八月一一日に下関に入った。

三　根津一の訓話

一八九六年一月七日、上海の宗方小太郎は「是日郵便入港、荒尾精来滬（上海到着）。出て之を東和洋行に訪ふ。小談して帰る」と記している。この一年半前、一八九四年一〇月、荒尾精は『対清意見』を発刊し、日清戦争を「義戦」と規定し、日本の勝利の暁には、腐敗堕落した満洲王朝が倒れ、朝鮮の独立と清国の弊政浄化、一大革新が可能になるとして、戦後処理案を開陳した。そして、荒尾精は一八九五年三月、多くの人々の質問に答えて、『対清辨妄』を著している。荒尾精は同書において、日本政府による、清国の領土割譲、賠償金の要求に反対した。荒尾精によれば、清国の領土割譲は欧米の野望を刺激し、かつ賠償金も民衆への重税に転嫁され、日本への憤激を呼び起すだけであった。荒尾精は一八九六年一月に上海に赴き、清国の実情を視察すると、二月に帰朝し、日本と清国の経済同盟と貿易振興の必要性を説き、要路の人々に警告を発した。井上雅二は七月二五日、荒尾精の『講和私儀』を読み、「喬木（空に高く聳え立つ木）風に折け易く、高識多く、輿論に違ふ。此の論に於てか、之れを見る。嗚呼、東方斎（荒尾精）も亦一傑なる哉」と述べ、荒尾精の卓見に感嘆の声をあげた。荒尾精は帰朝後、約半年もの間、日本で思索を深めると、八月に旅行に旅立ち、鹿児島、奄美大島、琉球をへて、当地の要請によりアジアの実業の得失を説き、九月に台北に渡った。井上雅二は上海で荒尾精と会うことはなかったが、八月に神戸に到着し丹波篠山の郷里に帰省後、八月二八日に京都に入ると、小林全信に挨拶し、次いで若王子山中の同志を訪れ、更に三本木の鈴木無隠を訪問した。

八月一二日、井上雅二は下関から瀬戸内海を通り、和田岬で検疫を終えると、午前八時に渡辺金太郎と共に神戸港で下船し、常盤旅館に入った。井上雅二は神戸から山陽方面行きの列車に身を投ずると、加古川で下車して昼食を食べ、人力車に乗り郷里の丹波篠山に向った。渡辺金太郎は神戸から大阪に出て、同郷の内藤湖南、更に台湾に赴こうとする荒尾精に会った。また、井上雅二は道中の景色について、「風色美にして吾を迎ふるもの丶如し」と記している。井上雅二は成松の叔父・佐野林三の家に立ち寄り、種々の談話をなすと、夕刻に船城に至り、ここにおいて「船城に帰る。一家安建、只だ餓鬼の東京行せしを聞き、且つ老親の愚痴を洩せるを聞くのみ。心気怡然（楽しみ）、春如（春のよう）たり」と述べた。この「東京行せし」「餓鬼」とは、上京して勉学中の井上秀を指していると思われる。翌八月一四日、井上雅二は山田村を辞して人力車で佐治駅に至り、佐野林三と帰来すると、「村翁村童相迎へて平安を賀す。家門に入れば幼妹は絶叫、帰来を阿母に報し、阿母は喜々として帰り、阿兄は魚釣を携えて帰来、阿嫂阿弟亦笑て迎ふ。濃情可掬《掬うべし》。一家健安。夕刻浴罷て片月に対すれば無限の快」という状況となった。このため、井上雅二は八月一八日、「養家事件に就き在東京の女に発電、帰郷を促す。弟返電を待つ。終日返電到らずして空しく帰る」と述べ、東京に打電し、秀の帰郷を要請した。しかし、井上秀からの返電はなかった。八月一九日、井上雅二は再び東京の秀にあてて電報を打つと、秀から返電があり、帰郷の旨を伝えてきた。これは、井上雅二と秀の婚礼の儀の打ち合わせを意味した。

井上秀は後年、許嫁時代の雅二について「まことに物事にこだわらない、サツパリした、豪放という言葉がそのままあてはまるような人で、私に対しても、まるで、友人と語るように話してくれましたが、興亜という事については特に熱弁をふるいました」と述べている。八月二〇日、井上雅二は終日、暇を持て余しながら、「阿父は慈にして厳、阿兄は暖にして滑」と述べて、家族の慈愛に感謝の念を示した。井上雅二は八月二一日、一家の快楽を味わう一方、「世の軽薄児、安くんぞ雅二今日の境界を測るを得んや」と述べ、八月二二日には盂蘭盆のために集った児女に対して、異郷の話などをした。八月二三日、井上秀が帰郷し、黒井村の自宅に戻った。井上雅二は同日、実家の神楽村から船城の山田村に帰り、「冷淡、亦実家に比すべきにあらず」と述べた。井上雅二は八月二四日、「黒井村に赴き、所用を果す。観る者堵《かきね》の如し。夜来盆踊を見る」と記したように、井上秀と婚約の儀をあげ、翌々日の八月二六日、秀とまる一日今後のことを相談すると、「女大学設立の事」「志士義捐の事」に話が及び、いよいよ翌八月二七日に出立することにした。井上秀は雅二と婚礼の儀を遂げても、勉学を止めて帰京する積りなど、更々なかった。成瀬仁蔵の女子大学校設立計画は、漸く緒に就いたばかりであった。井上雅二も東京専門学校に入学したばかりで、秀の勉学の志に異論などあろうはずもなかった。特に、井上雅二も女子大学校設立計画も支持しており、積極的に援助する積りであった。井上雅二は八月二七日、篠山を後にして上京を志し、翌八月二八日、福住より園部に出て、京都の鹿ケ谷に達し、若王子山中の旧友と会い、更に六本木の鈴木無隠の許を訪れて、「余又女大学設立に就て、秀よりの依頼を談ず。師、承諾の様あり」と記している。鈴木無隠は、女子大学校設立計画に賛意を示した。

　井上雅二は八月二九日、松園忠貫を訪ねたが、松園忠貫が世に容れられず不遇を訴えている様について、「徒に慷慨厭世家の風」に陥っていると批判して程なく辞し、更に若王子山中の根津一の許に行き、帰朝報告を行った。井上雅二は根津一に向かって蘇州の報告、特に蘇州で様々な妨害にあい、日本に対する憎悪に遭遇したことを報じた。根津一はこれを聞くと、直ちに白岩龍平の計画の軽率さを指摘した。根津一にすれば、大東新利洋行の名称自体が「新勝国の餘勢」を借ったものであり、清国人の心情を軽視し、日本人への憎悪を駆り立てるのに充分であった。このため、根津一は、井上雅二と白岩龍平が大東新利洋行の汽船で蘇州に赴く際、民衆が「東洋人（日本人）新に中国に勝ち、傲然〔にも〕国旗を翻して茲《ここ》に至る。可憎〳〵《憎むべし憎むべし》」と囃し立て、かつ釐金局が同洋行を妨害したのも当然と考えた。根津一は井上雅二に対して、渡辺南隠に就いて伝習録を修め、かつ歴史書や通鑑など、漢籍を読んで政治の大体を捉え、しかる後に欧米の政治学を修めるよう勧め、日清戦争後の日本の軽薄な風潮に泥《なず》まぬよう勧め、学問で身を立てるよう説いた。かつ、根津一は、一部の日本人が日本の急激な変化を見て、清国の滅亡を即断しているが、清国の広大さを以てすれば、いかなる暴力によっても滅亡しないだけでなく、これ以降切磋琢磨して改革を成し遂げるであろうとして、「其（清国）の基礎は畢く今に至て歴然一大独立国たり。其社会の進歩せる、豈に泰西に譲らんや。只た規綱の弛廃せるのみ。若し一大改革を行はゞ、果然大強国と為る、并し掌を返すが如し（手のひらを反すように容易である）。君之れを諒せよ」と述べた。

一八九五年、日清講和条約（下関条約）が締結されたが、日本政府は三国干渉の結果、清国に遼東半島を返還した。すると、大隈重信は第二次伊藤博文内閣の攻撃に回った。一八九六年三月一日、大隈重信は進歩党を結成し、同年九月に第二次松方正義内閣が成立すると、外務大臣兼農商務大臣に就任した。同内閣は松隈内閣とも称された。井上雅二は八月二九日に列車で京都を出ると、翌八月三〇日、「静岡にて午食、箱根より大隈〔重信〕伯乗車す。六時新橋に着すれば、見物人山の如く、凡て大隈〔重信〕縁故の人なり。隈伯微笑悠々、其の得意〔は〕可知耳《知るべき》。雨を犯して牛込の小草廬に入る。坂本龍馬伝を読む。其の度量〔は〕海の如く、縦横の策〔は〕山の如く、愛嬌滴々（したたるように表れ）、実に快男児たるを思ふ」と記している。井上雅二は九月二日に仲猿楽町に福本誠を訪ね、東邦協会の入会の事を托した。東邦協会は調査項目に「東洋諸邦」及び「南洋諸島」を定めていた。井上雅二は台湾及び上海の旅行を通じて、これらの調査項目に期するものがあった。雅二は牛込の戸塚町の下宿を引き払って上海に出掛けたため、新たに下宿を探す必要に迫られ、九月一日に大久保村、九月三日に戸塚村、九月九日に再び大久保村を回り、いずれも意に染まず、九月一〇日に漸く早稲田鶴巻町五番地の石渡儀一方を見付け、ここに転居した。井上雅二は同所について、「〔前面に中学の寄宿舎があり〕東西南北共に静閑にして、門を出づれば早稲田の水田、遠く礫川の高台に建り、秋虫啾々、真に燈下苦学（燈火の下で勉学に励む）好位置たり、快々」と記し、勉学に適した環境であることを喜んだ。

第三節　二人の新たな出発

一　東京専門学校入学

一八八一年、大隈重信は明治一四年（一八八一年）の政変で下野すると、小野梓、矢野文雄と共に立憲改進党を設立し、かつ高田早苗、天野為之、市島謙吉らの支援を受けて学校、すなわち東京専門学校を設立した。一八八二年一〇月二一日、同校の開校式が挙行され、小野梓が「学問の独立」を宣言した。同校は入学生八〇名から出発し、一八八七年には寄宿舎の一部を講堂に改造し、一八八八年に寄宿舎二棟を増築、一八八九年に大隈重信の寄進で大講堂も竣成した。この間、一八八五年に校友会が、一八八六年に校外生制度ができた。校外生の制度は、横田四郎が個人的に始めたものを、小野梓と高田早苗が制度的に整備させたもので、校外生が同校発行の教科書、雑誌に基づき在宅で教科を学習するという一種の通信教育制度である。校外生の規則は一八八八年六月、同校規則第一四条に編入された。大隈重信は、一八八八年、伊藤博文内閣で井上馨に代わり外務大臣となり、次の黒田清隆内閣でも外務大臣として条約改正を推進した。大隈重信は一八八九年にアメリカ、ドイツ、ロシアと和親通商航海条約を締結し、多くの功績を残したが、条約改正案が外国人判事の任用など、井上馨の案と大差がなく、また機密主義をとった。このため、条約改正案の内容が新聞に発表されると、国論が二分され、枢密院や政府の一部から激しい批判を浴びた。そして、大隈重信は玄洋社の来島恒喜に爆弾を投じられ、片足を失い、黒田清隆内閣の総辞職と共に閣外に去った。東京専門学校は、一八九〇年に文学科を設置し、翌一八九一年に『早稲田文学』を創刊、一八九二年に東京専門学校創立一〇周年記念式典を盛大に開催した。

井上雅二は九月一〇日、東京専門学校英語政治科の学生として、入学手続きを取った。井上雅二はこの約二ヵ月前の六月二九日、「午前専門学校に入校試験を行ふ。中途にして無試験入校を許さる」と記している。一九〇一年七月の同校の卒業式では、井上雅二の本籍は「沖縄県」となっていた。井上雅二は一八九七年一月一九日、「午後登校、下午図書館にて『人種問題』を写す。初更の頃、沖縄県人長嶺保栄なる人〈専門学校生〉来訪せらる。余の同県人なるを聞して来りしならん。琉球噺抔して、少刻去る」と述べている。このため、井上雅二は東京専門学校で、沖縄県出身者を標榜したことになる。このことと井上雅二の「無試験入校」の因果関係については、未詳である。ただし、井上雅二は沖縄県出身者とすることで、便宜を得た可能性はある。何となれば、井上雅二は一八九二年八月、海軍兵学校を受験する際、年齢が受験資格に届かずに、戸籍を改竄して自らの誕生日を偽って記載し、受験資格を得ていたからである。東京専門学校は一八八八年六月、教則の改正を行い、全学を政治、法律、行政、英語学の四学科に分ち、修業年限も四年制から三年制に改めた。この後、行政学科は第二法律科と名称を変更し、法律科を第一法律科とし、更に英語政治科、英語法律科、英語行政科が新設され、邦語、英語の両様の教授が行われた。九月九日、野溝伝一郎が東京専門学校入学のため、信州より上京してきた。野溝伝一郎の選んだ学科は邦語政治科であった。井上雅二はこれを聞くと、流行を追う者として、「畢竟政治の学の如き、黄口（くちばしの黄色い若造）の会得し得る所にあらず」と述べた。

井上雅二は九月一一日、前夜からの暴風雨で各地に水害の警報が出ている中、東京専門学校に出掛け、種々の入学手続きを行ったものの、授業がなかったため、皇民館に入門し、柔道の稽古をした。また、井上雅二はこれ以降、友人と共に、連日のように酒盛りをしている。井上雅二は九月一三日、朝から「痛飲狂歌」、午後に至って新橋栄二郎、坂本格、大沢龍次郎と肉を炙り、酒を飲み、午後四時に及んで、以前の下宿に戻ると、原口聞一らが酒を持ち込んで来たため、横山作次郎、高月一郎、沖禎介、原口聞一、坂本格、大沢龍次郎と共に酒を飲み、この場に集った七人を「七豪傑」と称した。すると、田野橘治がこの場に合流し、早稲田中学前の蕎麦屋楼上で再び宴会となり、「痛飲放歌」、交番前の酒店で堀部安兵衛が飲んだという徳利を借り、「冷酒鯨飲」、更に沖禎介の下宿に至り、夜更けまで飲み明かした。井上雅二は九月一五日に田野橘治と共に、大雨の中、二升樽を片手に提げて沖禎介の許を訪れ、神田に至り、楼上で二升樽を飲み尽くすと、更に一升をあけて心中の憂さを晴らし、「余〔は〕泥酔、衣着皆泥の如し。戒心〳〵」と述べながら、沖禎介の寓居で再び泥酔した。井上雅二は翌九月一六日、「〔東京専門学校は〕休校。終日鬱々として夢と化せり。夜高山来り、久振りに快談数刻、近来精神大に痴鈍となる。可嘆く《嘆くべし嘆くべし》。大奮発せずんば、以て天下に立つなけん」と記している。九月一七日、天気が久し振りに晴れて、第二次松方正義内閣の成立が報じられた。井上雅二は同内閣の成立について「奇々怪々」と述べると、午後に図書館に出掛け、明治維新の文献を読み漁り、「突に懦夫（いくじなし）を起たしむるものあり」と記した。この後、井上雅二は石原弘内と蕎麦を食べ、秋の気配に驚くと共に未熟な自分を歎いた。

　井上雅二は九月一八日、『吉田松陰伝』を読んで大いに会得するところがあり、「性理（人間の本性や宇宙の原理）の説」について終日端座黙考し、夜には田野橘治と散歩して田畑の間を通り矢来町に出て、演劇を見た。井上雅二は翌九月一九日、坂本格と共に帝国大学の寄宿寮を訪れると、原口聞一と共に渡辺金太郎と石橋禹三郎を訪れたが、二人とも不在であった。井上雅二は東京帝国大学法科大学生の村井啓太郎を誘って新橋栄二郎を訪れると、たまたま川上正一がいたため、「遠航の労」を慰めて酒を酌み交わした。井上雅二は自分の下宿に戻る途中、東京帝国大学法科大学生の山川端夫の許を訪れて再び酒を飲み、大酔して沖禎介の寓居に至り、ここで眠った。井上雅二は翌九月二〇日、「〔沖禎介の寓居で〕晨起すれば酒あり、樽に満々、飲まざるべからず。……豪快、今日の如き、未曽て有らざる所とす」と記している。井上雅二は九月二一日夕刻、沖禎介、原口聞一と共に本郷に至り、村井啓太郎を誘い、三組町に石橋禹三郎を訪問した。石橋禹三郎は、稲垣満次郎、菅沼貞風、浦敬一と同様、平戸の出身で、「南洋」論者として名を馳せていた。井上雅二は石橋禹三郎がかつてチリに身を投じ、今また暹羅（タイ）で事業を計画中であることを知っていた。井上雅二は石橋禹三郎らと「南洋」の事業を聞き、今後の方策を論議して後、日本新聞社の渡辺金太郎を新花館に訪ねた。すると、渡辺金太郎の許には、陸実が来ていた。井上雅二はここで、陸実らと例の如く「内閣談の施政方針」などを論議した。この後、原口聞一、村井啓太郎は帝国大学に戻った。このため、井上雅二は沖禎介と早稲田の寓居に戻り、「月〔が〕天心に到るの処、胸中陶然一物なし。快、何〔ぞ〕極〔まらん〕」と、心中の痛快さを記した。

　東京専門学校は一八九六年七月九日、評議員の犬養毅が早稲田倶楽部送別会の席上、道場の建設を提議し、有力者、愛好者の協力を得て、同年一二月中旬、四間七間の道場が完成した。一二月二〇日、同道場の開場式典が鳩山和夫、犬養毅、藤田高之、島田三郎、平田譲衛、志賀重昂、田中唯一郎、天野為之、中村進午、柏原文太郎、高田早苗、坪内逍遥、市島謙吉など、数十名の講師、校友、来賓の参列を得て挙行された。井上雅二はこれに、横山作次郎と共に参列した。翌一八九七年三月一日、東京専門学校は「本校学生に完全なる身体の発育を得せしむるを目的とし、体育部を置く」として、体育部を設置した。この体育の方法は、郊外運動、器械体操、撃剣、柔術、弓術、テニス、ベース・ボールの七種であり、「郊外運動は毎年春期一回之を行ひ、諸般競走遊嬉を為さしめ、優等者には賞を与ふ。撃剣、柔術は一定の日時に教師に就き伝習せしむ。其他は各部の委員の見込に依り、適宜之を行ふ」と記している。体育部の部長には市島謙吉が、委員長には柏原文太郎が就いた。三月一五日より、希望者に抜刀、柔術、撃剣が教授され、教師には抜刀が矢部寛恒、柔術に横山作次郎、撃剣に内藤高治が就いた。柔術の師範、横山作次郎は一八六四年（元治元年）、江戸の鷺宮に生れ、湯島天神下の井上敬太郎に天神真楊流を学んだ他、起倒流も修め、一八八六年四月、嘉納治五郎の講道館に入門し、「鬼横山」の異名を取り、翌一八八七年に警視庁柔術世話掛となり、一八九六年に東京高等師範学校で柔道を教授した。嘉納治五郎の講道館には、横山作次郎の他、富田常次郎、広瀬武夫、西郷四郎、山下義韶、永岡秀一など、多子済々が集った。なお、東京専門学校英語政治科の得業（卒業）生には、一八九三年に柏原文太郎、若代秀明、菊池謙譲、一八九四年に岩佐善太郎、岩下直人、松山忠次郎、一八九五年に鈴木要太郎、一八九六年に財部熊次郎、山下稲三郎、埴原正直、長田瑛、中路新吾、一八九八年に小山田淑助、桑田豊蔵、小山谷蔵、一八九九年に井上雅二、権藤四郎介、木塚常三、森茂などがいた。

二　孫文と陳少白

孫文は一八九四年にハワイで興中会を設立し、一八九五年に興中会の武装蜂起に失敗して後、広島丸で日本に逃れ、一一月一二日に神戸、一一月一七日に横浜に到着した。孫文は華僑の譚有発の紹介で文経印刷店の馮鏡如の二階に滞在し、馮鏡如、馮紫珊らと興中会支部（興中会横浜分会）を設立し、会長に馮鏡如、財務に趙明楽、書記に趙釈琴、幹事に馮紫珊、温遇貴、温炳臣ら八人を定めた。馮鏡如は馮自由の父である。孫文は横浜に到着すると、ハワイで知り合った菅原伝を頼っている。菅原伝は孫文に、曽根俊虎を紹介した。そして、孫文は馮紫珊から五〇〇円を借り、鄭士良に一〇〇円を与えて香港に送り、陳少白に一〇〇円を与えて日本に残すと、残りの金を携えてハワイ経由でアメリカに赴いた。陳少白は曽根俊虎を通じて宮崎滔天や平山周と知り合うと共に、広東省出身者の多い横浜華僑の間に人脈を広げ、キリスト教青年会（ＹＭＣＡ）の活動を通じて、樋口一葉の友人の伊藤夏子と親交を持った。伊藤夏子は友人の樋口一葉に、副島八十六を紹介した。一八九六年一一月二三日、樋口一葉が肺結核で亡くなると、伊藤夏子は副島八十六に樋口一葉の訃報を知らせた。すると、副島八十六は陳少白に樋口一葉の訃報を通知した。この結果、陳少白は樋口一葉の訃報に哀悼の辞を送った。副島八十六は一八七五年に肥前（佐賀県）に生まれ、「南洋」やインドとの親善交流に尽力する一方、キリスト教を篤く信仰して同教について造詣を深め、日本の「下層社会」に関心を抱いた。一八九七年一二月一八日と一二月一九日、日本キリスト教青年会の演説会が美土代町で開かれると、副島八十六が「東印度視察談」と、また小崎弘道が「基督と世界の大勢」と題して、各々講演を行った。

陳少白、名は白、字は少白、号は夔石、日本名は服部次郎、一八六九年に広東省新会県外海郷に生まれ、一八八八年に広州の格致書院に入学、翌一八八九年にキリスト教の洗礼を受け、香港で孫文と知り合い、以降は孫文の片腕として活躍し、一八九五年の興中会の武装蜂起計画にも加わった。陳少白は「東亜聯合要旨」をまとめ、「吾東亜の民心」の合体を主張して、このためには日本と広東省が聯盟すべきであるとし、「言語の開通」と「文字の普及」を主張した。この陳少白の論文を日本語に翻訳し、『東亜学会雑誌』第一編第七号（一八九六年八月一五日）に掲載したのが、東京帝国大学文科大学学生の高瀬武次郎である。高瀬武次郎は一八九七年、中山久四郎などと共に『東亜学会雑誌』の編纂委員に就任していた。高瀬武次郎は旧制熊本高等学校を卒業後、東京帝国大学文科大学に入り、一八九八年七月に漢学科を出て大学院に進み、支那哲学史を研究して、『日本之陽明学』を鉄華書院より出版した。高瀬武次郎は一九〇五年一一月に文学博士の学位を受け、一九〇六年以降、東京帝国大学の講師を始め、哲学館、日蓮宗大学、仏教大学、早稲田大学、曹洞宗大学、明治大学の講師を務め、かつ王学会を組織した、陽明学研究の第一人者であった。陳少白は日本でキリスト教徒や華僑の間に人脈を築くと、一八九七年九月に台湾に渡り、興中会横浜分会員の親族の楊心如を訊ね、興中会の分会の設立を図った。陳少白はキリスト教青年会などの活動を通して、華僑ばかりでなく、日本人の間に交友関係を拡げた。そして、このキリスト教青年会の初代会長に就任したのが小崎弘道であった。

小崎弘道は一八五六年（安政三年）、熊本藩士小崎次郎左衛門の次男に生まれた。小崎弘道は、藩校の時習館、熊本洋学校に学び、一八七六年に洗礼を受け、熊本洋学校の閉鎖と共に同志社に移り、新島襄の知遇を得て、一八八〇年に植村正久、井深梶之助と共にキリスト教青年会を組織した。小崎弘道は一八九〇年、新島襄の死去を受け、同志社の社長（総長）兼校長に就任し、一八九七年七月まで務め、日本組合基督教会会長、日本基督教連盟会長などを歴任した。井深梶之助は一八五四年（安政元年）、井深宅右衛門重義を父に、八重子を母に、会津藩に生れた。母の八重子は家老・西郷頼母の妹である。井深梶之助は戊辰戦争で薩摩、長州の軍隊と戦い、会津鶴ヶ城の落城に立ち合うと、洋学の学習の必要性を痛感し、横浜に出て、修文館という英学校の学僕となり、同館の英語教師・ブラウンの薫陶を受け、キリスト教に目覚めた。井深梶之助はヘボン博士の施療所付属の礼拝堂でブラウンから洗礼を受け、日本基督公会の会員となり、伝道の日々を送り、明治学院の学長に就いた。井深梶之助の弟に井深彦三郎がいた。井深彦三郎は一八六六年（慶應二年）、僅か三歳の時に会津籠城戦を経験し、長兄・井深梶之助を頼って上京、一致英和学校に学び、一八八七年に中野二郎らと清国に渡り荒尾精と出会い、一八九〇年に日清貿易研究所の事業を助け、荒尾精の妹と結婚、日清戦争では高等通訳官として遼東半島に出征した。また、小崎弘道は一八八六年に赤坂霊南坂に教会（のちの霊南坂教会）を創設し、番町教会も設立した。この番町教会で洗礼を受けたのが、宮崎滔天である。

伊藤夏子は、キリスト教青年会の活動、特に葉山での研修などを通じて陳少白と知り合った。伊藤夏子は陳少白を「遊び仲間に、日本の名で服部、実名陳白と云ふ、亡命支那人がゐました。富豪の子息だとか、年は三十位、米国に十年以上亡命し、一年ばかり前、日本に転じてきたのでした。白色人種の如く、鼻高く、上品で、悲痛な表情をしてゐました。英語は西洋人の如く話しましたが、日本語は話すことができないので、日本人と英語で話しました。陳白氏の話しは、論議じみた話ばかりなので返事にまごつきました」と述べている。そして、伊藤夏子は陳少白から「日本の女学校は、何を道徳の土産として教ふるや」などの質問を受け、「孝貞の道なり」と答えると、陳少白は「それだけでは不完全なり。仏教は人を徳に化する力薄く、日本の神道言を俟たず。孔子の教へ人の口にのぼれど、実行する人少なし」と述べたという。伊藤夏子はこの他にも、陳少白の言葉として、「昔は清国が日本より先進国であつたが、今は反対だ」「女が淑でばかりあつたのでは、進歩はできない」「西郷南洲〈隆盛〉の、反逆の原因は、真は何か」「日本は終に、共和国に成るか」「日本を共和国に為すは、道徳上、正しいと思ふか」「平和に、帝王が、位を退くを待つが良し」「かゝる事は、政治の問題ではない」「世界は終に、結合の時が来るであろう」と記している。これよりすれば、陳少白は共和政の樹立だけでなく、世界的規模での統合が達成され、「大同」（国家、人種、男女の差別のない理想社会）の実現を確信していたことになるであろう。この葉山での研修には、片山潜や元良勇次郎、松村介石なども参加した。陳少白はこれらの人物とも討論を重ねた可能性がある。ただし、伊東夏子は「〔陳少白が〕帰国してから、消息が分りませんから、死んだのかも知れません」とも述べているため、陳少白との交流は長くは続かなかったようである。

　九月、麻生正蔵は京都の同志社で教鞭をとっていた。成瀬仁蔵は九月八日、麻生正蔵に書簡を送り、「小生の愚按には、是非大兄の代りを見出し、少々の事情と不都合は不得止る事となし、代りの出来次第、一日も早くといふ事に致されては如何。是れ素《もと》より今度の新内閣組織の如き困難はあるべきも、亦た道なきにはあらざる可しと存〔じ〕候」と述べて、麻生正蔵に同志社を辞職し、女子大学校設立計画に専念するよう申し出た。しかし、麻生正蔵の辞職は、麻生正蔵の生計の途絶を意味しただけでなく、同志社の社長（総長）兼校長の小崎弘道の恩義にも背くことを意味した。このため、成瀬仁蔵は小崎弘道に談判を行い、麻生正蔵の辞職を認めていただけるよう請願した。成瀬仁蔵は九月一〇日、麻生正蔵にあてて、麻生正蔵の同志社の辞職に関して小崎弘道に談判したところ、後任の選任を言い渡されたとした。成瀬仁蔵はこれらの事情を広岡浅子にも伝えると、広岡浅子より麻生正蔵が当初より同事業に関われば、将来のためにも一人のためにも良いであろうと述べたとして、「只今日は善後策を講ずるのみと存候。実に今は時期失する可らず、愈々切迫致〔し〕候。願くは、大兄と全力をこめ、直に運動を始め度、切望に不耐（たえず）候。是れ吾人の一生の時機、亦た此事業のクリチカルタイムなるあらざる乎。非常の時に非常の処置も必要と相成申〔し〕候。御熱心に御尽力あらば、何とか方法付く可き事と愚考致〔し〕候」と論じ、仔細については面会した時に告げるとした。麻生正蔵が同志社を辞めるとなれば、安定した生計の一つが途絶えることになり、辞任にまでは踏み込めなかったのである。

三　柔道と酒、読書

一八九六年一月二一日、北京と上海の強学会は御史楊崇伊の弾劾を受けて禁止され、同会の機関誌『強学報』も一月二二日に、僅か三号を発刊しただけで廃刊となった。上海強学会の会員には、黄体芳、黄紹箕、黄紹第、汪康年、屠仁守、鄒代鈞、黄遵憲、梁鼎芬、蒯光典、張謇、康有為、沈瑜慶、左孝同、喬樹楠、志鈞、龍沢厚など、著名な知識人が名を連ねた。彼らは皆、日清戦争の敗北を受けて、清国の改革の必要性を痛感していたが、康有為と思想を共有してはいなかった。三月二九日、清朝政府は帝党、すなわち光緒帝派の文廷式の免職と北京追放を命じ、強学会の会員は窮地に陥った。汪康年と梁啓超、黄遵憲は、上海強学会の継承を図り、『時務報』を発行した。『時務報』は石印で、毎冊二〇余頁、「論説、諭旨恭録、奏摺録要、西文報訳、路透（ロイター）電音、東文報（日本語新聞）訳、翻訳連載」などの内容に分かれ、一八九六年八月九日の第一冊から一八九八年八月八日の第六九冊までに、梁啓超の「変法通議」の他、汪康年、麦孟華、徐勤、欧榘甲、章炳麟、張坤徳、郭家驥、黄体芳、李維格、曾広銓、潘彦、劉崇恵、李家鏊などが論説を発表し、英語、フランス語、日本語などの新聞や雑誌の記事を中国語に翻訳し掲載し、中でも梁啓超などは多くの知識人の支持を得て、同報は発行部数を驚異的に伸ばした。この中で、古城貞吉は『時務報』第一号（一八九六年八月九日）から同第六九号（一八九八年八月八日）まで五七回、全て単独で翻訳を行い同紙に掲載し、日本の事情を読者に紹介し、知識人に影響を与えた。古城貞吉は、狩野直喜、宇野哲人と共に「肥後（熊本）漢学の三羽烏」と呼ばれた。

一八九六年、清国の知識人が新たな胎動を示していた時、井上雅二は連日のように友人と酒を飲み、議論を交わした。九月二六日、井上雅二は本郷に新橋栄二郎、川上正一を訪問し、京都時代の友人の近藤を加えて、四人で酒を飲むと、「諸氏皆酔ひ、大仏（進橋栄二郎）忿り、川上（正一）も怒り、忿然袂を払ふて起つ。吾等和解す、時に日没」という状態になったが、川上正一と沖禎介の寓居に至ると、十数名の友人と共に、再び酒盛りとなった。井上雅二は九月三〇日、これまでの日々に空しさを覚え、かつ軽薄な風潮も感じて、多いに反省すると共に、柔道の稽古を中断のままであり、これにも慙愧の念を覚えた。井上雅二は一〇月四日以降、毎週三回は講道館で柔道の稽古をする事、早朝に水で身体を清める事、静坐を行う事、終日部屋に籠り他出しない事、以上を定めた。井上雅二は一〇月三日、沖禎介と翌朝まで酒を飲み、意気投合すると、夜を徹して人として生きるべき道を語り合うと、翌一〇月四日、沖禎介の寓居に赴き、原口聞一を加えてビールを飲み、更に飯田橋富士見楼の秋季丹波会に出席して、ここで酒に酔い、懐中物を遺失した。井上雅二はここで初めて、酒を飲めば酔うことを痛感し、この日以降の節酒を誓い、「飲めば酔ふものなり」「酔ふは不可なり」の二句を座右の銘とすることにした。ただし、井上雅二が誓ったのは節酒であり、禁酒ではなかった。井上雅二は一〇月五日、尾崎行昌、田野橘治、宮坂九郎、小平総司などと酒を飲み、互いに罵倒し合った。田野橘治らが井上雅二の近来の挙動に対して、「奇を好み、諸士を集め、遂に根本を失ふに至らんか」と述べた。井上雅二はこの忠告に感謝しつつ、「雅二、豈に徒らに悖萃（礼に外れて集まる）、豪侠を好まんや。只だ休曜（養）日に際せば、諸友と共に愉快に消日するのみ。其間、聊《いささ》か相研磨せんと欲するのみ」と答えている。

井上雅二は一〇月一〇日、「怪庵主人（井上雅二）豪傑を喜ぶ。然かも秋風吹起、今落葉二、三点感慨に堪えず。即ち枉げて樽酒に対し無限の情懐を敍べんとす」と述べて、野溝伝一郎、沖禎介、坂本格の訪問を受けると、田野橘治がやって来た。この後、井上雅二は清風亭に中西正樹を尋ね、「氏は多年清国にあり、足跡四百州に遍《あまね》からざるなし。抱負雄大、一奇材なり」と記している。中西正樹は一八五八年（安政四年）、岐阜の岩村藩士の子息に生まれ、一八五八年に外務省留学生として北京に渡り、天津の他、貴州、雲南の諸省を渡り、情報を収集し、荒尾精、宗方小太郎、井手三郎らと行動を共にし、日清貿易研究所に設立にも関わった。中西正樹は井上雅二にとって、荒尾精と同世代の大先輩であった。井上雅二は翌一〇月一一日には琴平町の菊池謙譲の寓居に中島裁之を訪ねたが、不在であった。中島裁之もまた、一八九一年より一八九二年にかけて清国を周遊し、一八九四年、日清戦争に通訳として従軍した。井上雅二はこれらの先輩を訪ね、話を聞きながら、前途の手がかりを得ようとした。また、井上雅二が青山子爵邸での同郷会設立の会合に出ると、六〇名余りが参加して、頗る盛況であった。しかし、井上雅二は一〇月一二日、憂鬱の中に沈み、学校にも登校しないでいると、夕刻に荒川と山下稲三郎の訪問を受け、例の如く酒を飲んだ。荒川はここで、井上雅二に対して「豪傑振りて、人材統合等の事に奔走し、却て本心本体の素養を欠くならん」等と忠告を行った。井上雅二はここで、氷然と今までの憂鬱の理由、疑念が解ける気がして、精神の修養に努めることを誓った。

井上雅二は一〇月一三日、吉田松陰の伝記を読むと、一〇月一四日、「雅二、近来尤《もっと》も果断の勇を欠き、心事常に一なる能はず、大に奮励せずんば、到底人たち能はざらん」と反省の弁を述べ、更に「戒心、戒言、戒行」を誓った。井上雅二は一〇月一九日、終日読書すると、夕刻に皇武館に赴き、午後八時に帰庵した。これより先、井上雅二は新橋栄二郎、大原信の訪問を受けると、三人で清風亭に赴き、中西正樹を尋ねたものの不在であり、二人と別れて土原町に向った。井上雅二は帰宅後、講道館の横山作次郎の訪問を受けた。井上雅二は横山作次郎が去ると、『欧州大勢論』を読んで、午後九時に寝た。井上雅二は一〇月二一日、書籍館の書籍目録より、読むべき書を抜萃して、毎日これを読了することにしたが、「多読必しも利あるにあらず。真を悟り味を解す。是れ読書の法。然れとも吾れ爾後［に］諸書を渉猟して、聊《いささ》か一段の工夫を加へんと欲するのみ」と述べて乱読、多読を否定し、この日より柔道の稽古を日課とすることに定めた。井上雅二は「小山氏の柔道説、亦た大に利する所なきにあらず。吾人真理に二なきを識得して、茲《ここ》に心中の武を練り、兼て自然の理より割察（詳細に注意する）して柔道に勉めなば、其発達［は］

期すべきなり。徒《いたずら》に手を舞し、足を飛ばすとも、勝敗起倒（勝ったり負けたり起きたり倒れたり）、自然の理に注眼せずんば益なく、聊《いささ》か書もて後日の結果を待つ。往復一時間、稽古一時間と内定す」と記している。同日、井上雅二は『欧州大勢論』を読み、午後一一時に就寝した。井上雅二は一〇月二二日、終日読書すると、夕刻に柔道の稽古に行き、一〇月二三日も終日読書し、夕刻に田野橘治の訪問を受け、共に散策して、『東邦協会報告』を七角銭で売り、『経済雑誌』を購入した。

一〇月二四日夕刻、井上雅二は新橋栄二郎の訪問を受け、蕎麦屋楼上で酒を飲み、帰途に堀田英文の紹介で初対面の埴原正直と会い、下宿に戻ると田野橘治が現われ、話に加わった。井上雅二は埴原正直と酒を飲み、胸襟を開いて語り合い、意気投合した。一〇月二五日、井上雅二は正午まで眠ると、午後に宮坂九郎の訪問を受け、「残樽を傾けて諧謔百出」、心が大らかになり、夕刻に沖禎介、原口聞一、坂本格の訪問を受けると、沖禎介らと神楽坂に出て後、沖禎介の寓居で時を忘れ語り合った。井上雅二は一〇月二六日、芝の琴平町に中島裁之を、築地に羽室庸之介を訪ねたが、二人とも不在であり、翌一〇月二七日、午前六時に起きると、午前七時に大原信が来て、一〇月二九日に帰省のため別離を告げに来て、共に別れを惜しんだ。井上雅二は一〇月二八日と二九日、終日読書し、徳川家康論を著した。ただし、井上雅二は、この徳川家康論については、さすがに「拙劣見るに堪えず」と述べている。井上雅二は夕刻に沖禎介と共に柔道の稽古に行き、七時に帰宅すると、読書にも飽きたため、刀杖を携えて散策し、感慨を深くした。井上雅二は一〇月三〇日、終日読書し、しばし静座して「本来〔の〕面目」を考えて得ることがあり、翌一〇月三一日に講演会に出掛け、南条文雄による「印度仏教説」とアメリカの中尉某による「公平撰挙法」という演説を聴き、「前者は流石《さすが》に仏界の一雄、幾分解脱の点あるを覚ゆ。毛唐の天真、亦可掬《掬うべし》」と記した。南条文雄は一八七六年に笠原研寿と共にイギリスに渡り、オックスフォード大学のマックス・ミューラーに師事してサンスクリット語を学び、一八八四年に帰国（笠原研寿は一八八三年に病没）、一八八九年に日本で最初の文学博士を授与されていた。

第三章　雅二の修養、秀の勉学　――結婚と別居生活――

第一節　興亜と女子教育

一　師・荒尾精の死

二　女子大学の構想

三　興亜同志会

第二節　同人会と井上雅二

一　同人会の設立

二　雅二と秀の結婚

三　早稲田の日々

第三節　シベリア周遊と内田甲

一　九州の玄洋社

二　シベリアの周遊

三　孫文の再来日

第一節　興亜と女子教育

一　師・荒尾精の死

一八九六年八月、荒尾精は同年一月の上海渡航から帰朝すると、日本の政財界に働き掛けて新事業の計画を練り、鹿児島、奄美大島、沖縄をへて、九月初旬に台北に渡り、一〇月に台北を出て、台中、台南、鳳山を回り、廈門、福州、香港を巡遊する予定を立てた。同時期、台湾ではペストが流行した。そして、荒尾精は台北でペストに罹ると、台中、台南に赴かないまま、一〇月三〇日に没した。享年三八。荒尾精の逝去の報は、日本にも伝わった。一一月二日付け『日本』は、「荒尾精氏の死去」と題する記事で荒尾精の逝去を報ずると共に、鳥居赫雄（素川）の「吁、荒尾精氏」を掲載して荒尾精の死を悼んだ。井上雅二は一一月一日晩、寝苦しくて、よく眠れなかった。そして、井上雅二は一一月二日、朝六時に起きるや否や、宇野武の突然の訪問を受けた。宇野武は井上雅二の顔を見るや否や、「荒尾東方斎（荒尾精）逝く」と述べ、井上雅二がこれを信じないと、重ねて「本日の日本に此事を載す」と言った。井上雅二が下宿の老婆に命じて、『日本』を取り寄せて見ると、何たることか、荒尾精が台湾を巡遊中、ペストに罹り逝去したことが報じてあった。井上雅二はここで、「吁、真乎幻乎《かか》、吾れ知らざるなり。然れとも真なるが如し。噫々、東洋絶無の志士、日本第一流の豪傑、東方斎主人（荒尾精）、三十七歳を一期として轗軻蹉跌（事がままならず挫折する）、大業未だ緒に就かずして、噫、逝けるか、逝けるか。雅二、国家の為め、之れを信ぜざるなり。滔々たる四千万、豈に能く先生に及ぶものあらんや。東洋の大策、先生を拱《おい》て、誰人か其の後を継ぐものぞ、悲慨惆恨（悲嘆慷慨し、嘆き悲しむ）、気狂せんと要す」と記した。荒尾精の死は、日本の政治家、知識人に大きな衝撃を与えた。井上雅二は、荒尾精の死が真実であると知ると、多くの友人と共に大酒を痛飲し、涙を流し抱き合って慟哭し、余りも早すぎる死を悼んだ。

一一月四日、井上雅二は、親友の田野橘治と共に、若王子山中の延年台における修行の模様を画に描いた。この画の中では、荒尾精の肖像が最も真に迫っていた。二人は蕎麦を食べ終ると、この画を壁に掲げて仰ぎ見た。すると、井上雅二はかつての延年台の生活を思い起こすと共に、荒尾精の温厚な容貌を髣髴とさせ、涙が流れた。この荒尾精の肖像は、井上雅二を見すえて叱咤するかのようであった。そして、井上雅二は「先生逝いて、誰れが東洋興隆の大濩（たいかく、殷の湯王の定めた音楽）を継ぐものぞ」と述べた。思い返せば、井上雅二が一八九四年、海軍機関学校を中退し、進むべき路を暗中模索していた時期に、井上雅二を暖かく迎え入れ、今後の進路を指し示してくれたのは、荒尾精であった。荒尾精は類まれな人格で、井上雅二だけでなく、多くの政治家、軍人、知識人を感化、魅了した。井上雅二は一一月一七日、志賀重昂の演説を聞いた。志賀重昂はここで宗教家に言及し、「其の感化の千萬世に亘る所以のものは、大艱難、大勇気、大自信〔の〕能く千萬世を感動せしむるに足るの力あればなり」と述べ、返す刀で現在の政治家を評し、「方今上下挙て薄志弱行、一の硬骨男児なし」「吾人教育の第一義は剛直、正毅の青年を養成するにあり。当世の才子輩、皆な国の蠹賊に過ぎず」と批判した。井上雅二は固よりこの主張に賛意を示しつつ、志賀重昂とて口では能く述べながら行動の伴わない輩、すなわち「薄志弱行の徒」であるとして、「磊落卓牢（心志が爽やかで強固）、気宇〔が〕天下を呑み、小心〔にして〕謹厳、事物の細に注目し、経綸〔が〕満腹（胸中に充ち）、識見〔が〕超越、行歩坐臥〔とも〕右英雄の風あり、天下の大に任するものは東方斎（荒尾精）のみ。而して今と其人なし。渺茫（茫漠）たる前途、其れ我れを奈何、嗚呼四千二百万の蒼生を奈何」と述べ、再び涙にくれた。

一二月六日、荒尾精の柩が赤坂霊南坂の陽泉寺を出棺、葬儀が築地本願寺で挙行されることになった。一二月一日、親戚総代の井深彦三郎、旧日清貿易研究所員一同の名で、一二月六日の葬儀の通知が発せられた。喪主は、義弟の井深彦三郎である。一二月六日午前九時、頭山満、岡本柳之助ら四〇余名が葬儀事務所の陽泉寺に集い、読経が行われて後、出棺、この四〇余名が柩を担ぎ、築地本願寺に向かった。築地本願寺では「是生滅法」「生滅々已」「所行無常」「寂滅為楽」の白旗が掲げられ、西本願寺法主の大谷光尊の手になる「不退院釈勇精居士」の位牌も安置された。葬儀は浮華奢美を避け、一切の供花も斥けて行われた。葬儀の参列者は、政財界の著名人を含め、一〇〇〇名にも上り、故人の遺徳を偲ばせた。過導師は島地黙雷が務めた。諸役員が午前一〇時頃に集まり、会葬者も一一時頃より続々とやって来て、式場は立錐の余地もなかった。やがて、近衛篤麿を初めとして焼香が行われ、午後四時に葬儀が終了した。休憩所は陽泉寺に設けられ、接応員が周旋した。井上雅二はこの葬儀で玄関番を務め、「余等卅七人は喪服を着す。詳細は記せず。二時出棺、本願寺にて仏葬し四時終る。其の間の感涙無量、今更云ふも野暮なり。其れより一同喪服を脱し、〔宮坂〕九郎と共に日本橋一旗亭に飲み、後来を語り、互に自己を戒めて亭を去り、中村久太郎氏方に至れば松原〔温三〕、野溝〔伝一郎〕在り、又一酔して眠る。此の日は涙を以て始終せり」と述べた。近衛篤麿もまたこの葬儀に参列して、「荒尾氏の門下生数十名、当日輿丁となりて柩を舁《かつ》ぎ来るをみる。会葬者の感を一層深からしめたり」と述べた。荒尾精の遺骨は翌一二月七日に谷中・初音町の全生庵に葬られ、「東方斎荒尾精墓」の墓木が立てられた。

井上雅二は一二月二日に「黎明晨起して陽泉寺に到り、仏前に焼香して帰る。終日黙々、一片の凝物、胸中に蟠《わだか》まり、読書、其味を解する能はず。天を仰ぎ高歌して已む。十時入床」と記すと、一二月三日、四日、五日と連続して東京専門学校の授業を休んだ。井上雅二は一二月六日の荒尾精の葬儀後も精神が定まらず、一二月九日には「寒気日に酷し。終日昏々として眠り、夢良からず。放心の致す所、可慎矣《つつむべし》」と述べた。そして、井上雅二は一二月一一日、上海から帰朝した遠藤留吉の訪問を受け、清国談議に花を咲かせた。遠藤留吉はここで、「大隈〔重信〕外務〔大臣〕就任以来、北京政府の我に対する措置、全く異なり、大に好都合なるものあり」と述べた。井上雅二は一二月一二日、稲垣満次郎の演説を聞き、泥堂光二郎、大沢龍次郎と会い、帰宅した。同夜、井上雅二が部屋の中で大塩平八郎の伝記を読んでいると、突然、東京専門学校の小使がやって来て、「昨夜、僕は君が荒尾〔精〕先生の墓前に跪き、田野橘治君が剃刀を以て君の長髪を剃るを夢みたり」と告げた。井上雅二はこの話を聞いて、慄然とした。何となれば、井上雅二は、この小使の見た夢が「是れ先生〔が〕余の怠慢無気力を歎じ、余に〔対して〕東洋を志すもの〔など〕、汝が如き薄志弱行の能くす所にあらざるを地下より戒められたるに非ざるなからんや」と考え、大いに我が身を恥じたからである。井上雅二は、これまでの自らの言動を反省し、「奮励一番せざるべからず。思ひ茲《ここ》に到りて師に背き、父兄に背き、朋友に背き、郷党に背き、晏と（安閑として）夢生せるを見、穴に入りたき心地すなり」と記し、一層の奮励努力を誓っている。井上雅二は、折角の勉学の機会を与えられながら、怠惰な自分が正に慙愧に堪えなかった。

一二月、一八九六年も暮れようとしていた。井上雅二は一二月三〇日、朝からごろごろとし、午後に川崎太郎を訪ねたが、不在のために帰宅すると、「終日困々として眠る。想過考来（あれこれ考える）、感無量。家兄より送金。嗚呼、日暮〔れて〕道遠〔し〕、何の日にか父兄の恩に酬ゆべきぞ」と記した。井上雅二は父母、兄の苦労を思うにつけ、自分の怠惰な生活が情けなかった。井上雅二は一二月三一日、一八九六年を振り返り、一八九五年一一月に台湾に渡り、本年三月に台湾から帰朝し、七月に上海、蘇州に出掛け、九月に東京専門学校に入学したことを想起し、「想ふに雅二、心界の開拓、今年の如き顕著なるものを見ず。窃かに昨年の阿蒙（子ども）に非ざるを知る。只怨むらくは我党の先覚者、東洋の一俊傑、東方斎先生（荒尾精）は十月卅日午後十時十分を以て、北邙（墓地）一片の煙と化し、英魂は今招不得（今や招いても得ることができない）、是れ尤《もっと》も遺憾の今年事とす。是に於てか、余等の責任百倍し来り、余等の奮勉百倍を要すべくして、未だ百倍の憤を発する能はず。吁々、わが天下を奈何せん。誓ひて今より涵養に従事せんとす」と記して、一層の奮励を誓った。井上雅二は同日午前、沖禎介の訪問を受け、共に豚を炙り、酒を飲み、夕刻に沖禎介が去ると、今度は宇野武、田野橘治、埴原正直が訪れ、爐を燃して酒を飲んだ。この夜、五升樽を飾り、頭蓋骨の髑髏を机上に置いた。井上雅二は、宇野武が去ると、田野橘治、埴原正直らと談話をして、野溝伝一郎らの吟詠を聞きながら一八九六年を送った。そして、井上雅二は「行盃の間に、〔明治〕二十九年去る。変な気がする。午前一時褥を舒《のべ》て埴原〔正直〕と同衾〔して〕細談、夜を徹す。氏〔は〕中々の多情漢なり、盛んにノロケを語る。余〔は〕氏に対し最早や腹蔵なし。鶏鳴鐘声〔が〕交《こもご》も耳朶《みみ》を破りて、四時、埴原〔正直〕帰校す。余は六時過迄眠る」と記した。

二　女子大学の構想

一八九五年に高等女学校に関する規定が定められ、一八九七年に各府県に高等女学校設置奨励の訓令が下されると、女子教育をめぐる議論も熱を増した。一八九七年二月二五日付け『女学雑誌』第四三六号は、「女子教育振起の現勢」と題して、「女子教育振起の、現今の趨勢たる事は、我党の屢《しばしば》辯じたる処にして、今更云ふを俟たず。吾党はまた〔明治〕卅年（一八九七年）に入りて、其実際の形態を執りて顕はれ来るべきをいへり。既に昨年中高等女学校の増加するもの〔は〕二〔校〕、総数に於て十五〔校〕を算するに至れり、而して同種学校設立の必要を唱ふるもの盛んに、其結果以後数年間にして、各府県に設置せらるゝもの必ずや頻々として多きを致さん。新年に入りて女子教育の振起の必要を唱ふるものゝ文字によりて世上に現はるゝもの、亦少なからず」と記している。同じ頃、成瀬仁蔵も日本女子大学校の設立準備委員会の発足にむけて各地を飛び回っていた。成瀬仁蔵は三月九日、麻生正蔵にあてて「万寿枝の事も相談に及び申候」と述べる一方で、小崎弘道に会い、麻生正蔵の同志社の辞職の許可を願う所存であるとして、「此の一ヶ月間は此事業の勝敗の決まる危機一髪の時と存候。愈々一大劇戦の時と相成〔り〕候」と記して、上京を促した。成瀬仁蔵は、家庭と学校の二つの問題で頭を悩ませていた。この場合、成瀬仁蔵が最も頼りにしたのは、麻生正蔵である。成瀬仁蔵は三月一三日、麻生正蔵に対して「来週より例の準備にて非常に多忙を極め、到底小生一人にては手廻らぬ為、大〔いに〕不都合を生じ、他に人を得るわけには参らず候」と記し、現在を「此事業の運命の定〔る〕一大時機」に位置付け、麻生正蔵に三月一七日までに上京して、日本女子大学校設立計画の事業に専念するよう懇願した。

三月一三日、帝国教育会講演会が、町田則文と成瀬仁蔵を講師に迎えて開かれた。町田則文は「台湾に於ける清国時代の教育法」、成瀬仁蔵は「女子教育振起法」と題して、講演を行った。三月二五日、女子大学校設立準備会が帝国ホテルで開催された。同会の出席者は、近衛篤麿、大隈重信、松方正義、岩崎弥之助、渋沢栄一、児島惟謙、土倉庄三郎、広岡浅子など、政財界の錚々たる面々であった。近衛篤麿はここで、大隈重信より創立委員会の委員長就任を要請されたが、断っている。四月五日、同準備会議が東京の大隈重信邸で開かれた。ただし、この会議では、成瀬仁蔵、広岡浅子と他の参加者の間に、種々の意見の相違が顕在した。近衛篤麿はここで「（この相違も互いの理解に努めれば皆、応分の力を尽くす結果になるであろうが）大阪に設くる学校なれば、同地に於て多少の基金を募集し、其後に他地方に及ぼさる方よろしかるべし」と発言している。このため、この相違の一つが資金の収集の仕方にあったといえよう。もともと、成瀬仁蔵は浪花教会で洗礼を受け、梅花女学校に奉職して、大阪に縁故があった。このため、成瀬仁蔵は女子大学校の大阪設立にこだわった。しかし、同準備会議の成員は、主に東京を拠点としていた。井上秀は京都府高等女学校在学中、広岡浅子の娘の亀子と仲良くなり、親友になった。このため、井上秀は広岡亀子に誘われて大阪の土佐堀にある広岡家に出入りをするようになり、広岡浅子に気に入られた。広岡浅子はピストルを携えて、しばしば九州の炭鉱に出掛けた。広岡浅子は九州の炭鉱に出向く際、井上秀を同行させたりした。そして、井上秀は、広岡亀子から、成瀬仁蔵による女子大学校の設立計画を聞いた。井上秀はこのことを聞いた瞬間、眼前に光が差し込む思いであったろう。

五月二六日、日本女子大学校発起人会及び披露会が大阪の中之島ホテルで開催された。政財界の有力者の多くは東京を活躍の舞台としていた。このため、大阪における発起人会の開催は、日本女子大学校の大阪設立に向けた、一つのアピールであったといえよう。この前日、すなわち五月二五日、近衛篤麿は、成瀬仁蔵より電報で日本女子大学校の発起人会への出席を要請された。成瀬仁蔵は、事前に近衛篤麿の京都訪問の情報を得ていたのである。五月二六日、近衛篤麿は京都に到着すると、広岡正秋（信五郎の兄、浅子の義兄）が宿舎まで来て、同大会への出席を重ねて要請した。近衛篤麿が同日に御所に参内し、所用をすますと、午後四時四五分に京都を列車で出立し、午後六時に大阪に到着し、急いで中之島ホテルの会場に向かった。日本女子大学校の発起人会は午前一一時より開催され、大隈重信など、四五名が臨席した。ただし、近衛篤麿は開催時刻には間にあわずに、これには出席していない。同日午後四時より、日本女子大学披露会が同ホテルで開催された。列席者は約三〇〇名、まず大阪府知事内海忠勝が開会の主旨を述べ、次に成瀬仁蔵、大隈重信、土方久元に続き、近衛篤麿、板垣退助、山田信道、北畠治房ら、錚々たる名士が演説した。『創立事務所日誌』は、同会が深夜一二時に散会したとして、同会の盛況ぶりについて「此日晴朗、諸氏の熱心は大に満堂の注意をひけり。会者発起人四十五名案内に依つて会せられたるもの二百七十四名、外に世話人二十名、計三百三十九名なりし」と記している。

成瀬仁蔵が日本女子大学校の設立計画を公表すると、言われもない誹謗、身に覚えのない中傷を浴びた。人が新規の、しかも革新的な事柄を始めると、様々な誹謗、中傷はまま起こる事柄である。これには、成瀬仁蔵に対するひがみ、嫉妬も多分に含まれたであろう。雑誌『女鏡』は、成瀬仁蔵の計画を「鬱勃たる野心の発動する処」「皇国の風俗習慣に違背し、己を欺き人を迷はすもの」と批判し、成瀬仁蔵がキリスト教徒であるために、同校を「国道に違背する邪教を輸入せんとするもの」と見なし、「詐欺なり、山師的事業なり」と攻撃した。成瀬仁蔵に対する誹謗、中傷の背景には、雑誌『女鏡』の論説が同校を「皇国の風俗習慣」や「国道」への「違背」と捉えたように、これまでの社会の規範が崩れつつあることへの危惧も存在した。この危惧は、日清戦争後の社会風潮、すなわち女性が社会的に台頭することへの警戒心にも由来したであろう。しかし、『女学雑誌』第四五一号（一八九七年一〇月一五日）の記事は「〔『女鏡』が〕何が故ぞ、絶えず日本女子大学校反対論をなし、成瀬〔仁蔵〕氏を野心家と称し、不愛国者との丶しり、而して自ら高うして、愛国の至誠ある者といふ、自ら尊くするものは、必ず卑くせらるべし。……所謂自称愛国者の偏狭徒は、恰《あたか》も廻舞台の上に立ちて、空を仰いで狺々《ぎんぎん》怒号するもの丶如く、不知不識の間に己の立場を移転して、舞台は既に一変するに等し」と述べて、これらの誹謗、中傷に批判を加え、成瀬仁蔵の計画を擁護した。成瀬仁蔵の行動は、多くの支持者に支えられていたのである。成瀬仁蔵はこれらの誹謗、中傷に対しては、一身上の事柄に関する限り、弁解することはなかったが、日本女子大学校の設立計画への誤解には逐一説明を加えて反論した。

広岡浅子は後に、成瀬仁蔵が日本女子大学校の設立計画を公表すると、各地から反対の声が続々と上がったとして、「中傷、離間、讒謗、攻撃の矢が成瀬〔仁蔵〕先生の一身に集りました時に、麻生〔正蔵〕先生は凡そ四方の敵を防ひで、遂に今日の如く好果を得ました」と述べている。成瀬仁蔵は一八九一年五月三日、麻生正蔵に書簡を送り、「浮説云々は何をいひしものか、或いはキリスト教を伝播するの策略とか、其他〔にも〕山師仕事等のことならんと被存《存ぜられ》候が、吾人の意を明にし、可成《成るべく》同情を持たすべきや、或は放擲しをく可きやと相考共、何かよき方法ありや御相談申〔し〕上〔げ〕候」と述べて、これらの誹謗、中傷に当惑の念を示している。成瀬仁蔵はアメリカ留学の当初、一八九一年二月六日に親友の麻生正蔵にあてて、同地で遭遇した「中々恐縮する事」を指摘しながら、「併《しか》し幸に吾輩大和魂と宇内上帝の真理を慕ふの精神を有するが故に、希望と奮励万事に勝たしむることを覚ゆ。また是迄《これまで》なき快事を覚ることもあり。是実に好人物偉人物に逢ふの事也」と記し、神への信仰が希望と勝利をもたらすであろうと述べている。成瀬仁蔵の特徴は、「宇内上帝の真理を慕ふの精神」と共に「大和魂」を述べた点にあるであろう。成瀬仁蔵はこれまで遭遇した人々の感銘すべき姿、特に「其愛心深き」姿を述べ、「吾父に邂逅したる心地」と書き記している。成瀬仁蔵はキリスト教者であり、信仰を支えとして、個々の言動を取り行っていた。成瀬仁蔵は何事にもただ信念をもって向い、結果で正しさを証明しようとしたため、いかなる誹謗、中傷にも揺るがなかった。

三　興亜同志会

一八九六年八月一二日、井上雅二は日本新聞社の記者・渡辺金太郎と共に無事帰国したが、「〔上海から長崎までの〕航行中、渡辺〔金太郎〕君と談、興亜同志会設立の事に及び、大に余〔は〕之れを賛す。即ち渡辺〔金太郎〕先づ荒尾〔精〕、高橋〔健三〕、大石〔正巳〕、頭山〔満〕等諸豪傑に談合することとなす。余は切に青年勃興の途を開き、共に天下経営の事を研究したきものあり。事成るや如何」と記したように、航海の途中で「興亜同志会」の結成が議題に上った。これから約一ヵ月の間、井上雅二は東京専門学校の入学など、多忙を極めた。井上雅二は九月一九日、村井啓太郎、新橋栄二郎、川上正　、山川端夫と酒を飲み、沖禎介の寓居に至って眠りこけた。そして、井上雅二は翌九月二〇日、「晨起〔早朝起床〕すれば〔何と〕酒あり、樽に満々、飲まざるべからず。会するもの沖〔禎介〕、原口〔聞一〕、坂本〔格〕、田口〈農科大学〉、及び雅二痛飲、朝より夜に徹し、斗酒を傾く。林君も在り、衆皆泥酔、放歌剣舞、三更（深夜）に到る。大に諸生〔の〕元動力に就て論し、掀天会（天を揺り動かす会）設立の事を議す。豪快、今日の如き、未曽て有らざる所とす。諸豪相会して磕風（怒濤の風）四隣を払ふ。快、此の日、余〔は〕血涙を将て諸君に攄《の》ふ」と述べた。この「掀天会設立の事」が、学生を中心とする新団体の結成に向けた第一歩であった。井上雅二は翌九月二一日、沖禎介、原口聞一と共に本郷に至り、東京帝国大学法科大学学生の村井啓太郎を誘うと、三組町に石橋禹三郎を訪問し、「南洋の事」を論議した。時は正に旧暦八月一五日、中秋にあたった。井上雅二らは名月を愛でながら、新花館に渡辺金太郎を訪ねると、例のごとく渡辺金太郎、陸実らと内閣の施政方針などを論じて後、ここを辞した。

　九月二二日、「豪傑糾合」の会が、世田谷村の松陰神社で開かれた。井上雅二は同日、「豪傑糾合の約」があったため、田野橘治と酒樽を携えて、沖禎介の許を訪れると、ちょうど原口聞一と高月一郎が来たため、共に青山に出て、渋谷をへて、更に世田谷村に達し、松陰神社に向かった。吉田松陰は一八五九年（安政六年）、安政の大獄に連座して、江戸の伝馬町で刑死した。一八六三年（文久三年）、高杉晋作、伊藤博文などが亡骸を世田谷の若林に改葬し、一八八二年、吉田松陰の門下生らが集い、墓畔に社を築き、吉田松陰の御霊を祀った。これが松陰神社の由来である。井上雅二らは吉田松陰の遺徳を偲ぶため、行路の途中、宮坂九郎、柴田麟次郎と遭遇すると、皆で酒、肴を集めて松陰神社に至った。松陰神社には、横山作次郎、伊東正基、小山谷蔵、阿部、高山などの友人が既に来ていた。一同十数人は松陰神社前の青草の上に団坐し、飲み且つ歌った。井上雅二が吉田松陰などの行跡を思い、しとどに涙を流すと、宮坂九郎も感極まり、互いに抱擁し合い、慟哭した。井上雅二は「這般の消息は知る人ぞ知る。世の軽薄児又何をか知らん」と記している。この後、井上雅二らは講談師の講談を聞き、帰途に就いた。ある者は同会を評して、「此の如きの快席は十数年来未曽有」と述べた。井上雅二は原口聞一、高月一郎、沖禎介、坂本格、田野橘治と共に坂本格宅を訪れ、再び酒を飲んだが、何人かの言動が癪にさわり罵倒した。井上雅二は深く自らの言動を反省し、吉田松陰の述べた「死生大惜（生と死を愛惜する）」「潜心存養（心を潜め本姓を養う）」を守り、沈黙寡言にして驕らず、「敬」の一字の服膺を誓った。そして、井上雅二らは坂本格の寓居において、原口聞一、沖禎介、高月一郎の三人と共に、「原動力」について論及し、これ以降、四人が一心同体、会の根本となり、至誠をもって魁になることを約し、互いに「薄志弱行、前言に反する如きあらば、天地不容我也（天地、我を容認せざる也）」と書付を記して、証文とした。

一八九七年一月一日、井上雅二は四方を拝し、早稲田、目白台下を散策していると、渡辺金太郎の訪問を受け、一月一〇日の「志士会合の事」を告げられた。井上雅二は、一月二日に沖禎介、菅沼秀風、宮坂九郎、小平総司らと会合し、「痛飲、朝から深更に到り」、一月五日に大沢龍次郎と共に、益田三郎、宮崎民蔵、松原温三、加藤洋、井上良男、坂本格、奈良崎八郎、尾本寿太郎、平山周、松村雄之進らを回り、一月一〇日における「興亜同志会」の開会を告げ、参加を促しながら、「到る処一酌を傾け、近来の大酔、朝より夜に到り、七時帰庵、直に眠る」ことになった。一月一〇日、井上雅二は、渡辺金太郎からの書簡で「興亜同志会」の会合の通知を受けると、松平泰国、宮崎滔天、平山周、片山敏彦、羽室庸之助、奈良崎八郎、松村雄之進を歴訪し、日本新聞社に渡辺金太郎を訪ねた。しかし、渡辺金太郎は既に出掛けた後であった。このため、井上雅二は親友の原口聞一、安東俊明、沖禎介の四人で連れ立って神田明神内の開化楼に赴き、同会の会合に出席した。同会の斡旋は、発起人の渡辺金太郎と井上雅二が担当した。同日午後、同志が続々と会場となった開化楼に参集した。参列者は、大庭寛一、添田飛雄太郎、川島浪速、奈良崎八郎、岩永八之丞、村井啓太郎、原口聞一、尾本寿太郎、渡辺金太郎、井上雅二、安東俊明、沖禎介、山下稲三郎、坂本格、西原礼三、益田三郎、井上良雄、松村雄之進、福本誠、平山周、宮崎滔天、岩下直人、岩佐善太郎、以上の二三名である。

この二三名の参会者は、「東亜の興隆」という点では目的を共にし、この道では名だたる人物、いわば名士であった。ただし、これらの人々はこれまで、別々に活動していたため、一同に会してもなかなか打ち解けることができなかった。このため、井上雅二と渡辺金太郎が中に入り、茶話に時間を費やし、周旋に務めた。井上雅二はこれら参会者を、坂本格、井上良雄ら五、六人が「久留米出身者」、川島浪速、益田三郎ら一〇名が「支那党」、原口聞一、安東俊明ら五名が福本誠を中心とする「年少者」、と各々位置付けている。彼らは各々、部屋の一隅に座し、あたかも「三方に割拠の勢」を生じていた。同会は午後五時頃より、茶話会から酒盛りの宴会に移行した。宴会の会費は五〇銭と高価であり、酒、肴が山のように並んだ。宴会は、芸者四名が楚々と周旋するに及んで漸く盛り上り、興が増すに連れて、各々が五四畳の部屋に端座して熱気を増した。やがて、岩永八之丞と福本誠が宴会の途中、「此の如き会」の持続を発議したが、大勢の賛同を得ることができぬまま、岩永八之丞ら二、三の人士に談合を一任することとなった。ただし、来会者の多くは「東洋、西洋、就中《なかんずく》支那通、韓通、暹羅（タイ）通、南洋通等を以て世に知らる人」であり、ために「東方問題考究の材料を諸士雑話の間に得んこと」は大方の希望に適っていた。同会の参加者は午後八時頃より三々五々散会した。ただし、宮崎滔天、奈良崎八郎、岩下直人、岩永八之丞、岩佐善太郎、渡辺金太郎、井上雅二の七名は残って二次会を開いた。この二次会で、奈良崎八郎らが軍歌を唄うと、一隅より「天下を取ろう」の声がかかった。すると、四方から「オー良かろう」と、賛同の声が上がった。「天下を取ろう」とはこの時代、若者の間で流行した言葉であった。

井上雅二はこの「興亜同志会」の二次会の模様について、「来会の諸豪皆共に気概ありしなり。〔料亭の〕女共等は余輩〔が〕余り奇異なると壮快なるに驚き、躊躇〔して〕坐に進むを危むが如し。彼等果して何等の会合と認めしならんや。十一時一同散会、歓を尽くす。腕車を駆つて帰庵せしは十一時なりき」と記している。会合は成功裡に終わった。しかし、井上雅二は翌一月一一日、元日以来毎日酒に溺れ、読書を廃し、日課を修めずにいることを反省し、明日よりは奮励して物事に当るべきであるとして、これまでの各地の奔走、知人らの斡旋に疲弊し、肝心の勉学に迂闊な点に反省の弁を述べた。一月一五日、井上雅二は午前中、読書に励んだが、疲労から昏々と眠り、午後に荒尾精の写真が到着すると、容貌がまるで生きているかのようで、胸が熱くなると共に、幾度か凝視して涙を流した。一月一七日、井上雅二は同郷の川崎太郎に保証人を依頼し、川島浪速、大庭寛一、岩永八之丞と談議を交わし、夕刻に谷中の全生庵に赴き、荒尾精の墓に参拝して哀悼の念を表した。井上雅二は一月二〇日、午前に登校し、午後に「人種問題」を写すと、夕刻に下宿に戻った。井上雅二は早速、机に向かったが、瞬く間に睡魔が訪れ、如何ともしがたく、机に倚りかかり、本を読んでは眠り、眠っては本を読み、結局、翌朝に目が覚めた。井上雅二は痛恨極まりなく、自らの無気力を憐れんだ上で、「情慾を剪り、思慮を寡ふる、言語を省き、以て神身を養ひ、気力を養はざれば従来何事もなし得んや。吁々《ああ》馬鹿なる哉」と記し、反省と共に自らを鼓舞した。翌一月二一日、井上秀より雅二の許に、羽織が送られてきた。

第二節　同人会と井上雅二

一　同人会の設立

東京専門学校には韓国からの留学生も多数いた。一八九七年一月六日、井上雅二は新橋からの汽車の車中で韓国の留学生と邂逅すると、「諸氏の風采宛如（たおやか）として、佳公子の如し。嗚呼、亡国の士、果して此の如き乎。聊《いささ》か可憐の情なき能はざるなり」と記している。井上雅二は、東京専門学校の日韓倶楽部にも参加していた。井上雅二は一月一七日、大庭寛一らを日暮里村に訪ねて「朝鮮談」を聞いた。大庭寛一は一八六五年（元治元年）、萩の長州藩士の家に生まれ、一八八七年に東京帝国大学法科大学を卒業、内務省試補となり、各県の参事官をへて、一八九五年に朝鮮の内務顧問官に就任し、一八九六年に『朝鮮論』を東邦協会より刊行した。大庭寛一は井上雅二に自著の『朝鮮論』を寄贈し、「到底韓国に至り事をなすは、彼の実相に通暁するものと共にせざるべからず。韓国百年と云はず、十年の大計を建つるにも非常の難題にて、彼の表裏常なく、女郎の如き、若し彼の国の為めにせんと欲せば身不利に、彼の情に従へば顧問の職務を尽くす能はず、実に難治の国たる」と述べた。井上雅二はこれを受けて、韓国の救済策を論じ、「〔日本政府の対外政策が一定しないため〕先つ我（日本）政府の援を得て俟たんよりは、一刻も所謂志士なるもの、奮進、彼の国に渡り、義俠心のために狗死（犬死）すべきなり。而して其策数多ありと」という無謀な論を開陳すると、平野庵で夕食を食べた。井上雅二は平野庵に偶然いた韓国の留学生と談議して後に帰宅、大庭寛一の『朝鮮論』を熟読した。明治維新以降、多くの日本人は韓国に対して高慢で侮蔑的な態度を取り、韓国の官吏、民衆の反感をかっていた。大庭寛一、井上雅二の態度も、この例にもれなかったといえよう。

一月二九日、東京専門学校に檄文が張られ、東邦問題の考究のため、同人会を組織することが告げられた。同檄文では、入会希望者は「東洋に於ける暹羅（タイ）の位地（置）」と題する論文を二月一〇日までに提出し、大石正巳と稲垣満次郎がこれを審査して、会員一〇名を選別するとした。井上雅二はこの檄文を読み、「美なる哉、此の挙。口にする所の者必しも行ふものにあらずと雖も、率先東邦問題を研究す、世に裨益なしとせんや」と記すと、午後に図書館に行き、『東邦協会々報』『太陽』などを散見して帰宅した。井上雅二は一月三一日、午前に同郷の先輩、田健治郎を訪ね、午後に宮崎滔天を訪れると、平山周、宮崎民蔵もいたため、暹羅について論じ合い、帰宅後に『東邦協会々報』を読んだ。そして、井上雅二は一月を振り返り、「一月中、夢生酔死（酔生夢死、酒に酔い夢を見るようにぼんやり過ごす）。雅二、畢竟一匹夫（つまらない男）に終らん而已。奮はざる可けんや。励まざる可けんや」と述べ、自らを叱咤鼓舞した。井上雅二は二月一日に「東洋に於ける暹羅の位地」を執筆したが、完成できずに、二月二七日に漸く脱稿させた。三月一九日、同人会は、埴原正直、中西重太郎、柏原文太郎、山本安夫、桑田豊蔵、長田瑛、井上雅二の七人の参会者を得て、準備会と茶話会を開催した。井上雅二はこの準備会で、柏原文太郎と共に「南洋に対する策」を講究することに決まった。井上雅二はこの頃より、「南洋」への関心を高めていた。柏原文太郎は一八六九年、上総（千葉の成田）の酒造業者の嫡男に生まれ、一八八五年に上京、東京農林学校予備科、駒場農学校をへて、一八八九年に東京専門学校に転じ、一八九三年に同校英語政治科を卒業、翌一八九四年に朝鮮の農工商部に招聘されて韓国に渡り、一八九六年に帰国、東京専門学校の講師兼舎監に就任した。井上雅二は一八七六年の生まれであったため、柏原文太郎は井上雅二よりも七歳年長にあたり、これら同人会の会員の中でも兄貴分の立場にあった。

三月三〇日付け『早稲田学報』第一号は、同人会について、「時世を慨して起れる者」と位置づけると共に、「東京専門学校々友及学生中の有志より成り、其の目的主として外交の事を研究し、以て刻下の須要に資せんとするに在り」と記し、会頭に稲垣満次郎、補佐役に大石正巳を戴き、四月七日に東邦協会で第一回会議を開き、毎月「重要問題の討究」をなすものとした。しかし、同会の会頭、稲垣満次郎が三月に初代暹羅（タイ）駐在公使に任命されたため、大石正巳が代役を務めた。四月一六日、稲垣満次郎の随員・重田友介のバンコク赴任に伴う送別会が、吉熊楼で開催された。同送別会には稲垣満次郎の他、菊池謙譲、松原温三、大内暢三、若代秀明、能勢萬、埴原正直、桑田豊蔵、長田瑛、重田友介、井上雅二ら一一名が集い、種々雑談をなして、「東洋経略の大策」などを論じた。そして、四月一七日、尾崎行昌が井上雅二の許を訪れて、「清国三分の策」を論じた。しかし、井上雅二はこの説に対して、「余は清国の歴史上、人和上、到底分割すべからざるを可なりと思ふ」と述べて、否定的な態度を示した。四月一八日、井上雅二は重田友介、ついで菊池謙譲を訪ねた。菊池謙譲は地図を広げて、盛んに「東洋の経綸」を説き、程なく渡清する旨を伝えた。この約一週間後、四月二五日、稲垣満次郎と重田友介が新橋を出立した。井上雅二は、稲垣満次郎と重田友介の出立を見送り、新橋より帰宅の途中、田健治郎を訪問し、今後の進路を相談して後、「当世の勢」を談じ合った。井上雅二はこの模様について、「其説聞くべき者多し。西洋諸国の腐敗、文弱の点より英仏植民政略の異動（同）を論じ、我国台湾策等の欠点を指摘、痛罵して、案（机）を打つて激論す。大に快なりし」と記している。

稲垣満次郎は一八六一年（文久元年）、平戸藩天野勇衛の二男に生まれ、一八七七年に上京、中村敬宇の同人社に学び、翌年に大学予備門に転校。一八八二年に東京帝国大学に進み、一八八六年にケンブリッジ大学に入学し、留学中に『東方策一篇』『世界商工焦点変遷史』を英文で著して名声を博した。稲垣満次郎は一八八九年に帰朝すると、一八九一年に『東方策第二篇』を出版、一八九二年に『東方策結論艸案』を発表し、学習院や高等商業学校の嘱託教授も務め、一八九三年に東邦協会幹事長に就任し、一八九七年に初代の暹羅駐在公使に就任するまで、幹事長を務めた。稲垣満次郎は一八九八年、暹羅駐在公使在任中に、日暹修好通商航海条約の締結に尽力した。稲垣満次郎は世界情勢の全体について、世界の商工業の中心がイギリスから、アメリカ東海岸、シカゴ、西海岸のサンフランシスコへと、いわば西から東へ移る中で、太平洋が焦点となり、アジアの商業の中心もシンガポールから香港、上海へと、南から北に移行し、更に北上すると捉えた上で、日本が今後、この二つの移動において重要な焦点となると考えた。稲垣満次郎は、この「太平洋時代」の到来に備えて、日本が欧米に対して中立政策を守り、太平洋の主権の護持に務むべきであるとした。ここで強調されたのは、「商工業」「政治」「国民的精神」の確立であり、具体的には陸海の交通や電信の振興、航路や港湾、貿易の開設、発展、このための商品陳列所、工業参考館、「商業交際官」の設置などである。そして、稲垣満次郎は実践的な人材を養成するための、教育の必要性を論じた。東邦協会が調査事項を「東洋諸邦」と共に「南洋諸島」としたのは、同会幹事長の稲垣満次郎に大きく依存した。しかし、東邦協会は、稲垣満次郎の暹羅駐在公使赴任と同会幹事長辞任に伴い、「東洋諸邦」専一の活動団体へと変化した。

稲垣満次郎は「対外策」の語を頻用した。この稲垣満次郎の「対外策」と同様、一八九一年に日本の「対外策」を展開したのが、大石正巳である。大石正巳は一八五五年（安政二年）、土佐藩士大石良則の二男に生まれ、会津戦争に参加して後、一八七四年に板垣退助の立志学社に学び、一八八一年に自由党に参加したが、板垣退助の外遊を批判し、自由党を脱党して馬場辰猪と独立党を結成した。一八八七年、大石正巳は、後藤象二郎の大同団結運動に加わり、筆禍事件で軽禁固一年に処せられ、出獄後にイギリスに遊学、帰朝後にロシアの南下政策を攻撃し、一八九二年に外務大臣陸奥宗光により朝鮮駐在公使に任命され、一八九三年に朝鮮駐在公使を辞任すると進歩党を組織し、一八九六年の第二次松方正義内閣で農商務次官に就任した。大石正巳は、一八九一年、『富強策』と『海国政談』を著し、日本の海洋進出と海運振興を強く説いた。大石正巳はイギリス遊学から帰国後、ロシアの南下政策を批判して日英同盟を説くが、日本の海洋進出、海運振興の主張もこのことと関連した。何となれば、日本が朝鮮半島、清国北部の進出に固執する限り、ロシアとの対立を呼び起こし、このための陸軍増強、更には民衆の疲弊が不可避となり、これが政治体制を倒壊させる可能性も秘めたからである。大石正巳の説く日本の海洋進出と海運振興は、稲垣満次郎の場合とは異なり、現実的な国際関係、特にロシアとの緊張を回避すべく説かれた点に特色があった。福本誠も一八九二年、『海国政談』を著し、日本の海洋進出と海運振興を説いた。福本誠の特徴は、欧米のアジア進出に対抗して、日本が「興亜」の中核になるべきであるとして、日本の人口過剰問題の解決と植民政策、貿易振興を結び付けた点にあった。

二　雅二と秀の結婚

一八九七年三月一日、井上雅二は秀と婚礼の儀を挙げるため、早朝に早稲田の下宿を出て、渡辺金太郎の許に立ち寄り、双眼鏡を借りて新橋に到着すると、水谷彬らが来ていて祝い金を贈られた。井上雅二はこれを受け取ると、昼の一二時半発の列車に乗り、西に下り、翌三月二日早朝、京都七条停車場に下車した。井上雅二は京都で乗合馬車に乗り、午前一一時に亀岡に到着、ここで人力車に乗り換えて園部をへて山路を篠山に向った。この山路は、明け方の大水で橋梁が流されていて、交通に困難を極めた。このため、井上雅二は夕刻になって漸く篠山に到着し、一泊すると、翌三月三日、早朝に同地を出立し、鎌ケ坂隧道を越えて松原に入り、午前十一時になって神楽村の自宅に到着した。井上雅二は同夜、種々の手続きを済して就寝、三月四日は終日ぶらぶらして、三月五日、「愈〔々〕明日（三月六日）宴会あるを以て諸人の出入頻繁、親戚の集まるもの数十人、堂上堂下の喧鬧云ふべからず」という状況になった。三月六日、井上雅二は井上秀との婚礼を執り行うため、同行者五人と共に、井上家のある山田村に出掛け、婚礼終了後、直に神楽村に戻り、夜一〇時より宴会を開き、明け方まで酒を飲み続けた。雅二はここで、佐野の叔父、すなわち佐野林三と口論になり、思わず激昂して手を振り上げる等、醜態を演じた。佐野林三は自由民権運動に肩入れしていた。井上雅二は民権論にくみせず、思わず凶行に及んでしまい、この宴席における乱暴な振る舞いを深く反省した。親戚の多くは、井上雅二が山田村の婚家における婚礼の儀を終えて、神楽村に戻るのが早すぎるとして苦言を呈した。

田舎の婚礼の儀式は、新郎を巻き込んでの無礼講となった。翌三月七日、井上雅二は朝より晩まで酒を飲み続けた。同日、地方の名士が一〇名も集まって婚礼の宴を開いたところ、佐野林三が再び政党の議論を始め、論争となった。そして、井上雅二は、「宴深更に至り、人皆酔ふ。演曲歌舞の囂々、殊に甚しく、此日一粒を口にせず」と記した。ついで、三月八日も終日宴会が催され、村人四〇名が集まり、夜も雑談、深夜に及んだ。ここで、井上雅二は頭痛を起こし、度々鼻血を流した。三月九日も終日宴会が続き、三月一〇日になって親戚も漸く散じて、足立家、井上家とも静かさを取り戻し、一、二の叔母があるのみとなった。雅二は終日、井上家の家人と雑談をすることができた。井上家の家人は雅二が速やかに東京から郷里に戻り、井上家の家督を継ぐという本来の務めを果たすよう熱望した。このため、矢口某などは、雅二が井上家に入籍しながら、郷里の山田村に戻らないのではないかと心配して、必ず郷里に戻るということを誓約させるべきとした。雅二は、井上秀と婚礼の儀を挙げたからといって、「男児破浪（浪を蹴破る）の志」を枉げることはできなかった。ただし、雅二は、子供として、両親の憂慮を解く必要があるとも感じていた。井上雅二は井上家の家督の継承と「興亜」の大業の完遂の間で、心が散り散りに乱れていた。三月一一日、井上雅二はいち早く郷里を出て上京しようとしたが、果たせなかった。雅二は同日、秀と手紙などを見て、所在なく過ごした。井上雅二は婚礼のために帰郷後、約九日ばかりの間、全く読書もせずに、日夜酒を飲み、田舎の人々との談議に時間を費やしたことに、痛惜の念を感じていた。雅二は、婚礼も終えたところで東京に戻り、勉学に励みたかった。

三月一二日、井上雅二は上京の決意をし、親戚、友人らに送られ実家に向った。老母の足立イト子は家の門に依り掛り、雅二を待っていた。雅二は早稲田の下宿の石渡儀作に為換を送るため、人力車で佐治駅まで行って下車、友人の高松を訪れた。高松らは近日、海軍医官の募集に応じ、上京の予定であった。雅二は高松と会話を交わすと、急いで神楽村の実家、足立家に戻った。実家に戻ったのは、午後三時すぎであった。実家は、母のイト子が風邪気味であった以外、一同恙なかった。夕方、父の足立多兵衛と兄の悦太郎が外の野良仕事より帰り、一家団欒、和気藹々として談笑した。翌三月一三日、雅二は両親と懇談し、自分の志などを述べ、安心させようとした。井上雅二はここで母のイト子より大金を賜わり、「子を思う情は親を思う情に勝る」の語を身に沁みて感じ、かつ何時の日にか必ず恩返しすることを誓った。井上雅二が神楽村に戻って以降、近隣の人、友人らが雅二を一目見るため実家を訪れた。雅二はこれらの人々に応対した。やがて、これらの人も深夜には各々家に戻った。両親は「家政其他一切の談」を行ない、兄の悦太郎が借金をし、ために家計も乱れ、両親が老体を顧みずに働かざるをえない様を話した。井上雅二は実家の足立家の困窮、両親の苦労を知ると、涙が止まらず、朝まで悶々として眠ることができなかった。三月一四日、井上雅二は早朝旅装を整え、忍びがたき情を抑えて、両親に夏季休暇には戻ることを告げて家を出た。雅二は先ず、成松村の叔父、佐野林三の家を訪れて大金を借りると、秀の父、井上藤兵衛に安心するよう伝言を依頼した。

井上雅二は三月一四日午後一時に同地を出発、人力車で鐘ヶ坂下まで至ると人力車を降り、徒歩で山を越えた。雅二は夕方に旅館の篠山角源に逗留し、友人の許を訪れ、借金を返済して旅館に戻った。すると、秀がこの旅館に来ていた。井上雅二はこの間の出来事を、「帰宅すれば、下女は女中さんの投宿せらるゝて云ふ。誰ならんかと至り見れば、豈に図らんや、秀子ならんとは。乃ち行李を室に運び合衾せり。偶然と云ふべし。既にして奥山及舎弟来る。明日より大試験なりと立志上の談抔をなして九時頃辞し去る。其れより秀子と談、深更に至り、益々妻女可憐の情を知る。雅二責任あり。夜に入りて雨益々甚しく、明日の旅難を憂ふ」と記している。しかし、井上雅二の心配をよそに、雨は翌朝にはすっかり止み、快晴となった。あたかも、雅二と秀の新しい門出を祝福するかのようであった。雅二と秀は朝に旅館を出て、人力車に乗って福住まで行ったが、雨で道路がぬかるみ、人力車から転げ落ちそうになった。雅二と秀は原山峠を越えて園部に到着し、更に人力車で八木、亀岡を越えて夕刻に京都の七条駅に到着すると、駅前の一旗亭で夕飯を食べた。この後、井上雅二と秀は別れ、秀は三本木に戻り、雅二は夜行列車で東京に向った。井上雅二は翌三月一六日午後四時に新橋に到着し、久し振りに早稲田の下宿に戻った。井上雅二は翌三月一七日、旧友らと交友を深め、夜半に酒を飲むため、いつもの通り蕎麦屋の平野庵に赴いた。すると、蕎麦屋の女中は雅二が帰省した理由、すなわち秀との婚姻を知っていた。井上雅二は同日、驚きを隠すことができず、「人言何ぞ速かなる、驚くの外なきなり」と記した。

四月九日、井上雅二は、春雨が降りしきる中、終日蟄居して、『立志之志』を読み、経済、歴史を勉強すると、夕刻に雨がやみ、庭に虹のかかるのを見て、爽快な気分となった。翌四月一〇日、井上雅二は、沖禎介、宮坂九郎を誘い、白岩龍平を訪れた。白岩龍平は、大東汽船洋行の事業拡大のため、数日前に上海より帰朝したばかりであった。白岩龍平は、三月一八日、上海領事館経由で、外務大臣大隈重信、逓信大臣野村靖にあてて、「上海蘇州杭州間航運業実況及其拡張改良に関する請願具情書」を提出したばかりであり、意気軒昂であった。白岩龍平と井上雅二の会合は、井上雅二が前年七月の上海、蘇州の旅行に際し世話を受けてから、約九ヵ月振りであった。白岩龍平はここで、井上雅二らに対して盛んに清国の形勢を説き、「日本党を樹つるは今日の好機なる」を論じ、「殖産工業併に文筆社会の面目を改めたると上下挙て露仏の専横を憤ると同時に、日本の向て倚信を表するに至り、今回帰朝の際の如きも、数他の清人の来りて日清同盟すべきを説くの士多かりき」と述べた。白岩龍平によれば、清国の社会が変化の兆しをみせた現在こそ、日本の「興亜論」者が起つべき絶好の機会であった。井上雅二は白岩龍平の許を辞すと、巽家に宮崎滔天と平山周を訪れて、暫く閑談した。宮崎滔天は布団の中から、「君〔は〕今度合色の挙ぐと、其味奈〔何〕なり」と聞いてきた。雅二は、これに「云ひ難し」と答えている。井上雅二は、同所を午後一一時過ぎに辞して平河町に宮坂九郎を訪れ、沖禎介と橋元裕蔵の許に出掛けたが、夜更で下宿屋の主人が戸を開かなかった。このため、雅二は午前二時やむなく帰庵して、埴原正直の部屋で眠った。

三　早稲田の日々

一八九六年八月三〇日、井上雅二は「坂本龍馬伝を読む。其の度量〔は〕海の如く、縦横の策〔は〕山の如く、愛嬌滴々（したたるように表れ）、実に快男児たるを思ふ」と記していたが、約二ヵ月半後の一一月一二日、坂本龍馬の語集を見て、再び「放胆如斗（放胆、斗の如く）、寄警如電（寄警、電の如し）、遠く俗鱗に脱出して意気千秋、脹空天下の慨に驚く」と記すと共に、坂本龍馬に若干、「雅二に類するものある」を覚えて親近感を示し。井上雅二はこの坂本龍馬について、「若し彼れをして十年を永くせしめば、図南（遠大な志）〔にて〕鵬翼（大事業の計画）を奪ひ、世界に傲行（誇り高く突き進む）せしならん。希代の俊傑なる哉」と述べ、同夜、慌ただしく図書館で『坂本龍馬伝』を読み、ますます「其の天真の愛嬌家」たるに敬服した。いわば、井上雅二は坂本龍馬を、「公議」政体論者や公武合体論者としてよりも、海洋進出、海運振興の先駆者として評価したのである。このことは、井上雅二が荒尾精について、清国と日本の貿易、通商の振興の提唱者、このための人材養成機関、物産陳列所の設立者として尊敬した点とも深く関わる。そして、井上雅二は二月二二日、「午后稲垣〔満次郎〕の長演説あり。引証明確、論去論来、盛んに『シーレー』学派及英国外交の巧拙得失を説き、終りに我国実際問題として考究すべき六ヶ条を列挙す。大に聴者を感ぜしむ。惜しむらくは、所謂暴を以て暴を代ゆる的の政策にして、萬世不動の大同的磐面の上に建てゝ、是れより打算し来る想を、即ち客に対して起る策たり。然れども大に耳目を爽にせり」と記して、「南洋」に強い関心を示した。ただし、井上雅二は稲垣満次郎の理論に感銘を受けながら、これを「暴を以て暴を代ゆる的の政策」とも見なした。

同人会は、稲垣満次郎が日本を不在の間、大石正巳が代役を務めたが、大石正巳も政界の仕事で多忙を極めたため、陸軍大佐福島安正が相談役となった。福島安正は一八五二年（嘉永五年）、松本藩士・福島安広の長男に生まれ、一八六五年に上京、明治維新後、開成学校、大学南校に学び、一八七三年に司法省の英語翻訳官となり、司法卿江藤新平に才能を見出され、ヨーロッパの法律の翻訳に従事したが、江藤新平が征韓論に敗れて下野すると、司法省に居づらくなり、一八七四年に陸軍省の文官に転じた。一八七六年、陸軍の各部から石黒忠悳、小沢武雄、野津道貫、福原実、川崎祐名、黒田久孝の六名が選抜されて、フィラデルフィア万国博覧会の視察に赴くことになった。福島安正はこの六名の視察団に通訳として同行し、ニューヨーク、ワシントンを回り、視察、調査を行って帰朝した。一八七八年、西南戦争が起こると、福島安正は征討総督府軍附書記として、山県有朋の幕僚部勤務となった。福島安正は一八七八年、山県有朋の伝令使に任命されて以降、情報将校の道を進み、一八七九年に陸軍中尉に任じ、一八八二年七月、朝鮮に派遣され、同年九月に清国に出張して、上海より山東省の各地を視察した。福島安正は翌一八八三年、清国公使館附武官として北京に赴任し、一八八四年一一月、参謀本部管西局員に転じ、本部長伝令使を兼ねた。参謀本部管西局長は、桂太郎であった。一八八五年、全権大使伊藤博文、参議西郷従道、清国駐在公使榎本武揚が天津条約の交渉にあたると、福島安正は山根武亮、関文柄らと共に職務を助け、一八八六年三月、インドに派遣され、同年九月に帰朝した。

福島安正は一八八七年三月、ドイツ公使館附武官に就任し、ベルリンに赴いた。一八八五年、東ルメリアでブルガリア人が蜂起すると、オーストリアはセルビアを煽動し、ブルガリアに宣戦させた。ブルガリアはこれに勝利し、東ルメリアの併合を国際的に承認させたが、親ロシアの気運が強まった。一八八七年、フェルディナンドが即位すると、首相のスタンボルフを解任し、ロシアとの関係改善を図った。福島安正はベルリン滞在、バルカン半島を視察し、ブルガリアの実情を調査した。福島安正は一八九一年一二月に帰朝の命令を受けると、シベリア単騎横断を企て、一八九二年二月一一日にベルリンを出立し、ボーゼン、ワルシャワ、サンクト・ペテルブルク、モスクワ、カザン、ベルムをへて、ウラル山を越えて、エカテリンブルグに出て、オムスク、セミバラチンスクよりアルタイ山の北に沿って進み、ツーロン、イルクーツクを通過してバイカル湖の南岸に進み、チタに出た。福島安正はこの間、枕元に短刀と拳銃を置いて寝たが、途中でこの習慣を辞めると、安眠することができたという。福島安正はチタから黒龍江に沿って満洲北部に入り、チチハル、吉林をへて、ウラジオストクに到達すると、汽船に乗り、釜山、長崎をへて神戸に上陸し、一八九三年六月一二日、東京に凱旋帰国した。福島安正は、一八九二年二月のベルリン出立から数えて、約一年四ヵ月をかけて、シベリア横断旅行を敢行したことになる。福島安正は帰朝後、明治天皇より二〇〇〇円と七宝焼花瓶を下賜され、同旅行を祝されると、一八九四年に朝鮮公使館附武官心得となり、日清戦争では第五師団参謀、第一司令部附となった。

四月一五日付け『早稲田学報』第二号は「春季大運動会」と題して、「本校の春季大運動会は去十一日を以て向島の隅田園に開かれたり。朝来の好天気に加へて長堤の桜花は恰《あたか》も笑を含て早稲田男児を迎ふるの風情ありしかば、学生及外賓の来会するもの千有余名、定刻に及で競争、高飛、角力、撃剣等諸種の運動あり。余興には煙火（花火）、薩摩琵琶、楽隊奏楽等あり。其より酒宴に移りて、一同和気藹々《あいあい》の裡に壮志を語り、学窓鬱屈の気を伸へて散会せしは、午後六時なりき」と記している。競技種目は、二五〇ヤード競走、五〇〇ヤード競走、障害物飛越、高飛（跳）、竿飛（跳）、角力、載嚢スプーン、サックレース、提燈競走、講師交友競走二五〇ヤード、各学校来賓競走、撃剣、以上であった。同日、井上雅二は沖禎介と共に、午前一一時半に向島の隅田園に到着し、同運動会を観戦すると、「委員の手腕なき為めに万事不整頓にして、快味至りて尠し。伊東〔正基〕、山下〔稲三郎〕、宇野〔武〕等、例の匹夫の態を演じて衆に淆《まじ》る。余は其列に入り、之れを折（節）制しつゝ二時に至る。三、四の遊戯、琵琶、剣舞等ありしも、興深からず。乃ち埴原〔正直〕及二、四の子供と共に帰途に就く〈後に残りて彼等を制せんと存せしも〉」と記した。時は春たけなわ、桜も満開で、花見客で混雑していた。井上雅二は帰途、向島から上野に出て、「言問団子を雑踏の中に喫して俗臭紛々、天下太平、都人士等を白眼視しつゝ上野に至り、子供等に別れ、埴原〔正直〕君と公園内をば小度逍遥〔すると〕、桜花四、五分咲き乱れ、嬋妍（あでやかさ）媚を呈し、花下の美人と華を競ふ」と記している。

井上雅二は各所に赴いて名士を訪ね歩いていたが、一八九七年四月一一日、午前の授業を終えると、「下午四点鐘（四時）より月桂寺に於て釈宗演禅師の槐安国語提唱を聴く。音吐洽暢（普く行き渡り）にして眼光剛々たり。実に当時（現在）の一俊才なり。重田〔友介〕君も来合せり。熱心可感《感ずべし》」と記すと、翌四月一二日と四月一三日、三日連続で月桂寺に赴いて、宗演禅師の提唱を聞いている。日清戦争後、日本の知識人の間には、禅が流行した。井上雅二はこの約半年前、一八九六年九月二九日と九月三〇日、月慶寺に赴き、宗演禅師の槐安国語提唱を聞いている。『槐安国語』は、江戸中期の禅僧、白隠慧鶴の著作であり、臨済宗大徳寺派の開祖、大燈国師（宗峰妙超）の語録を評したものである。このため、臨済宗では、この白隠禅師の書を用いて大燈国師の教えに触れた。宗演、字は洪嶽、楞迦窟、不可住、号は洪嶽、明治中期の日本仏教界の異彩で、多くの人材を育てた。一八六〇年に若狭国（福井県）に生まれ、京都や備前で修行を積み、一八七八年に鎌倉の円覚寺の今北洪川に参じて印可を得ると、慶應義塾で福沢諭吉に学んで後、一八八七年にセイロンに留学し、インド、暹羅（タイ）を巡遊し、一八八九年に帰国した。宗演は一八九二年に今北洪川の遷化の後を継いで、三四歳の若さで臨済宗円覚寺派の管長に就任すると、一八九三年にシカゴで開催された万国宗教大会に参加し、「仏教の要旨並びに因果法」という題で講演を行ない、同年一〇月末、鎌倉に帰山した。宗演は一九〇三年に建長寺派の管長も兼ね、一九〇四年には日露戦争で従軍布教師となり戦地に赴いた。

第三節　シベリア周遊と内田甲

一　九州の玄洋社

一八九七年七月二〇日、東京専門学校創立一五周年記念祝典が、第一四回得業証書授与式と併せて挙行された。大隈重信は、一八九六年九月、第二次松方正義内閣において、首相松方正義を支え、外務大臣に就任し、一八九七年三月からは榎本武揚を継いで農商務大臣を兼任して、多忙な中にあったが、同式典で初めて同校の公式行事に臨席した。同記念式典では、校門に緑の大アーチ、会場に万国旗が飾られ、紅白の幔幕も張り巡らされ、図書館と閲覧室が来賓や得業生、父兄保証人の休憩所にあてられた。この得業式典では、校長の鳩山和夫が病気療養中であったため、市島謙吉が鳩山和夫の訓辞を代読し、得業生総代埴原正直が答辞を述べた。埴原正直は一八七六年に山梨県に生まれ、井上雅二の一歳年上であり、東京専門学校の寄宿舎に居住し、井上雅二の下宿に出入して、井上雅二の友人たちと親友となった。埴原正直はこの年、同校英語政治科を首席で卒業すると、翌一八九八年に外交官試験に合格し、一〇月に領事館補として廈門に赴任した。同式典は、校友会総代渡辺亨の簡単な祝辞の後、貴族院議長近衛篤麿が「方今の二大弊を説て卒業生諸君に告ぐ」という演題で訓示を述べ、「徳義の頽廃」と「元気の阻喪」を指摘し、卒業生の奮起を促すと、次に大隈重信が訓辞を行った。近衛篤麿の話は卒業生に対する訓示であり、祝辞とは異なった。ただし、近衛篤麿は「午後三時出門、早稲田専門学校十五周年紀念式並に卒業式に臨場、来賓数百名。余も一言の祝辞を演べたり〈別紙の通の式あり〉。終て大隈伯邸に於て宴会あり。六時同邸を辞し、帰路」と記し、これを祝辞とした。

一八九七年九月一六日、成瀬仁蔵は麻生正蔵にあてて、広岡蕙子が京都の東三本木で井上秀と同居し京都府高等女学校の夜学に通学中であるとして、今回同地で英語教師を探しており、広岡蔦子のために英語教師を周旋するよう要請した。広岡信五郎は浅子との間に亀子をもうけていたが、妾の小藤との間にも一男三女（松三郎、蔦子、秋子、極子）がいて、入家した。亀子は長女、蔦子は次女となった。井上雅二はこの約二ヵ月前の七月一二日、シベリア旅行に出立するために大船を出て、翌七月一三日に京都の七条駅に到着し、三条の萬屋旅館に投ずると、井上秀に到着を報じた。井上秀は直ちに来た。この後、井上雅二はシベリア旅行に際して、護身用にピストルを持とうとして、田口覚二にピストル借用の件を依頼して後、若王子山中の根津一を訪ね、夜に秀と宿舎の萬屋で再会した。井上雅二は秀にもピストルの件を話した。秀は翌七月一四日、ピストルを借りるため大阪の広岡浅子の許に向かった。広岡浅子は、ピストルを所持して、九州の炭鉱に出掛けていた。井上秀は七月一五日、ピストルを借用できないまま、広岡浅子の許から戻った。井上雅二は同日、成田錬之助からピストルを入手し、京都で中島真雄、田野橘治などと会談後、神戸に向い、七月一六日に加古川駅から丹波に赴き、夕刻に柏原に到着、人力車で郷里に戻った。雅二は七月一七日、終日寝て過ごして疲れを取り、七月一八日に黒井村の井上家を訪れ、夕刻に神楽村の足立家に戻ると、「風色依然たり。一家無恙《つつがなし》。快言ふべからず」と述べた。井上雅二は七月二一日に実家を出て、佐治駅より御幸駅に至り、翌七月二一日に加古川に到着し、京都の秀に神戸に来るよう電報を打つと、加古川から神戸に出た。同日、井上秀は神戸に来て、雅二と会った。

井上雅二は七月二二日、京都に赴き萬屋に宿を取り、七月二三日に若王子山中の根津一を訪れ、談義を交すと、京都に数日間滞在した。井上雅二は七月二六日に京都の七条駅より列車で神戸、三宮に出て、同地で大阪商船会社の宮川丸に搭乗、海路で西行し、瀬戸内海を通り、七月二八日に門司で列車に乗り換え、博多に到着すると、玄洋社の平岡浩太郎を訪問した。井上雅二の玄洋社訪問は、一八九四年、夏季休暇を利用して九州に旅行した時以来、二度目であった。玄洋社は、一八七七年創立の箱田六輔、頭山満の開墾社に起源を発するが、正式には一八八一年、平岡浩太郎を社長として発足した。玄洋社は規則に一、皇室の敬戴、二、本国の尊重、三、人民権利の固守、以上の三点を掲げ、北九州の自由民権運動の中心となったが、一八八二年以降、国権主義に転じ、条約改正交渉に対しては明治政府の欧化主義及び井上馨、大隈重信を中心とする条約改正案に反対した。一八九四年、同社は東学党の乱で、天祐俠を組織して朝鮮に派遣し、日清戦争が開かれる糸口を作っている。玄洋社社長の平岡浩太郎は一八七七年、西南戦争で西郷隆盛軍に加わって下獄、一八七八年に出獄すると、向野社、玄洋社に属して政治活動に従事しただけでなく、炭鉱業で富を築き、一八九四年以降、衆議院議員となった。井上雅二を平岡浩太郎に紹介したのは、末永節である。末永節は一八六九年、福岡に生まれ、内田甲、鈴木天眼、平岡浩太郎らと交わり、日清戦争では『九州日報』の従軍記者、『日本』の通信員として清国に渡り、一八九五年には宮崎滔天と共に移民を連れて暹羅（タイ）に渡ったが、病気を患い、日本に帰国していた。末永節の兄の末永純一郎も杉浦重剛、陸実と行動を共にし、『日本』の編集長などを務めた。

井上雅二は七月二八日に続き、翌七月二九日も玄洋社に平岡浩太郎を訪れ、平岡浩太郎の人格に畏怖し、「初対面なり。氏は年〔齢〕四十七、八、〔頭髪〕半白なるも、風采何となく稜々として覇気を帯ぶ。言語明晳、音吐朗暢、其説を受も頗る亦快なり。其れ亦福陵（福岡）の大奇傑たり。快」と記した。井上雅二はこの後、平岡浩太郎の本宅に誘われ、夫人、子息に面談すると、午前一〇時半の列車に乗り、佐賀に赴き、佐賀県書記官の任にあった大庭寛一を訪問した。井上雅二と大庭寛一は、同年一月一七日の日暮里における対面より、実に半年ぶりの再会であった。井上雅二は七月二九日、佐賀県庁に大庭寛一を訪れたが、大庭寛一が既に退庁した後であったため、川原小路の大庭邸に赴き、「不相変《相変わらず》余を遇する頗る丁寧、氏は嘗て朝鮮内閣顧問たり。年齢〔は〕僅〔か〕卅四、容貌魁梧（大きくて頑強）、東洋に志あるの士なり。時機未だ熟せざるの故をして、暫らく潜んで官吏の衷にあり、家内脂粉の気なく、快活、氏も当世稀れなる人物と云ふべし」と記している。井上雅二は大庭寛一と対座して古今、当世を議論し、入浴後、再び酒を酌み交しつつ論じあい、大庭寛一から「実利実業に力を盡さゞるべからず」「余等は唐津〔の〕近傍を以て、後来〔の〕東方問題の焦点（中心）たらん」「余の目下の楽は、少年を集めて禅学と吉田松陰塾の法規とにより、愉快なる一の梁山泊を造るにあり」などの話を聞いた。井上雅二はこれに対して、「此議、頗る賛成」と述べ、更に敬慕の念を深くした。

七月三〇日、井上雅二は佐賀駅を出て、列車で早岐に向い、早岐で汽船に乗って時津に至り、時津から人力車で道尾に向った。ところが、時津の旅客は殆どが長崎方面に赴いたため、人力車が四〇、五〇と連ねて走ったため、壮観な光景となった。井上雅二は道尾で人力車を降りると、五時五〇分の上等列車に乗り、長崎に向かった。上等列車は、井上雅二にとり、初めての体験であった。そして、井上雅二は長崎に到着すると、緑屋に投じた。緑屋の女将とは一八九六年八月一二日、上海から帰還して以来の会合であった。女将は例により、喧しかった。八月二日、参謀次長川上操六が大連丸で長崎に到着し、同じく緑屋に宿泊した。同行者は、陸軍少佐久松定漢ほか一名で、隠密の旅行であった。井上雅二の得た情報では、川上操六らは密命を帯びてウラジオストクまで行き、九月初旬に日本に戻る予定であった。翌八月三日、井上雅二が旅装を整え、階下に降りると、偶然に川上操六と出くわした。緑屋の女将が川上操六に井上雅二を紹介すると、川上操六は戯れに「君は世の中の怪物だねー」と述べた。井上雅二は川上操六について、「公は参謀次長として軍国〔の〕幄陞（陣営）に賛するもの、自ら賤ふして、白狼の輩に伍す。所謂形を繆相（偽りの姿）にして、心を匹夫にするものにあらざる乎。然れとも中将の如才なきは、遂に認め得たり」と記している。井上雅二は同日、緑屋を辞すと街に出て筆墨を購い、大波止場より客船の中等室に乗り込んだ。中等室とはいえ、大気の流通がないため、暑さが極まりなく、汗がしとどに流れた。やがて、汽船は出航した。この汽船には、川上操六も随員と共に搭乗していた。

二　シベリアの周遊

ロシアはこれまでシベリア鉄道のウラジオストクまでの建設を進めていたが、一八九六年に東清鉄道の敷設権を獲得したため、清国領内をへてチタからウラジオストクまで、ほぼ直線で結ぶことが可能になった。そして、ロシアがハルピンから旅順に至る東清鉄道支線の敷設権を獲得した場合、ウラジオストクと旅順が結ばれ、ハルピンはこの中継点として重要視されることになった。これにより、シベリア東部の開発も注目されることになった。井上雅二も東部シベリアの視察の必要を認識し、一八九七年八月三日、大連丸で長崎を出港して、釜山、元山に停泊後、八月八日にウラジオストクに入った。参謀次長川上操六も大連丸に乗船し、同日にウラジオストクに到着した。ウラジオストクの東洋艦隊は各艦を飾り付け、川上操六に歓迎の意を表した。井上雅二が大連丸の甲板をぶらぶら歩いていると、一人の日本人が「君は井上君にあらざる乎、雅二君にあらざる乎」と呼び掛けてきた。このため、井上雅二が「然り」と答えると、この日本人は「内田甲君彼処にあり、君を待つ」と述べて、井上雅二を船首に連れていった。井上雅二はここで、内田甲と初めて対面した。井上雅二に声を掛けたのは、三角三郎である。内田甲は一八七四年、福岡藩士内田良五郎の三男として福岡に生まれた。内田良五郎は平岡浩太郎の兄で、平野国臣に従って国事に奔走し、西南戦争では西郷隆盛の軍営に参じ、のちに玄洋社の同人となり、剣術の達人として著名であった。このため、内田甲は平岡浩太郎の甥にあたった。内田甲は幼少よりアジアに関心を抱き、東洋語学校でロシア語を学び、一八九四年に朝鮮で天佑俠を組織して東学党と共に戦い、日清戦争の勃発により同党を解散し、ウラジオストクで柔道場を経営しながら、ロシアに関する諜報活動に従事していた。井上雅二は、内田甲の印象を「主人内田甲君は年歯未だ廿四なるも、覇気逢勃（湧き上がり）として志操堅固、曽て天眼鈴木（鈴木天眼）等と朝鮮東学党に入り天佑俠中の急先鋒を以て称せられしも、今や経歴を経ると共に思慮漸く密に、智略縦横と云ふべからざるも勇胆余りあり」と記した。

一八九五年一月二六日、有栖宮熾仁親王の死去に伴い、小松宮彰仁親王が参謀総長に就任し、川上操六は参謀次長の職に留まったが、一八九八年一月二〇日に参謀総長が小松宮彰仁親王から川上操六に代わった。川上操六は参謀総長に就任後、一八九九年一月、第一（作戦）部長に田村怡与造を、第二（情報）部長に福島安正を据えた。これより先、川上操六は、日清戦争の結果、東アジアの国際情勢が緊張し、太平洋の国際競争も激化すると考えた。川上操六は、日本の将来を見据えた場合、一方で朝鮮半島を策源地として、ロシアへの対抗手段を模索し、他方で台湾を根拠地として、清国南部、東南アジア、太平洋での経済的基盤を構築する必要があるとして、双方の地域への視察、調査を開始した。川上操六は、一八九六年九月、陸軍少佐明石元二郎らを随えて、台湾及び清国南部、東南アジアの視察に出掛け、台北から台南に出て、広東省に渡り、広西省から南下し、フエ、サイゴン、プノンペン、バンコクを回り、四ヵ月後に帰国すると、一八九七年八月八日より、ウラジオストクをへて、シベリア巡遊の旅に出た。川上操六は一八九六年二月、ロシア政策の重要性を自認し、陸軍大尉花田仲之助に参謀本部出仕を命じ、シベリア派遣と調査を命じたが、一八九七年、参謀本部員の神尾光臣、梶川重太郎、宇都宮太郎を清国の要地に派遣し、日清聯盟を模索すると同時に、腹心の部下をヨーロッパやシベリアに送り、情勢探査に務めさせた。神尾光臣、梶川重太郎、宇都宮太郎の三名は、「日清聯盟」を構築するため、湖広総督張之洞に狙いを定め、東京朝日新聞の主筆格で漢学者の西村天囚を伴って張之洞と会談した。

花田仲之助は薩摩（鹿児島）の人、一八六〇年（万延元年）、花田幽斎の第二子として、城下の平郷に生まれ、兄の花田休輔と共に父より厳格な教育を受け、自現流の剣道に精進した。花田仲之助は一八七五年、西郷隆盛の私学校に入り、一八七七年の西南戦争では、桐野利秋の麾下に属して各地を転戦した。兄の花田休輔は篠原国幹に従い戦死したが、花田仲之助は若年の故を以て特赦され、上京後、一八八〇年に陸軍士官学校に入り、伊藤圭一、橋口勇馬、根津一、荒尾精、明石元二郎、宇都宮太郎と肝胆相照らす仲となり、靖献組と称された。花田仲之助は一八八〇年、参謀本部出仕となり、円覚寺の今北洪川の許で禅の修行を積み、暫しの休職をへて参謀本部に復職、日清戦争では各地を転戦して報奨を受け、一八九六年二月、参謀次長川上操六によってシベリア派遣を命ぜられた。花田仲之助は、川上操六の命を受けると、京都の若王子山中に住み、西本願寺法主大谷光尊と黙契して清水松月と称するに至った。花田仲之助は京都で、夜更けに至ると、荒尾精、根津一、成田錬之助の許を訪れ、アジアの問題を語りあった。清水松月こと花田仲之助は家族を根津一に託し、大谷光尊の秘書、伊藤洞月と共にウラジオストクに向かい、一八九七年四月一七日に同地に到着した。花田仲之助はここで、浄土真宗の布教、講話を行う傍ら、ロシア語を研究し、同地の人情や風俗の調査、把握に務めた。花田仲之助の講話は堂に入り、多くの信者を感涙せしめた。花田仲之助は一八九九年一二月に帰朝するまでの約四年間、一貫して清水松月で通し、陸軍将校と見破られることはなかった。

一八九七年八月八日、井上雅二はウラジオストクに到着し、内田甲の出迎えを受けた。内田甲は叔父の平岡浩太郎より、井上雅二の同地訪問の連絡を受けており、井上雅二の到着を待っていた。井上雅二は内田甲と挨拶をすむと、彼らの寓居に案内された。内田甲は同地で洗濯屋を営み、希望者に柔道を教えながら、ロシアに関する情報を収集していた。このため、内田甲の寓居は畳四畳ばかりの部屋を二つに仕切り、一方を洗濯屋、他方を住居とした簡単なものであったが、柔道場がこれに隣接していた。内田甲の寓居と柔道場を合わせた面積は、台所を含めても五坪程あるだけであった。ここに、井上雅二を含めて、六人が眠った。この狭さは、譬えようがなかった。井上雅二は、この模様を「豚の如く雑居す。甲の腹は乙の腹に接し、丁の足は丙の頭を衝く」と記している。翌八月九日、井上雅二は内田甲に帯同されて西本願寺ウラジオストク別院を訪れ、伊藤洞月と会い、伊藤洞月の印象を「純然たる生臭坊主なり。然れとも暹羅（タイ）、欧米を巡遊し、又曽て遼東の軍に従ふことありと。兎に角、当世風の才子なり」と述べている。井上雅二は内田甲より将来の方針、同地の現況を聞き、柔道の稽古を参観した。同地には、売春婦の他、日本から流れ着いた者も多かった。井上雅二によれば、売春婦は日本人が海外に移住する際の先兵のような役割を果たしていた。井上雅二は、売春婦などの「在留日本人風俗の頽廃せるの状」に憤激し、「嗚呼、誰か一人の起〔ち〕て、匡済の策を講ずる者なき乎。日露膨張の勢は衝突を免れず。早晩平和破るの日あらは、期して待つべきなり。此の如きの人民、何を以てか国家忠勇義軍の先鋒となり、遠征東道の主人たるを得べき。噫々」と記したのである。

井上雅二は内田甲に対して、末永節の記した「シベリア鉄道沿線地方を探検するため、そちらへ行くから宜敷《よろし》く頼む」という添書を示した。内田甲もシベリア横断旅行を計画中であった。このため、内田甲は井上雅二に対して、シベリア東部の途中までの同行を約した。八月一六日、井上雅二と内田甲の送別会が開かれた。ここで、伊藤洞月が剣舞を行い、三角三郎らが講談をし、各々が隠し芸を演じて歓を尽くした。当地では、ある謡言が流布していた。井上雅二はこの点を「〔川上操六〕中将と共に入露せる我国の軍事探偵は各方面に侵入せりとの風評一般にして、露国巡査の探偵最も厳なる由」と記して、自らも嫌疑を受けて、往生したとしている。一八九七年当時、シベリア鉄道は、ウラジオストクを起点に、同地とハバロフスクの中間地点、イーマンまで開通していた。内田甲と井上雅二は八月一七日に鉄道でウラジオストクを出ると、翌八月一八日にイーマンに到着、八月一九日に汽船でイーマンからウスリー江を下り、ハバロフスクに上陸し、八月二五日に汽船で黒龍江を遡り、ブラゴヴエシチエンスクに向かった。内田甲と井上雅二は、この汽船の中で偶然に中野二郎と縣文夫に会った。内田甲は、平岡浩太郎からの書簡で、中野二郎と縣文夫のウラジオストク訪問を知らされ、二人の到着を待っていた。中野二郎は札幌に露清学校を設立し、門弟の育成に務めていたが、ロシアの国情調査のため、門弟の縣文夫を伴い、ウラジオストクをへて、ブラゴヴエシチエンスクに向かう予定であった。内田甲はウラジオストクで二人の到着を待ったが、なかなか到着しなかったため、井上雅二との約束に従い、先にウラジオストクを出立することにした。ところが、図らずも、内田甲と井上雅二は、ブラゴヴエシチエンスクに向かう汽船の中で、中野二郎、縣文夫と会合したのである。

三　孫文の再来日

一八九七年八月二九日、井上雅二らは、イニノチンチという小港に到着し、八月三一日にブラゴヴエシチエンスクに接岸、同地で大阪朝日新聞の駐在員・上野靺鞨らの出迎えを受けた。内田甲と中野二郎は同地を視察・調査後、井上雅二と別れてイルクーツクに向い、シベリア横断の旅に出ることになった。井上雅二は同地で内田甲、中野二郎と別れると、上野靺鞨、三浦喜一郎、縣文夫に見送られて、往路とは真逆に黒龍江を下り、内田甲の紹介状を携えて、ニコライフスクに向かった。井上雅二のニコライフスク到着は、九月七日である。井上雅二は同地に到着すると、約一〇日間、調査・研究に従事し、九月一七日に同地を出て、翌九月一八日にアレキサンドリア港に寄港し、樺太をへて、九月二三日にウラジオストクに戻り、ポシエット湾などに出掛けて、見聞を広めた。井上雅二は九月二六日、西本願寺ウラジオストク別院の説法会に出席して、「僧清水〔松月〕師の小乗説法、中々に聵々（愚かで無知）の男女をして、随喜の涙を流さしむるものあり。親鸞と云ふ奴も豪傑なる哉。三時終て酒肴の饗応を享く。寺詣に酒肴の饗を享くるは、今日を以て始めとなす。奇なる風習もあるもの哉」と記している。清水松月すなわち花田仲之助は、荒尾精や根津一、成田錬之助と肝胆相照らす仲であり、京都でも夜ごと往来していた。ただし、井上雅二は清水松月と面識がなかったようで、八月九日に西本願寺ウラジオストク別院を訪れた時には、伊藤洞月には会ったが、清水松月とは会っていなかった。清水松月の説法は堂に入り、西本願寺の本物の僧侶よりも熱を帯び、多くの聴衆、信徒を感動させて、うならせた。井上雅二もまた、清水松月こと花田仲之助の説法を聞き、感激のあまり歓喜の声をあげた。

参謀次長川上操六は八月二九日、ハバロフスクに赴く地中、黒龍江の船上で内田甲、中野二郎、井上雅二、懸文夫の乗っている船と行き違った。井上雅二ら四人は川上操六の一行を見付けると、船の上で万歳を叫び、川上操六の一行も帽子を振ってこれに応え、互いに前途の安全、任務の遂行を祈り合った。川上操六はハバロフスクでロシアの黒龍江総督を訪問する予定であったが、不在であったため、ブラゴヴエシチエンスクに赴き、同総督と会見を遂げて帰るところであった。そして、川上操六はこの後、シベリア東部の視察を終えて帰朝した。これに対して、内田甲と中野二郎は八月三一日にブラゴヴエシチエンスクに上陸後、井上雅二、懸文夫と別れてストテンスクに向い、九月一五日に同地着、更にネルチンスクに及んだ。懸文夫はブラゴヴエシチエンスクに留まり、ロシアの事情を調査する予定であった。そして、内田甲はネルチンスクで中野二郎と別れ、単独でシベリア旅行を決行し、一〇月三日にチタに到着し、大雪で極寒の中、ウエルフネ・ウジンスカヤから船でバイカル湖を渡り、一〇月二五日にイルクーツクに到着した。内田甲は懐中に殆ど金銭を残していなかったため、同地で護身用の拳銃を売って露命を繋ぎ、約三ヵ月滞在して日本からの送金を待ち、翌一八九八年二月初旬にニジネヴヂンスクに赴き、同地からシベリア鉄道でモスクワに出て、約二週間滞在すると、モスクワからサンクト・ペテルブルグを訪問して、ロシア駐在公使の林董、通訳官田野豊を訪ねた。内田甲はここで、日本公使館附武官の八代六郎を訪れ、八代六郎より広瀬武夫がロシア滞在中であることを聞き、広瀬武夫とも会った。八代六郎、広瀬武夫、内田甲は講道館で、共に柔道の練習に励んだ仲であった。

井上雅二は九月二三日以降、約二週間、ウラジオストクに滞在すると、一〇月九日に愛国丸に乗船して、日本に向かった。しかし、愛国丸は一〇月一〇日、暴風雨の影響で、日本海が大荒れとなり、佐渡への寄港を余儀なくされた。愛国丸は一〇月一一日に佐渡を出て、一〇月一二日に新潟に到着した。井上雅二も新潟から信濃川を船で溯り、陸路で柏崎に出て、柏崎から列車で直江津に至ると、同地で列車を乗り換え、長野をへて一〇月一四日に新宿に到着し、早稲田の下宿に戻った。井上雅二は同日、「七月九日東都を発せしより、〔シベリア旅行で〕日を閲すること九拾五日、旅程約四千八百哩にして、途中一の恙なく帰朝せしは天佑とや云はん。人事の尽くしたるが為めとや云はん。帰来早稲田旧草廬に臥せば秋風落葉の天地、頗る其意を悟りたるものあり」と記した。井上雅二は、一〇月三〇日、荒尾精の命日に谷中の全生庵に赴いて墓参をし、墓前に帰朝の報告をした。荒尾精が台北で病没してから、一年がたっていた。井上雅二は一一月二日に石渡儀一方の下宿から牛込区下戸場町一〇番地の平山タツ方に引っ越した。ついで、井上雅二は、同志の根拠地として一戸を構える必要を感じ、平岡浩太郎、頭山満に謀って一五〇円を得て、牛込区東五軒町五五番地に二階建て六間の一軒家を、一ヵ月一一円の家賃で借りた。すると、この一軒家に、東京専門学校の仲間、同級生、特に原口聞一、五十嵐力、田野橘治などが参集し、あたかも梁山泊の様相を呈した。内田甲は一八九七年三月二二日、サンクト・ペテルブルグを出立し、ロシアの実情を調査しながらシベリア経由で日本に向かった。

一八九七年五月、平山周は犬養毅の斡旋で外務省嘱託となり、宮崎滔天、可児長一と共に秘密結社の実情調査の名目で清国に渡ることになった。平山周は、日本を離れる前に参謀本部の宇都宮太郎を訪問し、宇都宮太郎より孫文の名を聞かされた。平山周と宮崎滔天は、陳少白から広東在住の何樹齢の紹介状をもらった。何樹齢はマカオの富豪で、大金を醵出して『知新報』の発刊を助け、康有為の門弟らを支えた。同年八月、平山周、宮崎滔天、可児長一は、上海に向けて出立し、更に上海から広州、マカオに向かった。すると、孫文が八月一六日、宮崎滔天や平山周と入れ代わるように、エンプレス・オブ・インディア号に乗船して、横浜に至った。同船には、イギリスの清国公使館の曾広銓も同乗していた。孫文は横浜に到着後、居留地一二一番館の華僑の曾卓軒の許に止宿し、更に居留地一一九番の陳少白の紹介で加賀町警察署長の官邸を訪れ、日本在留の許可、政治亡命者としての安全の保障を得た。九月、平山周、宮崎滔天、可児長一は、広州及びマカオを回っていると、孫文の日本到着の一報を受け、早速に横浜に戻った。宮崎滔天は九月初旬頃、平山周とは別に、一人で陳少白の寓居に赴き孫文に面会すると、「彼（孫文）、何ぞその思想の高尚なる、彼、何ぞその識見の卓抜なる、彼、何ぞ抱負の遠大なる、しかして彼、何ぞその情念の切実なる、我が国人士中、彼の如きもの果して幾人がある、誠にこれ東亜の珍宝なり」と述べて、孫文に心酔の念を示し、犬養毅、外務次官小村寿太郎にあてて孫文の日本滞在を知らせた。陳少白はこの後、孫文を日本に残して、横浜から台湾に渡った。宗方小太郎は、九月一四日に宮崎滔天から、書簡で孫文の日本訪問を知らされ、一〇月一三日と一六日に熊本の自宅で宮崎滔天の訪問を受け、孫文の日本滞在に関する詳細を聞くと、一〇月一九日に盟友の井手三郎と共に門司を出立して、福建省の『閩報』を発刊するため、陳少白の消息を尋ねて台湾の基隆に向かった。

宗方小太郎と井手三郎は一〇月二二日に基隆に到着すると、台北に赴き、一〇月二四日に台湾総督乃木希典を訪問し、更に台湾新報社に至り木下新三郎と面会し、陳少白の所在を訊ねた。しかし、陳少白は、台南に出掛けていて、台北にはいなかった。一〇月三〇日、台北の本願寺別院で荒尾精の一周忌の法要がいとなまれ、宗方小太郎の他、約三〇名が参列した。この参列者の中には、『台湾日報』主筆の内藤湖南もいた。この間、宗方小太郎は台湾総督乃木希典と再三交渉した結果、漸く一一月五日に台湾総督府より『閩報』発刊の費用、五六〇円を領収することになり、更に毎月一五〇円の補助を受ける約束を取り付けた。宗方小太郎は一一月一日、「余〔は〕渡台以来静かに総督府の情況を観るに、紛々擾々統一する所無く、総督の命令も往々にして行はれず、之に加ふるに幕僚属吏互いに相猜疑し、排擠（押しのけて排斥する）已まず。其の弊害の伏する所、容易に刷新の功を挙げ難し。中央部已に如此《かくのごとく》、地方の事推て知るべきのみ。嘆ずべきの甚しきもの也」と、台湾総督府の混乱を歎いている。宗方小太郎は井手三郎と別れて、一一月一〇日に横浜丸に乗船して基隆を出立、一一月一三日に門司に到着すると、一一月一七日に宮崎滔天からの書簡で孫文が熊本に滞在していることを知った。孫文は横浜に滞在後、平山周の漢語教師という名目で東京の牛込区早稲田鶴巻町に移り住み、一一月に宮崎滔天に伴われて熊本の荒尾に到っていた。宗方小太郎は一一月二〇日、宮崎滔天からの再度の書簡で、孫文が荒尾の宮崎滔天宅に到着したことを知らされ、荒尾訪問を要請された。宗方小太郎は、翌一一月二一日に荒尾に赴いて孫文と面談すると、「孫〔文〕今年三十一才、大器に非ずと雖ども才学兼優、豪邁果敢にして天下を廓清するの志有り。膝を交へて東方の大事を論じ、鶏鳴（夜明け）に到る。孫〔文〕喜ぶ事甚だし」と記している。宗方小太郎は孫文に対して好印象を抱いた。そして、宗方小太郎は翌一一月二二日に荒尾を発ち、長崎をへて一一月三〇日に上海に到着し、一二月二日に時務報館で古城貞吉に面会した。

第二部　清国の改革への思い（一八九八）

第四章　井上雅二と東亜会 ―― 日清聯盟の展開 ――

第一節　東アジア情勢の急変

一　日清聯盟の気運

二　女子教育の振興

三　横浜大同学校

第二節　上野靺鞨と川崎紫山

一　上野靺鞨の報告

二　川崎紫山と康有為

三　福本誠の上海到着

第三節　東亜会と清国の反応

一　同人会と東亜会

二　清国国内の反応

三　日清聯盟の推移

第一節　東アジア情勢の急変

一　日清聯盟の気運

一八九七年一一月一日、山東省曹州府鉅野県でキリスト教の宣教師二名が殺害され、一一月一四日にドイツの軍艦が膠州湾を占領して、東アジアの国際情勢は緊迫した。一一月二〇日、ドイツ公使パブロフが清朝政府に対して、遺族への賠償金、膠州湾の租借など六項目を要求すると、一二月一五日にロシアの艦隊も旅順口に入った。翌一二月一六日、ロシアは清朝政府に対して、借款供与の条件として、満洲や蒙古の鉄道敷設、工業の独占権、黄海沿岸の一港租借などを要求した。康有為は一二月一五日、第五上書を認め、光緒帝に対して「発奮の詔」を下して国是を定め、重要な事柄を会議に付すよう訴えると共に、この複写版を各地に配布した。同上書は、光緒帝の許には届かなかった。しかし、多くの知識人はこの内容を複写版で知った。光緒帝は、王（帝室の男子）や諸大臣に命じて康有為を総理衙門に招き、天下の大計、政治改革の誼を詢問させることにした。一八九八年一月二四日、康有為は総理衙門で、制度の改革を主張し、制度局、新政局の設置、民兵の育成、鉄道敷設を訴えると共に、『日本変政考』『俄大彼得（ロシア・ピョートル大帝）変政記』の著書を提出した。また、康有為は一月二九日、光緒帝の求めに応じて、第六上書を認めた。これが「応詔統籌全局摺（詔勅に応じ全局を統籌するの摺）」である。康有為はこの第六上書で、制度局の設立を「変法（制度改革）の根源」に位置付けた上で、法律局、財政局、学校局、農業局、工業局、商業局、鉄道局、郵政局、鉱務局、交流局、陸軍局、海軍局の一二局の設置を提言した。清朝政府は三月六日、ドイツとの間に膠州湾の九九カ年租借条約を締結し、更に三月二七日、ロシアとの間に旅順口及び大連湾の二五カ年租借条約に調印した。

一八九七年一一月二三日、東京専門学校の同人会の例会が赤城神社内清風亭で開催され、ドイツの膠州湾占領事件を受けて、一「膠州湾が制海権に及ぼす地位如何」、二「独逸が膠州湾を占領せし真意如何」、三「国際公法上の観察如何」、四「独逸〔と〕露西亜の関係如何」、五「支那の態度如何」、六「英国の態度如何」、七「日本帝国の取るべき政策如何」、以上の七点について討議が行われた。この約二週間後の一二月四日、同人会は東京専門学校大講堂で演説会を開いた。同演説会の主催者が「近時列国の均勢東漸し来り、我帝国をして波瀾層々（幾重もの波瀾）の裡に起たしめたり。帝国の対外政策は如何、是れ外交問題、就中《なかんずく》殊に東邦問題を研究するの本旨を以て設立せられたる本会が、天下に先んじ一代の唱をなさんとする所以にして、且つ学堂居士〔が〕対外思想に就て帝国民を警醒（警告し目を醒まさせる）せんとする所以なり、諸君須らく傾聴せよ」と宣言すると、進歩党党員の尾崎行雄が壇上に登り、一五〇〇名余りの聴衆に向って二時間余の大演説を行った。井上雅二は一〇日後の一二月一五日、安東俊明、村井啓太郎、原口聞一と共に、同文会と精神社の合同親睦会に出席するため吉熊楼に赴いた。同親睦会は埴原正直が幹事となり、午後六時より酒宴に移り、胸襟を開いて語り合い、午後一一時に散会となった。精神社は一八九二年に近衛篤麿の設立した団体である。同日の参会者は、高田早苗、市島謙吉、松平康国、財部熊次郎、五百木良三、渡辺金太郎、益田三郎、大内暢三、安東俊明、柏原文太郎、原口聞一、埴原正直、村井啓太郎、桑田豊蔵、井上雅二の一五名である。

井上雅二が一一月、牛込区下戸塚町一〇番地の平山タツ方より、同区東五軒町の一軒家に転居すると、清国の留学生・羅孝高もここに同居した。羅孝高は広東省の出身で、康有為の萬木草堂に学び、父が綿花の貿易商であったため、父に随って日本に渡り、東京専門学校に学んでいた。東京専門学校には、学生が同校発行の教科書や雑誌に基づいて在宅のまま学習するという、校外生の制度があった。羅孝高は一九〇二年、同校の政治科校外生を卒業している。そして、羅孝高は東京専門学校の学生と横浜華僑、康有為の門弟、孫文の一派の仲介役となった。孫文は、康有為や梁啓超、羅孝高と同様、広東省の出身であった。井上雅二は一二月二七日午後、平山周、孫文、羅孝高の訪問を受けたが、偶然に村井啓太郎、草場謹三郎と散策に出ていたため、会うことができなかった。このため、孫文らは、明年一月四日までに上京することを言付けて、横浜に戻った。井上雅二は下宿に戻り、このことを聞いた。井上雅二は同日、加藤洋らの訪問を受け、夕刻に埴原正直を訪ねて軽く酒を飲み、同所に泊った。井上雅二は一八九八年初頭以降、「正月元日より五日に至る、諸友の来り訪ふもの、日に平均十五、六人に及び、読書の暇なし。六日清国広東人羅孝高来る。我家に同居せしむる事となす。氏は留学生なり。天情英偉（生来の感情が優れて偉大）、有志（志のある者）なり。豈に努力せざる可けんや。清国有名なる亡命の士、孫逸仙（孫文）氏度々来り遊べり」と述べたように、孫文の訪問を頻繁に受けた。陳少白は台湾から日本に戻ると、一月二〇日に横浜に到着し、居留地八〇番館に宿を取った。

一八九七年一一月のドイツの膠州湾占領事件は、欧米列国の清国に対する利権獲得競争を加速させた。井上雅二は一二月一八日、「夕刻より在大学生中の錚々たる者十四、五名来り会す。豚を食ふ数斤、酒を吸ふ一斗、互に肝胆相照して大に快を尽くし、十一時諸氏散ず」と記し、相変わらず豪快な生活を送ると、一二月二五日、埴原正直と共に近衛篤麿の設立した精神社に赴き、ドイツの膠州湾占領事件について弁難・討論を重ねた。一二月二五日の同会の参加者は、柏原文太郎、大内暢三、長田瑛、吉田友吉、埴原正直、桑田豊蔵、井上雅二の七人であった。翌一八九八年一月二四日、井上雅二は「同人会を福島安正方に開き、大佐の巴幹《バルカン》半島の大勢に就て痛快なる講話あり」と記している。井上雅二の転居先は、東京専門学校の同級生や友人、特に五十嵐力、原口聞一、田野橘治、新橋栄二郎、大沢龍次郎、沖禎介、埴原正直などが頻繁に訪れて、勉学には適さなかった。このため、井上雅二は一月二八日、午前八時より正午まで、午後一時より四時まで、午後七時より一〇時まで、この間の談話の禁止、土曜、日曜、公休日以外の来遊の謝絶、以上の規約を定めた。しかし、効果はなかった。田野橘治は、井上雅二の同級生や友人たちが酒盛りをしては議論し、泥酔して踊り狂い、頭に飯桶を被ったり手に植木鉢を抱えて大騒ぎをして、「半ば狂人の風体」を呈したため、「この光景は滑稽でもあり、顰蹙でもあった」としつつ、羅孝高がこの光景を康有為に伝えると、康有為が驚愕して「日本の学生は概ね従順で穏やかと聞いており、猛烈な気質は〔井上雅二らの〕梁山泊だけではなかろうか」と述べたという。

一八九八年一月、東邦協会会員の福本誠は『日本人』第五九号（一月二〇日）に「東大陸の為にフランク、マソン的秘密結社を興す可し」を発表している。福本誠は同論説で、ヨーロッパでは強圧的な政府やキリスト教会が長く存在してきたため、「フランク、マソン」すなわちフリーメイソンなどの秘密結社が永続し、時々の政府やキリスト教会に対抗したとして、現在のアジアが欧米の侵略に曝され、「欧米の〔ための〕亜細亜」になっている現状に鑑みるならば、このフリーメイソンのような結社の設立と抵抗が必要になると説いた。福本誠はこれに続けて、「其大陸民たると其島国民たると」「満漢民たると日本人たると」を問わず、「斉しく起ちて天下の寇讎（外敵）を仆《たお》し、人類の公敵を滅し、東大陸を垂亡に救ひ」、以て「亜細亜〔のため〕の亜細亜」を維持すべきであると訴えた。福本誠の求めたものは、「欧米〔のための〕亜細亜」ではなく、「亜細亜〔のため〕の亜細亜」である。福本誠はこの新しい結社が「人道の進歩」を目的に、具体的な「主義綱領」を備えた「志士個人の集合体」であるとした。佐藤宏も同年三月、『日本人』第六三号（三月二〇日）に「支那朝野の真相を説きて同国を改造するは日本人の責なる所以を論ず」を発表し、「湖南党、聖学党、興中会及ひ此等を圍遶する（取り囲む）諸衛星は、実に暗澹たる帝国の前途を照らす一道の光明なり。吾人大に清国に事を為さんと欲せは、深く此等の志士と結び、緩急（危急の事態を）相救ふの計をなさゝる可からず」と論じ、特に湖南省の人士に期待した。ここで求められたのは、清国の改革派と日本のアジア主義者を結ぶ「志士個人の集合体」である。

二　女子教育の振興

一八九八年一月四日、文部省令第一号の改正で女子高等師範学校の文科、理科の分科を規定し、男子と同様に専門化の方向に進んだ。女子高等師範学校は、本科の他に、一八九五年に撰科を、一八九六年に専修科を、一八九八年に研究科を設け、同校卒業後も勉学継続を可能にした。成瀬仁蔵は三月、「某女学校の卒業生に告ぐ」と題する講演で、女学生の卒業後の境遇が、教師の適切な指導を享受できない分、在学中の生活よりも一層、錯綜して複雑、困難な局面に置かれるとして、同校の卒業生に向って一、知識の必要、二、智慧の必要、三、品性修養の必要、以上の三点を求めた。また、成瀬仁蔵の考えでは、明治維新以降、外国から教育学が輸入され、教育術も大いに進歩し、教師の中で読書を教へ学理を授ける者が少なくないが、教育の中核である人物を造る教育家に至っては僅かであり、また読書を教へ学理を授ける教師でも真実の教育を尊崇し、熱心に学生を愛する者も幾ばくもいなかった。このため、成瀬仁蔵は教師に対しても、学生と同様の注意を喚起したのである。更に、成瀬仁蔵は卒業後の生活について、学校教育が「単に結婚の媒介に供にせむが為」にあるのではなく、これに依って「精神を鍛練し、品格を修養せむが為」にあるとして、「諸子は慥《たしか》に後者の徒に属せらるゝは、余の信じて疑はざる所なり。是れ余が本日の卒業盛典を殊に視する所以なり」と喝破したのである。成瀬仁蔵は四月八日、麻生正蔵にあてて「先日平安女学校に於て為せし分は、女学雑誌に寄草する事に致〔し〕度《たく》候」と記している。このため、「某女学校」とは、平安女学校であったことになる。

一九〇〇年、津田梅子が女子英学塾を麹町区一番町に設立し、翌一九〇一年に同区元園町、更に同区五番町に移転した。また、同年、鷲山（のち吉岡）弥生は東京女医学校を麹町区飯田町の東京至誠医院内に設立した。しかし、いずれも英語や医学など、特定の専攻単科に限定されたものであり、規模も小さかった。これに対して、成瀬仁蔵は、家政、国文、英文の大学部三専攻を目標とする、総合大学を目指していた。一八九七年九月、成瀬仁蔵は、神戸で女子教育演説会開催の計画を立てたが、報告予定者が定まらなかった。このため、女子教育演説会の開催の決定までに手間取り、一〇月三日になって神戸の帝国教育大会場で開催された。講演者と演題は成瀬仁蔵「日本女子大学校に就て」、中川小十郎「女子教育所感」、嘉納治五郎「女子教育に就て」、伊沢修二は演題未定となっている。同演説会の傍聴者は、主に教育家であった。女子教育演説会は時流に適い、成果も好結果を得たと報じられた。女子大学校創設の資金繰りは困難を極め、創設準備の過程で人事もトラブルに見舞われた。このため、成瀬仁蔵は一一月四日、麻生正蔵にあてて、自分の心中の苦痛が自分のためよりも、社会や発起人など、周囲の関係者に対して、申し開きが立ち、誤解を与えずに、痛くない腹を探られないように苦心する点にあるとしつつ、友人に対しても抑えきれない感情を抱いていると述べている。そして、成瀬仁蔵は「あゝ萬人に満足を予ふる事は難き哉」と心中の苦労を吐露した。

一八九八年二月二日、成瀬仁蔵は、万寿枝との離婚届けを提出した。この時期が、成瀬仁蔵の人生においても、辛い時期の一つにあたった。成瀬仁蔵は、一八七九年、服部万寿枝と結婚した。しかし、万寿枝は、病気がちであった。成瀬仁蔵はこの間も、キリスト教の布教、教育、女子大学校設立に向けて奔走し、自宅を留守にすることが多く、一八九〇年一一月には日本を離れ、アメリカに留学した。成瀬仁蔵は一八九一年五月九日、麻生正蔵にあてて、アメリカの生活に慣れながらも、最も気にかかるのが妻、万寿枝の病気であると述べている。そして、成瀬仁蔵はこの書簡で、アメリカに留学以来、「己を忘れ国を思ふの念」が盛んになり、「犠牲の精神、国を救ふの義務」などが交々自分の心を励まし、一日たりとも重荷をおろすことができないとして、「実に愛兄よ。お互に生命を終る迄は協心僇（戮）力（心を合わせ力を尽くし）、吾国を救はねばならぬ。余は種々計画する処有之《これ有り》候〔へ〕共、何れ兄らに面会の節〔に〕相計り、一大団体を編み吾人の勝利を得、吾日本に永生を得せ度、希望に不耐《耐えず》候」と述べた上で、「お互に今は準備の日也。目前の小事情に妨げられず〔事を行うべきである〕」として、自らを鼓舞しつつ、麻生正蔵に対しても外国留学を勧めた。また、成瀬仁蔵はアメリカの教育の現状について、「米国学校の徳育は全くキリスト教ぢや。多〔く〕の大学ではやはり宗教自由ぢやが、やはり祈祷会、有名の人々の説教、すすめ等が道徳を養ふの力〔となり〕、今は智育に偏し、徳育は左程《さほど》力なきの感あり」とも述べて、智育、体育、徳育の三点のうち、徳育の確立に大きな関心を寄せていた。

　一八九一年二月一四日、成瀬仁蔵はアメリカから万寿枝に書簡を送り、アメリカの大学で学位を取りたいという希望を伝えつつ、「かつ余が今度十分の準備を為さゞれば、生涯学ぶの時は無之《これ無し》と存〔じ〕候。再び渡米は六ケ敷《むずかしく》、日本にて修学のみの時を得るは亦難く被思《思われ》候。然れば将来大事業を成んと欲せば、亦大準備を要するは論なし」と述べて、アメリカの大学で学位を取るためには現在を置いて他の時期はないが、このためには今後、最低でも五年半の時間が必要になるとしている。成瀬仁蔵は病気がちの万寿枝を日本に残したまま、五年半もの間、アメリカに留学することなど不可能に近かった。このため、成瀬仁蔵は、「思ひ見よ、余の生涯は是迄萬事速（早）まりて失敗を取る事多し。汝と結婚も速（早）過き、其他事業も〈人は成功と云はん〉。併《しかし》余の準備不足なりし為、十分に事成らず、然れば今一度の奮励実に必要ならずや。余がこの奮発を為さば、帰朝の切は学識と経験と準備の品格と学位を携へ帰へり、其事業に就くことを得ん。然れば御前も今一層の勇気を振ひ、犠牲の精神を興し忍耐ありたし。余は之に付ては思考中なれど、殆ど決心せり」と述べ、万寿枝との結婚時期が早すぎたとして、後悔の念を表わしていた。いわば、成瀬仁蔵は、学業の成就と家庭の維持の間で苦悩していたのである。そして、成瀬仁蔵は同じ書簡で、万寿枝に対して、大学の専門科で「裁縫、日本礼式、編絲、茶、ハウスキーピン等手のわざ、家事」などを教える準備をするよう諭していた。万寿枝は成瀬仁蔵と離婚後、生家の服部家に戻り、服部家の人々に看取られて、一九〇〇年九月一三日に没した。

三月一九日、井上雅二は秀の訪問を受けた。井上雅二はこのことについて、「福本〔誠〕氏と別れて帰宅、夕刻より清風亭に赴き、待つ事少刻《しばし》、秀子来る。往を談じ来を語りて、且つ吾が将来の資、目的をも告げ、十一時遂に清風亭にて眠る。嗚呼、可憐可愛なる哉、志士の妻たる者、吾れ彼女の孜々として徳に進まんとするの熱心を思ひ、涙の落つるを不覚なり」と記し、秀と将来の抱負を語り合ったとしている。一八九八年四月八日、京都府高等女学校は幾度かの規約の改正を受け、補修科の年限を延長した。京都府高等女学校は一八九八年四月に本科の四六名、補修科第一年級の二四名、裁縫専修科の二四名に、また翌一八九九年四月に本科の七一名（甲種二三名、乙種四九名）、補修科第二年三名、同第一年一六名、裁縫専修科三四名、音楽科修了生一名に、それぞれ卒業証書や修了証書を授与した。ただし、井上秀は一八九四年四月に一端、同校を卒業しており、補修科に二年間在籍したとしても、一八九六年四月以降は年限を超過したことになる。このため、井上秀は一八九八年三月、京都の東三本木で間借りをし、私塾で英語を学びながら、日本女子大学校の開設を待っていたのではなかろうか。そして、井上秀は同年の春休みを利用して東京に出て、井上雅二に対してどうしても勉学を続けたいという自己の目標を告げ、雅二も秀に対して自己の抱負を述べたように思われる。井上秀は一九〇〇年に上京して、日本女子大学校が設立されるまで、駿河台の聖公会のミセス・カーの塾で英語を勉強している。なお、一八九八年六月二四日、麻生正蔵は東京で広岡亀子を訪れているため、広岡亀子は井上秀より一足先に上京していたことになる。

三　横浜大同学校

一八五八年七月の日米修好通商条約締結以降、まだ日清修好条規が未締結の時期、すなわち清国の領事が赴任していない時期から、華僑は横浜の山下町界隈を中心に居住した。これらの横浜の華僑は、広東省の出身者が多かった。華僑の居住地域は、南京町の名で呼ばれた。横浜の華僑の人口は一八六〇年代以降、順調に増え続け、一八九六年六月には総人口二〇五六名中、男児が二九六名、女児が二二〇名であったものが、一八九七年六月には総人口二五一七名中、男児が四〇一名、女児が二七六名にまで増えた。この児童数の増加は、横浜の華僑が独身の出稼ぎ者から、家族の定住者に移行したことを示した。華僑の家族の定住者が増えれば、必要となるのが児童の教育機関である。横浜の華僑は、広東省出身者が貿易商や外国商館の金銭出納方、倉庫番になり、富裕層を形成したのに対し、上海など他地域の出身者が理髪師、ペンキ塗、料理業など、低賃金の職業を営んだ。いわば、華僑が出身地域で職種を異にし、階層を形成した。一八九七年三月一四日付け『時事新報』が「南京町（一）」と題して、「中華会館には居留民より撰挙したる役員九名あり。之を董事と称す。即ち居留民の代議員にして、居留民の利害に関する事は一切評議決定するの任を有し、或《ある》場合には領事不信任をも決議する権能あるといふ。此れ董事に撰挙せらるゝ者は何れも居留民中有力の者にして、恰《あたか》も我邦に於ける市会議員兼商業会議所議員の類なるべし」と記したように、中華会館は華僑の自治的機関であり、董事と呼ばれる役員を定めて、華僑の相互扶助、紛争の解決、価格維持に努め、南京町を実質的に運営した。

一八九七年八月頃、横浜の山下町界隈、すなわち南京町には小さな学堂があり、華僑の子弟に簡単な教育を施していた。ただし、同学堂は日本の寺子屋のようなもので、規模が小さく、収容人数も限られ、教え方も古かった。このため、華僑の間で小学校の新設が発議された。折しも、孫文がロンドンから、日本に亡命していた。陳少白がこれら華僑から小学校の新設の相談を受け、孫文に教員の選定を依頼した。孫文は、上海の『時務報』主筆として著名な梁啓超の名を挙げた。学堂の経費は、中華会館の全体会議で決まった。一〇月一三日、中華会館の学堂に関する会合は、教科を「中西日文三科」に、校名も中西学堂に決めた。横浜の華僑は梁啓超を同校校長に招聘するため、鄺汝磐を総代として上海に赴かせた。鄺汝磐は一一月初旬、上海に到着したが、梁啓超は湖南時務学堂の中文総教習に就任を要請され、一一月一日に上海を発ち、同月六日に漢口で李維格と落ち合い、同月一一日に漢口を出て長沙に向かったばかりであった。このため、鄺汝磐は梁啓超との対面は適わなかった。ただし、上海には、梁啓超の師の康有為が滞在していた。鄺汝磐は康有為に横浜に設立される新学堂の校長の推薦を依頼した。康有為は新学堂の校長に、高弟の徐勤を推薦し、校名も中西学校ではなく、「中」「西」「東（日）」を包含する語として、大同学校を提案した。横浜華僑は康有為の提案を受け入れ、同学堂を横浜大同学校と命名すると共に、徐勤を校長として招聘した。

一八九八年一月末、横浜大同学校校長の徐勤が、陳蔭農（和沢）、陳默庵（汝成）、湯覚頓（叡または為剛）と共に訪日した。徐勤、字は君勉、広東省三水県の人、一八七三年に生まれ、一八九一年に萬木草堂に入り、康有為の高弟となり、一八九六年に同堂の学長に就き、『強学報』や『知新報』の発刊に携わった。一八九八年は一月二二日が旧暦の一月一日、春節にあたった。井上雅二は一月二二日、「下午四時学校より帰来すれは田野〔橘治〕、羅〔孝高〕二氏横浜より帰宅し、支那人の新年宴会の席に到したる由にて、気焔大に昂れり。続いて高月〔一郎〕、志田〔力二〕二氏も来会す。爆竹を打つて少（子）供と楽を共にす。夕刻五十嵐〔力〕君の大学寄宿に入るを以て、一家相擁て豚を炙ぶり酒を命して飲む。同志の雅会、快云ふ可からす。酣《たけなわ》にして原口〔聞一〕、志田〔力二〕二氏起て剣舞し、五十嵐〔力〕、高月〔一郎〕の諸氏放吟し、一時の快を尽くす」と記している。井上雅二は二月五日、羅孝高と平山周を介して徐勤らの訪問を受け、「徐勤〔は〕年歯（年齢）廿六、聖学会中の秀才なり。昂々乎（志や行為の高さが群を抜く）として気概頗る高きを覚ゆ。陳〔蔭農〕君周〔鑑湖〕君も共に康先生の門下生にして、大同学校教員たり」と述べた。井上雅二は同日、徐勤らと筆談を交わし、愛国心の強さに驚くと、翌二月六日に五十嵐力、田野橘二と共に徐勤を案内して講道館で柔道を見学し、東京専門学校、上野公園を回った。陳蔭農と周鑑湖は同日、横浜に戻り、徐勤、陳默庵、羅孝高が東京に留まった。井上雅二は二月八日、徐勤を案内して東邦協会会頭の副島種臣、貴族院院長で学習院院長の近衛篤麿らと会談し、更に本多庸一を歴訪し、精神社の主催する宴会に出席した。列席者は近衛篤麿、高田早苗、白岩龍平、中井喜太郎、石井勇、大内暢三、大沢龍次郎、徐勤、陳黙庵、財部熊次郎、五百木良三、井上雅二、以上の一二名である。

二月九日午前、徐勤は学習院を参観し、夜に近衛篤麿の招きに応じて晩餐会に出席した。晩餐会の列席者は、徐勤、林北泉、白岩龍平、大内暢三、白鳥庫吉、市村瓚次郎である。このため、華僑の林北泉がこの日、横浜から駆け付けたことになる。徐勤はこの場で、近衛篤麿に対して「膠州事件（ドイツの膠州湾占領事件）に関して、貴国が遼東の事柄でもし起ちて干与すれば、必ずや弊国の人心を得て、二国の交わりは必ず膠漆（膠や漆のように堅固で親密）のようになり、東亜の局面も危機に陥らないであろう。しかし、貴国が謀を企て、出て行かないとすれば、これがいかなる理由によるかは分からないが、誠に〔清国の人心を得る〕機会を失うであろう」と指摘した上で、「貴国と清国はまだ聯盟に至っていないが、もし貴国がこの事に関与すれば、聯盟に向けた情勢が出来るであろう」と述べて、日本政府が清国のために出兵し、欧米の野望を挫くよう要請した。徐勤は二月九日の宴席で、近衛篤麿に対して、自著『春秋中国夷狄辨』を寄贈している。二月一〇日、井上雅二は徐勤を連れて高田早苗を訪ね、ついで東京専門学校に至ると、田中唯一郎の案内で図書室を一覧し、大隈重信と面会すべく、応接室で待った。すると、大隈重信が井上雅二と徐勤の前に突如現れ、約一時間、快談壮語し、議員の島村瀧太郎と共に風のように去った。井上雅二は、大隈重信の印象を「隈伯〔は〕議論雄快、手足を動して語る処、豪邁の気溢るゝを見る。而して吾等に待つ、頗る丁寧、亦一驚なり」と記している。井上雅二の伝える大隈重信の姿は、大隈の面目躍如たるものがある。

三月、横浜大同学校は開設された。同学校の設立の中心となったのが、鄺汝磐である。鄺汝磐は同時期で約四〇歳、一八七五年頃に横浜に至り、山下町一五〇番地に居住し、同町イギリス一番館の支配人となり、「資産七萬弗余」を有する傍ら、雑貨商と営んでいた。鄺汝磐らは清国の横浜駐在領事呂賢笙に、大同学校が「〔旧暦〕二月中旬（西暦三月）」に完成の予定であるため、扁額への揮毫を請願した。呂賢笙はこの請願に対して、横浜大同学校学堂の設立を美挙と称賛しながら、学堂の運営が安定してから再び請願するよう答えた。鄺汝磐は本名が鄺華康のため、横浜華僑の間では「華安」と呼ばれたようである。井上雅二は三月一五日早朝、末永節の寓居から戻ると、読書に勤んで後、羅孝高と共に人力車で新橋に赴いて汽車に乗り、午後二時に横浜に到着した。井上雅二はここで、「早速華安に赴き林北泉に遇ひ、相携へて大同学校に到る。徐〔勤〕、陳〔默庵〕等喜んで相迎ふ。楼上に登り休憩をなし、其より授業の体裁を一覧したり。先づ支那的にしては完善の方なり。而て其家屋装置の華なるは実に意外なりき。種々所用を果し、四時より相共に支那料理を喰ふ。好吃（美味しい）。已に日暮れて領事等来訪せり。彼等は大同学校に対し嫌怨（嫌悪と怨嗟）たらざる者ある如し、左《さ》もありなん。七時諸氏に辞し、余は羅を止めて独り乗車帰京せり」と記している。このため、三月一五日が横浜大同学校の正式な始業日であったといえよう。呂賢笙は一八九七年三月に総領事に昇進した。しかし、呂賢笙は清国の北方の出身であり、広東省の出身者が多く康有為や孫文の支持者のいる横浜の華僑とは、良好な関係にはなかった。

第二節　上野靺鞨と川崎紫山

一　上野靺鞨の報告

一八九八年一月三日、暹羅（タイ）の皇族、貴族、政府の要人はチェット公園において、国王チュラロンコルン及び皇后のご臨席を仰ぎ、各国の外交官、領事など、約七〇〇名ばかりを招待して、園遊会を開催した。園内の中央に仮小屋を作り、これを食堂にみたてて食事を供し、更に数十の幕を設けて、演劇、奏楽、茶番狂言、曲芸などを行った。更に、内外各所には、様々な形状が無数の電燈で作られ、飾り付けられた。同日夜、暹羅駐在公使稲垣満次郎は、これらの皇族、貴族、政府の要人、各国外交官、領事を日本公使館に招き、宴会を催した。国王チュラロンコルンは玉座に座ると、稲垣満次郎を招いて種々話を行った際に、翌年頃には是非、日本に漫遊したい旨を述べた。陸軍省は一月五日、参謀本部で夜会を開き、海軍省も一月八日、マハチャクリ号に稲垣満次郎らを招待した。貴族学校の運動会が一月一一日、外務省前の練兵場で挙行された。一月一五日、摂政会議議員は、国王及び皇后のご臨席の下、仮装会をオンノイ親王の邸宅で開催した。貴族、政府の官僚、各国の外交官、領事など、約五〇〇名が思い思いの格好をして、同仮装会に参加した。稲垣満次郎は黒絲威《おどし》の甲冑を着て、日本の古武士の姿で参列した。稲垣満次郎は一八九七年三月、同公使に任命され、六月にバンコクに赴任して以降、暹羅との間で条約締結交渉を行っていた。日本政府は、欧米諸国との間では不平等条約の解消、特に領事裁判権の撤廃を図り、一八九四年に実現させていたが、暹羅との条約締結交渉では暹羅の近代的な司法制度の不整備を理由に日本の領事裁判権を認めさせようとして、数十回もの交渉を重ねても決着をつけることができなかった。双方は結局、暹羅が刑法、刑事訴訟法などを完成させ、一年間施行するまで、日本が領事裁判権を保有することで合意した。日暹修好通商航海条約の調印は、二月二五日である。日本と暹羅の関係は、この条約の締結以降、通商、貿易、文化の各方面で緊密さを増すことが予想された。

朝日新聞社の池辺吉太郎は紙面を大胆に刷新し、特派員の派遣など、外地通信網を拡げて、同紙の販路を拡大した。上村観光の「暹羅通信」も、この成果の一つであった。池辺吉太郎は一八九八年二月一四日以降、同紙の社説に「日清和親論」「続日清和親論」「続続日清和親論」「支那国と支那人」「支那人の性質」「支那人の啓発」「支那の鉄道」を相次いで発表した。池辺吉太郎は「日清和親論」において、日本単独の勢力では欧米諸国を制御することができず、清国に代わって沿岸の諸港湾を守護することができないため、清国の窮迫に対して可能な限りの同情を示し、これまでの様相を改め、日清間の政治的信頼感を復活させることができれば充分であるとして、日清聯盟の必要性を論じた。この池辺吉太郎の社説に影響を与えたのが、上野靺鞨の「北京通信」である。上野靺鞨は一八九八年一月以降、矢継ぎ早に「北京通信」を朝日新聞社に送り、清国の国際情勢、内政を紹介すると共に日清聯盟の必要性を説いた。特に、上野靺鞨は「北京通信（一月十二日発）日清親交の気運」で清国知識人の日本に対する認識の変化、友好的な気運に驚嘆したとして、「中等以上の清人中には確に我国を畏敬するの念を生じ、畏敬の念は愛慕親交の情となり、我国と結び若くは我国に頼らはと欲するの傾向を生じ来りたるが如し」と述べ、日清聯盟に期待を示した。このため、上野靺鞨は「北京通信（一月十五日発）清国に対する我国の方針」で、日本政府が従来の消極的な手段を止めて、「即ち此日清親交の好気運を利用して、更に消極的に其交親友愛で温め、我勢力の指導の下に清国を改造することを画策せざるを得ざるべし」と論じた。

上野靺鞨、本名は岩太郎、一八六七年に熊本藩士野口長作の長子に生まれ、一八八八年に上野安平の養子となり、徳富一敬の主宰する共立学舎で漢学を学び、徳富蘇峰（徳富一敬の長男）の大江義塾にも出入りし、一八八三年に大江義塾の塾生と共に国会開設、民権伸長を求めて九州、四国を回り、高知で片岡健吉と知り合い、自由党に入党した。上野靺鞨の共立学舎の同窓生に石光真清、光永星郎がいた。上野靺鞨は一八八五年に親友の光永星郎と上京して自由党の星亨に寄宿し、一八八九年に大阪朝日新聞社が『大阪公論』を創刊すると、徳富蘇峰の推薦で竹越与三郎と同社に入社し、更に一八九〇年に徳富蘇峰に従って民友社に入ったが、程なく退社した。上野靺鞨は、一八九四年の日清戦争では従軍記者を志して果たさず、酒保員として軍隊に潜り込み、一八九五年一一月に朝日新聞のウラジオストク特派員として同地に赴任し、一八九七年九月三一日に井上雅二が内田甲らとブラゴヴエシチエンスクに至ると、これを同地で出迎えた。上野靺鞨は同年一〇月、約二年間にわたるウラジオストクの特派員生活を終えて帰国した。井上雅二は一一月八日、東京で上野靺鞨と面会し、「靺羯（鞨）生と共に富士見軒に会食す。大に平生を吐来して別後の情に応す。氏は帰国して暫時保養すると云ふ」と記している。上野靺鞨はこの時点で、暫く日本で静養する積りでいた。ところが、翌一一月、ドイツの膠州湾占領事件が起き、東アジアの国際情勢が緊迫した。朝日新聞社の村山龍平と上野理一は急遽、北京特派員の派遣を考え、ウラジオストクから戻ったばかりの上野靺鞨に白羽の矢を立てた。上野靺鞨はこの申し出を快諾した。上野靺鞨は郷里に滞在すること僅か数日、一二月一四日に熊本を発し、同月一九日に長崎を出て同月二一日に上海着、上海から芝罘、天津をへて北京に入り、国聞報館の日本への売却問題に遭遇した。

一八九七年一〇月二六日、『国聞報』が出資者兼経営者を王修植に、主筆を夏曾佑に、執筆陣を厳復、孫宝琦らにして創刊された。ロシアの陸軍大佐ウォーガックと天津駐在副領事ロスは、ロシアに有利なように輿論を誘導できると考え、国聞報館に資金援助すると共に、ロシアに好意的な記事の掲載を迫った。しかし、一一月一四日、ドイツの膠州湾占領事件がキリスト教の宣教師の殺害事件を契機に起きた。また、一二月一五日、ロシア艦隊が旅順口に入り、翌一二月一六日にはロシアが借款供与の条件として、満蒙の鉄道敷設、工業の独占権、黄海沿岸の一港の租借などを要求した。このため、国聞報館はロシア人を敬遠し、ロシア銀行からの借入金を返済し、ロシア人の請求を斥けると、従来の論調を一変させ、ロシアを攻撃し、清朝政府が日本やイギリスに依存すべきことを説いた。ロシアはこれまでの態度を一変させて、国聞報館への攻撃を始めた。国聞報館は、所有者の名義を日本人に変更して、ロシアの攻撃をかわそうとした。海軍少佐瀧川具知は、西村博に国聞報館の名義人となるよう依頼した。瀧川具知は、一八五九年（安政六年）、幕臣の二男に生まれ、一八七二年に海軍兵学寮に入り、一八八八年に海軍大学校に入学、一八九二年に海軍参謀出仕として清国に渡った。瀧川具知は堤虎吉と偽称し、天津のフランス租界に居を構えて市井の徒を装い、苦力に伍して海岸の調査に従事し、一八九三年から翌一八九四年まで渤海湾一帯の沿岸調査、旅順、芝罘の状況、清国海軍の機密収集に従事した。瀧川具知は一八九七年四月、日本公使館附武官に就任し、天津に赴いて情報収集にあたった。

西村博は一八六七年（慶応三年）、京都伏見に生まれ、一八九五年に大阪朝日新聞社の記者、陸軍通訳として台湾に赴き、一八九六年に天津に渡り、瀧川具知の従者の名義で天津に滞在した。西村博は「小淘綾ものがたり（二十）天津来報」において、一八九八年三月二四日に日本に送った書簡の内容を紹介している。西村博はこの書簡の中で、『国聞報』という日刊新聞が天津にあり、発行部数も二〇〇に満たないが、清国の新聞としては記事が正確で、前途有望であるが、外部からの支障が生じて、清国人では立ち行かぬことになり、自分がこれを引き受けることに決定したとして、来たる三月二七日に引き継ぐ予定であるとして、非常に愉快で、存分に行う積りであるとしている。そして、西村博は同書簡で、東アジアの国際情勢を論じつつ、「我（清国）を助けんと云ふものは、其底意〔に〕皆な貪欲を持たざるものなきより、清国政府は目下、我国（日本）の無邪気に好意を以て遇するを篤く喜ぶもの〻

如く、何も彼も我に倚り相談するの形跡あり。少し眼ある清国人民も大に我に意を傾くる趣あり」とも記していた。ただし、国聞報館の所有者が西村博に変更されても、ロシアの妨害工作は続いた。五月三日、御史の李盛鐸は『国聞報』を弾劾した。この李盛鐸の弾劾は、ロシアの意向によったものと言われる。同日、光緒帝は、李盛鐸の弾劾を受けて、直隷総督王文韶に『国聞報』の調査を命じた。王文韶は五月一四日、天津駐在領事鄭永昌の訪問を受けた。鄭永昌の訪問の目的は、天津の租界の他に、『国聞報』に関したといえよう。

二　川崎紫山と康有為

一八九六年九月一八日、第二次松方正義が成立し、外務大臣兼農商務大臣に大隈重信が就任した。川崎紫山は一八九七年七月一七日、大隈重信に書簡を与え、清国旅行への金銭的援助を依頼した。川崎紫山は約三カ月後の一〇月一二日に横浜を出帆し、神戸、門司、長崎をへて一〇月一九日に上海に到着すると、東華洋行に宿泊して見聞を拡め、日本の上海における事業の促進、日清共同の漢字新聞の発行などを説いた。そして、川崎紫山は一〇月二四日に上海を出立すると、約一週間、杭州、蘇州を周遊し、再び上海に戻った。川崎紫山は東邦協会の有力な会員であり、会頭の副島種臣から清国の要人にあてた紹介状を持参した。川崎紫山は一一月五日に上海を出立し、太沽、天津をへて、一一月一〇日に北京に入り、東家民巷旧衙門胡同客桟に投宿すると、副島種臣の紹介状を携えて李鴻章の他、清国の要人と会談を重ねた。川崎紫山は一二月初旬、居庸関を越えて張家口付近まで旅行し、同月一九日に北京に戻ると、日本公使館に清国駐在公使矢野文雄を訪れた。川崎紫山はこれまで、「清国に於る朝野志士の政論意見」として、何啓、張羅澄、殷之輅、王之春の所論を紹介したが、いずれにも消極的な評価しか下さなかったが、日本公使館の二等書記官の中島雄より康有為『公車上書』を示され、「其心を国家の大計に用うるの深切なる」に感じ入った。川崎紫山は清朝政府の政策についても、統括力が麻痺し、機関が腐敗し、弊害が積み重なっており、「善く国民改革の潮流を利導し、以て抜本的革新を断行するの決心気力無し」と述べ、これを徳川幕府の「徒《いたずら》に文明の形骸を修めて其精神を欠く」様に擬えた。

川崎紫山は、元治元年（一八六四年）、水戸藩士川崎長蔵胤興の長子に生まれた。名は三郎胤賛、号は紫山、また北村三郎も名乗った。川崎紫山は私塾の自強館で漢学、算術、法律などを学び、一八八〇年頃に上京、大蔵省勤務をへて東京曙新聞社、大阪の大東日報社に入って後、著述業に転じ、一八八七年の『新帝国策』、一八八八年の『東洋策』などで積極的な東洋経綸を展開し、対露提携策（日露仏聯盟論）を基軸に、朝鮮併呑、日清戦争、日清同盟を主張すると共に欧米列国への対抗を説いた。川崎紫山は一八九一年、池辺吉太郎、陸実、杉浦重剛、高橋健三と共に東邦協会の創立委員に就任する一方で、新興の出版社・博文館の企画で歴史書や人物評伝を著している。博文館は一八八七年六月、大橋佐平、大橋新太郎の設立した新興の出版社で、一八九五年にこれまでの雑誌を総合して『太陽』を創刊した。川崎紫山は一八九三年と一八九四年前半、博文館より『西南戦史』と『戊辰戦史』の二大作を発表し、一八九四年九月に大岡育造の経営する『中央新聞』の従軍記者として第一軍司令官山県有朋と共に仁川、漢城、開城をへて平譲に入ったが、病気で漢城に戻り、翌年の日清講和条約締結まで漢城で記事を書き続けた。川崎紫山は、一八九六年一二月より『日清戦史』全七冊を博文館より出版し、日清戦争の結果を戦争の勝利、外交の敗北と位置付けて、第二次伊藤博文内閣の外交政策を批判すると共に大隈重信に接近し、大隈重信の金銭的な支援を受けて、清国の周遊を果たすことになった。

　川崎紫山は一八九七年一一月から一八九八年二月まで、約三ヵ月の北京の滞在期間、康有為と度々会い筆談を交わしたが、筆談後、殆どの紙片を破棄してしまったため、手元に残ったのが初見の時と時勢を論じた時のもののみであった。そして、川崎紫山は僅かに残された紙片に依拠しながら、「余、一日、康〔有為〕氏を南海会館に訪ふ。南海会館は広東人士の倶楽部なり。一人出で来る。其顔〔は〕黒く、其眼〔は〕烱（光輝く）、躯幹〔は〕大ならずと雖も、精駻機敏の風あり。南海先生康長素（有為）即ち其人なり。握手し了《おわ》りて椅子に就き、直に筆硯を呼び、左の筆談を為す」と述べて、筆談の内容を紹介した。康有為はここで、最近、福建、湖南、広東の諸省で「侠党（義侠心で結ばれた結社）」が起こり、清国も変化の兆しを見せているとして、もし大勢が変化しながら、日本がまだ清国と親しく結ばれないでおれば、清国人の報復の心も忘却されないであろうとして、ロシアのシベリア鉄道が未完成の現在こそ、日本と清国が友好を深め、共に外敵に当るべきである、などと主張した。川崎紫山はこれに同意して、日本の有志と清国の有志が共に団結して、政治、軍事で共に助け合い、「東方維新の業」に従事することこそ、今日の急務であると答えた。すると、康有為は川崎紫山に対して、「現在、改革を行う者が布衣（官職に就かない）の士であり、位階が低ければ低いほど〔改革が〕激烈である」、「日本が既に名声を地球に轟かせ、我が清国と親交を結び、東方での協力に留意して、黄色人種を保ち、ロシアの侵略を留めようとしているのは、誠に喜びに堪えない」などと述べ、日清聯盟に期待を示した。康有為は、日本の明治維新が薩摩、長州、土佐、肥前の各藩の下級藩士の手によって成されたことを知っていた。このため、日本と清国の「布衣の士」が協力して、清国の改革に従事すべきとしたのである。

康有為は川崎紫山のために、二月二四日と二七日の二日間、宴席を催した。この宴席には、馬建忠も参列した。馬建忠は浙江省のキリスト教徒の家庭に生まれ、一八七七年に福州船政局の学生に同行して、随員の資格でフランスに留学し、一八八〇年に帰国すると、李鴻章の幕に入り、外交交渉で辣腕を揮っていた。川崎紫山は二月二七日に北京から天津に下り、北洋機器局などを見学し、三月一日より中後所、山海関、灤州を観光し、唐山、開平、林西の鉱山を見て天津に戻ると、三月一〇日に開平武備学堂校長の孫宝琦、『国聞報』経営者の王修植、同報主筆の夏曾佑は、川崎紫山の送別会を開いた。川崎紫山はこの場で、王修植、孫宝琦らと相談し、将来に日清の同志が協力しあい、東邦の経綸に対する経略の志を語った。すると、王修植、孫宝琦は川崎紫山の意見に同感であり、日本の東邦協会の組織に倣ひ、「亜細亜会」を興し、北京に本部、天津、上海などに支部を設けることに決定したと述べた。このため、川崎紫山もこれに賛意を示し、日本の東邦協会と聯絡するの必要を告げると共に、帰朝後に東邦協会の綱領、規則などの送付を約束したとしている。これが、川崎紫山のいう「同志の送別会」の経過である。川崎紫山は三月一一日、天津を発して小站に到着し、更に蘆台に赴き、提督聶士成、参謀官鄭玉春と会談後、帰国の途につき、三月二〇日に韓国の仁川から東邦協会に書簡を送った。日本では、横浜大同学校校長の徐勤は五月に東邦協会に入会し、六月二五日に同会の山中峯雄に書簡と共に、『康南海先生上書』、康有為『桂学問答』、黄宗羲『明夷待訪録』

を寄贈した。

四月一七日、康有為が御史李盛鐸と謀り、同年の会試の受験生（挙人）及び官僚の有志二〇〇人を糾合して、北京と上海に保国会総会、各府州県に分会を設立するよう決議した。保国会章程は、「国土は日々割かれ、国権も日々削られ、国民が日々困窮している。本会はこれが維持、挽回を図り、同会を設立し〔国の〕保全を願い、保国会と命名するものである」と述べ、同会の宗旨を「保国、保種、保教」の講究に置いた。四月二一日、保国会第二回大会が松筠庵で開かれ、梁啓超が演説した。『国聞報』が保国会の設立を報ずると、御史潘慶瀾や李盛鐸、黄桂鋆がこれを弾劾した。五月三日、御史の李盛鐸が『国聞報』を弾劾した。五月、ドイツ人が山東省の宣教師殺害事件に対する報復として、山東省即墨の文廟の孔子像を破壊したと報じられた。すると、梁啓超と麦孟華は挙人らを糾合して、都察院に抗議の上書を行った。同日、光緒帝は、李盛鐸の弾劾上奏を受けて、直隷総督王文韶に『国聞報』の調査を命じたが、直隷総督王文韶はこれを有耶無耶に終わらせた。康有為は後年、四月の保国会の開催後、日本の清国駐在公使矢野文雄と「両国合邦大会議」を約束し、詳細な原稿を定め、矢野文雄を介して総理衙門の許可を得ていたが、ロシア人の妨害で中止されたとしている。六月二三日付け『時事新報』は「有名なる康有為の主唱にて此頃清国学者の計画に係る保国会は、北京には賛成者の乏しき為め設立することを得ざるを以て、今度上海に設立する由なるが、康と利害を同うする梁啓超は更に大東協助会なるものを組織し、日清両国人の親密を計る由にて、我公使館員にも賛成を求めたるよし」と報じている。この「大東協助会」が天津興亜会に淵源を持ち、「両国合邦大会議」に繋がったといえよう。

三　福本誠の上海到着

一八九八年二月四日、井上雅二は「終日蟄居、国法学と社会政策論を看る。十一時就床。晩餐後、羅〔孝高〕君と筆談して対清策を述ぶ。君〔は〕日本の諸説を散聞して、憂慮措く能はざる者の如し。嗚呼、吾、真に四億万の生霊、五千歳の文化国の末造（滅亡に瀕した末の世）に際し、血涙を濺いて、此れが策を講すべきなり」と記して、清国の将来に思いを巡らした。井上雅二は二月五日から二月一〇日にかけて、横浜大同学校の徐勤を案内して各地を回ると、二月一三日、安東俊明、沖禎介、五十嵐力らの訪問を受け、雑談して夕刻に及んだ。同日、井上雅二の許には、大沢龍次郎、末永節、篠崎昇之助、真藤義丸、宮国、池田、野溝伝一郎、田野橘治、原口聞一、羅孝高、片山敏彦、須原、許斐銭吉ら、一七、八名が集った。井上雅二は大沢龍次郎の送別会を挙行し、これら友人と酒を飲み、放吟高歌、快を尽くして、「大沢〔龍次郎〕此行、実に一生の好試金石なり。吾れ大沢の聊《いささ》か識あり、胆あり、才あるを知る。然れ共、其素行に至りては、甚だ真意に中《あた》らざる者あり。是をしも倜儻不羈（才気が人より優れた の士と云ふべき乎。吾れ、太だ之に迷ふ。氏年既に自立の時たり。願くは奮勉一番あれ」と記した。午後一〇時過ぎ、客も退散し始めた。井上雅二は「沖〔禎介〕独り例の口調を以て酔態百出、人意の表に出で、快々と連呼せしむ。十二時五十嵐〔力〕の外悉く散じ、遂に就床」と述べている。沖禎介はもともと根本通明の塾生であったが、加茂章司と喧嘩をして決闘を申し込まれたため、根本通明の依頼により井上雅二の寓居に預けられていた。沖禎介は酒に酔うと抜刀し、刀で柱を切りつける癖があったが、康有為の依頼を受けて日本の法律を漢訳し、戊戌変法に役立てていた。

二月一八日、井上雅二は「午前九時、堀田の英（堀田英夫）及白虎洞の大学連、秋原、風間、小林、加藤の四人来る。即ち酒を命じて痛飲す。蓋し英は余が最も快とする人物なればなり。況んや〔沖〕禎介の来会せるをや。宴酣《たけなわ》にして風間の朗吟、羅〔孝高〕君の吟詠、沖〔禎介〕、原口〔聞一〕、小林、堀田〔英文〕等代るく起て剣を舞ふ。快云ふ可からず」と記した。さすがの井上雅二も、同日は大酒の飲みすぎがたたり、気分が悪く二時間ばかり昼寝をした。しかし、翌二月一九日、井上雅二は午後二時より、原口聞一と共に上野韻松亭に赴き、堀田英夫の懇親会に出席した。同懇親会の参会者は五〇名余りであった。井上雅二は前日の大酒にも懲りず、再び酒を飲み、「杯盤狼藉（酒杯や皿が散乱する）の間、大に少年大人の間に持して、一時の心快覚えたり」と述べると、堀田英夫を「奇士」「才人」と讃え、「斯く多人数の来会する、以て彼の交遊多きを知るに足る」と記した。二月二〇日、井上雅二は、「是れ日南（福本誠）氏今回欧洲周遊の途に上らるゝに付、大に興亜の事業を論ぜん為め、同人数名を招きし」により、福本誠の寓居を訪れた。参加者は、井上雅二を始め、平山周、五十嵐力、田野橘治、安東俊明、末永節、高月一郎、村井啓太郎、風間、原口聞一、大沢龍次郎、以上の一一名である。井上雅二は同会の模様を、「清国対策に就き論難数刻に亘る。余は日南（福本誠）の深く察し、遠く慮あるに感ず。嗚呼、吾人豈に名利の為に其七尺を労せんや。豈に心中五寸の虫は隣邦四億の生霊か安危に悪念する事あるに由る。四時辞して帰る」と記し、福本誠の送別会の模様を報じた。井上雅二は二月二二日、前日の過食のため、腹を下した。

二月二三日、井上雅二は東京専門学校で財政学の試験を受けると、自宅で『ミルトン伝』を読んで就寝、「夜来東方の前途に就て苦慮数刻、吾人立脚の地に就て策を案じ、夜半に到る。嗚呼、吾果して夢生し来りけり。速に駟馬（四頭立ての馬）に鞭〔打〕て吾党の根底を定め、立策以て天下の急に応ぜざる可からずなり。千言萬語、苦学経綸の二語に帰す。克き手段なき者かな」と記している。二月二八日、福本誠の送別会が清風亭で開かれた。参加者は、福本誠、新橋栄二郎、安東俊明、中西重太郎、山口正一郎、高月一郎、平山周、五十嵐力、風間、村井啓太郎、原口聞一、田野橘治、松原温三、井上雅二、以上の一四名である。井上雅二はこの送別会の模様を、「東方問題に就き議論凡そ一時間、其より酒宴に移り、痛飲放歌四隣に徹す。実に快なりき。福本〔誠〕氏も放吟甚だ盛なりき。前二時漸く徹会。村井〔啓太郎〕、山口〔正一郎〕、五十嵐〔力〕、中西〔重太郎〕、風間、松原〔温三〕、高月〔一郎〕の七人来泊せり。諸友頗る酩酊せり」と記している。井上雅二は三月二日、『福翁百話』『魯国事情』を繙ぎ、夕刻より羅孝高と大内暢三を訪問すると、財部熊次郎がいて雑談に興じ、帰宅後に埴原正直、沖禎介の来遊を受け、三月五日には田野橘治、羅孝高と芝の信濃屋に白岩龍平を訪問して、時事を談じた。白岩龍平はここで、「国家銀行設立の意見」「比（フィリピン）革命党の独立宣言」などを語った。井上雅二は三月八日、福本誠を訪問し、翌三月九日に『十九世紀之大勢』を読み、「廿世紀は正に十九世紀物質的文明を如何に道義的文明に配合すべき乎に在りと思ふ」と記した。

三月一〇日、井上雅二は松原温三の訪問を受け、心情を語ると、大沢龍次郎が酔って現れ、井上雅二を批判した。ここで、松原温三は「貴公は功名の念余〔りに〕熾にして、情を掩ふの弊あり、可戒《戒むべし》」といい、大沢龍次郎は「貴公は心胸の洒落を欠き、且つ言を重んぜずの過あるが如し」と述べた。井上雅二は松原温三と大沢龍次郎の忠告に友情を感じ、これを深く感謝した。そして、井上雅二は三月一一日、平山周の訪問を受けて雑談すると、三月一二日に福島安正の邸宅を訪れ、バルカン問題、特にマケドニアの政治情勢の話を伺った。三月一四日、井上雅二は麹町に末永節を訪れた。すると、大沢龍次郎、石井勇、松原温三などもやって来て、団座して豚を炙り、酒を飲み、大いに肝胆を吐露した。末永節が誤解の点を列挙して、相互の欠点を挙げつらったため、これを「品行相責むるの会」と名付けた。井上雅二は三月一八日、清風亭に赴くと、福本誠、三宅雄二郎、陸実、池辺吉太郎、佐々木四方志、浅水又治郎、白岩龍平、新橋栄二郎、安東俊明、山口正一郎、高月一郎、村井啓太郎、五十嵐力、平山周、沖禎介、田野橘治、山下稲三郎、小幡酉吉、末永節、井上良雄ら二〇名許りが集まり、福本誠の発議で『亜細亜』を再刊し、三宅雄二郎を主筆とし、井上雅二らがこれを担当し、金策を工面することにして、酒宴に移った。三月二〇日、東邦協会は福本誠のヨーロッパ周遊の送別会を挙行すると、同会会頭の副島種臣を始め、榎本武揚、頭山満、神鞭知常、池辺吉太郎、大井憲太郎、国友重章、山中峯雄、陸実、三宅雄二郎、志賀重昂、佐々木四方志、秋山定輔、末永純一郎、白岩龍平、平山周など、七〇名余りが参加した。三月二一日、福本誠は井上雅二の他、数十名の見送りを受けて新橋を出発した。

三月三一日、福本誠はヨーロッパに向かう途中、上海に寄港した。宗方小太郎は三月二六日、漢口を出立し、三月二九日に上海に到着すると、四月二日に福本誠の訪問を受けた。そして、宗方小太郎は四月一〇日、「午前福本日南（誠）来訪。共に出で小田切〔萬寿之助〕を訪ひ、亜細亜会創立の事を商量して帰る」と記している。翌四月一一日、福本誠は三月三一日の上海到着以降、連日、文廷式、志鈞、王仁東、余思詒、唐廉、江標、費念慈、羅貞意、汪康年、曾広銓、陳季同、姚文藻、洪述祖、董康、楊模など、上海の改革派と会合を重ねた。しかし、福本誠の上海の改革派に対する印象は、芳しくはなかった。そして、福本誠は、これらの改革派の中には二、三の「急進論」もあるが、殆どが「漸進論者」であり、内には「公武合体論」、外には「日清同盟論」を説き、いまだ江戸時代の「嘉永・安政の間」を脱していないと指摘して、「先づ其公武合体論を助長せしむること」が目下の急務とした。また、福本誠は朝野、官民の別なく、「日清同盟論」が現在の清国の希望になっていると述べ、これらの人々に「東邦協会的乃至亜細亜協会的の一大協会」の設立を提唱してほぼ同意されたため、上海駐在領事小田切萬寿之助を中心に亜細亜協会の設立が計画されているとも報じている。また、福本誠はこの書簡を「斯様《かよう》の有様に候へば、小生〔が〕出発前より御相談致〔し〕居りたる無名会の事、又機関雑誌発行の事、精々御尽力の程、深く清賢に望み候」と結んでいる。文中の「無名会」とは東亜会を、「機関雑誌」とは『東亜細亜』を意味しているであろう。福本誠はこの後、四月一九日に上海を出立した。

第三節　東亜会と清国の反応

一　同人会と東亜会

一八九八年四月七日、井上雅二は平山周と政教社に赴き、陸実、三宅雄二郎、香川悦次、国友重章、安東俊明、原口聞一らと共に、東亜会の設立について談議した。この四月七日の会議では、東亜会の大凡の規約を定めた上で、規約の細部を服部宇之吉に託し、香川悦次と井上雅二を幹事に任ずること、四月一六日に発会式を開催すること等を定めた。香川悦次は香川県綾歌郡の出身で、東京法学院に学び、中央政社の幹事をへて政教社に入り、雑誌『日本人』の発刊に携わった。同会には、これら政教社のメンバーの他、東京専門学校の同人会会員も加わった。四月一二日、同人会は、桑田豊蔵、埴原正直、井上雅二、柏原文太郎、吉田友吉、吉田已之助らが参列して懇話会を開き、高田早苗、浮田和民が演説を行い、ロシアの旅順・大連租借、イギリスの威海衛租借について討議を行った。四月一六日、井上雅二は、徳富蘇峰と大石正巳を講師とする同人会の講演会に出席後、一端帰宅して、横浜大同学校校長の徐勤と通訳の方慶周と共に萬世倶楽部に赴き、東亜会の発会式に出席した。東亜会の発会式には、陸実、三宅雄二郎、国友重章、佐々木四方志、平山周、徐勤、羅孝高、新橋栄二郎、安東俊明、高月一郎、原口聞一、村井啓太郎、山口正一郎、田野橘治、沖禎介、香川悦次、佐藤宏、五十嵐力、井上雅二の一九名が参加した。井上雅二はここで、「〔東亜会の〕大体已に定まりたれば、詳細に就て種々熟議し、終て西洋料理を喫し、八時余は先づ帰宅す」と記している。同夜、徐勤と通訳の方慶周は横浜に戻らず、井上雅二の寓居に宿泊した。この東亜会の発会式は、警視庁が聞き付けて張り込みを行った。井上雅二は、この警視庁の行為を知ると、「退縮政策の政治家は此の如く敏なるや、呵々」と述べて嘲笑した。

四月二二日、上海亜細亜協会の設立準備会議が鄭観応の寓居で開かれた。同会議の中心となったのは、文廷式、鄭孝胥、何嗣焜、鄭観応などである。そして、同会議には、日本側からは上海駐在領事小田切萬寿之助、三井洋行総辦小宝三吉などが、清国側からは志鈞、張謇、江標、厳信厚、曾広銓、沈敦和、施則敬、姚文藻、汪康年、盛宣懐、陳季同、経元善、呉剣華などが出席した。しかし、日本政府は同日、清国駐在公使矢野文雄を通じて、総理衙門に対して、福建省の他国への不割譲を要求し、清朝政府が四月二二日に受諾して、四月二六日に公文を交換した。日本政府の要求は、日本が欧米列国に倣い、清国分割に加担しているとの印象を強くさせるものであった。上海亜細亜協会第一回会議は、四月二五日に予定されていた。しかし、同会議の開催は、一日遅れて、四月二六日になった。張謇は四月二七日、「清国の朝廷は眠りこけたように反応が鈍く、参加者も二〇名にすぎなかった。日本人は言葉が巧みなため、今後の事態を注視する必要がある」と述べている。鄭観応は五月一四日と六月二日、同会の章程を討議した。小田切萬寿之助は、六月六日の討議で原稿における「本会は同州で戦争などの事柄があれば、会中の人が極力仲裁して親睦に帰せしむ」の言葉を削除するように要求した。しかし、鄭孝胥はこの要求を退けた。鄭観応と小田切萬寿之助は談議を交した結果、同条の末尾に「日本の会員でこの条項を願わない者がある」と注記することで決着を図った。小田切萬寿之助の要求は、日本政府の外交政策が、上海亜細亜協会の設立によって制約されることを危惧したものであろう。しかし、鄭孝胥はこのような小田切萬寿之助の態度を及び腰と捉え、不満を募らせたのである。

五月一五日付け『報知新聞』は、「各協会の無為」と題して、「今や政府の無為を難ずるもの天下に多し。然れども、東方各国の盛衰に緊接の関係ある我民間諸協会も亦甚だ無為にあらずや」と述べた上で、亜細亜協会、東邦協会がサロン的な活動に終始しているとして、両会の無為無策を批判し「人感ずれば則ち動く。東邦協会並に亜細亜協会は、此度の東亜の変に関しては、更に動く所なき者の如し。知らず、彼等は此度の事変に感ぜざる者か、已に感じたるも、何等が別に期する所ありて忍んで動かざるものか」と批判している。井上雅二が二月八日、徐勤を案内して、東邦協会会頭副島種臣、同副会頭近衛篤麿を訪問し、副島種臣、近衛篤麿が徐勤を歓待したように、東邦協会も清国の官僚、知識人との交流に消極的であった訳ではない。『東邦協会会報』第四六号（五月二〇日）は康有為述「中国革新策」と題して、「南海氏（康有為）の卓識深慮以て大に其国勢を革新せんことを謀るや久し、而かも其中国の大革新を企つるに当りて、近く模範を日本に取らむと欲する者、是れ南海氏及ひ其同志諸名士の定論たり」と述べ、徐勤より会頭の副島種臣に寄贈された康有為の著書のうち、第一上書の日本語訳を掲載していた。ただし、福本誠、佐藤宏が求めたものは、清国の改革派の日本の識者に対する紹介よりも、より積極的な支援であった。なお、『東邦協会会報』第四八号（七月二〇日）が「清国志士社会の苦心」と題して、東邦協会会員が個人の資格で保国会の会員と親交することはあったとしても、協会自体は学術講究を目的とするため、隣国の革新事業と直接に提携することがないのは勿論であるとしている。

東亜会はこれらの気運を受けて、同会の規模拡大のため、福岡の玄洋社や神戸の東亜報館との連携を模索した。井上雅二は一八九六年と一八九七年、上海とウラジオストクに渡る途中、福岡の玄洋社に立ち寄り、平岡浩太郎などと誼を通じ、平岡浩太郎を介して内田甲とも親交を深めていた。大原義剛は内田甲と共に天祐侠に参加した、玄洋社の古参の幹部である。井上雅二は四月一八日、大原義剛を訪れて入会の承諾を得ると、四月一九日に平岡浩太郎の許を訪れ、東亜会に賛意を得て、雑誌発刊を江藤新作に委託し、かつ京都、神戸の仲間と連絡を図るべく、四月二一日に新橋を出立した。井上雅二は同日、沖禎介、香川悦次、田岡嶺雲と共に横浜大同学校に赴き、横浜や東アジアの近況を説くと、夕刻に京都に向かった。井上雅二の京都における目的は、師の根津一を訪問し、東亜会の方針、運営について相談する点にあった。井上雅二は、四月二二日に京都の七条駅に到着、人力車を飛ばして若王子山中に赴き、昼食を済ませて後、根津一を訪れて長時間談議して七条に戻り、同日は京都に泊まった。四月二三日、井上雅二は京都から神戸に至ると、軍艦秋津洲が入港していた。井上雅二は早速、軍艦秋津洲に旧友の岩辺季貴と栗田富太郎を訪ね、二人を誘って常盤旅館に赴き、神戸新聞主筆白河次郎（鯉洋）と会合した。この会合には、大橋鉄太郎も同席した。白河次郎は、帝国大学文科大学漢学科出身で、田岡嶺雲、大町桂月と共に文名を謳われ、『江湖評論』に参加し、『神戸新聞』に請われて、同紙の発刊と共に主筆となった。また、大橋鉄太郎は、橋本海関、角谷大三郎、山本憲などと共に、『東亜報』の翻訳に従事していた。井上雅二はここで、神戸の東亜報館の仲間と語り合い、東亜会への協力を取り付けた。

　東亜会は清国の政治情勢の急変に鑑み、井上雅二を幹事の資格で北京に派遣することになった。井上雅二は四月二四日、神戸から郷里の丹波篠山に戻り、「郷里に帰り、婚戚二、三家の家道衰頽を聞き、心傷ましむこと多し」と記している。井上雅二は神楽村の足立家の実家を訪ね、父の足立太兵衛と兄の悦太郎に対して、この夏の清国漫遊計画及び翌年の東京専門学校卒業後の進路を相談して、種々説得を重ねた挙句、今後も雅二の自由に委ねることの許可を得た。また、井上雅二は清国周遊経費の一部を外祖父の援助に頼ることになった。そして、井上雅二は四月三〇日、素封家の中野徳次郎が京都に滞在していることを聞き、京都の寓所に中野徳次郎を訪ね、「東洋興隆の業に補助せられん」ことを請願し、確約を得た。井上雅二は京都を出立、静岡で下車、停車場前の静鶴楼に投じ、末永節と大庭寛一と久し振りに会合し、旧交を暖め、五月四日に東京に戻った。井上雅二は四月一九日に新橋を出たため、約二週間ぶりの帰宅であった。この間、井上雅二の寓居は、荒れ放題となった。井上雅二はこの借家の惨状を、「〔五月〕四日帰宅すれば、舎中乱雑して、余が不在中は荐《しきり》に思遣らる。二三子間、兎に角確執せる如し。是れ可悲《悲しむべし》、要するに恕なき故なり」と記している。井上雅二は、五月一五日に東亜会の会合に出席した。五月二三日、井上雅二は小石川金杉水道町八一番地に転居すると、片山敏彦、埴原正直、篠崎昇之助、羅孝高と共にこれまでの借金の返済方法を相談した。また、井上雅二は大原義剛を介して中野熊五郎に清国漫遊の費用の補助を相談し、中野熊五郎から井上雅二が清国の漫遊に赴く途中、九州で立寄り金銭を受給するよう返答があった。井上雅二もこれで清国漫遊に目途をつけた。

二　清国国内の反応

一八九七年一〇月一一日、朝鮮は国号を大韓帝国に改め、翌一〇月一二日、皇帝即位式を圜丘壇で挙行した。この前年の一八九六年四月、独立新聞が徐載弼を社長兼主筆として発足した。七月二日、独立協会が安駉寿を会長に設立された。独立新聞の徐戴弼は、独立協会の顧問にも就任した。独立協会は民衆の啓蒙のため、国旗掲揚、愛国歌斉唱のキャンペーンを繰り広げた。翌一八九七年八月、独立協会は開国紀元節に慶祝会を開催し、これと共に民衆啓蒙のための討論団体へと変貌を遂げていった。一一月一〇日、大韓帝国成立を祝う慶祝会が、政府高官、各国外交官、各国居留民を招いて、独立協会の主催で挙行され、安駉寿と朴定陽による乾杯、兪箕煥と尹致昊、兪囍圭、李商在の演説、「大皇帝陛下万歳」の和唱などが行われた。独立協会の目的は、慕華館に独立館の看板を掲げ、迎恩門を打ち壊して独立門を建造する点にあった。ただし、独立協会は一一月二〇日の独立門の竣工後も活動を続け、政治、社会全般に関する公開討論会を開いた。この討論会は万民共同会に発展し、独立協会の主導権も徐載弼、尹致昊、李商在が掌握した。独立協会は列国への利権譲渡反対運動を展開し、ロシアへの対決姿勢を強めた。しかし、一八九八年初頭、日本亡命中の朴泳孝の帰国、高宗の譲位、皇太子の代理聴政という謀議が発覚し、安駉寿は日本に亡命した。三月一〇日と三月一二日、万民共同会が各々、一万人、数万人の規模で開催され、ロシア人財政顧問、財政の解雇を要求した。韓国政府は、徐載弼の国外退去と引き換えにこれを承認した。また、ロシアは露韓銀行を閉鎖し、釜山絶影島の租借も断念した。

一八九三年、森本丹芳（樽井藤吉）は『大東合邦論』を上梓した。樽井藤吉は養子となり、森本を姓として、森本丹芳の名で同書を出版した。同書は序言、一、国号釈義、二、人世大勢（上、下）、三、世態変遷（上、下）、四、万国情況、五、俄国情況、六、漢土情況、七、朝鮮情況、八、日本情況、九、日韓古今之交渉、一〇、国政本元、一一、合邦利害、一二、聯合方法、一三、論清国宜与大東国合縦（清国が大東国と合従すべきを論ず）、附録、宇内独立国一覧表、以上からなる。同書の趣旨は、亜細亜に聯邦を構築するため、大東国の名を冠し、日本と韓国の国名を残し、平等な立場で合邦を図ろうとした点にある。これが、『大東合邦論』の由来である。ただし、樽井藤吉は、清国については、韓国や日本とは事情が異なり、満洲、蒙古など、漢族の他に多くの民族を抱えていて、合邦を行うためには時間を要すると見なし、清国を当面の間、これらの合邦の対象から外したとしている。そして、樽井藤吉は項目の六を「清国情況」ではなく、あえて「漢土情況」とした。樽井藤吉『大東合邦論』は、陳高第校定『大東合邦新義』として、上海訳書局より一八九八年に出版されている。陳高第、字は霞騫、康有為の門弟である。蔡元培は同年九月八日、陳高第校定の同書を読み、「其宗旨は朝鮮を合わせ聯邦をなし、我（清国）と合縦して欧州と対抗する点にある。合作して事に当たり、多くの意見を集めて、誠に傑作である」と記し、樽井藤吉の原文と陳高第の校定本を対照し、後者には「朝鮮の自主を慫慂する」と「清国の満・漢は安んじない」の二カ所の削除、「孔教を広める」と「男女平等」の二カ所の増加があるとした。ただし、『大東合邦新義』（上海訳書局、一八九八年）には梁啓超の序がない。

樽井藤吉『大東合邦論』一二「聯合方法」では、「合邦の制は、これを古今聯合諸国に徴するに、まだ一定の法はない。各々が国情に従って、宜しきを利すだけである。しかし、相互に依存し助け合い、内治を保ち外侮を禦ぐという目的では同一である。固より、合邦とは協議して条約を定め、各邦を合し、各邦の人民に対して、合成し統一した国の大政に参加させるものである。しかし、これが要は、各邦の自主自治の政を均一、平等に帰一させる点にある」として、「合邦」が国と国との平等な関係にあることを説いた。ただし、樽井藤吉は、この具体的な方策について、「大凡、各邦の聯合は事で合するもの、君で合するもの、邦で合するもの、主権で合するものがある」と述べるのみで、具体策にまで踏み込んでは論じていない。ヨーロッパにはオーストリア・ハンガリーの二重帝国や、自治国といったものがあった。しかし、樽井藤吉は、東アジアで如何なる国家間の形態が可能となるのか、この段階では具体的に想定することができないでいた。一八九九年六月、岸上質軒は『太陽』誌上で「清国広東の某氏は、憂国の志士にして、兼て文学殖富贍、蓋し有数の材なり。曽て書を予に寄せて、変法改革の事を論ず。予答ふる所ありしに、頃日亦一書を寄せ来る。其の中の節に云」として、「現在光緒帝、奸党の手下に囚困せらる。最も相関切なるの強国抜て而して之を出し、都を南京に遷すあらば、然る後維新すべきなり。聞説らく康（有為）氏等曽て森本丹芳著す所の大東合邦新義一書を光緒帝に追呈す。光緒帝之を見て大に悦ぶ云々」と述べている。この「広東の某氏」とは、梁啓超のことであったと思われる。

知新報館は一八九七年二月、何廷光、康広仁を総理に、マカオで設立された。同館は梁啓超の他、何樹齢、韓文挙、徐勤、王覚任、康同薇を執筆陣に迎え、『知新報』を発刊した。『知新報』はマカオで発刊されたため、清朝政府の制約を受けずに、康有為らの主張を心置きなく伝えた。『知新報』第五一冊（一八九八年五月一日）は、日本では一〇年程前に有志によって「興亜抑欧会」が設立されていて、この目的たるや「欧米の虎狼の諸国がアジアを併合し滅亡させる勢いのため、中華の志節ある人々と聯合し、外交政策を講じ、同洲同種の誼を保全しようとする」ものであったが、本年四月一六日、新たに東亜会がこの趣旨を継承して設立され、横浜大同学校の徐勤と羅孝高もこれに加わり理事に就任したと報じた。また、同記事は、「本会は東亜会と命名する」「本会の宗旨は主に東亜の振興の講究を主とし、実行を図ることにある」「本会の場所は日本の東京に設立し、董事二人が会務を執行し、中国の上海に支部を設立して呼応する」「本会は毎月雑誌一部を発行し誌名を『東亜細亜』と名づく」など、同会の一〇条の規約を紹介した。清国の改革派は、東亜会を「興亜義会」として、「義」の字を付けて呼び喧伝した。ここでは、東亜会の会員として、香川悦次、井上雅二、陸実、国友重章、五十嵐力、頭山満、福本誠、小幡酉吉、田野橘治、大原義剛、池辺吉太郎、井上雅二、岩永八之丞、三宅雄二郎、末永節、白岩龍平、平岡浩太郎、神鞭知常、原口聞一、平山周、徐勤、沖禎介、安東俊明、村井啓太郎、羅孝高、高月一郎、佐々木四方志、松原温三、犬養毅、山口正一郎、新橋栄二郎、内田甲、浅水又治郎、中野徳次郎、以上の三五名をあげた。東亜会は、憲政党、特に大隈重信の進歩党系の政治家、新聞『日本』のグループ、東京専門学校や東京帝国大学の学生、横浜大同学校の教師を加えた、緩やかな連合体であった。

五月二〇日、唐才常は「論興亜義会」で、「〔徐勤からの書簡によれば〕彼らは日々、中国の滅亡を憂慮し、中国が滅べば黄種が痩せ、黄種が痩せれば日本も危いとし、上は政府より下は草野まで、救世の志ある者を集め、興亜義会（東亜会）を創設し、黄種を救い、東亜を保ち、ロシア、ドイツ諸列強に侵略されないように願っているという」と述べ、更に「日本の強さは、処士が国をなした点にある」として、日本と清国の双方の「処士」の聯合を説いた。この結果、唐才常は、「南学会が日本に人員を急遣して興亜会の事業を遂行し、一・二年後に政治の要点を掲げ中国を刷新する」「興亜分会を湖南省に設立し、日本との情報の交換、知識の交流を行う」「湖南省に日本人を招聘して、武備学堂や時務学堂、校経書院、この他の学堂で専門教育を行い成果を速める」「日本への留学希望者に試験を課し、証書を発給し旅費を支給する」「東亜文訳局を設立し、憲法の諸書を翻訳する」「日本の商人や南洋の大商人を招いて石炭、鉄の諸鉱山を共同経営し、財源を通ずる」「日本人に製造の機器を公開する」「横浜、神戸の華僑と聯合し、孔子学堂を設立する」「『湘報』と『興亜報』を分設し見聞を広める」「湖南巡撫陳宝箴が計画中の五〇名の留日学生の派遣計画以外に、官憲・郷紳の子弟を自費で横浜大同学校に留学させる」など、一〇点にわたる諸策を提唱した。一〇月三一日付け『大阪毎日新聞』は、東亜会に言及して、同会が日本の有力な会員と共に、「広東、湖南出身の支那人数十名より成立したる会」と報じている。このため、東亜会には、広東省、湖南省の出身者など、数十名の清国の知識人が参加したことになる。

三　日清聯盟の推移

一八九八年五月一日、日韓倶楽部の第一六回例会が牛込・赤城神社内の清風亭で催された。この約一年半前の一八九六年一〇月、東京専門学校の日本人学生と韓国の留学生の間で、「彼我の国情を調査し、且つ其交誼を厚ふし、以て他日の用に供せんとの目的」をもって、日韓倶楽部が創設された。これ以降、同会は例会を重ねて、一八九八年五月には第一六回に及んだ。この第一六回例会には、客員一名、会員二〇余名が参加し、互いに膝を交え胸襟を拓き、「或は日韓間の事情を弁説し、或は東亜の近状を論難し、且つ将来倶楽部拡張の方案を議し」、幹事に森了一、橋本金治、鄭寅昭、劉文相の四名を選出した。ついで、五月二九日、第一七回例会が同じく清風亭で開かれた。同例会には、森了一ら四人の幹事の他、井上雅二、遠藤隆夫、松岡忠美、南部三郎、岡本彤吉、依田正三、村松忠雄、野溝伝一郎、篠崎昇之助、洪奭鉉、安明善、李寅植、朴太緒、愼順成など、三〇名が参加した。そして、講師の松平康国が「支那形勢の一班」を論じ、村松忠雄が「朝鮮事情」を述べると、鄭寅昭が「悲愴なる韓人の境遇」を訴え、最後に講師の浮田和民が「亜細亜の将来」という談話を行った。安明善、鄭寅昭、李寅植は一八九九年に、また朴太楮は金英鎮と共に一九〇一年に、いずれも同校邦語政治科を卒業した。また、洪奭鉉は「朝鮮人留学生親睦会」の指導者の一人として活躍したが、卒業年は未詳である。同親睦会は一八九五年、韓国の留日学生が「他日国家有用の材たらん」という目的のために結成された。井上雅二の日韓倶楽部への参加は、井上雅二の関心が清国だけでなく、韓国にも及んだことを物語る。

六月一四日、田岡嶺雲が井上雅二の許に来て、清国渡航の挨拶をした。田岡嶺雲は東京帝国大学文科大学漢学科選科を卒業後、文筆活動を行う傍ら、教師を務めて後、上海の東文学社で日本語を教授する予定になっていた。六月一五日、井上雅二は叔父の佐野林三より連絡を受け、約束の旅費半額丈け、井上雅二の方で周旋を頼むと言われて気色ばみ、約束の履行を求めて、「男児一言重於山（男子の一言は山より重し）、余已に衆に向て支那漫遊の事を公言せり。今更之を遂行する能はざる如きあらば、忽ち信を失して衆愚と等しきに至らん。男子〔の〕一言、豈〔に〕軽からんや」と記した。六月一八日、横浜大同学校の湯為剛（叡、覚頓）と陳默庵（汝成）が井上雅二の許を訪れ、六月二〇日、原口聞一、村井啓太郎、安東俊明、山口正一郎、高月一郎、五十嵐力、平山周、田野橘治、新橋英二郎、及び井上雅二の一〇名が集まり、御茶の水橋側の玉翠館で集合写真を撮った。七月、田野橘治らが東京専門学校を卒業し、この後に平山周が太沽、田野橘治が広州、井上雅二が北京に向けて旅立っている。この集合写真は、彼らの送別を兼ねたといえよう。六月二六日、東亜会の会合が平岡浩太郎、池辺吉太郎、大原義剛、江藤新作、平山周、佐藤宏、新橋栄二郎、安東俊明、徐勤、山口正一郎、佐々木四方志、五十嵐力、香川悦次、原口聞一、志賀重昂、羅孝高、以上の参列者を得て偕楽園で持たれ、「江藤〔新作〕等雑誌の一件、親友会員、評議員推挙等」が決せられた。同会の参列者は一五名で、『知新報』第五一冊に掲載された東亜会の会員と比べると、佐藤宏、江藤新作、志賀重昂が新たに加わっている。ただし、宮崎滔天などの名は、依然としてない。井上雅二はこの会議において、「一、機関雑誌を発表し江藤氏これを担当すること。二、時事問題を研究して所見を時々発表すること。三、横浜神戸在留の清国人中志ある者を入会せしむること。四、光緒皇帝を輔佐して変法自強の局に当れる康有為、梁啓超等の入会を許すこと」、以上が決せられたとする。

六月、天津興亜会が設立された。「日本某君」は「天津新創興亜会序（天津に新たに興亜会を創るの序）」で、「東邦の列国では、インドが先に滅び、緬甸（ビルマ）、安南（ベトナム）の滅亡が続き、高麗（朝鮮）、暹羅（タイ）も滅亡の危険に瀕している。これは、天下周知の事柄ある。現在まで安泰を保ち〔アジアの〕衰退の中で精神的土台を築き、独立の体を失わず富強の計をなし、臥薪嘗胆、冷静に変化に応じ、アジアを衰亡から復活させるのは、日本と中国の他に誰がこの天賦の任を負おうか。匹夫匹婦、共に責あり。この故に、僭越を顧みず困難を恐れず、興亜会の設立となった。国家の興亡が兵力の強弱ではなく、士気の衰耗によるのは、古今中外同一である」と述べ、「請い願くは、国の利益、民の幸福の万一の利益を図るため、東方志士の先声を開きうれば、幸いである」と述べて、天津興亜会の設立に期待を示した。この「日本某君」とは、川崎紫山のことであろう。また、顧炎武の「匹夫共に責あり」（ただし、これまでの「匹夫」に「匹婦」の語を加え、「責」を「職」に代えている）の語は、康有為も北京の保国会で用いており、天津興亜会と保国会の強い繋がりを示している。康有為は女性の権利を男性の権利と同等に重視し、女子教育を提唱していた。「匹夫匹婦」の語はこれに由来しよう。そして、同序では「我々（清国人）が〔日中聯盟を〕思慮した一〇年以上も前に、日本人は大東合邦の説（『大東合邦論』）を称え、切迫した事態に鑑みて高麗（朝鮮）の改革を図り藩籬を固めようとした。しかし、我が政府（清朝政府）は斯く考えず、甲午の役（日清戦争）となり、ロシアが機に乗じて東方の高麗（朝鮮）に基盤を築き、少数が大勢に勝てないために、ロシア〔の勢力下に〕入った」と述べた。

六月、近衛篤麿は、白岩龍平らの意見を容れて、同文会の設立を図った。井手三郎はこの三カ月前の三月、宗方小太郎と漢口で会談して、「此際日清両国有志者の交通機関に供する為め」、同文会創立の事を計画し、中西正樹、白岩龍平の協力を得て、近衛篤麿に働き掛けることになった。同文会の母体の一つが、乙未同志会である。乙未同志会は、熊本県出身者を中心とする、日清戦争で通訳官として働いた人々の団体である。六月二五日、『亜東時報』が乙未同志会の機関誌として上海で発刊された。主筆は山根虎之助である。同文会は、目的を「本会は政党以外に立ち、専ら彼我人士の情意を疎通し、商工貿易の発達を助成するを以て目的と為す」点に置き、事業項目に一、支那問題の研究と共に各般の調査、各種事業の助成を図る、二、上海に同文会館を設け、両国有志の協同を図る、三、東京では『時論』、上海では『亜東時報』の両雑誌を通信機関とする、四、上海の同文学堂を両国人の教育機関とする、以上の四点をあげた。近衛篤麿は六月一四日、中西正樹、井手三郎、白岩龍平、大内暢三と「同文会の組織の事業」を熟議すると、規約書の起草を命じ、六月一九日に長岡護美の賛同を得た。六月二七日、森村市左衛門が近衛篤麿の請託を受けて、中西正樹、井手三郎、大内暢三、白岩龍平と設立資金の相談を行った結果、本部を東京赤坂溜池に置き、中西正樹、井手三郎、大内暢三、白岩龍平を創立人、近衛篤麿、長岡護美、谷干城、岸田吟香を発起賛助人にして、同文会が設立された。『時論』第八号は、「同文会の成立に就て」を掲載し、同文会の設立を祝うと共に、「吾人が其成立に賛同盡碎したる以所（所以）のものは、実に派党の精義を外にし、以て東洋経綸の国論を振作せんが為めなり」と論じた。

井手三郎は一八九八年四月二日に上海を出立し、四月四日に長崎に到着し、郷里の熊本に戻ると、五月一四日に熊本を出立、京都、静岡をへて、五月二二日に新橋に到着し、内田康哉、福島安正など、外務省や参謀本部の要人と会談を重ねた。井手三郎は五月二九日、内田康哉、神尾光臣、石井忠利の連名による「北京会」開催の案内状を受け取ると、六月二日に新橋竹川町の花月楼に赴き、「北京会」に出席した。同会には、小村寿太郎、神尾光臣、内田康哉、井上良智、西村賤夫、隅徳三、梶川重太郎、川崎三郎（紫山）、石井忠利、高洲太助、小林環（朝日新聞記者）、小沢徳平、以上の一四名が同席した。神尾光臣と梶川重太郎は参謀本部に出仕し、宇都宮太郎と共に、参謀次長川上操六の命を受け、湖広総督張之洞への工作に従事し、同省からの留日学生の派遣を実現させていた。井手三郎は六月四日、白岩龍平の通知を受け、芝に赴いて尾本寿太郎、井深彦三郎、白岩龍平、河北純三郎、中野香月、中西重太郎、堺与三吉、伊東正基らと会合した。井上雅二はこの四日後の六月八日、尾本寿太郎の邸宅に赴き、「対清同志在京者の会」に出席した。同会の参加者は、中西正樹、川崎紫山、井深彦三郎、宮島誠一郎、尾本寿太郎、黒崎恒次郎、白岩龍平、中西重太郎、河北純三郎、勝木恒喜、堺与三吉、中野二郎、井上雅二と他に一名である。川崎紫山はこの六月二日の「北京会」、六月八日の「対清同志在京者の会」の二つの会に参加している。また、これらの会には、東亜会の井上雅二の他、同文会の井手三郎、白岩龍平、中西正樹も出席していた。井手三郎は七月三日、「晩方帰宿、池辺吉太郎来訪。余の帰を待てり。天津新聞のことに付き、余の見込を問ふ」と記した。この「天津新聞のこと」は、国聞報館の経営を意味する。井手三郎は七月九日に池辺吉太郎を訪れて「天津新聞のこと」を相談すると、七月一〇日に川崎紫山と西村博の訪問を受けた。西村博は七月、前外務次官小村寿太郎から当面の資金及び西村博の旅費として二〇〇円、毎月五〇円の補助を受け取り、国聞報館の運営に目途をつけた。

第五章　戊戌政変と日本の反応　――康有為と井上雅二――

第一節　井上雅二の清国周遊

一　戊戌変法の開始

二　清国の女子教育

三　長江流域の遊歴

第二節　伊藤博文と井上雅二

一　伊藤博文の訪問

二　井上雅二と平山周

三　譚嗣同と袁世凱

第三節　井上雅二と戊戌政変

一　戊戌政変の前後

二　康有為の日本亡命

三　井上雅二と畢永年

第一節　井上雅二の清国周遊

一　戊戌変法の開始

一八九八年六月一一日、光緒帝は「国是を明らかに定める詔勅」を出し、ここにいわゆる戊戌変法が始まった。光緒帝は六月一三日の上諭で、六月一六日に頤和園の仁寿殿で康有為と張元済を召見し、康有為を総理衙門章京に任命すると、黄遵憲と譚嗣同に対しても召見のための上京を命じ、梁啓超については総理衙門で詮衡（面談・選考）するよう布告した。同じ頃、日本では、六月二二日、板垣退助の自由党と大隈重信の進歩党が合同して、憲政党が設立された。そして、六月二四日、第三次伊藤博文内閣が総辞職を表明し、六月三〇日、首相兼外務大臣大隈重信、内務大臣板垣退助を中心とする第一次大隈重信内閣、いわゆる隈板内閣が成立した。アジア主義民間諸団体は、同内閣の成立を外交機密費獲得のための絶好の機会と捉えた。このため、東亜会、同文会は連合に向けて、活動を活性化させた。井上雅二は、七月一四日、樋口一蔵の寓居を辞して政教社に赴き、香川悦次、原口聞一と新橋に至ると、既に佐藤宏と平山周が来ていた。井上雅二は、新橋で列車に乗り、横浜で下車して横浜大同学校を訪れ、諸友に別れを告げ、羅孝高と共に横浜を出立した。井上雅二は翌七月一五日に京都の七条駅で下車、直ちに若王子山中の根津一を訪れ、根津一に羅孝高を託した。そして、井上雅二は、安河内弘と共に九州に向い、佐賀、熊本、福岡、久留米、長崎の友人、知人を訪れ、この間に福岡と長崎の間を往復すること二、三回、長崎で汽船への上船を待った。井上雅二の上海訪問は、一八九六年以来、二度目であった。井上雅二は、七月二五日午後七時に薩摩丸に乗船して長崎を出立して上海に向かうことになった。

井上雅二は薩摩丸の船中で、東本願寺僧侶の北方蒙と松ケ江賢哲に遭遇した。二人の僧侶は、布教拡張の任務を帯び、上海に赴く途中であった。また、警察顧問の永谷隆志も同船に同乗していて、互いに夜遅くまで語り合った。井上雅二は七月二七日午後七時に上海に到着すると日本郵船会社の埠頭に下船し、橋元裕蔵の案内でアメリカ租界の豊陽館に荷を降ろした。井上雅二は一八九六年七月、上海を訪れ、白岩龍平の世話になった時、橋元裕蔵らと会談していた。井上雅二は某日、邦人二人と共に、イギリス租界の寓居に「革新派なる某々」らを訪ね、数時間筆談した。彼らは、上海の改革派と張園で会談することを薦めたため、同所に赴いた。井上雅二は上海の改革派で同所に集った五名のうち、三名が湖南時務学堂の教習であり、彼らが「湖南時局の変」に遭遇し、上海に至った者で、残りの二名が「上海の有志」であると述べている。この湖南時務学堂の教習三名とは康有為の門弟で、中文総教習の梁啓超の下で分教習を任じていた、韓文挙、欧榘甲、葉覚邁の三名のことであろう。韓文挙ら三人は七月初頭、湖南省の郷紳、特に王先謙、葉徳輝の批判を受けて同学堂を辞任、失意のうちに長沙を去っていた。井上雅二はここで、「彼我八人、団坐して浅斟低唱（軽く酒を飲み低く唄う）、各其衷（心の奥底、真情）を披《ひら》く、興尽きんとする時、談亦尽く」として宿舎に戻り、「斯の如くする数日、遂に革新派なる者の根底如何を依稀の間（ぼんやりした所）に認むるを得たり」と述べた。湖南時務学堂の三名の教習のうち、韓文挙は井上雅二と会談後、上海を出て日本に渡り、神戸で『東亜報』の撰述に就任した。

一八九五年、日清戦争の敗北後、湖南省には湖南巡撫陳宝箴、学政江標、江標の後任の徐仁鋳、長宝塩法道の黄遵憲など、開明的な大官が相次いで赴任し、湖南省の改革に大きな成果をあげた。陳宝箴と江標の改革は、実業の振興、外国語の学習、時務（時事問題）の講究など、実学を中心に図られ、湖南省の有力な郷紳、王先謙、張祖同、孔憲教、葉徳輝などの協力を得て進められるなど、穏健な形態を取った。しかし、一八九七年一〇月、梁啓超が時務学堂中文総教習に就任すると、康有為の門弟の韓文挙、欧榘甲、葉覚邁を招いて分教習に就任させ、康有為の学説を喧伝し、改革を急進化させた。湖南省の有力な郷紳は、王先謙が嶽麓書院山長、劉鳳苞が城南書院山長、孔憲教が孝廉書院山長、汪槩が求忠書院山長、杜本棠が校経書院山長を務めたように、書院に山長（院長）を務め、伝統的な学問を守護していた。嶽麓書院の斎長（寄宿舎の舎長）賓鳳陽が、「中文総教習の広東省の挙人・梁啓超は師の康有為の学説を継承し、平等・平権の説を主唱・伝授した」と述べたように、時務学堂をめぐる攻防がこれ以降、康有為の学説を中心に激化した。時務学堂をめぐる攻防は他の改革、特に南学会や保衛局などにも波及し、激しい攻防が繰り返された。南学会は地方議会、保衛局は近代警察の雛形に位置付けられていた。このため、有力な郷紳は、湖南省の改革を有力な郷紳の権力、権威に対する挑戦と考えて、改革を妨害するに至った。湖南省の少壮の知識人、すなわち譚嗣同、唐才常、熊希齢、畢永年などは、南学会や保衛局に盤踞し、王先謙、葉徳輝などの郷紳と対峙した。

一八九八年三月、佐藤宏が「支那朝野の真相を説きて同国を改造するは日本人の責なる所以を論ず」において、「湖南党に至りては、吾人の共に提携して清国を改造し、其偉勲を建つ可きの好伴侶なり。我れ彼れを迎ふ、彼れ亦た我を要せん」「今や湖南党の要する所は百般の方面に於て日本人の力を待つなり」と論じたように、湖南省の改革は、日本でも大きく報じられ、期待されていた。このため、井上雅二は上海において、「湖南時務学堂の教習」から湖南省の改革の挫折を聞き、衝撃を受けた。井上雅二が衝撃を受けた理由は、湖南省の改革の挫折よりも、井上雅二が「則ち康有為派なる董事、教習等は、今回の変局を以て罪を〔湖南巡撫〕陳宝箴の軟化に帰し、口を極めて其無学にして名を好むと嘲り、革新諸事業の如き皆彼れが名望を得るの犠牲に供せられたるものとなせり」と述べたように、これら改革派の人士、特に湖南時務学堂の教習が湖南巡撫陳宝箴を罵倒した点にあった。何となれば、湖南巡撫陳宝箴の名声は日本でも鳴り響き、湖南省の改革の成果も陳宝箴の識見に帰せられたからである。改革派内部の反目、中傷は、井上雅二を辟易させた。のみならず、井上雅二が改革派の人士に「其善後策如何」と問うと、彼らは「今後数ヶ月の形勢を傍観して而して後、以て為すあるに足れば、則ち再び足を投じて荊榛（雑木の茂み）を芟鋤（刈り取る）せん、以て為すあるに足らざれば、則ち未修の学問を修め未知の理を知り、機運の熟するを待て始めて手を下さん」と述べるに過ぎなかった。このため、井上雅二は、「彼等の粗莽にして語言の不通なる、容易に這間の消息を知悉する能はざるも、未だ暴に彼等の説に拠る可からず」と記して、上海の改革派に期待をかけることができないとした。

井上雅二は七月二五日、長崎を出立して上海に向かうに際し、「然れども、支那問題の解決は吾徒畢世の事業にして、四億生霊の休戚は平生苦心の存する所なれば、身親しく其地を踏み、其人に接し、想過考来する毎に、疑義百出、遂に前途の茫々、望み甚だ尠なきに論着して、一層胸中の煩悶を加ふる〔こと〕なき乎。……果して然らば、今回の遊の如き、必ずや命の洗濯にあらずして、徒に苦心の種を増すのみならん」と記し、前途に悲観的な予測を立てた。井上雅二は七月二七日以降、上海で改革派と論議を重ねた結果、これら革新派の印象について「文筆は勢ひ誇張に失するの弊あり」と述べ、日本では上海の改革派を持て囃しているが、「之を在滬（上海）の邦人に聞き、之を自己の見解に依るに、感服すべき者極めて少なきは事実なるが如し。清国に在りても最も勢力あるは富豪にして有志者は多く貧なり。換言すれば有志者にあらざるが故に富豪と為り、操守あるの士は富豪たるの道少し。故に一部有志の假令（たとえ）革新に狂奔するあるも、耳を傾くる者なし」と評している。そして、井上雅二は、清国の革新事業がまだ「鼓吹時代と称すべき」ものにすぎない上に、日本では想像を絶するような激しい党派間の対立が加わるため、「要するに清国は猶我国の嘉永・安政以前にして、康〔有為〕、梁〔啓超〕氏は其境遇恰《あた》かも渡辺〔華山〕・高野〔長英〕の徒の如き乎」と述べた。このことは、井上雅二の上海訪問前の杞憂が的中したようなものであった。福本誠が四月に上海の改革派と会談した時には、上海の改革の状況を日本の「嘉永・安政の間」と見なしていた。このため、井上雅二が上海の改革の状況を「嘉永・安政以前」としたことは、福本誠の判断よりも低く評価したことになる。

二　清国の女子教育

一八九八年七月、井上雅二は上海の革新派と会合を重ねる傍ら、徐家滙にまで出掛けている。徐家滙は明末、徐光啓が農業のために開墾した場所であり、肇嘉浜と法華涇の両河川が交わる場所のため、徐家滙と命名された。徐家滙には一八五一年、旧イエズス会の教会が設置されて以降、上海のキリスト教の拠点となり、天文台、図書館、博物館、盲唖学堂、女学堂、教会堂など、様々な施設が建設された。また、盛宣懐の南洋公学もこの徐家滙に設立された。井上雅二は、フランス租界を東南に行った所に徐家滙があり、垣根で周囲を取り囲まれ、大きく高い建物が中央に並び、特別な区画を形成しているとした上で、同地には外国人宣教師が辮髪で清国服を着て、少年より老年に至るまで営々と仕事に励み、僅か「一万の義金」から始めて現在の規模になったと報じた。そして、井上雅二は「今や此地支那に於ける基督教徒の大本山たるの観を為し、在清二百余の宣教師中三、四十人は常に此処に在り、女学堂の生徒も常に五百に上ると云ふ。遊子一日、二三子と遠乗を此地に試み、某報館の介に依りて其内部を詳覧するを得たり。余輩を案内せし教士は独人にして清国に在る已に二十一年、英仏等の語は固より、清語兼ては我邦の語をも善くし、指導最も親切に言々密あり」と、同地の教堂及び女学校の模様をやや感動の面持ちで記している。清国の女学校は一八四四年、イギリス人の宣教師アルダーシーが寧波に創設した女塾を嚆矢とする。この後、各国の宣教師は女学校を広州、廈門、上海、寧波などの開港場に設立したが、上海、特に徐家滙はこれら外国人宣教師が女学校を設立する際の中心地となった。

清国の女性は、長らく纏足の風習に拘束されていた。纏足とは、女性の足を幼少期に縛り、小さな足を作り上げる風習である。しかし、清末、この風習は野蛮で非人道的なものとして批判の対象に曝され、不纏足会などが各地に創設された。不纏足運動（女性の纏足を廃止する運動）の先鞭をつけたのは、キリスト教の外国人宣教師である。清末の改革派もこの運動に同調し、康有為などは娘に纏足をさせなかった。梁啓超は『時務報』第一六冊（一月三日）に「戒纏足会叙」を掲載し、「今や、中国の弱体化は極まっている。国の根本を強めようとすれば、人材を増やす必要がある。人材を育てようとすれば、初等教育〔の学堂〕を開設する必要がある。初等教育を始めようとすれば、母親としてのあり方を守る必要がある。母親としてのあり方を正そうとそれば、女子教育を普及させる必要がある。人は生れて六、七年もたてば、学校に入る時期となる。ところが、現在行われているのは、これ（女性）を教育するのではなく、逆に〔纏足などの〕惨酷な刑罰を与え、芸妓にすることである。このことは、中国四億人の半数を押しなべて罪人や賤業の只中に放り込むことであり、この先は人間の弱体化に到達することになろう」と述べた。梁啓超ら改革派は、国家の富強を図るために、人材育成、更に女子教育の必要性を説いた。更に、梁啓超は同年四月一二日付け『時務報』第二三冊に「変法通議」「論学校六　女学」を掲載し、清国の衰退の根源に「婦人は学ばず」の教えがあるとして、先の「戒纏足会叙」における主張と同様に、富強、人材育成、女子教育の普及という論法により、女学堂の設立の必要性を説いた。

この約半年後、『時務報』第四五冊（一一月一五日）に梁啓超の「倡女学堂啓（女学堂を唱えるの書）」が、『時務報』第四七冊（一二月四日）に「上海新設置中国女学堂章程」が掲載された。この間、翌一一月一五日、女学堂の発起人及び協賛人が、第一回開校準備会議を開催した。ここで中心となったのは、陳季同、頼媽懿、経元善などである。陳季同はフランス留学の経験があり、フランス人の頼媽懿と結婚した。経元善は上海電報局総裁である。第一回会議では、参加者家族の中の女性及び「西洋の各女塾の教師、総務主任」が集まり、規約について相談した。この結果、女学堂の規約では、清国式と西洋式を合体、折衷させることになった。一二月六日、第四回会議が開かれ、女学堂の清国人総務主任・沈瑛と西洋人総務主任・頼媽懿が連名で、「中国女学堂章程」を立案した。同章程では、教習の四人は清国人が二名、西洋人が二名として、各々が担当の教育に従事し、教科も漢語、外国語の半々とし、文字から文法の教授へと進み、啓蒙的で簡単な学問から、歴史や芸術、政治、哲学の書籍の教授に入ることにした。同学堂の学科は算学、医学、法律の三科とし、この他に師範科も設けた。女学堂は経元善が総理に就任し、高昌廟・桂墅里に建設され、一八九七年一一月二〇日に工事が始まり、一八九八年三月に完成した。女学堂には、教員・学生用の食堂の他、迎賓館も建設され、寄宿舎も完備したが、調度品の多くは西洋式であった。一八九八年五月三一日、経元善は一〇名の外国人来賓と一六名の女学生を迎えて、上海女学堂の開校式典を挙行した。なお、「中国女学会書塾章程」は横浜大同学校と同様、「大清光緒二十四年歳次戊戌」と共に「孔子降生二千四百四十九年」として、孔子紀年を記載した。

上海の女学堂は経元善の設立にかかるが、康有為、梁啓超、康広仁などと連絡を密にした。森井国雄は五月、同学堂の教科書について相談を受けた関係で、蒙学報館主筆の葉澣の案内により、同校を参観している。森井国雄は同校の寄宿舎、運動場、食堂、事務室、教員室、外国人応接所などを回り、教場が一つのみで、寄宿舎が広大な点に驚嘆した。そして、森井国雄は「該書塾の趣意書に依れば、日本〔の〕華族女学校を模範として設立し、而して其生徒も専ら縉紳富豪の娘共に取るとの由に候へども、官立にあらざる丈に跡見女学校を見るの心地致〔し〕候。

生徒の定員は四十名の由なれども、開校の前既に三十余名有之（これあり）、男子進取の気乏しきに比して、実に意外の感を惹き申〔し〕候」と述べた上で、日本人の中で清国の女学復興に関心を抱き、同女学校の創立に同情を寄せる者があれば、華族女学校、女子高等師範学校、神田女子職業学校、音楽学校、跡見女学校、京都府高等女学校など、上海の女学堂の模範とすべき、これら日本の各女学校の学科表並びに教科書、図書、器具など一式（幼稚園、小学校より高等科に及ぶまで）を寄附するよう依頼した。近衛篤麿は六月二七日、華族女学校長細川潤次郎にあてて「支那女学校に関する書類二冊」を送付した。『女学報』が一八九八年七月二四日に、編集者・執筆者に沈瑛、康同薇、李瑞蕙、裘毓芳、薛紹徽、潘璇らを迎えて創刊された。同報は当初、一〇日ごとに刊行されたが、第一〇号から五日ごとに代わった。上海の女学堂は、学生の収容数が限定されるため、影響力も限られた。このため、『女学報』は、より広範囲の人々に啓蒙を推し進めるために、「女性に関する情報を伝え、博愛の心を広める」ことを目的として発刊された。

康同薇、字は文僴、号は薇君、一八七八年に康有為の長女に生まれ、幼少より纏足をせず、学識も深く、英語と日本語に通じ、康有為を助けて翻訳に従事し、一八九九年に麦仲華と結婚をした。麦仲華は広東省順徳の人、一八七六年に生まれ、一八九四年に康有為に師事した。麦仲華の兄が麦孟華である。麦孟華は一八七五年に生まれ、康有為の門弟となり、『萬国公報』を発刊、更に梁啓超を助けて『時務報』の発刊に携わり、「民義」など、多数の論説を著した。一八九八年五月、『時論』は、清国の才能に優れた逸材の士が日清戦争後、俄かに四方に崛起し、朝野を問わず、「支那復活の声」が轟き渡り、北京の玉座を驚かし、この様子が日本の嘉永・安政年間に酷似しているとした上で、『知新報』第五二冊（五月一一日）に掲載された康同薇の「女学利弊説」を紹介して、「聞く康同薇は文僴と号し、彼の有名なる南海先生康有為の令嬢にして、妙齢僅かに十九、而して今澳門《マカオ》女学校々長として泰西の女学を講せり、嬢は兼て我国文に通じ、其訳述に係かる我国女訓等の支那に行はるゝ者尠なからずと云ふ。昨冬其父南海先生（康有為）と共に海に航して我国に観風せんとして、途上海に到り、事ありて其行を果さゞりしは、吾人の遺憾とする所なり。嗟、夫〔れ〕妙齢の婦女子猶且つ此の如きあり」と記した。『女学雑誌』第四六八号（七月二五日）も、「支那婦人の女学論」と題して、「支那開化党の名士康有為の女、同薇、米国に遊んで学成り帰り、よつて上海に女学校を興すの計画あり。女史〔は〕近頃『女学利弊の説』をなす」として、上海の女学堂設立と共に康同薇の「女学利弊説」を紹介した。いわば、日本の識者の間でも、清国における女子教育の隆盛は看過できない勢いとなっていた。

三　長江流域の遊歴

一八九八年七月三〇日、井上雅二は大東輪船公司の汽船で、上海から杭州に向った。上海から杭州までは、同公司の汽船で一昼夜かかった。井上雅二は杭州で、「文明的事業の萌芽とも前駆とも云ふ可きもの」として、一、医学堂、二、病院、三、紡績会社、四、キリスト教宣教師の計画になる二、三の学校、五、上海と杭州の間の大東汽船会社、以上の五点をあげ、「別に留意するに足る者なきも」「其趣旨、其規模、其抱負、甚だ矚目（注目）すべき者」として、浙江蚕学館を指摘した。浙江蚕学館は、杭州知府林啓により、イタリア、フランス、日本の養蚕業に対抗するため、最新の養蚕術を学ぶ目的で設立されたものである。同学堂は、一八九七年九月二六日に建築が着工し、翌一八九八年三月二一日に落成し、四月一日に開校した。同学堂は、総辦に林啓、教習に轟木長、館正に邵章、館副に林頤図と陳宝璋、留学学生監督に孫淦（号は実甫）が就任し、嵇侃と汪有齢の二名を日本に留学させていた。同学堂の雇聘教習には、杭州駐在領事の速水一孔を介して、前宮城県農学校教習の轟木長が招聘された。学生は官費学生と私費学生からなり、官費学生は寄宿舎に宿泊して、定員三〇名のうち二五名が在籍し、私費学生は通学生となり、定員二五名のうち八名が在籍した。井上雅二は、同学堂が上海の『農学報』と気脈を通じ、日本語の書籍を漢訳する予定である他、学生の中には年少の者が少なく、白髪交じりの老人、科挙の県試や府試の合格者（秀才、挙人）、杭州知府林啓の子息二人も学んでいる点などを指摘し、更に同学堂の実権が轟木長に委任されているため、「轟木氏の責や大にして、其任や軽からずと云ふ可し」と記した。井上雅二は八月中旬まで杭州に滞在すると、八月一九日から蘇州に旅立った。

井上雅二の蘇州訪問は、一八九六年以来二年ぶりのことである。井上雅二は一八九六年の最初の蘇州訪問について、日本の汽船が旭日旗を翻しつつ黄浦江を溯るや、清国人が両岸に垣根のよう連なって見物し、「洋鬼子」或いは「倭奴」と叫び、石を投げたり礫を放ったりして不穏な状況になったとしている。加えて、井上雅二によれば釐金局も上海道台黄祖絡より事前に日本の汽船の航行の自由が告げられていたにも拘わらず、到る処で日本人に対して「何者ぞ」と問い詰め、何度も日本の汽船の航行を妨げた。一八九六年当時、日本は日清戦争で勝利したばかりで、清国の至る所で日本を敵視する感情が強かった。このため、井上雅二の蘇州の印象も、芳しいものではなかった、ところが、井上雅二が一八九八年八月一九日に蘇州を再訪問すると、「然るに、今日に至りて四圍の境遇は其局面を一変せしめ、風気頗る開けて改進の途に向ひ、滬蘇（上海と蘇州）間輪船の往復、日として数隻あらざるなく、居留地決定せられ、馬路開通せられ、紡績所、製絲（糸）場の規模亦大にして、職工を使役する二千人に上れり」というように、蘇州の様相は一変していた。いわば、蘇州は開拓に湧き返り、上海のような状況であっただけでなく、日本に対する感情も好転していた。また、日本人居住者の数も飛躍的に伸びていた。このため、井上雅二は蘇州の将来についても、「若《も》し十数年を経なば、支那の西京と呼ばるゝ優美なる此地も、煙突数多をして黒煙濛々たる支那の大坂（阪）と化するやも亦知るべからず、蓋し是れ必至の勢なり」と記した。井上雅二の体験は、清国の改革の速さ、成果を実感させるに充分であった。

井上雅二は七月三〇日以降、杭州、蘇州を周遊すると、八月一九日に上海に戻り、八月二〇日、二一日、二二日と三日連続で宗方小太郎を訪れた。この間、宗方小太郎は井上雅二の他に、汪康年、姚文藻、白岩龍平、対馬機、五來欣造、末永節、橋元裕蔵、安藤虎雄、山根虎之助などと相次いで会談している。平山周と宮崎滔天は八月二二日に長崎を出帆、同月二四日に上海に到着し、白岩龍平、宗方小太郎と会合した。八月二五日、宗方小太郎が末永節、宮崎滔天、平山周と酒を飲んでいると、この場に井上雅二、甲斐寛中、田村忠一、木野村政徳、梅津駒治、山根虎之助らが合流した。同日、井上雅二は木野村政徳らと上海を出立し、長江を溯り、武漢に向った。井上雅二はここで、「思ふに支那の文明は数世紀来沈滞して進まず、萎靡して振はず、復た往昔の燦然たる光華なく、日に月に白人の凌辱を蒙ると雖も、物極まれば則ち変じ、変ずれば則ち通ずてふ古語の如く、今や支那は四辺の境遇に其宿睡を覚し、局面将に一変せんとせり」とした上で、「若《も》し時至り機熟し、実際に支那中原の宝庫開発せられ、世界の人類争ふて此沃土に臻（いた）り、輸贏（勝ちと負け）を競ふに至らば、楊（揚）子江畔の甚だ想見するに足る」と記して、長江流域の未来に期待を示した。平山周と宮崎滔天は上海に約一週間滞在すると、九月一日に同地を出立し、平山周が芝罘に、宮崎滔天が広州に向かった。井上雅二は九月一日に武漢を出立して長江を下り、九江、蕪湖をへて九月三日に南京に到着し、九月四日に南京を出て、鎮江や江陰をへて、九月六日に上海に戻った。宗方小太郎は八月二七日に西京丸に乗船して上海を出立して帰朝の途に就いたため、井上雅二の上海帰還時には既に不在であったのである。

　井上雅二は九月六日に上海に到着すると、湖南省の改革派の一人に遭遇した。この人物は、畢永年であった。畢永年は一八七〇年生まれ、瀏陽の人、同郷の譚嗣同の五歳年下、唐才常の三歳年下にあたる。畢永年の祖先、親族には、軍事を担った者が多かった。畢永年は幼少時に王船山の遺書に感銘を受け、湘軍の曾国藩や胡林翼、左宗棠を唾棄し、一八八六年に童試に合格、一八八七年より校経書院に学び、譚嗣同と共に欧陽中鵠に師事し、一八九五年に江標によって樊錐、唐才常らと抜貢生に上げられ、南学会などに参加した。畢永年は譚嗣同、唐才常らと共に公法学会、延年会を結成し、湖南省の改革を牽引した。唐才常によれば、畢永年が「私は〔康有為の〕素王改制（素王による政治制度改革）の詳細な精神をまだ、一、二も理解できていない。ただし、私が恥とするのは、朝廷の政治が日々倒壊し、人心もばらばらになり、外国人との交渉でも畏怖し、種族が滅亡に瀕していることである」と述べて、政治改革を主張した。井上雅二は上海で、この畢永年から、再び湖南省の改革の顛末を聞いた。井上雅二は湖南省の改革の詳細を記すと共に、「曽て湖南の変局と題して湖南昨今の時局を論ずる所ありしも、其真相を知る能はざりしが、身親しく武漢の地に遊び、新に湖南を巡視し来れる知名の一官人に遇ひて其の一端を知り、又今回湖南の一有志と船を同うして北行し、然かも其有志は湘局に就て上書せんとするの士なりしかば、傾談数刻（数時間会談して）、其紆余曲折を知るを得たり」と述べて、今後の事態の展開を憂慮した。井上雅二は畢永年が上書を目的に北京に赴こうとしたと述べた点からすれば、畢永年は湖南省の改革の挫折を憤り、北京の譚嗣同を頼って上京の途中であったといえよう。

譚嗣同は一八六五年、譚継洵の長子に生まれた。原籍は湖南省瀏陽である。父の譚継洵は一八五九年の進士で、甘粛省の按察使、布政使を歴任後、湖北巡撫などを歴任した。譚嗣同は父の譚継洵に反発し、科挙のための学習よりも、剣術や拳法の習得を好み、各地の俠客などに教えを乞い、大刀王五（王正誼）とは深く親交を結んだ。また、譚嗣同は『墨子』や『荘子』を読み耽り、幾度か郷試に応じて全て落第すると、一八九五年の日清戦争を契機に科挙のための学習を放棄し、「救国済民」を志して各地を流浪し、学問を深めた。そして、譚嗣同は楊文会に仏学を、ジョン・フライヤーに西洋の自然科学を学び、一八九八年に「網羅の衝決」、すなわち全ての社会的束縛や拘束の打破を説き、『仁学』の一書を完成させた。この譚嗣同の盟友が、同じ湖南省瀏陽出身の唐才常である。一八九八年、光緒帝は六月一六日、黄遵憲と譚嗣同に電諭を発して上京を命ずると共に、梁啓超を総理衙門で詮衡（審問・選考）させた。光緒帝は七月二〇日、再び黄遵憲と譚嗣同に電諭（電報による諭旨）を発して、二人の上京を促した。譚嗣同は七月三一日、光緒帝の電諭を拝受すると、八月三日に漢口を出立し、南京をへて、八月一三日に上海に到着し、友人、知人に別れを告げた。宋恕は譚嗣同に対して時局の困難を諭し、「早く戻ってきた方がよい」と勧めたが、譚嗣同は「よく生死の界限を打破し、皇上に謁見して時代の積弊を縦横に述べるのみである」と答えた。譚嗣同は墨子の「摩頂放踵（一身を抛って行動する）の志」に心酔し、自己を顧みずに他者の救済に努めていた。そして、譚嗣同は八月一四日に上海を出て、八月二一日に北京に到着した。譚嗣同は愛妻家であり、男女平等を主張して、北京に至る途中、妻の李潤に細やかな心遣いを示し、八月二七日に北京から書簡を送り、『女学報』や女学堂の書籍を読むよう勧めた。

第二節　伊藤博文と井上雅二

一　伊藤博文の訪問

一八九八年六月一日付け『山陽新報』は、「外臣日本帝国岡山市山陽新報社員某等」による「上清国皇帝陛下書（清国皇帝陛下に上《たてまつ》るの書）」を掲載した。この「上書」は、日本の明治維新を例にあげつつ、清国の光緒帝に対して、清国の破格の人材登用、遷都の他、日本人の顧問官採用を建言して、「日本人を聘用し、陛下の大臣鉅卿と共に、法制、軍事、教育、殖産其の他万般の更革を図らしめば、力を労すること少くして、功は却て速にして大ならむ」と述べた。同上書は、七月一七日と七月一八日の『国聞報』に、「日本岡山市山陽新報社社員上中国皇帝書（岡山市山陽新報社社員の中国皇帝に上《たてまつ》るの書）」と題して、漢文に翻訳の上、掲載された。更に、八月一一日付け『山陽新報』は、伊藤博文の朝鮮、清国遊歴の発表を受けて、「伊藤侯に一策を呈す」と題して、伊藤博文が李鴻章と旧交があるため、清国で李鴻章と協議し、清朝政府の総務顧問に就任すべきとして、「清国政府の具眼者（物事の判断の見識を備えた者）中、今や日本と提携するの利あるに観倒し、或は日本人を聘用し、或は留学生を日本に送らんと欲するの議論あるは、侯の聞知する所なるべし。此時に当り、侯自ら進んで以て総理顧問たらんと欲せば、清国政府、大に欣んで以て侯を重用せんは揣摩（憶測）せずして明らかなり」と記した。『山陽新報』は小松原英太郎と関新吾が運営し、花房義質もこれに協力していた。一八九五年一二月、長沢設（別天）が同報の主筆となり、同紙の洛陽の市価を高めていた。しかし、長沢設は一八九八年六月、大阪朝日新聞社の高橋健三から池辺吉太郎を通じて同社への入社を勧められ、同年八月に東京朝日新聞社に入社した。東亜会の佐藤宏も一八九八年初頭、同紙で盛んに論陣を張っていた。このため、『山陽新報』は、長沢設や佐藤宏を介して清国の改革派と連絡を取り、国聞報館に論説を掲載させた可能性もある。

一八九七年一〇月一二日、朝鮮は国号を大韓帝国と改称し、国王を皇帝、王太子を皇太子と呼ぶことを定めた。一八九八年七月二六日、伊藤博文は大磯を出立し、京阪神地方に出掛けた。伊藤博文の一行は八月一六日、玄海丸に乗船して神戸を出帆、八月一八日に長崎を出て、八月二一日に仁川に到着し、八月二五日に赤城丸で漢江を溯り、龍山に到着すると、韓国駐在公使加藤増雄の他、韓国の宗正院卿・李戴craft、参理官・玄映運らの出迎えを受け、龍山から漢城に出て、慶運宮に参内し、高宗を拝謁した。ただし、この拝謁は、表敬訪問に留まった。伊藤博文の一行は八月二六日、加藤増雄の先導で宮内大臣に続き、外部に至り、ここに参集した各大臣と会見し、夜には官民の邦人の歓迎会に出席し、歓待を受けた。また、伊藤博文の一行は八月二七日に南山吟社の詩会に臨席し、八月二八日に宮内府の昌徳宮における饗宴に出席し、八月二九日に再び高宗、すなわち朝鮮第二六代国王、大韓帝国初代皇帝に拝謁した。九月一一日付け『東京朝日新聞』は「伊藤侯京城出発〈九月二日京城発電〉」として、この伊藤博文と高宗の会談の模様について、「謁見の間は侍臣をも退けたるを以て、最も秘密に属する由にて、其状況を知るに由無し。就て種々揣摩（推し量る）憶測の伝説は之なきにあらざるも、未だ容易に信を措くを得ず。当日謁見の時間は頗る長く、殆んど二時間に亘ると云ふも、要するに皇帝よりの下問に対し、侯爵（伊藤博文）より内外政治の大体に就き注意すべき要点を説明奏上せしに止まり、其他特別の事柄には及ばざりしと云ふもの、事実に近きが如し」と記している。高宗と伊藤博文の会談は、約二時間に及んだ。同夜は、日本公使館主催の夜会が催された。伊藤博文の一行は八月三〇日、漢城を出立すると、龍山をへて仁川に赴き、九月八日に仁川を出帆して芝罘に向かった。

六月一六日、暹羅（タイ）国王チュラロンコルンの国務総顧問ロランジャックマンが暹羅駐在公使稲垣満次郎に引率されて東京専門学校を参観し、同校で講演を行っていた。『山陽新報』の論説などが伊藤博文に要請した清朝政府の総務顧問とは、ロランジャックマンが暹羅で果たしたような役割であったと思われる。九月一〇日付け『国聞報』は、「論伊藤侯来遊関係亜洲大局（伊藤侯の来遊は亜洲大局に関係するを論ず）」と題する論説を掲載し、伊藤博文の清国遊歴に期待を寄せ、アジア諸国が悉く「自主の権」を喪失し、また清国も「地方の鉄道、税務、釐金、郵政の権利」が列国の掌中に握られ、「自主を喪失した状況」となっている現状に鑑みれば、清国が「自主」を図ろうとすれば日本と聯盟する以外になく、日本も「富強」を保とうとすれば清国と聯盟する以外にないと述べた。同記事は、伊藤博文の清国遊歴を千載一遇の機会と見なし、「清国は日々維新を志しているが、茫然として着手の方法を知らない。ために、ここで〔伊藤博文の〕指南を得たならば、必ずや清国と日本の幸いがもたらされる。思うに、アジア大陸の黄種の人民は、〔伊藤博文〕侯の今回の〔清国〕遊歴を存亡興廃の重要な鍵とするであろう。普通の外国の貴賓による来遊と、同列に扱うべきではない」と述べて、伊藤博文の清国遊歴に期待を示した。伊藤博文の清国遊歴は、もともと政治的な思惑がなく、同地の視察を目的とした。しかし、伊藤博文の顧問就任への期待は、伊藤博文の目的とは裏腹に、天津や北京で大きく盛り上がった。朝日新聞特派員の上野靺鞨は、直隷総督栄禄の部下が栄禄に対して、伊藤博文の到来には大賓の礼を用いて接待し、国際情勢、内外の変革について礼を尽くして教えを請い、光緒帝に対しても伊藤博文に請願して顧問官に就き、万機、諮詢して施行するよう奏請すべきであると述べたとする。

日本政府は、清国駐在公使矢野文雄の賜暇帰朝に伴い、一等書記官の林権助を代理公使とした。林権助は一八九七年一一月まで、イギリス公使館で書記官を務めていたが、清国駐在公使矢野文雄が民間より公使に抜擢され、外交に素人で、本省の理解不能な電文を送ることがあったため、これを補佐する目的で清国公使館の一等書記官に登用されていた。二等書記官は、中島雄である。八月九日、代理公使林権助は伊藤博文にあてて、李鴻章からの情報で、光緒帝が伊藤博文に対する謁見を希望している旨を報じた。そして、九月三日、林権助は伊藤博文にあてて、再び光緒帝が伊藤博文に対する謁見を希望している旨を述べ、かつ「清帝は近頃政務に御勤勉、閣員を鞭撻し庶政の改良を計るに汲々たる御状況」であり、光緒帝と会見の節は大局的な発言をして同帝を称揚すると共に、軍務の改良、教育の刷新、商工農の諸務の振興に関しても献策するよう願い出ている。林権助がここで教育の刷新、商工農諸務振興と共に、軍務の改良を挙げたのは、新建陸軍の袁世凱への配慮を含ませたものであろう。林権助はこれに続けて、天津では直隷総督栄禄が伊藤博文を招待する予定になっており、これには袁世凱も陪席するであろうとして、「彼れ〔が〕一軍の長として頗る日本に頼るの意ある事」を含み置きいただけるよう請願し、かつ伊藤博文に袁世凱に対する格別の配慮を進言した。また、林権助は、伊藤博文が光緒帝に拝謁した際の「御言上の御草案」についても、伊藤博文が北京に到着して後、慶親王奕劻、李鴻章、張蔭桓などを総理衙門に訪ねた際、李鴻章に手渡し、確認を行う算段になっていると伝えている。

九月六日、林権助は九月三日の書簡に次いで、重ねて仁川の伊藤博文に書簡を送り、光緒帝と会見の際、申し上げるべき草案を芝罘に送付したとすると共に、「右は天津御出来上りの上は天津御出発に先たち御郵送被下《下され》候とも宜敷《よろしく》候」と述べて、伊藤博文が光緒帝に拝謁する際の発言の草稿の確認を要望している。伊藤博文一行を乗せた肥後丸は、九月八日に仁川を出立し、九月九日に芝罘に到着すると、九月一〇日に太沽沖に至った。しかし、肥後丸は強風、波浪のために太沽到着が遅れ、かつ岸に近づいても容易に接岸できず、九月一一日になって漸く着岸が可能となった。伊藤博文の清国における接待委員は、北洋大学総辦の王修植と通訳の陶大均である。王修植と陶大均は、西村博を助け、『国聞報』の実質的な運営者となった。王修植と陶大均は、日本の天津総領事鄭永昌と天津から太沽に至り、伊藤博文一行を出迎えたが、肥後丸の着岸が遅れたため、時間を空費した。直隷総督兼北洋大臣の栄禄は、伊藤博文の一行の到着を一七発の祝砲で出迎えた。伊藤博文一行は太沽に到着すると、特別仕立ての列車で天津に向かった。天津では、海関道李岷琛始め栄禄の重臣が盛装をして、伊藤博文の一行を出迎えた。そして、伊藤博文一行は、宿舎に定められた水師営務処に入った。この間、イギリス人のキリスト教宣教師(大英浸礼会清国伝道団)ティモシー・リチャードは九月九日に、康有為より光緒帝の外国人顧問となるよう要請され、上海から北京に向かった。伊藤博文一行は同日に太沽を出立し、天津に到着した。

二　井上雅二と平山周

一八九八年六月一一日、光緒帝が「国是を明らかに定める詔勅」を発し、いわゆる戊戌変法が始まった。しかし、六月一八日、光緒帝が一〇月一九日に西太后を奉じて、天津で閲兵式を挙行する予定であると報じた。すると、ある謡言が起きた。この謡言は、西太后がこの閲兵式を利用して軍隊を動かし、光緒帝の謀殺を図るというものである。清国駐在公使矢野文雄は賜暇帰朝を予定していたが、戊戌変法の開始により、暫く北京に留まり政局の推移を見守ることにした。すると、ある日、「光緒帝の側近某」が矢野文雄の許を訪れて、「万一改革事業が失敗の時は、帝を貴公使館に於て庇護されたい」と申し出てきた。矢野文雄は、この申し出に応じられない旨を答えると共に、喫緊の際には民間団体に依頼するよう諭した。梁啓超は戊戌政変後、志賀重昂に対して「矢野〔文雄〕公使は私が北京にいた時に数回会見しており、貴国には親愛の情を感じております」と述べた。このため、矢野文雄の指摘した「光緒帝の側近某」とは、梁啓超のことであったと思われる。矢野文雄は賜暇帰朝のため、七月一五日に北京を出立した。従って、「光緒帝の側近某」が矢野文雄を訪れたのは、六月一八日から七月一五日の間になる。光緒帝は六月一六日、黄遵憲と譚嗣同に引見のため上京を命じ、かつ梁啓超については総理衙門で審問・選考することとし、七月三〇日に再度、黄遵憲と譚嗣同の上京を督促した。譚嗣同は八月三日に漢口を出立し、上海をへて八月二一日に北京に到着したが、黄遵憲は病気を理由に上海に留まった。黄遵憲は事態の帰趨を不安視していたのである。譚嗣同が北京に到着すると、政局は風雲急を告げていた。

八月二六日、宗方小太郎は「去冬膠州湾事変以来、上下紛然、変法の声所在に喧しく、科挙法の改変となり、兵制の更新となり、学校の設立となり、一面には経済特科なる特別の門戸を開て人才登庸の道を広め、昨年以還（このかた）諸般の改革に関する詔勅雨の如く下り、皇帝の督促甚だ厳なりと雖ども、毫も其の実効の挙がらざるは、改革の基礎先づ定まらざるが為なり」と報じたように、光緒帝の鳴り物入りの改革も官僚の抵抗、サボタージュにより、詔勅の連発に終始して滞った。八月三〇日、光緒帝は改革の遅滞を憂慮し、「冗員の裁汰」及び不要或いは任務の重複する役所の廃止を命じた。また、光緒帝は九月一日と四日、礼部の六人の堂官を、改革を阻害したとの理由で罷免し、九月五日に譚嗣同、楊鋭、劉光第、林旭を軍機章京に命じた。九月五日、光緒帝は鄭孝胥を召見することにした。鄭孝胥は九月四日、張蔭桓、譚嗣同と共に乾清門に入り、乾清宮で召見の時を待った。鄭孝胥は九月五日早朝、光緒帝に拝謁した時の模様を、「朝日が出て部屋に導かれ、三〇分ほど召見を賜り、意見書を上呈した。皇上は温和な面持ちだったが、酷く痩せられて見えた」と記している。光緒帝は官僚の抵抗に業を煮やし、窮余の一策として懋勤殿を開き、「全国の英才」「海外の専門家」を招聘し、制度の改革を議論しようとした。懋勤殿は、光緒帝によって召集された政治顧問の議事機関、諮問機関であり、戊戌変法の中心に位置付けられるべきものである。このため、光緒帝は九月一二日、西太后の命を仰ごうとして頤和園に赴き、西太后の許を訪れて、懋勤殿の開設に理解を求めた。しかし、西太后は光緒帝による懋勤殿の開設に反対しただけでなく、光緒帝の早急かつ軽はずみな行動に叱責を加えた。

井上雅二は九月七日に上海を出立すると、九月九日夜に山東半島を過ぎ、九月一〇日朝に芝罘に着いた。井上雅二は上海から芝罘、天津をへて北京に赴くまで、湖南省出身の畢永年と道中を共にし、筆談を交わして、「同行せる湖南の有志、固と豪侠の風骨あり、歓談数時、余に贈るに一律を以てせり。其詩に曰く、環海風波万変来、書生空抱楚天哀、江流千古成遺憾、世乱於今孰俊才、賈誼陳詞応痛哭、李陵忘漢強登台、如君肝胆相推許、願進長星酒一杯（環海は風波が万変して来たり。書生は空しく抱く楚天の哀しみ。江流は千古より遺憾を成し、世は乱れ今においては孰れか俊才ぞ。賈誼が詞を陳ぶれば応に痛哭すべく、李陵は漢を忘れ強いて台に登る。如し君肝胆相い推許すれば、願うらくは長星に酒一杯を進めん）」と記している。井上雅二と畢永年が芝罘に到着すると、平山周と会合した。平山周は九月一日に上海を出立すると、宮崎滔天と別行動を取り、芝罘で情報収集にあたっていた。芝罘は烟台ともいい、遼東半島と向い合い、渤海海口を抑える要地に位置した。小山松寿はこの芝罘について、一八九八年一二月の時点で日本人が六一名も居住し、「日本領事館もあり、郵便局も設けられ候に、割合に日本人の増加なく、日本人の気勢の隆らざる、種々の干（関）係の有之《これあり》候はんなれども、一は金融機関なきと、二は交通〈日本より〉不便に由る事と思はれ申候」と記している。平山周は、伊藤博文一行の清国周遊の報を受けており、畢永年、井上雅二の一行に芝罘から加わり、北京を目指すことになった。

この間、井上雅二、畢永年、平山周は九月一〇日、汽船に乗船して芝罘を出ると、翌九月一一日に太沽に到着、列車で太沽を出て、一時間後に天津に着いた。井上雅二らは太沽から天津に至る列車の車中で、偶然にも朝日新聞社特派員の上野靺鞨と邂逅し、伊藤博文一行の歓迎会が天津で開催される旨知らされた。上野靺鞨は伊藤博文一行に同行し、特派員記事を認めるべく、伊藤博文らを追いかけていた。同夜、上野靺鞨と平山周、井上雅二は畢永年を残し、天津の日本領事館における伊藤博文の歓迎会に出席した。同歓迎会には、伊藤博文の他、随員の森泰二郎（槐南）、頭本元貞、大岡育造、時岡茂弘、大島艦長荒木律三郎、天津総領事鄭永昌、三井物産会社支店の呉永寿、武斎号の武内桂次郎、新有信洋行の士居嘉蔵、新松昌洋行の伊藤彦九郎、東華号の樋口忠一、栄昌洋行の小島栄蔵などが列席した。井上雅二は、同日の伊藤博文の歓迎会について、「下車、直〔ち〕に鞅鞨生の案内にて天津の第一楼に入り、晩餐を喫して領事館内に設けられたる〔伊〕藤氏歓迎の夜会に赴く、立食の宴あり、伊藤〔博文〕、大岡〔育造〕諸氏の口上あり、煙火（花火）あり、主客十二分の歓を尽くして夜十一時、散会せり。渤海湾に入てより秋風蕭々に似ず、領事館内別に一団の春を成し、又東方時局の変を知らざる者の如し。遊子亦一種異様の感に打たれ、可笑しくもあり可憐にもありたりき」と記している。畢永年はこの歓迎会に出席していない。畢永年の人柄は、井上雅二が「固と豪俠の風骨あり」と、また宮崎滔天が「彼〔は〕体躯偉大、強度の近視眼にて、顔面に痘痕あり、口は吶にして蛮骨稜々たるものあり」と記している。

井上雅二と平山周、畢永年は、伊藤博文一行に先行して、九月一一日に天津を出発し、同日に北京に到着した。井上雅二と平山周は、北京滞在中の山田良政を頼った。山田良政は、日本公使館附武官瀧川具知の邸宅を宿舎としていた。瀧川具知は天津で『国聞報』の買収を図り、同報を西村博の所有としていた。山田良政と井上雅二は、台湾民政局に勤務した時期の同僚であった。この約半年前の一月、山田良政は清国から帰朝し、東京に戻ると、井上雅二の寓居を訪れている。井上雅二が「山田良政君南清より帰来して来訪せり。〔一月〕十七日再び北清に向ふ」と記しているため、山田良政はこれ以降、北京に赴き、瀧川具知の邸宅に居住して情報収集に従事したものと思われる。また、平山周は後に「山田〔良政〕君は井上〔雅二〕君の旧友で、公使館附武官瀧川〔具知〕海軍大佐（この時は中佐）と共に東四牌楼に住して居る、余と井上君とは先つ其寓居を訪ひ、而して其所に同居することになつた。余と山田君との深〔親〕交は此時に出来たのである」と記している。このため、平山周はこの時が山田良政と初対面であった。井上雅二と平山周は山田良政の寓居、すなわち瀧川具知の邸宅に荷を降ろした。上野鞅鞨も八月一六日の日記に「昨日（八月一五日）田山良介（山田良政）氏来る。氏は例の支那通の一人なり。近時海軍々令部に属し専ら秘密の探査に従事す。故に我陸海軍省内部の事情にも通じ、言ふ所着々肯綮（物事の要所）に当るものあり」

と記しており、山田良政とは懇意であった。また、畢永年は北京に到着すると、譚嗣同を訪ねた。畢永年は康有為、康広仁、梁啓超、譚嗣同の居住する南海会館に宿泊した。

三 譚嗣同と袁世凱

九月一二日、伊藤博文は直隷総督兼北洋大臣の栄禄を訪問し、午後五時に栄禄の回訪を受け、栄禄が北洋医学堂で催した歓迎会に臨んだ。栄禄は満洲白旗人で、歩軍統領、兵部尚書を歴任し、一八九八年に直隷総督兼北洋大臣となった。伊藤博文が北洋医学堂に到着すると、百余名の兵士が捧げ銃をして出迎えた。直隷総督は、董福祥の甘粛軍、聶士誠の武毅軍、袁世凱の新建陸軍の、いわゆる北洋三軍を統帥した。このため、同歓迎会には、聶士成と袁世凱の他、三十余名の文武官が参列した。栄禄が「伊藤侯の来清は清国今日の景勢に対し頗る幸福の機会なり。故に清国革政に就き無遠慮（遠慮無く）忠告を与へられんこと」を請願すると、伊藤博文も「自ら知る処の者は一々清国の為めに忠告を辞せざる旨」を述べた。伊藤博文の随員の森泰二郎（槐南）は、「九月十二日栄中丞〈禄〉北洋医学校嘫集叨陪席末恭賦紀盛兼呈袁慰廷〈世凱〉廉訪（九月十二日、栄禄の北洋医学校の宴会にて、濫りに席末に列し、恭しく紀盛を賦し、袁世凱に上呈する）」と題する七言律詩を詠み、末尾に「最も是れ袁を推すに、駿骨多く、明朝手を携え、燕台に上る〈時に廉訪は召に応じて都に上らんとす〉」と記した。袁世凱は上京し、九月一六日に光緒帝に拝謁することが決まっていた。このため、森泰二郎は九月一二日の歓迎会で、袁世凱の未来を祝福して、詩を贈った。伊藤博文の一行は九月一三日、北洋大学総辦王修植の主催する午餐会に出席し、天津における日程を終えると、翌九月一四日、西太后と光緒帝の間で緊張が高まりつつある中、天津を離れ、前途洋々として北京に向かった。伊藤博文の一行は北京に到着すると、伊藤博文と時岡茂弘が日本公使館に入り、森泰二郎、頭本元貞、大岡育造が北京の旅館に荷を降ろした。

九月一日夜、伊藤博文の一行は清国駐在代理公使林権助主催の晩餐会に出席した。この晩餐会には、清国の高官、張蔭桓など六、七名が出席した。翌九月一五日、伊藤博文は総理衙門を訪問し、慶親王奕劻、廖寿恒、崇礼、張蔭桓の諸大臣に面会し、帰途、李鴻章を表敬訪問した。同日午後、総理衙門の大臣が伊藤博文を訪問し、翌九月一六日午前には李鴻章が、午後には慶親王奕劻、裕禄、崇礼、張蔭桓が日本公使館に伊藤博文を訪ねてきた。九月一七日、張蔭桓が伊藤博文一行を晩餐会に招いた。張蔭桓は康有為と同郷、広東省南海県の出身で、一八九五年の日清講和条約交渉では邵友濂と来日しながら、全権委任状の不備を理由に帰国を余儀なくされていた。伊藤博文と張蔭桓の会見はこれ以来、三年振りであった。宗方小太郎は八月二六日、「北京政府内に在りて目下勢力の最大なるを張蔭桓とす。張は皇太后の親任厚く、かつ元老李鴻章、孫家鼐、剛毅並びに有力なる御史宋伯魯等の之を助くるあり〈李鴻章は近頃何事も控へ目に見ゆ〉。声気広く通じ、羽翼已に成り、其権力当るべからず。又た張の背後には当時(現在)、時務家（政論家）として有力なる康有為有り。張の提出に係はる改革意見に康氏の立案に出づる者多し」と述べ、清朝政府内における張蔭桓の権勢を指摘している。康有為は同郷の誼で張蔭桓の許を訪れ、張蔭桓の紹介で総理衙門大臣の翁同龢の面識を得た。翁同龢はいわゆる帝党(光緒帝の支持派閥)の中心人物で、康有為の抜擢に尽力したが、六月一五日、すなわち光緒帝が「国是を明らかに定める詔勅」を発した四日後に、罷免された。新建陸軍の袁世凱は、九月一二日の天津における栄禄の歓迎会で伊藤博文の一行と会うと、九月一四日に北京に入った。袁世凱は九月一六日、光緒帝に拝謁すると、軍隊の訓練について「随時具奏すべし」と命ぜられた。九月一七日、袁世凱は、謝恩のため光緒帝に拝謁した。光緒帝は依拠すべき軍事力を持たなかった。このため、光緒帝がこの時期に袁世凱を召見したことは、様々な憶測を呼んだ。

井上雅二は九月一四日と九月一六日、康有為、梁啓超、譚嗣同、張元済などと会談を行い、半日の時間を費やした。井上雅二は、康有為らと行った会談の模様について、「当時諸氏は意気昂然、陛下の御親任により変法革政を断行するに守旧党彼れ何物ぞ、仮令《たと》ひ根底堅しと雖も、多衆を擁すと雖も、到底革新を拒む能はざるなり、又拒むの理なきなりと、殆んど大変の瞬間に迫れるを知らざる者の如く、切りに四百州復興の策を講じて止まざりき」「余、康・梁諸氏を見て、試みに革新の方法順序如何を問へば、彼等は万口一致先変法を以て第一議となすと云ふ而已、然り変法実に最急務に属すと雖も、彼等は彼等が空文的の変法に忙殺されつゝある間に、外債・会匪等の恐るべき禍機を朝に夕に醸成せしめつゝあるを知らず、否《いな》之を知ると雖も、変法だに成功せば諸般の革新〔も〕随て挙るべしとなせり」と記している。井上雅二によれば、康有為らは清国の政局が緊迫の度を増しているにも拘らず、事態の推移を全く楽観視していた。平山周も康有為に会見し、「中央政府の改革は徒《いたず》らに空文たるに止まるの観ある」ため、具体的な方策を訊ねたところ、康有為が各省より数人の顕官を召集して参与職につかせ、これによって各省の信用をつないで新たな財源をえ、改革を行なう積りであると答えたとして、対外的な危機が迫りくる中、いかなる胸算用でいるのか皆目見当がつかないとした。平山周も井上雅二と同様に、康有為に実務能力の欠如を感じ取っていた。犬養毅は一〇月、戊戌政変後に陸実にあてて、「小生の接取したる私信」によれば、「代理公使（林権助）及公〔使〕館付武官（瀧川具知）が、軍事改革などの意見を以て無経験の南海（康有為）を煽動したる」により、袁世凱がこれを栄禄に告げて戊戌政変が起きたとして、光緒帝の袁世凱の抜擢に対する林権助と瀧川具知の間接的な関与を仄めかした。

九月一七日、光緒帝は上諭を出し、「康有為は、宜しく速かに京を去りて上海に赴き、官報を督辦し、人智を開発するに努力せよ」と命じた。これより先、八月二六日、光緒帝は上海の『時務報』を官報に改めると共に、康有為を上海に赴かせ、これを監督させるという指示を出していた。しかし、康有為は、北京からの出立を躊躇していた。このため、光緒帝は九月一七日、康有為に対して、急いで上海に赴けと命じたのである。九月一八日、井上雅二は、翌九月一九日より万里の長城に赴き、北京を留守にするため、南海会館を訪れて、康有為、譚嗣同に挨拶をしようとしたが、康有為と譚嗣同は不在であった。ただし、畢永年と羅潤楠の二人が南海会館にいて、会話することができた。すると、この二人は井上雅二に対して「康先生明日（九月一九日）京を発して上海に赴かんとす、弟等亦同伴し去る可し」と述べると共に、九月一七日の光緒帝の上諭を取り出して見せた。後に、井上雅二はこの時の模様を回顧して、「諸子は猶未だ少しも政界の暗流に気付かざりしが如し。唯西太后の稍もすれば皇上を掣肘せんとするの傾あるは浩歎に堪えず抔の語を放ちたるによりて、今日より之を察すれば、少しく二、三日来の雲行きを見るべしとせんか。思ふに、康有為をして京を去らしむるの上諭は、彼をして危険を避けしむるの仁意に出づるとして大誤なかる可きなり」と述べて、畢永年らは目前に迫る危難を全く予見していなかったとした。九月一八日、井上雅二が南海会館を訪れると、畢永年と羅潤楠は康有為が九月一九日に北京出立の予定であると述べていた。しかし、康有為が北京を実際に離れるのは、九月一九日ではなく、翌九月二〇日早朝であった。康有為はなぜ、出立の日にちを一日遅らせたのであろうか。

九月一九日、西太后は訓政復活、すなわち戊戌政変の発動の意を固めて、頤和園から紫禁城に戻った。九月二〇日、光緒帝は伊藤博文と紫禁城内の勤政殿で会見した。伊藤博文には、随員の時岡政弘、森泰二郎、頭本元貞、大岡育造及び代理領事林権助、通訳の鄭永邦が同行した。上野靺鞨は九月二三日、「北京に於ける伊藤侯」と題して、「〔伊藤博文の一行は〕十五分間許りにして退出せり。或は皇帝より何か国事に関して御諮詢あらせらるゝやと予想せられしが、何等の御諮詢もなかりければ、〔伊藤〕侯爵も多少意外の感を起せしならんが、後に至りて其事の偶然ならざりしを知れり」と述べて、光緒帝と伊藤博文の会談が短時間で終わった理由を翌九月二一日の戊戌政変の発生に帰した。同日早朝、康有為は北京を離れている。袁世凱によれば、九月一八日夜、譚嗣同は単身、光緒帝の窮状を救うために、袁世凱の宿舎に至った。譚嗣同はここで、翌々日の九月二〇日に光緒帝に請訓して硃諭（朱書の上諭）を賜り、この硃諭を擁して天津に赴き、直隷総督栄禄を逮捕・処刑すると共に、新たに袁世凱を直隷総督に就かせ、袁世凱が軍隊の一半を用いて頤和園を囲み、他の一半を用いて宮廷を守る計画であると述べた。譚嗣同は懐に武器のようなものを隠し持ち、拒絶を許さない面持ちであった。袁世凱はこの要求を受け流し、曖昧に答えた。このため、康有為は九月一八日晩の譚嗣同の袁世凱への策動の成功を見届けた上で、九月一九日に出京を図ったともいえよう。ところが、九月一八日晩の譚嗣同の袁世凱に対する策動は、不首尾に終わった。譚嗣同はこの結果を、康有為に告げたはずである。このため、康有為は何らかの手立てを打つ必要に迫られ、九月一九日の北京出立の日時を一日遅らせ、九月一九日に伊藤博文などを訪れて事態の収拾を依頼し、九月二〇日に出京したと見なすこともできる。

第三節　井上雅二と戊戌政変

一　戊戌政変の前後

一八九八年九月一八日、すなわち戊戌政変の起こる三日前、御史の楊崇伊が慶親王奕劻を通して、頤和園の西太后に訓政の復活を請願していた。西太后が頤和園から紫禁城に戻るのは、翌九月一九日である。このため、西太后の訓政復活、すなわち戊戌政変は、袁世凱による密告とは無関係に起きたことになる。ただし、戊戌政変が西太后によって早晩起されたとしても、楊崇伊による西太后の訓政復活の請願はなぜ、九月一八日という日時になされたのであろうか。この原因の一つは、光緒帝による伊藤博文の召見が九月二〇日に予定されており、光緒帝がこの場で伊藤博文に政治顧問の就任を要請する可能性のあった点に求められる。九月二一日、西太后は訓政復活の布告と共に、歩軍統領衙門（京城内外の警護を掌る役所）に康有為、康広仁の兄弟と御史宋伯魯を逮捕するよう命じた。そして、譚嗣同の捕縛命令は、九月二三日に出された。すなわち、九月二一日の時点では、譚嗣同の捕縛命令は出ていなかった。このことは、西太后の訓政復活が袁世凱の密告と無関係であったという説を補強する。九月二〇日、袁世凱は天津の栄禄の許を訪れ、譚嗣同が袁世凱に要請した内容を密告した。九月二一日早朝、栄禄は前日の袁世凱の密告が余りにも重大な事柄であったため、袁世凱の許を訪れて譚嗣同が袁世凱に要請した内容を再確認した。この席には、楊崇伊も同席した。楊崇伊は、九月二二日に北京に戻り、慶親王奕劻に袁世凱の話を告げた。西太后が慶親王奕劻を通して袁世凱の密告、すなわち譚嗣同の要請に関する仔細を聞いたのは、九月二二日午後以降である。九月二三日早朝、西太后は譚嗣同の逮捕命令を出した。これにより、戊戌政変は康有為らによる政局の紊乱から、西太后の捕縛事件に対するものへと展開した。

日本公使館の二等書記官、中島雄は、康有為の九月一九日の足取りの一端を、「清国の政変前後に於ける見聞一班〈明治三十二年清北京公使館に於て〉」の中で記している。中島雄は、一八九五年の日清講和条約締結交渉の作業に携わり、日本政府全権の伊藤博文を補佐した。また、中島雄は、清国の日本公使館の中で重きを置き、歴代の公使の相談役的な存在となった。伊藤博文は九月一四日に北京に到着すると、翌九月一五日に中島雄の許を訪れ、康有為の人と為りについて訊ねた。すなわち、中島雄は、伊藤博文から直々に康有為について下問を受ける程、伊藤博文の信任を受けていた。中島雄は伊藤博文に対して、康有為の著書に言及しながら、康有為が「一個の名士」には相違ないものの、「経験とてはなき人と存ずる」と答えている。中島雄の康有為に対する評価は低かった。そして、伊藤博文が中島雄に対して、「康氏と皇帝の間の関繋如何」と訊ねると、中島雄は宦官が光緒帝と康有為の仲介役となり、互いに連絡を取り合っているようであると答えた。更に、中島雄は伊藤博文に対して、「近日清国の新政変法中に就て随分如何《いかが》かと考へらるゝ事も有之（これあり）」と述べ、学堂設立、鉄道敷設、鉱山採掘の他は、余り褒められたものではないとした上で、自らの著書「再擬美国人（アメリカ人）上書」の写本を贈呈した。中島雄はまた、「其翌々十九日午後、康〔有為〕氏は伊藤〔博文〕侯爵を当公使館に来訪したるに由り、過日の申越（康有為の訪問の申し出）もありし折柄、帰途或は立ち寄る事もあらんかと思ひ居りしところ、是日は遂に余を来訪せず」と記し、康有為が事を急いでいたためか、自分の部屋を訪問しなかったとしている。康有為は九月二〇日早朝、北京を離れて天津に向かった。

　九月一九日、康有為は北京を離れる前日、午後三時に日本公使館を訪れ、伊藤博文と会談を試みた。通訳の労は、鄭永邦が取った。この他に、日本人一名、清国人一名も同席した。そして、井上雅二が康有為と伊藤博文の会談の内容を『読売新聞』紙上にスクープした。康有為は伊藤博文との会談で、「満州党が西太后に讒言をして、皇上が精神を病み狂人となったと述べたため、西太后に廃立の心が生じており、確否が不明なものの、もし伊藤侯が西太后に見えるならば、皇上が賢明で、改革も諸外国の喜ぶものであると極言されるよう御願いする」「伊藤侯が西太后に見えた時、各国が清国に迫り、対外的な危機が危急のものとなり、大改革の断行なくして中国も自立できず、必ずや各国に瓜分（分割）されて、災禍が筆舌に尽くし難い程になることを極言されるよう御願いする」「伊藤侯が西太后に見えた時、改革の唱導者が皆、心より国家の幸福を謀り、決して他意などない者であり、もし改革を行うならば、漢人が利益を享受するだけでなく、満人もまた利益を享受すること、もし改革を行わなければ、漢人が害を受けるだけでなく、満人もまた害を受けることを極言されるよう御願いする」「伊藤侯が西太后に見えた時、漢人と満人が共に清国の赤子で、一人の母が二人の子供を産んだ如きであるのに、どうして兄を子供と認めながら、弟を賊とみなすことができるのか、宜しく満人と漢人の界限を分たいないように極言せられよ。切に望むところである」と立て続けに述べた。翌九月二〇日、光緒帝と伊藤博文の会見が予定されていた。このため、康有為は北京出立の日を一日遅らせて、九月一九日に日本公使館を訪れ、伊藤博文に対して、もし伊藤博文と西太后の会談がなされれば、西太后に光緒帝の疑念の払拭、改革の断行、満人と漢人の融和を進言するよう依頼し、伊藤博文もこれを承諾した。

伊藤博文の随員の頭本元貞は、「〔伊藤博文は〕我が公使館に投ぜられしが、彼の康有為は張蔭桓の紹介もありたれば、一回会見をせられたり」と記し、伊藤博文と康有為の会談が張蔭桓の斡旋で行われたとした。張蔭桓は康有為と同郷の広東省南海県出身で、康有為の後ろ盾でもあった。伊藤博文は張蔭桓が清国の実力者で旧知の間柄でもあったため、康有為との会談を拒絶できなかったと思われる。九月一九日の夜、伊藤博文の歓迎会が催された。上野秌輵によれば、伊藤博文はここで「康有為等も余（伊藤博文）を訪ふて頻りに満漢の軋轢を訴へ、西太后に謁見せられなば、是非此等の点に付き忠言を呈せんことを依頼せり」と述べたとしている。これよりすれば、康有為はこの時点では戊戌政変が起こるなどとは毛頭予想もせずに、伊藤博文に対して西太后への満洲人と漢人の対立の緩和、改革の推進の進言を依頼していたことになる。康有為は九月一九日、伊藤博文だけでなく、ティモシー・リチャードも訪問している。九月二〇日、伊藤博文と光緒帝の会談が勤政殿で行われた。しかし、康有為は伊藤博文と光緒帝の会談の帰趨を見届けることなく、九月二〇日早朝、北京を出立した。そして、九月二一日、西太后の訓政復活となった。上野秌輵はこれを、「此陰謀（西太后の訓政復活）は伊侯（伊藤博文）謁見の前日（九月一九日）仕込まれ、謁見丈は事なく終へて、而して後発見せしもの丶如し。一昨二十日即ち伊侯謁見の日、軽報あり。曰く、昨夜皇上毒弑せられ給ふと。……今にして思ひ合すれば、是れ実に皇帝の押込られ給ひしを訛伝せしものなり。随ふて謁見の当時、皇帝は既に昨日迄の皇帝にあらずして、既に其自由を羈束〔拘束〕せられ居〔り〕給ひしものなる事を知るべし」と記している。

期せずして、井上雅二は、中島雄、上野粛綱、平山周、山田良政などと共に、戊戌政変の目撃者となった。井上雅二は康有為と伊藤博文の会談の内容を下に、「此問答を依て之を見れば、皇上及康等は太后を廃せんとするの意思なかりしが如し。然れども是れ康派論者の説として見るべく、直に以て信拠すべからざるに似たり。而して太后の皇上を廃立するの意思果して之あるや否やも亦目下疑問に属す。唯其れ政変の動機は別問題とし、太后が政変を奇貨として皇上及び康等改革派の人士を一網打尽せんとせしは事実として断定し去を得ん乎」と述べて、康有為による西太后の幽閉或いは暗殺計画の存在を否定している。しかし、御史の楊崇伊が九月一八日、慶親王奕劻を通して、頤和園の西太后に訓政の復活を請願し、西太后も九月一九日に頤和園から紫禁城に戻った。もちろん、康有為は九月一九日、この間の事情を知らずに、伊藤博文に対して西太后への改革推進を依頼した。ところが、九月一九日夜、光緒帝が毒殺されたという怪聞が北京を駆けめぐった。上野粛綱は九月三〇日、「北京の一大政変」において、「康〔有為〕は是より先、上海に赴くべきの命を得たるも、故ありて未だ赴任せざりしが、此変動の事（戊戌政変の発生）を内廷の同志より密報する者あり、形勢危急に迫れることを覚りたれば、昨朝（九月二〇日）急に天津に逃れたり」と述べた。ただし、これは上野粛綱の見解である。それでは、西太后は九月一九日に頤和園より紫禁城に戻りながら、なぜ九月二〇日ではなく、九月二一日に戊戌政変を発動したのであろうか。この理由は、光緒帝と伊藤博文の会見が九月二〇日に予定されていた点に求めることができる。そして、この一日が康有為の存亡の明暗を分ける結果となった。

二　康有為の日本亡命

九月二一日、戊戌政変が発生すると、東亜会会員の田野橘治が広州で康有為の門弟らの救助にあたった。田野橘治は一八七七年一〇月、兵庫県美方郡に生まれ、京都の同志社に学び、一八九五年に荒尾精の薫陶を受け、井上雅二らと若王寺山中で修業後、上京して東京専門学校に入学、一八九八年四月に東亜会に参加、同年七月に東京専門学校を卒業すると、平岡浩太郎の推薦で広州に渡り、康有為の設立した萬木草堂の教師となった。田野橘治は井上雅二と同じ兵庫県の出身で、共に荒尾精の門下生、親友であった。田野橘治の両親は、田野橘治が病弱であったため、広州に赴任することに難色を示した。このため、井上雅二が田野橘治の両親を説得し、田野橘治の広州赴任が決まった。八月二四日、宮崎滔天は平山周と上海に到り、平山周と上海で別れて後、広州に赴き、萬木草堂の教師の職に就いていた田野橘治と面会した。田野橘治がここで、康有為の改革が成功すれば清国に革命など不必要であろうなどと述べると、宮崎滔天は「千百の上諭を発したところで、夫れは唯空言に過ぎない」と反論した。このため、田野橘治と宮崎滔天は、康有為の改革の是非、清国の革命の必要性をめぐって激論となった。二人の主張は平行線を辿ったが、「革命は勿論、改革にしても民間より起つて血を以て旧思想分子や腐敗分子を洗ひ清めてこそ、始めて名実相副《そ》ふ改革が出来る」という結論に到達して収まった。そして、宮崎滔天が「〔康有為の改革の失敗が必定であり〕失敗後の康〔有為〕君をして孫〔文〕と手を握らしめ、彼を進一進せしめて、革命主義の大同団結を策するは宜しく君の任ずべきに所にあらずや」と説いて、二人は別れた。九月二一日、北京で戊戌政変が発生したのは、この会合の数日後であった。

九月二〇日未明、康有為は北京を出立すると列車で天津に出て一泊し、翌九月二一日早朝に太沽に至り、イギリス籍汽船・重慶号に乗った。重慶号は太沽を出発し、上海に向かう途中で、芝罘に寄航した。康有為は芝罘で上陸すると、悠長にも芝罘の街巷を散策して買い物をした。歩軍統領衙門は、既に康有為の追跡を始めていた。清朝政府の追及の手は呉淞に迫っていた。康有為は間一髪で重慶号に搭乗して芝罘を出立、九月二四日未明になって呉淞に到着した。呉淞では、上海道台蔡鈞の電報が到達し、清朝政府の官憲が厳戒態勢を布いて、康有為の到着を待ち構えていた。イギリスの上海駐在総領事ブレナンは、宣教師のティモシー・リチャードの要請により、威海衛から巡洋艦ボナベンチャー号を呉淞に呼び寄せており、康有為を呉淞口外で重慶号からバララト号に乗り移らせ、巡洋艦ボナベンチャー号に護送させて香港に運んだ。康有為の香港到着は九月二九日である。康有為は、香港では刺客防止のため警察署に住み込み、ついで友人の別荘に住居を移した。一〇月一日、宮崎滔天は、宗方小太郎、中西正樹にあてて、康有為による日本への亡命の希望を伝えると共に、康有為が一電を徐勤に致し、徐勤をして大隈重信に面会し、日本で保護してもらえるように交渉を命じた。一〇月八日、康有為は、日本の香港駐在領事上野季三郎を通して、首相兼外務大臣の大隈重信に対して、日本での保護を求めた。大隈重信がこれに許可を与えたことから、康有為の日本亡命が決まった。

九月二一日午前一〇時、南海会館が警吏に包囲され、九月二三日、譚嗣同逮捕の密令が出された。この間には、二日の猶予があった。畢永年はこれ以前、北京を出て上海に向かった。九月二二日、梁啓超が「清政府が改革党威圧を断行する以上は、已に従来康と運動を共にしたる身なれは、蓋し逮捕殺戮を免かれ能はざらんと思ふ」と述べ、日本公使館に保護を求めてきた。清国駐在公使矢野文雄が賜暇帰朝している間、一等書記官の林権助が代理公使を務めていた。梁啓超は、矢野文雄の賜暇帰朝に先立ち、光緒帝の改革が失敗した場合、日本公使館における光緒帝の保護を要請したが、矢野文雄に断わられていた。ただし、林権助は矢野文雄とは異なり、梁啓超の庇護に強い意向を示した。林権助は北京滞在中の伊藤博文と相談して、梁啓超を日本公使館で保護することにして同館に一泊させた。折しも、伊藤博文の随員の大岡育造が玄海丸で帰朝する予定であった。このため、林権助は九月二二日に梁啓超の辮髪を断ち洋服を着せ、鄭永昌、大岡育造と共に汽車で天津に向けて出発させた。九月二三日、大岡育造、鄭永昌、梁啓超は天津に到着すると、天津の日本領事館に二泊した。九月二五日、鄭永昌は梁啓超に猟師の格好をさせ、天津から白河を下り、九月二六日午前七時に太沽に到着した。清朝政府の追っ手が間近かに迫り、一同を訊問した。しかし、鄭永昌らは何とかこれらをかわし、梁啓超を軍艦大島に乗船させた。梁啓超は軍艦大島の艦内で、他の亡命希望者が太沽に到着するのを待った。

九月一九日、井上雅二は小越平陸と共に、万里長城に旅行に出掛けた。小越平陸は一八六六年（慶應二年）、越後に生れ、海軍水兵を志して相州の浦賀屯営に入り、一八九三年に予備役に登録され、ウラジオストクでロシアの情報収集に従事し、一八九七年一一月、ドイツの膠州湾占領事件が起こると、山田良政と共に旅順でロシアの情報収集にあたり、清国の官憲に密偵の疑いで拘束され、程なく釈放された。井上雅二は小越平陸の同行について、「小越〔平陸〕君は最も健脚家にして、川峡（陜）、両湖、江浙の山水〔は〕皆君の単身踏渉せし所、辮髪清服〔の姿のため〕人〔の〕之を疑ふなし、遊子（旅人、すなわち自分）竊かに好伴侶を得たるを喜ぶ」と記している。井上雅二は九日一九日、北京を出て南口に達すると、翌九月二〇日に居庸関を過ぎ、八達嶺に達し、八達嶺の最も高い所に行き、双眼鏡を手に周囲を見渡すと、「前面は平野空濶として村落処々に点々し、遠く山岳の重疊（幾重にも折り重なる）を雲際渺茫の際に認む。而して朔風（北風）面を吹きて、非常の冷気を覚へたり」と述べた。井上雅二らは同日午後、同所を後にし、九月二一日に明の十三陵に出掛け参観すると、午後には昌平州をへて関市に至った。井上雅二らは九月二三日に西山に達し、萬寿山麓で休息し、昆明湖の畔をすぎ、萬寿山を迂回して円明園の旧跡を参観し、海淀をへて北京城内に戻った。井上雅二は円明園の旧跡について、「西山の本道より出でて円明園を覧るに、金殿玉楼全く灰燼に帰したりと雖も、結構流石《さすが》に旧時の偉観を留め、過ぐる者をして低徊（心に引っ掛かり立ち戻る）反省に堪えざらしむ」と記している。井上雅二は九月二三日、四日間に及ぶ旅程を終えて北京に戻ると、ここで戊戌政変の発生を知った。

九月二四日、礼部主事王照が、日本公使館附武官瀧川具知の寓居に保護を求めて来た。同日、二等書記官の中島雄が瀧川具知の寓居を訪れ、平山周や山田良政らと酒を交わしていた。平山周らは王照の救援を決意した。平山周らは王照を瀧川具知の寓居から上野靺鞨の宿舎に遷し、更に小村俊三郎の寓居に潜伏させた。平山周は偶然にも北京の街巷で譚嗣同を見かけた。このため、平山周は譚嗣同に対して、王照と同様、日本への亡命を勧めたが、譚嗣同が既に覚悟を定めており、「自分は今度は死なければならない」と述べて光緒帝の救援に向かい、平山周らの勧めを断わった。上野靺鞨も九月二三日、「彼（譚嗣同）は梁〔啓超〕等に向ひて、兄等は逃れて身を全うし、以て再挙を謀るべし、余は皇上と生死を倶にして、天下義士の志気を鼓舞せんとて、北京を去らざりしと云ふ」と記している。王照もまた、平山周らに身を保護されたが、北京からの脱出を拒み、譚嗣同が最後の一策を講じ侠客の大刀王五（王正誼）に依頼し、九月二四日の夜に一五〇名の決死隊を率いて紫禁城に闖入し、光緒帝を救出する予定であるとして、光緒帝の救助が成就した暁の支援を求めた。このため、平山周、山田良政、王照らは北京に留まり、譚嗣同の動向、事態の推移を見守った。折しも、井上雅二も九月二二日に万里長城の旅行から戻り、平山周と山田良政に加わった。九月二四日深夜、譚嗣同らが逮捕されたとの一報が入った。平山周らは王照を北京から脱出させて天津に至り、栄昌洋行の小島栄蔵の寓居に一泊させた。王照は天津で辮髪を剪り、九月二六日に白河を下り、太沽に到着して玄海丸に乗船し、梁啓超と合流した。

三　井上雅二と畢永年

平山周と山田良政は九月二六日、王照と共に太沽に到着し、軍艦大島に王照を引き渡すと、軍艦大島の艦長から日本公使館附武官瀧川具知にあてた書簡と金銭を預かった。九月二七日、梁啓超と王照は『国聞報』を読み、光緒帝の重病説を知ると、北京の伊藤博文に書簡を与えて、光緒帝の救助を要請している。これに対して、平山周と山田良政は太沽から天津に出て、一端北京に戻ることになった。平山周と山田良政は九月三〇日に天津から列車で北京に向かった。同日は旧暦八月一五日の中秋節にあたった。中秋節は、「殺韃子」という蜂起伝説の日にあたった。このため、北京の街巷では、外国人を排斥する気運が蔓延した。山田良政と平山周は北京城に赴く途中の永定門直街近郊で、群衆に取り囲まれて暴行を受けた。そして、山田良政は上唇右辺と右腕に負傷を負った。平山周は北京で瀧川具知に金銭、書簡を手渡すと天津に引き返し、太沽に出て軍艦大島に乗船した。山田良政は北京に戻ると、再び情報収集に従事した。また、朝日新聞北京特派員の上野靺鞨も軍艦大島を訪れると、北京に戻った。日本政府は軍艦大島の呉港帰航に先立ち、軍艦須磨を太沽に派遣した。軍艦須磨は一〇月一〇日、太沽に到着し、海軍大尉有馬律三郎、海軍中尉古川弘、海軍中軍医秋本孝之助、海軍小主計富田数馬以下、二八名の陸戦隊が上陸した。彼らは軍艦大島に至り、同艦に一泊すると、翌一〇月一一日午前九時に太沽を発して天津に向かい、午前一一時一〇分に天津に到着した。軍艦大島は一〇月一一日、梁啓超、王照、平山周を乗せて、軍艦須磨と入れ代わるようにして太沽を出立し、一〇月一二日に芝罘を出て、日本に向かうことになった。軍艦大島は太沽を出て五日目の一〇月一六日頃、広島の厳島に到着した。

井上雅二は九月二二日に北京に戻った時の状況を「四日間、四百清里の快遊を終へ、九月二十二日の晩、神気爽然として燕京（北京）の寓居に帰れば、豈に図らんや、政界は俄然一大変を来し、上下官民〔とも〕皆寝耳に水を打たれたらん如くに驚駭し、巷議紛々、捕捉する所を知らず」と記した。北京では種々の謡言が飛び交っていた。井上雅二によれば、清国の改革派の人士だけでなく、外国の清国駐在公使も真相の把握ができずに、光緒帝が幽閉された、光緒帝が殺害された、改革派の人士を悉く捕縛すべしとの密命が下った、イギリスとロシアが衝突し琿春で戦闘が開かれた、などの謡言が錯綜した。そして、北京では虚実交々喧伝され、正に修羅場を現出していた。九月二三日、井上雅二は平山周、山田良政らと王照の救援にあたり、九月二四日に王照と共に天津に到着、九月二六日に太沽に出て王照を軍艦大島に預けた時に梁啓超と会合した。井上雅二は太沽で王照、平山周、山田良政と別れて、翌九月二七日、大岡育造と共に玄海丸で帰朝の途に就き、九月三〇日に仁川に上陸し、汽船で漢水を溯った。井上雅二は「〔一〇月〕一日正午、龍山に着し、直に漢城に入り、菊池謙譲を訪ひ、信夫淳平君と京城の風光を大観す。二日〔午〕前五時、馬を馳せて仁川に向ふ。幾多の奇談を演じて、三時仁川着、直に船に上る」と述べた。菊池謙譲は東京専門学校英語政治科の一八九三年の得業生で『漢城新報』の主筆として、信夫淳平は同校英語普通科の一八九〇年の得業生で、一八九四年に東京高等専門学校(のちの一橋大学)を卒業後、一八九七年に外交官試験に合格、領事館補として、共に漢城に赴任していた。安駉寿が仁川から玄海丸に同船し、井上雅二と大岡育造と旅程を共にすることになった。井上雅二、大岡育造、安駉寿は一〇月四日に釜山に到着し、夕刻に同地を発し、一〇月五日朝に長崎に到着した。

九月二八日、譚嗣同、楊深秀、楊鋭、林旭、劉光第、康広仁の六人が菜市口で処刑された。一〇月七日、上海の牧巻次郎（放浪）は、「上海通信」「六烈士の死状」と題して、「北京の知友より通知せる所」に基づきながら、六人の刑死の模様を記し、「六人刑せらるゝ時、譚嗣同〔は〕意気軒昂、林旭〔は〕亦神気自若たり、劉光第は黙然、楊鋭は稍沮葬の色あり。五人の屍は収斂せし者ありたれど、独り康広仁のみは謀主の弟たるの故を以て、連坐の罪を怖れ、之を収斂する者なく、大壑に投じて狐狸の食に委棄せりとぞ。惨の極と謂ふ可し」と述べた。畢永年は九月二一日に戊戌政変前後、北京を出て湖南省に戻ろうとして、戊戌政変の報を受け、急遽、漢口から上海に出たとされる。このため、畢永年は譚嗣同の捕縛の場にも、九月二八日の処刑の場にも立ち会っていなかったが、何者かから「譚嗣同の訣別書」を手渡されていた。日本に亡命するためには、上海に出て長崎に渡る方法があった。ただし、白岩龍平が一〇月一六日、近衛篤麿にあてて「上海に於ては危険の虞ある清人中、平生の親交あり、又有力なるもの数名を自分等寓内に保護し、一面昌言報館〈時務〔報〕館改め〉、蒙学報館等を当方の名前に切替、其主筆汪康年以下を日本の保護下に立たしむる等、同人公議の上夫々必要の手段を取り申候」と記したように、上海も厳戒態勢にあった。文廷式も江西省にいて、江西巡撫徳寿に捕縛される恐れがあったため、弟の文廷楷と共に江西省から湖南省に赴き、上海駐在領事小田切萬寿之助に打電して保護を要請し、東肥洋行の緒方二三に伴われて漢口から上海に逃れ、一一月一九日に上海の日本領事館に入った。

畢永年は上海に約一週間潜伏し、一〇月一日午前一一時、畢永慶、羅潤楠と共に薩摩丸に乗船し、上海を出立した。畢永慶は一九歳で、畢永年の弟である。羅潤楠は二五歳で、広東省の出身、康有為の門弟であり、南海会館で畢永年と起居を共にした。井上雅二は九月一八日に南海会館を訪れ、畢永年、羅潤楠と会合し、康有為が九月一九日に出京し、上海に向う予定であると聞いていた。畢永年の一行は、一〇月五日に長崎に着いた。折しも、井上雅二、大岡育造も一〇月五日に長崎に到着した。このため、井上雅二は畢永年の一行と長崎で劇的な会合を遂げた。井上雅二は長崎で畢永年らと別れ、列車で博多に出て、徳山、加古川をへて郷里の神楽村に戻り、数日過ごした。この後、井上雅二は京都に出て、根津一を訪問し、一〇月一二日に横浜に到着した。同日、横浜では釈奠祭（孔子聖誕祭）が開かれた。井上雅二は釈奠祭に参加し、池辺吉太郎、佐藤宏、原口聞一、西田龍太らと再会した。池辺吉太郎、佐藤宏、原口聞一は東亜会の会員であった。畢永年は一〇月五日、長崎で井上雅二と別れると、薩摩丸に乗船したまま神戸をへて、一〇月八日深夜に横浜港に到着して横浜大同学校に入った。一〇月一一日付け『時事新報』は、畢永年らの目的を「今後先づ本邦の文学を学びて後、各自志す所の専門に入る筈なりといふ」と記している。また、梁啓超、王照、平山周は一〇月一一日に軍艦大島に乗船すると、太沽から芝罘に出て、一〇月一二日に広島に向かった。この間、梁啓超は吉田松陰と高杉晋作の名に擬え、日本名を吉田晋一とした。平山周は厳島で下船して遠翠楼に投宿した。梁啓超と王照は一〇月一七日に呉で下船すると、一〇月二〇日に外務省の高橋橘太郎と合流し、東京に向った。

北京の街巷は、袁世凱の密告によって西太后の捕縛計画、謀殺計画が暴露され、騒然とした。上野靺鞨は九月三〇日、「北京の一大政変」において、「然れども此一種のクーデター（戊戌政変）を加ふるに至れる近因は、康有為が企図せる陰謀の発覚せるに在ることを聞くや、人皆康〔有為〕が男らしく縛に就きて其同志にして密議に与かり、知らざる者の為に冤を解き、並に其陰謀理由顛末を明にせんことを望まざる者なし。然るに彼、変を聞くや同志を出抜きて独り先づ逃れ、同志のみ禍に罹れり。故に識者も稍《ようやく》之を醜とするに至る」と記している。康有為は一〇月一九日、宮崎滔天と宇佐隠来彦に引率されて、萬木草堂の学生らと共に河内丸に乗船して香港を出立し、一〇月二五日に神戸に到着した。一〇月二二日、横浜大同学校校長の徐勤と横浜華僑の林北泉が近衛篤麿の許を訪れ、「清国亡命人の事」、すなわち康有為らの日本での支援を依頼した。同日、宗方小太郎も近衛篤麿の許を訪れて雑談、翌一〇月二三日に孫文の許に行き、平山周、可児長一らと昼食を取った。梁啓超と王照は当初、東京の麹町平河町四丁目三番地の三橋常吉の旅舎に宿泊したが、康有為らの上京に伴ない、一〇月二二日に牛込区市ヶ谷加賀町の柏原文太郎の寓居、更に同区早稲田鶴巻町の高橋琢也所有の家屋に移転した。柏原文太郎は、大隈重信の命を受けて康有為らの世話をした。梁啓超と王照は新家屋に移転後、徐勤、林北泉、羅孝高、鄭晟礼、畢永年などの訪問を受けた。康有為一行は一〇月二五日深夜に新橋に到着、平河町の三橋常吉の経営する旅館に投宿した。同日、宗方小太郎は新橋で康有為一行を出迎え、翌一〇月二六日、宮崎滔天、平山周と早稲田で孫文に会うと、柏原文太郎と鶴巻町四〇番地で王照、梁啓超二人と会い、「梁は予の友人なり。手を握て一笑、新を談じ旧を話し、時を移て別る」と記した。

第六章　日本亡命者の処遇問題　――東亜同文会の設立――

第一節　日本亡命者の対立

一　日本国内の支援者

二　成瀬仁蔵の再活動

三　康有為の政治工作

第二節　東亜同文会の設立

一　東亜会と同文会

二　湖南省の蜂起計画

三　東亜同文会の亀裂

第三節　井上雅二と畢永年

一　畢永年の湖南周遊

二　井上雅二の勉学

三　康有為の離日経緯

第一節　日本亡命者の対立

一　日本国内の支援者

一八九八年九月二一日、清国で戊戌政変が発生した。九月三〇日、東亜会の主要な会員、すなわち江藤新作、池辺吉太郎、陸実、三宅雄二郎ら一〇名余りは、戊戌政変の発生を受けて、萬世倶楽部に会合し、梁啓超、康広仁らの救護を議決した。梁啓超が清国の日本公使館に救助されたことは、まだ報じられていなかった。一〇月二日、安東俊明、村井啓太郎、佐藤宏の三名は、東亜会の総代として首相兼外務大臣大隈重信を訪問して建白書を提出し、人道主義の見地から康広仁及び梁啓超らの峻刑の軽減を清朝政府に忠告するよう請願し、更に外務次官鳩山和夫に面会して同様の嘆願を行った。一〇月六日、東亜会は、安東俊明、村井啓太郎、佐藤宏の三名が大隈重信に提出した建白書を、新聞紙上に公表した。この建白書では、「梁〔啓超〕等は実に忠勇義烈の徒、夙《つと》に支那の復興を以て自ら任じ、拮据（苦労して）経営する所あり、偶《たまたま》ゝ其の為す所〔が〕時と相容れず、将に罪に問はれんとす。某等深く彼等の誠意正心一に社稷（国家）の為めに謀りて、名利の為めに謀らざるの士なる事を知れり」と記した上で、梁啓超、康広仁が東亜会の会員であるとして、この二人の救援を人道的な見地から行うよう依頼している。また、大阪の山本憲は、九月二七日に上京し、外務次官鳩山和夫を訪れて康有為、王照、梁啓超の安否を問うて後、一〇月五日に大阪に戻り、日清協和会の設立を計画し、一〇月二一日に河谷正鑑、牧山震太郎、藤沢南岳、山田俊郎、泉田次郎、向野堅一などと会合し、日清協和会の設立に着手した。山本憲は一〇月二七日に首相兼外務大臣の大隈重信に書簡を与え、大隈重信内閣の外交政策及び亡命者の対処を質して後、一一月六日には大阪で日清協和会の総集会を開催した。

九月一〇日、香港の宮崎滔天が宗方小太郎、中西正樹にあてた書簡によれば、康有為は香港から横浜大同学校校長の徐勤に電報を送り、首相兼外務大臣の大隈重信に会って康有為の保護に対する尽力を依頼するよう、強く要請していた。一〇月二日、横浜大同学校校長の徐勤は、他の二名と共に近衛篤麿の許を訪れ、「清国事変に付、日本は十分の尽力ありたし」と依頼した。近衛篤麿はこれに対して、「西太后の方針の未定の間は、我国の取るべき体（態）度は定まらざるべし」と述べ、「余の意見は当局にも述べ置〔く〕べし」と返答している。一〇月一五日付け『横浜貿易新聞』は「徐勤氏と社員の対話」と題して、「当居留地の大同学校長清国人徐勤氏は、曩《さき》に本国に在りて康有為の門に入り、親しく康の教を受けしものなりとの事に付き、社員一昨日（一〇月一三日）同氏を訪ひ、二三の問を試みたるに、左の答へを得た」と記し、同社社員と徐勤との問答の内容を紹介している。徐勤の康有為に対する尊崇は絶対的なものがあった。このため、徐勤はこの問答で「康〔有為〕先生は学を講じ、書を著はし、道を行ひ、時を救ふを以て主と為す。現に之を敝邦に求むるも、多く得べからざるの人才也」と述べると、続けざまに清国の政治の混乱を目の当たりにしながら、海外に居るため、如何ともすることができないこと、光緒帝の身の安全を日々祈っていることなどを論じ、もどかしい思いで居ることを伝えた。同記事の記者は徐勤の風貌について、「徐氏は年歯（年齢）卅計り、長高らずして、一見威容なきも、其人に接する極めて叮嚀（丁寧）、即ち校長としては頗る適当の人物なるが如し」と、好意的に記している。

　井上雅二は九月二七日、大岡育造と共に太沽で玄海丸に乗船し、九月二八日に同地を出航し、九月三〇日に仁川で下船、一〇月一日に龍山から漢城に赴き、菊池謙譲、信夫淳平と会い、漢城の風光を愛でると、一〇月二日に玄海丸で仁川を出立した。玄海丸には、独立協会の安駉寿も乗船していた。井上雅二は一〇月五日に長崎に到着し、ここで偶然に畢永年と邂逅した。井上雅二は玄海丸を下船すると、列車で長崎から博多に出て、山陽道の徳山をへて加古川に至り、郷里の神楽村に戻ると、京都をへて、一〇月一二日に横浜に到着した。大岡育造は一〇月七日、緑川丸で神戸に到着し、海岸通りの西村方に一泊し、一〇月八日正午に京都に到着すると、一〇月九日に帰京の途に就いた。また、安駉寿は門司に出て朴泳孝と会合し、利根川丸で一〇月一一日に神戸に到着、上陸せずに同船で大阪に赴いた。また、禹範善も一〇月一二日、西京丸で長崎から神戸に到着し、一〇月一三日に同船で横浜に向かった。禹範善は日本亡命後、東京の趙義淵の許に居住し、一〇月初旬に「秘密の用向」で韓国に戻り、一〇日ほど同地に滞在して、再び日本に至った。禹範善は神戸又新日報社の記者に対して、「こ（独立協会）は貴国政党と異ならずして、若《も》し朝鮮に此政党なくんば国亡ぶと云ふも、過言にあらざるべし」と指摘し、更に「安駒寿氏とは馬関（下関）に於て会合したりしも、氏は皇帝を廃するの首謀者たる嫌疑を受け居るものにて、予とは何等の関係もなし。朴泳孝氏とも馬関にて会合したり。氏も帰国は未だ早しと思へるものゝ如きにて、予も同感なり。今度氏が帰韓すればとて、政府には容れられざるべく、既に政府に容れられずとせば、抱負を実行する能はず。抱負を行ふ能はずんば、帰国するも益なからん。尤も氏の身上に危害を及ぼす程の事はあらざるべしと思考す」と語り、自分が安駒寿とは無関係であるとしている。

一八九八年一〇月一二日は、旧暦では八月二七日、孔子の聖誕日にあたった。同年は、孔子紀年では「孔子生二千四百四十九年」にあたった。この年号は、横浜大同学校などで用いられた。一〇月一二日、横浜の中華会館は、釈奠祭（孔子聖誕祭）を挙行した。同日、井上雅二も横浜大同学校を訪問し、池辺吉太郎、佐藤宏、原口聞一、西田龍太ら知己と会い、同日横浜を出て東京に戻っている。横浜の居留地の中央には中華会館が位置し、中華会館の中央には「同美堂」と命名された関帝廟があった。関帝廟は、三国志の関羽を祭った廟で、関羽は武神または商売の神様として華僑の信仰を集めていた。関帝廟は一八八六年に境域を拡大し廟所を修復し、更に一八九一年に大改築を行い、外観は煉瓦づくりで、内部には精緻な彫刻を施こすと共に、関羽像を香港より運んで祭った。徐勤は釈奠祭を挙行するにあたり、本年（旧暦）八月二七日〔一八九八年一〇月一七日〕の聖誕日より始め、以降これを定例化することとして、現在は孔子廟がないために、中華会館に聖像を設け崇拝を行うこと、同日には居留地の各店舗、家屋が一律に旗や提燈を掲げ祝賀すること、また男子が午前に女子が午後に中華会館で礼拝を行い、聖誕日には工商の別なく一日を休日とすること、以上を定めていた。このため、横浜の華僑は関帝廟の正面に孔子の肖像を掲げ、関帝の像に被いを掛けた。これより先、横浜大同学校では、学生に対して日曜日ごとに、孔子の聖像に対して三跪九叩頭の礼を行わせて、キリスト教徒などの反発をかっていた。このため、横浜の華僑の間では、キリスト教徒などを中心に、釈奠祭に不満を抱く者が現われた。

日本の漢学者、知識人も横浜の釈奠祭（孔子聖誕祭）には関心を示した。一〇月一三日、中華会館主催の同祭の夜会が開催された。神奈川知事浅田徳則は、この夜会に、東京からは根本通明の他二、三名、更に横浜市長や市会議員などが招待されたとしている。根本通明は秋田藩の出身で、一八七三年、五二歳で上京し、斯文学会講師、斯文黌教授、宮内省御用係をへて、一八九六年に帝国大学文科大学漢学科教授に就任した。中華会館主催の夜会には、南清出身の華僑は殆ど参会したが、「其祭典の発起人は彼の康有為の主義を基礎として子弟を教育せる大同学校々長、教師、及之れに多少干係を有する人々にて、概ね南清地方出生の所謂改革派に属する者なりしより、北清地方出生の所謂守旧派の者は自然反対の姿勢を採〔り〕たる模様にて、清国領事（呂賢笙）を始め、北清地方出生の者は当日招待を受けたるにも拘はらす、事故に託し多くは来会せざりし」と記している。この釈奠祭（孔子聖誕祭）は、康有為の考案した孔子紀年に基づいて挙行された。孔子紀年は、欧米のグレゴリオ暦がキリストの聖誕から数えて何年としたのに対抗して、孔子の没年或いは聖誕年に基づいて作成した暦である。横浜の釈奠祭では、孔子の聖誕年から数えた。ただし、一八九六年創刊の『強学報』は、孔子紀年と光緒年号を並挙した。しかし、同報は、御使楊崇伊の弾劾を受けて、清朝政府により発禁処分にされた。梁啓超は、この理由について、「正朔（暦）」の改変が謀反の志と結び付けられた点を指摘している。横浜駐在領事呂賢笙も康有為の学説や孔子紀年を忌避し、釈奠祭に加わらなかったといえよう。ただし、横浜華僑は同祭を盛大に執り行った。

二　成瀬仁蔵の再活動

一八九八年九月、桜井鷗村（彦一郎）は論説「高等女学校の教育を論ず」を、『女学雑誌』第四七二号（九月二五日）に掲載した。桜井鷗村は明治女学校の教師を勤める一方、女子教育に関する論説を毎号のように『女学雑誌』に発表し、巌本善治の紹介で津田梅子と知り合い、津田梅子が一九〇〇年に女子英学塾を設立すると、これに協力して幹事に就任した。桜井鷗村は同論説で、現在の高等女学校の数が公私合わせて二十有余、高等女学校令発布後は必然的に新設が続く見込みであるとして、現在の女子教育の弊害を「其形式に流るゝ」点に求めている。特に、桜井鷗村は女学生の服装の華美を問題視して、これを制するには「精神的教育」より入り、「生徒自身の覚悟」を促すべきであり、現在のように「空文の規則」に依拠して抑え付けるばかりでは効果がないと指摘した。桜井鷗村の主張は、教育の重点を量より質、形式より内容に置き、対象も「女性の起臥進退」から「学課」に及ぼす点にあった。また、同誌の論説「当今女学の短所」(『女学雑誌』第四七三号、一〇月一〇日)は、女子教育を隆盛させるためにはこれまでの学風を根本的に変え、「飾」の一段より「実力」を中心とする一段に達する必要があり、「文と質」を表裏一体のものと考えて、女性教育の目的を『『実力』養成」、すなわち「活用の出きる様なる活きたる智慧を与ふることを主とするよう」に置くべきとした。いずれの論説も、女子教育の形式だけではなく、実質、内容の充実を求めた点では同じである。

近衛篤麿は一八九五年三月一九日に学習院院長に、一八九六年一一月二九日に大日本教育会(のち国家教育会と統合して帝国教育会)会長に就任し、教育の事業に深い関心を寄せていたが、一八九八年五月一日、多忙であることを理由に嘉納治五郎に帝国教育会長の辞任を申し出た。成瀬仁蔵も五月一日、麻生正蔵と共に上京すると、五月三日に大隈重信を訪ねて募金の件を相談し、女子大学校創設の発起人を伊藤博文に、創立委員総代を大隈重信に依頼し、これが不可能な場合、創立事務監督を岩崎弥之助と北畠治房に依頼すると共に、幹事長に中川小十郎を、幹事に麻生正蔵をあてようとした。ただし、結局のところ、伊藤博文の許諾は得られなかった。このため、成瀬仁蔵は、大隈重信を中心として、同計画を進めることになった。五月九日、女子大学校の創設事務所が、神田一ツ橋の帝国教育会内に設置され、五月一三日、同所に日本女子大学校創立事務所の看板が掲げられた。五月一三日、女子教育演説会の開催が計画された。演説予定者は、男子部が大隈重信、久保田譲、嘉納治五郎、松村介石、成瀬仁蔵、女子部が下田歌子、加藤錦子、三輪田真佐子、鳩山春子、三宅龍子、以上である。ついで、成瀬仁蔵は五月七日、五月一〇日、五月一六日、六月一日、六月八日、七月二日、「女子大学の事」を相談するため、近衛篤麿の許を訪れた。六月六日、成瀬仁蔵は大隈重信の許を訪ねた。すると、大隈重信は成瀬仁蔵に対して、女子大学校の募金運動について、「金融必(逼)迫備につき、よくよく事機を見て人に説くべきの説」を述べた。六月七日、日本女子大学校創立事務所（代表者、成瀬仁蔵）と帝国教育会（代表者、嘉納治五郎、吉村寅太郎）の間で、帝国教育会内に創立事務所を設けることの契約がなされた。

六月五日、成瀬仁蔵は創立委員長大隈重信の名をもって、各大臣に書簡を送り、「陳者同志の者、大阪に日本女子大学校を設置致し、女子教育の進捗を図り度との事に付、拙者に於ても右は社会の美事と存じ賛成致し、同志者の依頼に依り創立に関する事項を指揮致し度」と述べつつ、創立費及び資金の募集に応ずるよう申し出た。これらの書簡は、各学校の校長及び福沢諭吉にも送付された。成瀬仁蔵が「女子教育の進捗」のために日本女子大学校を設立するのであれば、必ずしも大阪に設立する必要はないように思われた。しかし、成瀬仁蔵は大阪の浪華教会で洗礼を受け、大阪の梅花女学校で教鞭を執り、大阪の政財界、教育界の支援を受けるなど、大阪に深い愛着も持っていた。のみならず、成瀬仁蔵は「日本女子大学校の組織并に大阪に設置する理由」で縷々説明したように、日本の教育が殆ど東京に集中している点、更に関西でも京都には一八九七年、京都帝国大学が設立され、理工科の他、法科、医科、文科を備えた総合大学が目指されていたものの、大阪には「一の教育中心点」「一の教化中心点」がないことに疑問を抱き、日本社会の活性化を図るためにも、大阪に女子大学を設立すべきであると考えた。しかし、一九〇〇年六月四日付け『婦女新聞』第四号が「女学校」と題して「尚又同校位置を東京とすれば、東京方面の寄附金は二倍となるべけれども」と記したように、同校の設立地を東京にした場合、大阪とする場合よりも、義捐額が倍近くになった。何となれば、政財官の要人の多くは、東京に居住していたからである。六月一五日、日本女子大学校を東京に設置する案が突如浮上した。

六月二六日、第三次伊藤博文内閣が倒れると、六月三〇日、第一次大隈重信内閣が成立した。同内閣では首相兼外務大臣に大隈重信が、内務大臣に板垣退助が就任したため、隈板内閣とも呼ばれた。成瀬仁蔵は七月三日、七月一五日に近衛篤麿を訪問したが、近衛篤麿が不在であったため、会談には至らなかった。成瀬仁蔵は七月一五日、麻生正蔵にあてて、「日本女子大学校趣旨書」を有坂忠平に至急渡し、この中の三冊に発起者や賛助者の姓名が記され、この他にはない点にも説明を行うよう要請した。成瀬仁蔵は有坂忠平と夕飯を共にする予定であったが、大阪に急遽戻る用事ができ、これを中止したい旨も申し述べるよう依頼した。有坂忠平は『神戸又新日報』に関わり、後には神戸市会議員 にもなった。成瀬仁蔵は神戸の有力者・有坂忠平に、女子大学校の大阪設立の支援を要請したといえよう。広岡浅子も大阪に戻っていた。このため、成瀬仁蔵は、麻生正蔵にも一度、大阪に来るよう懇願した。成瀬仁蔵は九月二五日、大阪から上京し、創立委員長大隈重信の名で各委員に案内状を発し、早稲田の大隈重信邸における会議開催を告げた。ここでは、「創立委員長より創立事務の報告をなす事〈募集委員の事〉」「成瀬〔仁蔵〕氏より開校着手の順序を述ふる事」が定められた。この「原案」には、「発起人会を開き、各自の寄附金額を定め、創立事務の経過並に将来の計画等を談する事」「寄附金募集の依頼状を発したる各官省各学校の募金を実行する事」などが記載され、今後の活動方針、特に募金活動の進展が定められた。成瀬仁蔵は在京期間、東京の各委員を歴訪し、委員会の開会について相談した。一〇月二三日、成瀬仁蔵、松村介石、麻生正蔵は小石川の三井邸で広岡浅子と会合し、募金の件を相談した。

この一ヵ月後、井上雅二は一一月四日に康有為を訪問して、約四時間、光緒帝及び西太后の関係を論じ合った。康有為は光緒帝の復権を第一義として、湖北省、江蘇省など、地方への勢力扶植を時期尚早と見なした。井上雅二は康有為と見解を異にしたが、あえて争わなかった。そして、井上雅二は「夜三井家夫人（広岡浅子）を訪ふ。成瀬〔仁蔵〕及妻（秀）と四人団坐して雑談、九時に達す。夫人切《しき》りに余に蓄財を薦む。余が意、亦此点に存するも、太《おおい》に指せん、空挙なるを」と記した。井上雅二は、この広岡浅子、成瀬仁蔵、井上秀が一堂に会した席で、広岡浅子より「蓄財」を勧められ、これを望みつつも、無駄であるとした。この会合は、広岡浅子が井上秀の、成瀬仁蔵が井上雅二の後見人のような立場で執り行われていたといえよう。井上雅二は一一月一二日、松村介石より連絡を受け、翌一一月一三日に松村介石の寓居に赴くと、成瀬仁蔵と麻生正蔵もこの場にいた。井上雅二はこれらの人物を、「皆西洋主義の人、松村〔介石は〕狼眼（悪相で）睨碍（睨みつける）、頗る狷介（自己の信念が固く妥協しない）なるも、亦基教徒中の一人物なり。磊塊（爽やかで拘らない）の気宇〔が〕少しく（乏しく）、人意に佳なり、十時散会して帰る」と記した。井上雅二は翌年の東京専門学校卒業後、ヨーロッパ留学を計画していたが、資金の目途が立たなかった。井上雅二は一一月二九日、「〔午後〕六時秀子来る。曰く、二、三日中大坂に往かんと欲すと。則ち欧洲行の計画、郷里への用向等を談合し、八時に到りて去る。願くは健在なれ。秀子去るの後、一寸《ちょっと》街上に散策して、城隍（城のまわり）畔に嘯き（軽く詩歌を唄い）、神を養ふ」と記した。井上秀が大阪に出掛けたのは、広岡浅子の許で日本女子大学校の設立準備に携わるためであったのではなかろうか。

三　康有為の政治工作

一八九八年九月末日、山田夬、来城小隠、角田勤一郎の三人は大同訳書局の仕事に従事すべく上海に到着したが、大同訳書局が九月二一日の戊戌政変の影響で閉鎖していて、日本に戻ろうとした。来城小隠、本名は宮崎繁吉、号は柳渓、後に来城と称し、一九〇一年には黒龍会の創立に加わり、趣意書の草案を起草した。来城小隠は上海滞在中、九月二九日に、「康有為の門下生たる〇〇〇」から戊戌政変の顛末を聞き、一〇月一日夜に「袁世凱のうら切」という記事を認め、『九州日報』に投稿した。来城小隠はここで、「〇〇〇は当時上奏文を携へて北京に入り、康有為が脱走の時までは康有為と共に南海会館に寄寓せる人也。猶ほ、〇〇〇は余に向つて当時康師が袁世凱の兵を假らんとせらるゝに依り、小生は康師に対し袁世凱は朝鮮事件以来の気力に徴しても、猶ほ大事を共にするに足らざる人物たるを知るべければ、此事は思ひ止りてよと諫めけれども、康師遂に聞き給はずして、今日の事を見るに至れりとて、痛哭して語りぬ」と記している。文中の「〇〇〇」とは、畢永年のことである。来城小隠はこの畢永年の話を元に、康有為が袁世凱に働き掛けて、西太后の幽閉、栄禄の殺害を図り、逆に袁世凱の密告により、九月二一日の戊戌政変に至ったとの判断を示していた。このため、畢永年は日本に赴く以前の段階で、袁世凱に働き掛けた西太后の幽閉、栄禄の殺害という謀略が康有為の発議にかかると考えていたことになる。畢永年は戊戌政変前夜、北京の南海会館に居住し、康有為、譚嗣同の行動を逐一目撃していた。ただし、畢永年がいつ北京を離れ、いかなる経路で上海に到着したのかは、未詳である。

畢永年は一〇月一日に上海を発ち、一〇月五日に長崎に着き、ここで偶然に井上雅二と邂逅した。井上雅二はこの時の模様を「五日朝、長崎着。山田、宮崎、末永、畢〔永年〕の三（四）氏に偶然邂逅す。夕刻、山田、宮崎、末永と火車に上る。博多にて諸友と別れて急行す」と記している。文中の山田は山田夬、末永は末永節、宮崎は宮崎繁吉、すなわち来城小隠のことではなかろうか。山田夬ら三人は畢永年を同伴して、上海から長崎に至ったのである。畢永年は一〇月八日に横浜に到着し、横浜大同学校に入った。畢永年は康有為の日本亡命を許すことができなかったのであろう、一〇月中旬以降、東京や大阪の各新聞社を回り、譚嗣同が戊戌政変後、清朝政府の歩軍統領衙門に捕縛されるに際して、知人を介して畢永年に送った書簡、いわゆる訣別書を示して、戊戌政変の状況を語った。譚嗣同の訣別書には、「病気が重いために送ることができない。面会しても、悲しみが増すだけだ。このため、〔送別は〕止めた方が良いと思う。南海（康有為）を追いかけて、伝えてほしい。本初は頼ってはならない。いずれにせよ、懊悔の言葉はある。しかし、吾輩の事柄が敗れなければ、これで充分である。これ以外、どのような望みがあるというのか」と記されていた。文中の「本初」は、袁世凱を指す。この訣別書の要点は、袁世凱への策謀が失敗に帰したため、康有為（号は南海）にこれを伝えろ、という点にある。譚嗣同の訣別書は、袁世凱への策謀が譚嗣同ではなく、康有為によって発議されたことを示していた。これが故に、譚嗣同は訣別書で、康有為にこれを伝えろ、と述べた。譚嗣同ら改革派はこの一件により、清国の政局の紊乱だけでなく、西太后の謀殺計画までが罪状に加えられた。そして、光緒帝も袁世凱を召見したことから、この謀議に加担したと見なされ、西太后の幽閉計画の容疑者の一人に位置付けられてしまった。もし、この袁世凱への策謀が康有為の発議にかかるとすれば、康有為の責任は重大である。

譚嗣同の訣別書は、一〇月一五日付け『日本』、一〇月一六日付け『東京朝日新聞』、一〇月一九日付け『大阪朝日新聞』、一〇月二二日、二三日、二四日付け『毎日新聞』（東京）などが報じた。この中でも、『日本』の記事は譚嗣同の訣別書を掲げて、「〔訣別書は〕言辞堂々、死に臨んで士節を失はず。某（畢永年）は爾後常に此絶筆を膚にし、時〔々〕之れを取り出しては暗涙に咽べり。嗚呼、譚の如きは君に忠、友に厚く、大変に臨みて自若たり、実に古人の風ありと謂ふ可し。吾人は深く其義に感じ、益ゝ其死を惜むの情に堪へず」と記し、譚嗣同の義烈、畢永年の悲嘆を紹介した上で、譚嗣同の従容と死に就いた行動を賞賛するものであった。ただし、譚嗣同に対する賛辞は、康有為批判と裏腹の関係にあった。すなわち、同記事は、譚嗣同が従容と死に就いたにも拘らず、康有為が自らの発議にかかる謀略で光緒帝を危難に陥れながら、光緒帝を見捨てて日本に亡命した点を批判した。そして、同記事は、康有為こそが光緒帝と存亡を共にし、光緒帝を安泰の地に置けるようにすべきであり、「余人を脱せしむるとも、決して苟も自己の身を顧み、命を惜む可きにあらじ。忠悌の道〔は〕当に然る可きなり。然るに、変に先んじ最も早く逃走せし者は、実に康有為其人なり。是れ君子、権を行ふもの乎」と述べた。譚嗣同に対する賛辞、康有為に対する批判は、畢永年が戊戌政変で抱いた感情であると共に、日本の支援者が共通に抱いた感情でもあった。譚嗣同の訣別書は、これらの人々の感情を裏付けるものであった。康有為がもし日本で活動を続けるならば、これらの感情に答える必要があった。

康有為が北京を出立したのは、九月二〇日未明である。そして、九月二一日に戊戌政変が発した。康有為は光緒帝より『時務報』を官報に改め、これを監督するよう促されて、北京を離れたのであり、戊戌政変の発生を予期したからではなかった。ただし、康有為が日本で支援者の援助を得るためには、自らが光緒帝を見捨てて北京を離れ、日本に亡命したのでないことを、何らかの手段を用いて証明する必要があった。光緒帝は戊戌政変前、康有為に二つの密詔を与えていた。このうちの一つ、林旭が帯出した朱諭（朱書の諭旨）には、「朕が現在、汝に官報の督辦を命じたのは、文字では表せない、やむを得ない苦衷による。汝は迅速に外に出よ。遅れてはならない。汝の一片の忠愛・熱腸は、朕の深く知るものである。身体を愛惜し、自ら調摂（健康に留意）し、将来刻苦勉励して、大業を建てんことを熱望する」と記されていた。文中の「汝、迅速に外に出よ」とは、康有為が北京を離れないことに業を煮やし、速やかに北京を出て上海に行き、『時務報』を官報に改めよと督促したものである。しかし、康有為は戊戌政変後、この「外」の文字の下に「国」と「求救」の文字を加え、文意を「迅速に外国に出て救助を求めよ。遅れてはならない」に改め、自らが光緒帝の意思によって日本に亡命したと書き換えた。いわば、康有為は日本亡命の正当性を得るために、密詔の内容を改竄した。そして、康有為は、周囲に促されても、この密詔の原文を他人に示そうとはしなかった。これに加えて、康有為にとり、厄介な事柄があった。それは、康有為の戊戌政変前の行動を知る者、すなわち畢永年の存在及び発言であった。この康有為の危惧が現実のものとなって表れたのが、譚嗣同の訣別書であった。

康有為は、光緒帝の命によって北京を離れ、更に日本に逃れたと論じ、これを日本亡命の正当性の論拠とした。梁啓超は、自分と譚嗣同の立場を幕末の西郷隆盛と月照の関係に擬えた。すなわち、一八五八年、安政の大獄が起き、西郷隆盛と月照が錦江湾で入水自殺を図り、西郷隆盛は一命を取り留めて、月照は死んだ。梁啓超は、譚嗣同がこの話を用い、梁啓超に生きることを勧めたため、日本に亡命したとした。梁啓超と譚嗣同のやりとりは、二人だけにしかわからないことである。恐らく、梁啓超の言葉通りではないにせよ、類似のやりとりはあったのであろう。これに対して、康有為が光緒帝の密詔を改竄して、日本亡命の正当性を主張したことは、小細工にすぎ、康有為の見苦しさを引き立たせ、康有為の立場を悪くした。王照は康有為の行為に疑念を抱き、この偽造を暴露した。王照は一八九四年の進士で、戸部尚書となり、改革派の一人であっても、康有為との間に師弟関係はなかった。馮自由によれば、王照が康有為、梁啓超と陳少白の会談の場で「私は東京到着以来、行動の制約と談話の監視を受け、往来の書簡も開封、検査されている。諸君、これに如何なる道理があるのか、是非を請う」等の言葉をはいたため、康有為は梁鉄君に命じて王照を去らせ、かつ陳少白に向かって「彼は狂人であり、論外である」と述べたという。この後、王照は犬養毅の寓居で、「康〔有為〕の刊刻・布告した密詔は、皇上〔光緒帝〕の真の密詔ではなく、康の偽造である」と指摘し、康有為による詔勅の偽造を暴露し、かつ「〔譚嗣同の血書の偽造は〕私が居た場所と一枚の仕切りを隔てた部屋で、夜中に梁啓超、唐才常、畢永年の三人が謀った事柄である。私は全て見聞きしたが、熟睡を装い加わらなかった」とまで述べた。譚嗣同の「血書」は、畢永年の所持した訣別書とは別に、譚嗣同が康有為に生きるよう勧めたとするものである。この後、王照は康有為らとの関係を悪化させ、体調不良から赤十字病院に入院した。井上雅二は一二月一四日、赤十字病院に赴き、王照を見舞った。

第二節　東亜同文会の設立

一　東亜会と同文会

一八九八年六月三〇日、第一次大隈重信内閣が成立すると、東亜会、同文会、東邦協会、亜細亜協会など、アジア主義民間諸団体は外務省の機密費を獲得するため、諸団体の合併、統合を画策した。このような画策の中心となったのは、犬養毅である。犬養毅は一八五五年（安政二年）、備中（岡山）に生まれ、一八八四年の甲申事変で日本に亡命した金玉均、朴泳孝を支援し、玄洋社の頭山満と親交を深めた。犬養毅は大隈重信の立憲改進党に参じて幹部となり、一八九〇年一月の帝国議会開会以降、衆議院議員に連続で当選し、大隈重信と共に進歩党、憲政党に加わった。この間、犬養毅は『秋田魁新報』『朝野新聞』『報知新聞』で論説を張ると共に、日本亡命中の孫文を援助し、平山周や宮崎滔天の後ろ盾となった。一八九八年七月二一日、井手三郎は、「犬飼（養）毅氏を訪ふ。中西〔正樹〕先刻、対清施設予算案のことに付き大に賛同、各派を三名宛集むることを定め分る。犬飼（養）氏事を便する利刀の如く、即座に其の方法を画す」と述べている。犬養毅の手腕は「利刀」のように、切れ味鮮やかであった。この結果、アジア主義民間諸団体の統合が、犬養毅が中心となって模索された。ただし、一〇月九日、同文会の宗方小太郎は、中西正樹から電報で「康有為を日本に保護するの可否」を問われると、安原金次に発信して、康有為の保護が日本政府の「対清政略」の障害になると伝え、康有為についてはイギリス人に委ねるべきとした。宗方小太郎は翌一〇月一〇日、福島安正と安原金次に書簡を送り、日本政府による康有為の保護の不利を論じた。井上雅二が「東亜会は、犬養〔毅〕、陸〔実〕、三宅〔雄二郎〕、平岡〔浩太郎〕等の先輩がありましたが、中堅を成す者は、青年学徒でありましたのに対し、同文会は多くは既に一家を成した壮年の方々であつた様に思ひます」と述べたように、東亜会と同文会は成り立ちも性質も異にしたため、東亜会と同文会の統合は犬養毅を以てしても困難が予想された。

井上雅二は一〇月一二日、横浜をへて東京に戻ると、「〔一〇月〕十三日より廿四日に至る、東西奔走に寸暇を得る能はず」と記している。一〇月一七日、井上雅二は多忙な中、東京専門学校の同人会例会に参加した。同例会は、請暇帰朝中の暹羅駐在公使稲垣満次郎の提出した論題、「萬国平和会議に対する帝国の態度」についての討論を行った。冒頭、小山田淑助が「平和会議なるものは、露国財政の危急より起れる、一時の外交的策略に過ぎず」として、列国の関係から論を説き明かし、これに賛同できない所以を述べた。すると、桑田豊蔵がこれに反駁し、「外交の本義は正義と人道にあり。凡そ此等の目的を達するものなれば、如何なる邦国の提議と確（雖）〔も〕、賛同する〔は〕敢て不可なかるべし。外交上の策略の如き、我亦策略を以て之を応せば可なり。殊に、此等の会議の如きは、国際思想の発達より生ずる現象にして、人力を得て如何ともすべからず。其専制国なる、尚武国なる、露国の之を提出する大勢の赴く所を見るべし」と述べた。これに続いて、増子喜一郎、井上雅二、森了一が反対、木塚常三、中西重太郎が賛成の意見を述べた。すると、稲垣満次郎が双方の論点の誤謬を指摘し、「兵備休止は国際上に於ける人道及び正義の原則に於て合理の提議と雖〔も〕、其〔れ〕之に対する外交上の方針、手段の如何によりては国権消長の大問題となるべく、殊に東亜諸邦の浮沈は此会議の結果如何にあり」と述べ、二つの条件を論じた。同討論会は三時間にも及び、近年稀なる大議論となった。ただし、『早稲田学報』第二一号は、この討論会の模様を伝えながら、「当日、稲垣君の議論は事〔が〕多く、外交の機密に関するを以て、遺憾ながら之を公にする能はず」と記している。稲垣満次郎は一一月一〇日にも東京専門学校大講堂で、「東南亜に於ける国勢平均の歴史及び実労」と題する三時間にも及ぶ演説を一人で行っている。

一〇月二二日、近衛篤麿は宗方小太郎、中西正樹と「支那の近状」を論議し、「大に参考とすべし」と記すと共に、「色々熟議の末、是迄《これまで》少しく躊躇したる東邦協会、亜細亜協会、同文会、東亜会、海外教育会等を打て一丸となし、同文会の面々は支那方面を専ぱら担任することを申出す事」に決めた。一〇月二四日、東亜会と同文会は萬世倶楽部で会合を開き、東亜会と同文会、東邦協会、亜細亜協会などの合併問題を討議した。同会合には、東亜会側から犬養毅、平岡浩太郎、池辺吉太郎、江藤新作、大原義剛、井上雅二、三宅雄二郎、佐藤宏が、同文会側から中西正樹、田鍋安之助、井深彦三郎、中野二郎、宗方小太郎らが出席した。翌一〇月二五日、康有為の一行が新橋に到着している。一〇月二五日、東亜会より平岡浩太郎、犬養毅、三宅雄二郎、池辺吉太郎らが、同文会より宗方小太郎、中西正樹、大内暢三、田鍋安之助が出席して両会の合併を討議し、同会を東亜同文会と名付け、主意書と規約起草のために三宅雄二郎、池辺吉太郎、江藤新作、佐藤宏、中野二郎、中西正樹、田鍋安之助の七名を委員に選んだ。一〇月二六日、七名の委員は萬世倶楽部に会合し、会則の原案を討議し、主意書の作成を陸実に依頼し、機関雑誌として『時報』を引き受けることに決した。一〇月二七日、東邦協会と東亜会、同文会は会議を持ち、合併を討議したが、「〔東邦〕協会は研究を主とし、各会〔東亜会、同文会〕は実行を主とする」ため、合併を見送った。翌一〇月二八日、荒尾精の三回忌の法要が谷中初音町の全生庵で営まれ、小山秋作、中野二郎、中西正樹、佃信夫、田鍋安之助、杉山茂丸、原口聞一、川島浪速、岡次郎、井上雅二など、一六、七名の縁故者が参列した。井上雅二は「唐才常を憶ふ」で、譚嗣同が九月二八日に菜市口で刑死して後、峨山老師を谷中の全生庵に招き、譚嗣同の追悼会を営んだとしている。

憲政党の尾崎行雄は一〇月二四日、第一次大隈重信内閣の文部大臣を辞任した。尾崎行雄は一八五八年（安政五年）、相模〔神奈川〕に生まれ、慶應義塾・工学寮に学び、一八八一年に統計院書記官となるが、同年の明治一四年の政変で下野し、一八八二年の立憲改進党の結成に加わった。尾崎行雄は一八八七年の保安条例で東京を退去し、外遊をへて政界に復帰し、一八九八年六月三〇日に文部大臣となった。尾崎行雄は一〇月二四日、帝国教育会で演説を行い、何事にも金銭の優先する金銭万能の風潮を批判して、「日本にては共和政治を行ふ気遣は毛頭ないが、仮に共和政治の夢を見た〔場合〕にせよ、恐らく三井、三菱〔の財閥〕は〔莫大な資産を用いて〕大統領の候補者となるであらう」と述べた。尾崎行雄の演説は譬え話であったにせよ、「共和政治の夢」すなわち天皇制の廃止を論ずるなど、不敬の誹りを免れなかった。このため、政界や輿論の憲政党に対する攻撃は日々激しさを増し、尾崎行雄も文部大臣の辞任を余儀なくされた。内務大臣板垣退助は後任の文部大臣に星亨か江原素六を推した。しかし、首相の大隈重信は後任の文部大臣に犬養毅を推し、一〇月二七日に周囲の反対を押し切って、宮中において犬養毅の親任式を強行した。憲政党の旧自由党系党員は一〇月二八日、犬養毅の文部大臣就任に激怒して、総務委員会に解党を提議し、一〇月二九日に協議会を神田青年会館で開催して解党を決議した。憲政党の旧進歩党系党員は自派のみで協議会を開き、この決議を無効とした。この結果、憲政党は、旧自由党と旧進歩党の間で分裂が必至となった。第一次大隈重信内閣は、一〇月三一日に倒壊した。第一次大隈重信内閣は憲政史上初の政党内閣であったが、僅か五カ月の短命に終わった。

東亜同文会は、第一次大隈重信内閣の瓦解、康有為の日本亡命と複雑に交差する形で結成された。一一月一日、近衛篤麿は佐藤宏より、明日一一月二日の東亜同文会大会に必ず出席するよう、申し出を受けた。一一月二日、東亜同文会は三〇名計りの参加者を集めて、萬世倶楽部で大会を開き、東亜会と同文会の両会合併の顚末報告、規則、趣意書、方針、会務などが報告された。ただし、同会の方針は、近衛篤麿の「方針は世に発表するものとすれば穏当ならぬ処あり」との判断により、池辺吉太郎、三宅雄二郎、田鍋安之助に委嘱して修正が図られた。同会の幹事は池辺吉太郎、三宅雄二郎、田鍋安之助、佐藤宏、井上雅二の五人である。このため、近衛篤麿が佐藤宏と井上雅二の発議による「穏当ならぬ処」を懸念して、他の三人の幹事、池辺吉太郎、三宅雄二郎、田鍋安之助に修正を依頼したことになる。池辺吉太郎、三宅雄二郎、田鍋安之助、佐藤宏、井上雅二はこの方針を再協議し、修正案を了承した。同会の発会決議は、「支那を保全す、支那の改善を助成す、支那の時事を討究し実行を期す、国論を喚起す」である。井上雅二はここで、「余〔幹事を〕辞せんと欲するも、昨夜の風波ありしを聞きたれは、終始黙して語らず、正に後日に辞せんとし、一先づ引受く。嗚呼、区々たる(つまらない)感情の衝突、豈に吾が真正なる支那問題を研究・実行するの東亜同文会を動かすを得ん。夜散会の後、財部〔熊次郎〕、原口〔聞一〕と飲む」と記している。この「区々たる感情の衝突」とは、近衛篤麿が「穏当ならぬ処」と判断した箇所、具体的には東亜同文会の康有為、梁啓超ら清国亡命者に対する処遇の在り方を意味する。

二　湖南省の蜂起計画

一八九八年八月以降、韓国の独立協会と独立新聞は週一回の討論会を開くと共に、徐載弼、尹致昊、李商在が主導権を握り、反政府的な性格を強めて趙秉式、李容翊を厳しく弾劾した。また、週一回の討論会も万民共同会へと発展した。独立協会は九月一日、開国紀元節に独立門前で慶祝会を開催すると、尹致昊、鄭喬、李商在などが演説をし、九月一〇日にも独立門前で万寿聖節を挙行した。独立協会は七月以降、議会開設運動を本格化させていたが、一〇月一五日に韓国政府に要求した議会の構想では、中枢院の議会としての再編、議員の半数を官選、残りの半数を独立協会の選出とすることを示した。いわば、独立協会は同会選出の議員が民意を代表すると考え、一般民衆の議会への参与などを構想していなかった。井上雅二は日本への帰途、大岡育造と仁川で下船、漢城に赴き、一〇月二日に独立協会の安駉寿と共に仁川から玄海丸に乗り、一〇月五日に長崎に到着している。安駉寿は長崎に到着後、門司に出て朴泳孝と会合した。安駉寿は、六月二五日の高宗による人材登用の詔勅を受けて、日本亡命中の朴泳孝らの帰国と政権奪取を画策していた。このため、安駉寿は九月に漢城を訪れ、再び朴泳孝らの帰国を模索し、これが一〇月一五日の独立協会の議会の内容に反映された可能性もある。独立協会は一〇月二五日、韓国政府の圧力強化に抗議して四ヵ条の上疏を提出し、更に一〇月二九日、万民共同会を開催し、献議六ヵ条を上奏した。ところが、独立協会は高宗の大権を奪おうとしているとの譏言が起きた。高宗はこの譏言を受けて、一一月四日に独立協会の解散及び独立協会幹部一七名の拘束を命じた。

一〇月三一日、宗方小太郎は早稲田鶴巻町に梁啓超、王照二人を訪れたが、梁啓超と王照は不在であった。このため、宗方小太郎は柏原文太郎と共に加賀町に康有為を訪れると、唐才常が同座した。唐才常は、一〇月二九日か三〇日に東京に到着したと思われる。唐才常は畢永年と異なり、日本で初めて康有為と会った。唐才常はここで、湖南省の同志が「義兵」を挙げようとしており、日本の軍隊の援助を請うと述べた。康有為も、唐才常の主張に同調して、頻りに日本の軍隊の援助を請うた。しかし、宗方小太郎は、日本政府が軽々しく軍隊を出兵させる筈もなく、時期が来れば、自ずと援助がなされるであろうとして、「独り我輩能く力を義軍に添へ、諸君の志望をして全からしめんと期す」と述べた。すると、康有為は「南学会員約一万二千名、皆上流の士子、前任湘撫陳宝箴之が会頭にして、〔学政〕徐仁鋳、〔長宝塩法道〕黄公度（遵憲）之が副たり、湖南の動力実に此会に在り、一旦事発せば直に進〔ん〕で武昌を略し、〔長〕江を下りて南京を占め、軍を移して北進せんと欲す。官軍の能く戦ふ者は袁〔世凱〕、聶〔士成〕、董〔福祥〕の三軍、合計三万人に過ぎず。義軍進〔ん〕で湖北に入らば、〔湖広総督〕張之洞之に応ずるの約有り」云々と述べて帰った。宗方小太郎は、唐才常の説く湖南省の武装蜂起計画には懐疑的であり、ここに寧ろ謀略の臭いを嗅ぎつけていた。ただし、井上雅二は同日、これまでに起きた出来事を纏めて書き出すと、「今回清国の大政変より延て一大変機を早めた。正に死所を求むるに難からんとす。而て微力奈何ともするなし。残念の極みなり」と述べた。

井上雅二は一一月一日、原口聞一、村井啓太郎、高月一郎、樋口一蔵も同席した上で、唐才常、畢永年の訪問を受け、筆談を行った。宗方小太郎も一一月一日に畢永年、唐才常らの訪問を受けた。筆談の内容は、「湖南の真状」より「挙兵の事」に及んだ。宗方小太郎は、唐才常が「義兵」を湖南省に挙げるに際し、日本の同志の助力を借りるために訪日したとして、「予〔は〕之に懇諭し、暫く沈潜〔して〕時機を待ち、此間専ら準備を為し、予の渡清を待ちて方略を妥定せん事を約す」と記している。唐才常、畢永年は各地の支援者を回り、帰国の途に就く旨力説していた。井上雅二は一一月二日、康有為を訪問し、ついで梁啓超、王照を訪ねると、唐才常も同座した。唐才常は湖南省からの至急電報に接したとして、怱々の帰国を告げた。井上雅二は唐才常らの心情にほだされ、感動の余り、「彼れ真に志士」とまで述べた。一一月二日、旧東亜会会員による唐才常、畢永年の歓迎会が神田金清楼で開かれた。井上雅二はこの神田金清楼の会合について、「〔唐才常が中途で退座したため〕独り畢〔永年〕あり、興酣にして同人中の一人譚嗣同が絶命の詩を朗唱しつゝ、起つて舞ふ者あり、其声激楚（清らかで悲しい）、其音悲壮、万座為めに蕭然〔として〕一語なく、多感の畢生は乃嗚噎（むせび泣くこと）啜々《せつせつ》、禁ずる能はざるか如かりし。此曲を所望せしは慥《たし》か雪嶺（三宅雄二郎）先輩にして、之に応せしは山口なりしと覚ゆ。香庵（香川悦次）足下、兄も亦当時の情況に思当る節あらん」と記している。

一一月六日、畢永年と鄭晟礼が横浜から東京に至り、井上雅二の許を訪れて、湖南省の現状を論じ合った。鄭晟礼、字は舜卿、舜徴、譚嗣同、唐才常、畢永年と同郷の、湖南省瀏陽の人である。鄭晟礼は林錫珪、范源濂、周宏業、鄭晟礼、蔡鍾浩、辜天保、李炳寰と同じく時務学堂第二班の学生である。一一月八日、畢永年と鄭晟礼が井上雅二の許を訪れ、「湖南の急電」に接したため、明日匆々帰国する旨を告げた。井上雅二はこの報告を受けると、「嗚呼、畢等〔は〕意〔を〕已に決す。辟歴（雷の轟く音）の勢止むべからざるなり。然れども国厲ふして良従を思ふ。畢は唐〔才常〕と共に清国稀曠（稀少）の好憤あり。今去て国難に赴かんとす、其心事寔《まこと》に諒とすべし。一瞬転して而して黙考すれば暗涙の滂沱（盛んにこぼれ）たるを覚ゑず、再瞬転して而して黙考すれば入死地不必死也（死地に入るも必ずしも死せざるなり）、此以慰吾心（此れをもって我が心を慰めん）とせん乎」と記した。しかし、畢永年の帰国は、延期となった。この三日後、すなわち一一月一一日、井上雅二は、埴原正直、安永東之助、篠崎昇之介と共に、畢永年の送別会を神楽坂で開き、大いに酒を飲み、畢永年の出立を祝った。井上雅二はこの送別会の模様について、「嗚呼、畢〔永年〕意已に決し、明後日を以て湖南死地に投せんとす。余は実に満腔（身体中）の熱血を以て彼の衷情を案ずるなり。歓談通語、十時にて散会し、余少しく酔ふ。木村〔貫一〕等亦酔態に見受けたり。遂に畢と埴原〔正直〕宅に眠る」と記している。宗方小太郎も同日、畢永年から帰国の電報を受けている。畢永年は犬養毅にも別離の電報を打っている。宗方小太郎や犬養毅、井上雅二など、多くの支援者は今生の別れと思ったであろう。

一〇月二一日付け『大阪朝日新聞』は「両広叛乱の声援」と題する記事を載せ、外電の情報を下に、湖南省の知識人、民衆が譚嗣同の処刑に憤り、武装蜂起を準備していると報じた。しかし、一一月一二日、宗方小太郎は、これら湖南省の武装蜂起を伝える情報に不審の念を抱き、上海の白岩龍平と漢口の岡幸七郎に電報を打ち、湖南省の動静及び湖広総督張之洞の近状の調査、報告を命じた。一一月二三日、白岩龍平と岡幸七郎は宗方小太郎に対して、各々が別個に調査した結果を送った。白岩龍平の返信では、「湖南、両広不穏の説東京に盛なれども、此地何事もなし」

と記した上で、「湖南の真相を探るに中々想像の如きものに非ず。風気の開けざる事甚敷（甚だしく）、又た計画ある準備も皆無の姿なり」として、湖広総督張之洞も再び「守旧説」に変じ、改革派を疎外しているとした。また、岡幸七郎の返信でも、「湖南動揺の事は子虚の談（架空の話）なるが如し。彼地に二党あり。半官党並に民党〔が〕是なり」として、「半官党」が王先謙、劉鳳苞、蔡枚功、葉徳輝ら著名な郷紳で、湖南省の実権を握り、「巡撫以下の大官も此党の同情を得ざれば施政上困難を来す事往々有る位の勢力なり」と述べ、「民党」が故人となった譚嗣同の他、唐才常、樊錐などであるが、「近来全く半官党の破る所と為り、立脚の地無きに至れり。此中には好人物有れども湖南全省を提げて起つは愚か、長沙丈けも纏《まと》まらざるべし。且つ挙兵の準備少しも無之《これなく》、到底急に手を出す事出来ざるべきものと確信す」とあった。すなわち、白岩龍平と岡幸七郎の情報によれば、湖南省では武装蜂起の起こる兆しなど全くなかった。

三　東亜同文会の亀裂

一八九八年一一月五日、清国駐在公使矢野文雄は請暇帰朝を終えて、一等書記官林権助、二等書記官中島雄の他、丸毛直利及び通訳鄭永邦、徳丸作蔵、更に清国公使館附武官瀧川具知、海軍大尉有馬律三郎、陸軍大尉守田利遠、清国公使館嘱託軍医中川十全の九名を率いて紫禁城に赴き、儀鑾殿に赴き、光緒帝と西太后に拝謁した。儀鑾殿は中海の太液池のほとりに位置し、西太后の寓所となっていた。西太后は同殿の光緒帝より一段高い場所の中央に端座し、光緒帝は一段低い場所のやや左側に着座した。矢野文雄が言上書を読み上げ、鄭永邦がこれを通訳すると、西太后より勲章贈与に対する挨拶、清国と日本の敦睦の厚義に関する挨拶の後、光緒帝の言葉があった。矢野文雄がこれに対して奉答し、儀式が終了しようとする間際、光緒帝より再び「両国の交誼格別親密なるを以て、我自強の道を謀る事に就ては、貴国の友情と翼賛とを望む」との沙汰があった。矢野文雄はこの聖旨を必ず明治天皇に奏聞する旨奉答した。西太后も、清国と日本のために総理衙門大臣らと協力して執り行うよう、言葉を述べた。この後、矢野文雄らは儀鑾殿を退出し、勤政殿の正面東側の朝房で諸王、大臣と歓談の後、同所を退出した。矢野文雄は外務大臣青木周蔵にあてて報告書を認め、「皇太后陛下は本年宝算六十四に渡らせらるゝも、精神矍如、音度瀏亮（清らかで明るい）、尚五十才前後位と御見受申上《もうしあげ》、明目隆準（目元涼しく鼻筋が通る）の御容貌に渡らせらる、又皇帝陛下には龍顔蒼白にして、面〔は〕痩せ玉《たま》ふに相違なきも、烈敷（激しく）御衰弱の御模様なりとも見受られず候」と記している。

もともと、東亜会と同文会は、会の成り立ちも性格も構成員も異なった。しかし、両会は、第一次大隈重信内閣の発足と共に、外務省の機密費獲得計画に端を発して合併を模索し、東亜同文会の結成となった。東亜同文会の設立計画は、康有為の日本亡命と同時進行的に進んだ。東亜会と同文会は、康有為の日本亡命に異なる対応を示した。井上雅二によれば、同文会側が「清国官民の間に信頼を博さん為めには、政変以来西太后政府の下に逆賊視せられ逋客として域外に流寓せる康〔有為〕一派を会員とするのは不利益であらう」と主張したのに対して、東亜会側が「康一派」の敗退の原因を「保守派」の「挽回」に置き、「その主張が悪かつたからではない」と主張して、両会の合同後も康有為らを会員として認めて清国の改革に尽力するよう求めた。東亜同文会は、康有為らを同会の「会員」ではなく、「会友」とすることで決着を図った。井上雅二は一一月九日、「余等一片の俠心、支那の為め微力を尽さんとし、彼是奔走大に窮状に陥れり。若《も》し同会（東亜同文会）の成立するあり、而后而今（而今而后）、最早、其煩を免るゝを得〔て〕、専心究理に心念を用ゆべきなり」と述べた。一一月一〇日の東亜同文会の第一回幹事会では、雑誌発行の件、予算の件、会費増加の件を協議し、幹事会や時事討究会の開催日を定め、雑誌編輯の責任者に財部熊二郎を、常務幹事に田鍋安之助を定めた。井上雅二は一一月一〇日、重ねて「余〔は〕幹事を辞せんと欲せしも許されず、吾〔は〕実に繁文（煩わしさ）に堪ゑず、最早、会の興味も殆んど薄らぎたり」と記して、東亜同文会の幹事辞任と学業専念の希望を述べた。

東亜同文会会長の近衛篤麿は、康有為らの処遇の決定にあたり、白岩龍平など、同文会の会員の意見を頼りにした。白岩龍平は戊戌政変の約一ヵ月前、八月二〇日に近衛篤麿に書簡を送り、「近頃康有為の声名北京及地方に喧しく、新聞紙も日として康の議論あらざるなし」という状況であるが、康有為には「少しく名斃《たお》れの怕れ」があるだけでなく、康有為の門弟と張之洞の門弟の間には対立が生じているとして、康有為に低い評価を下していた。このため、近衛篤麿も康有為の処遇に対して慎重な態度を取った。東亜同文会の幹事は陸実、池辺吉太郎、佐藤宏、田鍋安之助、井上雅二の五人で、常任幹事の田鍋安之助の他は、全て旧東亜会の会員であった。ただし、陸実と池辺吉太郎は多忙を極めて、東亜同文会の幹事に専念することができなかった。そして、田鍋安之助は宗方小太郎や白岩龍平と連絡を密にし、旧同文会の意見を東亜同文会に反映させた。井上雅二も佐藤宏も康有為の改革を殆ど評価していなかったが、戊戌政変で日本に逃れた者を無碍に扱い、追い返すことなど、義侠心に基づいてもできなかった。これは、信条の問題であった。井上雅二と佐藤宏は田鍋安之助、更に白岩龍平や宗方小太郎と、康有為の処遇をめぐり対峙した。一一月一七日の東亜同文会の第二回幹事会では、臨時大会開催の件、予算の件、会員募集の件、一二月以降の雑誌発行の件が議決された。井上雅二は同会には欠席し、夕刻の宴会で「是に於て総勢八人団坐、茲《ここ》に觴《さかずき》を挙ぐ、痛飲淋漓（元気が盛ん）、情味津々《しんしん》として生ず。余《わ》れ、深く諸友の厚情に感じて、当年の壮途を想ふて切なり。后十一時漸く宴を罷《や》む。余等、皆大に酔ふて相抱擁して眠る」と心情を吐露した。井上雅二は速やかな東亜同文会幹事の辞職を希望した。

一一月二三日、東亜同文会は会長の近衛篤麿が臨席の下、臨時大会を萬世倶楽部で開催し、「会則の改正、予算の事、雑誌発刊の事」を討議後、江藤新作、中井喜太郎、中西正樹が時事討究会で「支那の保全」「支那の改善」に関する方針を述べた。同会の決定事項は、一「刻下の急務。皇帝扶立。英米と聯合して在京政府を建〔つ〕る。官。地方勢力樹立。四院に向て其の運動を試む。官。民」、二「財力。寄附、会費、政府より支出。此の方法は雑誌四号発刊後、直ちに部署を定めて運動す」、三「地方会員を募るを以て国論喚起して、支那問題を以て第一急務と固せしむること。吾らの行脚《あんぎゃ》的〔も〕可なり、演説会〔も〕可なり」、以上の三点である。一一月二三日の会合では、光緒帝の復権と清国の改革の助勢、張之洞や劉坤一など地方督撫の支援、雑誌の発刊が確認された。同会の終了後、有賀長雄、伊沢修二、陸実、池辺吉太郎、中井喜太郎、江藤新作、中西正樹、田鍋安之助などを交えて懇親会が挙行された。同会では、壮年と若手、旧同文会と旧東亜会の対立が目立った。このため、井上雅二はこの懇親会の模様を「老壮混座して、茲《ここ》に觴《さかずき》を開く。痛飲淋漓（元気が盛ん）、放歌剣舞して七時散す、非常の盛会なりき。財（資金）と青年を得て会の元動力となさんことを希望す」と記し、会中の融和に期待した。翌一一月二四日、井上雅二は東亜同文会事務所に至り、陸実、池辺吉太郎、財部熊次郎と共に、「雑誌（東亜時論）の体裁」を相談して後、中西正樹、田鍋安之助と清国の政治情勢を論ずると、夕刻に独立雑誌社の研究会に参加した。同研究会には、大学生を主体に八名の邦人、三名の清国留学生が出席した。

一一月二五日、井上雅二は、沖禎介、梁啓超、王照の許を訪れ、梁啓超と翌一一月二六日の会談を約束した。井上雅二は梁啓超の日本亡命中の活動に対して、僅かばかりでも支援を行うため、仲間を呼び寄せることにした。しかし、井上雅二が翌一一月二六日、「梁啓超氏余が寓に来るの約ありしを以て、未知・同憂の士君子の来駕を促す。応じて来る者、香川〔悦次〕、佐々木〔四方志〕、安東〔俊明〕、財部〔熊次郎〕、村井〔啓太郎〕、山口〔正一郎〕、原口〔聞一〕、埴原〔正直〕、樋口〔一蔵〕等の諸友あり。三時より待つて四時半に至るも、遂に梁君来らず。何か急用起りたりけん。乃ち諸友散じ去れり。余〔は〕大に梁の違約を責めざる可からず。此の如き何を以て志士の同情を獲得するを得ん。然れども電信・郵便の便を知らずと云〔われ〕れば、亦已むなきなり」と記したように、梁啓超は訪問の約束を反故にした。井上雅二は、梁啓超の態度に失望した。しかし、梁啓超には、一一月二六日に井上雅二の許を訪問することのできない事情が存在した。それは、翌一一月二七日に東亜同文会会長の近衛篤麿を訪問する用事が急遽できたことである。一一月二七日、梁啓超と羅孝高は、柏原文太郎、中西正樹に伴われて近衛篤麿を訪れている。梁啓超はこの席上、近衛篤麿に対して、「皇帝復位の事」を盛んに論じて、協力を要請した。近衛篤麿はこの梁啓超の要請に対して、「皇帝復位」が望ましい事柄ではあるものの、康有為の言うような容易な事柄ではなく、「実行には十分の決心を要するなり」と述べ、イギリスやロシアなど、列国の動向にも厳重な注意を払うべきであるとして、梁啓超に自重を求めた。

第三節　井上雅二と畢永年

一　畢永年の湖南周遊

一二月一二日、伊藤博文は帝国ホテルで、実業家の主催にかかる歓迎会に出席し、山県有朋、西郷従道、松方正義、桂太郎、清浦圭吾、渋沢栄一など、無慮四〇〇名余りを前にして、「支那改革論」と題する講演を行った。これより先、伊藤博文は九月一一日に北京で戊戌政変に遭遇して以降、総理衙門の各大臣などとの会談を予定通りこなし、九月二九日に北京を出立、天津をへて一〇月六日に上海に到着した。伊藤博文は上海で、湖広総督張之洞より漢口訪問の誘いを受けた。伊藤博文も、長江流域の未来を考えるならば、是非とも漢口を訪問したかったであろう。伊藤博文は上海から長江を溯り、一〇月一三日に漢口で湖広総督張之洞と、また一〇月一九日に南京で両江総督劉坤一と会談し、一〇月二一日に上海に戻った。日本では、一〇月三一日に第一次大隈重信内閣が倒壊し、一一月八日に山県有朋内閣が成立した。伊藤博文は一一月五日に上海を出立し、長崎に帰還後、下関に赴いた。伊藤博文の帝国ホテルにおける講演は、この約一ヵ月のことである。伊藤博文はここで、清国の貿易地区を「北部支那」「中部支那」「南部支那」に分けて論じ、「宇寰（世界）各国、支那と接近し、支那各港に密邇（接近）し、一葦相帯（一枚のあしの葉で隔てたような親密な関係、一衣帯水ともいう）するの便を有するものは、我国に越るものあるなし。是れ我国は支那貿易上、最勝地位を占得せしものと謂はざるべからず。誠に能く此地位を利用して貿易を経営せば、我国を以て支那南北各港貿易の中枢、物資供給の淵源たらしむること、豈難しとせんや」と述べている。すなわち、伊藤博文は日本の経済発展の目標を清国への経済進出に置き、政財界の要人に対して、清国の経済進出への積極的な働き掛けを求めた。

一一月、第一次大隈重信内閣が倒れ、一一月八日に第二次山県有朋内閣が誕生した。外務大臣に任命されたのは、青木周蔵である。青木周蔵は長門の出身で、木戸孝允の知遇をえ、木戸孝允の没後、井上馨の懐刀となり、条約改正交渉に活躍して、一八八九年の第一次山県有朋内閣でも外務大臣を担当した。青木周蔵は、大隈重信とはそりが合わなかった。山県有朋及び青木周蔵は、前首相兼外務大臣の大隈重信とは異なり、康有為、梁啓超ら清国の亡命者を冷遇した。もともと、近衛篤麿は一一月二七日の梁啓超との会合で「然してもし今日其期熟せりとあらば、迅雷耳を掩ふに遑あらず的の機敏なる手段を要す。今日が其時期なるや否やは今少しく考へざるべからずと、例を挙て説明せり」と述べ、現時点での武装蜂起を時期尚早としただけで、支援に含みをもたせていた。いわば、近衛篤麿も事態の推移を測りかねていた。このことは、梁啓超らが近衛篤麿や大隈重信に一抹の期待を抱かせる一因ともなった。一一月二八日、梁啓超、羅孝高が警吏の磯谷宇一郎と共に、井上雅二を訪れた。井上雅二は、直ちに香川悦次と安東俊明に来宅を促し、梁啓超と「支那論」を行った。梁啓超は、大隈重信、犬養毅と約束し、かれ等が「康有為、梁啓超の説に同意の風あるやに覚ゆ」として、この要領として「一、天皇（光緒帝）復権。一、太后内費年款五百万円。一、遷都。一、在京大使等、皆之を廃せざること」を挙げて、「現内閣（山県有朋内閣）に之が実行を迫り得べきや」と述べて、井上雅二の意見も求めていた。康有為や梁啓超が「天皇（光緒帝）復権」のために日本の支援者の協力を得ようとするならば、清国国内で光緒帝の支持者が多数存在し、活動を続けていることを立証する必要があったのである。

一一月二八日、警視総監大浦兼武が外務大臣青木周蔵にあてて、「〔平山周は〕本月十五日香港に向け出発し、明年一月下旬頃帰朝の見込なりと云ふ。而して、出発に際し、曽て清国より康有為等と同行せし宮崎寅蔵（滔天）、宇佐美隠岐彦等は平山を見送り、互いに今回平山周の渡清は実に危険にして、再び帰朝は六ケ敷《難かしき》からんと語りたりと云ふ」と報告している。平山周は、警視庁の密偵によって、行動が逐一監視されていたのである。平山周と畢永年の湖南省訪問には、危険が伴った。宮崎滔天らは、平山周、畢永年との永別をも覚悟して、これを見送った。平山周と畢永年は一一月一五日に横浜を出発すると、各地に寄港して、一一月二〇日に上海に到着した。ところが、平山周と畢永年が上海に到着してみると、唐才常が日本で湖南省の切迫した情勢を訴え、一足先に日本から急ぎ帰国していたにも拘らず、まだ湖南省に赴かずに上海に留まっていた。このため、畢永年が唐才常に対して「湖南に入るの計」を相談すると、唐才常は「上海にての風説によれば湖南巡撫兪〔廉三〕氏は新党即ち南学会の棟梁株は拿捕次第直ちに刑を行ふの目的にて探偵甚た厳重なり」と述べて、湖南省が目下、厳戒態勢にあるため、湖南省訪問を暫らく見合わせているとした。湖南省が厳戒態勢にあることは、日本でも重々承知の事柄であった。平山周と畢永年は唐才常があれほど帰国を促がしていたのに、未だ上海に留まっていることに不審の念を抱き、唐才常とは別行動を取ることにして、二人だけで上海を出発した。

一二月一五日、井上雅二は早朝、財部熊次郎に依頼書を出し、柏原文太郎を訪問後、東亜同文会に出向き、「雑誌の件、康有為・梁啓超等の草稿等の件」を相談すると、急ぎ新橋から横浜に赴き、横浜大同学校で梁啓超らと談議し、同学校教習の山田夬を訪ねて後、横浜から東京に戻り、東亜同文会の時事討究会に参加した。同日の出席者は、井上雅二の他、田鍋安之助、中西正樹、小川平吉、長沢説、原口聞一、安永東之介、佐々木四方志、志村作太郎、弓削田精一、以上である。同会では、中西正樹が意気軒昂であった。井上雅二らは同会で、一、九江鉄道敷設権の取得、二、北京視察隊の派遣、以上を決めた。一一月一〇日の、東亜同文会第一回幹事会は『東亜時論』の編集責任者に財部熊次郎を選出していた。このため、一二月一五日の井上雅二の行動も、雑誌の編集に関する事柄であったといえよう。同月、『東亜時論』第一号が発刊された。同号は、巻頭に「東亜同文主意書」を掲載し、次に近衛篤麿、江藤新作、有賀長雄、田鍋安之助、内田甲の論説が続いているものの、「雑録」に梁啓超「上副島近衛両公書」、「寄書」に更生（康有為）「唇歯憂」、梁啓超「論支那政変後之関係」が巧みに挿入されており、康有為や梁啓超らの主張を色濃く反映させる内容となっていた。また、同月刊行の『東亜時論』第二号は、雑誌の巻頭に譚嗣同の遺像を掲げた他、梁啓超と唐才常の弔辞、梁啓超の「政変始末」「故譚嗣同君伝」「清議報序」などを掲載した。これでは、東亜同文会は、白岩龍平らの忠告もあり、康有為ら清国亡命者と一定の距離を保とうとしたにも拘らず、康有為らの友党との印象を周囲に与えかねなかった。

一二月八日と一五日、東亜同文会幹事会が開かれ、「本会と支那各地に於る支部との関係」「蘇州に於る会員の被害」「本会今後の運動に関する件」について討議を行った。一二月八日の幹事会には陸実、池辺吉太郎、佐藤宏が欠席し、参会者は田鍋安之助、中野二郎、井上雅二の三人のみとなった。このため、幹事会は議題が未提出のまま、雑談の後、散会となった。井上雅二は同日、「九時半帰来、看書（読書）、十一時就床。心念若《も》〔し〕不確固（確固ならざれば）、一喜一憂することも多し。大丈夫たる者、正に宇内の平和、人類の福利を憂ふ可し。何くんぞ区々（つまらない）目前の小事に拘わらん。真人たる者、正に明徳直誠たらざるを憂ふ可し。曷《いずく》んぞ、切々婦女子の態を為すを用ひん。時雨生（井上雅二）、大れ緊褌一番（気持ちを引き締め）せよ」と記し、失望の念を表した。『東亜時論』第二号は、井上雅二が「止み難き事故（事情）」により幹事を辞任し、近衛篤麿が後任に佐々木四方志を推挙し、佐々木四方志もこれを承諾した旨を報じている。一二月一八日、東京専門学校同人会の忘年会が牛込求友会で挙行された。同会の出席者は高田早苗、松平康国、中西正樹、埴原正直、柏原文太郎、桑田豊蔵、原口聞一、小山田淑助、小幡酉吉、本田代作、井上雅二、などであった。『早稲田学報』第二三号はこの同人会の忘年会について、「軈《やが》て三行酒酣《たけなわ》なる時に至れば、互に胸襟を披きて、東洋保安の方策を論議し、豪気堂に満ち、殆んと天下を小とするの概ありき。各々歓を尽して散会せしは、鐘声冴ゆる五更の頃なりしとは随分遅かりし」と記している。

二　井上雅二の勉学

一八九八年一〇月初旬、東亜同文会は戊戌政変後の清国情勢の視察を目的に、荒尾精の義弟・井深彦三郎を北京に派遣した。井深彦三郎は一〇月六日に北京に入り、守田利遠の住居に宿泊して情報を収集した。井深彦三郎は一一月一二日に李鴻章を訪問すると、翌一一月一三日に中西正樹、中野二郎、宗方小太郎、田鍋安之助に書簡を認めて、「今や皇帝弑逆説、廃立説、幽閉重病説は全く去る〔一一月〕五日矢野公使始〔め〕館員一同の謁見に依て慥められ、西太后と皇帝との間柄に於ても差したる悪感情の存在せざるは、謁見当時の挙動を見て推知するを得申候」と述べ、「政変の起因」を康有為の急激な改革に求め、「満洲派頑固派なる剛毅、徐相〔用儀〕、崇礼、懐塔布等の徒が是を先途と騒ぎ立て、先づ慶親王を動し、栄禄を説き、西太后に迫り、兼て破格の直参を蒙る康有為一派を妨ましさ半分に誅滅せんと計りし者に外ならず」と述べた。井深彦三郎の見解は、旧同文会の幹部、特に宗方小太郎や白岩龍平の判断と同様に、戊戌政変の原因を改革と守旧の対立ではなく、漸進と急進の対立として捉えるものである。このため、井深彦三郎は戊戌政変により、康有為らの急進的な改革が否定されながら、西太后らの漸進的な改革が維持されるとした。井深彦三郎は、清国政策には「保全論」の他、「倒清論」「列国保護論」「列国分割論」「南北分立論」「東洋聯邦組織論」など種々あるが、東亜同文会としては「本領を以て一方には我国民及当局者の覚悟を促かすと同時に、一方に向ては進で実力の伸長〈清地へ〉を企図せざる可らずと存候」として、着実な勢力の扶植を説いた。井深彦三郎は一一月二〇日に北京を辞去し、一一月末に上海に入り、清国南部を視察して後、一二月一一日に長崎に戻った。

一二月二五日、帝国教育会で東亜同文会招待会が開かれ、井上雅二の他、陸実、池辺吉太郎、中西正樹、伊沢修二、田鍋安之助、森井国雄などが参加した。上海の白岩龍平は、一二月二五日に近衛篤麿に書簡を与えて、「(『東亜時論』第一号の内容が）以上の迷ひある清人及ひ反対の側より看れば、全然東亜同文会は康等一味の如く、彼等の意思発表の機関の如く受取られ、是より先小生等弁明の反て虚説（偽りの主張）に帰し、流言罔説（根拠のない主張）の事実として清人間に謬認せられん事を怕る」と、『東亜時論』の内容に懸念を示した。一二月三一日、近衛篤麿は白岩龍平の書簡を受領すると、「康有為等保護の我国に不利なる事、我意を得たり」と記した。『東亜時論』第一号の内容は、西太后の機嫌を損ね、日本政府や東亜同文会の政策に悪影響を及ぼす可能性があった。特に、康有為は日本に亡命後、西太后の批判を繰り広げ、日本の支援者の力を借りて、復権を模索していたからである。このため、東亜同文会は一八九九年一月以降、『東亜時論』の編集責任者に内藤湖南を任命し、同月の第三号以降、康有為、梁啓超らの論文を掲載せず、穏健な内容に留めた。内藤湖南は、同月に東亜同文会に入会したばかりであった。井上雅二は一八九九年一月五日、東亜同文会に赴き、松本亀太郎、中島真雄、尾本寿太郎、田鍋安之助、対馬機らと酒を飲み、日頃のうっ憤を晴らしたが、一月八日には放言癖を深く恥じ、「諧謔にも『天下を取る』と云ふ語を発する勿れ。一言一動悉く自然に発するの様ならざる可からず」と記している。翌一月九日、井上雅二は、一「黎明即起（早朝の起床）」、二「廃酒（禁酒）」、三「無用則不出門（用もなく外出しない）」、以上の三点の決意表明をした。

しかし、井上雅二は心中満たされずに、これ以降も大酒を続けた。

一月一二日、井上雅二は、東亜同文会の時事研究会に参加した。出席者は、近衛篤麿、長岡護美、鍋島直大、小原新三、池辺吉太郎、立作太郎、岸田吟香、原口聞一、村井啓太郎、安東俊明、川島浪速、内藤湖南、五來欣造、志村作太郎、井深彦三郎、中西正樹、田鍋安之助など、二四名であった。ここでは、井深彦三郎の「政変後の清国視察談」と松本亀太郎の「台湾と福建、広東地方との関係に関する談話」の講演が行われた。また、翌一月一三日、井上雅二は偕楽園の清国曾遊者会に出席した。同会には、林権助、神尾光臣、佐久間浩、中西重太郎、宇都宮太郎、曽根俊虎、井上良智、川島浪速、尾本寿太郎、小山秋作、井深彦三郎、田鍋安之助、松本亀太郎、対馬機、岡幸七郎、鳥居赫雄、岸田吟香、中島真雄、中川十全、中西正樹などの、北京から帰朝中の林権助を始め、参謀本部の清国駐在経験者、東亜同文会会員などが出席し、戊戌政変後の日本の政策を議論した。井上雅二は一八九九年一月一四日、終日部屋に籠り、佐藤宏の『支那新論』を読んで論評し、更に『欧州新政史』を夜更けまで読み続け、「衾（かけ蒲団）を擁して寝後、東洋の将来より吾徒の覚悟に考へ来り、想像百出、神（神経）疲れて遥か篠山の一方を睨み、感慨久之（これを久しくす）」と記した。一月一七日、井上雅二は内田甲を訪ねて、江藤新作らも交えて語り合った。内田甲は一八九七年一〇月、井上雅二とブラゴヴエシチエンスクで別れて後、シベリア横断旅行を単独で敢行し、一八九八年六月中旬にウラジオストクをへて帰国し、一〇月の東亜同文会の結成に加わった。井上雅二は内田甲と胆肝を吐露して語り合い、「意気天下を并奉して、世界を高翔するの概」を覚えると、夕刻に樋口一蔵の許を訪れ、友人らと午前三時まで酒を飲み歌を唄い語り合うと、「天下の人間皆草木の如く、糞虫の如く見ゆ〔る〕」気分となった。

一八九八年一二月二四日、佐藤宏は『支那新論』を東邦協会より出版している。同書の叙は副島種臣が、後叙は陸実が執筆した。佐藤宏は一八七〇年、平戸藩士黒田秀波の子として生まれ、佐藤家に養子に入り上京、独学で漢学、英語を学び、東京帝国大学法科大学に入り、一八九八年に卒業すると、大学院の国際公法外交専攻科に入った。佐藤宏『支那新論』は、第一章「支那最近の形勢一班」、第二章「朝野の真相」、第三章「革新的諸会」、第四章「清国の改造」、第五章「満洲方面よりする露国の侵略」、第六章「恰克圖《キャフタ》、伊犁《イリ》、巴密爾《パミール》地方に於ける露国の蚕食」、第七章「露国の運動」、第八章「英国の経営」、第九章「列国の態度」、第一〇章「我邦の措置」、第一一章「日本の対清策」、以上からなる。佐藤宏はこれまで、『日本人』『山陽新報』などに多数の論説を発表していたが、これらの論説に新たな論考を加え、七月頃より同書をまとめ、九月中旬に脱稿した。しかし、九月二一日、清国では戊戌政変が発生した。佐藤宏は康有為の改革には当初より、評価していなかったとして、この理由を「如何となれば、急激突飛なる書生的の方法を以て、支那の如き大国を調理すること能はざるを知るのみならず、其の所謂変法自強の政も啻《ただ》に空言無実なる上諭に止まりて、地方の大官等は毫《わずか》も之を挙行せし者なきを見れば也」と記した。佐藤宏は同書で、いかに清国の革命を防ぎつつ「開化」に導くのかという点を論じ、日本の政策として「現満洲朝廷の無窮」「支那の保全」「通商貿易」「支那の現状〔の維持〕」を挙げた。なお、佐藤宏は翌一八九九年に病に伏し、一一月一三日、茅ケ崎高田病院で亡くなった。

一月二一日、井上雅二は、勝海舟の危篤の報に接した。井上雅二は、勝海舟と面談したことがあり、「余〔は〕先生に接する僅かに数回のみ。而して今や日本の一名物を失はんとす。余〔は〕実に之を惜む。然かも先生や、秋風落葉は節なしとて一笑、地下に入らん乎。悲夫《かな》」と記している。同日、井上雅二は羅孝高の訪問を受け、「支那談に華を咲かせると、夜には神田青年会で演説を聴いた。井上雅二は東京専門学校卒業後の進路について、故・荒尾精の勧めに従い、ヨーロッパ留学を目論んでいたが、一月三〇日に「欧行の運動、一蹉跌を来たす。而して月初以来奔走し、金策亦全く成らず」と記したように、留学費用の工面に目途が立たなかった。井上雅二は一月三一日、「黎明即起（早朝の起床）、無用不他出（用事もなく外出しない）、禁漫飲（妄りに酒を飲まない）」、以上の三点の厳守を誓った。井上雅二は一月九日には「廃酒（禁酒）」を誓っていたが、無理と悟ったようであった。井上雅二は二月四日、早朝から『国際公法』を読み、途中で神田青年会に出掛けて講演を聞くと、夕刻に北御門松二郎と中西正樹の訪問を受け、久振りに旧情を暖め、夜に宗方小太郎、井手三郎を訪問した。二月九日、井上雅二は横浜大同学校教習の韓文挙、欧榘甲、葉覚邁の三人及び羅孝高の訪問を受け、「共に有志の士にして、曽て支那に在りて知る者、余〔は〕

高談壮語、四時に及んで四氏茫然どして去るも可笑《笑うべし》」と記した。そして、夕刻に東亜同文会に赴き、中西正樹、田鍋安之助、松本亀太郎、内藤湖南、埴原正直、原口聞一らと会合すると、清国政策を論議した。

三　康有為の離日経緯

一八九八年一二月一七日、前南学会会長の皮錫瑞は郷里の江西省に居住していたが、日本から戻ったばかりの、元湖南時務学堂学生の熊慧舲、鄭晟礼の訪問を受け、二人の話から康有為、梁啓超、韓文挙、葉覚邁、畢永年が日本にいること、唐才常も日本に赴いたが、既に帰国して上海に留まっていること、文廷式も上海滞在中であることなどを聞いた。鄭晟礼は戊戌政変後に日本に渡り、畢永年、梁啓超、王照などと会談していた。平山周も一一月末、畢永年と共に上海を出立した。平山周は出立に先立ち、辮髪を結い、名前を周晦、字も子明と改め、清国人に成りすました。平山周は湖南省に赴く途中、「支那人多く〔が〕讖語（預言の文句）を信す、古来王朝の将に亡ひんとするや必らす讖語ありて伝へらる、故に乱を作さんとするもの、亦故らに讖語を流布して人心を惑はさんとす、各省久しく既に流伝するの讖語あり」と記している。平山周は当地に流布した預言が「昨年（一八九八年）皇帝、皇太后との間及ひ今後将に起らんとする皇位の紛争」という内容であるとした。平山周は、西太后と光緒帝の対立が正に予想されるものであることから、これを奇怪な面持ちで記した。やがて、平山周と畢永年が上海を出て、長江を溯り、漢口に到着すると、林錫珪と李賓士が平山周らの一行に加わった。林錫珪は瀏陽の出身で、湖南時務学堂の元学生、李賓士も瀏陽の出身で、譚嗣同の甥、すなわち妻・李閏の弟にあたった。平山周の一行は漢口から洞庭湖をへて湘江を溯り、一一月末か一二月初に長沙に到達した。

平山周は後年に、長沙到着後、畢永年の友人の「范君の宅」に赴き、夜間に「黄君の宅」に移ったが、長沙が厳戒体制にあったため、長沙から瀏陽に避難し、「鄭氏の聚遠楼」に数日滞在してから、再び長沙に戻り、「哥老会の頭目李君の宅」に身を投じた。この「范君」は范源濂、「黄君」は黄忠浩、「鄭氏」は鄭晟礼、「李君」は李雲彪のことである。湖南省の改革派は譚嗣同の死後、熊希齢を領袖とした。熊希齢は南学会の議事会友、『湘報』の理事となり、湖南省の改革を主導し、八月一九日に光緒帝より前湖南学政の江標と共に召見の命を受けた。しかし、熊希齢は父の澄湘水師営統帯・熊兆祥の慰留を受け、腹痛を理由に衡陽に滞在中、九月二一日の戊戌政変の報に接し、衡陽に閉門蟄居となった。熊希齢は湖南省で武装蜂起を起こす気持ちなど、毛頭なかった。平山周、畢永年は熊希齢に見切りをつけて、会党すなわち秘密結社と孫文の連携工作に方針転換をし、「哥老会の頭目李雲彪、楊鴻均〔鈞〕、張尭卿、李堃山の徒」と会合して、孫文の人と為りを紹介した。平山周は湖南省で畢永年、林錫珪と別れ、一八九九年一月三〇日に上海に帰還した。畢永年と林錫珪は引き続き、会党の工作に従事した。平山周は二月初旬に上海から帰国すると、芝の対陽館に投宿し、宮崎滔天に対して「畢永年君の先容によりて、哥老会と交結するを得たり。みな手を額にして義軍の起こるを待てり。しかして、会中の人の用ゆべきもの甚だ多し。もし孫君にして竿を掲げて起たんか、天下響応知るべきのみ」と述べた。

康有為と梁啓超は、畢永年と平山周が一一月一五日に東京を去ると、更に西太后への批判を強めた。畢永年は戊戌政変前、北京の南海会館に居住し、康有為の言動を一部始終知る立場にあった。このため、康有為は唐才常をけしかけ、畢永年に対して、湖南省の武装蜂起の報を伝え、畢永年を湖南省に赴かせた。ただし、畢永年も充分認知していたであろう。畢永年と平山周は湖南省に至ると、湖南省の改革派に武装蜂起の気配などなかったことから、康有為、唐才常の目論見を熟知し、哥老会の工作に方向転換をした。一二月九日、清国駐在公使矢野文雄が外務大臣青木周蔵にあてて「清国よりの報道に依れは、西太后陛下は総理衙門を経て康〔有為〕及其一派を捕縛するか又は殺害すへしとの訓令を内密に在日本清国公使へ下したりと云ふ」と述べている。西太后は康有為と梁啓超の日本での言動に激怒し、山県有朋内閣に善処、具体的には康有為らの逮捕もしくは国外追放を求めた。山県有朋内閣は国際法の国事犯の条項を盾に、康有為、梁啓超の逮捕を拒否したが、事態を放置できず、元日本公使館二等書記官の楢原陳政に康有為、梁啓超との交渉を委ねた。一二月二〇日、楢原陳政は林北泉、梁啓超と東京で会談し、「今や〔山県有朋内閣の成立により〕日本帝国各大臣も変更し居るを以て、清国亡命者の保護も充分ならざれば、日本帝国の版図内に居る事は甚た危険なるに依り、一日も早く米国に向け出発する方得策なるべし。若《も》し旅費等不足ならば三千円を給与せん、尚ほ不足ならば幾何にても補足すべし」と述べ、康有為の日本からの退去を勧告した。梁啓超はこれを、康有為に対する侮辱と見なした。そして、梁啓超は楢原陳政に向かって「断然其意に従ふ能はざる」と述べて、離日を強い口調で拒絶した。

　近衛篤麿は一八九九年一月一七日に柏原文太郎と面会し、康有為、梁啓超との交渉を依頼すると、翌一月一八日に大隈重信の許を訪れて、康有為の処遇を相談した。近衛篤麿は一月一九日、梁啓超に対して、『清議報』の内容に不穏当なものがあるため、同報と関係を断つよう忠告すると共に、「康有為の日本にあるは、今日両国の交際を保つの障害となるのみならず、康の志も容易に達すべしとも思はれず、宜しく欧米を漫遊すべし」と述べ、梁啓超からも説得を依頼した。そして、近衛篤麿は「余は楢原〔陳政〕等の如く、濫りに脅迫するが如き事は云はず、誠心誠意、康の将来の為に勧むるなり」として、これが大隈重信と協議した結果であることも伝えた。一月二八日、犬養毅は大隈重信に書簡を送り、康有為、梁啓超の処遇にあたっては、康有為のみ離日させ、梁啓超を日本に留めて、勉学に従事させるよう説いた。二月一八日、東京専門学校の横浜校友会は、住吉町千歳楼で例会を開いた。出席者は、大隈重信、大隈英麿、犬養毅、高田早苗、肥塚龍、市島謙吉、大石熊吉、梁啓超、徐勤、林北泉、曾星舫、鮑芳昭、孔兆成、譚輝垣、鄭席儒など、一〇〇名であった。梁啓超はここで挨拶をし、通訳がこれを「思ふ、貴国と弊邦とは元と同文同人種の士、若《も》し之を打つて一丸と為し、相提携し相誘掖（導き助ける）せば、庶幾《こいねがわ》くば他の侮辱を免れ、亜細亜全土の運命を既に頽に回すを得ん乎。専門学校々友諸君の如き、最も前途に有為なるの人、僕等亦宿昔（昔から）の望を以て、深く諸君の上に嘱す。茲《ここ》に今夕、籠招（ご招待）の恩を謝し、併て胸裡の感慨を叙す」と訳すと、拍手万来となった。

　井上雅二は二月二〇日から二三日にかけて、一日にほぼ一冊、萬国公法、外交史と政治史、英国拡張論などの専門書を読破して、勉学に努めながら、東亜同文会の例会にも出席し、研鑽を深めた。井上雅二は三月二日、早稲田から日暮里に転居して隠棲を決め込むと、専ら読書、静養に務めて、「四辺の風光、吾をして最も適せしむ。倦〔き〕

来れは戸外を逍遥し、又帰りて看書。誠に人間に超脱の思あり。其れより大に一見地を開くを得ん乎」と記した。日暮里は早稲田から遠く離れて、訪問者も少なく、勉学に適していた。井上雅二は三月六日、勉学に疲れると、田端から南千住まで歩き、小塚原に橋本左内、吉田松陰などの諸志士の墓を弔ひ、感慨を深くし、帰路は列車で田端まで戻った。井上雅二は三月一四日、東亜同文会大会に出席し、近衛篤麿、谷干城、長岡護美、香川悦次、小原新三、鍋島直彬、平岡浩太郎、大岡育造、伊沢修二、岸田吟香、江藤新作らと久し振りに面談した。井上雅二は三月二〇日、「胸中求むる所なし。只太〔いに〕喰て糞して寝て起るのみ。俯仰天地（天地に伏したり仰いだりし）、心何ぞ濶（広々として快活）なる、あゝ何ぞ濶（広々として快活）なる。余、近来漸く名利に活淡なるが如し。頗る上達せるを覚ゆ。奮励不怠則聖者英雄可期矣（奮励怠らなければ、聖者英雄にもなることができる）」と、心境を記している。井上雅二は日暮里に居住して、心身共に充実した日々を送りつつ、卒業論文の執筆に精魂を傾け、執筆に疲れると周囲を散策して疲労を癒した。翌々日の三月二二日、康有為は横浜から汽船に乗り、カナダのバンクーバーに向けて旅立った。この間、井上雅二は、康有為の言動に愛想を尽かし、梁啓超と会うことはあっても、康有為とは殆ど接触しなかった。

第三部　青春の蹉跌（一八九九——一九〇一）

第七章　上海改革派と女子教育　――前途への期待と不安――

第一節　畢永年と孫文

一　畢永年の再訪日
二　女子教育への逆風
三　大谷光瑞の清国周遊

第二節　東亜同文会上海支部

一　東京専門学校卒業
二　劉学詢の日本訪問
三　会党の連携工作

第三節　上海の井上雅二

一　日清聯盟の進展
二　東亜同文会と南京
三　上海改革派と正気会

第一節　畢永年と孫文

一　畢永年の再訪日

一八九九年一月二七日、清国駐在公使矢野文雄は総理衙門に赴き、徐用儀、許景澄、裕庚、袁昶、聯元、桂春と会談している。ここでも、日本亡命中の康有為、梁啓超の処遇が、議題の一つに上った。康有為と梁啓超は日本に亡命後、『清議報』などを通じて、西太后批判を繰り返しており、このことが日本と清国の政府間交流の障害になっていた。梁啓超は、伊藤博文や大隈重信、犬養毅の配慮、指示により、康有為が日本より離れるよう勧告されたのとは異なり、日本に留められた。二月四日、矢野文雄は外務大臣青木周蔵にあてて、「尚ほ本件は我政府が日清両国の間に現存する相互の感情を害するに至らざる為めの注意に出でた主意をば充分に申述〔べ〕置〔き〕候」と記している。三月一一日、矢野文雄が総理衙門に赴くと、総理衙門大臣より矢野文雄にあてて『清議報』の発刊禁止、或いは康有為、梁啓超、王照の欧米への転出の要請があった。この後、康有為は近衛篤麿らの要請を容れて、三月二二日に日本を離れ、バンクーバーに向うことになった。梁啓超は日本に残ったが、依然として『清議報』を通じて西太后批判を行った。このため、四月七日、上海駐在領事小田切萬寿之助は、外務次官都筑馨六にあてて、湖広総督張之洞が小田切萬寿之助を訪れて、梁啓超の日本残留につき、「然れば一の康を去るも、尚ほ一の康ありて、大局の上より見れば矢張《やはり》康有為今尚ほ貴国に在るも同様」であるとして、遺憾の意を表明したと述べ、梁啓超の言動に対して注意を喚起するよう依頼した。

一月二一日、警視庁は、清国在留者から康有為にあてた書簡に「清国人沈某・陳某は政府の命を受け、康有為及ひ梁啓超を暗殺せんと、目下上海にありて日本人間を往復し、交際を求めつつあり云々」という一文があったと報じている。西太后が康有為の刺客を日本に送り込んだという噂が、一月以降頻りに流れた。この約二ヵ月前、一八九八年一一月二二日、清朝政府は劉学詢、慶寛に日本訪問を命じていた。一二月、劉学詢と慶寛は上海に至り、日本人と親密な清国人を物色した他、上海駐在領事小田切萬寿之助とも面会を試みた。劉学詢と慶寛の行動には不審なものがあったため、この二人が康有為の刺客ではないかと憶測されるようになった。劉学詢は広東省の出身で進士、数年間闈姓（官許を得て経営される富くじ業）の業務を取扱い、数百万元を中飽（中間で着服する）の罪を問われ、他省に逃亡し、歴代の広東巡撫から逮捕状を出されていた。しかし、劉学詢は縁故を辿って西太后に取り入り、罪を免れたばかりか、知府の官位まで賜っていた。また、慶寛は旗人で、絵画に秀で骨董に精通し、内務府に務め、不正行為で家財を没収されたが、これも西太后の機嫌を取り、員外郎の職を得た。劉学詢と慶寛はいずれも過去に罪を犯しつつ、西太后によって罪を免れていた。いわば、劉学詢と慶寛は西太后に無類の恩義を感じざるをえない立場にあった。そして、西太后はこの前歴を利用して、劉学詢と慶寛に康有為の暗殺を依頼したと噂されたのである。劉学詢が孫文と同郷で、孫文に資金提供を行っていた。従って、西太后は劉学詢を利用して、孫文をけしかけて、康有為の殺害を図る可能性もあった。

三月、井上雅二は、七月の東京専門学校の卒業を控えて、論文の作成に没頭した。井上雅二は三月二二日、松倉善家を訪れ、清国について熱弁を拝聴すると、三月二三日と二四日、上野図書館に出掛け、多くの図書を渉猟すると、三月二五日と二六日、部屋に籠り切りになり、図書を読み、かつ論文を執筆した。すると、三月二七日と三一日、井上秀が突如、雅二の許を訪れ、長時間話をした。井上秀は妊娠していた。このため、井上雅二と秀はここで、今後の生計のたて方、子供の養育について話し合ったと思われる。しかし、二人ともこのことで、自身の進路を変更する筈もなかった。井上雅二は四月一日と二日の両日、内田甲と会っている。井上雅二は四月四日、東亜同文会に赴き、田鍋安之助、国友重章と会談し、田鍋安之助と青年有志懇談会の件を約して、帰途に就くと、翌四月五日、「連日の遊散の為め、精神散漫、不可収拾《収拾すべからず》」と記し、同夜、高月一郎と豚肉を食べ、原口聞一と酒を飲んだ。四月六日、東亜同文会は青年有志懇談会の設立を評議の結果、決定した。四月七日と八日の両日、井上雅二は花見客が下宿の門前を行き交い、喧々囂々として喧しく、読書、論文の執筆に勤しむことができなかった。井上雅二は四月九日、陸実を訪問して即、帰宅し、終日牢居し、四月一〇日、図書館に出掛け、一日中読書して勉学に励むと、四月一一日、東亜同文会に赴き、中西正樹、田鍋安之助、村井啓太郎、原口聞一らと青年有志懇談会の件を相談した。そして、井上雅二は四月一三日、先月に移転したばかりの日暮里の寓居を離れ、早稲田鶴巻町の石渡儀一方の下宿に転居した。石渡儀一方は、井上雅二が一八九七年一一月に東五軒町の一軒家に転居する以前、下宿していた場所である。

四月二六日、井上雅二は同級生の小山田淑助、権藤四郎介の訪問を受けた。そして、井上雅二は翌四月二七日、午前、東京専門学校に登校して受講後、同級生の木塚常三、中西重太郎と共に、湖南省周遊から帰朝したばかりの平山周を訪問した。平山周は畢永年、林錫珪と共に湖南省を訪れ、哥老会の首領らに孫文の人と為りを紹介し、孫文の武装蜂起計画に協力を要請し、良好な感触を得るに至った。そして、平山周は一人で帰朝すると、宮崎滔天と会合し、孫文の武装蜂起計画を練った。井上雅二らは平山周らと酒を酌み交して時世を論じ、夕刻になったので愛宕山に登り、宮崎滔天も加えて、眼下を俯瞰しながら再び酒盛りを始めた。井上雅二は四月二九日、田鍋安之助、井深彦三郎、成瀬仁蔵を歴訪して金策を相談し、埴原正直、野溝伝一郎と会い、四月三〇日に帝国教育会で稲垣満次郎などの演説を聴き、夕刻に帰宅した。すると、畢永年が突如、井上雅二を訪れてきた。井上雅二と畢永年の会合は、前年一〇月以来、実に約半年ぶりのことであった。畢永年は井上雅二に対して、香港に向かう旨を告げた。ここでは、何故、香港なのかについては、何も記していない。ただし、畢永年は日本で孫文、宮崎滔天、平山周と会っているので、一先ず香港に赴き、哥老会や三合会の首領を糾合し、武装蜂起の準備をしようとしたのであろう。井上雅二は畢永年、木塚常三、小山田淑助、中西重太郎、篠崎昇之助と共に酒を飲み、蕎麦屋に至って再び酒盛りをし、放歌高吟、午後一一時に畢永年と連れだって帰宅した。この後、井上雅二は畢永年と差しで、午前一時まで前途について語り合った。畢永年は翌朝、井上雅二の許を辞去した。畢永年の向かった先は、香港ではなく、同志の待つ上海であった。

畢永年は四月三〇日に井上雅二を訪問して後、山城丸で長崎から上海に戻った。上海の宗方小太郎は五月一六日、湖南省出身で、哥老会首領の張燦の訪問を受けている。哥老会は、湖南省、湖北省を地盤とする会党の総称で、幾つかの山堂と呼ばれる結社に分かれ、各々が龍頭などの名を持つ首領に統率されていた。張燦は畢永年の友人で、同志の譚祖培、李心栄と共に上海に至り、宗方小太郎に湖南省の急を訴え、即時の武装蜂起を力説した。宗方小太郎はここで、「三人少壮気鋭真率愛すべし。江南地方に在りて得可からざるの才なり」と記しつつ、彼らに軽挙妄動を戒め、自重を説いた。張燦、譚祖培、李心栄の三人は、井手三郎の許も訪問した。井手三郎は、張燦らが畢永年の日本からの帰国を出迎えるために、上海に至ったとしている。五月一七日、山城丸が畢永年らを乗せて、長崎から上海に到着した。同船には、高橋謙と中西正樹が乗っていた。宗方小太郎が井手三郎と共に高橋謙、中西正樹らを出迎えるべく、山城丸を埠頭で待ち受けていると、畢永年が高橋謙らと一緒に下船してきた。井手三郎は五月一七日、「高橋〔謙〕、中西〔正樹〕及ひ畢永年〈改名安永松彦と称す、和服を着く〉三人同行、畢〔永年〕は夜に入り文廷式の寓に之《ゆ》く。同志四人会談、夜深けて散す」と述べている。畢永年は安永松彦を名乗り、和服で現れたのである。五月一八日、宗方小太郎は、畢永年、文廷式、唐才常、山田良政、中西正樹、高橋謙、志賀祐五、中島裁之らの訪問を受け、文廷式の案内で唐才常、畢永年、山田良政らと共に昼食を取り、同日午後にも井手三郎と同様、畢永年、張燦、譚祖培、李心栄らの訪問を受けた。

二　女子教育への逆風

一八九九年二月八日、高等女学校令が勅令第三一号を以て発布された。同法案は、第一条から第三条にかけて「高等女学校は女子に須要なる高等普通教育を為すを以て目的とす」「北海道及府県に於ては高等女学校を設置すべし。前項の校数は土地の情況に応じ、文部大臣の指揮を承け、地方長官之を定む」「前条の高等女学校の経費は、北海道及沖縄県を除く外、府県の負担とす」と記している。これにより、女学校の設立が一部の地方を除いて義務付けられただけでなく、一県に複数の女学校の設立も可能となった。そして、同令の第一〇条では「高等女学校の修業年限は四箇年とす。但し其地の情況に依り一箇年を伸縮することを得。高等女学校に於ては二箇年以内の補習科を置くことを得」とあり、補修科の設置を可能にしたことにより、高等女学校の上に更に上級の学校、すなわち大学校の設立に向けて、新たな道筋が付けられていた。高等女学校令の施行日は、四月一日である。ついで、二月二一日、「高等女学校の学科及程度」に関する規則が発布され、第一条で「高等女学校の学科目は修身、国語、外国語、歴史、地理、数学、理科、家事、裁縫、習字、図画、音楽、体操とす。又随意科目として教育、漢文、手芸の一科目若くは数科目を加ふることを得。外国語は之を欠き、又生徒の志望に依り、之を課せざることを得」、第二条で「教授日数は毎年大約四十週、教授時間は毎週卅時以内とす」と定められていた。しかし、高等女学校令の第三条におけるように、女学校設立、運営の経費を各道府県の負担に帰したことは、各道府県の民衆の高等女学校に対する不満、厳しい批判の眼を醸成したことであろう。

一八九九年一月、『女学雑誌』第四七九号（一月一〇日）は、「女学生に対する悪口」と題する論説で、各新聞社が新聞紙上に読者の投書欄を設けた結果、「女学生に対する悪評」が盛んにこれらの投書欄に投ぜられる結果になったとしている。そして、同論説は、前年一二月後半、各新聞の掲載した「悪評」の一端として、「師範学校女子部の生徒に通行のとき、たもとより焼芋を出して食するものあり」「一筆申上候。矢部川近傍の或学校へ通ふ女学校生方へ申上候。人の顔を御覧ありてお笑ひ遊ばすは、合点の行かぬ儀に御座候」「行かず東京で、女学生連の東京訛をやつてのけるのには、閉口首頓だ」「本郷の済生学舎女学生芳しからぬ評判、はて困つたもの」「当地の女教師先生の中で、運動に生徒を連れて行くのはよいが、自分はよい男でもこしらへたいのか、何日も洋傘をさしてゐる、お顔の黒くなるものは御気の毒ですが、余り感心した事でないと存じ候」などの投書内容を紹介している。これらの「悪評」は、ある投書が「拝啓。方今女学生の生意気なるは申す迄も無之《これなき》候へ共、貴校において最も甚だしき者と被考《考えられ》候。徒《いたずら》にお姫様的生活を慕ひ、木葉役人の末葉の娘迄、服装を飾り白粉等をいやに塗りつけたる様は、誠に見れた様にも無之《これなし》。……何れにいたし候ても、〔か〕ゝる生意気女学生は到底、本来〔の〕賢母良妻の望み、たえて無之《これなき》候」と述べたように、女学生の華美な服装や装飾への批判がこれまでの秩序の崩壊と結び付けて論じられている。ここには、女子の高等教育に対して抱いた年長者、男子などの偏見や、女子の台頭、社会進出に対する男子の警戒心や危機感、更に日清戦争後の相継ぐ重税に伴う貧困層の不満など、種々の要因が投影されているように思われる。

四月一四日、井上雅二は神田図書館に赴き、雑誌を散見後、夕刻に東亜同文会に赴くと、来会者は井上雅二、中西正樹、田鍋安之助の三人のみであった。このため、同会は決議を行わずに散会した。井上雅二は四月一五日、昼間に図書館で読書に励むと、夕刻に友人らと酒を痛飲し、翌四月一六日、青年有志懇談会に出席し、七八名もの参会者と酒を酌み交して語り合い、帰途に宮崎滔天、香川悦次を訪問した。四月二三日、井上雅二が成瀬仁蔵、宮川鉄次郎と共に大隈重信邸を訪れた。宮川鉄次郎は東京専門学校を卒業すると、会計検査院に勤めて後、『中央新聞』や『都新聞』の記者となった。井上雅二と大隈重信の会談には、犬養毅、大石正巳、梁啓超、中西正樹、望月小太郎も同座した。井上雅二は、大隈重信邸から帰宅すると、再び成瀬仁蔵の訪問を受けた。同日、成瀬仁蔵は麻生正蔵と共に、上京中の京都府知事内海忠勝を訪れ、募金勧告の件を依頼した。内海忠勝は翌四月二四日、岩崎弥之助を訪れ、寄附金の承諾を得た。更に、成瀬仁蔵は四月二五日、麻生正蔵と共に土倉庄三郎を訪れ、募金の件を依頼し、四月二六日に大阪府知事菊地侃二に協力を頼み、発起人、創立委員就任の承諾を得た。五月四日、成瀬仁蔵、麻生正蔵は日本女子大学校創立委員長大隈重信の名で各委員に案内状を送り、五月八日の同校創立委員会の開催と募金の協議を告げることにした。五月八日、同校創立委員会が帝国ホテルで開催され、大隈重信、岩崎弥之助、渋沢栄一、児島惟謙、土倉庄三郎、稲垣満次郎、肥塚龍、成瀬仁蔵、麻生正蔵らが参集し、岩崎弥之助の五〇〇〇円、渋沢栄一の一〇〇〇円、児島惟謙の三〇〇円、稲垣満次郎の二〇〇円の寄附金額が決まった。五月九日、成瀬仁蔵らは広岡浅子に書簡で前日の模様を告げた。

第二次山県有朋内閣は、日清戦争後の軍拡を柱とする経営策を、地租増徴案など、増税で乗り切ろうとした。これに対して、貴族院議員の谷干城、三浦梧楼、憲政本党の大隈重信は、地租増徴反対運動を展開して、政府を攻撃した。五月二一日、井上雅二は平岡浩太郎、鈴木天眼、中野熊五郎らを歴訪し、東亜同文会で田鍋安之助、宮島大八、佐久間浩と談論、夕刻に武内美代吉、樋口一蔵、埴原正直らを訪ねると、翌五月二二日、帝国教育会に赴いた。五月二三日、井上雅二は成瀬仁蔵、森茂の訪問を受けた。四月から五月の間、井上雅二と成瀬仁蔵は度々会談を行った。成瀬仁蔵は井上雅二に日本女子大学校設立計画への支援を要請したのではなかろうか。五月二四日、成瀬仁蔵は、大隈重信が五月二六日に関西に向かうとの情報を得ると、これに先立って新橋から京都、大阪に向かい、同校創立委員会開催の手立てを整えた。大隈重信の大阪出張は、非増租同盟大会の臨席、すなわち地租増徴反対の政治運動を目的とした。このため、五月二五日、成瀬仁蔵は麻生正蔵にあてて、「今朝、内海〔忠勝〕其他之面会、当地方の情実、明に相分り申〔し〕候。何分政党の感情強くて困り申候。而して小生が大隈公の灯（提）燈でも持つやの風聞もなきにしもあらず」と述べて、同校の設立計画が政治抗争に巻き込まれることを懸念した。五月二八日、同校創立委員会の主たる委員が大阪の大隈重信の宿舎、島花屋に集まり、大隈重信の部屋で会議を開き、大隈重信に礼を述べた。参集者は大隈重信、北畠治房、菊地侃二、田村太兵衛、波多野伝三郎、磯野小右衛門、土居通夫、田辺貞吉、伊庭貞剛、渋川忠次郎、前川槙蔵、広岡浅子、成瀬仁蔵、麻生正蔵であり、磯野小右衛門と広岡浅子が代表として大隈重信に謝辞を述べた。

三　大谷光瑞の清国周遊

一八九八年七月一五日、井上雅二は清国の戊戌変法を視察する目的で長崎を出立して、東亜会幹事の資格で清国周遊の旅に出た。井上雅二は長崎から上海に向かう船中で、東本願寺の北方蒙、松ケ江賢哲と邂逅し、言葉を交わしている。戊戌変法は、日本の清国布教にも弾みを付けていた。この約二カ月後、東本願寺の慧日院（大谷勝信）と能浄院（大谷瑩誠）の両連枝（法主の男性親族）の一行が九月四日に、また谷了然が九月一四日に、各々上海に到着した。谷了然は浅井恵定、松ケ江賢哲を伴い、一〇月一一日に上海を出立すると、芝罘、塘沽、天津をへて、一〇月一四日に北京に至り、薬王廟の買収を図った。しかし、九月二一日の戊戌政変の影響で、北京の政情は不安定であった。このため、谷了然は薬王廟の買収を見送り、一〇月一八日に浅井恵定、松ケ江賢哲と共に北京を離れ、天津、威海衛をへて、一〇月二三日に上海に到着すると、翌一〇月二四日に杭州に入った。杭州駐在領事は吉岡彦一、書記生は片山敏彦、郵便局長代理が二橋季男である。谷了然は一一月一日に慧日院の一行を迎えて杭州日文学堂を開設後、上海に一端戻り、一一月六日に上海から蘇州に赴き、松ケ江賢哲と南禅寺の一房を借り受け、蘇州日文学堂の開設に道筋を付けた。谷了然は、一一月一四日の日記に「〔沈善澄と会談して〕一、杭州弥陀寺を吾布教道場と為す事。昨日已に該寺和尚諦堅へ申送りたりと云事、一、来年は必す湖南に着手すべし。〔湖広総督〕張之洞へは沈〔善澄〕より説尽すべし」と記している。谷了然は、杭州で日文学堂を設立した後に、湖南省の布教に着手する計画であったといえよう。

東本願寺の伊藤賢道は東京帝国大学文科大学漢学科を首席で卒業後、一〇月一二日、上海に到着すると、直ちに北京に赴く予定であったが、九月二一日の戊戌政変の影響で北京の政情が不穏であったため、上海に留まり、一〇月初旬に南洋公学師範学堂や徐家滙のキリスト教会を一瞥後、一〇月三〇日に杭州に向かった。谷了然は一一月一八日、杭州を沼僧淳、鈴木広闡、樋口龍縁、丸谷遊丸、村上恵遵に、蘇州を松林孝純の他、山本一成、川那辺円証に、南京を北方蒙、藤分見慶、長谷川信了、岩崎董、一柳智成に委ね、開教を命ずる一方、一一月一九日に上海を離れ、一一月二九日に長崎に戻り、一一月二四日に京都の本山に帰山した。北方蒙ら五名は一一月二二日、チベットに赴く予定の能海寛と共に天龍丸に乗船して上海を出立し、一一月二三日に南京に到着し、南京で金陵刻経処の楊文会などの協力をえて金陵東文学堂の開教に着手した。一一月二八日、伊藤賢道、丸谷遊丸、樋口龍縁の三名は杭州城外の弥陀寺に移転し、東本願寺杭州別院内に清国人対象の杭州東文学堂の開設を図った。杭州東文学堂章程は、「本学堂は日文教授を主とし、欧文も兼授し、特に日本の欽定大学士及び日本の言語、学術に習熟している士を教習に招聘して、日本、欧米の言語、学術を学生に教授する」「本学堂の学科は、普通学科と専門学科に分け、普通学科は三年、専門学科は四年とし、普通学科の卒業生に専門学科への昇級を許可する」と定めた。翌一八九九年三月一日、杭州東文学堂の開学式が挙行された。

西本願寺もまた、行動を起こした。一八九八年七月四日、井手三郎は菊池謙譲と共に、佐々友房の寓居で「本願寺海外布教のこと」に関して方法を相談すると、八月六日、近衛篤麿の許に赴き、森井国雄と会談した。近衛篤麿は九月二六日、森井国雄を介して、大谷光瑞に書簡を送り、「対清策の為尽力ある度《たき》旨」を述べた。森井国雄は九月三〇日、大谷光瑞と面談し、「留学生派遣其他、布教上経綸の事」に付き種々議論を交わし、大谷光瑞より「結局、支那問題は国家重要の事なれば、一宗旨の利害などは顧みる処にあらず」との言葉を受け取り、このことを近衛篤麿に書簡で告げた。大谷光瑞は一二月二三日、近衛篤麿と会い、「来月下旬渡清に付、〔東亜〕同文会にて力添えあり度旨《たき》」を述べている。西本願寺の大谷光瑞は、一八七六年に第二一世法主・大谷光尊（明如）の長男に生まれ、一八八五年に得度して鏡如光瑞と称し、一八九八年一月三一日に九条寿子と婚儀をあげた。大谷光瑞は翌一八九九年一月一九日、教学参議部総裁の武田篤初を随行長として、朝倉明宣、本田恵隆、永池三章、中島裁之、市川達譲と従僕二名を随えて京都を出立すると、一月二〇日に神戸でラオス号に乗船し、清国巡遊の旅に出ている。大谷光瑞の一行は上海、香港をへて広州に入り、更に香港から上海に戻り、二月二〇日に杭州に到着した。大谷光瑞の一行は杭州で東本願寺の法情院（大谷勝縁）の来訪を受け、翌二月二一日に湧金門を出て西湖を渡り、浙江蚕学館を見学後、湧金門に戻り、西本願寺の「本願寺公館」すなわち東亜学堂を訪れ、日本領事館に戻った。この「本願寺公館」については、「監督香川嘿（黙）然其他布教師、留学生等皆此に住し、清国布教の本営なり」と記されている。杭州の日本語学校は、西本願寺のものが東亜学堂（堂長は香川黙然）、東本願寺のものが杭州東文学堂（堂長は伊藤賢道）と命名された。大谷光瑞は数日間かけて、杭州の各所を探索し、更に長江を溯って漢口に入り、三月一五日に漢口を出立して北上、三月二六日に開封に到着、三月二八日に黄河を渡り、四月六日に保定に、翌四月七日に北京の永定門に至った。

中島裁之は、大谷光瑞の清国巡遊に同行したが、一九〇二年に呉汝綸が日本の教育事情を視察した際に通訳を受け持った。中島裁之は一八六九年に熊本の八代郡に生まれ、両親の影響で浄土真宗に深く帰依し、一八九一年に西本願寺の大学林普通教校を卒業後、清国に渡って各地を周遊し、漢語の学習と共に仏教遺跡を巡拝し、一八九四年、日清戦争で第三師団附の通訳となり、日本に凱旋帰国して後、一八九七年に再び清国に渡り蓮池書院の呉汝綸に師事して帰国、一八九八年に清国人留学生の教育に従事した。中島裁之は一八九九年、三たび清国に赴き、清国駐屯軍司令部編『北京誌』第一五章「清国教育制度及北京の官公立私学校」第七節「外国人の設立に係る学校」で

「北京の東文学社は明治三四年（一九〇一年）三月二十日を以て開設す。其淵源を尋ぬるに中島裁之氏の明治三十年（一八九七年）直隷省保定府蓮池書院に入り、呉汝綸氏の弟子となり、傍ら其家庭教育に従事せる時、両氏の間に東文学社開設の議ありしに昉まる。適《たまたま》中島氏の帰朝に接し、野口多内氏中島氏の嘱により保定に行き、呉氏の師弟外数名を集めて日本語を教授せり。拳匪の乱（義和団戦争）漸く定まる頃、中島氏は北京に於て呉氏に会し此に学堂開設の議再び起り、李鴻章氏の賛成を得、且つ其の依頼を受けて模範的師範学堂開辦の約成るに至れりと云ふ」と記されたように、呉汝綸らの信頼を得て北京東文学堂の総教習の任に就き、師弟の教育に努めた。大谷光瑞の一行は一八九九年四月七日に北京に到着すると、北京と天津の間を往復し、万里の長城、明の十三陵を見学し、四月二三日に李鴻章、四月二三日に総理衙門を訪れ、慶親王奕劻、王文韶、崇礼、許景澄などの諸大臣に挨拶をし、雍和宮でラマ教の僧正と会見した。

大谷光瑞の一行は、四月二四日に北京を出て天津をへて、太沽から上海に戻り、四月二九日に上海を出て、五月一日に長崎に到着、五月三日に帰山した。同一行の随行長・武田篤初は、六月一二日に教学参議部総裁を辞めて文学寮長となり、九月二五日に執行となった。武田篤初は論説「支那布教」を『教海一瀾』第四六号（六月一一日）に掲載し、清国布教には「在留邦人の布教」と「支那土人（清国の民衆）の布教」の二種があるとした。武田篤初は後者、すなわち清国の民衆への布教について、「故に今、布教者を派し、信仏の念を起さしめんとするも、支那人の頑固は最も恐るべき頑固にして、其の頑固を破りて、我が仏教の真理を注入することは、此れ甚だ難中の難なり」として、容易な事柄ではなく、効果も薄いとした。ただし、武田篤初は、「支那の社会は今、一大変革の機に臨まんとせり」として、「此時こそ仏種を彼地に蒔き、真理を彼邦に伝るの好機ならん」とも考えていた。このため、武田篤初は現在を「支那開教準備の時代」と捉え、「而して将来開教の相応地として、其前後を論ずるときは先づ南部支那より始め、北部を後ちにすべし、着々事に従ひ、以て時機の来るを見るの外なし。今日直ちに大挙開教の必要を見ず、準備を十分ならしむべきのみ」と断じた。大谷光瑞はこの約半年後、一二月に再び外遊を計画し、インドの仏跡の巡礼とヨーロッパの視察旅行に出掛けた。武田篤初は大谷光瑞のインドとヨーロッパの旅行にも同行した。武田篤初は、荒尾精が一八九六年一〇月に台湾で客死する以前、共に交流を深めていた。

第二節　東亜同文会上海支部

一　東京専門学校卒業

一八九九年五月二四日、井上雅二は「終日蟄伏（蟄居）、看書（読書）、夜更けて散策す。名月皓として天に在り、虫声続断、転《うた》た恋し」と述べると、羅孝高、葉覚邁、中西正樹らを訪ねた。井上雅二は五月二五日から五月二九日まで、ひたすら部屋に籠って論文を執筆し、五月三一日に同月を振り返り、「終日牢居、雨窓に対して想過考来（あれこれ繰り返し考え）、感亦新なり。五月中は先づ勤学の方なりし」と記した。井上雅二は六月二日と三日の二日間、論文の執筆に精を出すと、六月四日に福島安正を、更に六月五日に山田良政、対馬機、小田桐勇輔、村井啓太郎、福島安正、埴原正直を相次いで訪ねて談議した。六月六日、親友の埴原正直の送別会が吉熊で開かれた。四〇名余りが同会に参加し、甚だ盛会となった。井上雅二も同会に出席して、犬養毅などと談議した。埴原正直は一八九七年に東京専門学校を卒業すると、翌一八九八年に外務省試験に合格し、同年一〇月の廈門勤務をへて、一八九九年に韓国在勤（外交官補）となった。井上雅二は六月七日、「昨夜一睡せざりし為め、至極疲労を感じ高臥す。下午、神田に所要を果す」と記すと、夜に再び埴原正直の来訪を受け、長時間談議した。井上雅二は六月八日に埴原正直の紹介で松本為義と会い「面白さふな男なり」と記すと、六月九日に東亜同文会に赴き、夕刻に新橋駅で埴原正直の韓国出立を見送った。埴原正直の見送りには、馴染みの芸妓も来ていた。井上雅二は六月一〇日、頭痛に悩まされ、翌六月一一日、「近来来訪者頓に減少す。是れ僻地なると多忙なるとに依る。大いに勤学力行の隙を得て意気太快、只怨む身心甚しく疲労して当年の勇気なきが如しを。卒業後の進退は暫らく一擲（放棄）して、来月を待たんかな」と記した。

この二週間後、六月二七日、井上雅二は東京専門学校の卒業試験を前に、安永東之助ら、一〇人有余の友人と芝で記念撮影をすると、七月一日の貿易論を皮切りに、一連の試験に臨んだ。井上雅二は七月六日、犬養毅を訪問後、新橋から横浜、更に大磯に出て大隈重信を訪問した。しかし、大隈重信の許には来客がいた。このため、井上雅二は早々に退出して、七月一二日に再び大隈重信を訪ねた。この談議の内容は、井上雅二の卒業後の進路に関するものであろう。井上雅二は七月一五日、東京専門学校第一六回得業証書授与式に、英語政治科得業生として出席した。同式典は同校大講堂で挙行された。校長の鳩山和夫は一四六名の得業生に得業証書を授与し、各科の優秀生に賞状と大隈重信夫人・信子より寄贈された賞品が与えられた。鳩山和夫は「新卒業生に告ぐ」と題する訓示で、一般には「名を成して死すべし」という考えがいわれるが、これが不当な点を指摘した。そして、鳩山和夫は、「名を成すことが枝葉にすぎず、「其種々の関係にあつて、各々尽すべきの職務を尽し、人間として為すべきの道を履むと云ふことが基でなけね（れ）ばならぬと思ふのである」と述べ、「名」が「義務」を尽した上での結果にすぎないとして、「どうか此名の結果の方のことを後にして、主たる目的を諸君は忘れないやうにして貫いたいと思ふ」と締め括った。得業生総代の坪内鋭雄が答辞を朗読し、幹事・市島謙吉の報告、交友総代・坂本三郎の祝辞の後、講師の浮田和民、富井政章の演説があり、奏楽と共に式典が終了した。同式典の終了後、得業生には茶果が与えられ、校友及び来賓は大隈重信邸で立食の饗応を受けた。井上雅二は成績優秀者にはならなかったが、同校での充実した日々に感慨無量であった。

七月一五日の東京専門学校の第一六回得業証書授与式には、成瀬仁蔵も「来賓」として出席していた。同期の卒業生には、英語政治科に中西重太郎、邦語政治科に鄭寅昭と李寅植、橋本金治がいた。橋本金治と鄭寅昭は日韓学生倶楽部の幹事を務め、井上雅二もこれに参加した。同日、井上雅二が得業証書授与式の終了後、安東俊明を訪れて用件を果し、午後に自宅に戻ると、成瀬仁蔵ら二、三名が井上雅二の許を訪れて、卒業を祝福した。井上雅二は、成瀬仁蔵らが退散すると、七、八人の知人、友人の訪問と祝福を受けて、酒を豪飲して語り、更に神楽坂上で酒を飲み、歓喜の声を挙げた。成瀬仁蔵は七月一七日、お産で帰省中の井上秀に書簡を送り、秀の今後の進路に助言を与えつつ、「雅二君の卒業式には相臨み申候」と記し、井上雅二とは度々面会、相談しており、この詳細については面会した時に申し上げたいとした。そして、成瀬仁蔵は井上秀の身体を気遣いながら、この際保養に努めるよう勧め、かつ日本女子大学校設立計画も着々と事業が進みつつあることを述べ、自信の程を示した。井上雅二は七月二五日、香川悦次と共に頭山満、浮田和民らを歴訪し、更に二、三の知己を歴訪して、自身の進路について相談し、夜には木塚常三宅で眠った。井上雅二は翌七月二六日、東亜同文会会長近衛篤麿が欧米周遊中のため、副会長の長岡護美を訪れて将来の進路を相談し、東亜同文会本部に出向き「支那行」を談じた。井上雅二はヨーロッパ留学を延期して、東亜同文会上海支部の仕事に就く決心を固めた。井上雅二は七月二九日、「終日東奔西走」と記し、八月から一〇月初旬まで日記の執筆を休んだ。井上雅二は上海勤務や秀の出産の準備で多忙を極め、日記を休まざるをえなかったといえよう。

井上雅二は前年の一八九八年九月二一日、北京で戊戌政変に遭遇すると、戊戌政変の原因を独自に分析した。井上雅二は戊戌政変が急激に起きた原因について、一「皇上革新の方法急激に失せしこと」、二「革新派諸士亦革新の順序を誤ちしこと」、三「伊藤〔博文〕侯の来遊ありしこと」の三点を指摘し、これにより清国の改革の絶望とロシアの非道、満洲王朝の滅亡が既定になったとして、清国の改革派が第一に「〔康有為のような〕突飛的不秩序的改革」の無意味を知って抜本的な改造策を考え、第二に「守旧派の根底尚甚だ堅き」を悟って兵制の改革と兵権の掌握に努め、第三に「国運の危機一層迫りし〔実態〕」を知って仲間争いを止め、第四に国外亡命中の清国改革派の団結、日本亡命中の康有為、梁啓超らの捲土重来に期待した。井上雅二は、満洲王朝の滅亡が清国の分裂と人心の振興を招き、人心の振興が「健全なる二、三小国家の建設」の基盤なり、「西力東漸」への抵抗力を養成し、「異日支那民族一統の地歩」を構くと共に、アジアの光を欧米に及ぼすことになると主張した。この主張は、清国を解体することで人心の振興と清国の復活を図り、アジアの再興を期すというもので、井上雅二「清国遷都論」（『東亜時論』第三号、一八九九年一月）にも受け継がれた。すなわち、井上雅二は「清国遷都論」で、「方今急務中の急務は人心の振作にあり、人心の振作の気運は既に南方に顕はる。若《も》し能く都を中枢の地に遷し、財兵二権を掌握して此革新の風雲を叱咤せば、満洲、伊犂《イリ》、一時露の手に入るも可なり」と述べた。しかし、井上雅二は、清国の解体による東アジアの混乱までは言及していない。

井上雅二は一八九九年夏、東京専門学校の卒業論文として、『支那論』を著した。井上雅二の『支那論』は、緒論、総論、第一編「内部の情形」、第二編「外勢の圧迫」、第三編「我邦の対支那策」、以上の構成からなる。このうち、第一編は六章、第二編は七章、第三編は二章から構成され、第三編の第一章「当局政府の無策」と第二章「対支那政策を如何にすべきか」では、日本の取るべき方策に言及している。井上雅二は『支那論』第一編「内部の情形」第六章「夫れ遂に革命乎」で、「今日の急務は南方漢族の自発的活動の勢力を助長し扶植し、多数民衆の個人の利己主義を棄てつゝ、国民的精神を発達せしめ、殆んど自家の能力を以て革命を遂行するの地位に至らしむるに在り」と述べて、先の論説「清国遷都論」の主張を継承している。ただし、井上雅二は第二編「外勢の圧迫」で、列国の圧力が強まり、清国の危機が迫ればこそ、日本の清国に対する役割も強まるとする。井上雅二は第三編第二章で、日本の方針として「支那の保全」をあげ、これを「支那領土の現状（の維持）」と定義しつつ、第一「我邦は飽く満清政府の保存を図り、革命の破裂を鎮撫すると同時に、南方漢族を鼓吹して革新の風気を開発すること」、第二「種々の方面より我邦人を彼土に植へ、支那大陸を以て第二の故郷となし、支那民族監護の位地（置）に立つに至らしむべきこと」、第三「我が勢力的範囲の拡張」、以上の三点を挙げた。清国で革命が起こると、列国が革命の混乱に乗じて清国の分割を進める恐れがあった。このため、日本は清国の革命を抑止しつつ、南方の改革派を助勢し、清国の振興を図り、日本の利権を拡張すべきであるとした。

二　劉学詢の日本訪問

東亜同文会会長近衛篤麿は、一八九九年四月一日、秘書の大内暢三と小原駩吉を随えて横浜を出て、欧米の視察旅行に出掛けた。康有為はこの約一週間前の三月二二日、バンクーバーに向けて横浜を出立していた。近衛篤麿は康有為の日本出立に際して、バンクーバー駐在領事清水精三郎に康有為の世話を依頼していた。近衛篤麿は四月一日、首相山県有朋、内務大臣西郷従道、農商務大臣曾禰荒助、司法大臣清浦奎吾、宮内大臣田中光顕の他、「朝野内外の紳士四、五百名」及び学習院の学生に見送られて新橋を出立すると、横浜から汽船に乗り、四月一一日にハワイのホノルルに寄港し、ワイキキなどを訪れた。近衛篤麿はホノルルで、「最も奇に感じたるは、此地よりの乗客は男女皆、帽子及び襟に種々の花環を纏へり。一見頗る美なり」と記している。近衛篤麿は同日、ホノルルを出港すると、太平洋を渡り、オークランドをへて、四月二二日にシカゴに到着、ワシントンをへて、四月二七日にニューヨークに到着した。近衛篤麿はニューヨークで、清水精三郎が四月一八日にバンクーバーより発した書簡に接した。清水精三郎は同書簡で、康有為のヴィクトリア到着を伝え、「同市在留清国人等は熱心に康〔有為〕氏を款〔歓〕待致〔し〕候為、〔四月〕十二日迄同市滞在、十三日朝当晩香坡（バンクーバー）市来着、当市在留清国人亦非常に懇遇致〔し〕候に付、今以〔て〕滞在、尚〔お〕近方〔の〕諸市在留者よりも来遊の招待等有之《これあり》」と記し、同地出発の期日も未定であるとした。近衛篤麿は五月一日にボストンに到着、五月三日に同地を出立し、大西洋を渡り、五月一〇日にリバプール到着、同日のうちに列車でロンドンに入り、五月一四日に同地で参謀総長川上操六の逝去の報を受けた。

　近衛篤麿は五月一五日に上院、下院を訪問し、五月一六日にバッキンガム宮殿に赴き、ヴィクトリア女王に拝謁後、五月二三日にケンブリッジ、五月二四日にオックスフォードに出掛けた。近衛篤麿は学習院院長であり、イギリスの教育制度に深い興味を示した。近衛篤麿は五月二九日にロンドンに戻ると、再び清水精三郎の書簡に接し、康有為が五月六日にヴィクトリアを出立し、ニューヨークからイギリスに渡航予定であることを知った。しかし、近衛篤麿は康有為と会合することはなかった。近衛篤麿は六月六日にドーバー海峡を渡り、六月七日にパリに到着、六月八日にヴェルサイユ宮殿に赴き、上下両院を見学し、「〔上院は〕議事中なれば暫時傍聴して去る。次に下院に至り傍聴す。喧騒甚だし。六時迄傍聴して帰寓す」と記した。そして、近衛篤麿は六月一二日にハーグ、六月一五日にアムステルダム、六月一八日にベルリンに到着、ポツダムを見学後、同地を周遊し、七月一二日にベルリンに戻り、七月一六日にサンクト・ペテルブルクに到着、翌七月一七日にエルミタージュ博物館を見学し、七月二八日にモスクワ、八月一日にキエフ、八月二日にオデッサ、八月六日にブカレストに赴くと、バルカンを周遊した。更に、近衛篤麿は八月一一日、ボスフォラス海峡を渡り、コンスタンチノーブルに到着、八月一九日に同地を出て八月二〇日にダーダネルス海峡を渡り、八月二一日にピレウス、八月二三日にコルフ島、八月二四日にネープルスに赴き、八月二七日にローマ、八月二八日にヴァチカン、八月三一日にヴェニス、九月一日にウィーンに到着した。オーストリア駐在公使は牧野伸顕、書記官は吉田作弥である。同公使はスイス駐在公使も兼ねた。二人は九月七日にスイスよりウィーンに戻り、近衛篤麿と会談した。近衛篤麿は九月七日にウィーンを出立して、九月九日にマルセイユに到着した。

五月一七日、畢永年は山城丸で長崎から上海に戻ると、唐才常の許ではなく、文廷式の寓居に宿泊した。文廷式は江西省萍郷の人、一八九〇年の進士で、榜眼（科挙の第二位の合格者）の栄誉に浴し、光緒帝の寵愛を受けたが、康有為とは学問的に合わず、汪康年、江標らと行動を共にし、一八九八年四月の上海亜細亜協会の設立準備会議に参加した。これに対して、唐才常は、康有為に近い人物と見られていた。文廷式は江西省の郷里にいて戊戌政変の報を受けると、難を避けるべく、弟の文廷楷と共に江西省から湖南省に出て、湖北省の漢口より緒方二三に伴なわれて上海に至り、上海駐在領事小田切萬寿之助に保護された。文廷式の上海滞在中の費用は、小田切萬寿之助の斡旋により、富豪の劉学詢が出した。劉学詢は孫文と同郷で緊密な仲にあり、康有為の刺客の一人に目されていた。宗方小太郎は五月二八日、畢永年に九〇円を提供し、中西正樹、高橋謙、井手三郎、文廷式、汪康年、唐才常、張通典、狄葆賢、畢永年を晩餐に招待した。畢永年は五月二九日、宗方小太郎、中西正樹、井手三郎に見送られて上海を出立し、漢口に向かった。畢永年は漢口で漢報館に入り、同報の編集を担った。六月六日、漢口の畢永年から、宗方小太郎の許に書簡が届いた。六月六日の畢永年の書簡は、哥老会の首領を湖南省と湖北省から上海に送り込む際の通知であったといえよう。宗方小太郎は六月以降、あいついで哥老会の頭目の訪問を受け、六月一一日には辜人傑、六月二三日には李雲彪と王紹棠の来訪を受けていた。辜人傑と李雲彪は、湖南省長沙の人である。この結果、六月初旬には、湖南省と湖北省の哥老会の頭目として、張燦、譚祖培、李心栄の他に、辜人傑、李雲彪、王紹棠などが上海に集っていた。

七月八日、井上雅二が東京専門学校卒業の進路を模索していた時、清国の使節、劉学詢と慶寛が宗方小太郎と共に西京丸に搭乗し、上海を出立した。同船には、参謀本部の宇都宮太郎がわざわざ福州から上海に至って搭乗し、宗方小太郎と打ち合わせをした。劉学詢と慶寛が七月一〇日に長崎に到着すると、宮崎滔天の出迎えを受けた。七月一二日、白岩龍平は近衛篤麿に書簡を送り、劉学詢と慶寛の日本における密約には「練兵、製器〈軍用鉄砲〉の重要項目の他に、「日清銀行の設立、江西、湖南の鉱山開発等、其他十余件」が含まれ、聞き及ぶところでは日本から「軍艦還付」の条項が挙げられており、これらが全て姚文藻の計略によるとした。劉学詢と慶寛は七月一四日に横浜に到着すると、日本に帰国中の上海駐在総領事小田切萬寿之助の出迎えを受け、横浜から東京に移動して後、外務省の手配した帝国ホテルに宿泊し、これ以降、一、三日の間、三井物産会社、三井銀行、三井呉服店などの企業や店舗を見学した。七月一八日、劉学詢と慶寛は駐日公使李盛鐸と外務大臣青木周蔵と会談し、翌一九日には伊藤博文と会談し、連日のように日本の政財界の要人と会った。西太后、光緒帝の贈答品は、外務省から宮内省に進呈し、更に明治天皇に奉呈された。劉学詢と慶寛は七月二六日、李盛鐸に伴われて皇居に参内し、電信符号、暗号で編成した国書を奉呈した。劉学詢と慶寛は、七月二七日に東京商業会議所などの主催する宴席、七月二八日に首相山県有朋の主催する私邸での宴席、七月二九日に外務大臣青木周蔵の主催する宴席、七月三〇日は東亜同文会代理会長長岡護美の主催する宴席などに出席した。この間、孫文は七月一八日に宗方小太郎の許を訪れて、何事かについて談議を行った。

宗方小太郎は七月二〇日に帝国ホテルで劉学詢、慶寛、姚文藻、邵鵬飛、蔡燕生と談話し、七月二一日午前に田鍋安之助、中野熊五郎、原口聞一、安永東之助、孫文らの訪問を受けている。宗方小太郎は七月二四日午前に帝国ホテルで劉学詢、慶寛、姚文藻と会談し、七月二六日に劉学詢、慶寛に通知を行うと、翌七月二七日に田鍋安之助、御幡雅文、孫文を招き入れ、夜一〇時に孫文を連れて帝国ホテルに行き、孫文を劉学詢に密会させた。宗方小太郎は七月二八日に蔡燕生、姚文藻、邵鵬飛、清藤幸七郎、田鍋安之助の訪問を受け、姚文藻、邵鵬飛、孫文と昼食を取り、孫文より紅葉館で晩食に招かれたが辞退し、深夜一〇時に劉学詢の訪問を受け、午前一時まで談話した。劉学詢と慶寛が明治天皇に拝謁したのは、七月二六日である。劉学詢と慶寛は七月二八日にこれまでの帝国ホテルから清国公使館に移った。小田切萬寿之助は、劉学詢らが帝国ホテルから撤退した理由を、「畢竟飲食〔に〕不慣〔れ〕して、他に何等の事情なし」と記している。ただし、この理由は、劉学詢が清国公使館では不都合な事柄を帝国ホテルで行ない、これを無事完了させたため、清国公使館に移転したと見るべきであろう。この一つと考えられるのが、劉学詢と孫文の会談である。そして、劉学詢と慶寛はこれ以降、清国公使館に移り、本来の任務、すなわち銀行の設立や鉱山の開発など、日本との密約の締結に専念することになった。劉学詢と慶寛は日本の政財界の要人と会談を重ね、八月一日より一八日まで、台湾銀行、ヱビスビールなどを視察し、同月一九日に李盛鐸と日光に赴き、数日間同地に滞在して帰京、八月二八日以降、各所の送別会に出席し、八月三一日に列車で新橋を出立したが、別々に行動した。

三　会党の連携工作

康有為と孫文は、清朝政府のお尋ね者、すなわち政治亡命者という点では同じ立場であった。このため、犬養毅らは、康有為と孫文を会わせようとした。しかし、康有為は、戊戌変法で光緒帝に一度は親任された身であり、孫文とは格の違いを自認し、かつ孫文が共和政を目指していたことから、会談を拒否した。しかし、梁啓超は康有為とは異なり、孫文に対してわだかまりを感じていなかった。このため、康有為が三月二二日に横浜を出立し、バンクーバーに向かうと、孫文は梁啓超と接近を図った。この三ヵ月後の七月四日、梁啓超は鎌倉に赴き、羅孝高、章炳麟、譚錫鏞らと会合すると、翌七月五日に一同で江ノ島を遊覧した。章炳麟は梁啓超の所で孫文に会い、「排満の方略」を語り意気投合した。梁啓超は七月一五日、横浜大同学校教師の梁啓田、芳礼焜、清議報館記者の欧榘甲と共に東京に向った。康有為の門弟、特に韓文挙、欧榘甲、張学璟、梁炳光は康有為の一派と孫文の一派の合作に積極的であった。梁啓超は江ノ島の金亀楼で韓文挙、欧榘甲、羅啓田、羅潤楠、張学璟、李敬通、陳国鏞、梁炳光、譚錫鏞、黄為之らと義兄弟の契りを結び、康有為の引退、孫文との提携に一歩踏み出した。しかし、康有為の門弟の中でも、徐勤などは孫文との提携に否定的な態度を示した。やがて、康有為は、梁啓超らの日本における行動を伝え聞くと、梁啓超に激怒した。この間、井上雅二は七月六日と七月二三日、東京専門学校の卒業を前に、大磯に滞在中の大隈重信の許を訪れている。井上雅二は、柏原文太郎が大隈重信の命で梁啓超の世話をしており、柏原文太郎を通じてこれらの動向を聞いていたであろう。

劉学詢、慶寛の日本訪問と同時期、香港では会党の連合工作が進んでいた。宮崎滔天は六月三〇日に福岡に到着、玄洋社を訪ねて後、熊本の荒尾に帰省し、七月四日に長崎に至ると、七月一〇日に長崎で劉学詢と慶寛、宗方小太郎を出迎え、七月一一日に長崎で仙台丸に乗り、芝罘まで一端北上してから南下し、七月一七日に上海に到着した。宮崎滔天は上海に六日間滞在し、文廷式などと会談を重ね、「〔文廷式は〕年歯五十左右、豊顔細目、一見支那上海上流の風采、談論機慧頗る風味あり。亦一個の智者と称すべき乎」と記すと、七月二二日に上海を出て、廈門を経由して七月二八日に香港に到着し、陳少白と会談した。陳少白が「畢永年が哥老会の連中を連れて来る訳であるから、内地に行かずに此処に居て呉れ」と述べたため、宮崎滔天は香港に留まった。この約半月後、八月六日、畢永年が漢口より上海に至り、文廷式の許に宿泊した。上海の井手三郎は八月一〇日に文廷式と唐才常の来訪を受け、八月一一日に文廷式、畢永年、唐才常、文廷楷、文延年を宴席に招いた。畢永年は八月一二日、井手三郎の許を訪れて「香港行」を相談し、翌八月一三日、井手三郎の留守中に、再び「其友六人」を同伴して訪問した。井手三郎は八月一五日、「文廷式、畢永年と暫時雑談して去る。……晩刻、佐原〔篤介〕、張燦、辜人傑の来訪、辜〔人傑〕は湖南人にて曽て広東に於て帯兵官たり。清仏事件の時、仏と戦たりと云ふ」と記している。井手三郎はここで、香港での会党連合計画の詳細を聞いたであろう。張燦は、五月一七日の畢永年の日本からの帰国を上海で出迎えた人物である。畢永年は日本で、孫文、宮崎滔天、平山周と連合工作を謀議していた。張燦、辜人傑、畢永年が上海に集結し、香港出立を準備した。

宗方小太郎は七月二七日、帝国ホテルで孫文と劉学詢の密会を周旋すると、七月二八日に新橋に至り、汽車で西に向い、七月三〇日に徳山で第二平安丸に乗船し、門司から再び汽車に乗り、七月三一日に池田に着き、八月一日に自宅に戻った。八月、梁啓超は孫文との連携工作を進める一方、横浜大同学校の上級の学校として、東京高等大同学校の設立を図った。同校章程では、「本校は横浜大同学校を増進・拡充し、各地の学校と聯合して成果を統合したため、大同高等学校と命名した」と記された。八月、梁啓超は湖南時務学堂の元学生の唐才質と范源濂、蔡锷に書簡を送り、日本留学を勧めた。唐才質ら三人が日本に留学すると、林錫珪、李炳寰、田邦璿、蔡鍾浩、周宏業、陳為璜、李渭賢ら、湖南時務学堂の元学生も相次いで来日し、小石川区久堅町に住み、重田友介などから日本語を学ぶことになった。九月四日、梁啓超は小石川区表町一〇九番地から牛込区東五軒町三五番地に住居を移った。岸上質軒は、「九月某日、清客梁啓超を其牛込の寓に訪ふ。一問一答、相互の筆、紙上に向つて暫くも停まらず。帰後記憶に存する一端を、仮字文もて録すれば左の如し」と記した上で、梁啓超が筆談で「学生十余人を率ゆ、皆湖南の材、意気頗る発揚。将来有望の者也。近日更に二、三十人来るあるべし、他日貴邦諸名士を延て師友となさんとす。閣下もし締交（交わりを結ぶ）を許されなば、幸甚し」と述べたとした。東京高等大同学校では、林錫珪らが広東省出身の馮自由、鄭貫一などと交流を深め、清朝打倒の方法を論議した。孫文と劉学詢の密会、東京高等大同学校の設立、香港の会党連合計画は、相互に連関していた。

東亜同文会会長近衛篤麿は一八九九年九月一一日、マルセイユを出港すると、スエズ運河をへて紅海に入り、インド洋を渡り、九月二五日にコロンボに到着した。そして、近衛篤麿はウント・ラベニアに至って釈迦墳墓の寺院に入り、「其門に入る比《ころ》より、童男童女の群して銭を乞ふもの多く、甚だ煩はしき思ひあらしめたり。我国伝来以後の仏教の方、〔コロンボのものより〕大に信を起さしむるものあるが如し」と記して、この違いを大乗仏教と小乗仏教の質の差異に帰している。この後、近衛篤麿は九月二六日にスリランカを出て、一〇月一日にシンガポールに到着した。横浜大同学校校長の徐勤が偶然、同校の資金募集のためにシンガポールに来ていて、領事官補の小幡酉吉に近衛篤麿が到着した場合、知らせるよう要請していた。しかし、近衛篤麿は、幾つか理由を付けて徐勤との会合を断わった。近衛篤麿は同日、シンガポールを出ると、サイゴンをへて、一〇月一三日に香港に到着した。香港では、香港駐在総領事上野季三郎、正金銀行の長鋒郎、東亜同文会広東支部長の高橋謙の他、原口聞一、熊沢純之介、宮崎滔天が近衛篤麿の到着を出迎えた。近衛篤麿は高橋謙から、清国の「革命派〈孫の一派〉、改革派〈康の一派〉、及び其他」による面会の希望を伝え聞いた。しかし、近衛篤麿は、「改革派」が近衛篤麿に会うことで、いかにも近衛篤麿を支持者に見立て吹聴する恐れがあり、これに対して「革命派」が「改革派」のように勢力の誇示に利用することのないものの、両派が対立している現状に鑑みるならば、東亜同文会会長としては面会を拒否すべきであると考え、両派の会見を断わった。

畢永年が香港で哥老会や三合会の首領を糾合しようとした時、何よりも必要となったのは多額の資金である。上海の井手三郎は九月一日、畢永年の訪問を受け、「本月六日香港に向ふ事に一決す」と告げられた。しかし、畢永年は九月六日までに多額の資金を調達できずに、出立日を延期した。井手三郎は九月一一日、横浜正金銀行より、香港から畢永年にあてた電報為替の到着を告げられた。畢永年へ為替の送金者が香港の陳少白であったとすれば、孫文からの連絡によろう。この場合、孫文の資金は、劉学詢から出た可能性がある。井手三郎は九月一二日に横浜正金銀行に赴き、畢永年の代理で電報為替を受取った。畢永年はこの資金を得て、香港に向った。井手三郎は一〇月五日、畢永年から香港到着の報を受けた。一〇月初旬、哥老会、三合会、興中会の首領が、香港に一堂に会した。しかし、これらの首領は参加者の師中吉を康有為の内通者と疑った。宮崎滔天が師中吉の送別の宴を開き、師中吉を香港から去らせた。一〇月一一日、哥老会、三合会、興中会の首領の会合が開かれ、三派を合同して興漢会と命名し、孫文を首領に定めると共に、綱領三則を決定し、鳩血を啜って誓約し、陳少白と宮崎滔天が不在の孫文に代わり、総理の印章を受領した孫文を首領に定めると共に、綱領三則を決定し、鳩血を啜って誓約し、陳少白と宮崎滔天が孫文に代わり、総理の印章を受領した。この会合の参加者は、哥老会の柳秉彝、辜人傑、譚祖培、李権傑（李心栄、李堃山）、張燦（張堯卿）、不明者一名の七名、三合会の鄭士良、陳少白の二名、興中会の尤列、王実甫、畢永年（安永生、すなわち安永松彦）の三名の総計一一名である。

第三節　上海の井上雅二

一　日清聯盟の進展

一八九九年七月、井上雅二は東京専門学校を卒業すると、東亜同文会上海支部事務員として上海に赴任が決まった。同会上海支部の事務員には本来、村井啓太郎が内定していたが、村井啓太郎が朝日新聞社北京特派員になったため、井上雅二がこれに代わり採用された。村井啓太郎は一八七五年、久留米藩士村井林次の長男に生まれ、東京帝国大学法科大学政治学科に在学中、早稲田の井上雅二の寓居に出入りし、一八九八年六月の東亜会の結成に加わり、同年七月、同大学を卒業後、一一月の東亜同文会の設立に参加した。村井啓太郎は、翌一八九九年一月に池辺吉太郎の紹介で東京朝日新聞社に入社し、外電係を務める傍ら論説を発表し、一一月に上野靺鞨の後任の特派員として北京に赴任した。井上秀が七月、長女を出産した。井上雅二はこの長女を、支那子と命名した。支那子の養育は秀の両親、すなわち井上藤兵衛といとが郷里で受け持つことになり、井上秀は東京で勉学を続けることが可能となった。井上雅二は一〇月二二日に上海に到着し、上海支部長の井手三郎に挨拶をした。井上雅二は一〇月二九日、成田錬之助の訪問を受け、大東汽船会社の宮坂九郎を訪ねて、岡幸七郎などと張園を散策し、懇談して以降、宋恕など、上海の改革派と交流を深めた。宋恕は杭州の『経世報』、上海の『亜東時報』などで論陣を張っていたが、一九〇〇年に「井上雅二『支那論』に題す」を著し、「生まれた子供に支那と名付け、壮なるかな井上子。筆は江海の瀾を翻り、学は東西の史に富む」と述べつつ、井上雅二『支那論』を激賞しつつ、「中夜、君の書を読み、両眼から涙が流れて止まらなかった」と記している。宋恕は浙江省平陽県の人、一八六二年に生まれ、井上雅二の一五歳年上になる。原名は存礼、後に恕と改め、字は燕生、平子、号は六斎とした。宋恕は儒教や西洋の学問だけでなく、仏学にも造詣を深め、譚嗣同や章炳麟、汪康年などの尊崇を集めると共に、山根虎之助や伊藤賢道、南条文雄など、日本の仏教徒、知識人とも交流を持った。

井上雅二が上海に赴いた時期は、戊戌政変の発生にも拘らず、日清聯盟の進展した時期にあたった。これより先、参謀本部の福島安正は、四月九日に南京に至り、両江総督劉坤一の許を訪れて日清聯盟を進言し、劉坤一より「日清両国は唇歯の関係（近隣の親密な関係）あり。近来漸く親密に赴くを喜ぶ。両国にして提携せば、以て能く欧洲列国の侵略に当るに足らん」との言葉を受けていた。このため、福島安正は劉坤一に対して清国の軍事改革への協力を約束した。ついで、福島安正は四月一八日に湖北省の武昌に赴き、湖広総督張之洞と会談後、王秉恩、張彪、汪鳳瀛らと清国の改革への協力策を協議した。この間、金陵東文学堂は三月一日（旧暦一月二〇日）に開堂式を行い、勤行（讃仏偈念仏止）、教育勅語捧読、君が代合奏、北方蒙の挨拶、学生総代の孫叔挙の決意表明、楊文会、陶森甲・李華の祝文代読、岩崎董の開堂の趣旨説明、再び君が代合奏を行なうと、三月二日に授業を開始した。同学堂都監の北方蒙が帰省中のため、教習の一柳智成が都監代理となった。この他に、教習の藤分見慶が六月下旬に杭州東文学堂に転任し、教習には長谷川信了、岩崎董、丸谷遊丸が就いた。同学堂は、第一学期が一八九九年三月一日より七月七日まで、言語学課の甲、乙、丙の三班からなり、第二学期が一八九九年九月一日より一九〇〇年一月一五日まで、高等普通学課、平等普通学課、言語学課三班、第四甲班、第四乙班からなり、順調に校務が遂行された。金陵東文学堂は八月三〇日に優等学生褒賞会を開き、四名の学生に『広益正字典』一部を、三名の学生に『帝国新玉篇』一部を授与した。そして、九月二八日、東本願寺南京別院は金陵本願寺講話会を開催し、一柳智成が「開金陵本願寺講話会の宗旨」、岩崎董が「日進文明論」、長谷川信了が「因果之理」、各々の題で講演を行い、聴衆者との間で質疑応答を行った。一柳智成はこの金陵本願寺講話会の模様について、「毎会の来衆常に五十人を下らず、然かも多くは中流已（以）上の士人にして、其問ふところは専ら現代支那仏教と本宗との関係及び儒教と仏教並びに本宗との関係に在り」と記している。

内藤湖南（虎次郎）は八月三〇日、汽船に乗り、横浜を出立して清国巡遊の旅に出た。内藤湖南は一八六六年（慶應二年）、南部藩の毛馬内に生まれた。父は漢学者の内藤十湾（調一）である。内藤湖南は一八八七年に秋田から上京すると、大内青巒の主宰する『明教新誌』や『大同日報』、政教社の『日本人』の他、『大阪朝日新聞』『台湾日報』『萬朝報』に論説を発表し、一八九九年一月に東亜同文会に入会し、『東亜時論』の編輯に従事していたが、三月一二日に隣家の出火の延焼により、実家と多数の書籍を失なった。内藤湖南の清国巡遊は、この五ヵ月後のことである。内藤湖南は、神戸、下関をへて、九月一〇日に芝罘に、九月一一日に太沽に到着すると、列車で天津に向かった。内藤湖南の同郷の友人に、日清戦争で諜報活動に携わり、清国の警吏に天津で殺害された、石川伍一がいた。内藤湖南は九月一一日に天津で『国聞報』の関係者、すなわち厳復、王修植と会談後、九月一五日に石川伍一の死地を探して天津郊外に赴き、数多くの土饅頭の墳墓を目撃して、「我が友の従容死に就けるあたりを、いづくと知るよしなけれど、当年を追想して、自から感慨の胸にあふるゝを禁じ難く、さるにても其の死後未だ数年ならざるに、一石の其の名字を標するなく、天津居留民にして一人の其の死処を悉《つく》すなきは、殊に愴悽の念を深からしめたり」と記した。内藤湖南は天津より北京に至り、北京の改革派を訪問しようとしたが、戊戌政変以来、北京の知識人は口を閉ざして多くを語ることがなかった。内藤湖南は朝日新聞の北京特派員・上野靺鞨の歓待を受け、北京近郊の西山など、各地の名勝旧跡を見学し、一〇月一日に天津に戻ると、服部宇之吉、本田種竹などが新たに来ていた。内藤湖南は一〇月五日に天津を出立し、太沽で玄海丸に乗船して南下し、一〇月九日早朝すなわち井上雅二の上海到着の三日前に上海に到着した。

一〇月、上海は慌しさを加えていた。宗方小太郎は七月二七日に帝国ホテルで孫文と劉学詢を密会させると、東京を離れ、郷里の宇土に戻り、約二ヵ月間静養に務めていた。一〇月一日、宗方小太郎は郷里の熊本の宇土を出て長崎に到着し、一〇月三日に長崎を出航し、上海に向かった。宗方小太郎の上海到着は、内藤湖南が天津を出立した一〇月五日である。宗方小太郎は上海で、井手三郎、佐々木四方志、清藤幸七郎、白岩龍平、牧巻次郎の出迎えを受けた。井上雅二はこの一週間後、すなわち一〇月一二日に、瀬川浅之進と共に上海に到着した。宗方小太郎は翌一〇月一三日、佐々木四方志、井手三郎、原口聞一、牧巻次郎、井上雅二と瀬川浅之進の壮行会に出席すると、一〇月一六日に張元済、姚文藻、唐才常を訪問したが、いずれも不在であった。宗方小太郎は一〇月一七日に文廷式、師中吉、汪鐘霖と相次いで会談すると、一〇月一八日に稲村新六、山根虎之助、井手三郎、佐々木四方志、清藤幸七郎、井上雅二らと馬車で徐家匯に至り、南洋公学を見学した。南洋公学は盛宣懐の創建にかかり、二〇〇名余りの生徒を有し、二人のアメリカ人がこれを監督した。同校では、李維格が彼らを出迎え案内した。李維格は江蘇省蘇州府の出身で、イギリスのブライトンに留学し、駐日公使李経方の随員として日本に赴き、鄭孝胥と同僚となり、一八九五年の『時務報』の発刊では曾広銓と共に英文の翻訳を行い、湖北省の鉱山学校の監理をへて、一八九七年一一月に湖南時務学堂の西文総教習に就任した。湖南時務学堂の中文総教習に就いたのは梁啓超である。宗方小太郎は、「李一琴（維格）なる者、康〔有為〕派の俊才あり。現に副提調の位置に在り、余輩を各教室に導き、周旋甚だ力む。四時辞し帰る」と記している。

一八九八年、アメリカは、キューバのスペインからの独立戦争に端を発し、スペインに宣戦して勝利した。この結果、アメリカはフィリピン、プエルトリコ、グアムを有償で獲得した。これより先、フィリピンでは、キューバと同様に、独立革命軍の活動が活性化していた。一八九九年二月、フィリピンの独立革命軍は、アギナルドを中心に、マニラ近郊でアメリカ軍と交戦状態に入った。日本からは、平山周などがフィリピンの独立革命軍の支援に駆け付けた。平山周は香港をへてマニラに赴き、タルラックでアギナルドと会合すると、日本に帰国する途中、香港に立ち寄った。一〇月、陳少白と宮崎滔天が興漢会を結成するため、香港に滞在すると、偶然にも平山周の香港帰還に遭遇した。近衛篤麿は一〇月一四日、上野季三郎、長鋒郎、宮崎滔天に見送られて香港からマカオに渡り、翌一〇月一五日に原生学舎を見学し、張玉濤など、知新報館の関係者と面会し、一〇月一六日に広州に出て、一〇月一九日に香港に再び戻ると、宮崎滔天より、帰朝の挨拶を受けた。また、近衛篤麿は一〇月二一日、平山周の訪問を受け、「昨日マニラより帰りし由、戦争談等あり」と記し、上野季三郎、長鋒郎、平山周に見送られて香港を出立し、一〇月二五日に上海に到着している。この間、宮崎滔天は一〇月二二日、正装をして陳少白と共に上海に到着し、井手三郎に「香港の追状及び近衛公の状況」を語ると、一〇月二三日に陳少白と共に上海から長崎に向かい、帰国の途に着いた。ただし、平山周は帰国した宮崎滔天から「日本政府〔は〕将に菲立賓（フィリピン）事件の関係者を捕縛せんとす、暫く日本に回ること勿れ」の書簡を受けたため、香港に留まった。一一月九日、陳少白は横浜に到着し、一一月一三日に孫文と共に上京し、一一月一九日に孫文のみ横浜に戻り、陳少白は東京で仕事を終えて横浜に戻り、香港丸で横浜から神戸をへて香港に戻った。陳少白は香港に帰還して以降、平山周と良好な関係を構築できなかった。

二　東亜同文会と南京

康有為は九月、バンクーバーから香港に戻ろうとした。バンクーバー駐在領事清水精三郎は九月一一日、外務秘書官三橋信方にあてて、康有為が老母の病気を見舞うために香港に戻る途中、日本に立寄ることを希望していると報じつつ、康有為にこの点を質問しても曖昧な返答をするなど、怪訝な言動も多く、保皇会が既に数千ドルを拠金して横浜に送金したとの謡言もあることを報じた。清水精三郎は、康有為の香港帰還の目的が老母の見舞いではなく、何らかの政治的な思惑を有し、香港到着よりも、日本への寄港にあると感じていた。一〇月一〇日、康有為は、随員の董洋と李棠と共に、エンプレス・オブ・インディア号に乗船してバンクーバーを離れ、香港に向かった。ただし、同船は香港に到着前に一端、上海に寄港する予定であった。康有為は上海で清朝政府の警吏に捕縛或いは殺害される恐れがあるとして、一〇月二五日に横浜で上陸して、横浜発香港行の直行便に乗り換えようとした。しかし、日本政府は、康有為の横浜上陸を許さなかった。一〇月二四日、林北泉と梁啓超は大隈重信と犬養毅に事態の調整を依頼し、康有為を神戸で下船させた。康有為は日本での下船にこだわった。これよりすれば、康有為の目的の一つは、横浜で梁啓超ら門弟と会い、自らの意志を直接伝える点にあったように思われる。康有為は神戸に上陸後、一〇月二六日に列車で神戸から徳山に行き、徳山から門司に出て、一〇月二八日に香港行きの汽船に乗ると、一一月一日に香港に到着した。康有為は香港において、友人で、ジャーディン・マセソン商会の何東の許に数日間寄宿してから、一軒家に移転した。近衛篤麿は一〇月二一日、帰国の途中に香港に立ち寄った時、偶然にもこの何東の訪問を受けていた。

一〇月二二日、近衛篤麿は東亜同文会本部より、南京での学堂設立計画に関する書簡を受けた。東亜同文会本部はこの書簡で、学堂設立には莫大な経費がかかり、また南京には東本願寺の設立した金陵東文学堂があるため、東本願寺より金陵東文学堂を引受ける案を提示したが、東本願寺との交渉が不成立に終わり、原案通り計画が進められた。近衛篤麿は一〇月二五日、上海に到着すると、暫く上海に滞在してから、南京と漢口に向い、両江総督劉坤一と湖広総督張之洞との会談に臨んだ。近衛篤麿は一〇月二九日、井手三郎、宗方小太郎、白岩龍平、佐々木四方志と共に南京に到着し、東本願寺南京別院に赴き、金陵東文学堂を一覧後、両江総督劉坤一の許を訪れて面談、日本と清国の親密な関係の進展に慶賀の念を示すと、「東亜同文会の趣旨」を開陳し、「今回南京にも学校を設くるの考あれば、万事に相当の便宜を与へられんことを望む」と述べて、劉坤一の承諾を得た。一〇月三〇日、井手三郎、白岩龍平、佐々木四方志は、近衛篤麿と別れて南京から上海に戻った。近衛篤麿は一一月一日、宗方小太郎と共に漢口に到着し、同日と一一月四日の二度にわたり湖広総督張之洞と会談した。張之洞は一一月四日の近衛篤麿との会談で、康有為の離日に言及して、「康有為を日本政府が日本より逐ひしは、両国の交誼上謝するに余りあり」と述べ、康有為らの罪状を逐一指摘した上で「国を売り君を欺くの奸賊なり」と断言し、更に梁啓超も日本から去らせるならば両国の交誼に有益である旨を説いた。近衛篤麿は、梁啓超が国事犯であり、国際法上保護されるべきであり、かつ日本で勉学の継続を希望しているとして、張之洞の要請を断わった。近衛篤麿は張之洞について「兎に角劉坤一と比して、其〔張之洞の〕見識の下る事数等なるは明らかなり」と記して、軽蔑の念を表わした。近衛篤麿は一一月四日、張之洞との二度目の会談を終えると、漢口を出立し、九江、蕪湖、南京、鎮江をへて、一一月八日、約二週間ぶりに上海に帰還した。

井上雅二は一〇月三〇日、康有為が五日前の一〇月二五日に神戸に到着したとの報を受けた。同日は、近衛篤麿が香港に到着した日でもあった。井上雅二は翌一〇月三一日、「下午、亜東時報館に赴き、新聞紙を繙読す。后四時、〔東亜同文会〕本部よりの着電に接し、直に去りて『近衛公南京に往く』の旨を返電す」と記している。同日、井手三郎が南京より上海に戻り、井上雅二に近衛篤麿の近況を話した。近衛篤麿は一一月八日に上海に戻ると、翌一一月九日に東亜同文会上海支部に赴き、井上雅二、小原駩吉、大内暢三、佐々木四方志、山根虎之助、呉永寿、牧巻次郎、渡辺正雄を伴って蘇州に旅立ち、劉学詢と会談すると、杭州にまで足を伸ばし、一一月一七日に上海に到着した。近衛篤麿は同日、劉学詢の招待を受け、小田切萬寿之助、永井久一郎、井上雅二らと共に同邸の晩餐会に出席した。劉学詢の豪邸は上海の郊外にあり、洋館ながら、室内の装飾は和漢洋の美術を施し、配置も当を得ていた。近衛篤麿らが食卓に就くと、金小宝、林黛玉など、十数名の美女も席に侍り順番に吟誦した。料理は広東風で、濃厚にすぎず、北京の白菜、広東の家鶏、江西の蜜柑、山東の林檎など、各地の名産品を食材に使っていた。この中でも珍味は、蛙の胃であった。近衛篤麿は所蔵品も鑑賞し、「宋以来の珍物、殊に清初の品に至ては又数ふ可らず、又記するに遑《いとま》あらず」と述べ、午後一時半に辞去、宿舎に戻った。井上雅二もまたこの訪問を報じている。近衛篤麿は翌一一月一八日、上海を出立し、帰国の途についた。一一月、東京高等大同学校の学生・林錫珪は秦力山、蔡鍾浩、田邦璿と共に帰国し、漢口に赴くと、唐才常と武装蜂起計画を練った。しかし、平山周によれば、同時期、畢永年が哥老会の頭目らが康有為からの資金提供を受け入れたことに失望し、出家して戦線を離脱したため、興漢会に亀裂が生じていた。

　内藤湖南は一〇月八日、上海に到着すると、東文学社の日本語教師・藤田豊八と田岡嶺雲、時事新報社通信員の佐原篤介、亜東時報社の山根虎之助及び東亜同文会の会員と交流を深め、彼らの紹介で文廷式、宋恕、張元済、葉瀚などと会談を重ねた。内藤湖南は一〇月一七日に上海を出立、一〇月一八日に大東汽船会社の曳船で杭州に到着し、一〇月一九日に杭州城内に入り、東本願寺の東文学堂に伊藤賢道を訪ね、「学堂は本年一月に開きて、目下三十名の生員あり、開校以来、籍をかけしは百名に近きも、倏去倏来（忽ち去り忽ち来る）、志向の定らざるは、目前の利に就く支那少年の常とて、残れるは稍〔や〕堅確とも認〔む〕べき者のみなりとぞ」と記している。内藤湖南は一〇月二〇日から伊藤賢道の案内で西湖や浙江蚕学堂などを見学し、一〇月二二日に日本領事館における杭州在留邦人の会合に出席して、「浙江に於ける我邦の感化」を称賛しつつ、「但だ其の互に睦み合ひて、さもなきに相反目する若きことなく、以て好結果を収めんこそ望ましき限なれ」と記している。内藤湖南の指摘する「相反目する若きこと」とは、東本願寺の東文学堂と西本願寺の東亜学堂の「反目」を意味した。同じ地域に、日本語学校が二つも競い合って存在していたのである。内藤湖南は伊藤賢道の案内で、一〇月二三日に霊隠寺を訪れ、一〇月二四日に呉山の第一峰に上り、西本願寺の東亜学堂を訪れてから、杭州を出立して蘇州に向った。内藤湖南は一〇月二四日、蘇州に到着後、片山敏彦の案内で寒山寺などを見学し、一〇月三一日に上海に戻り、一一月五日に大阪商船会社の天龍川丸で上海を出立、一一月八日に漢口に到着すると、宗方小太郎の案内で各地を見学し、一一月一四日に漢口を出て南京に向かった。

内藤湖南は一一月一六日、すなわち近衛篤麿の上海到着の前日、南京に到着した。内藤湖南は南京では、金陵東文学堂に宿泊し、「本願寺の学堂には、邦人教師三名にて、学徒の数は、十五、六名、皆熱心に業を受くるといふ。農商務省の二留学生、三井物産会社の二留学生、并びに皆こゝに寄宿したれば、南京に於ける邦人の全数は、皆この一堂の中にあるなり。但し余が帰途に就くと引違に、東亜同文会の佐々木四方志氏は其の夫人を挈《ひっさ》へて、南京に赴きたれば、今はこの比例も変じたりと知るべし」と記している。内藤湖南は翌一一月一七日、終日観光に費やすと、一一月一八日に一柳智成に引率されて、金陵刻経処の楊文会を訪れると、挨拶の後、すぐに仏教の議論に入り、佳境に入らんとしたところで、来客があったため、このまま二、三の仏書を購入し、同所を辞去したとしている。一一月一九日、加藤高明が明日一一月二〇日に南京に到着するとの報があり、南京在留の邦人はこれを迎えるべく、慌ただしさを増した。内藤湖南は一一月二〇日に南京を出立し、一一月二四日に上海に到着し、上海に四日間滞在して、羅振玉と金石を評論し、張元済、劉学詢と時事問題を論じあった。内藤湖南を劉学詢の許に案内したのは、井上雅二である。内藤湖南は、劉学詢が西太后の命を受け、日本を訪問したことにも触れ、この目的が「日清銀行」の設立、「鉱山、鉄道」の事業に関わりながら、「其の使命の失敗に終りしとは、さすがに言はざるも、希望せる事業の結果なきを見れば、固より成效（功）はせざりしこと明らかなり」と述べている。この後、内藤湖南は上海を立ち、一一月二九日に神戸に着いた。

三　上海改革派と正気会

井上雅二の上海到着は、東亜同文会が南京同文書院の設立に向けて動き出した時期と重なった。近衛篤麿は、一〇月二九日の両江総督劉坤一との会談後、佐々木四方志を南京に派遣した。佐々木四方志は上海駐在領事小田切萬寿之助の支援をえて、留学生の曽根原千代三と共に南京に向かい、一一月二二日以降、同地で南京同文書院の設立準備を始めた。洋務局総辦の汪嘉棠は、佐々木四方志の一行に貸家を周旋するなど様々な便宜を図った。佐々木四方志は一一月二二日より一一月三〇日まで同処に滞在し、南京の儀鳳門の東、妙相庵を校舎に借り受けることにした。佐々木四方志は一一月三〇日、汪嘉棠に対して「東亜同文会なる者は真に両国交誼を結び、而して東洋安固の計を成さんと欲する者なり。大人の厚く生等を待つ者は、生等を待つに非ずして、我東亜同文会を待たんと欲する也。是れ誠に東亜同文会の幸、生等の大幸と謂ふ可し」と述べて、感謝の意を表した。東亜同文会幹事長の佐藤正は一二月二日に、近衛篤麿に面会して、「南京同文学堂設立意見書」を提出した。同意見書は一「興学の主旨」、二「教授の綱領並目的」、三「名称」、四「学科」、五「細則」からなり、二の「教授の綱領並目的」では、「本校は支那学生には主として日本語に依りて科学的思想を注入し、国家的観念を喚起し、日本学生には以上の外更に支那語を修得せしめ、以て共に他日国家の原動力となり、日支両国の事情に通暁して、東亜時局に有用なる人材を養成せんことを期す」と記されていた。近衛篤麿は同書院の院長に佐藤正を予定した。ただし、佐藤正は、日清戦争の牛荘の戦いで左足に銃弾を受けて重傷を負い、左足を失っていた。このため、佐藤正は参謀本部の反対もあり、遠方への赴任が難しいとの理由で、南京同文書院院長の就任を見送った。南京同文書院監督兼院長代理には、佐々木四方志が就任した。

一一月五日、松岡好一は香港に康有為を訪ねて三時間余り筆談を行うと、康有為が「元気、消沈の様子も無之（これなく）」、盛んに「胸中の経綸」を吐いた。そして、康有為はここで、「〔勤王論が〕予が本領たる黄種を保全し、支那の時難を救済する一手段、一階梯に過ぎず、故に苟くも支那の維新を決行し、旧弊を打破するに必要なりと認むる時は、其平和手段と非常手段とに拘泥せず、進んで経営を努むる考へなり」と述べて、目的遂行のためには武装蜂起も辞さないことを告げた。また、松岡好一は一一月二八日、この康有為との筆談の内容を紹介しつつ、「康〔有為〕氏の発起か何人の思ひ立ちか存じ不申《申さざる》候へども、先頃救皇帝会なるものを組織し、康門の志士〔が〕主動となり、目下陰然会員の募集に奔走致〔し〕居〔り〕候」と記し、この会の会員が三〇〇名にも及んでいるとした。「救皇帝会」とは、保皇会のことである。井上雅二の親友で、萬木草堂の元教習・田野橘治は一二月末、漢口に赴き、辜人傑や張堯卿など、哥老会の頭目ら二六名と会合を持った。これらの頭目は田野橘治の顔を見ると、「日本の豪傑がやって来た」と述べ、ガラスの盃で「乾杯、乾杯」と連呼して酒を飲んだ。この作法は、宮崎滔天が香港に伝えたものであった。この二六名の頭目の名は辜人傑と張堯卿の他は明らかではないが、興漢会の会員を主体としたことは疑いあるまい。上海の井手三郎は一二月一九日、「夜汪甘卿（鍾霖）来訪す。曽〔つて〕澳門に居る田野〔橘治〕君来寓中なり」と記している。このため、田野橘治と哥老会の頭目の会合は一二月一九日以降、田野橘治が上海から漢口に戻って以降に開かれたことになる。

一一月二〇日、湖南省の前学政、江標が肺病で没した。近衛篤麿は一一月一七日、「志士江標、病中に余に面会する能はざるを憾み、白岩〔龍平〕を通じて、自書二幅を贈り越す」と記している。江標の死は、この三日後のことである。江標は江蘇省元和県の人、一八八九年の進士で、翰林院庶吉士をへて、一八九〇年に翰林院編修となり、同文館で外国事情を学び、四国（イギリス、フランス、ベルギー、イタリア）駐在公使薛福成によって総理衙門に推挙されたが、任官はかなわなかった。江標は気節に富み、日清戦争では徹底抗戦を説いた。江標は一八九四年一〇月、湖南学政に着任すると、生員の歳試・科試を時勢に応じた出題に改め、かつ一八九七年に唐才常、楊毓麟、畢永年を抜貢生（学業優秀の推挙者）に挙げた。一八九八年一月二七日、徐仁鋳が江標の後任として湖南学政に就任した。江標は湖南学政を退任後、上海に居住し、一八九八年四月、上海亜細亜協会の設立計画に加わった。そして、江標は同協会の章程の作成をめぐって、文廷式、鄭観応、鄭孝胥と共に上海駐在領事小田切萬寿之助との度重なる交渉に臨んだ。しかし、同年九月二一日、戊戌政変が起こると、熊希齢と共に「革職永く叙用せず」の処分を受けた。江標の手腕は、日本でも高く評価されていた。井上雅二は上海で江標と面談しており、江標の訃報を受けると、「余（吾）れ頃来、滬上（上海）に於て屢々《しばしば》彼と相見、其風采の甚だ昂《あが》らず、常に憂鬱屈折の色あるを歎じたりしが、今彼の訃報に接して益々其不幸を悼まずんばあらず」とした上で、「然れ共、多年若《も》し天子一たび大政を親裁し学校を立て育英をなすの挙あらん乎、其の長たらんものは、蓋し彼なりしならん、不幸夭折し、一棺身を掩ふて万石冥せず、悲い哉」と記し、江標の早すぎる死を深く悼んだ。

東亜同文会上海支部は『字林滬報』（滬は上海の別称）を買収し、『同文滬報』とする計画を立てた。井手三郎は一一月四日に江孚号で上海を出立し、長崎、熊本をへて、一一月一五日に新橋に至り、一一月一六日に東亜同文会幹事会に出席、長岡護美、田鍋安之助、国友重章などに同報買収の件を説明し、一一月二六日の評議会で正式な承認を受けた。井手三郎は上海に戻ると、『字林滬報』所有者の汪鐘霖と交渉を始め、一二月二五日に同報を買収した。この結果、『同文滬報』が、『字林滬報』を受け継ぐ形で発刊となった。同報の監督は井手三郎、主筆は井上雅二である。同報の第一号の発刊は二月三日である。井上雅二は同報の主筆になると、上海の改革派と交流を深めた。一二月二三日、汪康年、周善培、邱震ら数人が井手三郎の留守中を訪問、一二月二四日、汪康年、丁恵康、狄葆賢、章炳麟らが正気会を設立した。一二月二八日、田野橘治は上海駐在領事小田切萬寿之助に対して、イギリス租界新馬路梅福里に東文訳書社を設立することを告げた。翌一九〇〇年一月三一日、東文訳書社が設立された。同社の発行人、編集人、印刷人は田野橘治、支配人は沈藎である。東文訳書社、通称が東文訳社は、上海の改革派が田野橘治の名を隠れ蓑として設立した機関である。正気会は東文訳書社で開催された。井手三郎は一二月三一日、「午後新馬路梅福里なる東文訳社に行き、第二回開会の正気会に莅む。日本人は佐原〔篤介〕、田野〔橘治〕、井上〔雅二〕、余の四人なり。支那人は汪康年、張通典、欧陽〔中鵠〕、章〔炳麟〕、沈〔藎〕等凡そ十数人、何の聴くへきことも無し。名を列ねんことを請ひしも、暫時見合することとなす」と記している。一月五日付け『日本』は、「清国正気会」と題して正気会の発会式を報じた。

寺本婉雅は一八九九年三月、東本願寺法主よりダライ・ラマにあてた親書を携えて、能見寛と共に長江を溯り、八月一一日に巴塘（バタン）に到着、巴塘軍糧府との間で西蔵（チベット）入りの交渉を始めた。巴塘は四川省と西蔵の境界にあたる。しかし、巴塘軍糧府は八月一八日、西蔵入りの不許可を伝えてきた。寺本婉雅は西蔵行きを断念し、一〇月一日に巴塘を出立し、一〇月二二日に四川省の打箭爐（タルツェンド）に、更に一一月二九日に重慶に到着した。寺本婉雅は翌一九〇〇年一月七日に重慶城外の華厳寺を参拝すると、一月三一日に重慶道台、知県に新年の挨拶をし、三月二三日に漢口に到着した。宗方小太郎は三月二三日、牛島吉郎と共に寺本婉雅の訪問を受けると、「寺本〔婉雅〕は四川より西蔵に入らんとし、巴塘の西金沙江畔にて土人の阻碍する所と為り、具に辛苦を嘗め、遂に志を果さずして帰来せる者なり。蓋亦方外中の快男児也」と記している。これより先、東京朝日新聞の西村天囚は東本願寺の長谷川信了、山本一成と共に、小田切萬寿之助、井手三郎、井上雅二に見送られて上海を出立し、二月七日に南京に到着した。二月一一日、南京在留の邦人、すなわち佐々木四方志、同夫人、同子息、山口正一郎、山田良政、中村兼善、留学生の曽根原千代三、上田賢象、宇野海作、岡野増二郎、山田純三郎、久我均光、東本願寺別院在学の一柳智成、長谷川信了、岩崎董の他、高木睦郎、内田茂太郎、平岡小太郎、杉山常喬、志賀重昂、山本一成、平山武清、西村天囚の二二人が南京同文書院に集い、紀元節を祝っている。この約一ヵ月後、寺本婉雅は三月二六日に南京に到着し、東本願寺東文学堂に宿泊し、一柳智成、長谷川信了、岩崎董に面会すると、三月二七日に佐々木四方志、西村天囚と会い、「同文書院は未た雑作中なり」と記している。

第八章　井上雅二と秀の転機　——一九〇〇年の衝撃——

第一節　義和団戦争の前夜

一　井上雅二と杭州

二　成瀬仁蔵と井上秀

三　長江流域の会党

第二節　義和団と井上雅二

一　義和団戦争と列国

二　宮崎滔天捕縛事件

三　東亜同文会の対応

第三節　自立軍蜂起の挫折

一　中国国会の開催

二　唐才常と井上雅二

三　恵州蜂起の失敗

第一節　義和団戦争の前夜

一　井上雅二と杭州

一九〇〇年一月二四日、西太后は光緒帝の即位に際し、光緒帝が将来、皇子をもうけた時に、この皇子を同治帝（穆宗毅皇帝）の後継者に定めると決めていたが、現在まで光緒帝の皇子が誕生しておらず、ために端郡王載漪の子の溥儁を同治帝の後継者にする旨公布した。一八九八年九月二一日、戊戌政変が起こると、光緒帝の廃立或いは暗殺の謡言が起きていた。一月二四日の立嗣（後継者の擁立）の布告は、光緒帝の廃立計画の再興、改革派への弾圧、排外的気運の再燃の予兆であった。何となれば、光緒帝が列国と協調し、清国の改革の推進を図ったのに対して、端郡王載漪は列国との対決を主張していたからである。列国が清国の排外的気運に懸念を示し、光緒帝の廃立に干渉した場合、却って排外運動が激化する危険性もあった。これより先、一八九九年一二月二〇日、清朝政府は康有為と梁啓超に懸賞金をかけ、二人を捕縛或いは殺害したものに報奨金を授けると布告した。康有為は一月、亡命先を香港からシンガポールに変更し、同地に到着後、華僑の林文慶、邱菽園の庇護を受けた。一月二六日、上海電報局総辦経元善は、葉瀚、張通典、邱震、章炳麟、汪貽年、祝秉綱、呉濤、沈藎、唐才常、沈兆祉、欧陽中鵠など、上海在住の紳士・紳商一二三〇名と連名で総理衙門に長文の電報を発し、光緒帝が退位などせず、政務を継続して執行するよう請願した。経元善は豪商で、女学堂の設立など、上海の改革派の中心的な存在であった。一月二八日深夜、沈兆祉らが井手三郎の許を訪れて、経元善の保護を願い出ている。一月二九日、清朝政府は、経元善の逮捕を命じた。上海道台余聯沅は経元善の保護を図り、清朝政府の捕拿委員が上海に到着する前に、経元善を予め寓居から離れさせた。同日、経元善は上海を出ると、香港をへて、二月七日にマカオに逃れた。二月一一日、清朝政府は、経元善の上海の家産を没収した。

二月一日、上海の井上雅二は「嗣統要聞」と題して、上海における同問題の反応を報じている。上海では、おしなべて光緒帝に同情的であった。井上雅二は同問題と共に、西太后が降した康有為捕縛の指令にも言及し、「太后〔は〕特に二十六人を撰び、香港及他処に至り、康有為等を拿捕せんとす。若《も》し拿捕せば甚だ妙なるも、能はずんば之を刺殺す、亦可なりと。其先発五人は已に発程せり」と記し、あわせて康有為が既に「南洋」に逃れたことも報じた。経元善は二月七日にマカオに逃れたが、清朝政府の執拗な追及にあい、とうとう二月二四日に同地で逮捕、投獄されてしまった。ただし、経元善は、周囲の要請によって、北京に身柄を護送されずに、マカオで幽閉されたままとなった。井上雅二は二月二七日、「滬上通信」で「康梁拿捕の上諭再び出づ」と題する記事を認め、「一たび拿捕の上諭頻発して尚ほ未だ効あらず、又忽にして此上諭となり、一頭顱（あたま）値ひ十萬両、亦男子の栄と云ふべし」と述べている。同日、井手三郎は張通典、李嶽衡、楊槩の訪問を受け、経元善の事及び自身の万一の場合の保護について相談を受けた。同日夜、欧陽弁元も同様の件で、井手三郎の許を訪れた。井上雅二は三月三日、「滬上短信」「新党の狼狽時代」と題して、「吾人従来屢々上海風説の信ずるに足らず、屢々所謂新党の風声鶴戾（微かな物音）に驚くの状を目撃したり」と記し、上海の改革派の動揺を報じている。上海の改革派は、清朝政府の弾圧が始まった場合、日本に亡命する準備を始めた。

二月三日、『同文滬報』が同文滬報社より発刊された。編集長は井上雅二である。これより先、東亜同文会本部は近衛篤麿にあてて、「東方の為め、彼等（清国人）の気風を開拓し、協同開進の道を御図り被下度《下され》」と希望を述べている。三月一五日、井上雅二は『同文滬報』の編集に疲れ、この疲れを癒すべく小旅行を思い立ち、イギリス租界の寓居を突然に飛び出し、大東汽船会社の埠頭に至ると、ここで偶然にも帝国博物館学芸員の安村喜当と出逢った。安村喜当は「古物探査」を目的に、紹興、寧波を旅行する予定であった。このため、井上雅二は安村喜当と行動を共にすることにし、杭州に向けて旅立つことにした。井上雅二と安村喜当の一行には、曽根原千代三も加わった。曽根原千代三は南京同文書院の設立のため、東亜同文会幹事の佐々木四方志と南京に赴く予定であった。井上雅二は一八九八年八月、すなわち戊戌政変前、東亜会の幹事の資格で清国を周遊中、杭州にも立ち寄っていた。しかし、井上雅二は一八九八年の時は北京に赴く前で、気持ちに余裕がなく、観光までを楽しむ暇がなかった。このため、井上雅二は今回、安村喜当に従って観光に徹することにして、この旅行の模様を「杭蘇紀遊」と題して『日本』に投稿した。『日本』はこれを、四月二三日から五月六日まで連載している。井上雅二は上海を出ると、杭州の居留地、西湖、呉山（城山）、胥廟、三潭印月、孤山、岳鄂王墓など見学した後、遥か霊隠寺にまで足を伸ばして、雲林寺なども見物して、「正に是れ水清くして魚月を読み、山静にして鳥天を談ずるの境、人をして神韻（気高く霊妙な気分）縹《ほのか》たらしむ」と述べた。

三月三〇日、井上雅二、安村喜当、曽根原千代三は、杭州で蔡元培と会談した。蔡元培、字は鶴卿、仲申、浙江省紹興の人である。一八六八年に生まれ、一八八九年に挙人、一八九〇年に貢士、一八九二年に進士となり、翰林院庶吉士、翰林院編修に進んだ。蔡元培は一八九五年の日清戦争の敗北に衝撃を受け、欧米の学問の習得の必要性を痛感し、一八九八年六月に北京の宣武門外の江寧郡館に東文学堂を設立し、野口多内などから日本語を学んだ。しかし、九月二一日に戊戌政変が起き、同学堂も閉鎖した。このため、蔡元培は郷里の紹興に戻り、一八九九年三月に中西学堂の監督に就任した。蔡元培は一八九九年五月以降、東本願寺杭州東文学堂の松ケ江賢哲、太田得証、荒井賢佑などと会合を重ね、翌一九〇〇年一月三日に詩人の本田幸之助、東本願寺の鈴木広闡と会談すると、二月一二日に杭州領事館に赴き、中川外雄、若松兎三郎らを訪ね、翌二月一三日に聚豊園で催された在留邦人の宴席に参加し、談話を交した。そして、蔡元培は三月三〇日に井上雅二らの訪問を受け、「安村君は写真機を携え、東湖で三片の写真を撮った。井上君は筆談を振い、イギリスが以前に支那保全を主として、近年は瓜分（分割）を唱え、ロシアが以前に瓜分（分割）を主として、最近は〔支那〕保全を称えているが、全て利害の軽重を図っており、ロシアが政府の保全を主としても、〔関心は〕人民や国体にはないと述べた」と記した。すなわち、井上雅二は蔡元培と筆談を交わして、イギリスやロシアが自国の利益のために「支那保全」を称えたのに対して、日本が清国のために「支那保全」を称えていると力説した。蔡元培は、これら井上雅二の主張を好意的に受け入れて、あえて日記にこの事を記したように思われる。

井上雅二は三月の杭州旅行で、多くの乞食が至る所に存在することに驚き、「拱宸橋を出て、霊隠〔寺〕に至るの間、陸には襤褸（ぼろ）を纏へる者、不具なるもの、癩病患者等、あらゆる人間最下層の乞食相擁して行人の憐みを乞ひ、……此の如き者数千を以て数ふべし、是れ誇張の言に非ずして、吾人の実見せる所なり」と記した。伝聞によれば、三月から六月までの間、霊隠寺の参詣者が江蘇省、浙江省、山東省、河南省、直隷省の各省から集まるために、無数の乞食がこれら参詣者の喜捨を目当てに、杭州に押し寄せるとのことであった。井上雅二は、「地方の革新」の要点を「其所謂紳士なる者」の陶冶、薫陶に置いたが、杭州でも頑迷な知識人が多く、諸般の事業を妨害しているとして、前途の厳しさを仄めかした。井上雅二は銀元局、武備学堂、養正学堂と求是書院、工場、浙江蚕学堂を紹介しつつ、東本願寺と西本願寺が共に同地で学堂を設立し、前者が「日（東）学堂」、後者が「東亜学堂」と命名し、共に日本の教育制度に依拠し、各々二〇名前後の学生を収容しているとした。井上雅二は杭州の状況を、「外人の勢力開港日尚ほ浅く、企業心あり冒険心あるの諸外人は、目下皆其方法に就て研究しつゝあり。既に或る点に着眼して資本を放下せんとする者なきに非ざるも、未だ事実に顕はるゝに至らざるが如し」と報じた。井上雅二によれば、杭州の新規事業はまだ緒に就いたばかりであり、全てはこれからであった。そして、井上雅二は約二〇日間、杭州から紹興、寧波、舟山列島、普陀山を歴訪して上海に戻った。

二　成瀬仁蔵と井上秀

明治初期の日本の女子教育は学制でも教育令でも明確な規定がなかったため、中等教育以上の教育機関は至って低調であった。このため、江戸時代末期に漢学、国学を学んだ女性の設立した学校以外は、ミッション系の女学校或いはこの関係者の設立する女学校が女子の中等教育を担った。早くも、一八七〇年にフェリス女学校、一八七一年に共立女学校、一八七四年に海岸女学校（後の青山女学院）が創設され、一八七五年の英和女学校（後の神戸女学院）、平安女学院、一八七六年の女子学院、一八七七年の立教女学院、同志社女学校、一八七九年の活水女学校、一八八四年の東洋英和女学校などがこれに続いた。官公立の女学校は、一八七二年の東京女学校、一八七四年の女子師範学校、一八八五年の華族女学校があるが、ミッション系の女学校に較べれば数が少なかった。津田梅子は一八七一年に、岩倉具視の遣欧視察団に伴なわれて、吉益亮子、上田貞子、山川捨松、永井繁子と共に、五人の女子留学生の一人として七歳でアメリカに渡り、一八八二年に帰国、この間にフィラデルフィアで洗礼を受けた。男子留学生が数年で留学を終え、帰国後すぐに政治、社会、経済の各分野で活躍したのに対して、津田梅子は一〇年もの長期間留学し、帰国後も暫く正規の教職に就くことができなかった。ここには、明治期の教育における男女の格差が存在している。津田梅子は一八八三年に海岸女学校で一時、教鞭を執ると、一八八四年に下田歌子の桃夭女塾で英語を教え、一八八五年に伊藤博文の推薦で華族女学校に奉職、翌一八八五年には同校教授となった。下田歌子は一八八九年、在官のままアメリカに留学し、教育や教授法を研究して一八九二年に帰国、一八九八年に女子高等師範学校教授を兼任し、アメリカのコロラド州デンヴァーにおける婦人連合会に出席後、各地を回り、一八九九年七月に帰国した。下田歌子は翌一九〇〇年四月、私塾開設を告げると、アリス・ベーコンが渡辺光子を伴って来日し、下田歌子の構想、計画を助けた。

一八九九年一〇月、すなわち津田梅子がアメリカから帰国して三ヵ月後、成瀬仁蔵は麻生正蔵にあてて、これまでの苦労に感謝しつつ、日本女子大学校の設立に向けて、「防御。準備。進撃」に努めるよう懇請した。一一月一七日、華族有志の会合が、有楽町の日本倶楽部で開催された。来会者は、岡部長職、長岡護美、小笠原長生、福岡秀猪、渋沢栄一、麻生正蔵、戸川安宅、羽田貞義の九名である。成瀬仁蔵はここで、日本女子大学校創立、発起の由来、目的を、また渋沢栄一が同創立計画に関する顚末を話した。成瀬仁蔵は一一月二三日に西園寺公望を訪れると、一一月二五日に新橋で近衛篤麿の帰朝を出迎えた。近衛篤麿は欧米の周遊後、東南アジア、清国の各地を回り、一一月一八日に上海を出て一一月二〇日に長崎に到着、一一月二五日に新橋に到着した。一一月二七日、成瀬仁蔵は早速、近衛篤麿の許を訪れている。近衛篤麿は多忙な中、成瀬仁蔵と会い、懇談した。一一月二八日付け『日本』は、「近衛公爵の談話」と題する記事を掲載した。近衛篤麿はここで、欧米の視察旅行を総括する形で「我国の現状と欧州の国状」を論じ、「殊に我国精神教育の甚だ不完全なるは、慨嘆に余りあり」と述べて、「此原因の重なるものは、思ふに欧米は智育の傍ら、宗教を以て徳育の最高標準となすが故に、第一に児童は家庭に於て宗教の訓育を受け、第二に宗教の感化を受くるが故に、智育と相併行して徳育の発達せるは明瞭也。……故に余は今更に我国に基督教を輸入す可しとは言はざれども、欧米の教育界に基督教の化育のあるが如く、我国にも亦国民徳性を期一せしむる勢力を作らざる可らずと信ず」と述べた。近衛篤麿もまた、欧米の教育事情の視察を通じて、日本の女子教育の発展に期するものがあった。

一二月、成瀬仁蔵は、連日のように、近衛篤麿の許を訪れた。一二月一四日、帝国教育会が近衛篤麿の歓迎会を開いた。成瀬仁蔵も、同歓迎会に出席した。成瀬仁蔵は一九〇〇年一月一日、東京で七〇人余りを巡回し、年始の挨拶を行うと、一月二日には大磯に赴き、伊藤博文、大隈重信、西園寺公望、岩崎弥之助、岩崎久弥、土倉庄三郎、福岡秀猪に面会し、一月三日に関西に下り、京都、大阪の支援者の許を回ると、一月一〇日に上京した。この一ヵ月後、二月一四日、日本女子大学校の創立委員会が帝国ホテルで開催された。同会の出席者は、近衛篤麿、大隈重信、渋沢栄一、住友吉左衛門、内海忠勝、土倉庄三郎、浜岡光哲、伊藤徳三、広岡浅子、野崎武吉郎、児島惟謙、嘉納治五郎、成瀬仁蔵、戸川安宅、麻生正蔵、以上である。同会では、一「位地（位置）を東京に移す事」、二「寄附金額を指定の上依頼する事」、三「〈東京女学館との〉合併は決議せざる事」、以上の三点を決議した。東京女学館と日本女子大学校は、趣旨を同じくしたため、合併を協議したが、結局、御破算となった。ここで重要な事は、東京女学館の東京移転が承認されたことであろう。このため、成瀬仁蔵、麻生正蔵、広岡浅子は、京都、大阪の支援者に事情を説明する必要が生じた。三月八日、広岡浅子が新橋を出て、大阪に赴いている。成瀬仁蔵は四月五日と六日、ジャパンタイムス社に赴き、英文の創立趣旨書の出版について相談を行なうと、四月から五月にかけて関西に出掛け、同校の設立について説明をした。

五月二二日、日本女子大学校発起人会が開かれた。成瀬仁蔵はこれに「満足之結果」を感じた。五月末、大阪での創立委員会、六月一四日の東京での委員会で、同校の東京設立が決定した。五月、建築業者との間に、「請負請書」が交わされた。同書には、製作が一九〇一年二月一日より着手し、二月一日までに竣工することなどが定められた。成瀬仁蔵は日本女子大学校の大阪設立に拘ったものの、結局のところ、東京設立を受け入れた。成瀬仁蔵は六月三日、麻生正蔵にあてて、「今日趣旨書等到着致〔し〕候。委細は帰京之上。尤《もっと》も〔同計画は〕日々纏まりつゝ有之《これ有り》候」と記している。六月一二日、成瀬仁蔵が東京に出て創立事務所に至ると、戸川安宅、麻生正蔵も来所し、三井高景の許で面談が行われた。六月一九日、成瀬仁蔵が再び三井高景を訪れ、「〔三井家より〕校舎敷地寄附せらるゝ事」に決定した。京都の出水三井家は東京の小石川に移転して小石川三井家と呼ばれた。広岡浅子は、八代目当主の三井高景が戸籍上では甥にあたっていたが、年齢が一歳違いであったため、弟のように扱った。同年七月、『女学雑誌』第五一一号は、「〔女子大学校の計画は〕今や略《ほ》ぼ緒に就き、来年四月より開校の運びに決定せられたり。現に応募せし寄附は、三井一家より校用敷地として小石川豊川町に四千七百坪を義捨せし外に、十万圓あり、即はち本年九月より、土木を起し、初めの設計に見えたる幼稚園と小学校は後にゆずり、先づ高等女学校と大学部中の文学部及び家政部を設置さるることとなれり」と記している。成瀬仁蔵の日本女子大学校の設立計画も、徐々に形が現れてきた。

　六月一一日付け『婦女新聞』第五号は「女学校」と題して、日本女子大学校の主旨に誤解がなされているとして、「同校の程度予定は普通の高等女学校を卒業したる者に、更に三年間、家政部、文学部、教育部、理科部、体育部、音楽部、美術部の各専門学を修めしむるにありとぞ。尤もこの他、附属として幼稚園、小学校、高等女学校および工芸、商業、看病学の三専門部を置く筈なり」と記している。七月一三日、創立事務所が「明日より各自学校規則の事に考へ置く事、但し草案を麻生〔正蔵〕氏に依頼する事」と記したように、成瀬仁蔵は麻生正蔵に依頼して、日本女子大学校の規則の作成に着手した。いわば、同校の入れ物、器の見積もりができた段階で、中身の充実に取り掛った。七月一四日以降、成瀬仁蔵は諸規則を調査し、麻生正蔵が規則の草案を起草、更にこの二人に戸川安宅が加わって、同校の諸規則を検討した。成瀬仁蔵らは七月一七日に山脇房子と下田歌子、七月一九日に下田歌子と津田梅子と面談を行い、諸規則の作成に際して意見も聴取した。七月二八日、建築委員会が日本女子大学校の校地の見分を行い、大隈重信邸で建築の相談を行った。参列者は、大隈重信、渋沢栄一、久保田譲、三井高景、成瀬仁蔵、麻生正蔵、戸川安宅などである。八月三〇日、成瀬仁蔵は井上秀に書簡を送り、日本女子大学校の開校前に、「種々寮舎の事に関して」相談すべき事柄があるため、五日以内に上京するよう申し出ている。成瀬仁蔵はこの時点で、井上秀を寄宿舎の舎監に充てるつもりであったといえよう。

三　長江流域の会党

浙江省と江蘇省、特に上海は、広東省、湖南省と並んで清国の改革派の中心であった。藤田豊八は一八九五年、東京帝国大学文科大学漢学科を卒業すると、漢語のみならず、欧文にも精通していたため、一八九七年に上海に招かれて翻訳や出版の事業に従事した。一八九八年六月、藤田豊八は清国の改革派について、「日清交弋（戦争）の後、相踵て起れるもの、民間に在りては広東なる康長素（有為）の一派、上海の時務報館の一派の如き、是なり。此両派は表に相結託せるが如しと雖も、其実全く相異なれること、広東人と江蘇附近の支那人と相異なれるが如きものあり」と指摘した上で、康有為の一派が「宗教的臭味」を帯び、明代の東林党のような様相を備えているが、却ってその故に「宗教的団結」「宗教的熱心」を持ち、更に海外の事情にも通じているのに対し、「時務報館の一派」が「海外の事情を報じて固陋を破るに務め、時務報を以て政治の遷善（改良）を催し、農学報を以て農事の改良を促し、又蒙学報を刊して児童の教育に資するもの」と報じている。康有為の一派は、康有為の強烈な個性、カリスマ性で支えられた反面、清国の改革派で康有為の学問に嫌悪感を示す者には、協調できない側面があった。「時務報館の一派」、すなわち上海の改革派は、康有為の一派とは異なり、『農学報』や『蒙学報』など、新聞や雑誌を発刊し、知識人や民衆、女子、子供の啓蒙に力を注ぎ、漸進的な改革で清国を改革しようとした。ここには、章炳麟、文廷式、狄葆賢、宋恕、葉瀚など、名だたる学者が集った。この康有為の一派とも、上海の改革派とも、特徴を異にしたのが、湖南省の改革派である。湖南省の改革派は、満洲王朝の清朝に復仇の念を抱き、気節を重んじ、哥老会など、会党（秘密結社）に通じていた。この代表が湖南省瀏陽出身の譚嗣同であり、唐才常であり、畢永年であり、林錫珪であった。

一九〇〇年、宗方小太郎と白岩龍平が湖南省周遊を図った。白岩龍平の一行は汽船の航路の調査を目的にして、二月四日に漢口を出発、一二月八日に長沙に到着、一二月一〇日に長沙を出て一二月一一日に湘潭に到着、一二月一二日に湘潭から長沙に戻ると、一二月一四日に長沙を出て、一二月二五日に漢口に戻った。宗方小太郎の一行は湖南省の郷紳など、社会情勢の調査を目的にして、一二月一〇日に岳州、一二月一四日に靖港、一二月一五日に長沙に到着すると、文廷式の歓待を受け、一二月一六日に長沙を出て一二月一七日に湘潭に到着、一二月一八日に湘潭を出て、風雨の影響により、一二月二一日に漸く長沙に到着した。宗方小太郎は翌一二月二二日に洋務局総辦蔡乃煌を訪問後、王先謙の許を訪れたが、王先謙が不在のため、書面をやり取りした。宗方小太郎は一二月二三日、文廷式の宴席に招かれると、李権傑、皮錫瑞、袁杰、黄福恒も同席した。宗方小太郎は「李姓の言ふ所に拠れば、長沙城内外に在る〇〇会員は四股（幾つかの団体）に別れ、其数八千に近く、首領其人無しと雖ども会中の事理に通ずる者通力合作（協力しあい）、相能く統一を保ち、紛擾を致しめずと云ふ」と述べている。文中の「〇〇」には「哥老」の二字が入る。また、宗方小太郎が一二月二四日に長沙を去る時に、文廷式の他、李権傑、張焯、鄭淑彜、周炳炎、呉慶琪が見送りに来た。李権傑は李心栄、別名が李堃山、張焯は張燦、別名が張堯卿である。李心栄と張燦はこの約半年前、五月一七日に畢永年が日本より帰国した際、譚祖培と共に上海に赴き、畢永年を出迎え、一〇月の興漢会の設立にも参加した。

湖南時務学堂の学生は一八九九年以降、梁啓超を頼って日本に渡り、東京高等大同学校に学んだ。この中でも、何来保、田邦璿、李炳寰は共に慈利県の出身で、盟友関係にあった。慈利県は湖南省の西部、湘西に位置した。湖南省は東に江西省、広東省、西に四川省、貴州省、南に広西省、広東省、北に湖北省、江西省と界を接した。この中で、湘西地域は武陵山脈がひかえ、ミヤオ、ヤオなどの住地であると共に、会党と民間信仰が結び付き、紅燈教徒などの蜂起の多発してきた場所であった。慈利県出身の姚淮茂は湖南省に留まり、李炳寰や田邦璿など、留日学生と郷里の同志の連絡役を担った。姚淮茂、字は小秦、後漢の范滂に倣い、名を姚生范、字を南滂に改めた。後漢の范滂は、宦官の腐敗を攻撃し、獄に就いた清節の士である。姚淮茂は時世を憂い、田邦璿と共に「慈利の二狂生」と称された。一八九九年一一月、田邦璿は日本から帰国すると、清朝打倒のために会党と連携を強め、盟友の姚淮茂に長江流域での武装蜂起計画を打ち明けた。姚淮茂は李炳寰と相談して、漢口大同分学校の設立を名目に資金を集めることにし、慈利県と漢口、長沙を往復して、田邦璿、李炳寰、李柱寰（李炳寰の兄）、李彬士と会い、計画を進めた。武装蜂起計画の機関部は、漢口の漢報館に置かれた。同報館の宗方小太郎、小原邦威は、これらの謀議に与かった。宗方小太郎は、三月二二日に尹仲韓、林錫珪、姚淮茂、伍徳潤の訪問を、また四月四日に銭維驥、呉慶桂、張瑞運、姚淮茂らの訪問を受けた。

宗方小太郎は一八九九年一二月、文廷式に案内されて湖南省周遊を終えると、翌一九〇〇年一月一一日に漢口に戻った。すると、文廷式も長沙を出て、一月一三日に漢口に到着し、一月一八日に上海に入り、上海に約一ヵ月間いて、二月一〇日に同地を出立し、日本に向かった。上海駐在領事小田切萬寿之助は二月九日、近衛篤麿にあてて文廷式の紹介状を認め、「同人は博覧強記を以て四百州中に有名なる人物に有之（これあり）、一昨年の政変（戊戌政変）後一時奇禍（思いがけない災い）に触れんとせしを、晩生（私）等に於て法を設け救出致〔し〕置〔き〕候。然るに今日と相成候ては、疑雲も全く解散し、青天白日の身と相成、大に欣居（喜び居り）候儀に御座候」と述べ、格別の配慮を要請した。文廷式は二月一一日に長崎に到着すると、下関、神戸をへて、二月一七日に東京に到着した。東京では、白岩龍平が文廷式の接待を務めた。白岩龍平は二月一八日、文廷式を連れて東亜同文会、更に近衛篤麿の許を訪問して以降、衆議院、貴族院、動物園、図書館などを案内した。また、文廷式も近衛篤麿の他、野口寧斎、内藤湖南、永井久一郎など、政財界の要人や文人と交流を深めた。野口寧斎は文廷式について、「嗜好は申すまでもなく書籍に有之《これあり》、此地（日本）に滞在中すらも、小閑さへあれば手に巻を釈かれざりし由、小戸にて、酒は三蕉の量あるのみなりし程なれば、本邦の菓子、支那の点心、西洋のケークと、幾種も打並べて、それこれ噛み味ひながら、黙読するをば無上の楽と為すが如く見受たりと、舌人の話居られ候」と記している。文廷式は二月二四日に宮崎滔天と孫文の訪問を受けると、三月一四日に中西正樹と共に犬養毅を訪れ、三月二二日に宮崎滔天、黎覚年と宴席に出席し、四月五日に新橋を出立、京都、大阪をへて、神戸から山城丸に乗船し、長崎を出て四月一一日に上海に戻った。

三月六日、林錫珪らが漢口で大会を開くと、姚淮茂、林錫珪、田邦璿及び哥老会の首領数人が参加した。唐才常らが東文訳社の他に大同賓館を設立すると、同賓館も哥老会の成員の溜り場となった。唐才常は漢口で富有山堂を結成し、正龍頭（首領）に李金彪ら哥老会の統領と康有為が、副龍頭に唐才常、梁啓超、林錫珪が就任し、富有票などの飄布（会党の布製のバッジ、入会証）を散布して会党の各派を糾合した。四月二六日、沙市駐在領事二口美久は四月二五日、沙市までの航海中、「姚準茂」（姚淮茂）なる者と同船し、酒を酌み交わして会談し、沙市訪問の理由を訊ねている。姚淮茂はこれに対して、「康〔有為〕梁〔啓超〕今日の境遇、北京政府現時の施為、各地客寓の革新派計画の状態」より説き起こし、同地訪問の理由が同志の勧誘にあるとして、二〇名の同志の中から数名の遊説者を選出し、四川、雲南、貴州の各省に派遣中であり、自分も常徳界隈の康有為の門下生を勧誘した上で、長江を下って上海に出て、広東、香港、福建、漢口などの主な同志と会合の予定であると述べた。二口美久は姚淮茂の言葉を受けて、同派中には山東省の義和団や大刀会との連絡を図る者、各地の哥老会との結合を図る者、雲南、貴州の苗族の勧誘を図る者などがいるともいわれ、諸説入り乱れているものの、各地で武装蜂起が計画されているとして、「漢口に於ける主謀者は梁〔啓超〕の門下生たる林述唐（錫珪）及陳姓（猶龍）なるもの両人にして、林は梁に随従〔して〕日本に渡りしことあり、性質軽躁の嫌ひあるも、陳は沈着なる人物なり」「上海に於ける運動者は唐姓（才常）にして、米租界虹口に客寓せり」と報じている。

第二節　義和団と井上雅二

一　義和団戦争と列国

一八九七年から一九〇〇年にかけて、華北では連年、黄河や淮河の叛乱、ひでりが続くと、疫病も発生し、多数の貧民、流民が山東省、直隷省に流入し、不穏な情勢となった。義和団もこれにより、活動を強めた。袁世凱が山東巡撫に就き、義和団を取り締った。すると、山東省の義和団は直隷省に入り、更に天津に流入、北京も危険な状態となった。井上雅二は四月二二日、「義和団の跋扈跳梁は去臘（一二月）立嗣（後継者の擁立）事件以後、日に月に其度を高め、清朝の呂布（後漢末の武将）たる袁世凱の征討遂に其効なし」と指摘し、「由来義和団の縁起に就ては、其宗旨〔は〕聊《いささ》か他匪徒と異なる所あり。山東の大刀会匪も其初は相合ふ所なきに非ざりしが、義和団の勢力を獲得するに従ひ、其宗旨たる興清滅洋（清を興し洋を滅ぼす）の旗幟を振り翳ざして益々強暴を逞ふし、遂に相合ざるに至れるが如し」と述べた。義和団は、「興清滅洋」を宗旨とし、端郡王載漪（溥儁の父）が陰でこれと通じて庇護したため、勢力を拡大させていた。井上雅二によれば、義和団は種々の妖術を駆使し、「魔法を以て能く砲弾を避くるの法」や「幼女をして拳法を練習せしめ、紅燈を持して空中を飛行するを得云々の幻術」などで人心を惑わし、横暴至らざるところがないだけでなく、清朝政府の要員、更には西太后までもがこれを信じた。四ヵ国（イギリス、フランス、アメリカ、ドイツ）の清国駐在公使は四月六日、清朝政府に対して、二ヵ月以内の義和団の鎮圧、及びこれが不可能な場合、この四ヵ国による軍隊の派遣と鎮圧を宣言し、四月一二日には各国の軍艦を太沽に結集させて続々と上陸を開始させて、清朝政府を威嚇した。これにより、天津などで、列国と義和団の間の緊張がいやが上にも増した。

義和団の源流は白蓮教にある。白蓮教は、末劫（終末）の到来、救世主の出現、救済、互助を説く、民間信仰である。清朝の中期、嘉慶年間の一七九六年から一八〇四年に、湖北省、四川省、陝西省、河南省、甘粛省などで大規模な白蓮教の蜂起が置き、清朝政府をして心胆寒からしめた。井上雅二は五月二三日、「義和団の縁起及其の宗旨」と題する論説を著し、「按ずるに、義和団一門は乃ち白蓮教の支流なり。其の教は拳棒を練習するを以て宗旨となし、言を神霊に託し、念誦呪語（呪文を念誦するならば）、能く砲丸を禦《ふせ》ぐを得〔る〕と称し、〔首領には〕祖師及大師兄等の名目あり」と述べながら、白蓮教が嘉慶年間に征討されながら、直隷省、山東省の各州県で密かに命脈を保ち、一八九九年頃より、大規模な飢饉、疫病の影響で、直隷省、山東省、河南省などで徐々に勢力を拡大させたとした。そして、井上雅二は本年一月に、端郡王載漪の子の溥儁が同治帝の後継者に立てられ、端郡王が清朝政府内に頭角を表してから、「彼（端郡王）は義和団の隠然たる主（首）領なり」との風評が起こり、義和団の跳梁が一層激しくなったとしている。井上雅二は六月一日、「団匪乱耗」と題する論説を発表し、「聞く、本年は山東、山西共に大旱（大旱魃）にして、民人多く疾苦の状あり、拳匪〔は〕此の間に跋扈して愚民を弄惑し、之を掃滅するに困難なる事情なきに非ずと雖も、北京政府が実心（真剣に）勦滅に意あらば、彼等団匪中〔には首領も主義の武器もないため〕……勦滅に帰する容易なる者あらん」と述べて、清朝政府の軍事力をもってすれば、義和団の掃討など、極めて容易な事柄であったにも拘らず、清朝政府の首脳部が義和団に同情を寄せ、あえてこれをせずに今日の状態をもたらしたとした。

五月三一日、列国が約四〇〇名の軍隊を北京に送ると、清朝政府の保守派は反発を強めた。六月一日にドイツ軍の将校二名、兵士三〇名が、六月二日にオーストリア軍の将校一名、兵士五〇名が北京に入り、北京の住民は恐怖のどん底に陥り、六月六日に義和団は列国の軍隊の入京を阻止するため、北京と天津の間で鉄道の破壊を始めた。六月九日、西太后は董福祥の甘粛軍を北京城内の警備に付かせた。そして、軍機大臣剛毅が趙舒翹との会談で、義和団を「義民」と呼んだ。これ以降、義和団は「滅洋」の旗を掲げて北京の街巷を練り歩き、北京城内を我がもの顔で歩くまでに至った。また、天津では、多くの義和団員が結集して、外国人やキリスト教信者を威嚇した。このため、イギリス公使マクドナルドとアメリカ公使コンガーは、太沽港外の自国軍に援軍の派遣を要請した。この報告は、瞬く間に清朝政府にもたらされた。同日夜、御前会議が開かれ、翌六月一〇日朝まで議論が続いた。この結果、総理衙門は、首席大臣が慶親王奕劻から端郡王載漪に代わり、新たに啓秀、溥興、那桐が同大臣に任命された。これにより、清朝政府は列国と協調的な布陣から、対外的に強硬な布陣へと変化した。六月一〇日、列国の連合軍が太沽から上陸を開始し、シーモア司令長官を総指揮官として天津を出発し、北京に向かった。義和団員はこれを阻止すべく、連合軍に攻撃を開始した。六月一一日、日本公使館の杉山彬が永定門外で殺害された。清朝政府は六月一六日に御前会議を開き、列国に対する態度を討議した。西太后は事ここに至り、同会議で「いま中国は弱体を極め、恃むところは人心のみ。もし人心まで失えば、いかにして国を立てようか」と述べ、義和団への支持を表明するに至った。

六月一六日、井上雅二は論説「団匪乱耗（四）」で、「寔《まこと》に北清の騒擾（義和団）は日一日より急激を加へ、曩者《さき》は義和其れ自身の乱耗なりしも、今や吾人の曾て揣摩せし如く、一転して支那官兵の乱耗となり、京津（北京と天津）の秩序は全く乱れ了り」と記すと、列国が大軍を擁して義和団及び清朝の官兵の掃討を企図しており、この影響が山東、江蘇、四川、雲南、広東の諸省にも及び、「支那の前程将に測るべからざらんとす」と述べた。列国の軍隊が北京に入城すれば、ロシアもこれを看過せずに、他の列国と行動を共にするはずである。宗方小太郎は、日本政府がロシアの機先を制して、光緒帝を北京から救い出し、光緒帝を南方に移して、湖広総督張之洞、両江総督劉坤一などと共に、清国南部に新政権を樹立すべきであると考えた。宗方小太郎は張之洞への説得、すなわち南部諸省の独立の要請を、汪康年に一任した。そして、宗方小太郎は光緒帝の救援にあたるべく、汽船で上海を出て、六月一六日午前九時に芝罘に上陸、翌六月一七日午前九時二〇分に太沽に達した。しかし、同日、八ヵ国連合軍が太沽砲台への攻撃を開始した。このため、宗方小太郎は太沽から先に進むことができず、空しく長門丸で芝罘に引き返した。この間、汪康年は湖広総督張之洞を訪ねて、南部諸省の独立の説得を試みたが、張之洞から芳しい返答を得ることができなかった。宗方小太郎は芝罘を出立し、六月二一日に上海に到着して汪康年と会い、張之洞の返答を聞かされ、自身の計画の不首尾を知った。

この間、東亜同文会本部では、幹事長の佐藤正と他の幹事の間で、清国情勢への対応をめぐり対立が表面化した。東亜同文会は、外務省の機密費を得て運営を行っていた。幹事長の佐藤正は外務省の方針と同様、清朝政府の改革、西太后が主導する改革に期待し、清国の各省の自立には反対した。しかし、他の幹事、評議員は現場の情報を尊重して、宗方小太郎などの示した方策、すなわち湖広総督張之洞や両江総督劉坤一など、中南部の自立と連邦政府の樹立を支持した。六月一九日、東亜同文会幹事会は、清国の時局に関する六ヵ条を起草し、第一条で「此際に於て支那保全主義を益々鮮明ならしむると同時に、南部の人心を集（収）攬するに勉むる事」、第二条で「若《も》し南部に起りたる匪徒の攘夷主義なる時は、新聞其他の方法を以て之を非攘夷的に導き、之に兵力を加ふる事を避くべき事」、

第三条で「北京政府亡滅するか、若《も》くは統治の権能を喪失したる場合に於ては、大陸の平和を克復する為め、列国に率先して南方適当の地に新政府の設立を助成する事」と定め、列国が「沿岸〔の〕分割」を行った場合、日本政府も「我国に利便なる地域を占領する事」とした。翌六月二〇日、東亜同文会の評議会が富士見軒で開催された。同会には、会長の近衛篤麿、副会長の長岡護美の他、幹事長の佐藤正、各幹事が参集した。近衛篤麿は同会で各員より意見を聞き、「議論紛々の末」、第一条と第二条を承認し、更に「支那政府の改良を期する事」の一条を加え、西太后の主導する改革に期待を示し、第三条すなわち喫緊の場合の「新政府の設立を助成する事」の一項を削除した。ところが、幹事の田鍋安之助が六月二三日に近衛篤麿に示した評議会の決議書の中からは、「支那政府の改良を期する事」の一条が消えていた。近衛篤麿は色をなし、翌六月二四日に幹事長の佐藤正を呼び付けて詰問した。佐藤正も与り知らなかった。近衛篤麿は佐藤正に命じて決議文を元に戻させた。

二　宮崎滔天捕縛事件

一九〇〇年六月一九日、清朝政府は北京の列国公使館に二四時間以内の退去を命じ、翌六月二〇日に董福祥軍及び義和団に北京の列国公使館の包囲、攻撃を命じ、六月二一日には列国に宣戦布告した。六月二〇日、ドイツ公使フォン・ケテラーが崇文門で殺害された。日本の清国駐在公使は西徳二郎である。日本の陸戦隊は、僅か二四名であった。このため、日本公使館は、三三名の在留邦人で義勇隊を組織した。この三三名の中には、清国の日本公使館員の石井菊次郎、楢原陳政、鄭永邦、徳丸作蔵、児玉正一郎、杉山彬、野口多内、林良茂の他、文部省留学生の服部宇之吉と狩野直喜、更に時事新報社の岡正一、大阪朝日新聞社の村井啓太郎、東京日日新聞社の古城貞吉がいた。全体の総指揮官は、日本公使館附武官柴五郎が担った。北京籠城戦は二ヵ月に及んだ。村井啓太郎は後に、この北京籠城戦の模様を「北京籠城日記」に纏め、「同（六）月二十日、午前十時独逸公使ケッテレル男、引揚に付協議せん為め総理衙門に赴かんとして、途中清兵の為に銃殺され、随行の翻訳官亦負傷す。是に於てか引揚の議俄に一変し、交民巷を死守して援軍の来ることを待つこととなれり」「同廿五日、八時頃より砲声轟々、親王府北に起る。蓋し敵は今日も亦府北の壁を破らんことを力む。壁を隔てゝ耳を傾くれば其の音戛々《かつかつ》須臾（少しの間）も休まず、我義勇兵〔は〕府内の倉を破り、絹帛の類を以て土嚢を造り、胸壁を要所に築きて守る。青赤緑白、燦然として人目を射る。……此日、仏国兵が敵を殺して獲たる所のモーゼル銃六挺を譲り受け、我輩は文学士狩野直記（喜）、東京日々通信者古城貞吉の二君と敵火を冒して胸墻外に出で、銃二挺、弾丸数十発を敵屍の中より取り帰る。此時敵屍已に半ば腐敗し、肝胆露出して銃身に纏綿（まとわり離れない）せり。銃用ふること数日、腐臭始めて去る」と記し、迫真に迫る内容を伝えている。

　六月、義和団が北京において猖獗を極め、列国との緊張を高めると、孫文は再び「両広の独立」に向けて行動を始めた。前年の一八九九年九月、『東亜時論』第一九号は、「北京廷と亡命者」と題して、「又栄禄は在日本の孫逸仙に書を致して、速に帰国を勧告したるも、同人は之れに応せざりし由。想ふに北京政府か斯《か》く亡命者（孫文）招致に意を用ゆる所以のものは、近日屡々風説ある改革決行に就て、彼等の力を借らんとするにある乎。将た之を捕へ、之を刑して、以て自ら甘心（満足）せんとするにある乎、其心意未た知るべからざるも、亡命者より見れば此際帰国することは、定めて危惧する所なるべし。又一説によれば、〔西〕太后は密かに上諭を発し、賞を懸けて康有為一派を捕縛せんとし、某国人既に引受けたりと伝ふ」と記している。この「某国人」とは、日本人のことである。一〇月二五日から一二月三一日まで、両広総督李鴻章と劉学詢は、康有為の逮捕に関する電報を交した。また、李鴻章は劉学詢を介して、孫文に「両広の独立」計画を持ち掛けている。この五年前、一八九五年四月、孫文は香港駐在領事中川恒次郎を訪れて、「両広を独立せしめて共和国となす」ことを述べ、武器の供与を懇請した。中川恒次郎はこの孫文の要求を拒絶しつつ、広東、広西、雲南、貴州の諸省が古来より中央政府と気脈を通ぜずに、人々の気性も独立心が強いため、いずれの日にか清朝政府より分離・独立する時期も来るであろうと予想しつつ、目下のところは列国が互いに牽制しあい、孫文に蜂起の機会を与えていないため、現状が保たれているとした。孫文は一八九五年四月の時点で、広東、広西両省の独立と共和政体の樹立を画策していた。そして、一九〇〇年、孫文は再び行動を開始した。

六月一一日、神奈川県知事浅田徳則は外務大臣青木周蔵にあてて、孫文が知人に対して行った「密談」の内容を報告している。これによれば、孫文は、現在の北京の情勢が甚だ不穏であり、注意を要すべきとして、「若《も》し清国政府が実力を失する場合に至らば、其時こそ我々の立つべき好個の機会なれば、今日の状況は最〔も〕注意を深ふすべきを感したり」「我々最終の目的は支那南部の人民と計り、支那帝国の一部を割きて、新〔た〕に一の共和国を建立するにありて、之れか画策に関しては多数同志の士あれば、徐々〔に〕時機の到るを待つ考へなり」と述べた。これより先、西太后は両広総督李鴻章に対して、康有為の捕縛、殺害を命じていた。李鴻章は康有為の捕縛を画策すると共に、劉学詢を介して孫文に「両広の独立」計画を伝えた。ここでは、康有為の捕縛と「両広の独立」がセットになっていたといえよう。六月六日、孫文、楊衢雲、鄭士良は華僑の温炳臣と共に横浜から上京し、犬養毅、頭山満、福本誠が主催する孫文、楊衢雲、鄭士良の送別会に出席した。孫文は東京で刀剣数十口を土産に購入し、翌六月七日に横浜に戻った。孫文、楊衢雲、鄭士良らは六月九日、宮崎滔天、清藤幸七郎と共にインダス号で横浜より神戸に到着すると、韓国人亡命者の朴泳孝を訪問し、朴泳孝の招待で諏訪山の一力亭で洋食の饗応を受けると、栄町の中華料理屋に朴泳孝を案内し、ここで別れて帰船した。この後、孫文はシンガポールへ、楊衢雲らは香港へ向う予定であった。シンガポールには、康有為が潜伏していた。このため、浅田徳則は、孫文のシンガポール訪問の目的が康有為との会談にあるのではないかと推測した。孫文と宮崎滔天、清藤幸七郎の一行に、長崎から内田甲が加わった。

六月一六日、宮崎滔天、内田甲、清藤幸七郎、孫文は、香港に到着した。宮崎滔天、内田甲、清藤幸七郎は翌六月一七日、孫文を船中に残し、両広総督李鴻章の派遣した砲艦に乗り込むと、広東省城に至り、孫文の代理として富商の劉学詢の邸内に入った。劉学詢は一八九九年、東京の帝国ホテルで孫文と密談していた。劉学詢は李鴻章の代理として、宮崎滔天の遠来の労をねぎらった。宮崎滔天は劉学詢に対して、孫文の特赦、生命の保障、「六万両」の貸与と負債の帳消しを依頼した。劉学詢はこれらの李鴻章への伝達を確約し、劉学詢が香港で「三万両」を手渡し、残額の「三万両」を後日に郵送すると伝えた。この後、劉学詢は宴会を開き、宮崎滔天に三人の写真を所望した。

宮崎滔天らは後に写真を撮り、これを劉学詢に送った。また、宮崎滔天らはここで得た「三万両」を現金のまま鞄に入れ、帯同して歩いた。劉学詢は両広総督李鴻章の意を受けて、康有為、梁啓超の逮捕、殺害に向けて行動を開始していた。孫文も武装蜂起を画策し、華僑の間に勢力を築くためには、莫大な資金を必要とした。宮崎滔天らの孫文の意を受けた行動、劉学詢の李鴻章の意を呈した交渉は、これら一連の思惑の中で行われたものであろう。ただし、宮崎滔天は、「六万両」の見返りには言及しなかった。宗方小太郎は六月二一日に上海に到着すると、孫文からの書簡を受領した。宮崎滔天や平山周、福本誠の行動は、東亜同文会本部に伝えられていた。近衛篤麿は六月二三日、宮崎滔天らの動向を探知すると、「清国の将来の為に慎重の体（態）度を取るべきは同国志士の為に必要なるのみならず、日本人にして殊に同文会員中〔必須であり〕、これを煽動せんとするものありとせば、百方これを止むるの策を講ぜざる可らず」と述べ、文中の「同文会員中」に「福本誠、清藤幸七郎、宮崎〔滔天〕、平山周」と注記した。

六月二五日、両江総督劉坤一、湖広総督張之洞及び両広総督李鴻章は、鉄路総公司総辦の盛宣懐の要請を受けて、列国と独自に和解を進め、列国との開戦を拒否し、「東南互保」を実現させた。「東南互保」は、総督や巡撫などの清朝からの離反、自立を意味した。この四日後、六月二九日、宮崎滔天、内田甲、清藤幸七郎の三人は、香港からシンガポールに渡り、日本人旅宿に投宿した。六月、シンガポールの華僑の間で、康有為の刺客が到来するという謡言が広まった。この謡言は、日本人の僧侶から参議会議員・林文慶に、更に林文慶から邱菽園に伝えられた。宮崎滔天らのシンガポール到着は、このような時期であった。宮崎滔天は早速、同地の華僑で、康有為の庇護者の邱菽園を介して、潜伏中の康有為に面会を申し出た。康有為はシンガポール政庁の監督下にあったため、金銭を添えて、宮崎滔天に潜伏中の小島にまで来るよう要請した。すると、宮崎滔天はこの要請に激高して、康有為に対して絶交を宣言した。邱菽園は宮崎滔天を刺客ではないかと疑い、林文慶をシンガポール政庁に赴かせ、宮崎滔天らの身辺を調査するよう依頼した。七月六日、内田甲は事態の異常さに気づき、宮崎滔天、清藤幸七郎をシンガポールに残して帰国の途に就いた。同日午後、シンガポールの警官が日本旅宿に押し入り、宮崎滔天と清藤幸七郎に尋問し、荷物検査を行うと、宮崎滔天の荷物から数点の衣類、二振りの日本刀、香港紙幣二万七〇〇〇円が出てきた。同警官は宮崎滔天、清藤幸七郎を警察署に拘引し、更に監獄に移した。七月七日、シンガポール駐在領事越智交五郎が警察署を訪れ、捕縛の理由を訊ねた。警察長官は、この理由として、康有為暗殺の企てがある旨を告げた。七月八日、孫文は宮崎滔天らの捕縛の報を受けると、福本誠、中西重太郎、尾崎行昌と共にシンガポールに駆け付け、二人の救出にあたった。孫文はここで、宮崎滔天らの所持金が自らのものであると告げた。シンガポール政庁は七月一一日、宮崎滔天と清藤幸七郎を監獄から釈放する一方で、治安に妨げがあることを理由に、イギリス海峡植民地からの五年間の追放処分を言い渡した。

三　東亜同文会の対応

一九〇〇年七月九日、東亜同文会の根津一は会長の近衛篤麿に対して、日本の取るべき方策を「連邦保全策」「放任保全策」「現状保全策」「分割保全策」の四点に纏め、「連邦保全策」を「最も機宜に的中する」とした。根津一は五月二六日、南京同文書院の開院式に出席後、六月下旬に近衛篤麿の要請で東京に呼び戻され、東亜同文会内部の対立の収拾にあたっていた。根津一の説く「連邦保全策」は、清朝政府の保守派が主導権を握り、列国との戦闘が膠着状態に入った場合、清国南部の革命派の蜂起と大混乱の招来を予想し、中南部諸省が総督や巡撫を中心に連邦政府を樹立すべきとしていた。ただし、「連邦保全策」の前提となるのは、湖広総督張之洞と両江総督劉坤一の同意である。ところが、張之洞と劉坤一の意向は、曖昧なままであった。宗方小太郎は義和団の台頭及び北京の混乱に際して、張之洞に期待をかけ、汪康年などを通じて独立を模索したが、希望的観測の域を出なかった。井上雅二もまた、文廷式の構想を下に、「〔この構想は〕我に好意を表する一、二強国〈日英を指す〉の援護によりて、光緒帝を伏魔殿〔の〕裏（中）より救拯して之を南方に遷し、南京或は武昌を帝都とし、劉〔坤一〕、張〔之洞〕、李〔鴻章〕以下の督撫（総督や巡撫などの地方長官）を擁して天下に号令し、彼の無道暴虐なる端〔郡王〕剛〔毅〕等の北廷（北京の朝廷）を根本的に鋤除（根絶）し、以て清国の中興を期するに在りき」と述べた。井上雅二は、湖広総督張之洞と両江総督劉坤一がこれに同意しない場合でも、上海の改革派に期待を懸けた。しかし、宗方小太郎や井手三郎は、上海の改革派を全く評価していなかった。

これより先、南京同文書院の山口正一郎と佐々木四方志は三月、同書院の運営の方針をめぐって対立していた。山口正一郎は三月下旬に南京を離れ帰国すると、四月一日に東亜同文会会長の近衛篤麿と、四月二日に同会幹事長の佐藤正と相次いで面会し、南京同文書院の実情を訴えた。四月二日、佐藤正は近衛篤麿にあてて、山口正一郎と自分が四面楚歌の情況にあると訴え、幹事長辞任を申し出た。この背後には、東亜同文会内部の派閥抗争が存在したようである。近衛篤麿は四月二日、堀内文次郎の説明を受けて、「又支那には熊本〔出身者の〕閥族（派閥）の跋扈と云ふ事、能く人の口にする所なり。又其実なきに非ずと雖も、之を制御する、何の難き事かあらん」と記している。近衛篤麿は四月五日、佐藤正に幹事長辞任を思い止まるよう説得し、かつ四月八日に根津一に面会し、南京同文書院院長の就任を要請した。根津一は四月一一日、これを快諾した。佐藤正も幹事長を続けた。根津一は五月一二日、近衛篤麿が両江総督劉坤一に宛てた書状を携えて南京に赴き、五月二六日の南京同文書院の開院式に出席したが、六月には近衛篤麿により東京に呼び戻された。南京同文書院は、佐々木四方志の他、庶務・会計の中村兼善、時文・漢語担当の山田良政などで運営された。六月、宮崎滔天、平山周、福本誠が孫文の「両広の独立」計画に加わった。すると、佐々木四方志、山田良政もこれに同調し、同書院の学生にも働き掛けた。七月、近衛篤麿は常任幹事田鍋安之助を南京に派遣し、これらの動きを阻止させた。田鍋安之助は同院の学生の取り締まりを強化すると共に、八月に同院を閉鎖し、教職員を上海に移した。

東亜同文会本部が亀裂を深める中、上海の宗方小太郎、井上雅二などは湖広総督張之洞を擁して中南部諸省の独立を画策したが、南京同文書院の佐々木四方志、山田良政、山田順三郎は、孫文の「両広の独立」構想に加担し、シンガポールにおける宮崎滔天の捕縛事件を起こした。七月、越智充五郎は外務大臣青木周蔵にあてて、宮崎滔天捕縛事件の顚末について、「彼れ（康有為）に対する過分の警戒」と「康有為一派の神経質」から本事件が引き起こされ、シンガポール総督の強い先入観から、宮崎滔天らの嫌疑も消し去ることもできずに、宮崎滔天らへの追放令になったと報じた。越智充五郎はここで、「総督は稍や強情の性質なる由〔と〕評判あり。尋問の際にも、植民事務長官及検察長の両名は嫌疑を解き居りたるが如く見へたり」と述べて、宮崎滔天らに同情的な立場を示した。七月一二日、宮崎滔天、孫文らは佐渡丸で同地を離れ、七月一六日に香港に到着し、碇泊中の船中で恵州蜂起を決議し、軍司令長官に鄭士良、民政長官に畢永年、外務長官に平山周、財務長官に楊衢雲を任命し、七月二〇日に香港を出立、七月二四日に神戸、七月二五日に横浜に到着した。井上雅二は七月二五日、「康有為より、宮崎〔滔天〕、清藤〔幸七郎〕等の新嘉坡（シンガポール）にて捕縛せられしとの報ありし時、余は支那人をして之を打電して問合せしめたるの返信到る。康は大に其事実を詳述して弁解し、且つ気の毒がるもの〻如し」と記した。井上雅二は独自に宮崎滔天の捕縛事件を調査し、これを康有為の誤解に基づくものと判定して、この康有為が井上雅二にあてた書簡を七月二七日と二八日付けの『同文滬報』に掲載した。

　七月二二日、井上雅二は「福本日南（誠）より急電あり。山田良政を呼来らしむ。就て相談。山田兄の南行を期として、先方の二、三子に中部の意思を知らしむることとなす」と記している。この「中部の意思」とは、清国の中部に両広総督李鴻章、湖広総督張之洞、両江総督劉坤一を中心とした新政府の樹立計画を指している。翌七月二三日、田鍋安之助、山田良政、中村兼善人が南京に到着した。七月三〇日、福本誠が上海を訪れた。福本誠はもともと、八月三日に上海に至る予定であった。このため、井上雅二は、「彼等（孫文ら）の挙兵、一層難なるべし」と述べた。福本誠は上海から香港に赴き、八月三日に再び上海を戻り井上雅二と会談した。井上雅二は、「福本は百姓一揆の積りにて、日本を宛《あて》にせず、只だ東洋の義人として旧帝国を革命せんと欲するなり。勿論成算なるものなきが如し」と記し、相互の協力を約して別れた。八月一一日、白岩龍平は近衛篤麿に書簡を認めて、福本誠らの武装蜂起計画も、康有為と孫文の聯合計画も、いずれも失敗に帰し、イギリス政府はシンガポールや香港でこれらに抑圧的な政策を取り、日本人の追随者も追放処分にしたため、福本誠らも日本人だけの蜂起に迫られ、今回帰朝した模様であると報じた。白岩龍平はこの判断の上に立って、南京同文書院の学生が福本誠らの蜂起計画に同調する動きがあるとして、これを「無謀にして成算なし」と非難すると共に、南京同文書院の学生に対して警戒を強化するよう、東亜同文会本部に忠告を与えた。

七月二〇日以降、井上雅二は「清国朝野の人物〈草沢風雲の気をトす〉」と題する論説を、『日本』紙上に六回にわたって記載した。この論説は、第一「拳党」、第二「非拳党」、第三「主権者」、第四「武衛軍」、第五「地方疆臣」、第六「武官」、第七「在野の人物」、第八「各省の人気と匪徒の巣穴」、第九「結論」、以上の九章からなった。そして、井上雅二は、志賀祐五が孫文の「広東派」と文廷式の「湖南派」が「合同に近づきつゝある」と述べた点について、これを「門外漢」の見解として退けた。井上雅二は、孫文が興中会の首領として同志を擁し、人物も堅忍不抜、「文明の思想」を抱き、清国では稀有の人材である点に同意するものの、広東省では勢力が康有為に遠く及ぶものではないとして、「孫文は僅に敗軍の将として、或る一方に蟠踞する(とぐろを巻く)を得るのみ」と述べて、「広東派の領袖」とは見なしえないとし、更に文廷式も本来が学者であり論外とした。井上雅二は清朝政府の要人を評し、湖広総督張之洞、両江総督劉坤一、両広総督李鴻章を取り上げて、これら「比較的輿望あり、勢力ある老爺連」を鞭撻する必要があるとして、「故に此〔の〕際、清国扶植を以て任じ、彼等と幾分因縁ある団体は、宜しく在清志士と我政府の間に立つて意思の疎通に力め、志士の苦心をして徒労に帰せしめず、帝国をして東洋経略の大方針を誤らしめざる様、或は敢て憚《はばか》るなきを期すべきなり」と論じた。すなわち、井上雅二も、宗方小太郎と同様、張之洞、劉坤一、李鴻章など、清国中南部の総督に期待を示した。ただし、井上雅二は当面の方策については論じえないとして、「暫らく沈黙せんのみ」と述べた。すなわち、井上雅二は清国の改革派、同国の前途に失望の念を表わしつつ、事態の静観を主張した。

第三節　自立軍蜂起の挫折

一　中国国会の開催

一九〇〇年七月八日、清朝政府は、李鴻章を直隷総督兼北洋大臣に再任し、上京を命じた。しかし、李鴻章は、なかなか広州を出立しなかった。このため、清朝政府は度重ねて、李鴻章に上京を督促した。李鴻章は漸く重い腰を上げ、七月一六日に広州を出立し、七月二一日に上海に到着し、暫く上海に滞在した。各国聯合軍は七月一四日に天津を攻撃し、翌七月一五日に占領した。日本の臨時派遣軍の司令官は、福島安正である。北京籠城部隊の司令官柴五郎は、北京同文館教習杉幾太郎の尽力で、清国兵を間諜に用いて、福島安正と連絡を取り合った。福島安正は密書を柴五郎に送り、七月末までに北京入城の予定であると伝えた。七月一八日、籠城中の村井啓太郎はこれを伝え聞くと、「若《も》し数十日を経ば、聯合軍は懸軍長駆して燕京（北京）に来るを思へば、歓天喜地の情押へんと欲して押ふる能はず、憔悴せる顔色、此日のみは吾も人も何となく照かゞやくが如く見受られたり」と記している。七月二四日、書記官の楢原陳政が破傷風で死亡した。痛恨の極みであった。宗方小太郎は七月二五日、李鴻章の七月二一日の上海到着を伝えつつ、「鄙意（私の見解）を以て之を測るに、列国の連合軍北京に入るの時に方らば、端〔郡〕王の一派は必ず皇帝、太后を挾で西安に遷都す可し。事若《も》し此に至らば、列国は遁亡せる満洲政府を以て、一国の統治上政府たるの資格を抛棄失脚せる者と認定し、之に向て其の責任を問ふ事を為さず、直に南方に於ける劉〔坤一〕、張〔之洞〕等の総督に対し交渉を開始し、彼等をして新政府を建立せしむるに至る可し」と記している。義和団戦争も最終局面が迫っていた。

七月二六日、上海の改革派は中国国会を愚園で開催し、これを清国で唯一の立法機関に位置付けると共に、この中国国会こそ民意を反映したものであるとして、列国との協調政策を図った。同会の参加者は容閎、厳復、唐才常、章炳麟、文廷式、狄葆賢、宋恕、張通典、沈藎、龍沢厚、馬良、畢永年、林錫珪、唐才質など、一〇〇人をこえた。葉瀚が同会で「一、匪賊に通じ詔勅を偽った偽政府の不承認、二、外交の連絡、三、内乱の平定、四、中国の自主の保全、五、中国の未来の文明進化の推進」の五点を称えて賛成を得ると、容閎が会長に、厳復が副会長に選出された。七月二九日、第二回会議が開かれ、孫多森と唐才常が理事に、葉瀚、邱震、汪有齢が書記に、鄭観応、唐才常、沈兆祉、汪康年、汪立元、丁恵康、呉葆初、趙従蕃、孫宝瑄が幹事に選出された。井上雅二は「中国議会の真宗旨」について、「極めて秘密なり。会員と雖も知らざる者多し」としながら、「旧政府を廃して新政府を立て、中外の利益を保全し、人民を進化せしむるに在り」と述べている。しかし、井上雅二によれば、中国国会の実態は汪康年の一派と唐才常の一派の連合にすぎないだけでなく、「汪〔康年〕と唐〔才常〕とは其心裡に於て相合はず。唐は汪を以て恃むべからずとなし、汪は唐を以て野心ある者となす。汪は自立会の事を知らず。容閎は之を知る者の如し」と記している。しかも、井上雅二は、章炳麟などが「満洲人の入会を許さず、光緒帝を救出して平民となすこと」を主張して中国国会から離脱したとしている。いわば、中国議会は、上海の知識人の茶番劇に近かっただけでなく、当面の方針を巡っても対立が顕在した。

上海の改革派はいかに清朝政府が民意を反映しておらず、中国議会こそが民意を反映していると主張しても、茶番にすぎなかった。ただし、唐才常は哥老会を自立軍に編成し、この自立軍の武装蜂起により、政権の奪取を図った。井上雅二は、「今夏〔七月二六日〕中国議会を滬上に創むるや、集まる者前米国公使容閎、前北洋水師学堂総辦厳復、候補道台陶森甲、以下百数十人、而して〔唐〕才常実に其中堅となり、傍ら長江一帯の武官及哥老会を聯絡一気して中国自立会なる者を組織し、長沙、岳州、新提、南陵、寧国、漢口、南京、揚州、鎮江、安慶、湘潭等の会衆を擁する十余万人、又広西鎮南関地方に同志の散処する者数千人、総兵張慶雲、前巡撫唐景松、総兵黄忠浩、康有為、梁啓超、記名提督楊金龍、副将趙〔雲〕龍、副将辜万年〔辜人傑〕等文武大官にして、気息を通ずる者〔も〕尠なからず」と記している。八月三日、宗方小太郎は大井川丸で上海から南京、九江をへて漢口に到着し、漢報館に宿泊し、八月六日に漢口の「該会の巣窟」を訪れ、林錫珪、沈藎らに哥老会の近状を訊ねて、唐才常らが「勤王討賊〈光緒帝の擁立と奸賊の討伐〉」を標榜して、外国人の歓心を繋ぎ止め、暗に外国の援助を得ようとしていると報じた。ついで、宗方小太郎は八月七日に両湖書院監督梁鼎芬、商務報主任朱克柔、提調官汪鳳瀛と会談し、「目下張之洞、劉坤一、李鴻章、奎俊、端方〈陝西巡撫代理〉等の聯絡は頗る堅く、東南各省の平和を持続し、外国人を保護し、民乱を予防し、以て北方乱機の南漸を防ぐに努力せり。故に北京より逓伝する所の上諭も其の宗旨と合する者は之を奉じ、合せざる者は之を斟酌するのみ」という報告を得て、中南部諸省の総督、巡撫などの動向に期待の念を示した。

八月九日、唐才常は甲斐靖と共に漢口に赴き、安徽省大通で蜂起が起きた場合、漢口にも呼応を促がそうとした。しかし、康有為からの資金が届かなかった。このため、湖北省の漢口の他、湖南省、安徽省、江西省における蜂起は、延期された。しかし、秦力山は八月九日に大通で蜂起を強行し、八月一一日に大敗した。八月九日、井上雅二は上海で唐才常、汪康年、容閎らを歴訪すると、小越平陸、甲斐靖、唐才常と共に南京、漢口に向かった。井上雅二は八月一一日に小越平陸と南京で下船し、南京同文書院で田鍋安之助など一〇名余りと会った。井上雅二はここで、南京同文書院の学生に対して、孫文の蜂起に加担しないように説得した。井上雅二は、孫文が広州で武装蜂起を起こした場合、清国南部が大混乱に陥り、列国がこの大混乱に乗じて清国分割に着手することを恐れていた。八月一一日、白岩龍平は近衛篤麿に書簡を送り、「井上雅二氏より報告呈出致候当地有志の発会に係る中国議会も、内部六十人程の会員に統一を欠き、其所謂各国に宣言せんとする書面の如きも莫（漠）然たる空想に止まり、価値至て薄く候」と述べる一方、福本誠の孫文を擁した蜂起計画に対しても「無謀にして成算なし」と断じた。井上雅二は八月一二日、南京で宰人傑の訪問を受け再会を約したが、多忙なために時間が取れず、南京滞在の日時を延期した。井上雅二が宰人傑に期待したのは、唐才常の自立軍蜂起に充分な成算を見出していたからである。井上雅二は八月一八日に宰人傑と会い、楊金龍、趙雲龍らと連絡を密にして、自立軍蜂起に協力する旨の確約を得た。井上雅二は八月一九日、南京を出立して上海に向かった。

八月一一日、甲斐靖と唐才常は南京で小越平陸、井上雅二と別れると、漢口に向かった。二人は八月一三日に漢口に到着すると、イギリス租界碼頭西側の李慎徳堂に宿泊した。甲斐靖は後に、李慎徳堂の内部の状況について「唐〔才常〕の外、諸人の出入〔は〕頻繁にして、一定せさる様子なりしも、少なき時は六、七人、多き時は十四、五人もありし様思はる」「食事の際〔に〕顔のみは合はせ居りしも、唐の外は姓名すら知らす、然し日本に留学し居りしと云ふ二人の支那人とは時々談話せしことあり」「彼等は密々何か計画致し居る様子は見へたれと、支那人の僻（癖）として仮令《たとえ》表面同志たりと雖も、外国人たる自分に向つては尚〔お〕多少の懸念を有する者の如く、内密のことは絶へて明かさゝりし」と報告している。甲斐靖によれば、同所には「立派なる服装の者」も出入りし、自立会には位階のある人間も加わっていたため、これも自立会の会員であろうとした。また、甲斐靖は、唐才常の部下が地方に出向く際には、決して行き先の詳細を明らかにせず、湖南省に行く時は、「湖南に行きし」というのみで、何のために行くのか、皆目見当がつかなったとしている。八月一三日、宗方小太郎は甲斐靖と入れ替わるように、漢口を出立し、八月一六日に上海に到着した。この四日後、井上雅二は八月二〇日に上海に到着して、「要するに、滞金陵（南京滞在）八日間、余の任務は、先づ好成績を得たるものと見て可なり。帰滬（上海帰還）の上、極力我手腕を奮はんのみ」と述べると、「小田切萬寿之助の意見〔は〕従前稍々《やや》余と異なり居たるも、彼は内部の情形を知悉せざるより、来る誤謬なるを以て（このような誤った判断をしたと考えて）、追々は〔この判断も誤まりであることが〕明白となり、其距離をして近からしむるを得べしと思考す」と述べて、宗方小太郎と会見した。

二　唐才常と井上雅二

一九〇〇年八月四日、各国聯合軍は、一万六〇〇〇名の兵力をもって天津を出立した。各国聯合軍は北倉、楊村、南蔡村、馬頭を次々と占領すると、八月一二日に通州に入り、各国将官会議を開き、北京攻略を協議した。八月一〇日、福島安正の南蔡村より発した密信が北京城内に届いた。この密信には、順調にゆけば、八月一三日或いは一四日に北京に到着するとあった。村井啓太郎はこれを伝え聞くと、「〔八月〕五日以来、援兵来るを待ち、而かも来らず、偶々達する通信は常に事実とならず、今や運を天に任せて往く所まで往かんと覚悟したる矢先に此確報を得、士気大に奮ふ」と記している。清国兵の間諜から得られる情報には、あてにならないものが多かった。このため、村井啓太郎らの喜び様は、尋常ではなかった。各国聯合軍は予定を早めて、八月一四日に総攻撃を開始した。村井啓太郎は同日、「午前二時、突然、東便門と朝陽門との中間なる観泉台附近にて、野砲とカツトリングの声を聞くこと熾なり。

衆驚き喜び、為す所を知らず」と述べた。各国聯合軍は八月一五日に北京に入城し、八月一七日までに同地を制圧し、各国の籠城者を救出した。北京に入城した者の中には、各国聯合軍の将校や兵士の他に、各新聞社の特派員がいた。これら特派員らはこの救出の模様を記事に認めたが、義和団により電信が遮断されていて、日本に記事を持ち帰り、各地に配信するより他に手段がなかった。村井啓太郎は北京籠城の模様を「北京籠城日記」にまとめ、これをライバル社の時事新報社の対馬機に托し、北京城外に持ち出させた。そして、朝日新聞社の従軍記者小川貞明がこの「北京籠城日記」を時事新報社の対馬機から受け取り、門司に到着すると、列車で大阪まで運んで配信しようとしたが、列車が風水害で不通となったため、広島から打電して送った。大阪と東京の朝日新聞社は八月二九日と三〇日、村井啓太郎の「北京籠城日記」を掲載した。多くの人々は邦人の籠城中の安否を心配していたため、同記事をむさぼり読んだ。

この間、唐才常らは、八月二二日に武装蜂起を計画していた。もともと、唐才常の狙いは、清国に立憲政体を樹立し、列国と協調して、独立、保全、富強を果たす点にあった。唐才常は湖広総督張之洞との連合を目指したが、張之洞がこれに同調する気配はなかった。このため、唐才常は自立会の武装蜂起を起こし、独自の政府樹立を目指した。自立会の母体は、哥老会である。しかし、哥老会はならず者の雑多な結社の総称で、不統率であった。多くの知識人は、ならず者の集団と手を結ぶことを躊躇した。更に、唐才常らが哥老会を結託することで、改革派が哥老会の因習で内部より崩れる恐れもあった。知識人と哥老会の連合は、もろ刃であった。哥老会は唐才常或いは林錫珪の思惑とは別に、独自の動きを始めた。唐才常は哥老会の動向に引きずられ、充分な武器が伴わないまま、武装蜂起に進んだ。張之洞は唐才常の不穏な動きを探知すると、予め五〇〇の兵勇を武昌より漢口に送り、要衝に配置した。湖広総督張之洞は八月二一日に密告者の通告を受け、翌日の武装蜂起計画を知ると、八月二一日のうちに軍隊を派遣して唐才常の宿舎、すなわち李慎徳堂を襲撃し、唐才常、林錫珪、甲斐靖ら三〇名を捕縛し、八月二二日に林錫珪ら一一名を、翌八月二三日に唐才常ら八名を処刑した。八月二四日、漢口の岡幸七郎は東亜同文会にあてて、報告書「唐才常惨殺の模様　附甲斐少尉の無事」を送り、「唐才常の最後は頗る従容たるものにて、其斬首場に上るや、天〔は〕我をして事を為さしめず云々の絶命の詞を遺し、神色自若として死に就き申〔し〕候由に御座候」とした。また、岡幸七郎は日本より帰国したばかりの二名の少年がいて、日本人と称したが、尋問で嘘がばれ、悲惨な最期を遂げたとも報じた。

八月二二日、上海の宗方小太郎は、漢口からの電報で唐才常らの捕縛を知ると、直ちに陶森甲に書簡を送って唐才常らの救助の策を講じさせ、次いで牧巻次郎、狄葆賢、趙従蕃らと救助方法を相談し、更に陶森甲、小田切萬寿之助とも会談した。しかし、唐才常の救出は、適わなかった。甲斐靖も唐才常と共に逮捕され、処刑されそうになった。ただし、漢口駐在領事瀬川浅之進が湖広総督張之洞と交渉した結果、甲斐靖は釈放され、危うく難を逃れた。甲斐靖は釈放までの間、獄中で殴打され、多数の傷を負った。井上雅二は、事情が異なれば、甲斐靖と同じ立場のはずであった。井上雅二は八月二三日、「余は唐とは浅からぬ関係あり。今回の事亦余の彼に注意せし所多し。我竟に此報に接し、悲哀に堪へず。願くは唐の同志者、彼をして徒に死せしむるなく、其志を成させめば、聊《いささか》以て亡霊を慰するに足る」と述べて、唐才常の救出を図るために梁啓超を訪問した。梁啓超の下には、狄葆賢がいた。梁啓超と狄葆賢は共にため息をして一語も発しなかった。井上雅二は気の毒に思い、「毎経一難一倍来（困難をへればへるほど成長する）」の語を示したところ、梁啓超も之に首肯したという。八月二三日、近衛篤麿は麦孟華の訪問を受け、湖広総督張之洞に唐才常の助命嘆願するよう依頼されたが、この依頼を拒絶し、「唐〔才常〕の外人等に関係ある為に穏便の処分ありては如何との注意位の外出来ず」と答え、八月二五日には田野橘治、羅孝高の訪問を受け、唐才常救出の電報に署名を要請されたが、これを拒絶した。近衛篤麿は唐才常ら改革派に、不快の念を感じていた。ただし、大隈重信、板垣退助は、署名を承諾した。八月二六日、長岡護美も羅孝高より同様の請願を受けたが、署名を拒絶した。

八月二五日、井上雅二は唐才常の自立軍が失敗に終わった理由を二点あげて、第一に哥老会の自らの宗旨に合する者のみを用いて、他の会徒の離反を招いた点、第二に上海の改革派の中で林錫珪など、権威のない者を用いて、機密を漏洩させた点を指摘している。更に、井上雅二は八月二九日に「維新党の失敗と其将来」を脱稿し、唐才常の自立軍蜂起について、一「何が故に斯る挙動に出でしか」、二「其失敗の因由何れに在るや」、三「自立会の運命」、四「中国議会の蒙りし影響」、五「支那官民の唐（才常）等の事に関する感（観）念」、六「外人の唐等に関する感（観）念」、以上の六点に分けて論じ、二では「人和に於て此二敗因あり」として、八月二五日の記述と同様、第一に「然るに唐等は此等無智の徒（会党）をして自立会節制の中に入れんとし、会衆をして離心せしめたる〔こと〕」、第二に「従来漢口に於て彼の輩の牛耳を執り（盟主となり）居りし林述唐（錫珪）なる者は、白面の一書生なり。威望軽くして権力重く、部下〔も〕其調度（指図）を聴かず、彼亦機鋒（機略のほこ先）露出して当道の探得する所となる〔こと〕」をあげた。井上雅二によれば、唐才常の自立軍蜂起の失敗は人材難と哥老会に依拠した点にあった。これ以降、長江流域では、日本人が自立軍蜂起に加担したことにより、日本に対する感情が厳しくなった。湖広総督張之洞は、宗方小太郎の創設した漢報社が唐才常らの拠点の一つになったことに激怒し、漢報社の閉鎖を命じ、日本に対する評価が雲散霧消しかけた。

井上雅二は八月二〇日、上海滞在中の平山周を訪れ、平山周より、一端帰国後、三週間の予定で香港に赴き武装蜂起を行う予定であることを聞き出したが、八月二一日には「文廷式今日湖南より帰来、一の成算なきが如し。腐儒（腐れ儒者）、遂に何をか成さん」と述べている。八月二三日、孫文は、内田甲、安永東之助と共に横浜を出立し、八月二九日に上海に到着した。安永東之助は福岡の出身で、一八九九年一〇月に平岡浩太郎の紹介で農商務省練習生として上海に赴き、南京同文書院に入学して、孫文の活動に関わった。宗方小太郎は八月二九日に孫文、尤列、内田甲などと旭日館で会談し、八月三〇日に再び、汪康年と孫文を訪れ、九月一日に孫文、内田甲、安永東之助、中路新吾、金島文四郎らの帰国を見送った。孫文の上海滞在は、八月二九日から九月一日までの四日間である。孫文は、富豪の劉学詢に対して、武装蜂起の資金提供を依頼した。九月五日、上海駐在領事小田切萬寿之助は外務大臣青木周蔵に対して、劉学詢が孫文の武装蜂起の計画を「時機に合せざる」と見なしており、西太后、光緒帝の北京帰還が適わない場合のみ、「李経芳（方）を擁して広東に自立を謀る」計画であり、孫文もこれに同意していると告げた。小田切萬寿之助は、この劉学詢の言葉が劉学詢の真意から出たものか孫文の蜂起を止めるためのものか、不明であるとした。宗方小太郎も『漢報』の停刊或いは売却の権利を岡幸七郎、篠原昇之助に委ねて、九月八日に上海を出立するにあたり、小田切萬寿之助の判断と同様、李経方と劉学詢らが密かに「広東の強賊匪首」を集め、「皇帝若《も》し北京に還御せざれば、広東に在りて自立の準備を為せり」と報じた。

三　恵州蜂起の失敗

八月、各国聯合軍が北京籠城者を解放すると、これらの籠城者の口から籠城中の模様が詳細に報じられてきた。村井啓太郎は八月二七日、先の「北京籠城日記」に続き、新たに「籠城中の陸戦隊、義勇隊」を認め、陸戦隊に隊長・原胤雄以下、総勢二四名中、全く無事なりしは僅か六名のみで、残りの内には重傷二回の者、或いは重傷と軽傷と各一回の者、更には軽傷が前後七回の者などがいたと報じた。また、村井啓太郎は「義勇兵には大学助教授あり、学士あり、新聞記者あり、技師あり、留学生あり、写真師あり、職工あり、床屋あり、橐駝（らくだ）師あり、其協心戮力して防守に汲々せし間は貴きもなく賤しきもなく、上もなければ下もなし。此等の現象は到底平生無事、太平の社会に於て見る能はざる所」と記している。日本の陸戦隊は五名が戦死した。また、義勇隊は、指揮官の安藤辰五郎（歩兵大尉）の他、児島正一郎（外交官補）、楢原陳政（二等書記官）、中村秀次郎（筑紫辨館員）の三名が戦死した。この他の陸戦隊の兵士、義勇隊員は、幸運にも九死に一生を得た。九月二八日付け『東京朝日新聞』は、「〔村井啓太郎が北京籠城中〕其間右手〔に〕筆を執つて其本務たる通信に従ふと同時に、左手〔に〕剣を提げて能く防護の重任に当り、諸外国人の口によりても嘖々称道せられしが、今や更に其詳密なる事実を読者に報道せんが為め、帰つて我社に在り。……〔『北京籠城日記』は〕内地都鄙各新聞の本紙及び大阪朝日より之れを転載したるもの百二十八新聞あり〈日刊新聞の半数以上〉、東京横浜等の英字新聞及び南清諸港の外字新聞の之を訳載したるもの五種あり。諸外国新聞の訳載は此他にもありしならんと雖も、未だ其数を知ることを得ざるのみ」と記し、この功績を讃えると共に、東京朝日新聞社の社員一同が九月一八日に芝紅葉館に集い、村井啓太郎のために慰労会を開いたことを記している。

これに前後して、八月二四日午前一一時半、廈門の東本願寺布教所の放火事件が起きた。八月二七日、台湾総督府民政長官後藤新平は廈門に到着すると、廈門駐在領事上野専一と協議し、清朝政府に廈門砲台引き渡し要求の決答書を渡し、期限までに回答がなければ、戦闘を開始するとした。両広総督李鴻章、湖広総督張之洞、閩浙総督許応騤、鉄路総公司総辦盛宣懐は日本政府に抗議すると共に、イギリス、アメリカ、ドイツに対して日本の派兵への反対を要請した。これは台湾総督児玉源太郎が仕組んだ謀略であり、伊藤博文の反対で中止が決まった。これが廈門事件である。この間、湖北巡撫于蔭霖は、清国の改革派の捕縛、処刑を進めた。九月二四日、岡幸七郎は、湖北巡撫于蔭霖が各地で嫌疑者を訊問し、漢口や漢陽などで十余名を捕縛した結果、武昌の牢獄には二〇〇名余りが繋がれ、湖広総督張之洞の許可を得ずに処刑を始め、既に五〇名以上が惨殺され、処刑場が鮮血に染まり、「妖気〔が〕武漢の天を蔽ふ」に至っているとした。唐才常の自立軍蜂起は、上海の改革派に頼りながら長江流域の会党を基盤とし、上海の改革派の派閥争い、長江流域の会党の統一を収拾できず自滅した。九月二七日、井上雅二は「維新党人の昨今」と題して、唐才常の自立軍蜂起の失敗後、改革派が戦々恐々となり、「唯だ両広地方は稍々局面を更むるやの兆あるやも知れず」として、「昨広東よりの来電に拠れば、広東附近に三合会派の群集するあり、某統領四千の兵を以て弾圧に向ひ、仏国軍艦亦時に乗じて行動するあらんとす。……若《も》し康〔有為〕派の人士が三合会及鎮南周附近の激勇（義勇兵）を使嗾（そそのか）して地方を騒擾するあらば、事少しく面倒とならずとも限らず」と報じ、広東省の動向に着目した。

九月二六日、山県有朋内閣が総辞職し、翌九月二七日、伊藤博文に組閣の大命が下った。伊藤博文は約四週間後の一〇月一九日、立憲政友会を中心に組閣した。この第四次伊藤博文内閣の外務大臣には、加藤高明が就いた。加藤高明は陸奥宗光の知己を得て外務省に入り、林董、原敬と共に陸奥派の「三羽カラス」と呼ばれ、一九〇〇年の外務大臣就任で初めて内閣に入った。孫文は九月二八日に台湾に到着すると、台湾から福建省に渡り、鄭士良らの恵州蜂起を支援しようとした。しかし、伊藤博文は、台湾総督児玉源太郎に対して、孫文への武器の提供を認めなかった。一〇月六日、鄭士良らが三合会の会徒を集め、恵州で蜂起を行おうとした。孫文は鄭士良に伝令を送り、武装蜂起計画の変更を伝えようとした。山田良政は一〇月二二日、孫文の伝令を伝えるべく恵州に赴き、清朝政府軍に捕えられ処刑された。一〇月一六日、福州駐在領事豊島捨松は外務大臣青木周蔵にあてて、山田良政の知人宛ての私信を紹介して、「山田良政なる者は支那服を着し、向に在南京の同文会設立に係る日本語学校（南京同文書院）の幹事たりし者に有之《これあり》候」とした上で、山田良政が台湾総督児玉源太郎の「南清に対する経略」の継続を伝え聞き、「広東省潮州及ひ恵州の間に於て事を挙くること」になり、この武装蜂起を準備するために、香港への出発を申し出たとしている。豊島捨松は、孫文が蜂起した場合、台湾より日本兵が廈門南方の雲霄県銅山港に上陸する計画であったとも報じている。史堅如は若年ながら、鄭士良の武装蜂起を助けるため、広州で陽動作戦を敢行して巡撫衙門を爆破し、一〇月二八日に脱出を試みて官憲に捕縛された。一〇月二二日、鄭士良の蜂起軍は敗れ、史堅如も一一月二九日に処刑された。

　唐才常の自立軍蜂起と孫文の恵州蜂起の失敗は、上海の井上雅二を厳しい立場に立たせた。外務省及び上海駐在領事小田切萬寿之助は、東亜同文会会員が上海の改革派や孫文など革命派を支援することに警戒していた。何となれば、これらの行動は列国の日本に対する疑念を招くだけでなく、湖広総督張之洞、両江総督劉坤一などの間に築かれた従来の信頼関係も損なったからである。この警戒の念は、東亜同文会会長近衛篤麿も同様であった。しかし、井上雅二は唐才常を突き放さずに、唐才常の行動に同調し、小田切萬寿之助や近衛篤麿の制止を振り切って暴走した。また、甲斐靖は危うく処刑を免れたが、甲斐靖の運命は場面が異なれば井上雅二の運命であった。井上雅二は八月一九日、「小田切萬寿之助の意見従前は稍々《少しずつ》余と異なり居たるも、彼は内部の情形を知悉せざるより来る誤謬なるを以て、追々《やがて》は明白となり、其距離をして近からしむるを得べしと思考す」と記している。井上雅二には、清国事情に通じていることへの自負があった。しかし、唐才常は蜂起に失敗し、甲斐靖も捕縛され、日本領事館に引き渡された。井上雅二は唐才常の自立軍蜂起に加担して失敗しただけでなく、孫文の恵州蜂起への対応をめぐっては、これまでの盟友の福本誠、平山周、宮崎滔天とも対立した。井上雅二は、外務省から要注意人物の一人に目され、仲間とも仲違いをして、上海に引き続き滞在することが憚られた。井上雅二はここで、東亜同文会上海事務員となる以前の願望、欧州留学を計画し、この周旋を井手三郎に托した。八月二一日、井上雅二は井手三郎の書簡（八月一一日付け）を受取り、「〔井手三郎が〕余の欧行に就ては未だ相談せず、一両日中〔に〕根津一の上京を俟つ筈なりと」と記している。

井上雅二は清国の改革派のうち、唐才常に特別な思いがあった。井上雅二は一一月、論説「唐才常を憶ふ」を雑誌『日本人』に発表し、清国の改革派の英傑が湖南省より生じ、この英傑の中でも譚嗣同、唐才常、畢永年の三人が傑出しているとして、「僕〔は〕三人者と知る浅からず、譚とは彼が聖帝（光緒帝）の知遇に感激して変法改革に熱中せるの際、上海・北京の間に於て相見、畢とは一昨夏〔に〕舟を同ふして、共に渤海〔の〕風浪の高きに苦みしより以来の交あり、中に就て唐とは接触時間尤も長かりしため、彼が稟性（生来の性質）深沈（冷静沈着）、多く語らざるに拘はらず、僕に蔽ふ（隠す）所少なかりき」と記している。譚嗣同は沈滞した時世に憤激し、自らが犠牲になることで、清国の改革を前に進めようとした。そして、井上雅二は一八九八年一〇月、東京で唐才常と初めて出合い、畢永年と同様、唐才常が譚嗣同の刑死を憤り、清朝政府に対して強い復仇の念を抱いていることを知った。しかし、一九〇〇年の自立軍蜂起の失敗により、唐才常も一八九八年の譚嗣同の刑死に続いて処刑され、畢永年もまた行方知れずとなった。井上雅二はここで、「僕も今度と云ふ今度は愈々清国維新党人の克《よ》く為すなきに愛想を尽きかせり。之と同時に転《うた》た唐の身〔の〕徒《いたずら》に死せるを悼み、小伝を草して兄に呈す」と述べ、清国の改革の支援から撤退する旨を告げた。唐才常の死は、井上雅二にとっても一つの転機となった。一八九八年から一九〇〇年にかけて、井上雅二は譚嗣同、唐才常、林錫珪など、多くの同志を失った。井上雅二はもともと欧州留学の志を抱いており、自立軍蜂起の失敗を機に、清国の革新派に見切りをつけ、欧州留学を決意した。

第九章　欧州留学と女子大学校 ——井上雅二と秀の決意——

第一節　井上雅二の再出発

一　日露関係の緊張
二　女子大学校開校
三　欧州留学の準備

第二節　井上雅二の欧州留学

一　井上雅二と康有為
二　バルカン問題
三　醇親王載灃の訪独

第三節　欧州の状況と日本

一　バルカンの周遊
二　ウィーンの日々
三　留学費用の欠乏

第一節　井上雅二の再出発

一　日露関係の緊張

東亜同文会は一九〇〇年八月二〇日に南京同文書院の教職員を上海の高昌廟・桂墅里に移し、経元善の設立した女学堂の校舎を借りて、九月一一日に東亜同文書院を開設し、再び学生募集を行った。女学堂は戊戌政変後、閉鎖していた。井手三郎は東亜同文会本部に清国情勢と上海支部の対応を説明すべく、宮坂九郎、橋元裕蔵と共に帰朝を図り、七月二一日に上海を出立し、七月二二日に長崎に到着した。井手三郎は長崎で宮坂九郎、橋元裕蔵と別れて郷里の熊本に向い、七月二四日に到着した。宮坂九郎、橋元裕蔵は井手三郎の上京に先立ち、東京に向った。井手三郎は七月三一日,佐々友房より「機密に関する一件」を托されて熊本を出発した。井手三郎は門司で汽船に乗り、徳山に到着すると列車に乗り換え,八月二日に新橋に到着,翌八月三日に近衛篤麿を訪れて,「帰朝の大要」を話した。井手三郎は八月四日、「東洋問題の集会」に出席した。同集会では、国友重章、恒屋盛服が「露の琿春攻略は甚だ乱暴にして,満洲占取の意志を公にしたるものなり。此口実によりて露に抗するを可とす」などと訴えた。同会には、近衛篤麿も出席していた。ここで、各種意見が出た。この結果、同会は、「政府をして今日の機を失わず、露に抗するの方針を取らしむる様、絶えず注意する」ことに決した。井手三郎は同会で、「南清の事情」を報告している。八月一一日、東亜同文会幹事会は、「本会は東亜方今の形勢に観、益支那保全の正当なるを信じ、誓て此主義の貫徹を期す」ことを決議した。幹事長の佐藤正は他の幹事との軋轢を強めていた。八月二七日、佐藤正が東亜同文会幹事長を辞職し、根津一が幹事長に就任した。井手三郎が佐々友房から托された「機密に関する一件」とは、この一連の動向を意味しよう。

八月三〇日、東亜同文会幹事会が近衛篤麿の邸宅で開かれた。この幹事会では、同会の方針を「国民の輿論の喚起」に置くと共に、内実を「北京より撤兵して野心なき事を天下に示すべし」「朝鮮を独立扶助する事」「支那保全に反する行動ある国に対しては、我国は非常の決意をもって其野心を強圧する事」、以上の三点に定めた。「支那保全に反する行動ある国」とは、ロシアをさす。翌八月三一日、近衛篤麿は首相山県有朋を訪れて、同会の決議の趣旨を説明した。山県有朋は国際情勢、国内政治の諸問題をあげ、このことに難色を示した。ロシアへの強硬策を輿論に働き掛け、煽動することは、国内政治を揺さぶることに通じた。近衛篤麿は山県有朋との間で、「其他二、三の押問答」をなして辞去した。九月一一日、国民同盟会発起準備会が三縁会で四〇名余りの参加者を得て開かれ、根津一が開会の辞に続き、国民同盟会宣言案を朗読し、これを決議した。同宣言案では、ロシアの脅威が「支那の保全」「韓国の独立」の障害となっているとして、「茲《ここ》に吾人は国民的大同盟を組織し、以て国論の統一を図り、以て当局者の後勁（後衛の精鋭部隊）となり、聊《いささ》か時局に稗補する所あらんとす」と述べている。九月一九日、近衛篤麿が首相山県有朋を訪問し、国民同盟会の趣旨を説明した。山県有朋はここでも再び、「新政党の悪感情、種々の流言の如きは決して介意（意に介）するに足らずと雖も、離間中傷の結果、外人をして誤解を為さしむるは実に避けざる可らざる事に属す。故に可成《なるべく》慎重の体（態）度を取られたし」と述べて、国民同盟会の設立に危惧の念を表わし、憂色の情を示した。

　八月一二日、井手三郎は在京中、日本新聞社に陸実を訪ねて「井上〔雅二〕の身上のこと」すなわち欧州留学の支援について相談した。井手三郎は八月二八日に郷里の熊本に戻り、約一カ月同地に滞在した。この間の九月二四日、国民同盟会が東京で発足した。近衛篤麿は貴族院議長と学習院院長を兼ねており、政治的には不偏不党であることが求められた。このため、国民同盟会が政社と認定された場合、近衛篤麿が国民同盟会に関わり続けることは困難であった。しかし、近衛篤麿は一〇月五日の会合で、「伊藤〔博文〕侯新内閣組織の御請を為したるときは、必ず本会を政社と認定すべし」との判断の下に、「其場合に於て同盟会の取るべき体（態）度に付」相談を行うと共に、「同盟会を裏面より援助する」ことを宣言している。井手三郎は一〇月七日に熊本を出ると、一〇月八日に長崎を出港、一〇月一〇日に上海に戻り、井上雅二の留学の意思を確認した。井手三郎は一〇月一三日に近衛篤麿に書簡を送り、「井上〔雅二〕事務員兼ねて欧遊の志ありて、今度帰朝計画の筈に御座候」と述べると共に、このことが根津一、陸実より近衛篤麿に既に相談済みの筈であるとして、井上雅二の欧州留学に対して支援を要請した。また、井手三郎は同書面で、外務省本省より上海駐在領事小田切萬寿之助にあてて、井上雅二の件について注意するよう申し入れがあったとして、「同人の帰朝は却て〔東亜同文会上海〕支部の感情宜敷《よろし》からんか」と考えて同意した旨を伝えた。井上雅二は、外務省に監視されていた。このため、井上雅二のヨーロッパ留学は、本人にとっても東亜同文会にとっても最良の選択であった。井手三郎は一〇月一八日、上海の聚豊園で、三七名もの参加者を得て井上雅二の送別会を行った。

長崎県知事服部一三は一〇月二三日、外務大臣加藤高明にあてて「東亜同文会員、井上雄（雅）二」と「清国人、高徳」の二人が一〇月二〇日に西京丸に乗船して上海を離れ、一〇月二二日に長崎に着き、緑屋に宿泊したと報じている。そして、服部一三は、井上雅二が緑屋に一泊後、一〇月二三日午前九時発の列車に乗り、福岡や岡山に立寄り、上京の予定とする一方で、高徳が長崎に暫らく滞在後、長崎から直接、上京する筈であるとしながら、「其目的判然せず、井上とは上海に滞在中懇意となり、此度井上が帰国に際し、見物の為同行渡来したりと云ふも信ぜられず」と記した。井上雅二は一〇月二四日に帰京すると、東亜同文会本部の事業を助け、東亜同文書院の学生募集の遊説旅行に加わった。高徳（得）は、唐才質の変名である。唐才質は唐才常の弟で、自立軍蜂起に失敗後、上海から日本に逃れた。唐才質は一一月二日、長門丸で神戸から横浜に出て、清議報館に入り、翌一一月三日に上京する予定であったが、一一月の時点でも長崎に留まり、これ以降に上京した。近衛篤麿は一一月九日に井上雅二と面談し、「同文会の為、地方に出張の為、打合」を行った。近衛篤麿は東亜同文書院の学生募集では、同書院が国民同盟会と混同されるのを恐れて、東亜同文会幹事長の根津一を遊説旅行の担当から外した。同遊説旅行は、田鍋安之助が新潟、石川、富山、愛知、福井、滋賀、岐阜の七県、小川平吉が埼玉、茨城、栃木、山梨、千葉、群馬、長野の七県、三谷末治郎が福島、秋田、岩手、山形、青森、宮城の六県、井上雅二が京都、大阪、兵庫、静岡、和歌山、奈良、徳島、香川、愛媛、岡山の二府八県、群島忠二郎が福岡、鹿児島、宮崎、長崎、大分の五県を分担した。井上雅二は一一月一一日、神田錦輝館の青年同志会に参加すると、一一月一四日に学生募集の遊説旅行を始め、一二月八日に終了した。

井上雅二は東亜同文書院学生募集の遊説の成果について、（一）「遊説上各府県共通不利なる諸点」、（二）「各府県共通せる成効（功）の原因」の二点にまとめた。そして、井上雅二は、（一）の学生募集での「不利なる諸点」について、一、東亜同文会が国民同盟会と同一視された結果、冷淡な対応を取られたこと、二、県議会、府議会が予算を通過した後で、追加予算で応じざるをえなかったこと、三、遊説員が一ヵ月で一〇の府県庁の所在地を回る日程であったため、充分な説明を行えなかったこと、四、各府県の予算が膨張の傾向にあり、いずれも予算の削減に務めていたこと、五、知事の更迭が各地で頻りに起こったため、新知事も行政に慣れず充分な対応ができなかったこと、以上の党派的感情、時期、滞在日数の短かさ、府県経費の膨大、知事の更迭の五点を指摘した。ただし、井上雅二は、これら「不利なる諸点」により、各府県の学生募集が好結果をあげることができなかったかといえば、必ずしもそのようにはならなかったとしている。そして、井上雅二は「〔各府県を遊説中〕親しく府県当局議員及其他の有力者に接する毎に、一人として賛同の意を以て迎へられざるなきの有様」になったとして、この原因を日清戦争以降の「支那思想の発展」、国民の清国に対する関心の高さに求めた。すなわち、井上雅二は、日本が明治維新以来、欧米に関心を向ける一方、アジアを等閑視していたが、近年この反動が起きたとして、「其の無暗に理屈なしに支那々々と絶叫するは、是れ方今〔の〕凡庸界（一般世間）の勢なり」と述べた。ただし、白岩龍平は二月二二日、東亜同文書院の入学生の選考が杜撰にすぎるとして、「局外より見て、余り〔にも〕県会を信用し過ぎたる様、相覚え申〔し〕候」と不満をもらした。

二　女子大学校開校

一八九八年一一月、華族女学校学監の下田歌子は、麹町区元園町の一角に帝国婦人協会を設立した。帝国婦人協会の趣旨は、一般の婦人に知識を授け、技能を与え、品性を磨き、自活の道を講じて、生活を改善させる点にあり、一「教育門」、二「文学門」、三「工芸門」、四「商業門」、五「救恤門」の五門の内容を定め、一「教育門」で実践女学校及び女子工芸学校の設立を説いた。一八九九年五月七日、実践女学校兼女子工芸学校の開校祝典が、下田歌子を校長として挙行された。実践女学校は「修身斉家（身を修め家を整える）」に必須の実学の教授による、良妻賢母の養成を目的に設立された。修業年限は五ヵ年である。また、女子工芸学校は「処世」に必須の実学や技芸を教授し、「自営の道」の講究を目的に設立された。修業年限は本科が三ヵ年、専科が二ヵ年である。また、下田歌子はアジア諸国との協力、連携を模索すると共に、特に清国の政治や社会、文化に関心を抱き、逸見勇彦（天涯居士）、時任たけ子、木村芳子、宮地利雄、内田薫、有坂致太郎などと共に、東京専門学校学生の戢翼翬から漢語を学んでいた。そして、下田歌子は一九〇一年に逸見勇彦を上海に派遣して戢翼翬と共に出版社の作新社を創設させた。作新社は雑誌『大陸』を発刊し、成瀬仁蔵『女子教育論』、下田歌子『家政学』など、日本の書籍を翻訳、刊行し、清国の教育に影響を与えた。実践女学校舎監の時任たけ子は、北海道大学農業大学教授時任一彦の妹である。時任一彦の妻が逸見わか子、すなわち逸見勇彦の姉であった。逸見わか子と逸見勇彦とは、西南戦争で西郷隆盛に殉じた逸見十郎太の遺児である。

一九〇〇年九月一四日、女子英学塾（現在の津田塾大学）の開校式が挙行された。この約一年半前、一八九九年二月に高等女学校令が公布され、各府県に一校以上の高等女学校の設立が義務付けられた結果、高等女学校の数が激増した。この結果、女子の本格的な高等教育機関の設立が急務とされた。何となれば、女子の高等教育機関は、女子高等師範学校以外になかったからである。ここで、津田梅子は女子の専門的な英語教師を育成するため、アメリカ留学中に築いたネットワークを利用して、フィラデルフィアの中に日本の女子教育支援のための委員会、通称フィラデルフィア委員会を設立し、これらアメリカ人の支援を得て私塾を立ち上げた。津田梅子の特徴は、日本の政治家、官僚の世界から離れ、またキリスト教の伝道団体とも繋がらず、アメリカの女子教育の理解者と連絡を取り、個人の力で私塾を立ち上げたところにある。同塾の開設には、アリス・ベーコンがアメリカから駆け付け、津田梅子の右腕となって献身的に働いた。女子英学塾の開校式では、勅語奉読、賛美歌、祈祷、聖書（英語）の後に、津田梅子が開塾趣旨を話した。津田梅子はここで、「この塾は女子に専門教育を与える最初の学校であります」と述べている。同塾の顧問には大山捨松、教師には桜井彦一郎（幹事兼任）、アリス・ベーコン、鈴木歌子、渡辺光子などが就いた。生徒は、一〇名である。ただし、これ以降、生徒は不定期に増え、年末には二四人を受け付けた。授業は九月一七日より行われ、週五日、一日平均三時間、計一五時間という時間数であった。一〇月三〇日、女子美術学校（現在の女子美術大学）が創立した。また、一二月五日、吉岡（旧姓は鷲山）弥生は婦人問題、社会問題に関心を深めていたが、済生学舎の経験から、東京女医学校（現在の東京女子医科大学）を至誠病院の一室、六畳間に設置することになった。

一二月、日本女子大学校創立事務所は「校舎之建築も九分通〔り〕出来致し、愈々来〔たる〕四月より開校するの運に相成〔り〕候に付、可成《なるべく》其まで寄附金も広く相纏め度、希望被存《存せられ》候」と記して、寄附金募集を呼び掛けた。同書では、日本女子大学校の校舎建築が「九分通〔り〕」完成したとしている。一九〇一年一月一日以降、成瀬仁蔵と麻生正蔵は、年始回りを行うと共に、建築の進捗状況を見回った。近衛篤麿は一月一一日、成瀬仁蔵の訪問を受け、同校の建築現場の視察を依頼され、一月一三日に同地を訪れ、構内を一覧して後、三井高景を訪ね、午餐の供応を受けた。近衛篤麿は二月一日、同校創立委員、すなわち西園寺公望、蜂須賀茂韶、岩倉具定、岡部長職、島津忠済、津軽承昭、長岡護美、大隈重信らと共に、同校の建築現場を視察した。近衛篤麿の一行は同日、先ず樺山資紀の邸宅に集い、成瀬仁蔵の誘導で建築を一覧し、完成途中の楼上で休憩し、再び樺山資紀の邸宅に戻り、ここで立食を共にし、各々解散した。近衛篤麿は目白停車場に至り、六時二一分発の列車で新橋に行き、七時に帰寓した。ついで、成瀬仁蔵は二月一五日、同校設立の「従来之経過」及び「将来之見込」を華族会館で説明した。参集者は岩倉具定、島津忠済、西園寺公望、蜂須賀茂韶、徳川義礼、大隈重信、津軽承昭、岡部長職、相良直紹、近衛篤麿、井伊直憲の代理、以上である。成瀬仁蔵や麻生正蔵は二月から四月にかけて各地を奔走し、慌ただしく時を過ごした。

四月二〇日、日本女子大学校の開校式典が小石川区高田豊川町の校舎で挙行された。これより先、同校の創立事務所は神田一ツ橋の帝国教育会内に置かれていたが、四月中旬、同校の理科教室の一部に移された。また、入学者が開校前に、地方より続々上京してきたため、寄宿舎も四月八日に開き、寄宿生を収容した。四月二〇日、同校開校式当日の天気は、雨模様であった。同校の運動場には、二〇〇坪あたりに沢山のテントが張られ、教職員、生徒、保証人など、一三〇〇名余りの来会者が相集った。日本女子大学校開校式は、奏楽、「君が代」、教育勅語の奉読、成瀬仁蔵の開校の辞、祝歌（作詞・戸川安宅、作曲・ドクトル、ケーベル）、創立委員会計監督渋沢栄一、発起人西園寺公望、創立委員長大隈重信の順で演説を行い、文部大臣松田正久、貴族院議長近衛篤麿、衆議院議長片岡健吉、東京府知事千家尊福、大日本女子教育会長毛利安子、東京帝国大学総長菊池大麓、華族女学校長細川潤次郎、女子高等師範学校長高嶺秀夫、女子教育奨励会委員長土方久元、帝国教育会会長辻新次などの祝辞或いは祝辞代読が行われた。開校式典の終了後、来賓一同は立食の饗応を受けた。近衛篤麿は前日の四月一九日、学習院の学生の行軍を視察するために箱根に出掛け、四月二〇日に上京の予定であったが、四月二〇日の式典の開始時間に間に合わなくなり、早朝に箱根より電話で式典欠席の断わりを入れ、式典では祝辞のみを代読させた。入学者は、家政学部が八四名、国文学部が九一名、英文学部が一〇名、英文予備科が三七名、高等女学校各学年あわせて二八八名の、総計五一〇名である。成瀬仁蔵は各学科約三〇名の合計一〇〇名ほどの入学者を見込んだが、入学志願者が多く、入学者数を増やした。

日本女子大学校の小石川区高田豊川町の敷地は、小石川三井家の三井高景より寄附された。四月二一日付け『読売新聞』は同校の施設について、「本館及び理化教室にて二百九十四坪余、寮舎及び其他にて三百五十三坪余、講堂教授室は勿論、生徒控室、同寄宿舎、礼式場、割烹場等あり。殊に寄宿舎は二階建の建物二棟にて、之を八室に区別し、校長、舎監の居室に接近しあり」と記している。同校の寄宿舎は、成瀬仁蔵の「教育方法の改良」、すなわち大学で学んだ学問を応用し、物事の観察力、創意工夫、反省力を養うために工夫がなされた。寄宿舎の中では、主婦（一家内の主婦、寄宿舎内の管理、運営、外部との交渉、来客の接待、戸締、火の用心）、教養係（精神修養、風紀、礼儀作法）、体育・衛生係（体格向上、食物の衛生、衛生箱、病人の看護）、整理係（内外の清掃）、栄養係（毎日の献立、料理）、経済係（寄宿舎の経済生活の責任、簿記帳のつけ方、学資金の統計）に分かれ、各人が各部署で最善を尽くし、研究会を開き、意見を交換しつつ進歩を図る方法が取られた。また、同校の学科は英語、国文、家政の三科である。同校は、成瀬仁蔵の方針で、学問を強制的に学生に押し付ける方針を取らず、学生の好みに応じて誘導し、他の学科も徐々に授ける方針を取った。日本女子大学校の学生には、一六、七歳以下の者は一人もいなかった。学生は一九、二〇歳の者を中心としていて、年長者は三五、六歳に達しており、更に既婚者や三人の子供を抱えている者もいた。井上秀は二六歳で既婚、子供が一人である。井上秀は成瀬仁蔵の推薦で寄宿舎の舎監に就き、手探りの状態の中で必死に舎監の役割を務めた。

三　欧州留学の準備

一九〇一年一月二九日、光緒帝と西太后は義和団戦争の原因を「近数十年来の積弊が醸成した因循粉飾（上辺だけの弥縫策）」に求め、「これからは政治の整頓と富強の構築に務むべきである」とした。そして、光緒帝と西太后は軍機大臣や各省の総督と巡撫にあてて、朝章国故（朝廷の憲章、国家の学術）、吏治民生（官吏の治政、民衆の生活）、学校科挙（学堂の教育と科挙）、軍制財政（軍事制度と財政）の四項目の政治改革案について、各々の所見を述べ、かつ「現在の情勢における中国や西洋の政治の要点を斟酌し」、二カ月以内に改革案に関する意見を提出するよう命じた。列国の連合軍は一九〇〇年一〇月以降、部隊を引き揚げ、帰国したが、ロシアのみは一九〇一年一月になっても満洲から兵を引かなかった。国民同盟会はこれに抗議して、各地で集会を開いた。三月一六日、汪康年ら一九九名は近衛篤麿に電報を送り、「露清密約は東亜の存亡に係る」として、「切に祈る、貴会の俠助［が］大局を挽回されんことを」と述べた。国民同盟会の活動は山県有朋や伊藤博文との関係悪化を招いたが、清国の知識人からは高く評価された。三月二四日、上海では第二回の抗議集会が約三、四〇〇人の参加者を得て開催された。同集会では、先ず孫宝瑄が壇上に登って、列国による清国の「瓜分」（分割）の危機を論じ、「これには、近因と遠因がある。遠因とは何か。変法・自強することができない故である。近因とは何か。東三省の密約の故である。もしロシア人［の野望］を許せば、列国もこれに倣い、利権が均等に占拠され、中国の主権も悉く失われるであろう」

と述べた。孫宝瑄の演説が終わると、僧侶の黄宗仰、一七歳の女学生の薛錦琴など、七、八名が相次いで壇上に登り、激昂した口調で演説を行い、ロシアの満洲占領の不当性を訴えた。森井国雄は薛錦琴の壮挙を讃え、この写真を『婦女新聞』に送った。『婦女新聞』第五八号（六月一七日）は「清国の少女傑」と題して、薛錦琴の紹介記事と共に、この写真を下にした似顔絵を掲載した。

一九〇一年一月二二日、国民同盟会は、警視庁より政社と認定された。このため、近衛篤麿は、国民同盟会に対して公然と支持することが不可能となった。しかし、近衛篤麿は二月四日の同志懇談会に出席すると、今後の方策を相談をし、「仮令《たとえ》余は政社員の一人として其名を列する能はずと雖も、諸君と共に同盟会の為め其主張を貫徹するに努力すること、従前と些《いささ》かの異なる処あるべし」と述べた。この発言は『報知新聞』にも掲載された。井上雅二は、東京帝国大学教授の戸水寛人が設立した東亜研究会の結成に参加した。二月、黒龍会が幹事に佃信夫、内田甲、葛生玄晫の三名を、評議員に井上雅二、尾崎行昌、小越平陸、可児長一、吉倉旺聖、田鍋安之助、中西正樹、松本正純、来城小隠（宮崎繁吉）ら二〇名を任命して結成された。井上雅二は一八九四年に海軍機関学校在学中、夏休みを利用して九州に渡り、玄洋社を訪れて以降、玄洋社とは親密な関係にあり、このことが機縁となって黒龍会の結成に加わった。内田甲らは一九〇〇年一一月末頃より、黒龍会の結成を図り、一九〇一年一月一三日に趣意書草案、仮規約書を作成し、二月三日に神田の錦輝館で五九名の参加者を得て発会式を挙げた。同会の結成式では、内田甲が開会の趣旨を述べ、佃信夫を座長に着き、会名と規約を議定した。「黒龍会創立趣意書」では、「蓋し西比利亜及び満洲、朝鮮の、百年われに於て緊密の関係を有するは復た論を俟たざる所、而かも世之れを等閑に付ひ、禍機すでに逼《せま》るの今日に在て、猶ほ　人の天下に呼号するなきは、抑《そもそも》亦何の故ぞ」と述べ、黒龍会の規約で「本会は西比利亜（シベリア）及び満洲、朝鮮に於ける百般の事物問題を探求解釈し、之れが経営を為すを以て目的とす」と記した。

井上雅二は一月九日、近衛篤麿の許を訪れ、農商務省の練習生としてヨーロッパに留学したい旨を述べ、藤田四郎、牧朴真の二名を紹介された。井上雅二は同時点では、ヨーロッパ留学を希望しつつも、留学先までは決めていなかった。井上雅二は一月一〇日と一四日、再び近衛篤麿の許を訪れ、この過程で東亜同文会の「中欧亜細亜特派員」としてウィーンに留学することが決まった。近衛篤麿はこの二年前、一八九九年四月一日以降、秘書の大内暢三と小原駩吉を随えて、海外の視察旅行に出掛け、九月一日から九月七日までウィーンに滞在した。この時、オーストリア駐在公使は牧野伸顕、書記官は吉田作弥であった。そして、近衛篤麿は牧野伸顕に井上雅二の留学の周旋を依頼した。井上雅二は三月一七日、近衛篤麿の許を訪れると、「弥〔々〕近々欧行するに付」、留学内容の詳細を相談した。小川平吉は四月二〇日、近衛篤麿に「蓋し近時露国の事実的占領は日々に其歩を進め、外交の政策其端多し。国論は已に一致して当初の目的を達したるも、将来複雑の事は単に声音を以て解決し難きものあり」と述べ、国民同盟会の解散を進言した。同日午前に日本女子大学校の開校式が、午後に井上雅二の送別会が開かれた。小川平吉も井上雅二の送別会に出席のため、神田金清楼に出掛けた。井上雅二の送別会は、高田早苗、松本正純、中西正樹、戸水寛人、柏原文太郎、内田甲、陸実、佐藤虎次郎が発起人となって開かれ、根津一、郡司成忠、小川平吉、三宅雄二郎、箕浦勝人、岡部次郎、中井喜太郎、大内暢三、沖禎介、尾崎行昌、黒板勝美、福田和五郎など、約八〇名らが参列した。中西正樹が開会の辞を述べ、佐々木照山が送別の詩を吟じ、伊東正基は送別の言葉を送り、依田春海が剣舞を披露した。この中には、黒龍会を結成したばかりの内田甲、福本誠もいた。四月二一日、井上雅二は近衛篤麿の許を訪れて、欧州留学に向けて出立の挨拶をしている。同日、阪東信太郎も近衛篤麿の許を訪れ、井上雅二に「外国人の紹介状」を渡した。

一九〇〇年一〇月八日、すなわち井上雅二が日本を出立する約半年前、夏目金之助（漱石）が文部省より二年間のイギリス留学を命ぜられ、横浜を出航してロンドンに向かった。井上雅二は、夏目金之助とは異なり、東亜同文会から留学資金を得ており、東アジアの国際情勢が緊迫する中で、ロシアなど、列国の情報の収集を一つの目的とした。ロシアはシベリア鉄道の建設を通じて、満洲に勢力を伸ばしたが、西では東欧やバルカン半島のスラヴ系民族を支持し、オスマン・トルコと緊張を高めていた。オーストリア駐在公使牧野伸顕が「当時の日本の立場から言へば、バルカン半島に問題が起れば露国はスラーヴ人種の保護者として主役を務めるべく、これは日本にとつて最も望ましいこと〔であった〕」が、「此のバルカン半島方面に関する情報に就ては正確を期する必要があり、又情報はその出所によつて兎〔に〕角一方に偏する傾きがあるので、これを是正することが大切であつた」と述べたように、外交当局者にとって喫緊の課題はロシアに関する正確な情報の収集にあった。オーストリア・ハンガリー帝国は多数の民族を有し、これらの民族が互いに反目していたため、異なる観点から情報を収集するのに適した。牧野伸顕はこの点について、「此処（ウィーン）の重要性は露国の内情を知る上で、得難い便宜を提供する点にあった」と指摘している。井上雅二は東亜同文会の「中欧亜細亜特派員」として、民間人の立場で留学したため、外交官とは別のルートで情報収集が可能であった。これこそが、井上雅二の同地に派遣された意義であろう。井上雅二は「欧行に直接尽力し呉《く》れたる諸氏」として根津一、陸実、平岡浩太郎、柏原文太郎、坂本金弥、佐野林三の名を、また「間接に尽力を得し諸氏」として大隈重信、近衛篤麿、佐々友房、東亜同文会の幹事諸氏、戸水寛人の名などをあげている。

四月三〇日、東亜同文書院第一期生の入学式が華族会館で挙行され、近衛篤麿が訓諭を、根津一が学生に対する注意を、中西正樹が送辞を述べた。同書院の入学生は、公費と私費を合わせて、七〇名を越えた。井上雅二は同日、佐々友房、戸水寛人、中西正樹、恒屋盛服、香川悦次、内田甲、吉田巳之助、高月一郎、五百木良三、松本正純、山田純三郎、尾崎行昌などに見送られ、午後六時発の列車で新橋を出立した。井上雅二はウィーンへの出立に先立ち、多数の人々から同地在留邦人への紹介状を受け取っていた。井上雅二は五月一日に神戸に到着すると、加古川をへて、郷里の丹波篠山に向った。五月一日、東亜同文書院の教職員、学生が井上雅二と相前後するように、新橋を出立し、横浜から汽船に乗り、五月二日に神戸に到着、五月三日、大阪を周遊すると、神戸、門司、長崎をへて、五月八日に上海に到着した。井上雅二は五月四日、萩野貞二郎などによる黒井村での小宴に出席すると、同日、兄の悦太郎と共に黒井村を出立し、神戸に出てから京都に上り、諸友と挨拶をして、権藤四郎介、安河内弘と丸山に遊んだ。井上雅二は五月七日、大阪に出た。大阪在住の氷上郡出身者は井上雅二の送別会を企画したが、井上雅二が多忙のため、中止となった。横井一久が五月八日に神戸の諏訪山の一力で送別会を開くと、兄の悦太郎は五月九日、郷里に戻った。井上雅二は列車で神戸から門司に出て、五月一一日に阿波丸に乗り門司を出立した。阿波丸の同船者には、伯爵の陸奥廣吉と令妹、澄川徳、森波繁、小久保恵作の三人の医学士、事務長の村上雄次郎、事務員の宮下龍蔵も同船した。澄川徳は帝国大学医科大学を卒業、森波繁は陸軍に勤務、小久保恵作は成医会講習所を修了し、各々ドイツに留学を希望していた。

第二節　井上雅二の欧州留学

一　井上雅二と康有為

井上雅二は五月一一日に門司を出立すると、五月一五日に香港に到着し、マカオに出て康有為の門弟らを訪問し、五月一七日に香港を出て、五月二二日にシンガポールに到着した。井上雅二はシンガポールの印象を、「緑樹莽々として繁茂し、日光の直射を遮り、青草密生、微風其の上を渡る、げに新嘉坡（シンガポール）の町は彩色の石版画の如く、其美観〔は〕到底温帯若しくは寒帯、国民の夢にも見る能はざる所なり」と記している。井上雅二はロシア人の軍医カレンスキー及び森波繁と連れ立って植物園に赴いて後、ホテル・ゼ・ユーロープに上って午餐を共にした。日本とロシアは、政治的には緊張が高まっていた。しかし、井上雅二はカレンスキーと片言の言葉を交わすだけで打ち解け合い、爽快な気分となった。この後、井上雅二は二人と別れ、単独で康有為の支援者として著名な邱菽園の邸宅に訪れ、邱菽園に「清国維新党の近況乃至は英政府施設の可否」などを問答したが、曖昧な返事を得たのみであった。このため、井上雅二は要領を得ないまま、邱菽園の許を辞去し、市街を散策して船に戻った。前年の一九〇〇年六月二九日、宮崎滔天、内田甲、清藤幸七郎は広島丸で香港からシンガポールに渡り、邱菽園を介して康有為に面会を申し出たが、康有為が一〇〇金の金銭を添えて、宮崎滔天に小島まで来るよう要請し、更に七月六日、シンガポールの警官が宮崎滔天と清藤幸七郎の荷物検査を行うと、衣類、日本刀、香港紙幣二万七〇〇〇円が出てきたため、二人を警察署に拘引する事件が起きていた。宮崎滔天らはこの後、釈放されたものの、シンガポールから退去処分を受けた。このため、邱菽園は井上雅二にも警戒を怠らなかった。井上雅二は五月二三日、ジョホールの王宮の参観を図ったが、海軍の旧友の訪問を受け、また堪えがたい暑さのため、王宮参観を断念して、船の甲板で涼んだ。

シンガポールは一八一九年、トーマス・ラッフルズがイギリス東インド会社の交易所として設立し、一八二六年にイギリスの海峡植民地の一つとなった。シンガポールは一八六七年に植民事務所がペナンから移されて以降、繁栄を極めた。井上雅二は「英皇の版図は終年太陽の没するなしと、げに英領は到る処に散布し、其得意気なるは癪の種なり」と述べて、イギリスに対する対抗心をむき出しにした。そして、井上雅二はシンガポールについては「港湾は殆んど我馬関（下関）に似、印度と支那の連鎖と為り、亦亜細亜貿易海路の咽喉に位するを以て、夙に一千八百十九年に於て英国東印度会社の占領する所となり、印度政府の所轄に属したるも、千八百六十七年四月植民事務局を此に設置し、マラッカ、ペナン等を合せて植民大臣の直轄地となしぬ」と記し、聞くところでは同地も「瘴烟蛮霧（毒気を含んだ靄）」に包まれ、原住民と漁獵者の住む僻島に過ぎなかったが、イギリス人の驚くべき拓殖力により、今日の繁栄を見るに至ったとして、「市街は平坦広濶にして清潔を極め、白亜層楼〔が〕空を摩し、其趣味に富めること、香港の企及する所に非ず」と述べた。シンガポールの行政は、勅任知事が参事会の補佐として司った。参事会は、植民地書記官、ペナンとマラッカに駐在する参事官、検事長、財務官、会計検査官長、植民地土木長官から組織された。この他に、立法会もあった。井上雅二によれば、シンガポール在住の欧米人は六五〇〇人に満たないものの、支配的な位置を占め、マレー人の二一万三〇〇〇人、華僑の二二万七九〇〇人、インド人の五万四〇〇〇人を統括したが、近年、華僑の人口が急速に伸び、一八九七年には一二万九八〇人であったものが、現在の人口に至っていた。

五月一六日、暹羅（タイ）駐在公使稲垣満次郎は、暹羅内務大臣ダムロング親王がマレー半島巡回のためペナンに赴いた際、康有為に面会して長時間会談したとして、「〔ダムロング親王が〕彼れ（康有為）は世上喧伝せられたるが如き有識の人物にあらずと評し居られ候」と報告している。この一週間後、井上雅二は康有為と会談する目的で、五月二四日にシンガポールを出立し、五月二五日にペナンに到着した。ペナンは、イギリスの海峡植民地の一つである。井上雅二は五月二六日、康有為をペナンの海峡植民地総督官舎の一棟に訪ね、康有為と約二年半振りに会合した。康有為は同所に、二〇名もの兵卒に警護され、厳重な警戒の下に居住していた。井上雅二は康有為の印象を、「康〔有為〕も其の昔より却て肥大となり、頗る壮健に見受けたり」と記している。康有為は孫文などと同じように、幾度かの挫折をへながら、一向にひるむところがなく、意気軒昂であった。井上雅二は正午より夕刻まで、康有為と会談を行った。井上雅二がここで、康有為に資金集めに奔走している理由を訊ねると、康有為は「秘、言ふ可らず」と述べながら、「数千言の意見書」を示し、今後の方策を「一切大局に関せず、今の時に当り、速に時局を収めて東洋の和平を謀り各国永く通商の大利を享けんとならば、宜しく速に二事を断行すべし」と述べた。この断行すべき「二事」とは、「皇帝（光緒帝）復権」と「帝后離居（西太后と光緒帝の分離）」であった。康有為は西太后よりも、栄禄を清国の元凶に位置付け、栄禄の排斥を説いた。康有為は井上雅二との別離に際し、「吾れ貴君と其の交り最も古し、其（一八九八年）初めて北京にて相見へしより已に四年、吾の事敗れて貴邦に奔るや、貴邦人吾を議する者多し」と、日本の対応に不満を述べながら、感慨深そうに過去を振り返った。康有為は自身の写真に送別の詩を記して、井上雅二に贈呈した。

井上雅二は東京専門学校在学中、同人会に所属して、柏原文太郎と共に「南洋に対する策」に取り組むなど、東南アジアの帰趨には関心を抱いていた。しかし、井上雅二が五月二七日、「ピ（ペ）ナンは実に支那人の天下たり、翻《ひるがえっ》て我邦人は如何と云ふに一の小商店すらなく、百三十名の例の殊（特）産輸出物たる淫売婦が公然市の中央に居をトして、朝に黒人を送り夕に白人を迎へえるつゝあるの醜態あるのみ」と述べたように、ペナンに来てみると、いわゆる「からゆきさん」以外、日本の勢力は微々たるものであった。井上雅二はこれには、全く失望させられた。井上雅二はペナンを出立し、六月一日にセイロンのコロンボに到着後、日本より同行した森波繁らと連れ立って、仏牙寺を拝観するため、キャンディーに赴いた。キャンディーは、釈尊がインドより来て法演を開いた場所として、日本人には著名な場所であった。仏牙寺は、釈尊の遺歯を納めた古刹である。井上雅二はキャンディーから仏牙寺に至ると、「此寺院はカンデー第一の見物たり、土人は呼んでグラダ、マリガソと云ひ、英人は之をツース、オブ、テンプルと称す。蓋し釈尊の遺歯を此中に納めあるより、斯く言ふなり。其の構造は古代の建築法に倣〔倣〕ひ、悉く石材を畳んで之を築き、青苔〔が〕滑かに其の面を封じ、古色蒼然なり。清浄閑雅の風致、真に掬《すく》ふべし。寺僧に導かれて門内に入れば、数百千の善男善女の死後の冥福を祈るが為か、皆な菩提樹子を以て綴《つづ》られたるジュズを首に懸け、跪坐（膝まづいて座り）礼拝せるを見る」と記した。更に、井上雅二は同寺の傍らの東洋図書館を見学し、エジプトのアラビー将軍に関する情報も得ていた。アラビー将軍はエジプトの英雄で、イギリス軍に敗れて後、この地に流れ着いていた。井上雅二は同地よりコロンボに戻ると、再び日本人の「からゆきさん」、とりわけ売春婦の多さを歎いている。

井上雅二の一行は六月四日、コロンボを出立すると、インド洋を通り、ホーンスーンで波浪にあいながら、六月一七日にスエズ運河に入り、六月一八日にポートセットに到着し、六月二四日にマルセイユで下船した。井上雅二は初めて歩くヨーロッパの街並みに、興奮したことであろう。そして、井上雅二の一行は六月二五日に同地を出てリヨンに到着、リヨンからスイスに入り、六月二六日にチューリッヒに到着した。医学士の森波繁や澄川徳らはチューリッヒで井上雅二と別れ、目的地のベルリンに向った。こののち、森波繁はロストック大学、澄川徳はベルリン大学とフライブルク大学、小久保恵作はゲッチンゲン大学に留学している。井上雅二はチューリッヒから一人となってウィーンに向い、六月二七日に同地に到着した。ウィーンでは、旧友の小幡酉吉が出迎えてくれた。小幡酉吉は一八七三年に金沢に生まれ、一八九三年に東京帝国大学法科大学法律学科に入学、一八九五年に満洲及び朝鮮の視察旅行に出掛け、一年遅れの一八九七年に同学を卒業し、一八九八年四月に井上雅二と香川悦次を幹事とする東亜会に参加し、同年の外務官試験に合格、外務省に入った。同期の合格者に、埴原正直、有吉明、赤塚正助がいた。小幡酉吉は一八九九年四月にシンガポール事務代理となり、近衛篤麿の同地訪問を出迎えると、同年九月にウィーンの日本公使館に転勤を命じられた。そして、小幡酉吉は井上雅二のウィーン到着後、程なくロンドンに転任した。井上雅二はウィーンに到着すると、日本公使館を訪れて公使の牧野伸顕に挨拶をし、「公使は頗る丁寧に吾を導き呉れ、親切なり。夫人（牧野美彌子）如才なく、時々饗応して愛想を振り蒔けり。小幡〔酉吉〕は吾が〔ウィーン〕着府の後、三日にして倫敦に転任し、頗る寂寞の感あり」と記している。

二　バルカン問題

一九〇一年、オーストリア・ハンガリー駐在公使は牧野伸顕である。牧野伸顕は一八六一年（文久元年）、大久保利通の次男として、薩摩（鹿児島）の加治屋町に生まれた。親戚の牧野吉之丞が戊辰戦争で戦死したため、次男の伸顕が牧野家に養子に入り、牧野の姓を名乗った。一八七一年、牧野伸顕は大久保利通と共に上京後、岩倉具視の遣欧使節団に留学生として同行し、翌一八七二年にフィラデルフィアの学校に入って三年間在学、アメリカの素養を身に付け、一八七四年に帰国し、開成学校に入学した。同校の同級生に、小村寿太郎、杉浦重剛、古市公威、鳩山和夫がいた。大久保利通は、牧野伸顕に漢学の素養がないのを懸念して、東京帝国大学文科大学和漢科に進ませた。牧野伸顕は同学卒業後、外務省に入り、一八八〇年に外務書記生としてロンドンに赴き、イギリス駐在公使森有礼の下で同公使館に勤務しながら、政治、経済を学び、三年余り過して後、一八八三年に帰国した。牧野伸顕は帰国すると、太政官少書記官、兵庫県大書記官、福井県知事、茨城県知事を歴任し、一八九四年に第二次伊藤博文内閣が成立すると、文部大臣西園寺公望の下で文部次官を務めた。また、牧野伸顕はこの間、三島通庸の次女の美彌子と結婚をし、一八九一年に長男の伸通をもうけた。牧野伸顕は一八九六年九月、第二次松方正義内閣で文部大臣が西園寺公望から蜂須賀茂韶に代わると文部次官を辞め、外務次官小村寿太郎の斡旋により、一八九七年一〇月にイタリア駐在公使して海外勤務を始め、一八九九年七月にオーストリア・ハンガリー駐在公使に転じた。長男の牧野伸通も、オーストリアに同行している。

一八六七年、ハプスブルク帝国は協定により、オーストリアとハンガリーの二つに分かれ、フランツ・ヨーゼフはオーストリアでは皇帝、ハンガリーでは国王と称した。この二国は、外務と防衛、財政の他は、ウィーンとブタペストで独自に議事を行ない、意志の疎通も書面でなされた。いわゆるオーストリア・ハンガリー二重帝国である。同帝国の内部にはゲルマン人（オーストリア系ドイツ人）、ラテン（ルーマニア人、イタリア人）、スラヴ（チェコ人、スロヴァキア人、ポーランド人、クロアチア人、スロヴェニア人、セルビア人）、フィン・ウゴル系のハンガリー人（マジャール人）など、多くの民族がいた。また、バルカン半島では、スラヴ系民族がオスマン・トルコ帝国から独立を果たすべくロシアの支援を求め、かつ同帝国の外部にいるスラヴ系民族と連携を図っていた。一八七八年、ベルリン条約が締結されると、ルーマニア、セルビア、モンテネグロが独立国に、ブルガリアが自治国となった。牧野伸顕はこの点について、「〔オーストリア・ハンガリー二重帝国は〕墺太利（オーストリア）帝国と洪牙利（ハンガリー）王国との聯合に、旧ポーランド王国領のガリシア、それからボヘミア、及び南部スラーヴ民族が居住するクロアチアを含ませたもので、……交通、教育の発展に伴ひ、各民族の生活状態は向上して、彼等（各民族）はその隷属的な地位に満足しなくなり、中央に対して絶えず反抗し、これが政府の悩みの種で、その為に始終各種の対策を施して弥縫（取り繕う）して居なければならなかった」と記している。牧野伸顕によれば、この中にあって、ウィーンは「フランス革命後に取り残された欧洲の貴族」によって維持され、他のヨーロッパとは異なる独特の雰囲気を醸していた。

井上雅二は六月二四日にウィーンに到着し、第八区コッホ・ガッセ第一八番の一室を借りて住居とした。同所は小幡酉吉の周旋によって借りたが、食事が付かず、食事の毎に外出して食堂を探す必要があった。このため、七月一日、井上雅二は、第九区マリアネンガッセ第一五番に転宿した。ここでは、毎回食事が出され、便利であった。同部屋の隣室には農学士の石井淳二郎がいた。井上雅二は石井淳二郎について、「中々の議論家にして時々会談、鬱を散ずることあり、大に快」と記している。ウィーン在住の邦人は、牧野伸顕の家族及び使用人の他、日本公使館書記官の吉田作弥と西源四郎、医学研究者五名（今村新吉、村上安蔵、浅山郁次郎、能勢静太、千葉稔次郎）、陸軍監督の隅徳三、理学士の山崎直方、林学博士の河合鉐太郎、農学士の石井淳二郎、武官の竹内徹、飯田貞固など、井上雅二を入れて、総勢一九名がいた。井上雅二は早速、語学の学習を始め、七月四日より、五〇数歳の婦人より、毎週四時間ドイツ語を学ぶことにした。同婦人は教え方が丁寧で、英語とフランス語もできた。ウィーンにはステッファン教会の他、ツフォーティヴ教会、オペラ・ハウス（国立歌劇場）、国会議事堂、ウィーン大学本館、ラートハウス（市庁舎）、ブルク・テアロー（宮廷劇場）、自然史博物館、美術史博物館など、名だたる建築物が林立した他、オーフブルク（宮廷）前のプラッツ広場などに多数の彫像が置かれ、人々を魅了した。軍医正の三木逸郎と能勢静太がウィーンからパリに転学することになり、ウィーンの諸方を名所を回った。井上雅二は彼らに付き従って、国会議事堂、美術史博物館などを見学した。

六月二八日、井上雅二はウィーン到着の四日後に、「バルカンに於ける墺（オーストリア）露（ロシア）の角逐《英露協商恃《たの》むに足らず》」と題する論説を著した。井上雅二のウィーン留学の目的の一つは、バルカン問題及びロシアの動向の調査にあった。近衛篤麿は、一八九九年に欧米を周遊してウィーンにも赴き、このことの重要性を見抜き、井上雅二に同地で調査を依頼していた。井上雅二はここで、「兎に角、露西亜は一つの怪物である」としつつ、「彼（ロシア）がコンスタンチイブルに其頭を突出さんとすれば、バルカン即ち近東問題は忽ち起り、満洲、北支那に其手を伸ばさんとすれば、極東問題は直に列国頭痛の種となる」と述べた上で、「近東、極東の二問題は全く潮の満干の如く、或は緩に或は急に互に相ひ関連する」と記している。いわば、「近東」と「極東」、すなわちバルカンの問題と満洲の問題は連動していた。そして、井上雅二は、世界的な観点に立脚して世界を大海に見立て、個々の事件を波動になぞらえて、満潮、干潮のように相互に連動するものと見なした。また、井上雅二は、墺露協商が締結されたとしても、これこそ「口頭の約諾」にすぎないものであり、むしろ現今ではバルカン問題が愈々緊迫の度を高めていて、「マセドニヤ（マケドニア）事件と云ひ、アルバニア紛擾と云ひ、掠奪又殺戮、悉く現状に不満なるの兆候あらざるなし」と述べた。井上雅二の見る限り、ロシアはバルカンで勢力を伸張しつつあり、これに反してオーストリアはかつての勢いを失墜させていたが、ロシアもオーストリアも平和を希求する念に変わりがなかった。しかし、近年になり、ドイツがトルコ帝国の衰退に乗じて経済関係を構築し、同地に勢力を扶植し始めて、バルカン問題も複雑な様相を呈していた。

八月一七日、井上雅二は、同日がオーストリア皇帝フランツ・ヨーゼフの聖誕日で休日であったため、午前中に日本公使館員の石田英造と共に列車でバッサウの景勝地に遊び、正午にウィーンに戻り、祝賀記念式典を見るためにプラッツ広場に赴いたが、プラッツ広場に到着した時には祝賀記念式典が終了した後であった。井上雅二と石田英造らはプラッツ広場の園内を散策し、観覧車に乗って市街の全景を俯瞰すると、夕刻に「イングリッシュ、ガルテン」に入り、演劇前の珈琲店で飲食をし、オペラを鑑賞した。井上雅二は晩餐後、公園を散策していると、「美人、醜婦、才子、田舎漢、あらゆる種類の人」が手に丸く切り抜いた紙を持ち、誰彼なく投げつける風習に遭遇した。井上雅二は、「男は美（眉）目よき女と見れば其面に紙片を投げ、しらぬ顔にて過ぎ、女も亦男に向て投げ付け、余の如きは『イヤパナー』と叫びつゝ妙齢の美人に投付けられたることあり。女郎らしき美人の首の中に入れ込まれたることとあり。全くの無礼講にて、日本にて見るべからざる奇観なりき。其中には女郎もあらん、淫を欲する良家の子女もあらん。然も一人の酔漢を見ず。一人の公然怪しきそぶりの者を見ず。流石《さすが》に此点は日本より進み居れり」と記して、ウィーンの日本にはない規律、更に自由な雰囲気に感嘆の念を示した。井上雅二は同日、歌劇場を見物後、舞踏場に赴き、一杯のシェリーの値段の高さに驚きつつ、「若き士官が公然座中にて娼婦に戯るゝあり。老たる商人体の男の余の傍《かたわら》に座せるが、場裡の下女と売淫の約束をなせる、見苦しかりき。舞踏者は仏国の美人にて、一枚の芸衣を着せるのみ。男と相擁し、翻々として踏舞する様、人をして神に入らしむ。流石は仏蘭西人なりと歎じたり」と記している。井上雅二はこれらの演劇、舞踊を楽しんで、帰宅したのが深夜一二時であった。

三　醇親王載灃の訪独

一九〇一年五月三日、第四次伊藤博文内閣が総辞職した。これに代わり、井上馨が五月一六日、組閣の大命を受けたが、人事の調整がつかずに断念し、山県有朋の推挙により、桂太郎に組閣の大命が下った。これにより、六月二日、第一次桂太郎内閣が成立した。桂太郎は「政綱」として、一、財政強化、二、海軍拡張、三、欧州の一国と共約を締結、四、「韓国は我が保護国たるの目的を達する事」を定めた。五月二六日、東亜同文書院の開院式が挙行された。東亜同文会副会長の長岡護美はこの開院式に出席して後、五月二八日に上海を出立、杭州をへて南京に向い、両江総督劉坤一と会談後、更に漢口に赴き、湖広総督張之洞と会談を行うと、六月一一日に漢口を離れ、蘇州をへて上海に戻った。根津一は、この長岡護美に対して、自らの起草にかかる清国の改革意見書を、近衛篤麿の名義にして、劉坤一と張之洞に手渡すよう依頼していた。これが、近衛篤麿の名の冠された「清国改革事宜」である。根津一は七月一五日、近衛篤麿に書簡と清国の改革意見書、すなわち「清国改革事宜」を送り、近衛篤麿が清国北部を訪問すると仄聞したため、大急ぎで同意見書を作成したとしている。根津一によれば、同意見書の総論篇は日本出発前に、この他は当地で作成し、急いだため時間が足りず、漢文に改めることができなかった。根津一は、同意見書と合わせて、東亜同文書院の現状、今後の計画も記した。根津一は七月二二日、再び近衛篤麿に書簡を送り、清国の改革意見書の中で、留学生の派遣について説明を加えた。根津一は、同意見書こそ、一月二九日の光緒帝と西太后の詔を受けて、劉坤一と張之洞が七月に三回にわたり連名で提出した改革の上書（『江楚会奏三摺』）の下敷きになったとする。清朝政府の近代化政策、すなわち光緒新政は、劉坤一と張之洞の『江楚会奏三摺』に沿って進行した。

七月一二日、醇親王載灃の一行は、ドイツの清国駐在公使フォン・ケテラーが義和団に殺害された事件を謝罪するため、北京を出立して、ドイツに向けて旅立った。醇親王載灃は、光緒帝がドイツ皇帝ヴィルヘルム二世にあてた国書（親書）を持参した。西太后と光緒帝は西安の行在に避難しており、醇親王が光緒帝に最も近い親王として、謝罪特使に任命されたのである。醇親王の一行は七月一三日、太沽で安平号に搭乗すると、七月一六日に上海に上陸、七月二〇日にドイツの汽船バイエルン号に乗船し、福州、香港、シンガポールをへて、八月一日にペナンに到着した。井上雅二はこの約二ヵ月前の五月二六日、ペナンで康有為と会談していた。醇親王はペナンに上陸すると、康有為の事など知らないかのように、福建、広東の両省の出身者の出迎えを受け、イギリスの海峡植民地総督を表敬訪問し、バイエルン号に戻った。醇親王の一行は八月一日、ペナンを出立すると、八月二日にインド洋に入り、八月五日にコロンボに到着し、翌八月六日に仏牙寺に赴いた。そして、醇親王の一行は同日にコロンボを出立し、アラビア半島南端のアデンに到着、紅海をへてスエズ運河に入り北上、八月一九日にポートサイドに到着し、地中海に入った。醇親王の一行は更に、ナポリをへて、ジェノヴァでドイツ駐在公使呂海寰の出迎えを受け、ドイツに直行する予定であった。しかし、醇親王の一行は呂海寰の配慮により、ドイツ直行を取り止め、八月二五日、スイスのバーゼルで下車した。バーゼルは、ドイツとの国境に近い、スイス西南部の都市である。醇親王はこのバーゼルに、病気と称して、約一〇日間滞在した。

醇親王はナポリで、呂海寰が八月一九日と八月二〇日にベルリンから発した二通の電報を受け取っていた。ここには、醇親王がヴィルヘルム二世に拝謁した際の方式や儀礼に関する問題が報じられていた。この問題は、二点があった。第一点は、ヴィルヘルム二世が「宝座」に座ったまま醇親王を接見し、醇親王から「三鞠躬（三度の最敬礼）」を受け、光緒帝の「国書」を受領することである。第二点は、醇親王に同行した参議と参賛、随員がヴィルヘルム二世に対して「叩頭の礼（頭を床に打ちつけてお辞儀をする礼）」をすることである。しかし、これらは、清朝政府にとって屈辱的なものであった。もともと、清朝政府はドイツ政府との間で、醇親王が謝罪使としてドイツを訪問する際には、ドイツ政府が醇親王を手厚く歓待するという取り決めを行っていた。このため、呂海寰は、これらドイツ政府の要求が事前の約束に反すると見なした。ドイツ政府と清朝政府、呂海寰の間で、醇親王の拝謁の際の方式をめぐって、幾度か交渉が進められた。醇親王がバーゼルに約一〇日間も滞在した理由は、この点にあった。この結果、八月二七日に予定されていた、ドイツ皇帝ヴィルヘルム二世による醇親王の接見も、取り止めになった。ドイツ政府はこの点で、大幅な妥協をしなかった。そして、醇親王は座ったままのヴィルヘルム二世に「叩頭の礼」どころか、「国書」（親書）を奉呈する一方、参議と参賛、随員は外殿に待機して、ヴィルヘルム二世に「跪拝礼（跪いて行う礼）」を行わない形になった。八月三一日、呂海寰が醇親王のドイツ文の親書を携えて、バーゼルからベルリンに向った。醇親王の一行はバーゼルからベルリン、更にポツダムに向かい、九月三日に同地に到着、九月四日にヴィルヘルム二世に謁見し、「国書」を奉呈した。

一八九七年一一月のドイツの膠州湾占領事件以降、ドイツと清国の関係はよくなかった。ドイツは満洲よりも、長江中流域に進出し、湖南省、湖北省の鉱山の利権に触手を伸ばしていた。一八九〇年、湖広総督張之洞がドイツ人技師を招聘して、大冶鉄鉱を発見した。ここで、ドイツと競合したのは、イギリスや日本である。白岩龍平は日本とドイツの利権獲得競争について、「その〔一九〇〇年〕後、独逸の活躍は愈々著しく、遂に六百万両年利四分の金を貸す代り、担保として鉱山全部の利権を得る事となつた。事の容易ならざるを見、我国は日本興業銀行をして出金せしむる事とし、独逸の頑強な離間策を排し、〔明治〕三十七年（一九〇四年）一月大冶借款条約を締結した」と記している。ドイツは勢力を小アジア、太平洋にも広げ、ロシア、イギリス、フランス、アメリカと凌ぎを削っていた。このため、ドイツ政府は、清朝政府との関係改善を急ぐ必要があった。この点は、清朝政府においても同様であった。醇親王はヴィルヘルム二世に国書（親書）を奉呈して後、宮殿近郊の演習場で軍隊を閲兵して後、列車でポツダムを出てベルリンに戻り、外務大臣リヒトホーフェンを表敬訪問した。九月六日、醇親王はヴィルヘルム一世の墓に赴いて花輪を捧げると共に、義和団戦争の後始末の最中、紫禁城で焼死したシュヴァルスホフの墳墓に花輪を捧げ、冥福を祈った。これら一連の行動は、ドイツの国民に好意的に受け止められた。醇親王は清国とドイツとの関係改善を図るべく、精力的に活動し、約三週間ベルリンに滞在して、九月二九日に同地を出立し帰途に就いた。

井上雅二は九月一〇日、ドイツの各種新聞が醇親王とドイツ皇帝ヴィルヘルム二世の会見を好意的に捉えながら、清朝政府の深謀遠慮も指摘し、特に「当地の軍事機関紙」が醇親王の拝謁の方式をめぐるバゼル淹留を「支那人的奇謀」と見なし、参議と参賛、随員の跪拝礼（跪いて行う礼）の免除も清国の外交的な駆け引きの成功と考えている点、などを指摘した。また、井上雅二はロンドンの『タイムズ』の記事を紹介して、醇親王が光緒帝、皇族一同の「恐懼措く能はざる所なる」点を盛んに繰り返しながら、「〔一連の事件に〕最も責任ある西太后に関して、何等弁する所あらず、西太后は全く関する所あらす」という点も指摘している。井上雅二によれば、醇親王が西太后の責任に何ら言及しなかったことは、ヨーロッパでは受け入れられるものでなかった。ただし、井上雅二は、ヴィルヘルム二世による醇親王の接見の全体を評価しつつ、ヴィルヘルム二世の醇親王に与えた「答詞」の内容について、「〔ドイツの清国駐在公使フォン・ケトラーの死に言及して清国の責任を問いつつ〕而して忽然清国皇帝此次事変に関連する所なきを聴て大に満足すと転じ、更に皇帝罪なしと雖も、其の責〔は〕政府及親臣に在り、彼等は一片の謝罪状以て甚大の罪科を消滅せしものと観ずるは大なる誤まりなり、と一痛棒を加ふる所〔など〕、抑揚頓挫頗る妙あり」と記し、硬軟織り交ぜた対応を称賛した。すなわち、井上雅二は、ヴィルヘルム二世が義和団戦争の謝罪問題を穏当に処理し、かつ醇親王も大任を果たしたとして、双方に高い評価を与えた。光緒帝の国書（親書）は技術の粋を極めたもので、黄色の絹地に「龍紋花章」などで美しく飾られていた。井上雅二はこれについても、「独帝は既に此をホーヘンツオーレン陳列館に保存方を命じたりといふ」と報じている。

第三節　欧州の状況と日本

一　バルカンの周遊

一九〇一年八月三一日、井上雅二はウィーンに到着して約二カ月後、すなわちバルカンを周遊する以前に、「小生当府に安抵（無事到着）仕り候より茲《ここ》に二カ月、切りに駑馬に鞭《むちう》ちて事情の探究に力め居り候も、未だ語言が通ぜず、実相を知らざる小生には、殆んど暗中に物を探るの憾あり」と断りを入れながら、東亜同文会にウィーン各地の情況を報告した。井上雅二はここで、一「北清事変（義和団戦争）の一般欧人の及ぼせる感想」、二「満洲問題」、三「凱旋将軍（ワルデルゼー）と謝罪親王（醇親王載灃）」、四「北清に於ける独逸外交を評す」、以上の四点について報告した。井上雅二は義和団戦争の結果、ヨーロッパでは清国分割などの強硬策が鳴りを潜め、「穏当に傾くに至るべきかの傾向」が生じ、「領土上の利益」の獲得よりも、「通商の利益」の追求が清国の政策の主流となったとした。井上雅二によれば、義和団戦争の一応の終結は、バルカン問題の重要性に比べて、ヨーロッパにおいて、「満洲問題」への等閑視を生じ、ヨーロッパ各国の満洲問題に対する干渉、日本への協力など、期待すること自体が無理であった。そして、井上雅二は、ヨーロッパでは「露の南下は要するに日本をして当らしむべし云云」などの主張がなされたとして、「〔これらは〕随分虫の善き話なるも、英人の考ふる所は真に斯の如きものならんと奉〔り〕存〔し〕候。故に露国の満洲に於ける武装を解かしむべしとか、或は露の満洲における行動は黙過する能はざる所なり抔《など》てふ積極的態度は、恐らく列国の敢てせざる所なるべく、……独り露の専占に委すべからずと云ふ位が関の山ならん」と指摘した。

九月一五日、井上雅二は日本公使館の石田英造、美術写真家田中松太郎と共にバルカン半島周遊の旅に出て、ドナウ汽船会社のマリアンネン号に搭乗してドナウ河を下った。田中松太郎は一八六三年に富山に生まれ、一八九七年以降ウィーンやプラハに居住し、当地の事情によく通じていた。ドナウ河は、南ドイツのシュヴァルツヴァルト(黒い森)を源にして、ヨーロッパを西から東に流れ、多くの国境を越えて黒海に注ぐ、ヨーロッパ第二の大河である。ドナウ河は、北側にシュヴァーベン山地が並行して走り、これに両岸の僧院、城塞が加わり、多く旅行客を魅了してきた。ただし、ドナウ河の魅力は、同河が多くの歴史上の舞台を通過し、人々にかつての歴史、栄枯盛衰を想起させる点にもある。井上雅二は、ドナウ河を下り、ロバウ島に至り、歴史の旧跡を見学すると、アルテンブルク、ハインブルクをへて、テペンに至った。ここは、オーストリアとハンガリーの国境である。井上雅二はこの国境を通り過ぎると、ハンガリーの首府、ブタペストに到着した。ブタペストは一八世紀、交通の要衝に位置したことから繁栄し、一八六七年にハンガリーの首府になり、繁栄を極めた。このため、井上雅二は「ブタペストの活気を帯び、駸々(急速に進む)の勢あるは洵《まこと》に驚くべきものあり。市街の清潔にして整斎せること、遠く維也納(ウィーン)の及ぶ処にあらずして、而してこれが中堅たりは独逸族にあらず、スラブ族にあらずして、我とその血を近うせるマジャール族なり。マジャール族は各種の階級において常に首座を占め、政治、商工業の上において、その勢力〔は〕遥に優勢なることを表せり」と述べ、二日間、ブタペストに滞在し、官庁、上下両議会、大学、図書館、博物館、孤児院、劇場などを見物して、「流石《さすが》は新興の首府とて、維也納の典雅はなけれど、規模〔は〕飽〔く〕迄壮大にして、那辺にかその覇気を認め得るなり」と記した。

井上雅二は九月一七日夜、石田英造、田中松太郎と別れ、一人で船に乗り、ドナウ河を下り、九月一八日早朝にバヤ市に到着すると、一人の老紳士よりオーストリア皇帝フランツ・ヨーゼフがベーテの寺院に行幸する旨を伝え聞いた。このため、井上雅二はモハチで下船すると、列車でベーテ市に赴いた。ベーテは人口三万四〇〇〇人、バラヤ州の首府で、一一世紀に建立された大寺院があった。フランツ・ヨーゼフ及びルーマニア皇太子はこの日、各大臣を随えて、秋期の機動演習を行って後、ベーテの大寺院に行幸した。井上雅二は同地で皇帝の行幸を見て後、同地の旅館に一泊し、翌九月一九日にモハチに戻った。モハチは小都市で、商業地としては見るに足らないだけでなく、不潔で荒れ果て、あたかも「支那街のそれ（不潔さ）」を思わしめた。井上雅二は九月二〇日、モハチより再び船に乗り、ドナウ川を下ると、船中で偶然遭遇したハンガリー下院議員、ブルガリアの学生、セルビアの士官らと雑談し、「彼等は東洋の一珍客を遇すること厚く、各語ること媚々（麗しく静か）、巴幹（バルカン）の風雲に掛念せる、予は彼等の隻語の裡に忖測すべき幾多の秘密を見出さんと傾聴すること多時なりき」と記した。船は、フコファー、スランカメン、セムリンに到着した。セムリンは、丘を背負い、水に臨んだ、風光明媚な場所であった。ドナウ河はこのセムリンで本流となり、ここがオーストリアとハンガリーの国境となった。井上雅二もセルビアの首府、ベオグラードに到着した。

セルビア人はスラヴ系民族で、キリスト教のセルビア正教会に属し、一四五九年以降、長くオスマン・トルコの支配に服していたが、一八七八年のベルリン条約で独立し、一八八二年にセルビア王国を樹立した。スロヴェニア人やクロアチア人の多くがハプスブルク王朝に属し、カトリックを信仰したのに対し、セルビア人は長くオスマン・トルコの支配下にあり、ロシアと同じ正教を信仰し、バルカン半島中西部に独自の文化を築いていた。井上雅二がベオグラードのコーヒー店に入ると、雅二を日本人と見なす者は少なく、客の多くがイタリア人或いはハンガリー人と見なし、日本人と知るに及んで一驚し、周囲に集って来た。井上雅二は「余は試に貴邦と露国とは最も親善なるべきかと問ふに、衆口一齊に然りと応ぜり。彼等は墺匈（オーストリア・ハンガリー）国といへば、手を以て打つ真似してこれを忌む様、新聞紙上に云々するより一層激しきを見たり。一水を超ゆれば、直に強大の敵国（ロシア）

を控ゆ。その強露の庇蔭に憑らんとする、又已むを得ざるべきか。殊に近来、露国の非役士官、老朽教授、新聞記者等、第二流の政治家多く入込みて、巧《たくみ》に墺匈国（オーストリア・ハンガリー帝国）に反抗の気焔を昂めしめつゝあるに於てをや」と記し、同地におけるロシアの影響力の強さを再確認した。翌朝、井上雅二はベオグラードから汽船に乗り、ベオグラードからドナウ河を下ってゆくと、バンソバ、バジアスをへて、セルビアとルーマニアの国境の町、ズレンソバに近づいた。

井上雅二はズレンソバに至る船中で、すなわちセルビア人、ブルガリア人、ルーマニア人、ハンガリー人の乗客が「蛮音」を弄して始めた会話に耳を傾けた。彼らの会話は、どんどん熱を帯びていった。井上雅二はこの会話の模様を、「彼輩が一積水を隔てゝ相反目するの風を想ふて、覚わず人世の児戯なるに失笑を禁ずる能はず。塞人（セルビア人）の粗野なる、羅人（ルーマニア人）の軽佻なる、勃人（ブルガリア人）の剽悍なる、而して匈人（ハンガリー人）の勇武なる、挙手投足の間に識別するを得べし。翻て各国勢の隆替に及べば、自ら疑団の溶解するあり」と記した。船はドナウ河随一の景勝と名高いカサンの渓谷を通り、オルソバに至った。オルソバを過ぎれば、ルーマニアである。このため、オルソバには税関があり、旅客はここで旅券の検査を受けた。井上雅二は、オルソバで船を乗り代え、更にドナウ河を下ると、アダカレー島に到着した。アダカレー島を過ぎればバヒナ河口となった。ここはハンガリーとルーマニアの境である。ルーマニアはローマ人の名残を留めていて、他の地域とは趣が異なった。井上雅二は「我は最早ドナウ最勝の所をも経たり、墺（オーストリア）、匈（ハンガリー）、塞爾比羅（セベリア）、羅馬尼（ルーマニア）四国の境をも経たり、下江（川下り）の興会は既に尽きなんとす」と述べて、ルーマニアの小都市、チユリン、セベリンに到着すると、ここで船を降りて旅舎に入った。そして、井上雅二は九月二二日、セベリンで列車に乗り、ウィーンに向かう途中、オルソバを通った。すると、オルソバの検査官は井上雅二の旅券と顔を見比べながら、雅二にイギリス人かフランス人かと訊ねた。井上雅二はこれに苦笑して、「此辺にては日本人を見る、二年に一度か三年に一度位に過ぎざるべく、頓と日本抔は念頭に浮び来らぬと見えたり」と述べている。

二　ウィーンの日々

九月二二日夕刻、井上雅二は列車でテメス州の首府テメスバルに到着、下車すると、市街を二時間ばかり散策し、「羅馬尼（ルーマニア）及び匈加利（ハンガリー）の田舎者」とは異なり、紳士、美人が往来するのを見て、初めて欧州に入ったと感じ、「オルソバより此処に至る間の土俗皆洗足《はだし》にして、男女の服装無暗に赤、黄、緑色を以て彩り、女は頸及び頭に飾物を所撰ばず飾り、支那服の如き寛闊なるを穿ち、前垂《まえだれ》せる様、未だ蛮風の存する夥しといふべく、テメスバルは独逸族の根拠地なれば一層前者と比較して懸隔あるを覚えしなり」と記した。井上雅二は夜九時、テメスバルで再び乗車したところ、瞬く間に眠りにつき、翌九月二三日早朝に目が覚めた。列車はブタペスト近郊を走っていた。井上雅二はワイツェン、ノイハウゼル、ブレスブルク、マルチエンクを経由して午後六時にウィーンに入り、スターツバンホーフで下車し、宿舎に辿り着いた。ウィーンの宿舎には石田英造がダルマチャ方面の視察を終えて戻っていた。井上雅二はこの旅行で、ドナウ河をめぐり、幾つかの国境を越えて、民族問題など、複雑な事情を肌で感ずることになった。この五日後、九月二八日は旧暦八月一五日、仲秋の名月である。井上雅二は牧野伸通（牧野伸顕の長男）、石田英造、田中松太郎と共にカレンベルク山頂に上り、名月を眺め帰宅した。ウィーンのプラター公園の西側は一八〇〇年代以降、見世物小屋や射撃小屋、カフェー、レストランが立ち並び、民衆の憩いの場となったが、夏には木造の小屋が数知れず作られた。この数多くの木造の小屋の中で、最も人気を博したのが民衆劇である。

井上雅二は一〇月六日、運動不足と就寝時間の遅さから、やや頭痛気味となったため、日曜日ごとに暇を見付け、郊外で英気を養なうことにし、「此日も公使館牧野少年（牧野伸通）、石田（英造）の二氏とドルンバッハよりローラ、ヒッテ等の丘陵を踏渉し、高台に上りては午餐、一杯の麦酒に浩々の気を吞吐（吸ったり吐いたりし）、芝生の上に坐しては傲吟抔して、夕刻帰寓」と記している。同夜、井上雅二は石田英造、石井淳二郎と共に寄席に出掛けた。ウィーンの寄席は、日本の寄席とは異なり、芝居小屋に似て、歌謡、曲芸、手品、自転車乗り、演奏などを行った。井上雅二はこれらの芸に感嘆し、拍手喝采した。井上雅二は一〇月七日、ウィーン大学哲学教授チトコフスキを訪問したが、不在のため、教授の子息と会話を交すと、オーストリア・ハンガリー国勧業植物陳列会に赴き、「果実の珍なるもの、異なるもの、農業器械、庭草の貴重なるもの」を見学、暫くぶらついて帰宅した。井上雅二は日本でしばしば上野公園に赴き、動物園に出掛けたが、ライオンを見たことがなかった。井上雅二は一〇月一五日、シエーンブルン公園に出掛け、動物園でライオンが肉を貪り食べる様を見て、「其の風堂々として、猛気〔が〕骨に満てるも、どことなく王者の気品あり、彼の虎豹の余裕なきに似ず、彼の鰐魚の陰欝なるに似ず、顧みて四方を見れば熊、狼、象、牛、馬、猿、麒麟、狐、狸、虎、豹等千百群を成し、各々其の性格を顕はせり」と記している。井上雅二はライオンをナポレオン一世のような英雄に擬えたが、檻の中のライオンがセントヘレナ島のナポレオン一世のようにも見え、「人間も如何に豪傑なりとて、檻中の獅子となりては最早『ヲシマイ』なり、留意すべきは世の潮流に逆はざる事か。勢を制し勢に乗ぜずんば、人間、渺（ごく小さい）たる一疋（匹）、到底破天荒の事も出来ぬなり」と殊勝なことを記した。

　井上雅二はウィーン到着後、観光、娯楽を楽しみつつ、政治や社会の観察も怠らなかった。オーストリア議会は滅多に開催されなかったが、一〇月一七日より開会された。井上雅二は一〇月二二日、この議会を傍聴して、「予は開会以来、両会下院を傍聴せしに、其乱雑にして不秩序なる、区々勝手にして平易なる、驚くべき程にて、我議会に於ける弁士が演題に立つて口演し、衆之を謹聴する様の裁判長の宣告めきたるとは正反対にして、両回とも必要の議題議場に上れるに拘らず、総議員四百二十五名出席せるは百余名に越えずと覚えたり」と述べると共に、出席者もただ議場に居るのみで着席せずに右往左往して、自席で傍聴している者は僅か二、三〇名のみで、「弁者口演を終れば傍に佇立せる四、五の議員の心細き拍手をなすと、弁者に握手して謝意を表するを見るのみ」と記している。また、大蔵大臣の演説でも、反対議員が演説を遮ぎり妨害したため、議長が毎回ベルを鳴らし、これを静止した。そして、井上雅二は、「議員の多くはフロックコートなるも、中には縞の脊広《せびろ》にて平然たる先生も尠からず、小手豊先生ソツクリなる朱儒（背の小さな）議員の蠢々（虫が蠢くように）として巨人の前後に隠れ居るも可笑しく、十字架をブラ下げたる坊主の二、三〔が〕拱手（両手を握り胸下で上下する）して語るも亦珍らし。何れ各派の已に意見も大抵確定し居り、議場にては形式的に賛否を表する位ならんも、左《さ》りとて斯る体裁にて議事の進捗は能く出来るものかなは、恐らく我一人の観感想にあらざるべしと記している。井上雅二の観察する限り、オーストリア議会は殆ど機能していなかった。

一〇月二六日、前大蔵大臣の渡辺国武が欧米を外遊中、イタリアよりウィーンに到着した。渡辺国武は一八四六年（弘化三年）、諏訪高島藩士の家に生まれた。兄は渡辺千秋である。渡辺国武は高知県令、福島県令をへて、一八八八年に大蔵次官となり、一八九二年、第二次伊藤博文内閣で大蔵大臣に就任し、一九〇〇年の立憲政友会の結成に参加し、同年に第四次伊藤博文内閣で再び大蔵大臣に就任し、緊縮財政を主張した。渡辺国武は一九〇一年度と一九〇二年の予算編成で公債発行の停止を提案し、内閣の中で孤立した。伊藤博文は閣内不統一を理由に内閣総辞職を決めた。しかし、渡辺国武は伊藤博文の意に反して、辞職の奉呈を拒否した。渡辺国武は五月三日、「伊藤〔博文〕総理大臣に留任を勧める書」を提出し、ここで「財政整理意見」こそが「実に現今国家の破産を未前（然）に救済すべき唯一の策」であるとして、「〔不成立となれば〕假令《たとえ》一時内閣の小康を保つべしと雖も、我帝国も亦他の東方諸国と同じく、財政紊乱の為め、遂に衰滅の運に傾き、維新の宏謨（遠大な計画）も半途〔にて〕水泡に帰し候のみならず、施《うつり》て社稷（国家）の安危に関し候」と述べ、財政再建を主張すると共に、伊藤博文に首相辞職の撤回を求めた。しかし、伊藤博文は一九〇一年五月、内閣総辞職を強行した。渡辺国武は諭旨免職となり、事実上の政界引退を余儀なくされ、欧米周遊の旅に出た。渡辺国武は、兄の渡辺千秋の三男、渡辺千冬を養子に迎え、欧州周遊の旅にも同行させた。

渡辺国武と千冬は一〇月二六日にウィーンに到着し、一〇月二九日にオーストリア議会を見学した。井上雅二は同議会を喧騒、乱雑の場と見なし、一顧だにしなかった。しかし、渡辺国武は「此議員の相争ふは真剣勝負なり、日本には政府で御座るの、政友会で御座るの、進歩党で候のと相争ふは、之に比せば小児の争も同じ」と述べて、寧ろオーストリア議会の喧騒こそ「真剣勝負」の証と捉えた。渡辺国武の言葉には、日本の政界に対する不平不満が込められていよう。井上雅二はこの言葉を受けて、「実の十余の異種族を以て成る此邦の如き議会を操縦する閣下の苦心は、我為政者の想像する能はざる所なるべく、議場整理の任に当れる議長、副議長の六《むつ》かしさも、席に在りて終日眼を八方に配りつゝある顔付にても知らるゝ心地す」と感想を記している。井上雅二は一一月三日、牧野伸顕と共にホテル・クランツで渡辺国武の招待を受けた。同日、牧野伸顕は、日本公使館で祝宴を開いた。渡辺国武は一一月四日、ウィーンを出てバルカン半島に向かうに際し、日本公使館でウィーン学士会総長スウイスと午餐を共にし、日本の財政などを論じ合った。スウイスは七〇余歳で、著名な金本位反対論者として知られ、日本の金本位兌換制度の執行にも急激にすぎると苦言を呈し、仮に金貨不足に陥った場合、債権国のイギリス、フランスを利するだけのため、金銀併用に戻すことを提言した。渡辺国武はこれに対して、将来問題が起った場合には教えを乞う旨のみを述べて別れた。井上雅二は、渡辺国武からバルカンまでの同行を依頼されたが、これを断わった。このため、井上雅二は一一月八日、「無辺子（渡辺国武）ブタペストより書を寄せて、余の同行せざりしを遺憾とする旨の記しありたり」と記している。

三　留学費用の欠乏

一九〇一年九月七日、清国全権の慶親王奕劻及び直隷総督兼北洋大臣李鴻章と一一ヵ国の代表の間で講和条約、すなわち北京議定書（辛丑条約）が締結された。同条約では、端郡王載漪や輔国公載瀾など、義和団を支持した関係者の処罰、醇親王載灃のドイツへの派遣と謝罪、那桐の日本への派遣と謝罪、四億五〇〇〇万両の賠償金の支払い、北京公使館区域における外国の軍隊の駐留権を認めていた。井上雅二は一〇月一〇日、東亜同文会本部にあてた報告書の中で北京議定書が締結されて、義和団戦争の終結がなされると共に、ロシアの動向、とりわけ満洲問題が今後の議題に上るのが必須であるとしながら、ヨーロッパの関心がバルカン問題に注がれているとして、「成程《なるほど》近東問題は二世紀間に亘る大問題にして、近来強敵たる英国が眼を此方面に注ぐこと漸く疎なると同時に、巴幹（バルカン）諸邦の露に信頼せんとする傾向は益〔々〕増加し来り、其人種上、宗教上に於て露を宗国とせんと擬するもの多きは、露の短所なる経済上に於ても露の庇瘖（庇護）に憑《よ》らんとするは、往々巴幹（バルカン）政治家の口にする所、余〔も〕曩《さき》に巴幹を過ぎり、其崇露熱が世人の想像以上にあるの事実を目睹して、列国の支障さへなくば、とくの昔に露の有たるべき者との感を抱けり」と記している。井上雅二によれば、ロシアはバルカンで勢力を伸長しつつあった。ロシアの動きはイギリスを刺激したが、イギリスに余力がなかった。一一月以降、日本とイギリスの関係は急速に進んだ。一二月七日、元老会議が首相桂太郎の葉山の別邸で開かれ、山県有朋、松方正義、井上馨、西郷従道の四名の元老と桂太郎、外務大臣小村寿太郎が出席し、日英同盟修正案を承認し、明治天皇の裁可を得るに至った。

一一月二六日、井上雅二は、「墺匈国の老帝の話」と題して、オーストリア皇帝フランツ・ヨーゼフの人柄を紹介している。フランツ・ヨーゼフは一八三〇年八月に生まれ、一八四八年、すなわち一八歳の時に皇帝に即位した。同年、二月革命がパリで勃発すると、ドイツ、オーストリアに飛び火し、三月一三日、ウィーンは学生が憲法制定を要求して大混乱に陥り、メッテルニヒが辞任し、フェルデナンドも退位した。フランツ・ヨーゼフの即位はこれを受けたものであり、幕開けからして波瀾に満ちていた。フランツ・ヨーゼフは一八五四年にエリザベートと結婚する一方、六八年もの間、毎日勤勉に政務を執り、落日のハプスブルク王朝を支えた。井上雅二は、フランツ・ヨーゼフの温厚で誠実な人柄、勤勉で質素な生活を紹介しながら、「夏季夕刻宮居の門に入り、散策漫歩すると、布衣の輩も親しく玉顔を拝することが出来、時々は極めて質素にして目に付かざる御服装にて、単身街頭を逍遥して民の痛苦を御見察なさることは度々であつて、知らざるものは草莽の一老爺と思ふて、漫に行過ぎること多く、又之を知るものも帝を愛するの深き後に、陪従して折角の御遊歩を妨ぐることはしないやうじや」と記している。フランツ・ヨーゼフの一日の行動は、厳密に決められていた。また、井上雅二は、フランツ・ヨーゼフが慈善事業にも熱心であったため、「帝の御天稟は前にも一寸申した通り、決して名君とか豪傑といふ方ではないが、温厚の良君主、慈心深き仁君で、現代の欧州各国君主中先づ第一の良君主といつてよかるべく、……墺帝の国父として慈心あらせらるゝは機に触れて一般の感泣し奉る所にして、その実例は枚挙に遑なしといふ位である」と述べて、同帝の人柄に対して最大限の賛辞を贈った。

ウィーン大学は、ルドルフ四世が設立したドイツ語圏最古の大学である。鎌田栄吉はウィーン大学について、「維也納（ウィーン）府の大学は千三百六十年の創立にして、二十二萬冊の書籍館あり、其他天文台、博物館及び試験場等ありて、教授、助教授二百八十人、学生三千八百十人を有す。就中《なかんずく》医学部は其の最も誇る処にして、解剖学、病理学に関する陳列所あり」とした上で、附属病院の整頓された組織に触れつつ、「故に留学生たるもの、一たび此処に遊ばざれば、未だ以て誇るに足らず。多くは独逸の学校を終へたる後、暫時の来遊を試みるの常なり。而も此地物価の高きこと、独逸に比して数等なるを以て、永く留学するは学生の為に便ならず。中には唯〔だ〕名を買はんが為に態々《わざわざ》此地を踏むものありと云ふ」と述べている。井上雅二は一一月三〇日、ラザレット街一八番館に転宿すると、一二月一〇日に牧野伸顕の斡旋でウィーン大学法科の聴講生となった。ラザレット街一八番館は、いわゆる「日本婆」の運営にかかり、多くの日本人が居住し、ドイツ語やロシア語、フランス語など、語学の学習には適さなかったが、情報を交換するためには便利であった。一二月一五日、井上雅二は同大学法科大学生主催の討論会に会長の名義で招聘され、講演を行った。井上雅二は先ず、「支那問題に関する概見」と題する英語の文章を提出し、同会の代表がこれを朗読すると共にドイツ語で通訳した。この後、シュミットが「東方に於ける列国の兵力」と題する講演を行い、質疑討論に移り、酒、茶を傾けて午後六時半になって漸く散会した。井上雅二は一二月一八日、内務書記官の松井茂と共に消防隊本部、宮内省所属の劇場に赴き、消防司令の案内で消防の各種装置や実演を見学し、劇場の階上や階下、地下の諸機械、装置、更に通常では入室禁止の皇帝、皇族の居間も拝観し、「又光線に依て月光、日光若しくは晩景抔を示す具合をも実施せしめ、大に文明の精巧に驚けり」と記すと、松井茂の案内でホテル・ブリストルで晩餐を食している。

一〇月、日本女子大学校は四月二〇日の開校以来、約半年がたっていた。『読売新聞』は一〇月一〇日、一一日、一二日、一三日、「東京の女子教育」と題して、「日本女子大学校」を取り上げている。一二月二一日、成瀬仁蔵はウィーンの井上雅二に書簡を送り、井上雅二の東京からの出立に際して、多忙のために見送りできなかったことを詫びる一方で、井上雅二のウィーンへの無事到着、留学への多大な抱負、目下の身体の健康を知り安心したとし、「御中越の事、凡て御同感に有之候《これあり》」と記した。この「御中越の事」とは、留学費用の送付を意味する。成瀬仁蔵は、近衛篤麿とは再三面会しているが、いつも井上雅二の噂をしていて、また長岡護美とも井上雅二のヨーロッパ留学、東亜同文会の前途などを話し、その度に井上雅二の希望を伝え、補助をお願いしているとも述べていた。そして、井上雅二はここで、「将来支那は吾が注意の重なるもの、願くは吾外交と東洋貿易とに御注意あらん事を」と記し、井上雅二の初志が貫徹されることに期待を示していた。成瀬仁蔵はまた、井上秀が来春、すなわち一九〇二年に上京する予定で、広岡浅子もこの時に上京の予定となっていて、「〔広岡〕亀子には日々秀子様の御来京を待ちつゝあり」と記している。井上秀は一九〇一年、東京にはおらず、親友の広岡亀子と離れて郷里に戻っていた可能性もある。井上雅二は六月二七日にウィーンに到着したため、一二月二七日で半年が経過した。ウィーン滞在の日々は、光陰矢の如しであった。井上雅二は一二月三一日、「当府に着してより、既に半歳、未だ何等の把握〔す〕る〔もの〕あらず、顧みて光陰徒《いたずら》に過ぎ易きに驚くの外なし」と記している。井上雅二がラザレット街一八番館において共に師走を送り新年を迎えたのは、山崎直方、今村新吉、竹内徹、大塚専一、田中松太郎、石井淳二郎、島村鉄太郎の七名である。

一九〇二年一月一日、井上雅二は近衛篤麿にあてて、ウィーンに来て半年がたち、駄馬に鞭打つようにひたすら研鑽に努め、一二月初めよりウィーン大学に入り、公法、財政の二科を専攻し、学生討論会にも参加し、先日などは招きに応じて、「聊か《いささ》得意の支那問題」を演説したと吹聴し、このような機会もこれ以降度々起こるであろうと述べ、これまでのウィーンでの活動を報じた。そして、井上雅二は、ウィーンの物価が高く、毎月九〇円の予算では二〇円、三〇円ほど足らず、日本新聞社も当初の予定通りには通信費を支給できないことになり、ドイツ旅行すら儘ならなくなり、旅行計画も中断のやむ無きに至ったとして、勉学の必要上、いま少し学資が必要になるとして、事情が許すようであれば、一九〇二年度より、東亜同文会からの補助を増額してもらいたいと懇願し、これを幹事長の根津一、幹事の柏原文太郎に申し述べていただきたいとした。井上雅二はここで、「明年度には諸方を探検旅行仕《つかまつ》り度」とも記している。これよりすれば、井上雅二は、ウィーンの生活に慣れたところで、ヨーロッパ各地に旅行する予定であったといえよう。井上雅二は机上の学問より実践を重んじたが、これもウィーン留学でも果たそうとした。ところが、柏原文太郎は、一九〇一年八月以降、清国南部に派遣され、九月三日には暹羅のバンコクに至り、東亜商務公所の設立に奔走し、香港、上海をへて、一九〇二年二月に漸く帰朝しており、ウィーンの井上雅二に対しては留学の資金を送付することができないでいた。結局、井上雅二は、留学資金を欠乏させたまま、貧困生活を余儀なくされた。

第四部　再起と実践（一九〇二――一九〇三）

第一〇章　アジア周遊と家政学
――井上雅二と秀の曙光――

第一節　一九〇二年の構想

一　中央アジアへの夢

二　女子教育の普及

三　日英同盟の波紋

第二節　大谷光瑞と井上雅二

一　欧州の探検隊派遣

二　井上雅二の目的

三　旅行の準備計画

第三節　中央アジアの周遊

一　ウィーンの出立

二　ペルシア滞在記

三　ロシアでの交友

第一節　一九〇二年の構想

一　中央アジアへの夢

一九〇一年五月、第四次伊藤博文内閣は、外務大臣に加藤高明、内務大臣に末松謙澄、大蔵大臣に渡辺国武が就任していたが、渡辺国武が予算作成で緊縮財政を布いて他の閣僚と対立し、内閣総辞職に至った。そして、六月二日、第一次桂太郎内閣が成立した。外務大臣に小村寿太郎、大蔵大臣に曾禰荒助が就任した。ただし、小村寿太郎は義和団戦争の処理で清国に出張中であったため、小村寿太郎の帰任までの間、曾禰荒助が外務大臣を兼任した。桂太郎内閣は、財政状況の悪化を外債の募集で乗り切ろうとすると共に、イギリスやロシアとの協調政策を進め、伊藤博文をロシアに派遣して日露協商の交渉を、イギリス駐在公使林董を通じて日英同盟の交渉を始めた。井上雅二は一一月八日、「英国外交論の変調〈英露協商説の崛起〉」と題する論説を発表し、イギリスの政治家、知識人の義和団への対応を巡る議論を紹介した。そして、井上雅二は、『タイムズ』の記事を下に、ドイツが海軍力を増備し小アジアで勢力拡大を図っているのに対抗し、イギリスとロシア、日本が東アジアで協調政策を進め、イギリスの長江における優先権、ロシアの満洲、蒙古における優先権、日本の韓国における勢力範囲の相互確定と承認を行う動きがあると記した。特に、井上雅二は同論説で、オーストリア駐在公使牧野伸顕の「〔『タイムズ』のかくも具体的な事例あげた論説は未曾有であり〕思ふに此論は紙上一片の空論として一笑に附し去るには余りに明截なり、必ずや根拠を政界の一角に有するものあらん」という言葉まで紹介し、牧野伸顕の言葉を援用しながら、日英交渉の急速な進展について報告していた。

井上雅二は一月五日、ウィーン大学法科学生の討論会に出席し、満洲問題について大いに気焔を吐いた。井上雅二は前年の一二月一五日の討論会で「支那問題に関する概見」と題する講演を行うと、次回には満洲問題を論ずる約束をしていた。これが、一月五日の討論会となった。井上雅二は、これら学生の討論会と共に、オペラに魅了された。一月七日、井上雅二はランメル夫妻の招待で宮内省所属の劇団によるオペラ「シバの女王」を見て、「流石《さすが》に天下の名優を集めし所とて、語言に通ぜざるも、覚へず感に打たしめ、此題は都人士の喜んで観るを欲する所なりと見へ、貴賓席にも五、六の人影あり。皇弟ルドウヰク親王を見受けたり。十時半閉場、氏（ランメル夫妻）に別れて帰る」と記し、一月一二日にも宮内省所属の劇団によるオペラを鑑賞し、「以太利（イタリア）シシリー島の故俗あり、亦一興」と述べた。井上雅二はウィーンの第九区マリアネンガッセに転居したが、この宿舎の隣に、スラヴ民族でオーストリア参謀本部将校のホフリヒター中尉が居住していた。井上雅二は一月一四日、下宿屋の家婦の紹介でホフリヒターと知り合い、お互いの閑な時間や散策の途中或いは一室で、井上雅二が英語を、ホフリヒターがドイツ語を教え合うという形で、英語とドイツ語の交換学習を行うことになった。ホフリヒターがオーストリア参謀本部に所属していたため、この交換学習は語学の学習に借りた情報交換の意味を持った。井上雅二にホフリヒターを紹介したのは下宿の家婦である。この家婦は、日本の参謀本部と繋がり、日本の参謀本部の依頼でホフリヒターを井上雅二に紹介したのではなかろうか。

　井上雅二はウィーン大学の聴講生の立場で各種学会に熱心に参加し、一月一七日には「此夕、大学教室にて社会学会の演説あり。博士、代議士の口（講）演するもの四、五〔名〕、某女学士も亦嬌音を弄して演壇に立つ所、中々面白し。夜少しく熱を病む」と記している。この一月一七日の発熱は風邪によるものであった。井上雅二は終日安静に努めると、翌一月一八日には健康を回復し、一月一九日に法科学生の討論会に出席した。今回のテーマはダーウィンの自然進化論についてであった。井上雅二は一月二一日、ホフリヒターに案内されて著名な彫刻家を訪れた。この彫刻家はホフリヒターを介して、参考に資するため、井上雅二に和服を着て彫刻のモデルになるよう懇願した。一月二三日、同宿の医学士島村鉄太郎がウィーンを去り、ドイツに向かった。島村鉄太郎は帰朝後、医院を開設する予定であった。井上雅二は、「ラザレッット街、漸々《少しずつ》寂寥（寂寞）、又婆（下宿屋の家婦）の顰蹙（眉をひそめる）を見んか、呵々」と記した。ウィーンには、多くの日本人が訪れた。一月二四日には海軍機関学校同期生の鈴木為重が、一月二五日には林学博士の小出房吉と林業家の相川文五郎が渡辺音吉に伴われて、相次いで井上雅二の許を訪れて終日談笑、一月三〇日、井上雅二は海軍中尉堀田英夫を駅頭まで出迎えて、ウィーンを案内した。井上雅二はこれら日本人の訪問者のために連日奔走して疲弊困憊し、二月一日には正午まで熟睡し、午後四時よりベルリン大学留学中の後藤六弥（後藤象二郎の二男）を伴い、イギリス人と三人でウィーンの街路を散策した。二月二日、井上雅二はホフリヒターと会談後、バリング少尉の訪問を受けて共に語り合った。ホフリヒターは中央アジアの旅行計画を練り、サマルカンドまで旅立つことにした。ホフリヒターはベーメンの出身で、スラヴ民族のチェック人で、ドイツ語とロシア語に通じていた。井上雅二も中央アジアに関心を持ち、ホフリヒターのロシア語が旅行に便利なことから、ホフリヒターに同行しようとした。

二月九日、井上雅二は西源四郎、肥田好孝の両書記官と午餐を共にし、夕刻に至るまで会談した。すると、西源四郎は「川上〔音二郎〕一座を見たり」と述べて、井上雅二にも観劇を勧めた。川上音二郎は一八六四年（文久四年）、豪商・川上専蔵の子として筑前の博多に生れた。東京に出奔後、自由党の壮士となり、玄洋社に参加、一八八七年に「改良演劇」と銘打ち、一座を率いて興行を行い、オッペケペー節を大流行させた。一八九四年、金子堅太郎の媒酌で、人気芸者の貞奴と結婚した。一八九九年のアメリカ公演について、一九〇〇年、パリ万博で公演して人気を博し、一九〇一年に一端帰国した後、四月六日に神戸を出帆し、再びヨーロッパに向かい、ロンドンに直行してコロネット座で公演を行って後、ドイツに赴いた。ベルリン大学附属東洋語学校講師の巖谷小波は一一月一五日、日本公使館に赴き、中学校の参観許可書を受取ると、川上音二郎と土肥春曙らに遭遇し、彼らを率いて玉井喜作を訪ね、共に日本料理屋の「穴倉」で食事をした。巖谷小波は一一月一七日、玉井喜作の邸宅で催された「麦酒会」に赴くと、川上音二郎一座の男女六人の他、二〇数名が集まり、歌い踊って楽しんだ。一同は写真撮影をして午後一一時半に解散した。川上音二郎の一行はこの後、フランス、スペイン、ポルトガル、イタリア、オーストリア、ハンガリー、ベルギー、ポーランドを回り、ロシアでは公使の栗野慎一郎の周旋でサンクト・ペテルブルク、モスクワにおいて公演を行った。

井上雅二は東京専門学校に在学中、同人会の世話人の福島安正より、バルカン問題の重要性を聞かされていた。

このため、井上雅二はウィーン滞在中、是非とも中央アジアを旅行したいと考えた。中央アジアの旅行で必要となるのは、資金である。井上雅二はこの資金を大阪毎日新聞社と参謀本部に頼ろうとした。このため、井上雅二はオーストリア駐在公使牧野伸顕を訪れて、大阪毎日新聞社の小松原英太郎と参謀本部への依頼文の執筆を懇請し、牧野伸顕の承諾を得ると、二月一一日に「ホフリヒターと中亜旅行の『プログラム』を作る、紀元の佳節も忘れたらんが如し」と記したように、同旅行の計画書の作成に没頭した。二月一五日、井上雅二は中央アジアの旅行計画書を完成させ、牧野伸顕の許に持参した。牧野伸顕は参謀本部の第一部長伊知地幸介と第二部長福島安正に、また陸軍監督の隅徳三が福島安正に書簡を送り、参謀本部からの補助金の支出を要請した。参謀本部第一部は作戦、第二部は情報を担当した。更に、牧野伸顕は大阪毎日新聞社の小松原英太郎にも書簡を送り、井上雅二のために資金の援助を要請した。井上雅二は二月一六日、万事が順調に展開していると考えたのか、「牧野伸通（牧野伸顕の長男）、石田〔英造〕、田中〔松太郎〕三友と『フルカースドルフ』方面へ処見遠足をなし、終日嬉々として笑ふ、亦一快」と記すと、二月一八日にホフリヒターの訪問を受け、旅行地図の作成に向けて相談をした。二月二〇日、井上雅二は語学の学習時間を一週間のうち、四時間半から五時間あてていたものを、日曜日を除いて、毎日一時半、都合九時間、すなわちこれまでの約二倍に改め、語学力の一層の進展を期した。井上雅二は二月二四日に牧野伸顕を訪問して、時事問題を談議すると、三月三日に同夫人の美彌子の招待に応じて、日本公使館で日本食の饗応を受けて深夜まで論議した。

二　女子教育の普及

一九〇二年一月一〇日、清朝政府は管学大臣（学務の統括、責任者）に張百熙を任命し、学堂に関する全事業を一任すると、一月一三日、張百熙は呉汝綸を京師大学堂総教習に推挙し認可された。呉汝綸は随員として紹英、栄勲、杜顕閣、李光綱を同行し、日本の学校教育制度の視察を図った。呉汝綸、字は摯甫、安徽省桐城県の人、一八四〇年に生まれた。一八六五年の進士で、内閣中書をへて曾国藩の幕僚となり、一八六八年の曾国藩の直隷総督就任と共に直隷省に赴き、一八七〇年の曾国藩の両江総督転任後も直隷省に残り、直隷総督李鴻章の下で深州知州、天津知府、翼州知州となり、保定の蓮池書院の院長に就き人材を育成した。中島裁之は一八九一年、西本願寺普通教校を卒業後、一八九四年に日清戦争に通訳として従軍した。井上雅二は一八九六年一〇月二六日に中島裁之を訪問したが、中島裁之が不在のため、面会が適わなかった。中島裁之は一八九七年に清国に渡り、蓮池書院の呉汝綸に師事し、翌一八九八年に帰国すると、湖広総督張之洞の派遣した留学生の教育にあたり、一八九九年には大谷光瑞の清国巡遊に通訳として同行した。呉汝綸は一九〇二年六月八日、通訳に中島裁之を随えて北京を出立し、塘沽、牛荘、仁川をへて、六月二〇日に長崎に到着し、神戸、大阪をへて、六月二四日に京都に到着した。呉汝綸の一行は六月二五日、京都府高等女学校を参観後、東本願寺を訪れて白尾義天などの役僧や新法主の大谷光演に拝謁した。そして、呉汝綸の一行は翌六月二六日に西本願寺を訪れ、武田篤初や菅了法と会談後、京都を出立して、六月二八日に東京に到着し、三橋旅館に宿泊した。

日本の各新聞はこぞって、呉汝綸の日本訪問を報じた。六月二四日付け『日本』は、呉汝綸の人と為りを紹介して、「君〔は〕学問古今中外に於いて通貫せざるなく、時々洋学の専門家を驚かすことあり。蔵書数万巻、皆手づから之を督し、居常〔に〕唯〔だ〕一巻を手にし、斎中に坐して覧を輟《や》むるの時なし」と述べ、呉汝綸が民智の開通に務め、かつ日本との親交を重んじ、保定で英文や日文の学堂、北京で日文の学堂の設立に深く関わったとした。東邦協会、北清会、黒龍会は七月五日、芝の紅葉館において、一五〇名有余の参加者を得て、呉汝綸の歓迎会を開いた。まず、東邦協会副会長黒田長成が開会の辞を述べると、呉汝綸が中島裁之の通訳で答辞を述べ、「然るに近来、貴国は富国強兵の方針を執り、遠く欧米諸国の文物制度を輸入して着々〔と〕改革を行ひ、之れを成功する。其の勇進敢為（断固たる行動）の元気に至ては、到底弊国の及ぶ所にあらず」と指摘した上で、「弊国は今後、貴国の制度に則り、大に自主自強の精神を養成せんと努むべきも、尚此上ながら貴国の助力を乞ひ、東三洲の教育を普及し、風気を開発せんことを希望す」と述べている。呉汝綸はこの前日の七月四日、華族女学校を訪れて下田歌子と面談し、日本の女子教育について論議を交した。呉汝綸の一行は東京で約三ヵ月間、学校、教育機関、議会、裁判所、警察、監獄、軍隊、造船所、造幣局、地質調査所、印刷局、電話局、電報局、郵便局、紡績局、銀行、会社、新聞社、図書館、病院などを視察すると、一〇月一四日に新橋を出立し、京都、下関をへて一〇月二〇日に長崎を出て一〇月二二日に上海に戻った。

一九〇二年八月一〇日、厳修が私費で日本を訪問した。厳修、字は範孫、号は夢扶、天津の人である。一八六〇年に生れた。厳修は一八七三年に院試、一八八二年に郷試、翌一八八三年に会試、殿試に合格して進士になり、翰林院庶吉士から翰林院編修、国史館協修、軍典館詳校官をへて一八九四年に貴州省の学政（一省の教育行政の責任者）に任命された。厳修は日清戦争の敗北に衝撃を受け、時勢に応じた人材の育成を図るべく、経済特科の開設に関する上奏文を記した。経済特科とは、国際情勢や内外の事情、数学や翻訳、物理、製造、測図などの知識を持った人材を登用するため、正規の科挙とは別に定めた試験制度である。しかし、一八九八年九月二一日、戊戌政変が起こると、同計画は頓挫し、厳修も任期満了と共に学政を辞し、郷里に戻った。厳修は一九〇二年八月、天津の日本人教習の渡辺龍聖の勧めで、自費で日本に赴き、教育行政の視察を図った。天津駐在領事伊集院彦吉は八月八日、近衛篤麿にあてて、「〔厳修は〕往年戊戌の政変に際して職を辞し、爾来当地に在りて専ら子弟の教育に尽砕（尽力）し、殊に前年事変（義和団戦争）後よりは、特に本邦人及自国人にして外国語に通ぜるものを請聘して、傍ら子弟に外国語を学ばしめ、他日海外遊学の基礎を為さしむる等、北清地方に在ては目下本邦来遊中の呉汝綸氏に続き尤も名望あり、且つ刷新の意見を主持する有数の教育家に有之《これあり》」と述べて、厳修の教育事業視察に便宜を図っていただけるよう依頼した。厳修はこの二日後、すなわち八月一〇日、大勢の日本人、清国人に見送られて、青柳篤恒、塚谷孝二郎、和田捨私などと共に立神丸に乗船して太沽を出立し、下関、門司をへて、八月一六日に神戸で下船、大阪に至った。

厳修は八月一七日、大阪の川口町三二番地の地益源を訪れ孫淦（実甫）と会うと、大阪朝日新聞社に赴き、内藤湖南と会談し、八月一八日に再び孫淦に会うと、大阪毎日新聞社を訪問し、八月一九日に安東不二雄と会談した。孫淦は湖北省の派遣した留日学生の監督を務めるなど、清国の留日学生派遣の仲介役であった。厳修はこれ以降、連日、藤沢南岳など、日本の著名人と会い、かつ教育機関を視察した。そして、厳修は九月二日に汎愛幼稚園を訪れ、保母の山口政子と会い、大野春子、大野政子と会談した。日本の幼稚園のような機関は、清国にはなかった。このため、厳修は、幼稚園に大きな関心を示した。厳修は九月三日、育英高等女学校と清水谷女子学校を参観すると、麻生正蔵、広岡浅子と会談を交したが、成瀬仁蔵とは会見できなかった。厳修は九月四日に上京、新橋に到着すると、小村俊三郎と会談後、三橋常吉の旅館に投宿、翌九月五日に呉汝綸と会い、ビール工場を見学し、九月八日に巖谷孫蔵、杉栄之助と会談した。巖谷孫蔵、杉栄之助の二人は、京師大学堂の招聘に応じ、仕学館の教習となる予定であった。厳修は九月九日に東京同文書院と清華学堂を参観すると、九月一〇日に東亜同文会幹事長の根津一、九月一一日に同会長で貴族院議長の近衛篤磨と会談し、更に伊沢修二とも会い、教育方針で意見を交換した。更に、厳修は九月一九日に東京高等師範学校、女子高等師範学校を参観すると、九月三〇日に華族女学校を訪れて校長の細川潤次郎、下田歌子と会談し、これ以降、東京や大阪、京都の各教育機関などを参観した。厳修の訪問先は、教育機関に留まらず、議会、監獄、警察署など、広範な範囲に及んだ。厳修は一〇月一五日、東京から京都に出て、大阪、広島、下関、長崎を回り、一〇月二八日に西京丸に乗船して長崎を出立、上海に入り、一一月一九日に上海を出て一一月二七日に天津に戻った。

呉汝綸と厳修が日本の教育制度を視察すべく、日本を訪れた時期に、河原操子が務本女塾の教師に就任するため、上海に向かった。務本女塾塾長の呉馨は、一九〇〇年に南洋公学の師範院を卒業後、同級生の陸仲炳を家に招き、家塾の教師を依頼すると共に、教育や管理の方法を相談し、一九〇二年に同家塾を西倉橋から花園弄に移転、拡充し、これを務本女塾と名付けた。務本の名は「女学が教育の基本である」点に由来する。同塾は「温、良、恭、倹、譲」の道徳を重視した。呉馨は同塾の設立にあたり、華族女学校学監で実践女学校校長の下田歌子に書簡を送り、日本人の女性教師の派遣を依頼した。下田歌子は河原操子を上海に派遣した。河原操子は一八七五年、長野県の松本に生まれ、一八九四年に長野県立師範学校女子部を卒業後、小学校の教師をへて、一八九六年に女子高等師範学校に入学したが、一八九八年に病気で中退し、一八九九年に長野県立高等女学校に教諭として赴任した。折しも、下田歌子が長野県を講演のために訪れ、河原操子と知り合った。河原操子は清国の女子教育の普及に関心を抱き、下田歌子の依頼を受けて、一九〇〇年九月に横浜大同学校女子部の教師となり、ついで一九〇二年八月、上海の務本女塾に向かった。河原操子は八月二八日、横浜を出立すると、九月一日に長崎を立ち、九月三日に上海に到着し、一人で務本女塾の所在を探し、翌九月四日に同塾に入った。河原操子は赴任当初の状況について、「〔務本女塾には〕四五名の学生がいて、各学生の年齢は〕種々様々で、三十才以上の者もあれば、七、八才の者もあり、一字も読めぬ者もあれば、大抵にわかる者もあると申すやうに極々不揃ひなので、これを無理押し付けにして三級に分けてありました。程度は日本の小学校程度で御座ます」と述べている。河原操子は同塾で、日本語、算術、唱歌、図画を受け持った。

三　日英同盟の波紋

日本とイギリスの交渉は、日英同盟の締結に向けて順調に進んだ。他方、外務大臣小村寿太郎もロシア駐在公使栗野慎一郎に対して、ロシアとの正式交渉に向けた準備を指示した。一月三〇日、日英同盟が調印された。日英同盟は一、清国と韓国の独立と領土保全を承認する、二、一方の国が他国と交戦した場合、同盟国は中立を守る、三、第三国が一方の国と他国との交戦に参戦した場合、同盟国は協同で戦闘にあたる、以上の内容を持った。これは、東アジアの「平和」を目的としつつ、イギリスが日本の韓国での特殊権益の保持を約束したものであった。日英同盟は二月一二日に公布された。日本及び世界の各新聞は、日英同盟の締結を報じた。二月一二日、井上雅二はウィーンにいて、「夕刊の当地新聞に日英同盟の報を報ずるあり、世論囂々（喧しい）」と記している。翌二月一三日、東京の佐々友房は近衛篤麿に書簡を送り、日英同盟締結を「国家空前の大成功」と位置付け、喜びの余り、貴族院議長室及び官舎に近衛篤麿を訪ねたが不在のため、やむなく帰宅した旨を興奮気味に述べている。二月一六日、国民同盟会は芝の三橋亭で日英同盟の祝賀会を開き、近衛篤麿の演説後に同会の宣言文を採択した。同宣言文は、日英同盟の成立が「支那保全」「朝鮮擁護」の基礎を構築したとして、この二つを成就するための鍵が満洲問題の解決にある以上、日本政府、イギリス政府が一層の努力をして同問題の解決に尽くすよう力説した。日本では、日英同盟の締結に湧き返った。ただし、ロンドンの夏目金之助（漱石）は三月一五日、中根重一にあてて、「新聞電報欄にて承知致〔し〕候が、この同盟事件の後、本国にては非常に騒ぎをり候よし、かくの如き事に騒ぎ候は、あたかも貧人が富家と縁組を取結びたる喜しさの余り、鐘太鼓を叩きて村中かけ廻るやうなものにも候はん」と冷やかに評している。

東亜同文会の柏原文太郎は、日本の政治家、知識人の関心が韓国、満洲に向いている間、清国南部から東南アジア諸国を歴訪している。柏原文太郎は一九〇一年七月、井上雅二がウィーンに到着して程ない時期に、「〔欧米の〕南から来る勢力は北の方から来る勢力よりも盛〔ん〕になつて来らせぬか」と考えて、日本を出立すると、八月四日に香港に到着、八月一一日に広東省に入った。柏原文太郎は、広東省に約二週間滞在すると、「此戦争（義和団戦争中）若くは北清の方の事に人心が非常に集中して居る際に、欧米諸国が南清、殊に広東方面に非常に経営して居ること」を確認し、日本が同地域の現状に余りにも無関心であることに注意を促した。そして、柏原文太郎は両広総督陶模と日本と清国の通商問題について意見を交わすと、九月一日に暹羅（タイ）のバンコクに到着した。同地では、華僑が商業の実権を掌握していた。しかし、清国と暹羅の間では、条約が未締結であった。このため、華僑は種々の不便を感じていた。このため、柏原文太郎は暹羅駐在公使稲垣満次郎の了解を得て、バンコク駐在の日本人と華僑が共同で一つの団体を設立し、商業の利権を守ることになった。稲垣満次郎はこの経過について、「どうせ其国の法律に服従しなければならぬ以上は、其法律に依つて生命財産を確実に保護して往く方法を有する機関を立てるのが得策であろう」ということになり、団体が設立されたとしている。この団体が東亜商務公所である。そして、柏原文太郎が東亜商務公所の顧問に就任し、日本から法律顧問として村松山寿を呼び寄せ、一一月八日に開会式を挙行した。同公所は、五〇〇名以上の華僑が参加して盛況となった。柏原文太郎は約四〇日間、暹羅に滞在し、更にシンガポール、香港、上海をへて、一九〇二年二月に帰朝すると、三月に犬養毅夫妻の媒酌で、田辺安喜子と結婚した。

三月一四日、井上雅二は、山田菅道がウィーンを離れ、ベルリン大学に入学するのに付き従うことになり、案内記一巻、ステッキ一本を持ち、急行列車でウィーンを旅立った。列車はドナウ河をすぎて北上し、ツナイム、イクラウをへて、クラクフに到着し、エルベ河を越えて、テッチエンをへてドレスデンに到着すると、ホテル・コンチネンタルに宿泊した。ドレスデンは、一八〇六年の神聖ローマ帝国の解体後、ザクセン王国の首都となった。井上雅二は三月一五日、ドレスデンを周遊後、ライプチヒに至り、ホテル・ヘッチャーに宿泊し、服部宇之吉、巖谷小波、ヴァイオリニストの幸田延子（露伴の妹）、姉崎正治と会合し、三月一七日にベルリンに向った。井上雅二はベルリンに到着後、「［ライプチヒで］夜、徒然なるまゝに某バリエーテを見るに、目立つは観客の維也納（ウィーン）の花の都に比して粗野なるにあり。これは伯林（ベルリン）に於ても亦同様に感ぜし処、独逸の第一都府も維也納に比しては、竟に蛮風（野蛮な気風）を脱せざるの誇りを免るゝ能はざるが如し。併《しか》し此蛮風を脱せざるの間こそ頼母敷《たのもし》けれ、墺国（オーストリア）の如く積弱積衰となりては、雄を西方に称せんこと思ひも寄らざる業なり」と記している。ドイツのライプチヒやベルリンは、ウィーンに較べれば粗野の感を免れなかった。ただし、井上雅二はこの粗野であることに、ドイツが強国となった所以を見出した。井上雅二はベルリンで約一週間かけて、ブランデンブルク門などの名勝旧跡を見学後、三月二三日に同地を出立し、ウィッテンベルク、ハーレ、ワイマール、フランクフルト、ウイスバーデン、ミュンヘン、ザルツブルクなどの南部を回り、三月三〇日にウィーンに帰還した。この間、井上雅二はハーレで鳥居赫雄、ウイスバーデンで渡辺国武と千冬、陸軍少佐吉武敏次、ミュンヘンで中村（中山）久四郎の歓待を受けた。

三月二五日、暹羅（タイ）皇太子のワチラーウットがウィーンに到着した。同皇太子は一八九五年に現任に就いたが、これ以前、イギリスを中心に外国に九年間暮らし、オックスフォード大学に二年在学して、ポーランドの滅亡に関する英文の小冊子を公刊した。暹羅国王のチュラロンコルンは暹羅の将来を案じて、皇太子のワチラーウットの他にも、第二皇子と第三皇子をドイツとロシアに留学させ、軍事を学ばせていた。ワチラーウットがウィーンに到着すると、オーストリア皇帝のフランツ・ヨーゼフを始め皇族、及び文武の大官がプラットホームで出迎え、暹羅の国歌が演奏される中、双方の挨拶がかわされ、宮殿まで馬車で送られた。この後、ワチラーウットはハプスブルク家の墓所に詣で、故皇后及び皇太子の遺柩の前に花冠を供えると、同日夜のシェーン・ブルン宮殿における歓迎の饗宴に出席し、フランツ・ヨーゼフより聖シュテファン勲章を授与された。ワチラーウットは三月二六日に春季観兵式に列席し、三月二七日に博物館、美術館を見学、夜に宮内省付属の劇場でオペラを参観し、三月二八日に各所を観光して、三月二九日午後にブタペストに向って出発した。井上雅二はこれらの行事を紹介した上で、「〔元来、暹羅とオーストリアは交際があり〕特に比隣（隣り）の独逸が東洋経営に熱心し、暹国へは定期航路を開いて、其勢〔が〕仏、英の塁を襲はんとするの概あるよりして、当地の輿論は太子の此来遊を期として、益々彼我両皇家の交際を密にすると同時に、両国民に暹商貿易の途を開いて、諸強の後を取らざる様にすべしと唱へ〔ている〕」として、日本もこれを見倣うべきであるとした。

井上雅二は四月頃に「〔日英同盟は〕事余りに甚大にして、黙過致し難き心地致〔し〕候に付、欧大陸の此同盟に対する反響の一般（班）を書き綴りて、怱々〔と〕供貴覧《貴覧に供し》申候」と述べて、「日英同盟に対する欧大陸の反響」という論説を東亜同文会に送付した。ここでは、ロシア、フランス、イギリス、ドイツ、オーストリアの反応が取り上げられている。井上雅二は四月一三日、ランメルの邸宅で催された日英同盟に関する討論会に出席した。四月一八日、井上雅二はホフリヒターと散策して、本屋で中央アジアの地図を探し、四月二三日にホフリヒターの紹介で、ロシア人学生ヤッコレムより、一週三時間、毎時一、二五クローネの報酬でロシア語を学ぶことにした。井上雅二はこの点について、「〔授業料は〕少し高きも、露人少なければ、他に適当の教師なし。奈何《いかん》ともなし難し」と述べている。ロシア語の学習は、四月二五日より始められた。昨年の四月三〇日は、欧州留学に向けて東京を出立した日であった。井上雅二は同日、「昨年の本日本夜は余が欧行の為め、新橋停車場を去りしの時なり。春風秋雨既に一年を過ぎ、顧みて志業の容易に就け難きを思ふて長嘆の外なし」と記し、月日の速さを歎いた。井上雅二は四月三〇日、暹羅皇太子ワチラーウットのウィーンにおける行程を紹介しつつ、「回顧すれば暹羅国王フ（チュ）ラロンコルン陛下の千八百九十七年六月、此の邦に来遊ありしより、茲《ここ》に五年、事古きに非らず、市民は猶ほ当時の模様を記憶し居るを以て、此次太子の入都に就ては、最も興味を以て之を歓迎したる如し」と述べ、オーストリアと暹羅の交流の一端を報じた。

第二節　大谷光瑞と井上雅二

一　欧州の探検隊派遣

一九世紀、中央アジアでは、イギリスとロシアが激しく勢力を争い、いわゆる「グレート・ゲーム」を演じた。ロシアは南下政策、すなわち地中海やインド洋への進出を図り、一八九〇年までに西トルキスタンを武力で抑えて、ヒヴァ、ボハラ両ハン国を保護国とし、コーカンド・ハン国を併合した。この結果、両国の争いは中央アジアの西から東、すなわち東トルキスタンに移った。この地は、カシュガルを中心とした。一八七七年、同地の支配者ヤクブ・ベクは清国の左宗棠に敗れ、同地は清国に帰した。ロシアは一八八一年、清国との間にイリ条約を締結して国境線を定め、一八八二年にカシュガルにロシア領事館を開設した。カシュガル駐在領事には、ニコライ・ペトロフスキーが就任した。清国は一八八二年、イスラム教徒の反乱を鎮圧し、ここに新疆省を設置し、ロシア勢力の浸透の阻止に努めた。ロシアは、カシュガルから、イギリス支配下のインド、清国が宗主権を主張するチベットに勢力範囲を拡げようとした。イギリスは、インド防衛の立場から、ロシアの南下の阻止を図った。イギリスのインド政庁は植民地を統括していたが、一八九〇年にフランシス・ヤングハズバンドをカシュガルに派遣して、同地に外交代表部を設立した。同部の首席代表にはヤングハズバンドが、秘書官にはマカートニーが就任した。他方、インドシナ半島では、イギリスが西から、フランスが東から、各々が植民地化を進めた。そして、フランスは一八六二年にコーチシナを、イギリスは一八八六年にビルマを、植民地にした。暹羅はイギリスとフランスの「緩衝地帯」となり、独立を維持すると共に、近代化を進めた。

一八九九年一〇月、西本願寺の人谷光瑞は、インドの仏跡を巡拝し、欧州に赴く旨を発表した。大谷光瑞は一二月三日、多数の同行者、見送り人を伴い、京都を出立すると、神戸、長崎、上海、香港、シンガポールをへてコロンボに至り、一九〇〇年一月一日をキャンテーの寺院で迎えた。大谷光瑞は一月一七日にボンベイに至り、約一カ月間、多数の仏跡を探訪して後、二月一七日に同地を出立し、カイロ、地中海、イタリアをへてパリに入り、三月上旬、ロンドンに到着した。大谷光瑞はロンドン滞在中、渡辺哲信と堀賢雄らをヨーロッパ各地に派遣する一方、自ら英国王立地理学会の会合に足を運んだ他、ドイツ、オーストリア、フランスなどを巡り歩いた。大谷光瑞は六月一七日、ベルリンの巖谷小波を訪問している。一二月四日、大谷光瑞はベルリンにいて、ビストル・ホテルにドイツ駐在公使井上勝之助の他、巖谷小波ら二〇名を招待した。東京日日新聞社主幹の朝比奈知泉も、この大谷光瑞の招待会に参加し、大谷光瑞より中央アジア旅行計画について告げられた。大谷光瑞のロンドン滞在中、英国王立地理学会などで中央アジアの遺跡に関する報告を行なったのがスタインである。夏目金之助（漱石）も同時期、ロンドンにいて、年末の一二月二六日、妻の鏡子にあてて、「倫敦の中央にては日本人などを珍しそに顧みるもの一人も無之《これなし》、しかも日本晴といふやうな透きとほるやうな空は到底見る事〔など〕困難に候。もし霧起るとあれば日中にても暗夜同然ガスをつけ用を足し候。不愉快この上もなく候」と記している。イギリスの日本人に対する関心のあり様は、この書簡の内容に示されている。

スタインは一八六二年にブタペストにユダヤ系ハンガリー人として生まれ、一八八七年にインドに到着、ラホールの東洋学校校長に就任し、パンジャブ州の視察官に任命された。スタインは学生時代にアレクサンダー大王の東征に憧れ、サンスクリット語を学び、ためにラホール美術学校校長のロックウッド・キプリングと懇意になり、ガンダーラ地方の歴史と文化に関心を拡げると同時に、サンスクリット語からカシミール王の年代記の翻刻版を作る作業に没頭し、一八九三年と一八九四年にこれを著書として刊行した。同時期は、ヘディンが中央アジア探検を模索した時期と重なった。ヘディンは一八六五年、ストックホルムに生まれ、ベルリン大学のリヒトホーフェンの影響を受けて中央アジアの探検を志し、一八九五年二月にカシミールを立ち、タクラマカン砂漠を探検し、ホータン国の古代遺跡を発見して、全世界に衝撃を与えた。ヘディンの成果は英領インドにも伝わり、スタインを刺激した。スタインは一九〇〇年五月、カシミール地方のスリナガールを出立し、ギルギット道路をへてホータンに入り、タクラマカン砂漠の廃墟から出土した浮彫がインド仏教彫刻、すなわちガンダーラ様式であることを発見し、更に東に移動してニヤ遺跡を発見した。そして、スタインは一九〇一年五月にカシュガルに戻ると、ロシアを経由し、七月にロンドンに到着すると、中央アジアの遺跡調査に関する研究結果を英国王立地理学会などの場で次々に発表した。

一九〇一年一一月二三日、すなわち大谷光瑞の招待会の二週間前、巖谷小波はベルリンで白鳥庫吉と会合した。白鳥庫吉は一八六五年（元治二年）、上総（千葉県）の佐倉に生れ、千葉中学に入学した。同期には石井菊次郎がいた。白鳥庫吉は千葉中学で那珂通世や三宅米吉の影響を受け、東洋史を志すと、一八八七年に帝国大学文科大学史学科に第一期生として入学し、ドイツ人教師リースの教えを受け、同学卒業後、学習院教授に就任した。学習院高等科の科目には、東洋諸国史があった。白鳥庫吉は学習院高等科で東洋諸国史を担当し、一九〇一年に欧州留学を希望し、ベルリンに赴いた。白鳥庫吉は一九〇二年一月一日、近衛篤麿にあてて、「小生伯林大学にては『リヒトホーフェン』及び『フォイ』教授につきて東洋の歴史及び地理を学修（習）致し、東洋学会にてはトルコ語を習ひ申候。大学の講義は至極平易なるに失望致し候得共、私宅に就きて親しく質問すれば大に裨益する処有之《これあり》候。リヒトホーフェン氏は当国支那通の随一と称せられ居る人物にて、先年其功を以て皇帝より金章を拝領せし由に御座候」と記し、一月下旬にベルリンを去り、ブタペストに赴く予定であると報じている。白鳥庫吉はブタペストを選んだ理由について、東洋学者が多いだけでなく、ハンガリーがオーストリアと異なり、近年に国勢が俄かに伸張し、「欧洲文化の精華」を取り入れるのに急であり、同国の学校などを見物すれば必ずや日本にも有益であろうと考えた点などを記している。また、白鳥庫吉は同書簡で、「同行せし大谷〔光瑞〕氏はエーナのライン教授の許にて勉強致〔し〕居、過日一寸伯林へ来られ候節、面会致し候処、大に満足致〔し〕居」と記している。大谷光瑞は一九〇一年末、ベルリンに赴いていた。

一九世紀、ハンガリーは科学、公衆衛生に関わる施設、団体の他、博物館、図書館を設立し、数学や医学、歴史学で多大な業績を上げた。パーズマーニ・ペーテル大学は、本来がイエズス会の大学で、神学部と教養学部の二学部があったが、イエズス会の解散後、ブタに、更にペストに移転され、ブタペスト大学と称された。同大学には、東洋学の泰斗、ヴァンベリー教授がいたが、老齢で講義を行っていなかった。ヴァンベリーの後継者に目されたのが、クーノシュ教授である。クーノシュは東洋学校長も兼ねた。白鳥庫吉は一月下旬、ベルリン大学を去ると、ドレスデン、プラーグ、ウィーンをへてブタペストに落ち着き、ブタペスト大学と東洋学校に所属し、語学をトルコ語、史学を西洋史及び東洋民族の歴史に定めて研究に励んだ。白鳥庫吉は五月四日、近衛篤麿に書簡を送り、五月一杯でブタペストを引き払う予定でいたが、九月初旬までの滞在期間の延期を告げ、四月一日以降、東洋学校の教授や学生らと共にトルコに遊び、コンスタンチノーブル、アドリアポリスを見物し、ブルガリアのソフィアに立ち寄って文部大臣の招待を受け、かつ「六月の中旬には東洋学校の連中とブルガリア、セルビア、モンテネグロ、ヘルツェゴビーナ等、バルカン半嶋諸国へ修学旅行を企てる積〔り〕に御座候。此等の小国には欧州政界の危機〔が〕隠伏するが故に、出来るだけ精細に視察する考に御座候」と述べ、学術研究のかたわら、学校の視察なども行い、ギムナジウム（ヨーロッパの中等教育機関）や実業学校、女学校など、五、六校ほどを巡廻・視察し、これらの地域を去るまでには、なお一層精密に調査する積りであると報告している。

二　井上雅二の目的

一九〇二年五月二日、井上雅二はホフリヒターの訪問を受け、ロシアについて論じ合った。五月四日、井上雅二は井上秀より書簡を受け取った。井上秀はこの書簡で、柏原文太郎が帰京したため、井上雅二の学資送付の件を問い質すと、詳細不明につき「知らず」と返答されたと記していた。井上雅二のウィーン留学では東亜同文会が一部の費用を受け持った。この担当者が、柏原文太郎であった。ところが、柏原文太郎は一九〇一年七月以降、清国の南部から暹羅（タイ）に渡り、シンガポール、香港、上海をへて、一九〇二年になって漸く帰朝した。このため、井上雅二が東京の柏原文太郎にあてて留学費用の送付を督促しても、音沙汰がなかったのも当然であった。井上雅二は秀の書簡によりこのことを知ると、「一日も速〔か〕に氏の詳細の通信を頼むや切、陸〔実〕氏、坂本〔金弥〕氏、並に何等の音信なし。何故に然かく遅延するや、煩悶に堪えず」と記している。井上雅二はウィーンで金銭に窮しており、学資の送付が死活問題であったが、これ以降も連日、競馬やオペラ、演劇を鑑賞した。五月一一日、参謀本部第一部長の伊地知幸介より、井上雅二にあてた書簡が到着した。ここには、「参謀本部の方、都合出来ざる旨」とあった。井上雅二は、「曩《さき》には小松原英太郎氏の来信あり、今又此報に接し、稍々《少しずつ》煩悶の情に堪えず」と記し、隅徳三に相談して、臨機の手続を取ることにした。また、井上雅二は前年一九〇一年一〇月末、ウィーンに立ち寄り、一九〇二年三月下旬、ウイスバーデンでも会合した渡辺国武にも書簡を送り、この渡辺国武からの返信の内容を見てから、牧野伸顕と事後の相談をなすことにした。

　五月一六日、井上雅二は、渡辺国武から書簡を受け取った。渡辺国武は井上雅二の計画に同情を表し、「自分目下の境遇、一時旅費立換の事に応ずる能はざるは遺憾千万なるも、牧野公使は充分足下の精神を知るゝことなれば、同公使に謀りて臨機の処分をなすべし。善後か責任は拙生に於て引受くるも苦しからず」として、「大に国家の為めに努力せられよ」云々と記されていた。五月一九日、井上雅二は大阪毎日新聞社の小松原英太郎の書簡を受け取ると、「請求の半額丈補助すべし」との事が記されていた。井上雅二は早速、牧野伸顕を訪問し、「臨機の処置」を相談すると、牧野伸顕も大いに賛同して、一〇〇ポンドだけ提供することに決した。井上雅二は直ちに、このことを渡辺国武に報告した。井上雅二は六月一日早朝、チャイチェックの来訪を受け、一緒に石井淳二郎を訪れて、午前一〇時に帰宅、午餐後、チャイチェックと共に汽車で「グライフェニスタイン」に赴き、山上に登って一軒の料理屋で休憩した。すると、偶然にも、歌舞会員の男女数十名が登って来たので、一緒に山城を散策して「ロスタイブルグ」に到着し、午後七時、寓居に戻った。井上雅二は同夜、牧野伸顕を訪ねると、日本公使館附武官の依田昌兮、農学士の石井淳二郎、書記官の肥田好孝の三名がいた。この日、牧野伸顕より、参謀本部第二部長福島安正の書簡が、井上雅二の許に送られて来た。井上雅二がこれを開くと、一〇〇〇クローネならできると、申し添えてあった。これは、福島安正の井上雅二に対する好意であった。これより、井上雅二は中央アジア周遊計画の前途に光明を見出した。

井上雅二はウィーン滞在中、欧米特有の風習に関心を示した。この一つが五月一日のメーデー（五月祭）である。同祭すなわち「労働者の日」は、ヨーロッパ各地で夏の到来を祝し、五月一日を休息の日とした慣習が起源である。日本では、一九〇五年の平民社の茶話会がメーデーの嚆矢とされている。井上雅二は五月一日、「此日は全欧州を通して労働者休業日なるを以て、午後彼等は赤の襟飾に花を持して『プラター』公園に赴くもの続々、又社会党の会合日にて頗る面白し」と記している。また、井上雅二は、キリストの聖体祭にも興味を抱いた。井上雅二は五月二九日、「此日早朝ステッファン教会前に赴きて一椅子を買ひ、耶蘇聖体祭の行を観る。皇帝以下〔が〕徒歩脱帽して教会を出で、街路〈所定〉を一周して帰る。極めて滑稽、又極めて壮観、別に記事を作る」と記した。ウィーンのシュテファン教会には、ハプスブルク家の歴代皇帝の墓所があった。キリストの聖体祭はカトリックの祝日で、キリストの体と血の儀式とされ、三位一体の主たる日の後の木曜日に挙行された。一九〇二年は、五月二九日がこれにあたった。井上雅二が「聞く、此行列式は各旧教国には古より行はれ来りし者にして、今も西班牙（スペイン）、伊太利（イタリア）、巴威里（バイエルン）には行はれつつあるも、皇帝の列に連〔な〕るは今日の処、墺国（オーストリア）のみなりと」と記したように、ウィーンではオーストリア皇帝のフランツ・ヨーゼフは早朝、シュテファン大聖堂に到着すると、大僧正に迎えられて一時間の祈祷を行い、午前八時を期して、多くの僧侶、大臣ら、約二〇〇〇人を随えてシュテファン大聖堂を出立し、約二時間かけて所定の街路を練り歩き、主要な地点で祈祷し、再びシュテファン大聖堂に戻った。同日、ヨーロッパ中から、見物客がウィーンに集まった。

井上雅二は五月三一日、「墺都の基督聖体祭〈行列の奇観〉」と題し、同祭を紹介している。そして、井上雅二は同祭について、「旧教の虚偽百端、社会の各級に錯離（入り乱れて）関連して、日進の大勢に変応する能はず、国力の発展を阻礙（阻害）する所多きは、所謂旧教国民の漸々（少しずつ）深淵に沈み往くを看て、一端を察すべきか」

とした上で、これを「因習の久しく、積勢の致す所」と位置付けた。井上雅二は、皇帝の権力が至上となり、人間の智慧が高潮した現在においても、これを改廃することの難しさを歎くと共に、このキリスト聖体祭の行列を「笑ふべき虚儀の一」と切り捨てた。井上雅二は、文明の進歩、科学の合理性を信じ、宗教、特にキリスト教を毛嫌いし、否定的な態度を示していた。このため、井上雅二はキリスト聖体祭を「陋習」の一つと決め付け、皇帝が同行列に参列することに至っては、オーストリアが進歩から取り残され、衰退していることの証明と見なした。ただし、ウィーンの民衆は、オートリア皇帝の行列の通る道路の両側に物見台を設けたり、各家屋の窓を開放して、観光客から見物料を取ったりして、賑わいを見せていた。このため、井上雅二はこの儀式について、「左《さ》るにても、斯《かか》る虚儀は何程の信仰心を民心に印するものなるや疑はしきは勿論の話にして」と述べつつも、民衆の側からすればこの儀式も待ち焦がれたものの一つであることを指摘して、「唯だ斯《かか》る幾多の儀式を後世に貽《のこ》し、数百千年後、人の頭脳を支配する基督の面《つら》、見たき心地すなり」と述べた。井上雅二にかかると、キリストも、稀代のいかさま師の一人にすぎなくなった。

　井上雅二は五月二九日、キリスト聖体祭を見た後、プラター公園を散歩して、「夏芝居『芸者』を観る。『チヨンキナ、チヨンキナ』の歌、服装、挙止、一笑に値す。中に一支那人に扮せるあり、又極めて滑稽」と記している。ウィーンも五月後半をへて、六月に入ると、日が長くなると共に暖かさが増し、新緑も鮮やかになる。井上雅二は六月以降、各所を奔走して事前の調査を行い、中央アジア旅行の準備に余念がなかった。六月四日、井上雅二はオーストリア駐在公使牧野伸顕と書記官の吉田作弥に会い、中央アジア旅行に伴う旅券の交付と紹介状の作成について依頼した。中央アジア旅行には、ロシア政府など、諸外国の許可が必要となった。井上雅二は六月一五日、チャイチェックと「ウェスト」鉄道に乗り、チュルナーバッハに赴き、山中を駆け廻り、午後に吉田作弥の閑静な別荘を訪問したが、あいにく不在であったため、夫人と少時間歓談して帰途に就き、タユルキツレエンの公園で休憩し、夕方にチャイチェックと別れ、プラター公園に遊び、花片を投じて狂奔する市民の光景を見て帰宅した。井上雅二は六月二三日、「雨降る。薄暮、飄然として貧民屈を訪ふ。惨又惨」と記すと、六月二四日、津野慶次郎の招待で、晩餐の饗応を受けている。そして、六月二九日、日本人会がプラター公園内の緑樹の下、芝生の上で開催された。同会には、一一名の日本人が参加した。井上雅二は同夜、「イングリッシュガルテン」で痛飲し、深夜一二時頃から明け方まで、カフェーで酒を飲むと、七月一日深夜にも友人たちとカフェーに出掛けてから、美術店に赴き、談話に時間を費やした。井上雅二はこの期間、金銭的な窮状を度々訴えたが、豪放な生活を改めることはなく、また中央アジア旅行も模索し続けた。

三　旅行の準備計画

一九世紀、ウィーンは芸術の都として栄えた。ヨハン・シュトラウスが一八二五年にウィーンに生まれ、「ワルツの王様」として人々を魅了した。ワルツはウィーンの生活の象徴となり、人々はワルツの調べに乗って踊り続けた。井上雅二がウィーンに到着した時、グスタフ・マーラーがハンス・リヒターの後を継いで、ウィーン宮廷歌舞の指揮を取り、ウィーン・フィルハーモニーの指揮者にもなった。画家の浅井忠が一九〇〇年よりパリに留学し、一九〇二年六月に二年間の留学を終えて帰朝の途中ウィーンに立ち寄った。浅井忠は佐倉藩士の子に生まれ、一八七六年に工部美術学校に入り、アントニオ・フォンタネージに師事して西洋画を学び、一八八九年に明治美術会を創設し、一八九四年に日清戦争に従軍し、一八九五年に内国勧業博覧会に出展、妙技二等賞を受賞し、一八九八年に東京美術学校教授となった。井上雅二は六月二一日、「画師浅井忠氏去る十七日来維（ウィーンに到着）し、滞在三日、一昨日を以てミュンヘンに向ふ。七月四日に日本便船にて帰朝すと。氏は陸〔実〕、福本〔誠〕等の友人あり。陸に伝言を托す」と記している。井上雅二が託した陸実への伝言は、新聞『日本』に投稿した記事の原稿料に関する事柄であろう。七月一九日、成瀬仁蔵は井上秀に書簡を送り、井上雅二の学資を心配して、「雅二君の学資に付ても、十分相談ありて将来空談にならぬよう、確実な事にも成る様〔に〕希望致し候。将来雅二君の為にも、実益を重ぜられん事、尤《もっと》も肝要に被存《存ぜられ》候」と述べている。井上雅二は金銭の窮状が続いていたため、成瀬仁蔵に金銭の無心を行っていたと思われる。

六月二一日、白鳥庫吉はハンガリーの東洋学校の教授らと共に、ブタペストを出立すると、約一〇日かけて、セルビア、ブルガリア、ルーマニアを周遊した。井上雅二は中央アジア旅行にあたり、ウィーンの商業博物館の東洋部長、「コンシュラー、アカデミー」の学長がペルシアに旅行した経歴があるということで、旅行の相談をし、注意を受けている。井上雅二は、ブタペストに戻ったばかりの白鳥庫吉にも、相談を持ち掛けている。井上雅二は七月三日、白鳥庫吉より来信を受け、急遽、列車に乗ってブタペストに赴いた。井上雅二は同日深夜にブタペストに到着すると、ホテル・オリエントに宿泊し、翌七月四日早朝、白鳥庫吉を「エリザベット、ケルート街」に訪問した。井上雅二のブタペスト訪問の目的は、中央アジアを周遊するにあたり、白鳥庫吉及びブタペスト在住の研究者より有益な情報、更に注意点を得ることであった。同日、井上雅二はヴァンベリー博士を訪れたが、避暑休暇のために不在で、会談が適わなかったが、シュトラウス博士がいて、同博士と一時間余り会談して中央アジアに関する情報を得た。七月五日、井上雅二は、津野慶太郎がハンガリーの田舎から戻って来たため、屠牛場などを視察し、午後二時に白鳥庫吉に別れて帰途に就き、深夜一一時一五分発の急行列車に乗り、翌七月六日午前九時半ウィーンに戻った。井上雅二はこの七月三日以降のブタペストの旅行を終えると、「此遊歴に三日〔を費やし〕、而かも白鳥氏に会して中亜研究に関する意見を聞いて、二、三博士に会して其意見を叩き、得る所尠々（少々）ならざりき」と記している。この旅行は、井上雅二に有益な情報をもたらした。

七月一一日、松方正義がウィーンを訪れた。松方正義は一八九八年一一月、第二次山県有朋内閣で大蔵大臣となったが、一九〇〇年一〇月に同内閣が退陣すると無役となり、一九〇二年から世界周遊の旅に出ていた。七月一三日、井上雅二は、松方正義をホテル・ブリストルに訪ねて会話を行った。七月一五日、ロシア駐在公使栗野慎一郎の書簡がウィーンの日本公使館に届いた。栗野慎一郎はここで、井上雅二の中央アジア旅行について、「露政府の許可する限りに於て請求されんこと」を求め、「歴史的研究は唯だ名義のみなること分明なるを以て、露政府の疑を招かん」「旅行地方に比して日数僅少に過ぐ」「墺国士官と同行は却て益々嫌疑を招くべし。単独に如《し》かず」などと注文を付けた。井上雅二は、栗野慎一郎にこれらの意味を尋ねると共に、とりあえず旅券の査証をえて、更にペルシア、ブルガリア、トルコ、ルーマニアの査証を請求することにした。牧野伸顕は、井上雅二の意見を聞くと、「栗野の言、杞憂に過ぎたり。墺国士官と同行云云の事、之れ〔は〕私上の事、御意は則ち可なるも、其儘《そのまま》に打やり置て可なり」と述べ、栗野慎一郎の言など無視するよう勧めた。井上雅二は同日、「宮室図書館の展覧会を見るに、三、四世紀頃よりの『フヰニシヤ』、ペルシヤ、アルメニヤ、アラビヤ等の古書多く、大半〔が〕宗教に関す。シセロ（キケロ）の演説集の如き面白し。然《しか》し東洋、支那等に関する古書を見る能はざりき」と記すと、七月一七日に日本公使館経由で小松原英太郎からの送金を受け取った。

七月二八日、ロシア政府の外務省より、ロシアの日本公使館あてに回答があった。八月二日、この回答の写しがウィーンの牧野伸顕の許に到着した。この回答では、外国人の中央アジア旅行は可能であるが、「唯だ下記の諸地方は之を許さす」として、中央アジアの幾つかの重要な拠点、鉄道の沿線地帯、軍隊の駐屯地を指摘した。この結果、井上雅二はメルブからアフガニスタンの国境クシュクを経由してヘラットに至り、中央アジアの最末端の駅、アンヂシャンからテレク・ダワン（峠）を越えて天山南路に至り、カシュガルに赴くという計画を変更し、一部をペルシア旅行に切り替えた。井上雅二はペルシアのオーストリア駐在公使より沿道各官への依頼書を得ると共に、イギリスのウィーン駐在領事より同国のテヘランとスミルナの駐在領事への紹介状を得ると、ロシア、ペルシア、トルコ、ブルガリア、ルーマニアの各領事館に赴き、旅券の査証を得た。これには、同年二月の日英同盟が役に立った。井上雅二とホフリヒターの旅行に、ロシア人の画家ザルツマンが加わることになった。ザルツマンはミュンヘンに留学中で、ミュンヘンからウィーンに来たばかりであったが、井上雅二とホフリヒターと親しくなり、コーカサスまでの同行を約した。井上雅二はホフリヒター、ザルツマンの三人の奇妙な旅行を「日、墺、露の奇なる三国同盟」と称した。同時期、西本願寺の大谷光瑞も、中央アジア探検を企てていた。大谷光瑞は八月一五日にロンドンを出立、中央アジア探検のため、渡辺哲信、堀賢雄、本多恵隆、井上弘円を随えてベルリンに赴いた。途中までは、連枝（法主の男性親族）の日野尊宝、執行の松原深諦も同行した。大谷光瑞の一行はベルリンをへて、八月一八日にサンクト・ペテルブルグに到着すると、中央アジア探検が学術・宗教の調査であると力説して、ロシアの外務省から旅券の発給を受けた。

八月三日、朝日新聞社特派員の村井啓太郎が突如、巌谷小波と共に、ウィーンの井上雅二の許を訪れて来た。井上雅二は驚嘆し、かつ村井啓太郎を熱狂的に迎えた。これより先、イギリスのヴィクトリア女王が一九〇一年一月二二日、ワイト島のオズボーン離宮で崩御し、二月二日に大喪が挙行された。夏目金之助（漱石）は、この大喪を見物した。イギリス政府は、エドワード七世の戴冠式を六月二六日、ウェストミンスター大聖堂で挙行すると報じた。日本政府は、小松宮彰仁を名代としてロンドンに差遣すると共に、軍艦浅間と軍艦高砂の二艦を派英艦隊としてロンドンに特派した。朝日新聞社は、村井啓太郎を特派員に命じ、軍艦浅間に同乗させロンドンに派遣した。同戴冠式には、朝日新聞社以外では、『中央新聞』が玉木椿園をロンドンに派遣していた。朝日新聞社は、同戴冠式の模様を伝えるべく、意気込んでいた。村井啓太郎は、四月七日に横浜を出発した。ところが、エドワード七世は六月二四日、戴冠式の直前に盲腸炎の手術のために入院し、戴冠式が延期となった。この結果、各種の記念行事、催し物、街路の飾り付けも全て中止となった。海外や国内の招待客、参列者、観光客はこの知らせに茫然とし、帰国、帰郷を余儀なくされた。この点は、小松宮彰仁も同様であった。村井啓太郎は七月一日、「戴冠式停止後の倫敦」と題して、「戴冠式は一時中止せられたるのみにて、全然止められたるにあらず」と述べた上で、殖民省が各植民地の軍隊の帰国を押し留めたことを報じ、「これ王の病気経過良好にして、案外早く戴冠式挙行の運びに至るべき望あるによればなりと云ふ。吾人も亦其然らんことを希望す」と記した。しかし、エドワード七世の戴冠式の挙行日は、未定のままであった。このため、村井啓太郎は、ロンドンを出てベルリンに赴き、巌谷小波と連れ立ってウィーンに到着した。

第三節　中央アジアの周遊

一　ウィーンの出立

一九〇二年八月九日、イギリスのエドワード七世の戴冠式が厳かに挙行された。戴冠式の行列は、午前一一時にバッキンガム宮殿を出ると、モールの並木道、トラファルガー広場、ホワイトホームの官邸街をへてウェストミンスター大聖堂に到着すると、午前一一時半、戴冠式が挙行された。戴冠式の祭儀は、一時間余りで終了した。帰りの行列は、ピカデリー・サーカスからコンスティテューション・ヒルを越えて、バッキンガム宮殿に戻った。村井啓太郎は肝心の戴冠式を見ることができず、特派員記事も送ることができなかった。村井啓太郎は回顧録で、この理由について、風邪をひきホテルに引き籠り、医者に外出を止められたと述べている。しかし、事情は異なった。井上雅二は八月三日、村井啓太郎の来訪を受け、翌八月四日に「終日〔村井啓太郎に〕追従して、早来より天明に及ぶ、美術館を訪ふ両回」と記して以降、連日のように行動を共にし、八月一一日、「岩〔巖〕谷小波と共に、村井〔啓太郎〕は伯林に向て去れり。村井の滞留八日間、此間日夕追従して離れず。今、別れに臨んで、多少の恨ありたり」と記している。この間、八月七日には、井上雅二と村井啓太郎は、雪山に登っていた。すなわち、村井啓太郎が八月三日から八月一一日までの約一週間、井上雅二とウィーンで連日のように遊んでいる間に、エドワード七世の戴冠式が八月九日に終わってしまったのである。村井啓太郎は、余りの出来事に衝撃を受けたことだろう。村井啓太郎はエドワード七世の戴冠式を報ずるためにロンドンに派遣されたにも拘らず、肝心の戴冠式を報告できなかった。朝日新聞社は、何度か村井啓太郎に記事の督促をしたが、村井啓太郎から返答がなかった。やがて、村井啓太郎は池辺吉太郎にあてて、事情を説明し、詫びを入れた。池辺吉太郎は村井啓太郎の書状を受け取ると、八月三〇日、朝日新聞社社主の上野理一に書簡を送り、「同人（村井啓太郎）は矢張り不羈之性（拘束されない性）にて、社の命令通りに宮（小松宮彰仁）に随行せず、別に欧州を巡歴いたし候由、小生へは書状到着いたし候」と述べた上で、「準縄（規律）を以て固く検束（拘束）之儀はむつかしかる可く」として、寛大な処置を求めた。朝日新聞社の上野理一らは池辺吉太郎の意見を容れ、これを不問に付した。

八月一六日午後一〇時半、井上雅二は、村井啓太郎がロンドンでエドワード七世の戴冠式の報道を逃すという失態を演じ、この事後収拾に追われていたとも知らずに、ホフリヒター、ザルツマンと共にウィーンのノールド駅よりロシア行きの急行列車に乗り、旅行のスタートを切った。井上雅二が所持したのは、一箇の手提げと一箇のメリケン鞄、水筒のみであった。井上雅二の一行は、ベーメンを横切ってオーストリアの最端駅、ポオロチスカに到着し、国境を越えてロシアのオロチスカに至った。オロチスカの税関では、旅券の検査があった。ロシアの旅券の検査は厳しいことで定評があり、二、三日の滞留や書籍の没収などざらであった。井上雅二は幸い、軽い検査で済むことができ、八月一七日深夜に同地を出立すると、「十八日払暁、車窓を開けて眺望すれば、茫々たる草原〔が〕天と連りて南北東西〔とも〕涯限を見ず、汽車は正に南露の大平原を東南に向って駛走しつつあるなり」と記した。ロシアの平原は、全く雄大であった。井上雅二の一行はロストフで朝食後、同地を出立、ドン河を渡った。風景はこれ以降、ますます単調となり、草原の中に稀に牛、馬、羊の群れが見えたり、駅舎の付近に粗末な家屋が存在するのみとなった。井上雅二はこれまで、多数の駱駝の歩く姿を見たことがなかったため、これを見た時には辺境に至り、かつドン河流域を越えクバン草原に入ったことを実感した。井上雅二の一行は八月二〇日、コーカサス山北の要衝、ウラジカフカズに到着すると、馬車を雇ってグルジア軍道を通り、コーカサスの峻嶺を越え、カスベックをへて、八月二二日にアナヌルに到着し、八月二三日にチフリスに入った。ロシア人の画家・ザルツマンはチフリスが郷里であった。井上雅二はチフリスでザルツマンと別れて、ホフリヒターとドイツ人街のホテルに宿泊し、翌日からの旅に備えた。

チフリスはカスピ海から黒海に出る大道、アルメニアとロシアをつなぐ高原に位置し、ヨーロッパとアジアを繋ぐ要路として栄えた。井上雅二はこの点について、「チフリスは人も知るコーカサス州総督の駐する所、全州第一の要鎮たり。人口十六万、黒海と裏海（カスピ海）、ペルシアおよびトルコと露国との貿易通路の交叉点にあるをもって近年長足の進歩をなし、布物、毛類、綿、葡萄酒、煙草等重要品の貿易盛んに、今後鉄路のペルシアおよびトルコ境内に延長せらるるの日は更に一倍の発展をなさんか」と記している。井上雅二は八月二四日、ホフリヒターと共にチフリスを出て、バクーに向かう予定であったが、鞄の鍵を新調して、列車の出発時刻に間に合わず、ホフリヒターが先にチフリスを出立して、これを後の列車で追いかける形になった。二人は八月二五日、カスピ海の西端の都、バクーで合流すると、同夜に汽船でカスピ海を渡り、八月二六日にクラスノボドスクに到着した。井上雅二は同地の印象を、「足一たび中亜の地を踏めば、例の軍人軍属増加し、往来の人〔の〕七、八分はみなこの類の人間にして、殺風景なる殆んど戦地に異ならず」と述べた。井上雅二は日本ではまま「団匪の群」に入れられ、ヨーロッパでも野蛮人として扱われたが、チフリス以東では「灰殻紳士《ハイカラ》」として扱われた。同地は左程、蛮風を極めていた。井上雅二とホフリヒターは汽車でクラスノボドスクを出立すると、キシルアルバット、サマルカンドをへてトルキスタン省の首府タシケントで下車し、同地を観光後、八月三〇日にサマルカンドに戻り、八月三一日にかつてのブハラ汗国の首都・ブハラに到着した。

ホフリヒターはブハラからウィーンに引き返し、更にベルリンの大学に入る予定であった。このため、井上雅二はブハラでホフリヒターと別れ、一人で旅行を続けることになった。井上雅二はブハラの印象を、「余はいわんとす、露領中亜（中央アジア）に於ける諸市中、人口に於てはタシケント第一たり。しかもいわゆる役人街にして趣味に乏しく、タシケントにては数月の滞在、露の上下と親交を重ねるにより始めて若干の利益を得ん。回民の遺物を見、古を偲ぶにはサマルカンド第一たり。ブハラこれに及ばず、タシケントはもとより然り。もしそれ中亜通商の盛を見、人種異様の態について研究せんと欲する者はブハラに淹留せざるべからず。ブハラは中亜第一の貿易地にして異人種の展覧場なりと」と記している。井上雅二にとって、同地は興味が尽きなかった。井上雅二は九月一日、ブハラの練兵場に出掛けて操練を参観すると共に牢獄を見学し、更に「囚人塔」の側の寺子屋を覗いた。寺子屋では、一人の教師が生徒にコーランを口授し、生徒がこれに従って復習していた。井上雅二はこの寺子屋の乱雑さにあきれつつも、ロシアが来てから、各寺子屋でロシア語を必授課目に加えたため、ロシア語を操る者が徐々に増え出したことを記している。ロシアの影響力は、同地でも強まりつつあるように感じられた。ただし、井上雅二がブハラの町を散策し、書店で目にするものは、コーランだけであった。ロシアの駐在員はブハラではなく、新ブハラの地に駐箚し、監視の任に当たった。

大谷光瑞の一行はサンクト・ペテルブルクからモスクワをへて、アゼルバイジャンのバクーまで南下し、八月三一日にバクーからカスピ海を渡り、九月一日にクラスノボトスクに上陸すると、同地で中央アジア鉄道に乗り代えて、カラコルム沙漠をへて、メルブに至る予定であった。井上雅二は九月三日、馬車でブハラから新ブハラの停車場に至り、列車の到着を待つ間、待合室でクワスというロシア特有の飲み物を傾けながら、絵葉書に文字を記していると、日本語で声を掛けて来る者がいた。これこそが、西本願寺の大谷光瑞の一行であった。井上雅二はこの時の感動を「須臾（しばらく）にして風貌骨格日本人そのままなる四、五の客あり、待合室に入り来る。余はおそらくタルター人（タタール人）ならんとて別に気にも留めざりしに、その中の一人側に立って余を熟視しつつありしが、突如余に向って日本語にて『あなたは日本の方ですか』と問わる。この刹那（瞬間）余は直ちに思えり。これ正しく西本願寺新法主光瑞師の一行ならんと。けだし余はつとに法主一行の中亜に来遊あるべしとのことを伝聞せしをもってなり。乃ち余はこれを問返せしに、まさしくしかなり」と記している。井上雅二らは遠方の地で同胞の民に遭遇したことの奇遇を喜び、ビール一杯を傾けて、互いの健康と安全を祝した。大谷光瑞の一行は、ロンドンやサンクト・ペテルブルクの友人より井上雅二の中央アジア旅行のことを聞いており、かつ井上雅二が絵葉書に書いている文字を見て、日本人と判断し、声を掛けたのである。井上雅二は列車の出発の時刻が迫っており、名残り惜しさが尽きなかったものの、「万歳」を叫んで別れた。

二　ペルシア滞在記

一九〇二年九月三日、井上雅二は新ブハラを出立すると、メルブをへて、九月六日に再びクラスノボドスクに舞い戻った。井上雅二は八月二六日にクラスノボドスクを出立し、サマルカンドに向けて旅立ったため、約一一日で同地に戻ったことになり、資金不足からとはいえ、「まことに一瞬の飛脚旅行、冠するに中亜紀行の名をもってする、すこぶる僭なるに似たり」と反省の弁を述べた。井上雅二は九月八日、クラスノボドスクで汽船に乗り、再びカスピ海を渡ると、ロシア海軍の一根拠地、アシュル・アダ島に寄り、更に九月一〇日にメシエデサルに到着した。井上雅二は同地で下船すると、騎馬で一路、山中を通って、カジャール朝ペルシアの首都、テヘランに向かった。騎馬で通過する箇所は、ただあたり一面、雑草が生い茂っているだけの場所で、道路などと称すべきものではなかった。井上雅二は、馬蹄で踏み固められた、あたかも道らしく見える箇所を通り、九月一四日にテヘランに到着すると、「市況は中亜の諸古市の如く趣味深からず、一百年来カヂャール朝の下に服装、其他旧慣遺習を変じたれば、街頭到る処、回民の純粋生活と異なる現象を見、洋靴を穿てるもあり、洋装せるもあり、又中には古俗其儘《そのまま》のチョン髷的人物もあり、恰《あた》かも日本の諸市に入りたらんが如く、諸事矛盾の観を呈し、速に欧風の吹き荒みつゝあるを認む」と記している。井上雅二は九月一六日、イギリスのペルシア駐在公使ハルヂンがロンドンに帰還中であったため、テヘラン駐在領事のグラハムを訪れた。グラハムは二〇年前、日本に遊歴した経験があり、井上雅二に当地でのロシア勢力の拡大を訴えた。翌九月一七日朝、井上雅二はグラハムの紹介で外務次官のモータネ、エス、サルターネを訪問した。この外務次官は英語とフランス語を理解したが、ドイツ語を解せず、一九〇一年一一月の李鴻章の逝去を知らなかった。

九月一八日は、モザーファロッディーン・シャーの誕生日にあたった。井上雅二は早朝、外務次官を訪問すると、この誕生日の式典に参加した。同式典の招待客は、三〇〇名を越えなかった。やがて、一人の皇子が四、五の侍従と共に至り、シャーに代わり、玉座の前に立って何事かを朗読すると、招待客の中から代表者が出て、祝辞を述べ、式典が終了した。井上雅二は同日、外務次官の紹介で外務大臣ムシル、エド、ドーレーを訪問し、「大臣は年歯（年齢）五十五、六、容貌魁偉、風采堂々として、面貌三分の苦みを帯び、流石に一国の外相たるの貫目を見たり」と記した。外務大臣は「日本の文化大に進みたる」を賛美し、「日夜亜細亜の前途に懸念して憂惧措く能はず、幸に日東の一帝国が隆々の勢あるに依り、聊《いささ》か意を強ふす」と世辞を述べ、井上雅二の衣服が日本製と聞いて驚きの色を浮かべた。井上雅二はこの後、鉄道馬車及び軽便鉄道を乗り継いで、「シャー、アブヅル、アジム」というイスラムの霊場に赴いた。この鉄道馬車は婦人の乗車が稀で、軽便鉄道も男女を同乗させなかった。井上雅二は九月一八日夜、ペルシアの外務大臣の招待で祝宴に参加した。同国の貴顕紳士、各国の外交官は三〇〇名余りに上り、宴会も一回では賄えずに、二回に分けて行われた。招待客は宴会の終了後、三々五々、庭園の内外を散策し、午後一一時半より花火に興じた。首相のアタベク、アザムは当国第一の人材に見受けられた。ただし、井上雅二は、首相の任務が余りに重く、難題に苦悩している様子を見て取ると、首相の仕事が「シャーの財政上の需要に応ずる〔こと〕」と「国内の秩序を維持する〔こと〕」にありながら、聖職者の勢力が余りに大きく、「彼等（聖職者）は常に進歩に逆抗して戦ひ、其の声は以て無智の民人をして蓆旗（叛旗）を掲げしむるに足るなり」と記して、首相の地位も聖職者と対立したならば安泰ではないとした。

井上雅二は九月一九日が金曜日で、イスラム教徒の礼拝日にあたったため、旅行の準備を行わず、歩兵二聯隊、砲兵六大隊、コサック兵の操練の参観に務め、九月二〇日午前にイギリス公使館、外務省当局者を訪れ別意を告げ、バザールで必需品を購入すると、夕方にテヘランを出立、ペルシア北西部を横断し、コーカサスに向かった。井上雅二は九月二一日午後四時、カスビンに到着して郵便列車に乗り代えたが、郵便脚夫と郵便局の主人の間で雅二の乗車賃の分配をめぐり喧嘩が始まり、「猛悪なる相貌を有せる脚夫は咆哮、側に在りし丸太を以て主人を打傷せしめ、又毛髪を一摑《つか》み許《ばか》り、流血淋漓（したたり流れ）、事〔は〕益々大ならんとせし」が、大勢に制止されで大事なく終わった。井上雅二はシアートヘンに達すると、チャバー旅行に変えた。キャラバンが出発点から到着地まで同一の駱駝か馬で行き、毎日、駅に宿泊するのに対して、チャバーは駅局ごとに馬や馬夫を代え、夜には駅局の楼上などで眠り、馬を取り換えつつ進んだ。井上雅二は時間の余裕がなく、後者を選んだ。シアートヘンからの光景は、見渡す限り、うねりくねった丘陵であり、人家は稀で、沿道には駱駝や馬の死骨が累々とし、死んで間もない死骸が腐爛して中央に横たわり、犬や鷲鳥が群がり食べたりしていた。吐き気のする光景であった。井上雅二は九月二二日にキレーをへてキエーに到着すると、九月二三日未明に同地を出発し、サルタネーで馬を代え、午後四時半にヂェンヂャンで漸く休息を取った。井上雅二はヂェンヂャンに至るまで、丸々一一時間もの間、馬に騎乗していた。井上雅二は九月二五日、同地を出発すると、難所のカフラン、クーを通過した。カフランは連鎖、クーは山を意味し、南にクルチスタンの山脈、北にエルブルスの山勢が広がり、山頂を越えて東に行けばアゼルバイジャン州に入った。井上雅二はミアナで一息ついた。

　井上雅二はミアナで、同地の知事より晩餐の招待を受けて一泊すると、翌九月二六日に同地を出立し、ダブリッツに向かった。同日、井上雅二はヂエヂンの駅局で盗難に遭っている。ただし、被害は少額であった。井上雅二は二月二七日にダブリッツに到着した。ダブリッツはアゼルバイジャン州の首府で、テヘランに次ぐペルシア第二の都市、ペルシアの皇太子が同州の総督として駐箚していた。井上雅二は九月二八日にダブリッツ駐在代理領事ステベンスを表敬訪問し、九月二九日、ステベンスの紹介でロシア領事の旅券査証を得ると、ダブリッツを出立してアラントに宿泊、九月三〇日に同地を出てロシア領に入った。井上雅二はここで、「余の初め西欧より露国に入るや、諸事不潔、緩慢（のろ臭さ）堪へ難しとせしも、更に蛮境なる彼斯（ペルシア）に風餐露宿（旅の辛酸を嘗める）する三週日にして、再び露領に到るや、頗る心広く、体胖かなる（ゆったりする）の感を生じぬ」と述べ、アレンジチヤイに宿泊した。井上雅二は一〇月一日、同地を出て、アララットの高嶺を眺めつつナキチエソンに入った。井上雅二はアララットの高嶺を「聞さしに優るの霊山なり、東南より眺めし所、富士山其儘《そのまま》にして更に一倍高く、諾亜（ノアの箱舟）の遺跡なくとも、宇内（世界）第一の名山と称するに足る」と記し、日本人が富士山を「外邦無二の名山」と称することも、「井〔の中の〕蛙」のように感ずると述べている。井上雅二は翌一〇月二日、サルダラックを出立するとエリワンをへて、一〇月三日、アルメニア教の主長、すなわちカトリコスに会うべく、同教の大本山のエチミヤヂンに到着した。

　アルメニア教の主長、すなわちカトリコスには、マカリテーチ第一世が就いていた。井上雅二は一〇月三日にエチミヤヂンに到着すると、六日間、同地の僧房に宿泊して、マカリテーチ第一世の帰山を待ち、一〇月九日に漸くマカリテーチ第一世と会談を行ない、約三〇分間話をして、「彼は八十二歳の老翁なるも、容色赤味を帯び、頗る壮健に見受けられ、能く談じ、三、四時間に及ぶも疲労の態なしと云ふ。彼は欧西各国と比較して露国文化の幼稚なるを論じ、日本の進歩を激賞し、説き来り説き来つて縦横尽きず、余は彼の多識博聞なるに一驚したり」と記した。マカリテーチ第一世は一八九一年、七二名の代表の推挙により、カトリコスに就任した。井上雅二はマカリテーチ第一世が欧米の文物の輸入に努め、アルメニヤ語の新聞を創刊し、印刷機械を買入れ、近代的な学堂を設立し、更に詩人として著名であるとした。井上雅二は一〇月九日、カリフォン停車場から列車に乗り、エリワンアレキサンドロポールをへて、一〇月一〇日にチフリスに到着すると、ホテルに身を投じた。チフリスは欧州とアジアの分岐点である。このため、東に赴く者は前途の安全を祈り、東から来た者は到着の喜びを表し、一杯のシャンパンを傾けた。井上雅二もこの例に倣い、同ホテルで入浴して旅の垢を落とし、新しい衣服に着替えると酒杯に身を委ね、心身の疲れを癒した。井上雅二はチフリスでザルツマンを訪ねた。井上雅二はザルツマンより、ホフリヒターが先月中旬、同地に来たことを聞き、ザルツマンの案内でコーカサス博物館、植物園などを見学して後、小宴の歓待を受けると、夕方の列車に乗ってチフリスを出立した。

三　ロシアでの交友

九月三日、西本願寺の大谷光瑞の一行はブハラで井上雅二と邂逅して後、前途を祝福して別れると、翌九月四日にパミール高原の西の際に到着し、現地の人々とキャラバンを編成して、九月一三日にパミール高原に入り、一〇月一二日、インド方面とホータン方面の岐路にあたるタシユクルカンに到着した。大谷光瑞は一三日間、同地に滞在すると、一行を渡辺哲信と堀賢雄の組と大谷光瑞ほかの組の二隊に分けた。大谷光瑞は本多恵隆、井上弘円と共に「フンザ道路」を南下して、インドに向かい、一〇月二七日にギルギッド、一一月七日にバンデブラ、一一月九日にカシミールの首都のスリナガルに到着し、日野尊宝の出迎えを受けた。日野尊宝は大谷光瑞の従弟にあたり、一行をモスクワまで送って後、南方を迂回してスリナガルに至った。スリナガルはかつてアショカ王が都を定め、カニシカ王が結集を行った、いわば仏教の聖地である。これに対して、渡辺哲信と堀賢雄はタシユクルカンで大谷光瑞の一行と分かれると、タクラマカン砂漠西南のオアシスのヤールカンドをへて、一一月二一日にホータンに到着した。ホータンはタクラマカン砂漠の南の縁に位置するオアシスで、一九〇〇年にスタインが調査にあたり、多くの重要な成果をあげていた。大谷光瑞の一隊はスリナガルに二週間静養すると、各地の古跡を探査し、翌一九〇三年一月一七日、島地大等にこの後の調査を委ね、日野尊宝と共にカルカッタに向かった。これに対して、渡辺哲信と堀賢雄は一月二日、ホータンを後にして、天山山脈南麓を目指して進み、一月二三日にアクスに到着し、一月三〇日にアクスを出てカシュガルに向かった。

井上雅二は一〇月一一日にチグリスを出立すると、翌一〇月一二日早朝にバツームに到着し、ここで正午出帆のオデッサ行きの汽船に乗った。バツームは黒海東海岸の重要な軍港であり、露土戦争をへて一八七八年にロシア領となった。オデッサ行きの汽船は、ノボロシスク、ケルト、フェオドシアをへて、一〇月一四日にヤルタに寄港した。ヤルタ近郊には、リバヂア離宮などの名勝があった。井上雅二はヤルタで下船すると、リバヂア離宮を横目に見て、クリミア戦争の激戦地、セヴァストーポリに赴いた。セヴァストーポリはトルストイの小説の題材にもなった。井上雅二はセヴァストーポリ記念館に入り、大砲や沈没した戦艦の模型、防禦戦の記念品を見た。博物館の南にはウラジミル寺院があった。井上雅二はこれら博物館、寺院、海軍屯所、兵営、造船所を見学後、ナキモフの墓陵を参拝し、クリミア戦争で死んだ一二万人もの英霊に思いを馳せ、往時を偲んだ。井上雅二は同日にヤルタに戻ると汽船に乗り、翌一〇月一五日にオデッサに到着した。オデッサは、南ロシア第一の都市である。日本政府は同年春、同所に日本領事館を設立した。井上雅二はウィーンの寓居を引き払うと、日本からの郵便を同地の日本領事館に転送させていた。このため、井上雅二は同地で日本からの書簡、新聞、雑誌の類を受け取った。オデッサ駐在領事の飯島亀太郎は不在であった。このため、同領事館の書記官らが井上雅二を歓待し、各所を案内してくれた。井上雅二はここで、「夜は『ホテル』の楼頭に山なす郵便物を検し、殆んど鶏鳴（夜明け）に及べり。劉坤一の薨去せしこと、ウヰツテの東遊せしこと、マセドニアの騒擾甚しきこと抔聞き知り、始めて暗黒界より出でたるの感ありたり」と記している。

井上雅二は、バツームからオデッサに至る途中、ロシア人の大学生や軍人と同室となった。ロシア人の大学生はキエフ大学文科の学生で、夏季休暇を利用して郷里のバツームに帰省し、バツームから大学に戻る途中であった。

この大学生はドイツ語ができたため、オデッサに至るまで、井上雅二のために何くれと世話をやき、通訳の労も取ってくれた。同室のロシア人の中に、一人の肥大漢の軍人がいた。この軍人は、井上雅二と会話をしようとしなかった。井上雅二はこの理由について、言語の不通にあると考えていた。ところが、ロシア人の大学生は井上雅二に対して、この肥大漢の軍人が「彼（井上雅二）は必ず日本の軍人ならん。日本と我国とは敵国なり。彼れ此頃、中亜、高加索（コーカサス）地方を跋渉せしと云ふにあらずや。彼の使命知るべきなり。決して彼の便利を計る勿《なか》れ」と述べたことを教えてくれた。また、ロシア人の医師は、井上雅二を刺殺する真似をした。ロシア人の軍人も医師も四〇歳くらいに見えた。井上雅二はここで、一席ぶつことにして、「露国にして政治的領土を東方に拡張するの野心を撤回し、其門戸を開いて我邦人の通商貿易を自由にさへすれば、日露は其東洋的性質に於て、自ら他の西欧諸国の根本的文化を異にする者に比して、一段〔と〕和合し易きものあり。……〔日本とロシアは〕絶対的に両立すべからざるの理由あるや否やを究めず、漫に雷同して敵と云ひ讐と云ふは、無識者の事なり。公等も愚者の為に倣はざるこそよけれ」と述べた。すると、先の肥大漢の軍人は、突然ドイツ語で井上雅二に話しかけてきた。実のところ、井上雅二は一九〇一年、日本からウィーンに赴く際も、一人のロシア人の軍人と打ち解けた旅をしており、ロシア人に全く偏見を持たなかったどころか、寧ろ西欧とは異なり、日本と類似の文化を持つ民族として親近感を抱いていた。

オデッサからベルリンへは、汽船で黒海を横切り、バルカンを経由するのが、順当なルートであった。しかし、同年はペストが流行し、黒海西海岸の各港で検疫が行われていた。井上雅二は検疫の繁雑な手続を避けるため、ロシアを縦断してベルリンに帰ることにして、一〇月一六日にオデッサを出立すると、針路を南に取り、一〇月一七日に古都キエフに到着した。キエフはドニエプル河の高台に位置し、ロシアのエルサレムと称され、無数の教会堂が聳え立った。井上雅二は同市について「金色燦爛たる尖塔各処に聳へ、抹香臭き風、全市に満てる」と述べると、同日にキエフを出て翌一〇月一八日にモスクワに到着し、旧友の夏秋亀一を訪れたが不在であった。この夜、河野通久郎が井上雅二を訪ねてきた。夏秋亀一は急用でモスクワを留守にしたため、河野通久郎に依頼して井上雅二を接待させたのである。井上雅二と河野通久郎は、あっという間に打ち解け、共に酒を酌み交わし、談義に花を咲かせた。翌一〇月一九日、井上雅二は河野通久郎と共に、山路一善を停車場まで見送り、宿舎に戻ったところで、夏秋亀一と会合した。夏秋亀一は急用を済ますと、急ぎ帰宅したのである。井上雅二はモスクワの出立予定の日時を遅らせて、一〇月三〇日に森山吐虹とも会合を果たし、「前途の事、身上の事、故友の事」を語り合った。井上雅二は一三日間、モスクワに滞在し、一〇月三一日に同地を出てサンクト・ペテルブルクに至り、数日間滞在後、一一月四日に出立、ワルシャワをへて一一月六日にベルリンのフリードリッヒ停車場に下車し、約五〇日の旅行を終えて、ベルリンの宿舎に入った。

一一月六日、井上雅二は中央アジア旅行を終えてベルリンに戻り、自身の姿を鏡に映して、「帰来鏡に対すれば、赭《あから》顔〔が〕鐵の如く、毒虫に螫《さ》されたる御蔭には、手足一面に斑点を生じ、見苦しきこと云はん計りなきも、肥大の躯幹（身体）は却て疇昔（昔）に過ぎるものあり」と記している。井上雅二はこの中央アジア旅行の途中、東亜同文会にこの旅行の通信を送り、同会はこの通信を『東亜同文会報告書』第三五回、第三六回、第三七回に掲載した。これが、井上雅二「墺都通信、八月十四日、於維也納（ウィーン）」、同「南露通信〈九月八日午前裏海の東岸クラスノボスク港にて〉」、「海外通信〈十月八日アララット山麓エチミヂンなる『アルメニヤ』教大本山僧堂にて〉」である。井上雅二はこの旅行の最中、イギリスとロシアの覇権争い、勢力伸長及びペルシアの衰退を各地で目撃し、「彼斯（ペルシア）は英露二強争奪の分野にして、南半部は英の勢力圏に属し、北半部は露の勢力圏に帰すとは能く人の唱ふる所に御座候。斯説〔は〕真に近きが如く」と述べた。そして、井上雅二はこの現状を受けて、「彼斯（ペルシア）の現状〔は〕斯く憐むべきものあるに拘はらず、政府出仕の外、尠なきは奇例〔稀な例〕に御座候。財政には一人の外国顧問なく、各地の税関長は多く白耳義（ベルギー）人の手を帰し、陸軍に数名の露国将校、下士〔官〕と、独、墺、両国の士官数名あり、宮廷に二名の英医あり、其他宮内省附属高等学校に若干の外〔国人〕教師ある等、数へ来れば其数極めて僅少の御座候。之れが此邦の進まざる所以かも知れ不申《申さず》候」と記し、外国人顧問の必要性などを論じている。

第一一章　井上雅二と秀の再会　――ドイツ、ロシア、暹羅、韓国――

第一節　ベルリン大学留学

一　シベリア鉄道の旅

二　女子教育とアジア

三　ベルリンの生活

第二節　欧州周遊と帰国

一　井上雅二とドイツ

二　暹羅皇太子の訪日

三　マケドニア騒動

第三節　日露関係の緊迫化

一　井上雅二の帰国

二　対露同志会の設立

三　近衛篤麿の逝去

第一節　ベルリン大学留学

一　シベリア鉄道の旅

一九〇二年九月七日、朝日新聞特派員の村井啓太郎は、日本からロンドンに向かうまでの往路をインド洋、地中海に取ったため、帰途についてはシベリア経由にして、ベルリンを出立すると、ロシアのサンクト・ペテルブルクに入った。村井啓太郎は、八月九日のイギリスのエドワード七世の戴冠式の模様を報ずることができず、失態を演じていたが、帰路の道中については、シベリア鉄道の沿線の風俗も含めて、詳細な記事をものにした。村井啓太郎はサンクト・ペテルブルクに至る車中の模様を、「露人は天性、客を喜び、客を愛する民種なり。露語を解せざる客も、汽車中に於て話相手なきに窮せざるべし。中流以上の露人は、多く独語又は仏語を解す。而して彼等の親切なる、不案内なる旅客に対して、種々の注意と説明を与ふるを辞せざるなり」と述べて、ロシア人の素朴な人柄に愛惜の念を表わした。サンクト・ペテルブルクは、「其〔の〕西欧の大都と異なる所甚だ少からざる」大都会であった。しかし、村井啓太郎は「昨年の学生騒動以来、路上三人以上集会することは厳禁たり。偶〔々〕数人路に相会して暫らく談笑するものあるを見れば、巡査は早速馳せ来つて解散を命ずるなり」とも記して、同所の不穏な雰囲気も報じている。サンクト・ペテルブルクでは、雑多な人種を見ることができた。そして、村井啓太郎は「西欧の流行を追て盛粧したる楚々たる美人を見、カラなくシャツなく、長きフロックコートに似たる上着に身を固め、粗末なる長靴を穿てる人足を見ては、上流が其生活好尚に於て全然西欧化せると同時に、大多数の下流は尚純然たるスラブ民族なることを覚るべし。露国は物質上に於ても、精神上に於ても上下の懸隔極めて甚し。露国の強処弱点、此に在り」と論じた。

村井啓太郎は九月八日にモスクワに至り、サンクト・ペテルブルクとは異なり、「露国中の露国を見るの感」に満足を覚えた。九月一二日は、大蔵大臣ウィッテの就任一〇年の記念日であった。このため、村井啓太郎はウィッテについて、「世界〔が〕其風采を想像する有様、故ビスマークの独逸における当時を思ひ出す位に有之候《これあり》」と記しつつ、重ねてウィッテの非凡さ、偉大さを指摘した。そして、村井啓太郎はロシアの日本観に言及して、ロシアでは日本が戦いに挑んだ場合、三年でも五年でも戦う決意を示しているとして、「然れども這《こ》は実に両国の一大不幸なり。勝敗は孰《いず》れに帰するも、此の如き不幸の両国間に発生せん事は、力を極めて避けざるべからずとの意を漏らしたること屢〔々〕有之《これある》之由に候。日本は近来、日英同盟などにて遽《にわか》に景気づきたるが、此子供上りの腕白者、くだらぬ悪戯をして呉《くれ》ねば好いがとは、少しく気取りたる露人の日本観に御座候」と記している。村井啓太郎は九月一三日、ドイツ公使館附武官長岡外史に同行してモスクワを出立し、シベリア鉄道で帰途に着き、トムスク、イルクーツクで下車し、イルクーツクでは長岡外史と共に同地方の総督を訪問して歓待を受け、特にコサック騎兵の演練を見学した。そして、村井啓太郎はマンチュリア（満洲里）から東清鉄道で満洲を横断し、一〇月五日に旅順に到着し、同月中旬に朝日新聞社に戻った。この汽車旅行は、トムスク、イルクーツクでの滞在期間を含めて、二二日間に及んだ。村井啓太郎はこれを「西伯利亜旅行」と題する紀行文にして、一七回に分けて『東京朝日新聞』に報じた。

村井啓太郎の帰国に先立ち、内藤湖南が二度目の清国周遊の旅に出ることになった。内藤湖南は一九〇一年一一月に第一高等学校長の狩野亨吉から同校の教授になるよう懇請され、一端は断わったが、翌一九〇二年一月に承諾を決意し、朝日新聞社に退社の意向を伝えた。しかし、秋田県出身で銀行経営に携っていた町田忠治が内藤湖南の朝日新聞社退社を惜しみ、これが翻意を促すと共に、社主の村山龍平・上野理一に対して一年に一度程、内藤湖南を清国に旅行させるよう勧め、許可を得た。この結果、内藤湖南は朝日新聞社に留まることになった。内藤湖南は一〇月一日に大阪を出立して、神戸から大連丸に乗り、韓国をへて、清国を周遊することになった。内藤湖南は一〇月四日に釜山、更に仁川に到着、上陸すると、仁川・京城の間を往復し、一〇月七日に仁川を出立、一〇月八日に芝罘に到着し、芝罘駐在領事水野幸吉を訪問した。水野幸吉は内藤湖南に対して、村井啓太郎がヨーロッパからの帰途、同地に至ることを告げた。内藤湖南は大連丸に村井啓太郎を訪ねたが既に下船しており、芝罘の日本領事館に赴いて久し振りに村井啓太郎と会合した。村井啓太郎は後に、「芝罘にて洋服姿の〔内藤〕湖南に会ひて、奇異に感じぬ」と述べている。内藤湖南はこの旅行のために、わざわざ洋服を新調し、着用していたのである。内藤湖南は一〇月一一日、ダルニー（大連）に行き、ロシア参謀本部の旅行許可証をえて北上、一〇月一五日にダルニーを出て、一〇月一六日に遼陽、奉天、鉄嶺をへて、一〇月一七日にハルピンの松花江駅に到着した。内藤湖南はハルピンに二日間滞在して松花江沿岸の形勢を視察し、一〇月二一日に奉天に到着、同地の蔵書を調査し、関帝廟では秘蔵の蒙文蔵や満字蔵経を見た。

内藤湖南は一〇月二四日に奉天を出立し、一〇月二六日に大石橋に到着、営口線の列車に乗り換えて牛家屯に至り、営口、山海関をへて一〇月三〇日に天津に到着すると、西村博の来訪を受け、更に天津駐在総領事伊集院修吉、同地に来ていた清国駐在公使内田康哉と会談した。内藤湖南は一一月六日に北京に入り、北京に約一〇日間滞在し、沈曾植、夏曾佑などと会談し、一一月一九日に小西天に至り、各地で秘蔵の蔵書、碑文を見て、一一月二一日に瑠璃河に出て保定に至り、一一月二二日に蓮池書院及び淮軍公所に赴いて渡辺龍聖などと会談し、北京に戻った。内藤湖南はこの後、一一月二六日に牧巻次郎と共に粛親王善耆に拝謁すると、一一月二九日に管学大臣張百熙、一一月三〇日に督辦政務大臣栄禄、一二月一日に京師大学堂地理総教習の鄒代鈞と立て続けに会い、一二月二日に天津に出て、一二月四日に牧巻次郎、樽井藤吉と共に厳修を訪問した。厳修は前年、一九〇二年七月に教育事業の視察のために日本を訪問し、八月一七日には内藤湖南と会談し、九月まで日本に滞在し、天津に戻ってから各処の学堂建設に従事していた。内藤湖南は一二月六日、天津で厳復と会い、一二月八日に芝罘に到着、一二月一〇日に同地を出て海路で南下し、一二月一二日に上海に到着した。内藤湖南は上海で上海駐在領事小田切萬寿之助の他、佐原篤介、藤田豊八、狩野直喜らと会い、汪康年や羅振玉と会談すると、一二月一八日に民船に乗り、一二月二一日に紹興に到着し、古越蔵書楼などを見学した。内藤湖南は一二月二三日に杭州に至り、東本願寺の東文学堂堂長伊賢道と会談後、一二月二四日以降、各処で蔵書を見学し、一二月二七日に上海に戻り、新年を上海で迎えると、一月四日に西京丸で長崎に向かった。

これに対して、白鳥庫吉は八月六日、再びブダペストを出立し、ハンガリー北境のタートラ地方を経由して、ブリュッセルに立ち寄り、八月二七日にベルリンに到着した。白鳥庫吉は八月三〇日に近衛篤麿に書簡を送り、これまでの研究成果を述べ、更に今後の計画としてウィーン、ミュンヘンをへてイギリス、フランスに赴き、教育と図書について調査の予定であるとして、「小生〔は〕英国より露国に渡り、主として東洋の歴史及言語学〔を〕修〔め〕致し度《たく》希望の処、英仏へ少とも四ヶ月ばかり滞在致す次第にて、露国へ滞留の時間大に短縮いたし、遺憾に御座候」と述べて、留学期間の半年ほどの延長について許可を求めた。これよりすれば、白鳥庫吉はヨーロッパ留学にあたり、近衛篤麿から資金援助を受けていたことになる。白鳥庫吉はベルリンに約一ヵ月滞在し、翌九月三日よりハンブルグで開催された第一三回万国東洋学者大会に出席した。白鳥庫吉はここで、ドイツ語の論文「烏孫考」と「朝鮮古代王号考」を朗読した。同大会には、各国から著名な研究者が参集した。白鳥庫吉は、ドイツのヒルト、デンマークのトムゼン、ロシアのラードロフなどの諸碩学と交流を深めた。白鳥庫吉は同学会終了後、ブダペストに一端戻り、同地の図書館で研究を継続して後、イギリスとフランスに赴き、更に可能であればバイカル湖畔のイルクーツク、ウラジオストクに滞在し、ロシアの東方に関する事情も調査する希望を持っていた。このため、白鳥庫吉は一〇月三〇日、ブダペストより近衛篤麿に書簡を送り、フランスには一九〇三年三月頃まで滞在し、それからイギリスに赴き、時節が暖かくなるのを待って、ロシアに行き、研究を継続する予定であるとして、留学期間の延長を再度願い出ている。

二　女子教育とアジア

一八七四年三月、東京女子師範学校が女子の小学校教員養成を目的に創設され、翌一八七五年一一月より開校になった。同学校は東京女学校と共に、当時の女子教育の最高機関であった。しかし、東京女学校は就学者の減少と政府の財政難から、一八七七年に閉鎖された。東京女子師範学校は一八八五年、東京師範学校に合併された。東京師範学校は一八八六年に高等師範学校に昇格し、山川浩が校長となり、男子師範学科と女子師範科に分けられた。東京修業年限は男子が三年、女子が四年である。この女子師範科は一八九〇年に分離独立し、女子高等師範学校となった。学校長には中村敬宇（正直）が就任した。女子高等師範学校の設立には賛否両論の意見が闘わされたが、女子高等師範学校の継続が決まった。「女子高等師範学校規程」全九条が一八九三年に制定され、同校は一八九七年に文科、理科の二科になり、一八九九年に技芸科が新設され、三分科制となった。同校の技芸科の新設により、家事科（裁縫、手芸を含む）専門の女子中等教員の要請が可能になった。また、本科の他に一八九五年に撰科を、一八九六年に専修科を、一八九八年に研究科を置き、大学校設立への道筋も付けられた。この間、中村敬宇（正直）が一八九一年六月に卒去すると、村岡範為馳、中川謙二郎の校長心得をへて、細川潤次郎が同年八月に、更に秋月新太郎が一八九四年に、高嶺秀夫が一八九七年一一月に校長に任命された。一九〇〇年、三年間のイギリス留学から戻り同校に復職したのが、安井てつである。

安井てつは一八七〇年、安井津守と千代の長女として、東京駒込曙町に生まれた。安井てつは仰高小学校、本郷誠之小学校に学び、一八八一年に東京女子師範学校豫科、一八八四年に東京女子師範学校（一八九〇年に女子高等師範学校に改称）に入学した。安井てつは一八九〇年、女子高等師範学校第一回卒業生として卒業すると、同校の助教諭、更に附属小学校の訓導に就任した。安井てつは一八九二年より二年間、岩手県尋常師範学校で教諭を務め、一八九四年に女子高等師範学校訓導になると、津田梅子の許で英語を学び、海外留学に備えた。安井てつは一八九六年一二月、イギリス留学を命ぜられ、一八九七年一月に横浜を出発、イギリスに到着すると、ロンドン、ケンブリッジ、オックスフォードなどで、家政学、教育学、心理学を学んだ。安井てつはイギリスでキリスト教の信仰に目覚め、教会に足しげく通うと一九〇〇年四月、ロンドンを出立し、パリ、アメリカを経由して、同年七月に帰朝した。明治政府は一八九九年八月、文部省訓令を発布し、官立学校を初めとして、法令で規定された学校での宗教教育を禁止した。安井てつは帰朝後、女子高等師範学校長の高嶺秀夫よりキリスト教の信仰を訊ねられ、ありのままに答えた。高嶺秀夫は安井てつに対して、信仰の自由を妨げるものではないが、洗礼を急がない方がよいこと、学校では生徒に伝道しないことを伝えた。安井てつは一九〇〇年九月、同校の教授と寄宿舎の舎監に就任し、一二月二五日のクリスマスに海老名弾正より洗礼を受けた。そして、安井てつは同校在任中、多くの場面で周囲との軋轢に悩むことになった。

一九〇三年、清国では愛国主義の興隆と共に、日本の影響も受けて女子教育の必要性が説かれた。一九〇二年、呉馨と陸仲炳が上海で務本女塾を、また蔡元培が同じく上海に愛国女学を、更に顧実が常州に競存女子小学校を設立すると、翌一九〇三年には楊白民が上海に城東女学を、一九〇四年には丁初我らが常熟に競化女学堂を、史家修が上海に女子蚕桑実業学堂を、恵馨が杭州に貞文女学校を設立して、女子教育の気運が盛り上がった。この中で、常熟の競化女学堂は、宗旨に「本校は女子の学識を開通し、女子教育の普及を目的とする」と定めていた。また、湖広総督張之洞も、日本から教員を招聘して、教育改革にあたらせた。張之洞は一八九八年、留日学生を派遣し、日本との協調政策を推し進めていた。一九〇三年、戸野周二郎・美知恵の夫妻は、張之洞に招かれて湖北省武昌に赴任し、日本の幼稚園をモデルに蒙養院を設立し、幼児教育の実践と共に、保母の育成に力を入れた。清国ではそれまで、孤児の養育施設はあっても、幼児教育を行う機関はなかったため、この蒙養院の設立は画期的なことであった。この他に、武井初子、丹雪江が武昌に赴任している。清国の女子教育の特徴は、富国強兵の源として女子教育の進展を説き、女子の智識の開通と共に愛国精神を鼓舞した点にある。これは、日本の女子教育から、強い影響を受けた結果であろう。清国の女子教育は一九〇二年から一九〇四年にかけて、高等教育の普及よりも、初等教育の拡充、更には幼児教育の普及に重点が置かれた。

華族女学校学監兼実践女学校校長の下田歌子は、清国の女子教育の普及に強い関心を寄せた。一九〇二年九月、河原操子が下田歌子の要請を受けて、上海の務本女塾に赴任した。河原操子は翌一九〇三年一〇月、務本女塾在職の一ヵ年を回顧して、生徒数が赴任当初、四五名であったものの、冬休み後には一〇〇名を越え、四分の三が寄宿生であったため、新たに一軒家を借りて学校とし、従来の家屋を寄宿舎にあてると共に、この機会に規則も日本の小学校と同様に改めたとした。河原操子によれば、務本女塾の八名の教習のうち、河原操子の他は全てが男性で、かつ育成学堂（男子の中学程度の学堂）の教習も兼ねていた。また、育成学堂校長の夫人、沈竹書が務本女塾の寄宿舎の舎監に就いた。同塾の生徒には、既婚者や三〇歳以上の者が各々十数名いた他、四〇歳以上の自分の母親のような人もいた。これらの生徒は全て、熱心に学業に取り組み、積極的に質問をし、放課後や休業日にも河原操子の周りから離れようとしなかった。このため、河原操子は「私の室はあまり広くもありませんのに、土曜から日曜にかけて、多勢の生徒が遊びに参り、身動きも出来ぬほどで、彼方では編物をする、此方では唱歌をうたふなど、大賑やかであります。……それから纏足はやめまして皆伸ばすやうにして居りますが、私の足の大きいのが皆羨しくて堪らぬ様子で御座〔い〕ます。運動時間には私が先き立ちになつて騒ぎますが、足の小さい人達が私の真似をして倒れそうになりますのを、彼方を引ぱり此方をひつぱりする有様は、実にお目にかけたいやうであります」と記している。河原操子はこれからの教育により優れた女子が多数出ることを予測し、「生徒の進歩」に「無上の快楽」を感じているとした。

日本の女子教育は、清国の女子教育に影響を与えながら、必ずしも順調な展開を遂げたわけではなかった。一九〇三年七月、日本女子大学校は開校以来、約一年半を経過していた。成瀬仁蔵は七月、日本女子大学校の夏季休暇を控えて、同大学校の学生の退学、自殺などの問題の収拾に奔走した。成瀬仁蔵は七月一五日、井上秀にあてて「今日日本は過渡の時代にて、旧習は破れ新風未だ成形するに至らず。故に思慮に乏しき、常識に缺け、意思の弱き人々は如何にして、将来之を保護すべき〔か〕、一大問題と存〔じ〕候」と述べて、同問題の研究を行うよう、指示を出している。成瀬仁蔵は一〇月、読売新聞記者の質問に答えて、「女子の堕落」が「男子の誘惑」に由来し、女子学生の側に一方的に責任を負わせるべきではないとして、「〔同問題では男子の矯正が必要であり〕、さうすれば自然、〔男性の側に〕婦人を敬愛する念が深くなり、従つて見苦しき悪風も除去される事にならうと思はれますから、男子に対して高潔なる気風を養ふ事が、最も急務である事を断言するのであります」と述べている。成瀬仁蔵はこれらの問題で、男子学生の責任も大きいとする一方で、女子学生のみが責められる理由について、「〔これは〕畢竟社会に対する男子の勢力が強い為めで、東洋の通弊たる、弱い者苛め即ち男尊女卑の余毒だから、社会一般の人々が注意して、弱きを助け強きを挫くと云ふ論法で、繊弱なる婦人を助くるのが、最も大切な事と思はれます」

と述べ、更に「社会の人々も其記事を歓迎して、娯楽に供するのは、猶〔お〕且〔つ〕社会が悪事を働く者に同情があると云ふ外はありますまい」と主張した。いわば、成瀬仁蔵は、日本の社会が変わり、「弱い者苛め」「男尊女卑の余毒」がなくならない限り、これらの問題も根本的には解決されないとしたのである。これには、やはり教育が必要となった。

三　ベルリンの生活

井上雅二は中央アジアの旅行を終えて、一一月六日にベルリンに戻ると、友人の中山久四郎の住居に仮寓した。中山久四郎（この時は中村久四郎）は一八七四年、長野県北佐久郡馬瀬口村（現在の御代田町）に生れ、第一高等学校をへて、一八九六年に東京帝国大学文科大学漢学科に入学し、一八九九年に卒業すると、同大学大学院に入り、東洋史を講究し漢学を修めた。中山久四郎は一九〇一年六月、東京を出立してミュンヘン大学に留学し、ヒルト博士に師事し、翌一九〇二年にベルリン大学に移り、一九〇四年三月に帰朝した。この後、中山久四郎は、広島高等師範学校、東京高等師範学校、東京文理科大学教授を歴任した。井上雅二は一一月八日、カイクロイト街一一番館に下宿先を移転し、三日後の一一月一〇日、日本人会の歓迎会に出席し、四〇名余りの聴衆を前に、「一場の旅行談」を行った。この聴衆の中には、一八九八年九月、井上雅二が北京で山田良政、平山周と共に寓居を借りた、瀧川具知もいた。瀧川具知は一九〇〇年六月、義和団戦争で軍艦高砂の艦長として警備にあたり、一九〇二年一月、ドイツ公使館附武官としてベルリンに赴任していた。井上雅二は一一月一四日、ベルリン大学政治経済科の入学手続きを終え、「正科学生にして、維納（ウィーン）大学と稍々《少し》其撰を異にせり」と記している。井上雅二は一一月一七日に初めて講堂で講義を聞き、翌一一月一八日に図書館で終日、読書し、翌一一月一九日に自宅で勉学に励み、一一月二五日、インターナショナル法政会幹事のアエール博士を訪れて、同会に入会した。アエールの話では、同会の会員には日本人が多数いた。

ドイツ帝国はヨーロッパでは新興国である。もともと、ドイツ連邦はプロイセン、バイエルン、ヴェルテンブルク、ザクセンの四王国の他、バーゲンなどの六大公国、ブランシュバイクなどの五公国、リッペなどの七侯国の計二二の君主国、ハンブルク、ブレーメン、リューベックの三自由都市によって構成された、各邦の緩やかな連合体にすぎなかった。この中で、プロイセンが強国として台頭した。ヴィルヘルム一世が一八六一年にプロイセン王に即位すると、ドイツ連邦の非公式代表が一八六二年にワイマールに集まり、単一連邦国家の樹立に合意した。ヴィルヘルム一世は一八六六年のオーストリアとの戦い（普墺戦争）、一八七〇年のフランスとの戦い（普仏戦争）に勝利すると、ドイツ皇帝の位に就いた。ベルリンは一八世紀、プロイセンの首都であり、ドイツ帝国の首都となった。ベルリンの中心は、ブランデンブルク門（西）とアレキサンダー広場（東）に挟まれる地域にある。ウンター・デン・リンデンが市域を貫くメインストリートで、沿道には武器庫、王立歌舞場、王立図書館が林立した。鎌田栄吉は紀州藩の出身で、一八七五年に慶應義塾を卒業し、衆議院議員などをへて、一八九八年に慶應義塾の塾長に就任した。鎌田栄吉は一八九六年から一八九七年までヨーロッパに滞在し、「独逸は学者の淵叢（集まる場所）、学問の本場とも云ふべき地にして、国内に在る大学の数二十五校、教授の数二千人、学生三万已上（以上）に上る、如此《かくの如く》数多なる智識の源泉、思想の首府は点々〔と〕各地の高所に在りて、全国に学問の光明を照映するの有様は、英仏と雖も恐らくは遠く及ばざる所ならん」と述べている。ドイツの学問は、最高峰に達していた。このドイツの最高学府がベルリン大学である。同大学は一八〇九年に創設され、神学部、哲学部、法学部、医学部などを有し、ディルタイ、フィヒテ、ヘーゲルらが教壇に立った。

　一八九八年五月以降、約九年間、ドイツ駐在公使は井上勝之助が務めた。そして、巖谷小波が一九〇〇年一一月から約二年間、ベルリン大学附属東洋語学校講師を務め、玉井喜作と共に、ベルリン在留邦人の取りまとめ役となった。これら邦人は、日本人会など、幾つかの組織を作り交流に務めたが、これらの組織には日本人会の他にも、法律・政治研究者の法政会、理科・工科研究者の理工会、海軍・陸軍関係の軍人会、医学の研究者の木曜会、俳諧の愛好家の白人会、在留邦人とドイツ人の親日家の和独会があった。一九〇一年度、和独会同会の会頭はブルン博士、会計主任は玉井喜作、図書係はベルリン大学附属東洋語学校生のブットマン、幹事は巖谷小波が務め、五〇名余りの会員を有した。一九〇一年一二月一八日、和独会は約三〇〇名の参加者を得て開会し、君が代やドイツの国歌を歌い、奏楽、尺八、演説などに興じ、川上音二郎一座が余興を行った。井上雅二はこの三ヵ月後、一九〇二年三月に山田菅道に同行してウィーンを出立すると、中部ドイツのザクセン王国の首都と中世以来の都市のドレスデン、ライプチヒをへてベルリンに赴いている。井上雅二はベルリンの「東洋通」としてブランド、リヒトホーヘン、ミューラーの名をあげ、更に「ミュンヘンには久しく支那に在りて、支那学に精通せるのみならず、東洋の実勢にも暗からず、先づ当時（現在）大陸でのオーソリチーと目せらるるヒルト博士あり。現に友人中村〔久四郎〕文学士は此人の内弟子となりて、東西洋の史的関係に就て研究中に御座候」と記している。ヒルトは一八七〇年代、清国総税務司に勤務し、一八九九年にミュンヘンに戻った。ただし、井上雅二はベルリン大学在学中、ミュンヘンにいたヒルトとは会見していない。

一〇月七日、両江総督劉坤一が在任のまま死去した。享年七二。白岩龍平は一〇月一一日、近衛篤麿にあてて劉坤一の死を報じ、同時に「中外に信孚（信用）せられたる、此の人の如きは近比（頃）、怕らく匹儔（匹敵する者）なかるべく存〔じ〕候。天下一声に其死を悼み、同時に中国の前途を危惧致〔し〕候」と述べている。井上雅二はこの二ヵ月後の一二月五日、夜の自炊用の道具を購入し、午後八時にレーナッハ博士の「揚子江の商業及び政治上の関係」という講演を聞き、三峡の風景や上海の埠頭の電燈を見て、アジア周遊の希望が思わず湧き上った。また、井上雅二は翌一二月六日、コブラー博士に招かれて宴席に赴くと、同席者が全て大学生であった。列席者の数は一二、三名で、女子も七、八名がいた。井上雅二は秋の深まりと共に望郷の念を強くし、望郷の念が強まると共に清国への思いを深くした。井上雅二は一二月一一日、日本食堂に出掛けると、中山久四郎らと席を共にして、「席上、支那人は保守的人種なりやとの論に対して、吾は保守的人種に相違なきも、今後の態度奈何によりて容易に判断し難しとの説をなし、独り之〔に〕論難して、大に花を咲かせたり」と記している。また、井上雅二は一二月一三日、ベルリン劇場で「アルト、ハイデルベルグ」を見て、「嗚呼、吾れ遂に恋を解せずして、已みなし哉。支那は吾が情婦なり、埋骨の地なり」とも記している。ベルリン大学付属東洋語学校では、アレントが漢語を、ランゲが日本語を教えた。井上雅二は一二月二二日、「東洋科教師・藹儚（アイマン）を訪ふ。妻亦座に在り、支那語を以て語らんと欲するも、二、三の片語より出でず。大笑ひなりき」と記している。この藹儚こそがアレントであったように思われる。

一一月二八日、井上雅二はベルリンの日本食堂で、三宅雄二郎と偶然に邂逅し、翌一一月二九日、三宅雄二郎の宿舎を訪れて会談した。三宅雄二郎は一八六〇年（万延元年）、加賀藩家老の侍医の第二子として金沢に生れ、一八七六年に開成学校、東京大学文学部（一八八六年に帝国大学文科大学に改組）に学び、哲学を専攻し、一八八三年に同校を卒業すると、大学編纂所及び文部省編纂局に勤務したが、一八八七年に辞職して以降、官職に就くことはなかった。そして、三宅雄二郎は一八八八年に志賀重昂、杉浦重剛らと政教社を設立、雑誌『日本人』を発刊すると、一八九一年に南太平洋諸島、一八九四年に朝鮮を周遊した。三宅雄二郎は一八九八年六月、東亜会が香川悦次、井上雅二を幹事に設立されると同会に参加し、更に一一月二日、東亜同文会が設立されると、池辺吉太郎、田鍋安之助、佐藤宏、井上雅二と共に、幹事に任ぜられ、これ以降も、井上雅二の相談などに度々のっていた。三宅雄二郎は『亜細亜』『日本人』などに時事問題や哲学的考察に関する論文を発表し、一九〇二年四月、世界漫遊の旅に出て、香港、シンガポール、インド、紅海をへてロンドンに赴き、八月九日にエドワード七世の戴冠式が挙行されたため、これを拝観して後、一一月にベルリンに入った。三宅雄二郎は同旅行で、世界での日本の立場に学ぶところがあり、国際情勢などにも思索を深めた。井上雅二は一一月二九日と三一日にも三宅雄二郎を訪れ、食事を共にしながら会談し、大いに気焔を吐いた。なお、三宅雄二郎はこの後、ロシア、トルコ、イタリア、アメリカを巡遊して、翌一九〇三年六月に帰国した。

第二節　欧州周遊と帰国

一　井上雅二とドイツ

一九〇三年一月一八日、大谷光瑞はインドのカルカッタに到着し、ここでボンベイから転送された電報により、父の大谷光尊（明如）が発病し、重態に陥っていることを知らされた。大谷光瑞はもともとカルカッタからラングーンに出て、雲南省をへて帰国する積りであったが、急遽これらの予定を変更して帰国の準備に入った。ただし、大谷光尊は翌一月一九日午前一時三〇分、示寂していた。享年五四。大谷光瑞はラングーンに出て後、マンダレーからペナンに戻り、ペナンで汽船に乗って香港に向い、ここで大谷光尊の示寂を知らされた。大谷光瑞はこれにより、二八歳で、浄土真宗本願寺派（西本願寺）第二二世の宗主となった。大谷光瑞は三月一二日に長崎に到着し、三月一三日に帰山し、三月一七日に忌日法要を執り行い、連枝（法主の男性親族）や諸役員と面談を行うなど、慌ただしく任務をこなした。これに対して、渡辺哲信と堀賢雄は一九〇二年一一月、ホータンに約四〇日間滞在し、土の中から殿堂や伽藍の遺物を発見すると、タクラマカン砂漠をへて、一九〇三年一月二日にアクスに到着し、同地で調査に従事すると、二月二〇日にカシュガルに引き返した。しかし、スタインらがホータンを、ドイツのグルンウェデルやフートがトルファンを探査していた。このため、渡辺哲信と堀賢雄は四月二三日、まだ未踏査の地であるクチャ（亀茲）に赴き、同地で仏跡の調査を行い、多くの仏像、仏画、唐代の古文書、古銭、古器物を入手し、クチャ近郊のクムトラでも無数の洞窟の中から彩色の仏像、壁画などを発見した。渡辺哲信と堀賢雄は同地に腰を落ち着けて調査に従事し、八月一一日にクチャに別れを告げ、天山山脈に沿って旅行を続け、九月三日にトルファンに到着した。

井上雅二は一一月、ベルリン大学に入学すると、ウィーン大学では聴講生であったのとは異なり、過度の勉学が求められ、次第に精神的に不安定になっていった。そして、井上雅二が一二月一五日、「近来勉学過度、毎日就寝するは前三時前後なり。朝は十時より十二時に漸く起床す。何んだか夜の方が時間が長くて、沈思に益ある様な気がする」と記したように、日中近くまで寝て、夜更けに勉学に励む日々が続いた。また、時期は一二月であり、ベルリンの寒さが井上雅二の心身をむしばんだ。井上雅二は一二月一九日、「十五日以来、毎夜床に就くは前三時過にして、終日牢居、読書三昧に耽りしが、此日始めて大学に赴く」とも述べている。これには、過度の勉強の他、ドイツ特有の寒さ、更にホームシックも作用したように思われる。一二月二一日、ウィーン時代の知友、紀納益吉がロシアで病死したとの報が井上雅二の許に届いた。井上雅二はここで、「吾が紀納〔益吉〕の刻下の境遇を知るもの、覚へず暗涙を催ふしたり。人生実に朝露の如し。吁々、悲し哉」と述べ、友人の死を悼んだ。このせいか、井上雅二は度々、カフェに出向いた。一二月三一日、井上雅二は午後、日本公使館に赴き、帰途、戦勝〔記念〕女神塔の頭（てっぺん）に上って、ベルリンの年の瀬の景色を俯瞰した。井上雅二は夜に日本食堂に赴くと、三宅雄二郎らがいたため、共に会食をし、「十一時より『フリードリッヒ』街に出で、群衆の間を廻りて『プロシットノイヤーレ』を大呼し、小供（子供）然たり。一時帰来」と記し、久し振りに心の憂さを張らした。かくして、一九〇二年、すなわち留学二年目の年は終り、一九〇三年が始まった。

夏目金之助（漱石）は約三年に及ぶイギリス留学を終え、一二月五日にロンドンのアルバート・ドックから日本郵船の博多丸に乗船して帰国の途に就いた。夏目金之助にとって、ロンドンでの日々は抑圧された気分に満ちていた。そして、夏目金之助はロンドンの繁栄の影に潜む「闇」を見すえ、この「闇」の中から社会と個人の関係の定立を図り、これを文学において実践した。まさに、夏目金之助は、ロンドンでの抑圧された生活の中から、近代化に邁進する明治日本の課題と自らの果すべき役割とを見出していたのである。このような留学中の抑圧された気分は、井上雅二の場合も同様であった。ただし、井上雅二は、夏目金之助とは異なり、明治日本の進路と自らの役割を対外政策の推進及び植民地経営に見出していた。井上雅二は一月一日、玉井喜作の許に赴き、夜、ホテル、アルベルトで行われた日本クラブの新年の宴会に出席した。当日の参加者は、五〇名余りであった。松石安治がここで、日本クラブを拡張するため、委員の選出、草案の作成を提議し、井上雅二が八名の委員の一人に選ばれた。井上雅二が宴会終了後に体重を計ると、七五キロもあった。翌一月二日、井上雅二は「夜熟睡せず。近来、稍々《少しづつ》不眠症に陥りたるの心地す。心を煩《わずらわ》さしむる哉、刻下の境遇」と記している。一月四日と一一日、日本クラブの委員会が開かれた。井上雅二はここで、日頃の憂さを晴らすように気焔を吐いた。井上雅二は一月一二日、「雪降る。街頭の散策、殊に快。夜一天雲なく、明月空に懸り、気〔も〕頓に爽、渡辺（千冬）来る。明月を賞せんとて、街頭に出づ」と述べた。一月一三日、井上雅二は下宿の女将の言葉に腹をたて、転居を決意した。一月一七日、日本クラブの各委員は日本食堂に集まり、日本クラブの今後の運営について話し合った。井上雅二は同日より、フランス語の学習を始めた。

井上雅二は一月一八日と一九日に日本食堂に赴き、ウオルマーム街に下宿を代えた。井上雅二は、新しい女主人を「寡婦、好人物なり」と記している。井上雅二は二月三日、「家郷の信甚だ悪し。露国行の用意をなす」と記すと、翌二月四日、ベルリンを出立して東に向い、サンクト・ペテルブルグをへて、二月七日にモスクワに到着し、旧友の夏秋亀一、河村通久郎の歓待を受け、夜にブルン街で催された宴席に出た。モスクワは、首都のサンクト・ペテルブルクと異なり、ロシア固有の雰囲気に満ちていた。井上雅二は前年の一九〇二年一〇月一八日より一〇月三一日までモスクワに滞在し、「露国の市街を見て、誰しも眼眸に入り来るものは、金塔の赫耀として空に聳ゆる寺院なるべし。而かも莫斯哥（モスクワ）はキエフと共に世に神都と称へらるゝ如く、到る処に寺院、僧堂の群を圧して峙ち、高きに登りて俯瞰すれば、全都は唯だ寺院の影に隠れ居るの心地すなり」と記している。モスクワの中心は、クレムリンである。クレムリンの語は「城塞」に由来し、城壁に囲まれた城内に、大小様々な宮殿、教会、塔がある。そして、大きな街路がクレムリンを核に縦横に走り、宮殿、商店、記念碑が立ち並び、更にこの周囲に砦に囲まれた田舎の町が広がった。モスクワにはタタール人やトルコ人、ギリシア人、ペルシア人が混在し、また兵営、停車場、貧民窟が混然として、特色づけた。井上雅二は二月九日、ヤールに遊ぶと、橇で郊外を駆け廻って風邪をひいている。井上雅二は前年のロシア訪問後、まだ二月半もたたないうちに同地を訪問したことになるが、ロシア訪問の目的については詳細を記していない。井上雅二は二月一二日にモスクワを出立し、二月一四日にベルリンに戻った。

二月一五日、ベルリンの井上雅二は日本クラブの委員会に出席し、「委員会を開き、倶楽部設立に就て談ず。余は衆の懇請に依り、常務委員等の一人に撰ばる。厄介なるかな」と記すと、翌二月一六日、海軍大佐瀧川具知の許を訪れて、二月一八日に借屋を探したが、よい物件がなかった。二月二一日、日本クラブの委員会が開かれた。井上雅二は同委員会に出席すると、日本クラブの拡張問題を相談し、翌二月二二日にも代理公使の畑良太郎と日本クラブについて語り合った。日本クラブの拡張には新家屋が必要となり、新家屋の借入には資金が必要となった。二月二六日、日本クラブは、会員に三月より会費の徴収を通知した。三月二日と七日、日本クラブの委員会が開かれた。井上雅二は三月九日、韓国公使閔哲勲を訪問している。井上雅二は前年三月、ベルリンに赴いた時に、清国公使蔭昌と韓国公使閔哲勲を表敬訪問し、蔭昌を「曽て陸軍武官として独、墺二国へ留学したることある人に御座候得者、独乙語を操ること巧妙に、疎髯（まばらな髯）細身にして、風采揚《あ》からざるやの感〔も〕有之《これあり》申候も、挙止端荘（毅然として）、言論明快、眼光稍々《少しずつ》鋭くして、機才に富めるを表はし申候」と評しながら、閔哲勲については外国語が理解できず、困惑の面持ちであるだけでなく、風土や慣習の違いから憔悴しているように見え、「如何にも任重ふして鞠躬如（慎み深い）たるの風見へ、同情の感に堪へ不申《申さず》候」と記している。井上雅二と閔哲勲の会談は、前年の三月と一一月三〇日に続き、三度目であった。

二　暹羅皇太子の訪日

一九〇三年一月一日、近衛篤麿は「今日、歯齦（むしば）膨脹、痛苦に堪へず」として、医師の山根正次を招いて、腫れ上った部分を切開したが快癒しなかった。近衛篤麿は一月一二日、右側の胸部に痛みを感じ、山根正次の診断を受けると、筋リューマチと診断されたが、肋膜炎の恐れを指摘された。近衛篤麿は一月一三日に肋膜炎、一月一五日に肺炎と診断され、静養に務めたが、せきが出て呼吸困難をきたし、血痰も出て、安眠のできない日が続き、二月六日に再び発熱、病状の重さを自覚した。近衛篤麿はこの後、約一ヵ月、発熱による体調不良が続き、三月七日に葉山に向かう予定でいたが、発熱のため延期し、三月一〇日に出立した。長男の近衛文麿は三月一二日に近衛篤麿に書簡を送り、「先刻学校から帰りましたら、皆様御出発の後、大いに淋しゅくあります。……又先刻電話がちんちんとさけびましたから、『寿美』はそら葉山から電話だと云つて口に聞きますと、交換局から取消と云つて来ましたから、〈失礼ながら〉さては又々御熱でも出て、電話を掛けるのを止めて急に帰つたのかと、皆々胸をを（お）どらせて居ましたが、其後電話が掛つて無事〔に〕御着と云ふことを耳に挾み、老若男女雀躍（踊り上がって喜ぶ）す。僕は今、御居間に悠然として居ります」と記した。近衛文麿は一一歳で、長男として健気に振舞っていた。この一〇日後、近衛文麿と秀麿は三月二一日に葉山に行き、同地に一泊して、三月二二日に東京に戻った。近衛篤麿は三月二三日、戸外を散歩中、痰を吐くと血が混っていた。そして、これ以降も喀血が止まらず、四月になって日記の執筆も途絶えた。

一九〇二年一〇月、柏原文太郎は日本を出立し、一一月に香港に到着すると、暹羅駐在公使稲垣満次郎の書簡により、バンコクの東亜商務公所が理事の陳斗南の専横で経営難に陥ったことを知った。稲垣満次郎は、東亜商務公所の金庫には一銭も貯蓄されておらず、顧問の村松山寿も食事に事欠く有様であるとして、柏原文太郎に対して至急バンコクに至り、大会を開いて未納の会費及び予約の寄附金を募集し、会務の再建及び拡張を図るよう要望した。稲垣満次郎はここで「若《も》し又た貴兄にして来盤（バンコク訪問）なき時は、資金の出途なく、役員一同総辞職の決意なることを屢々小生に告げ申〔し〕候。然らば閉会するの外に良策これなく」とまで述べた。村松山寿は同所初代顧問を辞任した。このため、稲垣満次郎は柏原文太郎の訪問と同所の後任顧問の人選を依頼した。柏原文太郎は一九〇三年一月三日、近衛篤麿にあてて、一一月に香港に赴き、さしたる成果もあがらぬまま、一二月に広東に至り、両広総督陶模にも面会したとして、「〔両広〕総督（陶模）は御承知の通りの老朽にて、唯だ間の抜けたるる調子にて、人言を聞き居るが最上に候。巡撫も同じく老朽なれども、少しは理屈抔申す達（程）の人らしく候」と述べた上で、同地の治安の悪さを指摘し、軍備より警察の編制を当局者に勧めたとして、更に「暹羅より商務公所の事にて頻りに渡来を促がされ、不得止《やむをえず》明日出立、盤谷（バンコク）に赴き、滞在十日間にて帰途に就く積り候」と記している。柏原文太郎は、東京専門学校同人会で、顧問もしくは指導者と学生の関係にあった。柏原文太郎は一月にバンコクに到着後、東亜商務公所の業務を建て直し、遠藤隆夫を香港から招聘して後事を委ね、一二月一七日に帰朝した。

一二月一五日、暹羅皇太子ワチラーウットは、欧米周遊の帰途、横浜を訪問した。暹羅の軍艦チャクルクリー号は長崎、神戸をへて、一二月八日に横浜に入港し、皇太子ワチラーウットの横浜到着を同地で迎える予定であった。一二月九日付け『読売新聞』は同艦について、「目下暹羅の海軍は巡洋艦一隻〈即ち本艦〉、砲艦九隻、練習艦二隻より成り、七十余名の将校は孰《いず》れも白人にして、暹羅人には士官に適する者無し。但し指揮命令は総べて土語を用ゐ居れりといふ。今回チャクルクリー号の来航を機とし、大に我が海軍に学ぶ処ある筈なりといへり」と記している。皇太子ワチラーウットは横浜到着後、一二月一八日午前に明治天皇と会談すると、午後に首相桂太郎、外務大臣小村寿太郎、宮内大臣田中光顕、小松宮彰仁親王、伏見宮貞愛親王を訪問し、晩餐の後、松井源水の駒廻しを見学し、翌一二月一九日は青山練兵場で近衛師団兵の観兵式を見ると、午後にはオーストリア公使館で午餐会に臨み、午後六時より各皇族、各大臣を招待して晩餐会を開いた。この後、皇太子ワチラーウットは東京を出て日光に遊び、金谷ホテルに投宿、一二月二六日に同地を出立、上野、新橋をへて横浜に向い、グランド・ホテルに投宿、翌一二月二七日に鎌倉、江ノ島を遊覧して横浜に戻り、一二月二九日に横浜から名古屋に至り、一九〇三年一月一日、名古屋から神戸に出て、京都、奈良、大阪を回って再び神戸に戻り、暹羅の軍艦チャクルクリー号に乗船して長崎に至り、長崎から軍艦でバンコクに戻った。

一九〇二年、暹羅の農商務省に蚕業局が設立されると、農学博士外山亀太郎が技師長に就任し、更に養蚕技師の横田兵之助ら六名が暹羅に渡った。首相桂太郎は、一九〇二年一二月の暹羅皇太子ワチラーウットの訪日を機に、日暹協会の設立を図り、日本と暹羅の外交、通商、社交の関係で相互の意思疎通、国益増進を期すことになった。暹羅の日本駐在公使はビヤラジア・スバラバンダ、日本の暹羅駐在公使は稲垣満次郎である。日暹協会の設立計画の大要は一、日暹協会は両国の通商、貿易に従事するものに対し、特殊の便宜を図る事、二、日暹協会は両国人士の社交を敦睦ならしむるため、各地の要衝に社交倶楽部を設けること、三、日暹協会は両国間に於ける宗教上の連鎖的発達を期するため、春秋二期を以て宗教連合大会を開く事、四、日暹協会は暹羅学生の日本留学に対して、懇切に斡旋の労をとること、以上を定めた。稲垣満次郎は一九〇三年四月、読売新聞社の記者の質問に答えて、日英同盟の締結後、日本と暹羅の関係が「清、韓両国の保障」だけでなく、「南亜細亜全方面に及ぼしたるが如き感」があるとして、暹羅が日本を慕い、「内政の改革」だけでなく「文武百般の改良」において、日本を手本にしているとした。稲垣満次郎によれば、暹羅皇室の日本に対する信用は絶大なものがあり、皇太子ワチラーウットは宮殿内に日本室を設営し、国王のチュラロンコルンも日本風の御殿並びに庭園を造る計画を持った。また、皇后も御手許金より学費を支給して、八名の留学生を日本に派遣する予定であった。稲垣満次郎は日本政府が暹羅のために助力することで、双方の良好な関係の構築を願った。

暹羅皇后は稲垣満次郎夫人の榮子を寵愛し、深い信頼を寄せ、留日学生の派遣を積極的に推し進めた。五月二二日、暹羅皇后の派遣した八名の留学生が新橋に到着し、稲垣満次郎及び女子高等師範学校教授・井口あぐりの出迎えを受けた。これより先、暹羅皇太子のワチラーウットは同年一月に神戸で軍艦チャクルクリー号に乗船し、長崎をへてバンコクへの帰途に着いたが、日本滞在中、日本の女子教育に関心を示し、帰国後に留日学生の派遣を進言した。この結果、同留学生八名中、四名は女子であった。また、四名の男子のうち、二人は国王の甥、他の二人も貴族の子息で、一五歳から一八歳までで、女子の四名も高位者の子女で、一四歳から一五歳までであった。暹羅の女子学生は、美術的工芸の習得を目標としていた。女子高等師範学校長の高峰秀夫が女子学生の監督に、東京外国語学校長の高楠順次郎が男子学生の監督にあたり、男子学生については学業の進歩に応じて、自己の選択に従い、専門の学問を修めることにした。稲垣榮子は、今回の暹羅の留学生が暹羅皇后の選抜にかかり、皇后より学資金を給付された点を指摘し、「此の度留学生が日本に参りました〔こと〕に就ても、兎に角一般に注意を与へましたから、何んでも日本人の手で暹羅の女子教育をしたいものです。是れは追々そうなるであらうと思ふて居ります。何を申しましても、東洋の独立国ですから、共に手を携へて、彼の後れている所を導いて参りますのは、先に進んだ我国の義務であると思ひ升《ます》。それで此の度我日本の婦人達は、続々暹羅に行つて、教育に務め、日本の趣味をつぎ込む様にしてほしいものであります」と述べた。

三　マケドニア騒動

バルカンのドナウ河流域では、スラヴ人が六世紀に、またトルコ系遊牧民族のブルガリア人が七世紀に入り込み、双方の混血が進んだ。この結果、ブルガリア人の国、すなわちブルガリアが建設された。ブルガリアはバルカンに君臨する大国となったが、オスマン・トルコに侵略され、その支配下に入った。ブルガリアはブルガリア正教を崇拝し、ロシアと精神的に深い繋がりを持つ一方、イスラムのトルコとは相対立した。このため、トルコ軍が一八七七年に露土戦争で敗北し、サンステファノ条約が翌一八七八年に締結されると、ブルガリアは広大な領土を持つ自治公国として自立した。しかし、イギリスは同条約により、ロシアのバルカンにおける影響力の拡大を恐れた。この結果、ベルリン会議が一八七八年に開かれ、ブルガリアの領土を五分の二に削り、東ルメリアとマケドニアを再びトルコの支配下に戻した。もちろん、マケドニアの人々は、これに不満を抱いた。彼らはマケドニア協会という一種の秘密結社を組織して、マケドニアの自立を求めて、各地で武装蜂起を計画した。この武装蜂起計画は、二つの立場があった。一つはブルガリアのソフィアを拠点とするもので、マケドニアの自立とブルガリアへの合併を望んだ。他の一つはテッサロニキを拠点とするもので、東ルメリアとマケドニアの完全独立を望んだ。ブルガリアは、マケドニアの民族運動を支持する立場にあった。しかし、マケドニアの自治或いは独立がなった場合、ロシアやトルコ、オーストリアなど、周辺の諸国は間違いなくこれに連動して対立を激化させるであろう。この対立の激化は、更なる国際紛争を引き起こす可能性があった。このため、ブルガリアもマケドニアの民族運動に対して、簡単に支持できなかった。

ブルガリアの内部では、親ロシア派と反ロシア派が激しく激化した。自由党のスタンボロフ、ラドスラヴォは反ロシア派の代表であり、西欧の資本と結束を強めて、ブルガリアの改革と発展を推し進めようとした。しかし、スタンボロフは一八九六年、親ロシア派によって殺害された。何となれば、スタンボロフはマケドニアの自治を時期尚早とみなし、トルコやルーマニアなど、周辺諸国との協調を優先していたからである。スタンボロフが殺害されると、マケドニア協会など、マケドニアの自治を求める運動が活性化した。この中心が、ストイロフである。ロシアは暗黙裡に、これを支持する立場に立った。マケドニア協会は一九〇二年一一月頃より、ツオンツエフ、ヤンコフが中心となり、三〇〇〇人余りの同志を集めて、これらをマケドニアのサロニカ、メトロブイツア、モナスチールなどの都市に送り込み、爆弾闘争を行った。この狙いは、トルコ領内のマケドニアで混乱を起こし、列国にトルコ政府の統治不能を認識させ、マケドニアの自治もしくは独立を勝ち取ろうとする点にあった。しかし、マケドニアの自治もしくは独立は、周辺のアルバニアなどの民族運動を引き起こすことが予測された。このため、周辺の国々、オーストリア・ハンガリー二重帝国や、更にはロシアも現状維持を望むに至った。ブルガリアでは五月、ドラガン・ツァンコフ政権に代わり、ラチョ・ペトロフの一派及びスタンボロフ（国民自由）党からなる政権が成立した。同政権は周辺諸国との摩擦を避けるため、マケドニアの民族運動を抑圧した。これらの一連の動向は、マケドニアの民族運動にも大きな影響を与えた。

　四月一日、井上雅二はベルリン大学冬季講座が終了したため、ベルリンを出立してヨーロッパ周遊の旅に出た。井上雅二は約一ヵ月かけて、イギリス、フランス、ベルギー、オランダ、北ドイツなど、これまで赴いたことのない場所を一巡すると、四月二六日に再びベルリンに戻り、「倫敦、巴里に在りし頃は非常の寒気にて、街頭時に飛雪の繽紛たるを見しも、既にして伯林に帰れば陽気再発して近郊ウエルダーの桜花の盛を呈し居り候ひき。音に名高き鄂羅（ロシア）の空ぞ、如何ならんと存〔じ〕居〔り〕候処、来て見れば春色既に七分、緑樹青草の生々として日に繁りゆく様、頓《とん》と西欧とちがひは無〔く〕御座候」と述べた。五月、マケドニアの民族運動が激しさを増し、今にも戦端が開かれそうな雲行きであった。井上雅二は五月二日、再びベルリンを出発して東に向い、ポーランドをへて、五月五日、再びモスクワを訪れ、同地に約一週間滞在し、調査に従事した。そして、井上雅二は五月一一日、ロシア研究の目的でモスクワに滞在していたところ、バルカンが不穏な情勢になったため、これを観察する目的で、翌五月一二日より急遽南下し、オデッサから黒海を渡りコンスタンチノープルに出て、同所で一般の情勢を見て、コンスタンチノーブルからマケドニアの騒動の起きた地方に赴き、研究と考察を重ね、五月末か月初に再びモスクワに戻る予定にした。

井上雅二は五月一二日にモスクワを出立し、キエフをへて、五月一四日にオデッサに到着し、五月一六日にオデッサを出て、五月一八日にボスポラス海峡に入り、トルコのコンスタンチノーブルに到着し、ドイツ人経営のホテル・クロッケルに投宿すると、早速、トルコ政府からマケドニア地方の旅行の許可を得ようとした。井上雅二は、同地で知り合ったイタリア公使館附武官蔵田虎助と共にトルコの外務省に何度か交渉したが、マケドニア地方の旅行の許可を得ることができなかった。このため、井上雅二は旅行の目的を、小アジアのバグダート鉄道の視察に変更した。井上雅二は五月一九日、トルコの外務次官と会談後、サルタンの宮殿を始め、ギリシア街、兵営、官衙を見物、更に外務省、スタンブール博物館に赴き、五月二〇日にイギリスの同地駐在領事を訪ねて、ブルガリアと小アジアの各々の旅券の証明を得ると、五月二一日にコンスタンチノーブルを出て、一先ずスミルナに到着した。ところが、井上雅二はスミルナの税関で、旅行案内記などの書籍を没収されたため、旅行案内記を持たぬまま、旅行を継続した。井上雅二は五月二四日にコンヤに到着した。バグダート鉄道は、ドイツ資本のバグダート鉄道会社の建設にかかり、コンヤからシリアをへてモンスールに出て、チグリス・ユーフラテス流域に沿い、バグダートをへてペルシア湾に出るもので、一八九六年にはコンヤからエスキシェヒルまでが開通していた。井上雅二はコンヤでバグダート鉄道に乗車すると、エスキシェヒルまで行き、ドイツの「綿作と石油の二大業」について視察し、五月二七日にコンスタンチノーブルに戻った。

井上雅二は五月二八日にコンスタンチノーブルを出立すると、五月二九日にブルガリアの首府ソフィアに戻った。ソフィアは、マケドニア騒乱の震源地の一つである。井上雅二がソフィアに到着した時期は、ラチョ・ペトロフの一派並びにスタンボロフ（国民自由）党からなる新政権が樹立したばかりであった。井上雅二が宿泊したホテルには、コーヒー店とケーキ屋があり、新政府の大臣が頻りに出入りした。そして、ホテルの支配人は、井上雅二にこれらの大臣を紹介した。井上雅二に後に、この時の模様について、「彼は曽てブルガリアのビスマルクと言はれ、七年前街頭にて露西亜党の為に暗殺されたスタンボロフ、此人はブルガリアの創業の元勲で、国民一般の崇拝して居る英傑でありますが、私はソフヰヤに着いた晩にすぐにスタンボロフの墓参りをして、墓の側に咲いて居つた花を取つて来て、マセドニア、コンミツテー（マケドニア協会）の首領などが居る所で話をしたら、非常に喜んで居りました。東方の一孤客が国都に到着早々、彼等の崇拝して居る英傑の墓を弔ふたと云ふので、非常に満足の意を表して居りました」と記している。井上雅二はここで、前首相・ミカイロフスキー、マケドニア協会のヤンコフ、ツオンツエフと会談し、更に諸大臣を歴訪して、情報を収集した。この結果、井上雅二は、マケドニアの民族運動がこれ以上には拡大しないと考えた。井上雅二はそれでも、マケドニア地方を視察したいと考え、新政権に掛け合ってマケドニア地方の旅行許可証を得ようとしたが、トルコ政府の場合と同様に、様々な手段を講じても全て失敗に終わり、同地方の視察を断念せざるをえなかった。

第三節　日露関係の緊迫化

一　井上雅二の帰国

一九〇三年四月八日、ロシアは前年に清朝政府と締結した満洲還付条約を反故にし、第二期撤兵を履行せずに、清朝政府に撤退の条件として新たに七項目を強要した。四月二八日、上海の知識人は張園に会し、ロシアの要求に抗議の演説を行い、列国の外務省に打電し、清朝政府の批准如何に拘らず、ロシアの要求を拒否すると言明し、更に北京の外務部に打電し、「同条約を批准すれば、内は主権を失い、外は大患を招くであろう」と述べて、ロシアの要求の拒絶を請願した。日本では、四月二九日、清国留学生会館幹事・評議員が対策を協議し、神田の錦輝館で留学生大会を挙行し、義勇隊の結成を決議した。同大会には、五〇〇名余りが参加した。四月三〇日、留学生三〇名余りが義勇隊に志願し、五〇名余りが清国において職務に就くことを願い出た。五月二日、清国留学生が再び大会を開き、規則を制定して義勇隊を学生軍と改名すること、目的を「拒俄（ロシアへの抵抗）」に置くこと等を決した。学生軍は日本の警察の取り締まりにより、僅か五日で解散させられた。しかし、一部の有志が「形式を改めても、精神までは一分たりとも改めてはならない」と述べたため、学生軍は軍国民教育会と改名して存続が図られた。ここで、軍国民教育会は、宗旨を「尚武の精神を養成し、愛国主義を実行する〔こと〕」に置き、総事務処を神田区駿河台鈴木町一八番地の清国留学生会館に定めた。軍国民教育会は、今後の活動戦術として「一に鼓吹、二に蜂起、三に暗殺」の三点を掲げ、清国の各地に運動員を派遣して中心機関を設け、武装蜂起を画策した。湖南省出身の留日学生・黄興もこの過程で、郷里の湖南省長沙に戻った。

日清戦争後、日本とロシアは韓国の土地買収をめぐり、鋭く対立した。韓国の土地買収は、ロシアが不凍港の獲得と満洲経営の拠点の構築を、日本が軍事的拠点の構築を目的とした。一九〇三年に入ると、六〇名のロシア人が清国の安東県から鴨緑江を渉り、龍岩浦で森林の伐採を名目にして、家屋の建設と土地の買収を進めた。龍岩浦は鴨緑江岸の韓国側の最北西部に位置し、鴨緑江を挾んで安東県大東溝と対峙し、かつ北に白馬河を控えるという、いわば要衝の地にあった。また、同地の附近は、潮水の満干の差が激しく、満潮時には汽船の出入りが可能となった。このため、日清戦争では、日本軍がこの港を一時期、満洲進軍の兵站基地とした。六〇名のロシア人は、軍服を着て安東県を出発し、鴨緑江の中流でこれを脱ぎ棄てて平服となり、民間人に成りすまして龍岩浦に入るという、手の込んだ方法を取った。また、ロシア人の帯同した清国人は、林七なる者の引率にかかる馬賊であった。彼らは胸に「大俄右軍中営馬隊」の文字を記した布を縫い付けていた。これらロシア人が鴨緑江を越えて、韓国領内で土地の買収と家屋の建設を行い、かつ測量及び土木工事に着手した。このようなことは、これまで無かった事柄であった。このため、日本政府はこれを、ロシアが韓国北部の経営を行うための端緒なのではないかと疑った。韓国政府は五月一五日、郡守にロシア人の退去を命ずると共に、ロシア公使に厳重抗議して、同行為が条約違反であると主張した。しかし、ロシア公使はこの抗議に対して、同行為が何ら条約違反に当たらないと返答し、ロシア人の龍岩浦における家屋建設の正当性を論じた。

六月一日、井上雅二はソフィアを出立すると、六月二日にブレブナをへて、ドナウ河を渡り、ルーマニア領グルヂエボから北上し、ブカレストで休憩後、六月三日にジャッシーをへて、六月四日にモスクワに到着した。井上雅二は六月一〇日、「〔ブルガリアでは〕スタンボルフ党即ち親土主義を抱持するプトロフ、ヘトコフの二人入つて新内閣を組織し、一方土廷（トルコ政府）とソフヰヤ間の意思を疎通するに力め、一方マケドニア協会一味の徒の行動を厳に抑制〔し〕致候」と記し、バルカンも戦争の危機を脱して平和に復し、オーストリア、ロシアも安堵したとしている。マケドニア人は、トルコ政府の圧迫を受け、マケドニアの「自治経営」を求めて運動を起こし、ブルガリアに入り込み運動を活性化させた。しかし、ブルガリアのスタンボロフ党は、マケドニアの自治運動を抑圧した。ロシアは、ブルガリアの国際協調政策を支持した。いわば、ロシアは、トルコとの対立を避けた。井上雅二はこれについて、「墺国の対巴（バルカンに対する）幹策は暫く措き、何故に露国が徹頭徹尾、巴幹（バルカン）の現状維持に腐心せるかは既に御承知の如く、主力を極東に傾注せんが為めなること疑を容れず」と述べ、ロシアの東アジアに対する動向に注意を促している。井上雅二によれば、バルカンの平穏の回復は、東アジアの戦争の危機到来と裏腹の関係にあった。井上雅二は六月一〇日にモスクワを出立し、シベリア鉄道に乗り、帰朝の途につき、シベリア鉄道に乗り、満洲をへて帰る理由について、「第二撤兵後に於ける露人の満洲に於ける行動、奈何なるべき観察の機会あらんと存〔し〕居候」と述べている。

宗方小太郎は、ロシアの動向を見極めるため、海軍軍令部に出張を願い出た。そして、宗方小太郎は五月一四日、海軍軍令部より「北清旅行」の許可と五〇〇円の旅費の振込の通知を受けると、五月二〇日に漢口を出立した。宗方小太郎の長江往復は、三三回目であった。宗方小太郎は五月二三日に上海に到着し、五月三〇日に井手三郎と共に上海を出て、汽船で北上し、六月二日に芝罘に到着し、伊集院俊に合流した。伊集院俊は一八七一年、旧薩摩藩士の子に生まれ、一八九〇年に海軍兵学校に入り、日清戦争に従軍、一九〇一年に海軍軍令部出仕として福州に駐在、清国南部の兵備地形を視察し、一九〇二年に帰朝、海軍軍令部第三局員としてロシアの施設の偵察に従事すると、清国出張の命を受け、五月二六日に東京を出立、芝罘に出て宗方小太郎と会った。宗方小太郎は六月五日、芝罘で井手三郎と別れ、「蓋し我〔ら〕両人（宗方小太郎と伊集院俊）、海軍軍令部の命に依り、鴨緑江沿岸より朝鮮の龍岩浦に至り、露国人の動作を偵察せんが為なり」と記し、伊集院俊と共に龍岩浦に向かった。宗方小太郎は六月六日に大東溝、六月七日に大東溝を出て安東に到着すると、六月八日以降、九連城、義州、道口をへて、六月一〇日に龍岩浦に到着して、龍岩浦の状況について、「此地〔は〕目下、沿江百七十間、奥行七十間許の間に区画を定め、沿岸の部分は護岸工事に着手せり。堤防以内の地は約六尺許《ばかり》埋立てざる可からず。……此地〔は〕鴨緑江口より約我三里の上游に在り。形（景）勝の地を占め、泊船（船舶の停泊）に便なり」と記している。宗方小太郎は同日、龍岩浦を出立し、趙司口、大東溝をへて、六月一三日に芝罘に帰還し、六月一四日、海軍軍令部にあてて報告書を認めた。

この間、井手三郎は六月二日、宗方小太郎と芝罘で別れると、天津をへて北京に入り、湖広総督張之洞らと会談し、更に天津に戻り、湯河、秦皇島をへて山海関に至り、長城を観光して後、錦州、田庄台をすぎ、営口に至り、牛営屯より列車に乗り、蓋平、熊岳城、瓦房店、普蘭店を過ぎ、金州城に入り、大連湾、南関嶺をへて、六月二六日にダルニー（大連）に到着した。宗方小太郎は六月一三日から六月二〇日までの間、芝罘に滞在し、芝罘駐在領事水野幸吉などと会談を重ねると、六月二〇日夜、永田丸に乗船して芝罘を出て、翌六月二一日にダルニー（大連）に到着し、六月二三日に旅順を出て、六月二四日にダルニーに戻った。宗方小太郎は翌六月二五日、ダルニーで「午後一時井上雅二来訪。二年前より独逸に遊学せし者、西伯（シベリア）鉄道にて本日来着せりと云ふ。共に出て海辺を散歩す。夜井上〔雅二〕を日本ホテルに訪ふ」と記している。井手三郎も六月二六日、ダルニーで「然も宗方〔小太郎〕と再会し、又井上雅二の欧州より帰途に邂逅し、意料の外なる会合をなせり。井上は此夜、芝罘に航せり」と記した。井上雅二は六月二六日、井手三郎、宗方小太郎の見送りを受けて大和丸に乗船し、帰国の途についた。宗方小太郎はこの後、ダルニーと芝罘の間を往復し、七月九日にダルニーを出立、南関嶺、遼陽、営口、山海関、北京、天津、塘沽をへて芝罘に至り、七月二一日に芝罘から汽船に乗り、七月二三日に長崎に到着し、故郷の熊本に戻った。井手三郎は井上雅二と別れると、芝罘より旅順に向い、七月四日に列車に乗って北に向い、大石橋、海城、遼陽、奉天、開原、ハルピン、ウラジオストク、元山、釜山をへて、七月二二日に長崎に到着し、七月二三日に熊本の実家に戻った。

二　対露同志会の設立

五月八日、東亜同文会の春季大会が芝の紅葉館で開催された。参加者は四六名である。先ず、副会長長岡護美が開会の挨拶を述べ、次に幹事長根津一が事務報告として、「内国」「韓国」「清国」の三点に分けて説明した。この後、会長の近衛篤麿の列席の下、中西正樹、中島真雄、国友重章、井手三郎、宗方小太郎の五名が評議員に推挙され、更に役員の選出が行われ、「支部通則の改正の議」の質疑に入った。根津一はここで、清国においては上海支部のみを残し、他の支部を撤廃することについて説明し、更にこれに伴う「支部通則」の改正の内容を述べた。すると、野田兵次郎、財部熊次郎、内田甲、末永節が、本議に移らないうちに立ち上がり、質問及び意見を述べた。これら質問の要旨は、「本会の本旨は時勢に向て活動するにあり、然るに近来教育にのみ重きを置き、時事問題の講究解釈に疎遠なり」「支部を廃するは不可なり、寧ろ之に重きを置き、活用すへきなり」「調査も時勢に迂闊なる多くして、必要なるもの少し。迂闊なる調査を止めて、目下の大問題の地たる満洲等に人を派遣し、実地に露国の行動を調査せしむへきなり」「会報は新聞に出てたる陳腐の記事多くして、新材料に乏し。東亜問題の先覚者たる本会の如きは須らく世間未た知らさる材料を供給して、社会を指導すべきなり」「本会は専制政治の状ありて、会員意見を述るの機に乏し」、以上の諸点にあった。東亜同文会が東亜同文書院など、教育事業に重点を移すことについては、多くの不満も存在していた。このため、根津一がこれについて逐一説明を行うと、神鞭知常が立ち上り、「「これらの質問は」教育問題よりは寧ろ時事問題に重きを置くべし」との忠言にあるとして、「時事問題を調査すべしとの言は無理ならぬことゝ信ず」と述べた。近衛篤麿は神鞭知常の意見を受けて、これを幹事会、評議会で議論することにした。

国民同盟会は前年の一九〇二年九月、ロシアによる満洲還付条約の締結を受けて解散していた。一九〇三年、旧国民同盟会会員は第一次桂太郎内閣にロシアへの強硬策を求めるため、再び近衛篤麿を運動の中心に据えて活動を活性化させた。三月、『東亜同文会報告』第四〇回は、「近衛会長の全快」と題して、「〔近衛文麿の病状は〕其後経過良好にして、近頃は殆んと全癒、不日転地静養の筈なり」と報じた。しかし、近衛篤麿は依然として、再起の目途が立たなかった。小川平吉は六月二一日、近衛篤麿と渡辺国武に連絡を取り、六月二二日に偕楽園で会合を開いたが、近衛篤麿は病気のため、渡辺国武は急用のため、出席が適わなかった。小川平吉は六月二五日、「夜五百木〔良三〕を拉し帰りて〔東洋〕倶楽部の事を議す。其方法多岐に渉り決断に苦む。不幸、霞山公（近衛篤麿）病むを以て、一層の困難を感ず」と記した。六月初旬、東京帝国大学教授の戸水寛人、富井政章、小野塚喜平次、高橋作衛、金井延、寺尾亨、学習院大学教授の中村進午ら「七博士」が首相桂太郎を訪問し、満洲問題に関する意見を具申し、意見書を提出した。七博士は同意見書で、「今や露国は次第に満洲に勢を扶植し、殊に海上に於ては盛に軍艦の勢力を集注し、海に陸に其の強勢を加へて、以て我が国を威圧せんとすること、最近報告の証明する所なり」と現状を論じ、満洲問題の解決のためにロシアへの強硬外交の必要性を説いた。同意見書は、本来が公開の予定ではなかったが、外部に洩れ、各新聞に報じられた。そして、六月二四日、『日本』なども「満洲問題と大学七博士の意見書」と題して、同意見書を掲載して論評した。

井上雅二は六月二六日、芝罘で大和丸に乗船すると、仁川、漢城、釜山、長崎をへて、七月四日に下関に到着した。井上雅二は一九〇一年五月一一日に下関を出立し、ヨーロッパに旅立っていたため、約二年振りの日本帰還であった。井上雅二は七月初旬に東京に戻ったが、秀は程なく夏季休暇中の家庭生活の実験に入った。このため、井上雅二と秀は再会を遂げても、極めて慌ただしい中であった。井上雅二は芝公園の紅葉会館で開催された孔子の後裔、衍聖公の一行の歓迎会に出席し、久し振りに東亜同文会の重鎮と顔を合わせた。同歓迎会に出席したのは、長岡護美、榎本武揚、岸田吟香、犬養毅、などである。この数日後、柏原文太郎が犬養毅の依頼を受けて、井上雅二の許を訪問すると、バンコクの東亜商務公所の顧問就任を打診した。犬養毅と柏原文太郎は、日本の政策として、韓国、満洲も重要であるが、「南方」、特に暹羅にも勢力を扶植すべきであると考えていた。バンコクの東亜商務公所は、顧問に人選を急いでいた。暹羅駐在公使の稲垣満次郎は請暇帰朝中であった。稲垣満次郎は東京専門学校の同人会で顧問を務め、井上雅二を熟知していた。また、犬養毅と柏原文太郎は、井上雅二の「南洋」の開発に対する関心の強さを知っており、井上雅二こそバンコクの東亜商務公所の顧問に適任と考えたのである。犬養毅は、井上雅二であればこの要請を断らないと考えたのであろう。しかし、井上雅二は、日本とロシアの関係が緊迫する中で暹羅に赴くことを憚り、請暇帰朝中の稲垣満次郎がバンコクに戻る時にバンコクに同行することにして、稲垣満次郎がバンコクに戻るまでは韓国に行き、もし万が一、日露戦争が勃発したならば暹羅に行くことを中止することにしたいと申し出ている。

井上雅二は七月、東洋研究会で「近東及極東旅行談」と題する講演を行い、「私は二年半ばかり欧羅巴の方に留学して居りまして、其間に大学の休暇を利用し、大小五回の旅行を企てましたが、中に就て此東亜研究会の研究事項に最も縁の近い地方へ旅行をしたのは、昨年夏秋の交に於ける中央亜細亜、波斯（ペルシア）、高加索（コーカサス）及露西亜方面の旅行と、それから今度の巴幹（バルカン）、小亜細亜及西比利亜（シベリア）旅行です」と述べて、後者の一九〇三年初旬のバルカン、シベリアの旅行を題材に、現在の外交問題を論じた。井上雅二はここで、ロシアによるバルカンの現状維持政策の由来を「満洲問題の解決」に求め、これにより日本とロシアの緊張が高まったとして、ロシアの脅威を再三にわたって強調した。そして、井上雅二は、ロシアの財政悪化と革命運動の惹起、以上の二点について、次のように分析する。すなわち、ロシアは近年、シベリア鉄道の建設や満洲経営で膨大な経費を費やし、財政悪化を招いているが、これも一、大蔵大臣ウィッテの政策、二、ヨーロッパの債権者の意向、三、ロシア皇帝の財産に対する信用、などにより、深刻な事態にまでは陥っておらず、各地の革命運動も「其の多くは小供のストライキと一般（同様）の騒動」であり、騒動の根拠が薄弱な上に、ロシア政府の警察力、軍事力が強大であるため、例え革命運動が起きたとしても程なく鎮圧される類のものであるとした。そして、井上雅二はロシアの命運について、「財政は非常に乱れては居るが、弥縫政策を以て是が弥縫をして行けば、此後には財政経済の調和が出来て鞏固になると云ふこともあるし、露西亜の人民は未だ中々幼稚で、心から革命を企つると云ふやうなことは今の処先づ出来ない。始終専制の桎梏に甘んじて居つて、向上の精神に乏しい」と述べ、ロシアの破局など殆んど起らず、むしろ東アジアにおける勢力伸長の可能性を強調した。そして、井上雅二は、モスクワからダルニーまでがシベリア鉄道で一四日間、ダルニーで接続船に乗れば三六時間で長崎に到着するため、長崎からモスクワまでは一六日間、またベルリンまでは一九日間、ロンドンまでは二〇日間で辿り着くことになるとして、シベリア鉄道のもたらす影響について警告を発した。

七月二〇日、小川平吉は「〔東亜〕同文会にて恒屋〔盛服〕、国友〔重章〕に面す。対外硬会合の議あり。予は熟考を約して去る」と記している。八月九日、対外硬同志大会が神田の錦輝館で、神鞭知常、大竹貫一、工藤行幹、平岡浩太郎、柴四朗など、一二〇〇名余りの参加者を得て開催された。神鞭知常が発起人の一人として開会を報じ、中西正樹が趣旨を述べ、鈴木重遠が座長に就き、一、遼東還付問題、二、旅順、大連の租借と軍港の開設、三、東清鉄道の布設、四、韓国における日露交渉の退譲、五、義和団戦争の際の満洲占領、六、撤兵条約の不履行、以上をあげて、「この上は忍ぶ能はず、国民は宜しく決心を内外に示して大局を支持することを図らざるべからず」との意の宣言を可決し、更に決議案も承認された。この決議文には、「露国をして撤兵条約を履行せしめ、清国をして満洲開放を決行せしめ、以て東亜永遠の平和を確保するは、帝国の天職なり。吾人は、我政府が敢て懈怠せず、速に之を遂行せんことを切望す」と記された。次いで、高橋秀臣、渡辺国武、大東義徹などの演説があり、更に近衛篤麿の祝辞、大隈重信の意見書、板垣退助の意見が代読者によって披露され、会名も対露同志会に決定した。この約一ヵ月後、同会の評議員会は九月一二日に神鞭知常、頭山満、長谷川芳之助を選出し、九月一四日に首相桂太郎を訪問させ、警告文を手渡した。これに続いて、九月一〇日に福岡で対露同志会九州大会が、九月一七日に仙台で同東北大会が開かれた。九州大会では、三〇余名の新聞記者が常盤館の懇親会に招かれた。また、この東北大会では、記者団が別に「吾人同志は対露同志会の行動を以て時局に適切なるものと認め、極力其目的を貫徹せしめんことを期す」という決議を可決した。

三　近衛篤麿の逝去

朝日新聞社主筆の池辺吉太郎は、四月八日のロシア軍第二次満洲撤兵期限の不履行を境に、ロシアへの強硬論を強めていった。七月三一日、池辺吉太郎は社説「日露開戦の風評」で、ロシアの非道な行動と日本の取るべき決意を論じた。そして、池辺吉太郎は、最近のロシアが日夜兼程して遼陽、旅順の防備を固め、東清鉄道の線路を改良して軍隊の輸送の増強を図り、北部満洲の兵を旅順、大連に集め、沿海州の兵を吉林省内に進め、ヨーロッパからは数箇旅団の大兵を北部満洲及び沿海州に配置していること等を指摘し、ヨーロッパで頻りに日露開戦の可能性が喧伝されているのも、これらロシアの行動を見るならば的外れでないとした上で、日本の注意と覚悟を喚起した。そして、池辺吉太郎は「而してかゝる不祥なる風説をして喧伝せしめたるに就ては、露国専ら其責に任ずべきこと、また無論なり」として、「〔日露開戦説が杞憂にしても〕然れども、露国の行動にして今日の如くなれば、勢の窮まる所、無根の風評をして終に事実とならしむるやも亦未だ知るべからず。露国が満洲より撤兵せざる限り、日本の決心は何時までも変ることあるべからざればなり。露国の機関新聞紙は曽て言へり、日本にして戦ひを挑めば露国は之に応ずるの準備ありと。吾人は之に反して言はん。露国の行動は愈〔々〕不穏なる傾向を示し来れり。其結果に就ては露国自ら責ありと」と論じた。池辺吉太郎の論調は、ロシアに対する強硬論を代弁していた。しかし、犬養毅などは、これらの強硬論とは一線を画していた。犬養毅は、日本が韓国、満洲をめぐり、ロシアとの緊張を醸成することよりも、むしろ台湾から南方に進み、東南アジアに勢力を扶植すべきであるとした。この鍵が、暹羅と日本の友好関係の促進であった。

七月三〇日から九月一日までの日本女子大学校の夏季休暇中、井上秀は「新家庭」の実験を試みることにして、この計画の参加者を募ったところ、二〇名の同志を得た。井上秀は日本女子大学校の寄宿舎の一棟を借り、これまで講義で学習してきた事柄を生活に適用し、実験、創作、改良を重ねて、「夏期休業中、吾等が試みたる家庭の生活」というレポートにまとめた。同レポートは、「はしがき」「実験したる範囲」「住居に就て」「粧飾に就て」「食物に就て」

「経費」「献立及び料理」「廃物利用」「買物」「下女を使用せざること」「家事の分担」「食卓上の雑話」「夕食後の懇話娯楽」「来賓」「健康」「終話」、以上からなる。井上秀はこの「はしがき」で、「我邦維新以来、勉めて欧米の文物を輸入し、内外古今未曽有の進歩をなしゝと云ふも、其実、労多く功少く、屡々《しばしば》腐敗の濁流に襲るゝ所以の原因は、恐く家庭の裡に伏在せるならん。果して然らば、将来我邦の内外表裡の文化をして、互に相併進せしめ、従来の不躰裁を一掃し、健全強固なる社会を現出せしめざるべからず。然るに健全強固なる社会は、其根底を深く健全強固なる家庭の内に有せざるべからず」と記し、現在の急務を「家庭の改良」に置いた。井上秀は住居、装飾、食物、経費、献立から雑談、娯楽まで、全ての項目において、目的と共に理想の形を追求し、これらの実験生活の最終日、すなわち九月一日には学校長の成瀬仁蔵を招いて、終了式をあげた。井上秀によれば、多くの参加者は「一致共同、事に当るの精神を養ひ得たる」といい、「自己の品性の短所を発見せるを喜ぶ」と述べ、いずれも「一種の家庭生活を実験せんが為、日夜刻苦勉励、遂にその素志を貫き、良結果を得たる」を喜び、夏季休暇の終了と共に、九月に始まる講義に臨んだ。

八月、ロシアは極東総督府を設立し、「強硬派」のエヴゲーニイ・アレクセイエフが同総督に就任した。極東総督府は、満洲及びシベリアの行政権、軍事権の全てを掌握した。桂太郎内閣は八月一二日、ロシア駐在公使栗野慎一郎を通じて、日露協商案六ヵ条をロシア側に提出した。この内容の骨子は、「満韓交換」（ロシアの満洲での権利と日本の韓国での権利を相互承認するもの）にあった。ロシアの日本駐在公使ロマン・ローゼンは、極東総督アレクセイエフと旅順で日露交渉に関する協議を行い、一〇月三日に外務大臣小村寿太郎にロシア側の対案を提示した。ロシアは、満洲問題をロシアと清国の間の問題と見なし、日本とは韓国問題のみの交渉を図った。しかし、日本は、満洲問題を日露交渉の範囲に含めようとした。小村寿太郎とローゼンの交渉が一〇月六日に始まると、双方の齟齬が浮き彫りになった。一〇月五日、対露同志会が二五〇〇〇人余りを集めて歌舞伎座で挙行され、宣言文、決議文が決せられた。実行委員は、神鞭常孝（神鞭知常の長男）、大竹貫一、山田猪太郎、高野孟矩、頭山満、鈴木重遠、安部井磐根、柴四朗などである。同会の宣言文では、「夫れ事既に茲《ここ》に至り、尚且つ遷延推移〔して〕、無用の交渉を重ぬる如きは、則ち優柔の甚しきものにして、徒《いたずら》に他の侮慢を買ひ、以て臍《ほぞ》を噛むの悔を招くに過ぎざるのみ」と述べて、当局者の決断を求めた。また、同会の決議文でも、宣言文と同様に、当局者の「最後の手段」を要求し、「満韓交換」を乗り越えて、ロシアの満洲からの駆逐を求めた。井上雅二と成田與作は一一月一四日と一五日、東亜同文会本部の要請により、東亜同文書院第四期生募集の遊説のため東京を出立した。井上雅二が東京以西、成田與作が東京以東を担当し、一二月三日もしくは四日に帰朝した。一二月、井上雅二は加島銀行理事星野行則と共に韓国に赴き、釜山から木浦、群山をへて仁川、漢城に至った。

一九〇四年一月二日、近衛篤麿が東京の落合の自宅で、放線状菌症により逝去した。享年四〇。井上雅二は同日、電報でこれを知らされ、直ちに弔電を打った。一月六日午前一〇時、東京の落合の近衛家本邸で前祭が挙行されると、午後一時に出棺、騎馬警部二人、巡査一〇名の各二列が先導し、輿丁五〇名が白木造りの寝棺を担ぎ、喪主の近衛文麿が水干（狩衣の一つ）に稾靴の姿で家従に助けられて随い、午後三時に谷中の斎場に到着し、午後三時三〇分より葬儀が営まれた。弔詞は東亜同文会、海事協会、朝鮮協会、北海道協会、対露同志会、対露硬青年会、集成館、輔仁会、学制研究会、海員掖済会、谷中共祭会、地学協会などから贈られ、慶親王奕劻からの生け花も供えられた。近衛篤麿の葬儀は一月一〇日、牧巻次郎、川島浪速、中島裁之、中島真雄、沢村繁太郎が中心になり、北京でも催された。参列者は、日本人が清国駐在公使内田康哉以下六六名、清国人が三九名の他、イギリス人のモリソンなど、一〇六名であった。また、天津や上海でも葬儀は挙行された。これより先、暹羅皇后は、華族女学校をバンコクに設立するため、文部大臣菊池大麓に対して日本人教習の招聘を依頼した。菊池大麓は女子高等師範学校長の高嶺秀夫と相談して、安井てつに白羽の矢をたてた。安井てつは女子高等師範学校に在職中で、多くの教え子を置いて暹羅に赴任する訳にはいかなかった。このため、安井てつはこの要請を固辞したが、菊池大麓が直々に説得にあたったため、最終的には受入れざるをえなかった。この人選には、安井てつがキリスト教の信者であったこと、他の教員と確執があったことなど、幾つかの理由が考えられた。安井てつの暹羅赴任には、中島とみ子と河野きよ子が助手として同伴することになった。一月一八日、安井てつら三人の送別会が開かれた。三人の送別会には、鍋島榮子、三輪田真佐子、棚橋絢子、鳩山春子、山脇房子、羽仁もと子らの他、男性では後藤牧太、中川小十郎、巌本善治、三輪田元道が出席した。

一月一日、井上雅二は新年を漢城で迎えると、長森藤吉郎や岡野養之助などと屠蘇を飲み、日本公使館に赴いて万歳三唱をし、夜に松石安治らと酒を酌み交した。そして、井上雅二は一月四日、「風雲の変愈々急、韓廷動揺を初めんとす」と記すと、再び松石安治の許を訪れ、「東方経営の策」を論じた。同日、加島銀行理事の星野行則が帰朝の途に就いた。井上雅二は一月五日に韓国の前外部大臣李夏榮及び京釜支店を歴訪後、中井錦城（喜太郎）の招宴に列席し、夜に岡野養之助などと酒を飲んだ。一月九日、東京専門学校の校友会が、岡谷養之助、李寅植、天谷八郎、工藤益二、長田信義、竹内鋭彦、大平鉄研、井上雅二の八人の参列者を得て開催された。井上雅二は一月一〇日、漢城の本願寺に赴き、近衛篤麿の追悼会に出席すると、一月一一日、岡野養之助、本田幸介、中井錦城らの来訪を受け、列車で漢城から仁川に向かい、仁川駐在領事加藤元四郎と談議した。井上雅二は一月一二日、長田信義と散策し、列車で漢城に戻り、夜に松石安治と掬翠楼で酒を飲み、元大蔵大臣官房長の長森藤吉郎、韓国駐在公使林権助と時局を談じた。井上雅二は一月一四日、長森藤吉郎と時局を相談後、帰朝を決意して、萩原守一、国分象太郎、野津鎮武を歴訪し、岡野養之助の来訪を受けた。井上雅二は一月一五日、各処を回り、帰朝の挨拶を行うと、一月一六日に漢城を出立し仁川に到着、京城丸に乗船した。井上雅二は同夜、日露戦争の夢を見た。井上雅二は木浦、釜山、下関をへて一月二〇日に神戸で下船すると、各新聞社の取材を受けた。井上雅二は一月二一日、大阪の広岡家を訪ね、広岡浅子、星野行則などに帰朝報告をし、翌一月二二日に大阪で急行列車に乗り、東京に戻ると、本郷の旅館に身を投じ、一月二三日に林謙吉郎、根津一、田鍋安之助、村井啓太郎、田健治郎などと会談し、「朝鮮再渡航の件」を相談した。

結論

一九四四年、井上雅二は『剣掃録』「家妻を憶ふ」で、一八九五年二月、井上秀と婚約して以降の生活を振り返り、次のように述べている。

此の間、第一年（一八九六年）の秋に自分は台湾に在り、支那に往き、返（帰）つて更に欧洲に留学し、又返（帰）つて朝鮮に官し、妻は京都より東京に出で、〔日本〕女子大学に学び、終つて其の教育に従事し、明治四十一年（一九〇八年）に妻は米国に留学し、四十三年（一九一〇年）帰朝すると、自分は又第二回世界周游の途に就き、四十四年（一九一一年）帰朝すると、今度は南洋開拓の業を創め、大正十一年（一九二二年）に至る約十二年の大半は南洋現地に在つて家を事とせず、斯くて結婚生活の前半約二十七年は事実上、夫婦同棲の機会が少なかった。之が妻をして教育に専念し得るの機縁ともなった。……〔かくして一九一二年に始めて一軒の家を設けたが〕大正十一年迄は大半は家にゐなかった。故に真の家庭生活は大正十二年（一九二三年）以後と云ふべく、今に僅かに十七、八年に過ぎない。今後、両人共に二十年を生存すとせば、同棲〔の期間は〕前後三十七、八年と云ふこととなる。

更に、井上雅二は秀と共に二人で互いに尊重し合い、自己の使命に精進した結果、雅二が「興亜一心」に邁進し、世界の各処に開拓の痕跡を残し、日本の礎石を建設し、秀が「教育報国」に奔走し、女子の教育、婦人の向上に一役をかい、家政学を創始することができたとした。井上秀もこれに対して、「〔井上雅二は〕常に、私を束縛せず自由と援助を与えることに、意を用いていたようにおもわれます。人格と人格の結合という夫婦関係を十分に実現してくれました。夫として、男性としての立派さ、偉大さを追慕せずにはいられません。……私は終戦（一九四五年）から、夫の死んだ〔昭和〕二十二年（一九四七年）まで、この二年間、目白の家が戦火でやけたので、熱海に引き上げ、公職追放を結構幸福として、二人の生活をいたしました。信頼し抜き生き抜き長い間離れ離れでした私たち、が、その時、相寄ったのです」と記している。

井上雅二と秀に共通するのは、共に良い師を得た点にある。もちろん、この師とは、井上雅二にとっては荒尾精、井上秀にとっては成瀬仁蔵である。そして、荒尾精は根津一、川上操六、成瀬仁蔵は麻生正蔵、広岡浅子という、かけがえのない友人、支援者に支えられて行動した。荒尾精はアジア主義者、成瀬仁蔵はキリスト教徒であり、全く異なる性格を示した。しかし、成瀬仁蔵は井上秀の夫、雅二を高く評価しており、東京専門学校の卒業式に出席したばかりか、何通か心温まる書簡も残している。また、広岡浅子に至っては、井上雅二に実業家としての才能を見出していたようである。井上雅二は、東亜同文会の結成に前後して、北京、上海をへてウィーン、ベルリン、バルカン半島、中央アジア、韓国に至り、一九一〇年の日韓併合を前に韓国で仕事を終えて後、世界一周旅行を企て、アメリカをへてヨーロッパ及びモロッコに渡り、トルコ、エジプトを周遊後、インド、東南アジアを回り、マレー半島でゴム園を見て、ゴム栽培を決意し、「南洋」の開発、人材の育成、移民事業の推進に生涯を捧げるようになる。これに対して、井上秀は、日本女子大学校に卒業後、同校の教員となり、アメリアのコロンビア大学、シカゴ大学に留学して後、本国に戻り、更に欧州周遊、そして中国周遊を果たす。井上雅二の原点がアジアを出発点に、欧州にあるとそれば、井上秀の出発点はアメリカにある。特に、井上秀は、アメリカの民主主義、女性の活躍に強く影響を受け、多くの文章を残している。そして、このことは、井上雅二にも影響を及ぼさずにおかなかった。

次に、井上雅二と秀の青春期の特徴をまとめ、今後の課題を提出する。

一　井上雅二とアジア

井上雅二は荒尾精に師事し、台湾、シベリア、北京、上海を周遊しながら、一九〇一年以降、ウィーンとベルリンに留学し、ヨーロッパの民族紛争の只中に身を置いて、日本とアジアの関係を見据えた人物である。ここでは、井上雅二のアジア観とアジア振興策の二つの問題を指摘する。井上雅二は一九〇一年にウィーンに留学後、バルカン半島、ベルリン、中央アジアを周遊し、ヨーロッパの民族問題の複雑さを実感した。特に、オーストリアはハンガリーと二重帝国を形成したが、ここではゲルマン系、スラヴ系の民族だけではなく、アジア系の民族が混在し、複雑な構成となっていた。井上雅二は、ヨーロッパを一枚岩に捉えてはいない。そして、井上雅二はキリスト教を軸にヨーロッパを自分たちの世界とは文化的に異なるものと見なしながら、ロシアを他のヨーロッパ諸国に比べて、日本と類似する側面を持つと捉えていた。一九〇二年、井上雅二はロシアとの関係について、現在こそ幾つかの要因で緊張関係にあり、戦争をも辞さない状態にあるが、時期が来れば聯盟しうる存在と考えていた。井上雅二はヨーロッパを一枚岩に捉えていなければ、もちろんアジアも一つの纏まりとは考えていなかった。更に、井上雅二は荒尾精や稲垣満次郎の影響を受けて海洋進出、貿易振興を説き、後になると、日本人の祖先の出自を「南洋」に求め、清国や韓国よりも、「南洋」との一体感を強調するようになるだけでなく、国際関係を大きな海洋になぞらえて、満潮や干潮あるいは波の起伏のように、一地域の出来事が他地域にも影響を及ぼし、互いに連動しあうものと見なしていた。このような井上雅二の思考の優れた点は、物事を観念的に捉えず、実際に現地に赴き、実態に即して考えた点にある。

井上雅二は荒尾精や稲垣満次郎に師事する一方、玄洋社などの影響も受け、国粋主義的な考えを持ち、日本のアジアへの勢力拡張を図った。井上雅二は一八九四年、海軍機関学校在学中に、夏休みを利用して九州を旅行し、玄洋社を訪れている。そして、井上雅二は日本のアジアへの勢力拡張を図りつつ、台湾から「南洋」に進むのか、韓国から満洲に進むのかで迷ってもいた。井上雅二は一九〇三年にウィーン、ベルリンの留学から帰朝を果たすと、犬養毅より暹羅（タイ）に赴き、華僑の東亜商務公所の仕事を手伝うよう要請された。犬養毅や柏原文太郎は、日本が満洲や韓国よりも、「南洋」に力を発揮すべきとした。何となれば、満洲や韓国への進出は、ロシアとの対立が予想され、「南洋」に比べてリスクが大きいと考えていたからである。結局、井上雅二は、日露関係が緊迫の度を高めている時期に、暹羅に行くことを躊躇し、一九〇四年になって暹羅への赴任を断わり、韓国に赴くことを選択した。ただし、井上雅二は一九〇三年一二月から翌一九〇四年一月までの韓国旅行で、加島銀行理事の星野行則と行動を共にし、韓国駐在公使林権助や前大蔵大臣官房長の長森藤吉郎などと会談を重ねていた。長森藤吉郎は韓国から帰国後、韓国の荒蕪地開墾計画を提出している。また、一九〇四年一月以降、京釜（京城・釜山間）の鉄道工事も具体的に進行していた。加島銀行は一八八八年、広岡正秋が頭取、広岡信五郎（広岡浅子の夫）が幹事、山岡儀兵衛が支配人という布陣で創設され、大阪を本店に、各地に業務を拡大したが、この業務の拡大に大きな役割を果したのが広岡浅子であった。井上雅二は広岡浅子の事業拡大に協力を惜しまず、韓国での木材売買にも関わった。このため、井上雅二の韓国赴任は、東亜同文会の駐在員を名目としているが、韓国における利権獲得とも関わっていたと見るべきであろう。

一九〇三年一二月、井上雅二は韓国の漢城にわたり、中井錦城（喜太郎）らと親しく交わった。日露戦争の宣戦の詔勅が一九〇四年二月に下されると、三月一七日、井上雅二は再び渡韓することになった。この二ヵ月前、井上雅二は一月二四日に根津一を訪れ、「朝鮮処分案」を謀議すると、二月一日に草案を作り、韓国の保護国化を説いた。井上雅二によれば、この「朝鮮処分案」では韓国の中央及び地方の官庁の再編と各部への日本人顧問の派遣、更に最高顧問によるこれらの統一が説かれていた。いわば、井上雅二は日韓併合の推進論者であった。このため、井上雅二は東亜同文会韓国派遣委員という肩書で、東亜同文会関係の学堂の監督及び教育事情の視察を目的に韓国に渡ると、同郷の先輩、逓信省次官の田健治郎の依頼を受けて、韓国各地の調査嘱託をも名目に加え、更に翌一九〇五年八月には韓国財政顧問付財政官の任に就いた。この間、多くの日本人が新しい仕事を求めて、韓国に赴いた。これらの日本人の中には、韓国人の困窮につけ込み、高利で金銭を貸し付け、土地を奪い取るなどの行動にでる者もいた。キリスト教宣教師の皓天生は、これらの状況について、「邦人の演じたる暴行は、実に吾人と雖も悲憤の涙に暮れざるを得ざるものあり」と指摘しつつ、「豈〔に〕啻に之れ（貸金に乗じた土地搾取）のみならんや。甚しに至りては打擲鞭撻（殴りつけ鞭打つ）して、尚ほ飽足らざるものありしといふ。かくの如くして、其の怨恨は深く彼国上下の肉碑に鐫刻せられたり。人心の帰服せざる、決して故なきにあらず」と記している。義兵運動も、日本人の横暴な行為に対抗して、各地で起こった。これら日本人の横暴な行為、韓国の民衆の激しい反抗は、井上雅二にも深刻な影響を与えざるをえなかった。

井上雅二の特徴は、欧米のアジア進出に対抗して、日本がアジアの中心となり、他のアジアの諸国を指導かつ連帯を図ろうとする点、及びこのためにウィーン大学やベルリン大学に留学し、植民地学などを修め、これを実践に移そうとした点にある。ただし、井上雅二が韓国で目撃した日本人の行動は、日清戦争終結後に台湾で体験した光景に類似していた。日本人の海外渡航者は多くの場合、他のアジア諸国に対して優越感を抱きながら、台湾や韓国で一旗揚げ、一攫千金を図ろうとした。そして、井上雅二が一九〇四年五月一七日、「義州より（一二）」において、「当兵站部にては〔日本人の〕商人狩りを始め、暴利を貪るもの、体面を汚す者、在留の許可を得ざるもの、兵站司令部の許可なくして軍用手票と他の貨紙幣と交換する者等は、実に退去を命ずるの布告を発し、既に退去を命ぜられたるもあり」と指摘しつつ、「余は一日も早く一人も多く、商人らしき商人、信用あり資力あり手腕ある商人の続々進入し来つて戦勝の効を全ふし、利権を利源無量と称せらるゝ此江畔に獲得せんことを切望する者に御座候」と記したように、日本人渡航者の劣悪な行動には苦慮した。結局、井上雅二は、韓国財政顧問付財政官から水原政府財政顧問、光州政府財政顧問支部の仕につき、地方財政の財政改革に携わり、更に宮内省の財政改革に着手し、一定の成果をあげると、一九一〇年、日韓併合を前に韓国を去り、世界周遊をへて、「南洋」経営に着手することになる。井上雅二がウィーン大学やベルリン大学で何を学び、これをどのように韓国の政治や社会に活かそうとして失意のまま同国を去り、「南洋」の経営に携わるようになったのであろうか。井上雅二のこの点に至るまでの行動の軌跡と心境の変化については、今後の研究課題にしたい。

二　井上秀と女子教育

井上秀は京都府高等女学校を卒業後、更に上級の学校に進み、勉学に励みたいとの希望を抱いていたとしても、日本には女子高等師範学校ただ一校しか、この望みを適えてくれる学校はなかった。ここには、明治維新以降の教育制度の歪み、男女間の格差、差別が如実に示されていた。成瀬仁蔵の日本女子大学校設立計画は、この教育制度の歪みを正すものであり、かつ井上秀の向学心を満たすものであった。ただし、井上秀は日本女子大学校入学以前、更なる勉学の志を抱きながら、何を具体的に究めようとするのかまでは、決めてはいなかった。成瀬仁蔵は、この井上秀の進むべき進路として、家政学を示した。これにより、井上秀は家政学を究めることになる。家政学の特徴は、家庭で行う様々な実技、道徳を、学校で行う点にある。従って、教科の内容は、実用性を重んじた。もともと、京都の土地柄は、江戸時代より教育水準が高く、私塾、家塾が広範に分布し、女子にも男子と分け隔てなく、教育が施されていた。このため、京都府高等女学校もこの京都の地を基盤にして、教育理念を「良妻賢母」の育成に置いた。井上秀はこの影響を受けて、一九二三年に男女の教育の機会均等を説きつつ、「併し私のいふ教育の機会均等は男女を同種類の課程に送〔る〕べく主張するものではない。男女は生理的には心理的にも明かなる差異を持つことは既に定論の存するものである。さればその差異を基本として、各々その性能を発揮すべく、均等の機会を与へなければならぬことを主張するものである」と述べた。

井上秀は、処女作の「夏期休業中吾等が試みたる家庭生活」の「はしがき」で、「我邦維新以来、勉めて欧米の文物を輸入し、内外古今未曽有の進歩をなしゝと云ふも、其実、労多く功少く、屡々腐敗の濁流に襲るゝ所以の原因は、恐く家庭の裡に伏在せるならん。果して然らば、将来我邦の内外表裡の文化をして、互に相併進せしめ、従来の不躾裁を一掃し、健全強固なる社会を現出せしめざるべからず。然るに健全強固なる社会は、其根底を深く健全強固なる家庭の内に有せざるべからず」と記し、現在の急務を「家庭の改良」に求めている。このような井上秀の世界観は、日本が欧米の文物の流入で進歩を遂げながら、日本の固有の文化、精神を喪失させて堕落したとするものである。恐らく、この考えは、日本女子大学校に入学後に築かれたものではないように思われる。井上秀は京都府高等女学校在学中もしくは卒業後、京都で修学している時期に、この世界観を構築していたのではなかろうか。

このため、井上秀を考える場合、京都府高等女学校校長の河原一郎の影響も見逃すことができない。河原一郎は同校の教育方針を「尊皇愛国の精神」の涵養に置き、修身、日本歴史、日本地理で日本の「国体」の優位を説いた。そして、井上秀は京都就学時代、自らの進路を探しあぐねて、鈴木無隠や峨山禅師などを訪ね歩き、自身の進路を見付けようとした。井上秀の青春期の人格形成は、京都における「尊皇愛国の精神」、陽明学や禅の影響と結び付いていたといえよう。

井上秀は成瀬仁蔵の人格に傾倒したといっても、キリスト教に改宗することはなかったが、キリスト教徒のような高尚な倫理、精神には憧憬の念を示していた。井上秀は一九〇八年六月、「米国だより第一信」で、アメリカ留学に赴く途上、欧米人が日曜日ごとに船中で礼拝するのを目撃し、「只羨望に堪へざる」点として、「彼れ等、外には大なる感動を与へ、又大なる感化を与ふる会堂ありて、疲れたる人も、飢えたる人も慰められ、鼓舞せられ、更に新らしき勇気と、理想と、進むべき道を教へつゝあり、内には信仰あり、強き意志ある婦人ありて、常に正しきに導き、清き風を充たして、永久に進まんとするなり」と記している。井上秀によれば、このような高尚な倫理こそに欧米社会の強さの秘密があり、これこそ日本の見倣うべきものであった。これが故に、井上秀は、日本社会に高尚な倫理、道徳を求めた。ただし、この倫理、道徳は、アメリカの社会では家庭の日常生活の営みの中で育まれ、欧米の文化に根差していた。井上秀はこの点でも日本社会が欧米社会に比べて劣っているとして、「諸姉如何に思召され候や、家庭の仕事に秩序ある事、児女教育に其の主婦の意を用ふる事、家庭に何人も犯すべからざる威厳あり、精神ありて、暗に男子の上に立ちて、常に之を善に導き、慰安を与へ、真に内助の効を全ふせる様は始めて実見いたし申候。これらが真に日々夜々進運に赴ける米国の基礎を作れるものとや申し候はん」と述べた。日本社会で同様の倫理、道徳を求めるとすれば、外来のものの接ぎ木ではなく、日本の文化から抽出する必要がある。井上秀の家政学は、これらの課題を背負いつつ錬られていた。

井上秀の思想は、京都府高等女学校在学中や卒業後の修学の中で育まれ、成瀬仁蔵の薫陶を受けて開花し、アメリカ留学などをへて熟成していったものであろう。この中でも、禅は、井上秀の思想形成に大きな影響を与えた。禅の基本は、日常生活の実践の中にある。そして、井上秀は個人と国家の関係を考え、個人の修養を国家の形成と、教育の機会均等を政治参加の平等と結び付けた。井上秀は一九〇八年五月から翌一九〇九年五月まで、ニューヨーク市コロンビア師範大学で家政学を学び、一九〇九年六月から九月までシカゴ大学で社会学・経済学の立場から家庭並びに婦人に関する諸問題を研究し、この後、アメリカ東部の女子大学、イギリス、ドイツ、フランス、ロシアの諸国で女子教育の実際と家政学教授の現状を視察して、一九一〇年三月に帰朝した。井上秀は一九一〇年四月、日本女子大学校教授となり、家政学を担当し、一九二二年五月に日本婦人平和協会理事長に就任すると、ワシントンで開催された世界婦人軍縮会議に出席するため、一〇月に日本を出立し、同会議出席後、ヨーロッパを周遊して女子教育を視察し、翌一九二三年九月に帰国した。そして、井上秀はヨーロッパ、アメリカでの見聞記として、『婦人の眼に映じたる世界の新潮流』（実業之日本社、一九二三年）を著した。井上秀はここで、世界を席捲するデモクラシーの風潮、共同精神の潮流を指摘する一方で、女子の高等教育の必要性、教育の機会均等を説き、更に「斯くて教育の機会均等は政治的機会均等の準備である。我が国の女子の遅ればせにも茲に眼醒めてこの機会を有益に持ち、さうして婦人としての自重の上に立つたならば、やがて参政権も獲らるゝであらう。又国政にも興味を持ち、国際間の問題にも女子が直接参与して、人類発展に貢献し得るならば、正義の平和を実現することも、それからあまり遠い将来ではあるまいと思はれる」と記し、教育の機会均等の先に女性の政治参加を見据えていたのである。

三　今後の課題

井上雅二は、世界の大勢を見据え日本の進路を定めたグローバリストとしての側面と、明治政府の急速な欧化政策の反省に立ち、日本固有の文化の復興を説く国粋主義者としての側面の、二つを兼ね備えていた。井上雅二は、荒尾精や稲垣満次郎の影響を受け、日本の海洋進出、貿易振興を説いたが、南進論すなわち台湾から「南洋」に至るものと、北進論すなわち韓国から満洲に至るものとの間で揺れ動いた。南進論はイギリスやフランス、新興国のアメリカ、ドイツとの対立、北進論はイギリスやロシアとの対立が予想された。このため、前者では東南アジア、特に暹羅など独立国や華僑のネットワークに、後者では中央アジアや西アジアのイスラム世界にどのように働き掛けるのかが、重要な意味を持った。井上雅二が東アジアを重視しながら、世界を駆け回った理由は、この点にもあった。白岩龍平は雑誌『支那』の座談会で、井上雅二の著した荒尾精の伝記『巨人荒尾精』（佐久良書房、一九一〇年）について、「併し井上君は、直接に荒尾先生から教を受けられたのは僅かに一年弱、それも京都に於てであつて、其後は別れてしまつた人である。だから我々の如く直接師事した者から見ると、何だか物足らなかつたり、多少の間違ひもあるやうだ」と述べている。いわば、白岩龍平は、井上雅二を荒尾精の傍流に位置付けたのである。荒尾精は一八五九年、白岩龍平は一八七〇年、井上雅二は一八七六年の生まれである。確かに、井上雅二は、荒尾精の日清貿易研究所時代を知らず、白岩龍平、宗方小太郎、井手三郎などのような、同時代者としての体験を持ち合わせていない。ただし、井上雅二の足跡はむしろ、荒尾精の備えた可能性、アジア主義の多様性を示しているように思われる。

　井上雅二には、海外への移植民や開拓事業など、実業に携わる一方、教育者としての一面もあり、人材育成に心血を注いだ。井上雅二の人材育成への傾倒には、荒尾精の影響を見出すことができる。荒尾精は、欧米のアジア進出が激化する中で、日本の取るべき方策を、清国との貿易提携による経済力の拡充、このための人材育成を説いた。このひな形が日清貿易研究所であり、日清商品陳列所であった。しかし、日清貿易研究所は資金難から第一期生を出しただけで閉鎖し、荒尾精も一八九六年に台湾で客死した。井上雅二は、荒尾精の構想を受け継ぎつつ、これをマレー半島で実践に移そうとして、南亜公司の設立に続き、南洋協会とシンガポールでの学生会館の創設を図った。井上雅二は台湾や韓国で、多くの日本人が一攫千金を狙って大挙して押し寄せ、物取り同然の行動を取って現地の人々の反発を買い、武装蜂起まで惹起していたことへの反省があった。このため、井上雅二は、日本の海外移植政策、開拓事業の促進に人材育成、教育を欠かすことができないとしたのである。井上雅二は、このような人材育成、教育では、実地訓練が重要となると考えた。このことは、井上雅二が東京専門学校在学中、机上の空論を唾棄し、実践への応用を説いたこととの延長線上にある。井上雅二の事業は、遠くブラジルにまで及んだ。井上秀が「ところで、戦争勃発のため、又、敗戦のため、夫の畢生の事業はみなつぶれて了いました。……普通人ならひどく気を落すのでしょうが、彼は腹の出来てる人でしたから、極めて平静に世の移り変りを眺めていたのです」と述べたように、井上雅二の事業は一九四五年の日本の敗戦で無に帰すが、井上雅二が人材育成、教育事業に示した理念は現在でも大きな意味を持つ。

　井上秀は青春期の思想形成において、京都での修行時代、日本女子大学校での学習、アメリカ留学の成果、以上の三点を重要な要素としているが、井上雅二から受けた影響も見逃すこともできない。そして、井上秀は、陽明学や禅、キリスト教を、自己犠牲、克己心などの特徴において、高い次元で一つに融合させて受け止めていたように思われる。井上雅二と井上秀は、進んだ路こそ異なっていたが、教育の必要性や人材育成における実地訓練の重視、精神や倫理の涵養という点で類似していた。この点に、井上雅二と秀が互いに離れて暮らしながら、二人の相互作用を見出すこともできる。日本の女子教育は、他のアジアの諸国には、受け入れやすい面と受け入れにくい面があったといえよう。清国や韓国、東南アジアでは、日本の教育制度だけでなく、アメリカやイギリスの教育制度も大きな役割を果たした。日本の女子教育は、官公立の女子教育の不備を補う形で、私立の女学校、特にキリスト教系の学校が大きな役割を果たしたが、一八九五年以降、女子教育に関連する諸法令の整備と共に、文部省による規制が強まり、国家主義的な色彩を強めると共に、キリスト教の精神も個人の修養に代わり、国家との対立を回避する形となった。このような日本の女子教育の特徴は、他のアジアの留日学生などにどのように受け止められ、各々の国の教育制度にいかなる影響を与え、更にアメリカやイギリスの教育制度などの影響といかに整合性が図られたのであろうか。井上雅二と井上秀の壮年期の研究は、これらの点の分析も含めて、これからますます重要性を増すように思われる。

二一世紀、世界のグローバル化と世界の構造の激変は、これまでの「国家」あるいは「国民」を単位とした歴史叙述に代わり、新しい歴史認識に基づく歴史叙述の模索を促してきた。この新しい歴史叙述は、日本を中心とした場合でも、一方ではユーラシア大陸（ロシア、中央アジア、バルカン、イスラム諸国、東欧、中欧、北欧）を視座に入れつつ、他方では日本海や太平洋、オセアニアなど、海洋世界を踏まえた、歴史研究の枠組みの変化となって現れた。井上雅二の青春期の足跡は、ウィーン、ベルリンからバルカン、中央アジア、更に中国、韓国をへて台湾、更に東南アジアへと及ぶ。井上雅二の足跡の全体像はこれまでの歴史研究の枠組みを大きく逸脱しており、このことが従来、井上雅二に関する研究の蓄積の少なさとなって現れてきたように思われる。ただし、近年の歴史研究の枠組みの変化は、井上雅二の足跡にも新しい光を当てつつある。いわば、歴史研究の枠組みの変化は新しい歴史的事象の発見を促がし、新しい歴史的事象の発見は歴史研究の枠組みの変化をもたらすのである。この相関関係は、井上雅二だけではなく、井上秀についても同様に指摘することができる。明治期の女子教育は、欧米の、特にキリスト教宣教師の強い影響の下に始まった。そして、このことが、女子教育研究に欧米の女子教育の観点を内包させる一因にもなった。日本の女子教育研究もこれにより大きく進展したが、光のあてられる部分と共に、光のあてられない部分も多く残す結果になった。このような研究の枠組み、新しい観点の模索は、成瀬仁蔵は井上秀に対して、何故あれほどまでに強く家政学を究めるように勧めたのか、家政学が日本の女子教育全体の中にいかなる位置を占め、更にこの日本の女子教育が他のアジア諸国にどのような影響を与えたのかという点とも深く関わるものである。いずれも、今後の研究課題としたい事柄である。

あとがき

私はこれまで、井上雅二や秀、或いは丹波篠山とは何の接点もゆかりもなかった。この私が井上雅二日記を読み、井上雅二に関心を抱いたのは、前著『戊戌政変の衝撃と日本――日中聯盟論の模索と展開――』(研文出版、二〇一五年)をまとめるに際して、東亜会の成立過程を明らかにしようとした時のことである。井上雅二日記は、これまで近藤邦康先生が唐才常の自立軍蜂起との関連で紹介した以外、殆ど注目も言及もされることはなかった。ところが、私は偶然、東京大学法学部法政資料センターで井上雅二日記を見付け、読み進めるうちに、この日記にはまり込むことになった。この日記は報告書とも備忘録とも異なり、日々の出来事を綿密に綴りながら、自らを叱咤激励し、鼓舞し続けるという、ある意味で警句の書であった。もちろん、井上雅二が絶えず自らを鼓舞し続けたということは、他方でそれに応ずることのできない自分がいた訳で、このコントラストが面白いというか、この日記の魅力になっているように思えた。青春時代は期待と不安が同居し、怖いもの知らずで無鉄砲である。ただし、私は井上雅二の青春の日々に興味を抱きながら、井上雅二のアジア認識、特に一人よがりにも見えるような期待と失望、憧憬と蔑視の入り混った複雑な感情にも注視せざるをえなかった。何となれば、この複雑な感情はそのまま現代日本のアジア認識にも繋っているように思えたからである。やがて、私の関心は、徐々に井上雅二から秀に、秀から更に周辺の人物に及んでいった。そして、私は何故これまで井上雅二と秀に充分な考察がなされてこなかったのかという点に思い至った時、これまでの歴史研究の観点、思考の枠組みの問題に行き着かざるをえなかった。この結果、私は何時しか、井上雅二と秀の青春を通して、明治期の日本とアジア、女子教育に関する一書を著し、細やかな問題提起をしてみたいと思った。もちろん、きちんとした実証を踏まえた上でのことである。これが、本書をまとめるに至った動機である。従って、本書の読者としては、西洋史、日本史、東洋史の歴史研究者と同時に、一般の読者を想定している。

私の実家は秋田市将軍野南一丁目にあった。ここは寺内（秋田の四天王寺の内側を意味する）という町と一部が重なり、古くは秋田城のあった場所で、高清水の丘陵地帯に位置し、護国神社などがあり、桜の名勝であった。とにかく、同地は、かつて秋田城があっただけに、至る処に史跡があり、私の歴史に対する関心を引き立てた。この将軍野は、日本海の港町・土崎に隣接した。私の家から土崎港までは、自転車に乗って一五分とかからなかった。私はいつも、楽しいことや悲しいことがあると、高清水の丘陵に出掛け、高台から日本海を見つめ、自転車をこいで土崎港に赴き、夕陽を見つめた。高清水の丘陵からは、遠く男鹿半島までが見渡せた。日本海に落ちる夕陽は、気候によっては空一面を茜色に照らした。私はもの悲しくも艶やかな夕陽を見ると、ざわついた心が落ち着いた。私が通った高校は、秋田市の中心部、私の家からは東の方角に位置した。このため、私は、高校からの下校時、秋田市の中心部から西に、いつも夕陽に向かって自転車をこいだ。また、秋田の冬は厳しい。日本海から、横なぐりに雪が吹き付けた。このため、顔のほおは、行きと帰りで、片方ずつ雪で白くなり、皮膚が赤く腫れ上がった。私の高校生活は、この日本海に沈む夕陽、日本海から吹き付ける雪と、切り離して考えることはできない。私は高校生の頃、いつも、これからどのような仕事についていかに生きたならば、あの夕陽のように真っ赤に燃え尽きることができるのか、可能ならば全力を出し尽して、あの雪の上にうつぶせで倒れ込むように、力尽きて果てればいいな、と思っていた。何になるかより、どう生きるかに関心があった。そして、中国近代史を学び始めると、譚嗣同の生き方にひどく惹かれた。

井上雅二は約一年間、海軍機関学校の学生として、横須賀に暮らした。横須賀は、私の叔父（母の兄）、工藤健二郎の第二の故郷でもある。工藤健二郎は秋田県の増田高等小学校を卒業後、横須賀の海軍通信学校に入学し、同校を出てから海軍に入隊、通信士として勤務し、電信の傍受、暗号の解読などに従事して、戦艦大和の乗組員に抜擢された。一九四五年四月五日、第二艦隊司令部（司令長官は伊藤整一中将）に沖縄海上特攻の命令が下された。第二艦隊の旗艦は戦艦大和（艦長は有賀幸作大佐）である。戦艦大和は四月六日に山口県徳山湾沖から沖縄に向けて出撃、四月七日にアメリカ軍の邀撃戦闘機約二〇〇機の二度にわたる攻撃を受けて、四月七日午後二時二三分、大爆発を起こして沖縄の海に沈んだ。これにより、日本の帝国海軍は壊滅した。そして、叔父の健二郎も戦艦大和と共に海に消え、短い生涯を終えた。享年二〇。母が一三歳の時である。叔父は家族の反対にも拘らず、進学も入隊も全て志願であった。祖母のキヨノは何度か、息子の慰問のため、わざわざ秋田から長時間列車に乗って、綱島にいる親戚の家に泊まりながら、秋田から持参した日頃蓄えていたなけなしの配給米と食材で牡丹餅を作り、横須賀の海軍通信学校の面会所に赴いた。叔父は照れ臭いのか、何人の親友と連れ立って面会所に現れた。祖母は牡丹餅を自分の子供にだけ食べさせるわけにはゆかず、叔父の親友たちにも均等に与えた。すると、この親友たちは、「母さんの味がする、母さんの味がする」といって、ぼろぼろと涙を流し、嗚咽しながらこの牡丹餅を食べた。この話は、祖母がいつも母に話していた事柄である。この親友たちも皆、戦争で死んでしまったのであろうか。叔父は増田高等小学校では学級委員をし、勉強がよくでき、相撲が強く、着物をきても裾一つ乱れず、礼儀正しくて、多くの人に慕われた。母にとっても、自慢の存在であった。あれだけ優秀であった叔父だから、もし生き続けていたら、世界のため、日本のため、秋田のため、さぞかし立派な業績を残したことであろう。惜しんでも、惜しみきれない事柄である。

私も兄・藤谷陽悦も、子供の頃より、お盆の時期には増田町の母の実家に行き、お墓詣をして、祖父母や叔父を偲んだ。母の実家は増田町の繁華街から少し外れた、古刹・満福寺の山門から二軒ほど家を隔てた所にあった。先祖代々の墓はこの満福寺にあった。ここにはお盆の時期、ゆらめく陽炎と染入るような蝉時雨の中、いつも透通った時間が流れていた。一年、また一年と時は過ぎていった。しかし、叔父たち、叔母たち、そして母の心の中には、いつまでも祖父母と共に、叔父・健二郎の姿があった。このことは、子供ながらに、よく理解できた。人はたとえ身が滅んでも、残された者が思い続ける限り、一人一人の心の中にいつまでも生き続ける。このことも、叔父たちや叔母たち、母の姿を見るにつけ、いつの頃からか、私の確信となった。だから、残された者は、亡くなった人の分までしっかり生きなければならない。叔父たちや叔母たちは、ここ数年で次々と亡くなってしまった。ただし、みな、凛とした美しさを備えていて、潔さと共に自分に厳しいところがあった。これも、祖父母や叔父を思い続け、あの世で会った時に恥かしい思いをしないように、日々心掛けていたからではないかと思う。叔父や叔母、両親からは、他人を嘲笑したり、権力や権威のある者に媚びたり、立場の弱い者をいたぶったりすることが、人として卑劣で恥ずかしい行為であることを、常々教え諭されてきた。とてもありがたいことであったと思う。六年前、兄を病気で失った。そして、二年前、父を老衰で亡くした。父と兄は、母と同様、いつも私を優しく見守り、励ましてくれた。私は本書をまとめながら、何度も亡き父や兄を思い、父や兄を感じた。兄は子供の頃と同じように、「なんだ、これでおしまいか、もっとねばれ、お前ならやれる」と言っているような気がした。そして、父がこんな兄の激励を、後ろの方で笑って見ている気がした。

本書は、多くの方々の有形、無形の励ましを受けて、出来上がった。私はもともと、史料を読むことが好きで、歴史研究の路に入った。このため、理論的なはなしは、至って苦手である。史料を読んで、叙述の揺れ、記述内容のくいちがいに気を留めながら、このような揺れ、くいちがいがなぜ生ずるのか、これが何を意味するのかを考え、この理由をめぐって様々に想像を働かせるのが好きである。史料を読んでいて、個々の情景が脳裡に活き活きと浮び上がるようであれば、まずは文章にすることができる。ただし、このことを可能にさせるのは、史料の内容と共に、私の脳裡にある過去の記憶である。私の場合、これまで記憶の奥底に沈んでいて、深い眠りの中にあった過去の記憶が、史料を読むことによってポッと光を浴び、深い眠りから醒めると共に、ハラリと新しい世界の幕を切って落とし、自分でも予期しないような、思わぬ展開を遂げていく点に、歴史研究の面白さを感じる。しかし、この面白さは、なかなか人に伝えることが難しい。本書も前著『戊戌政変の衝撃と日本――日中聯盟論の模索と展開――』（研文出版、二〇一五年）と同様に、井上雅二日記の記述を多用した。しかし、前著においては、井上雅二日記の文字の判読、人名の判別に、幾つか誤りがある。これらの誤りは、本書では訂正して記した。井上雅二日記については、本書とは別に、詳細な注釈を付して、一書にまとめ、出版したいと考えている。このため、本書の記述では、前著における井上雅二日記の引用箇所の訂正部分について、一つ一つをあえて明記することはしなかった。この点は、予め諒とされたい。

本書の出版に際しては、集広舎の川端幸夫社長並びに麻生晴一郎・麻生水緒ご夫妻に格別のご高配をいただいた。深く感謝の念を表したい。また、日本学術振興会特別研究員の関智英氏には本書の草稿段階の原稿を読んでいただき、多くのご教示、ご指摘をいただいた。ここに、厚く御礼を申し上げる。私はこれまで、湖南師範大学の林増平、饒懐民の両先生の他、安藤正士、片岡一忠、久保田文次、小島淑男、小林一美、鈴木智夫、多田狷介、田中正美、中村義、野口鐵郎、野澤豊、狭間直樹、馬場毅、深澤秀男、三谷孝、三石善吉、渡辺惇など（敬称は省略）、多くの先生より学恩を受け、御指導、御鞭撻をいただいてきた。すでに鬼籍に入られた先生もおられるが、ここに改めて感謝の念を表する次第である。

本書は、私を取り巻く研究環境が極めて厳しい状況の中で、まとめることになった。このような厳しい状況の中でも、いつも私を支えてくれた亡父、亡兄、そして母、亡兄の家族、義父母に感謝の念を捧げる。そして、何より、私を明るく励まし、勇気付けてくれる妻・由紀に、満腔の感謝を表す。まったく、妻の励ましなしに、本書をまとめることはできなかった。ありがとう。これからも多くの人々の思いを込めて、力を抜かずに、一つ一つ丁寧に仕事を達成し、精進します。

二〇一八年一二月

兄の七回忌、父の三回忌の年に

藤谷　浩悦

藤谷　浩悦（ふじや　こうえつ）

一九五七年　秋田県に生まれる。
筑波大学大学院博士課程歴史・人類学研究科（東洋史専攻）
単位取得満期退学
文学博士（筑波大学）
前・東京女子学館大学国際教養学部教授

著書：『湖南省近代政治史研究』（汲古書院、二〇一三年）
『戊戌政変の衝撃と日本―日中聯盟論の模索と展開―』（研文出版、二〇一五年）

編書：（饒懐民と共編）『長沙搶米風潮匯編』（岳麓書社、二〇〇一年）
『良き師と友、塾生に支えられて―藤谷正治郎（薫水）とその時代―』（非売品、二〇一七年）

訳書：厳家其（三石善吉、鐙屋一、中前吾郎と共訳）『首脳論』（学生社、一九九二年）
張宏傑（小林一美、多田狷介、土屋紀義と共訳）『中国国民性の歴史的変遷―専制主義と名誉意識―』（集広舎、二〇一六年）

井上雅二と秀の青春（一八九四～一九〇三）
――明治時代のアジア主義と女子教育――

平成三十一年（二〇一九年）一月　一日　初版刊行

定価　（本体四、五〇〇円＋税）
著者　藤谷　浩悦
発行者　川端幸夫
発行所　集広舎
〒812-0035
福岡市博多区中呉服町5-23
TEL 092-271-3767
FAX 092-271-2946

印刷製本　モリモト印刷株式会社

ISBN:978-4-904213-66-7
http://www.shukousha.com

索引

凡例

（1）仮名の五十音順を原則とし、漢語も日本語読みで配列した。

（2）関連する事項は一つにまとめ、→の記号で該当箇所を示した。

（3）標題や「目次」「文献目録」「あとがき」からは取っていない。

あ行

か行

さ行

た行

な行

は行

ま行

や行

文献目録

[未刊行史料]

・**『井手三郎日記』**←─ 東京大学法学部近代日本法政資料センター所蔵『井手三郎関係文書』─「原資料」〔一〕「日記・旅行記・漢詩」

・**『井上雅二日記』**←─ 東京大学法学部近代日本法政資料センター所蔵『井上雅二関係文書』─「日誌」

・**日本外務省文書『新聞・雑誌雑纂』**←─ 日本外務省外交史料館所蔵外務省文書：門1・類3・項1・号1-5『新聞・雑誌操縦関係雑纂　国聞報（在天津漢字新聞）』

・**日本外務省文書『革命党関係』**←─ 日本外務省外交史料館所蔵外務省文書：門1・類6・項1・号4-2-1『各国内政関係雑纂　支那ノ部　革命党関係（亡命者を含む）』

・**日本外務省文書『光緒二十四年政変』**←─ 日本外務省外交史料館所蔵外務省文書：門1・類6・項1・号4-2-2『各国内政関係雑纂　支那ノ部　光緒二十四年政変、光緒帝及西太后ノ崩御、袁世凱ノ免官』

・**日本外務省文書『来派使節来朝』**←─ 日本外務省外交史料館所蔵外務省文書・門6・類4・項4・号2-4『各国特派使節来朝雑件』

・**日本外務省文書『東文訳書ノ件』**←─ 日本外務省外交史料館所蔵外務省文書・門7・類2・項2・号42『在上海兵庫県平民田野橘治設立ノ東文訳書ノ件ニ関シ上海領事ヨリ申進ノ件』

・**日本外務省文書『義和団関係』**←─ 日本外務省外交史料館所蔵外務省文書：門A・類6・項1・号5（もと門6・類3・項2・号18）『義和団関係一件　各地状況　江蘇省、浙江省、江西省、湖北省』

[定期刊行物　新聞]

1．日本語（五十音順）

・**『亜東時報』**

・**『大阪朝日新聞』**

・**『大阪毎日新聞』**

・**『教学報知』**

・**『神戸又新日報』**

・**『国民新聞』**

・**『時事新報』**

- 『中央新聞』
- 『東京朝日新聞』
- 『東京日日新聞』
- 『日本』
- 『婦女新聞』
- 『報知新聞』
- 『毎日新聞』（東京）
- 『横浜貿易新聞』
- 『読売新聞』

2. 中国語（拼音 abc 順）

- 『東亜報』
- 『強学報』
- 『申報』
- 『時務報』
- 『同文滬報』
- 『湘報』
- 『知新報』

[定期刊行物　雑誌]

1．日本語（五十音順）

- 『家庭週報』
- 『教海一瀾』
- 『黒龍』
- 『支那』
- 『女学雑誌』
- 『時論』
- 東本願寺出版部『宗報』
- 『太陽』
- 『東亜時論』
- 『東亜同文会報告書』
- 『東洋』
- 『日本人』
- 『早稲田学報』

2. 中国語（拼音 abc 順）

・**『湖北学生界』**

＊作者と筆名の関係は次の通りである

・**井上雅二**←……平原、平原君、平原生、時雨生、時雨星
・**上野靺鞨**←……靺鞨生
・**上村観光**←……巌城生
・**川崎紫山**←……千山萬水楼主人
・**岸上質軒**←……質軒
・**平山周**←……古研生、まこと生
・**藤田豊八**←……草月生
・**牧巻次郎**←……放浪生
・**村井啓太郎**←……筑紫二郎
・**森井国雄**←……野鶴生、森井生

[刊行史料]

1．日本語（五十音順）

・**『伊藤博文関係文書』1-9** ←……伊藤博文関係文書研究会編『伊藤博文関係文書』第 1 巻～第 9 巻（塙書房、1976 年～ 1981 年）
・**井上秀「大樹の蔭」**←……井上秀「大樹の蔭」（井上秀先生記念出版委員会編『井上秀先生』桜楓会、1973 年）
・**井上雅二『中央亜細亜旅行記』**←……井上雅二『中央亜細亜旅行記』（民友社、1903 年）
・**『巖谷小波日記』**←……小波日記研究会「巖谷小波資料翻刻 ―― 『伯林日記』（明治 34 年）前半部（1 月～ 6 月）―― 」「巖谷小波資料翻刻 ―― 『伯林日記』（明治 34 年）後半部（7 月～ 12 月） ―― 」（『白百合女子大学児童文化研究センター研究論文集』第 13 号、2010 年、同 14 号、2011 年）
・**『内田良平自伝』**←……内田良平『硬石五拾年譜　内田良平自伝』（葦書房、1978 年）
・**『大隈重信関係文書』1-10** ←……早稲田大学大学史資料センター『大隈重信関係文書』第 1 巻～第 10 巻（みすず書房、2013 年）
・**『小川平吉日記』**←……小川平吉文書研究会『小川平吉関係文書』第 1 巻・第 1 部「日記」（みすず書房、1973 年）
・**鎌田栄吉『欧米漫遊雑記』**←……鎌田栄吉『欧米漫遊雑記』（博文館、1899 年）

・**『陸羯南書簡集』**←……西田長寿・植手通有・坂井雄吉編『陸羯南全集第 10 巻』（みすず書房、1985 年）
・**『近衛篤麿日記』1-5**←……近衛篤麿日記刊行会編『近衛篤麿日記』第 1 巻～第 5 巻（鹿島研究所出版会、1968 年、1971 年）
・**『近衛篤麿付属文書』**←……近衛篤麿日記刊行会編『近衛篤麿日記（付属文書）』（鹿島研究所出版会、1969 年）
・**『白岩龍平日記』**←……中村義編『白岩龍平日記 ── アジア主義実業家の生涯 ── 』（研文出版、1999 年）
・**『白鳥書簡』**←……白鳥庫吉「ヨーロッパ通信〈書簡〉」（『白鳥庫吉全集』第 10 巻、岩波書店、1994 年）
・**『創立事務所日誌』**←……『日本女子大学校創立事務所日誌』1・2、同 3、同 4（日本女子大学成瀬記念館、1995 年）
・**『対支回顧録』下巻、『続対支回顧録』下巻**←……東亜同文会編『対支回顧録』下巻、同会編『続対支回顧録』下巻（1936 年、原書房 1981 年復刻）
・**樽井藤吉『大東合邦論』**←……樽井藤吉『覆刻大東合邦論』（長陵書林、1975 年）
・**『東亜先覚志士記伝』上冊・下冊**←……黒龍会編『東亜先覚志士記伝』上冊・下冊（原書房、1969 年）
・**「寺本婉雅日記『新旧年月事記』翻刻」**←……高木康子・三宅伸一郎「寺本婉雅日記『新旧年月事記』翻刻」（『真宗総合研究所研究紀要』第 31 号、2014 年）
・**『東京朝日新聞編年史』**←……朝日新聞社社史編修室編『東京朝日新聞編年史（増訂版） ── 明治 31 年 ── 』（朝日新聞社、1964 年）、同編『東京朝日新聞編年史（増訂版） ── 明治 32 年 ── 』（朝日新聞社、1961 年）、同編『東京朝日新聞編年史（増訂版） ── 明治 34 年 ── 』（朝日新聞社、1967 年）、同編『東京朝日新聞編年史（増訂版） ── 明治 35 年 ── 』（朝日新聞社、1965 年）
・**『内藤湖南全集』2、6**←……『内藤湖南全集』第 2 巻、第 6 巻（筑摩書房、1971 年、1972 年）
・**『夏目漱石書簡』**←……三好行雄編『漱石書簡集』（岩波書店、1990 年）
・**『成瀬仁蔵著作集』1-3**←……日本女子大学創立七十周年記念出版分科会成瀬仁蔵著作集委員会編『成瀬仁蔵著作集』第 1 巻～第 3 巻（日本女子大学、1981 年）
・**『日韓キリスト教資料』**←……小川圭治・池田観編『日韓キリスト教関係史資料』（新教出版社、1984 年）
・**『幕末明治海外渡航者総覧』**←……毛塚晃・国民教育会館編『幕末明治　海

外渡航者総覧』第1巻〜第3巻（柏書房、1992年）
- **平山周『支那革命党』**←……平山周『支那革命党及秘密結社』（1911年、長陵書林1980年復刻）
- **『北京誌』**←……清国駐屯軍司令部編『北京誌』（博文館、1908年）
- **『牧野回顧録』**←……牧野伸顕『回顧録（Ⅱ）』（文藝春秋社、1948年）
- **三宅雪嶺「大地一塵」**←……三宅雪嶺「大地一塵」（本山幸彦編『近代日本思想大系五　三宅雪嶺集』筑摩書房、1975年）
- **『宮崎滔天全集』1-5**←……宮崎龍介・小野川秀美編『宮崎滔天全集』第1巻〜第5巻（平凡社、1971年、1976年）
- **『宗方小太郎日記』**←……大里浩秋編「宗方小太郎日記、明治26〜29年」、「宗方小太郎日記、明治30〜31年」「宗方小太郎日記、明治32〜33年」「宗方小太郎日記、明治34〜35年」「宗方小太郎日記、明治36〜38年」（神奈川大学人文学研究所『人文学研究』第41号、第44号、第46号、第47号、第48号、2008年、2010年、2011年、2012年）
- **『宗方小太郎文書』**←……神谷正男編『宗方小太郎文書 ── 近代中国秘録 ── 』（原書房、1975年）
- **『矢野龍溪資料集』**←……大分県立先哲史料館編『矢野龍溪資料集』第8巻（大分県教育委員会、1998年）
- **『山縣有朋関係文書』1-3**←……尚友倶楽部山縣有朋関係文書編纂委員会編『山縣有朋関係3文書』第1巻-第3巻（山川出版社、2005年、2006年、2008年）
- **早稲田大学『会員名簿』**←……『会員名簿』（早稲田大学校友会、1921年）
- **渡辺国武『機外観』**←……渡辺国武『機外観』（嵩山房、1906年）

2. 中国語（拼音abc順）

- **『譚嗣同全集』**←……蔡尚思・方行編『譚嗣同全集　増訂本』上・下（中華書局、1981年）
- **馮自由『革命逸史』1-4**←……馮自由『革命逸史』第1集〜第4集（1936年、台湾商務印書館重印1969年）
- **『蔡元培全集』2**←……高平叔編『蔡元培全集』第2巻（中華書局、1984年）
- **『蔡元培日記』**←……王世儒編『蔡元培日記』上巻（北京大学出版社、2010年）
- **『唐才常集』**←……湖南省哲学社会科学研究所編『唐才常集』（中華書局、1980年）
- **「悟庵先生成仁録」**←……林受祜編「悟庵先生成仁録」（『湖南歴史資料』1983年第1期）
- **皮錫瑞『師伏堂日記』**←……皮錫瑞「師伏堂未刊日記（1897〜1898年）」（『湖

南歴史資料』1959 年第 1 期、1959 年第 2 期)、同「師伏堂日記」(『湖南歴史資料』1981 年第 2 期)
- 『**経元善集**』←……虞和平編『経元善集』(華中師範大学出版社、1988 年)
- **田野橘治『最新支那革命運動』**←……田野橘次『最新支那革命運動』(新智社、1903 年、桑兵編『辛亥革命稀見文献彙編』第 43 冊、国家図書館出版社、2011 年所収)
- 『**自立会史料集**』←……杜邁之・劉泱泱・李龍如編『自立会史料集』(岳麓書社、1983 年)
- 『**王文韶日記**』←……袁栄光・胡逢祥整理『王文韶日記』下冊(中華書局、1989 年)
- 『**拒俄運動　1901-1905**』←……楊天石・王家庄編『拒俄運動　1901 ～ 1905』(中国社会科学出版社、1979 年)
- 『**覚迷要録**』←……蘇輿『覚迷要録』(台聯国風出版社、1970 年)
- 『**張謇日記**』←……張謇研究中心・南通市図書館編『張謇全集第 6 巻　日記』(江蘇省古籍出版社、1994 年)
- 『**鄭孝胥日記**』←……中国歴史博物館編『鄭孝胥日記』第 1 冊、第 2 冊(中華書局、1993 年)
- **孫宝瑄『忘山廬日記』**←……孫宝瑄『忘山廬日記』上・下(上海古籍出版社、1983 年)
- 『**鄭観応集**』←……夏東元編『鄭観応集』下冊(上海人民出版社、1988 年)
  中国史学会主編『義和団』第 1 冊～第 4 冊(上海人民出版社、1957 年)
- ── 主編『戊戌変法』第 1 冊～第 4 冊(上海人民出版社、1957 年)

3. 英語

- Richard, Timothy, *Forty-five Years in China.* ← ……Richard, Timothy, *Forty-five Years in China,* New York ; Frederick A. Stokes company , 1916.

全編

- 井上秀先生記念出版委員会編『**井上秀先生**』(桜楓会、1973 年)
- 井上雅二『**剣掃録**』(非売品、1944 年)
- 永見七郎『**興亜一路　井上雅二**』(刀江書院、1942 年)
- 仁科節編『**成瀬先生伝**』(桜楓会出版部、1928 年)
- 藤谷浩悦『**戊戌政変の衝撃と日本 ── 日中聯盟論の模索と展開 ──** 』(研文出版、2015 年)

序論

[参考文献]

1. 日本語（五十音順）

・飯窪秀樹「井上雅二の社長就任までの海外興行会社 ── 『山荘独語』からの考察 ── 」（『横浜市立大学論叢　人文科学系列』第 60 巻第 3 号、2009 年）

・稲野強「日露戦争前夜に中央アジアを旅した日本人 ── 井上雅二『中央亜細亜旅行記』（1903 年刊）に寄せて ── 」（『群馬県立女子大学紀要』第 26 号、2005 年）

・奥下香「沈黙の中の女性 ── 占領下における井上秀の追放 ── 」（『日本女子大学大学院文学研究科紀要』第 9 号、2002 年）

・河西晃祐「南洋協会と大正期『南進』の展開」（『紀尾井史学』第 18 号、1998 年）

・古結諒子『日清戦争における日本外交 ── 東アジアをめぐる国際関係の変容 ── 』（名古屋大学出版会、2016 年）

・小林陽子「井上秀の著述活動と略年表 ── 家庭管理論の構築過程を知る手がかりとして ── 」（『日本女子大学総合研究ニュース』第 13 号、2002 年）

・ ── 「井上秀によるアメリカ家政学の受容 ── イギリス留学生大江スミとの違いを中心に ── 」（『生活学論叢』第 16 号、2010 年）

・近藤邦康「『井上雅二日記』 ── 唐才常自立軍蜂起」（『国家学会雑誌』第 98 巻第 1・2 号、1985 年）

・スヴェン・サーラ「アジア認識の形成と『アジア主義』 ── 第一次世界大戦前後の『アジア連帯』『アジア連盟』論を中心として ── 」（長谷川雄一編『アジア主義思想と現在』慶應義塾大学出版会、2014 年）

・千住克己「明治期女子教育の諸問題 ── 官公立を中心として ── 」（日本女子大学女子教育研究所編『明治の女子教育』国土社、1976 年）

・惣田智子「家政学教育の今日的課題 ── 本学における家政学科のあり方を考えるために ── 」（『小田原女子短期大学紀要』第 31 号、2001 年）

・ ── 「『井上秀』と本学の建学の精神に関する一考察」（『小田原女子短期大学紀要』第 37 号、2007 年）

・高橋阿津美「太平洋戦争下の勤労奉仕、勤労動員 ── 『家庭週報』にみる日本女子大学校の場合 ── 」（近代女性文化史研究会編『戦争と女性雑誌 ── 1931 年～ 1945 年 ── 』ドメス出版、2001 年）

・中嶌邦「明治期における女子教育 ── 私学を中心として ── 」（日本女子大学女子教育研究所編『明治の女子教育』国土社、1976 年）

・ ── 『成瀬仁蔵』（吉川弘文館、2002 年）

・中野聡「太平洋植民地の獲得とアメリカの『アジアへの道』」（『岩波講座

東アジア近現代通史第２巻　日露戦争と韓国併合　19 世紀末－ 1900 年代』岩波書店、2010 年）
・狭間直樹「初期アジア主義についての史的考察（1）　序章　アジア主義となにか」「初期アジア主義についての史的考察（9）　終章　初期アジア主義の歴史的意義 ── 東亜同文会の成立をめぐって ── 」（『東亜』第 410 号、第 417 号、2001 年、2002 年）
・広瀬玲子『国粋主義者の国際認識と国家構想 ── 福本日南を中心として ── 』（芙蓉書房出版、2004 年）
・藤田賀久「近代日本のグローバリスト井上雅二 ── その人物像を中心に ── 」（『多摩大学グローバルスタディーズ学部紀要』第６号、2014 年）
・水野真知子『高等女学校の研究（上）── 女子教育改革史の視座から ── 』（野間教育研究所、2009 年）
・村田鈴子『わが国女子高等教育成立過程の研究』（風間書房、1980 年）
・矢野暢『「南進」の系譜 ── 日本の南洋史観 ── 』（千倉書房、2009 年）
・横井香織「井上雅二と南洋協会の南進要員育成事業」（『社会システム研究』第 16 号、2008 年）

2. 中国語（拼音 abc 順）

・桑兵『交流与対抗 ── 近代中日関係史論』（広西師範大学出版社、2015 年）
・邱涛・鄭匡民「戊戌政変前的日中結聯活動」（『近代史研究』2010 年第１期）

3. 英語

Schneider, Michael, A., *"Were women pan-Asianists the worst? Internationalism and Pan-Asianism in the careers of Inoue Hideko and Inoue Masaji"* in Saaler, Sven, and Koschmann, J., Victor, ed., *Pan-Asianism in Modern Japanese History: Colonialism, regionalism and borders,* London and New York, Routledge, 2007.

第一章「井上雅二と秀の旅立ち」

[参考文献]

・朝日新聞百年史編修委員会編『朝日新聞社史　明治編』（朝日新聞社、1990 年）
・伊藤潔『台湾 ──　400 年の歴史と展望 ── 』（中央公論新社、1993 年）
・井上雅二『巨人荒尾精』（佐久良書房、1910 年）
・王鉄軍「外地統治と警察官吏 ── 台湾統治における台湾総督府警察官 ── 」（『中京法学』第 45 巻第３・４号、2011 年）

・大江志乃夫『日本の参謀本部』（中央公論社、1985 年）
・奥田楽々齊『多紀郷土史考』（多紀郷土史刊行会、1958 年）
・衣笠安喜編『京都府の教育史』（思文閣出版、1983 年）
・小林米蔵編『篠山町 75 年史』（篠山町役場、1955 年）
・佐野保太郎編『鳳鳴中学 50 年記念誌』（鳳鳴同窓会、1925 年）
・東亜同文書院滬友同窓会編『山洲根津先生伝』（根津先生伝記編纂部、1930 年）
・拝師暢彦『京都府立第一高女と鴨沂高校』（京都新聞出版センター、2017 年）
・原田敬一『シリーズ日本近現代史 ③　日清・日露戦争』（岩波書店、2007 年）
・吉原丈司「日本統治下台湾警察制度の変遷」（『警察学論集』第 32 巻第 1 号、1979 年）
・武井義和『孫文を支えた日本人 ── 山田良政・純三郎兄弟 ── （増補版）』（あるむ、2014 年）

[未刊行史料]

・『井手三郎日記』
・『井上雅二日記』

[刊行史料]

・井上秀「大樹の蔭」
・『対支回顧録』下巻「荒尾精君」の項
・ ──「陸実君」の項
・ ──「池辺吉太郎君」の項
・ ──「川上操六子」の項
・ ──「石川伍一君」の項
・ ──「花坂圓君」の項
・『宗方小太郎日記』

第二章「井上雅二の上海紀行」

[参考文献]

・大江志乃夫『日本の参謀本部』（中央公論社、1985 年）
・久保田文次『孫文・辛亥革命と日本人』（汲古書院、2011 年）
・小前亨『広岡浅子　明治日本を切り開いた女性実業家』（星海社、2015 年）
・高橋裕子『津田梅子の社会史』（玉川大学出版部、2002 年）
・沈国威「『時務報』の東文報訳と古城貞吉」（『アジア文化交流研究』第 4 号、2009 年）

・中村義編『白岩龍平日記 ── アジア主義実業家の生涯』(研文出版、1999 年)
・西岡淑雄「細川潤次郎について」(『英語史研究』第 23 号、1990 年)
・宮本又郎『商都大阪をつくった男・五代友厚』(ＮＨＫ出版、2015 年)
・吉田公平「鈴木無隠の『河井継之助言行録』について」(『東洋大学文学部紀要』第 59 集、2006 年)
・早稲田大学大学史編集所編『早稲田大学百年史』第 1 巻(早稲田大学、1978 年)

[未刊行史料]

・『井手三郎日記』
・『井上雅二日記』

[刊行史料]

・井上秀「大樹の蔭」
・『陸羯南書簡集』「陸羯南宛書簡」「天田愚庵より」10(1888 年 4 月 8 日)、同 16(1899 年 5 月 23 日)
・寒川鼠骨編『滴水禅師逸事』(政教社、1925 年)
・副島八十六「日記鈔 ── 一葉女子に関する記事抜粋 ── 」
・『対支回顧録』下巻「岡幸七郎君」の項
・田辺(伊藤)夏子「明治の思ひ出」(田辺夏子・三宅花圃『一葉の思ひ出《新修版》』)
・『内藤湖南全集』2「続涙珠唾珠」「榕陰雑記」
・『成瀬仁蔵著作集』1「女子教育」
・『成瀬仁蔵著作集』1「書簡」(1)「万寿枝夫人宛〈於米国〉」1891 年 2 月 14 日
・『成瀬仁蔵著作集』3「書簡」(2)「麻生正蔵宛」(4) 1896 年 9 月 8 日、同 (5) 1896 年 9 月 10 日
・『宗方小太郎日記』
・早稲田大学『会員名簿』

[定期刊行物　新聞]

1. 日本語(五十音順)

・『東亜学会雑誌』第 1 編第 4 号(1897 年 5 月 15 日)「清国時務報」
・ ── 第 1 編第 7 号(1896 年 8 月 16 日)陳白(高瀬武次郎訳)「東亜聯合要旨」
・『日本』1896 年 8 月 8 日「清国新開地の郵便局」
・ ── 1896 年 8 月 28 日「蘇州に於ける清国官吏の狂暴」

・『日本女子大学校学報』第 1 号（1903 年 7 月）広岡浅子「余と本校との関係を述べて生徒諸子に告ぐ」

2. 中国語（拼音 abc 順）

・『強学報』第 1 号（1896 年 1 月 12 日）「上海強学会章程」
・『時務報』第 1 冊（1896 年 8 月 9 日）「目録」

第三章「東京専門学校の日々」

[参考文献]

・加藤恭子「20 世紀初頭における、中国の女子学校教育の実施にむけた協力活動について ── 」（『お茶の水史学』第 57 号、2014 年）
・故下田校長先生伝記編纂所編『下田歌子先生伝』（故下田校長先生伝記編纂所、1943 年）
・広瀬玲子「明治中期の自立化構想 ── 稲垣満次郎における西欧とアジア ── 」（『史艸』第 38 号、1997 年）
・藤谷浩悦『戊戌政変の衝撃と日本 ── 日中聯盟論の模索と展開 ── 』第 4 章「日本の華僑の啓蒙運動と孔教 ── 横浜大同学校と神戸の東亜報館を中心に ── 」
・丸山三造編『大日本柔道史』（講道館、1939 年）
・山浦雄二「稲垣満次郎と環太平洋構想」（『立命館経済学』第 49 巻第 6 号、2001 年）

[未刊行史料]

・『井手三郎日記』
・『井上雅二日記』

[刊行史料]

・『近衛篤麿付属文書』白岩龍平「上海蘇州杭州間航運業実況及其拡張改良に関する請願具情書」1897 年 3 月 18 日
・『成瀬仁蔵著作集』1「書簡」(2)「白木（麻生）正蔵宛〈於米国〉」1891 年 2 月 6 日）
・『成瀬仁蔵著作集』3「書簡」(2)「麻生正蔵宛」(12) 1897 年 3 月 9 日、同 (13) 1897 年 3 月 13 日、同（14）1897 年 5 月 3 日
・『宮崎滔天全集』1「三十三年之夢」「興中会首領孫逸仙」

[定期刊行物　新聞]

・『亜東時報』第 1 号（1898 年 6 月 25 日）「発刊の辞」
・『女学雑誌』第 436 号（1897 年 2 月 25 日）「女子教育振起の現勢」
・── 第 443 号（1898 年 6 月 10 日）「大阪に於ける日本女子大学校設立発起会并に披露会」
・── 第 448 号（1898 年 8 月 25 日）成瀬仁蔵「日本女子大学校の組織并に大阪に設置するの理由」
・『日本』1896 年 11 月 2 日「荒尾精氏の死去」
・──　1896 年 11 月 2 日、鳥居素川「吁、荒尾精氏」
・『日本人』第 56 号（1897 年 12 月 5 日）、第 57 号（1897 年 12 月 20 日）時雨星「白山黒水漫遊雑感」
・『日本女子大学校学報』第 1 号（1903 年 7 月）広岡浅子「余と本校との関係を述べて生徒諸子に告ぐ」
・『読売新聞』1896 年 12 月 7 日「故荒尾精氏の葬儀」
・──　1897 年 3 月 16 日「帝国教育会講談会」
・『早稲田学報』第 1 号（1897 年 3 月 30 日）「同人会」
・── 第 2 号（1897 年 4 月 25 日）「春季大運動会」「同人会」

第四章「井上雅二と東亜会」

[参考文献]

1. 日本語（五十音順）

・朝日新聞社百年史編修委員会編『朝日新聞社史 “ 明治編 ”』（朝日新聞社、1990 年）
・伊藤泉美『横浜中華街 ── 開港から震災まで』（横浜開港資料館 1994 年、改訂版 1998 年）
・大谷正「忘れられたジャーナリスト・史論家・アジア主義者川崎紫山」（『専修史学』第 29 号、1998 年）
・── 『日清戦争 ── 近代日本初の対外戦争の実像』（中央公論社、2014 年）
・菅野正『清末日中関係史の研究』（汲古書院、2002 年）
・藤谷浩悦『戊戌政変の衝撃と日本 ── 日中聯盟論の模索と展開 ── 』第 4 章「日本の華僑の啓蒙運動と孔教 ── 横浜大同学校と神戸の東亜報館を中心に ── 」・第 5 章「戊戌変法の開始と東亜会 ── 井上雅二の中国遊歴を中心に ── 」

・八百谷晃義「清末変法運動期における学会の政治的活動」(『歴史学研究』第901号、2013年)

2．中国語（拼音abc順）
・邱濤・鄭匡民「戊戌政変前的日中結盟活動」(『近代史研究』2010年第1期、2010年)
・桑兵「“興亜会”与戊戌庚子間的中日民間結盟」(『近代史研究』2006年第3期、2006年)

[未刊行史料]
・『井手三郎日記』
・『井上雅二日記』
・日本外務省文書『新聞・雑誌雑纂』天津駐在領事鄭永昌より外務次官小村寿太郎あて「天津支那新聞国聞報ハ表面上本邦人西村博ヘ譲渡ノ手続ヲ為シ且ツ同人ノ名義ヲ以テ刊行ノ件ニ付報告」1898年3月31日
・―― 国聞報館館主西村博より外務次官小村寿太郎あて「国聞報引継始末」1898年7月14日
・―― 国聞報館西村博より天津駐在領事鄭永昌あて「国聞報補助金之義ニ付答申」1898年11月15日
・―― 天津駐在領事鄭永昌より外務次官都築馨六あて「漢字新聞国聞報補助金ノ件」1898年11月18日

[刊行史料]
1. 日本語（五十音順）
・『近衛篤麿日記』1898年8月24日の条、附属文書「乙未通告書」「乙未規約」
・『対支回顧録』「福本誠」の項
・『東亜先覚志士記伝』「香川悦次」の項
・―― 「瀧川具知」の項
・―― 「西村博」の項
・『成瀬仁蔵著作集』1「書簡」(1)「万寿枝夫人宛〈米国〉」1891年2月14日、同(3)「白木(麻生)正蔵宛〈於米国〉」1891年5月9日、同(9)「麻生正蔵宛〈女子大学設立運動に関するもの〉」1898年4月8日
・『宗方小太郎日記』
・『近衛篤麿日記』1898年8月24日の条、附属文書「乙未会通告書」「乙未会規約」

2. 中国語（拼音 abc 順）

・『蔡元培全集』2「日本森本丹芳『大東合邦論』閲後」（1898 年 9 月 8 日）
・陳霞騫（高第）校定『大東合邦論新義』（上海訳書局、1898 年）
・馮自由『革命逸史』1「横浜大同学校」
・『張謇日記』1898 年 4 月 27 日の条
・『鄭観応集』「亜細亜協会創辦大旨」

[定期刊行物　新聞]

1. 日本語（五十音順）

・『亜東時報』第 1 号（1898 年 6 月 25 日）「発刊の辞」
・『大阪朝日新聞』1898 年 4 月 10 日「小淘綾ものがたり（20）　天津来報」
・『時事新報』1898 年 6 月 23 日、西郡宗三郎「北京特報　六月六日　大東協助会」
・『時論』第 8 号（1898 年 8 月）「同文会の成立に就て」
・『女学雑誌』第 455 号（1897 年 12 月 10 日）「上海女学校設立の計画」
・ ── 第 464 号（1898 年 4 月 25 日）成瀬仁蔵「某女学校の卒業生に告ぐ」
・ ── 第 468 号（1898 年 7 月 25 日）「支那婦人の女学論」
・『時論』第 3 号（1898 年 5 月）康同薇「女学利弊の説」
・ ── 第 7 号（1898 年 6 月）「同文会報告」
・『太陽』第 4 巻第 7 号（1898 年 4 月 5 日）川崎紫山「北京政府と人心の傾向」
・ ── 第 4 巻第 21 号（1898 年 10 月 20 日）千山萬水楼主人「康有為氏との筆談」
・ ── 第 5 巻第 14 号（1899 年 6 月 20 日）質軒「清国政界の暗潮」
・『東京朝日新聞』1898 年 2 月 9 日、巌城生「暹羅通信（1 月 1 日）」
・ ──　1898 年 3 月 16 日、3 月 18 日、巌城生「暹羅通信（2 月 17 日）」
・ ──　1898 年 3 月 27 日、3 月 30 日「暹羅通信　日暹条約成る」
・ ──　2 月 13 日・2 月 14 日、靺鞨生「北京通信（1 月 12 日発）日清親交の気運」
・『東邦協会会報』第 45 号（1898 年 4 月 20 日）川崎紫山「北京及び天津に於る清国有志士人の意嚮＝日本に対する清国名士康有為氏一派感覚」（1898 年 3 月 21 日）
・ ── 第 46 号（1898 年 5 月 20 日）「中国革新策　清国広東南海　康有為述」「新入会員姓名」
・ ── 第 48 号（1898 年 7 月 20 日）「清国志士社会の苦心」
・『日本人』第 59 号（1898 年 1 月 20 日）福本誠「東大陸の為にフランク、

マソン的秘密結社を興す可し」
・── 第63号（1898年3月20日）佐藤宏「支那朝野の真相を説きて同国を改造するは日本人の責務なる所以を論ず」
・『報知新聞』1898年5月11日「各協会の無為」
・『早稲田学報』第3号（1897年5月25日）「日韓倶楽部」
── 第10号（1897年12月20日）「同人会」「同人会演説会」
── 第15号（1898年5月25日）「日韓倶楽部第十六回例会」
・早稲田学報臨時増刊第127号『第22回　早稲田大学校友会誌』

2. 中国語（拼音abc順）

・『東亜報』第1冊（1898年6月29日）表紙
・『国聞報』第185号（1898年5月7日）「擬保国会章程」「保国会事」
・── 第209号（1898年5月31日）「演説保国会開会大意」
・── 第228号（1898年6月19日）日本某君来稿「天津新創興亜会序」
・── 第311号（1898年7月25日）「論伊藤侯来遊関係亜洲大局」
・『時務報』第16冊（1897年1月3日）梁啓超「戒纏足会叙」
・── 第23冊（1897年4月12日）梁啓超「変法通議」「論学校六　女学」
・── 第45冊（1897年11月15日）梁啓超「倡説女学堂啓」
・── 第47冊（1897年12月4日）「上海新設中国女学堂章程」
・『湘報』第62号（1898年5月17日）「興亜有機」
・── 第65号（1898年5月20日）「論興亜義会」「東亜会簡明章程　即興亜義会」
・── 第69号（1898年6月6日）「興亜大会集議記」
・── 第85号（1898年6月13日）梁啓超等「呈請代奏査辦徳人毀壊聖像以伸公憤」
・『知新報』第51冊（1898年5月1日）「旅日本中華士商創興要事彙紀」
・── 第52冊（1898年5月11日）康同薇「女学利弊説」
・── 第54冊（1898年5月30日）「日本東京倡辦東亜会」

第五章「戊戌政変と日本の反応」

[参考文献]

1. 日本語（五十音順）

・高西賢正編『東本願寺上海開教六十年史』（東本願寺上海別院、1937年）
・藤谷浩悦『戊戌政変の衝撃と日本 ── 日中聯盟論の模索と展開 ── 』第5章「戊戌変法の開始と東亜会 ── 井上雅二の中国遊歴を中心に ── 」

・彭澤周『中国の近代化と明治維新』（同朋舎、1976 年）
・宮古文尋『清末政治史の再構成 ── 日清戦争から戊戌政変まで ── 』（汲古書院、2017 年）

2. 中国語（拼音 abc 順）

・房徳鄰「維新派“圍園”密謀考 ── 兼談《詭謀直紀》的史料価値」（『近代史研究』2001 年第 8 期、2001 年）
・孔祥吉・村田雄二郎「対畢永年《詭謀直紀》疑点的考察 ── 兼論小田切与張之洞之関係及其進呈《詭謀直紀》的動機」（『広東社会科学』2008 年第 2 期、2008 年）
・茅海建『戊戌変法史事考』（生活・読書・新知三聯書店、2005 年）

[未刊行史料]

・『井手三郎日記』
・『井上雅二日記』
・日本外務省文書『光緒二十四年政変』中島雄「清国ノ政変前後ニ於ケル見聞一班（明治 32 年 1 月清国北京公使館に於て）」
・ ── 臨時代理公使林権助より外務大臣大隈重信あて「梁啓超逃匿ノ件」1898 年 9 月 24 日
・ ── 天津駐在領事鄭永昌より外務次官鳩山和夫あて、機密第 15 号、1898 年 9 月 30 日
・ ── 清国駐在臨時代理公使林権助より外務大臣大隈重信あて「清国政変ニ関スル報告」1898 年 10 月 19 日
・ ── 梁啓超より外務大臣大隈重信あて「梁啓超君ヲ大隈伯ニ致シテ清皇ノ為メ救援ヲ乞フノ件」1898 年 10 月 26 日附記「志賀重昂ト梁啓超ノ筆談」

[刊行史料]

1. 日本語（五十音順）

・『伊藤博文関係文書』3、3-1「林権助」2（1898 年 8 月 9 日）、同 3（1898 年 9 月 3 日）、同 4（1898 年 9 月 6 日）
・ ──　8、78「梁啓超」（1898 年 9 月 27 日）
・『陸羯南書簡集』「陸羯南宛書簡」「犬養毅より」40（1898 年 10 月 18 日）
・『対支回顧録』「矢野文雄君」の項
・『東京朝日新聞編年史』（1898 年）「ドイツの膠州湾占領と支那分割」「北京特派員の日常（鞅掌日記抄）」

・『東京朝日新聞編年史』(1899年)「この頃の編集と業務の陣容」「『山陽新報』主筆から『東朝』へ」
・『宮崎滔天全集』2「亡友録」「田野橘次君」
・『宗方小太郎文書』「報告第40号　明治31年8月26日　上海にて」「人才登庸の勅詔」「北京内閣の近状」
・森槐南『浩蕩詩程』(鷗夢吟社、1899年)
・『早稲田学報』第16号(1898年6月25日)「ローレン、ジャクミン氏の演説」

2. 中国語(拼音abc順)

・『宮崎滔天全集』2「亡友録」「田野橘次君」
・『譚嗣同全集』「仁学」「自序」
・──「書簡」「致李潤」3(1898年8月27日)
・『宋恕集』胡珠生「宋恕年譜」
・『鄭孝胥日記』1898年9月5日の条

3. 英語

Richard, Timothy, *Forty-five Years in China.*

[定期刊行物　新聞]

1. 日本語(五十音順)

・『九州日報』1898年10月7日、来城小隠「上海特信(清国政変に就て)十月一日夜於清国上海」
・『神戸又新日報』1898年10月9日「伊藤侯同行者大岡育造氏談」
・──　1898年10月26日「康有為氏神戸に着す」
・『黒龍』第17号(1902年10月1日)まこと生「北京の旧夢」
・『山陽新報』1898年6月1日「上清国皇帝陛下書」
・──　1898年8月11日「伊藤侯に一策を呈す」
・『時事新報』1898年10月11日「清国留学生の着浜」
・『時論』第3号(1898年3月)康同薇「女学利弊の説」
・──第7号(1898年7月)雲鶴生「支那通信」
・『女学雑誌』第468号(1898年7月25日)「支那婦人の女学論」
・『太陽』第5巻第12号(1899年6月5日)小山松寿「芝罘に於ける日本人の今昔」
・『中央新聞』1898年10月13日「大島艦の回航」
・『東京朝日新聞』1898年9月11日「伊藤侯京城出発」(京城、9月2日)

- ── 1898 年 9 月 25 日「天津の伊藤侯」(9 月 11 日)
- ── 1898 年 10 月 3 日、鞅鞅生「北京に於ける伊藤侯」(9 月 14 日)
- ── 1898 年 10 月 8 日、10 月 9 日、10 月 10 日、鞅鞅生「北京の一大政変」(9 月 22 日)
- ── 1898 年 10 月 10 日、鞅鞅生「政変後の第一日」(9 月 23 日)
- ── 1898 年 10 月 10 日、鞅鞅生「北京に於ける伊藤侯〈其二〉」(9 月 23 日)
- ── 1898 年 10 月 12 日、鞅鞅生「政変後の第二日」(9 月 24 日)
- ── 1898 年 10 月 14 日、放浪生「上海通信」(10 月 7 日)
- ── 1898 年 10 月 14 日、10 月 15 日、10 月 16 日、鞅鞅生「政変彙報」(9 月 30 日)
- ── 1898 年 10 月 22 日、「政変日誌」
- ── 1898 年 11 月 12 日、「頭本元貞氏談片」
- 『東京日日新聞』1898 年 3 月 26 日「杭州蚕学館の創設」
- ── 1898 年 10 月 12 日「釈奠祭」
- ── 1898 年 10 月 13 日「横浜の釈奠祭」
- ── 1898 年 10 月 20 日「北京の暴民」
- 『日本』1898 年 10 月 13 日「大島艦の抜錨」(天津、10 月 11 日)
- 『日本人』第 63 号(1898 年 3 月 20 日)佐藤宏「支那朝野の真相を説きて同国を改造するは日本人の責なる所以を論ず」
- 『報知新聞』1898 年 10 月 9 日「康有為避難の詳報」
- ── 1898 年 10 月 26 日「康有為と河内丸」
- ── 1898 年 10 月 27 日「康有為来る」
- 『読売新聞』1898 年 8 月 4 日、時雨星「大陸嘯傲録」1(長崎、7 月 25 日)
- ── 1898 年 8 月 13 日、14 日、17 日、18 日、時雨星「大陸嘯傲録」2、3、4、5(上海、7 月 30 日)
- ── 1898 年 8 月 26 日、時雨星「大陸嘯傲録」6(杭州、8 月 5 日)
- ── 1898 年 9 月 4 日、時雨星「大陸嘯傲録」7(杭州、8 月 12 日)
- ── 1898 年 9 月 6 日、8 日、9 日、時雨星「大陸嘯傲録」7、8、9(上海、8 月 21 日)
- ── 1898 年 9 月 18 日、19 日、時雨星「大陸嘯傲録」10、11(長江、8 月 27 日)
- ── 1898 年 9 月 20 日、21 日、時雨星「大陸嘯傲録」12、13(漢口、8 月 31 日)
- ── 1898 年 9 月 23 日、時雨星「大陸嘯傲録」14(天津、9 月 12 日)
- ── 1898 年 9 月 28 日、29 日、時雨星「大陸嘯傲録」15、16(北京、9 月 13 日)

・―― 1898年9月30日、10月1日、5日、時雨星「大陸嘯傲録」17、18、19（北京、9月14日）
・―― 1898年10月9日、10日、11日、12日、時雨星「大陸嘯傲録」20、21、22、23（北京、9月30日）
・―― 1898年10月13日、15日、18日、19日、時雨星「大陸嘯傲録」24、25、26、27（北京、9月23日）
・―― 1898年10月31日、11月1日、時雨星「伊藤侯と康南海の会見」1、2

2. 中国語（拼音abc順）

・『申報』1898年10月1日「八月十六日出口船礼拝六」
・『湘報』第43号（1898年4月25日）唐才常「公法学会叙」

第六章「日本亡命者の処遇問題」

[参考文献]

・趙景達「危機に立つ大韓帝国」（『岩波講座　東アジア近現代通史第2巻　日露戦争と韓国併合　19世紀末 ―― 1900年代』岩波書店、2010年）
・月脚達彦『朝鮮開化思想とナショナリズム ―― 近代朝鮮の形成 ―― 』（東京大学出版会、2009年）
・藤谷浩悦『戊戌政変の衝撃と日本 ―― 日中聯盟論の模索と展開 ―― 』第6章「康有為の日本亡命と東亜同文会 ―― 戊戌政変に対する対応を中心に ―― 」
・山本茂樹『近衛篤麿 ―― その明治国家観とアジア観 ―― 』（ミネルヴァ書房、2001年）

[未刊行史料]

・『井手三郎日記』
・『井上雅二日記』
・日本外務省文書『革命党関係』神奈川県知事浅田徳則より外務大臣大隈重信あて、秘甲740号、1898年10月13日
・―― 兵庫県知事大森鍾一より外務大臣大隈重信あて、1898年10月18日
・―― 神奈川県知事浅田徳則より外務大臣青木周蔵あて「清国人ニ関スル件」1898年11月16日
・―― 警視総監大浦兼武より外務大臣青木周蔵あて「平山周香港ニ出発ノ報」1898年11月28日
・―― 乙秘第922号「楢原陳政ト清国亡命者梁啓超トノ対話」1898年12月23日

・日本外務省文書『東文訳書ノ件』上海駐在総領事代理小田切萬寿之助より外務大臣青木周蔵あて、公信第 383 号、1899 年 12 月 30 日

[刊行史料]

1. 日本語（五十音順）

・『大隈重信文書』1、134-29「犬養毅書翰」1899 年 2 月 27 日
・『近衛篤麿日記』1898 年 12 月 31 日の条、附属書簡「白岩龍平」1898 年 12 月 25 日
・『近衛篤麿付属文書』白岩龍平「同文会設立趣旨書」
・ ── 「白岩龍平（2）」1898 年 10 月 16 日
・佐藤宏『支那新論』（東邦協会、1898 年）
・『成瀬仁蔵著作集』1「書簡」(12)「麻生正蔵宛〈女子大学設立運動に関する件〉」1899 年 7 月 15 日
・『宮崎滔天全集』5「香港通信」1（香港、1898 年 9 月 29 日）
・ ── 「書簡」「宗方小太郎・中西正樹宛」1898 年 9 月 31 日
・『宗方小太郎文書』「〔号外〕第 3 回　明治 31 年 10 月 31 日」「各地方の動静」
・『矢野龍渓資料集』清国駐在特命全権公使矢野文雄より外務大臣青木周蔵あて「清国皇帝并ニ皇太后両陛下ニ謁見顛末具申之件」1898 年 11 月 11 日
・『山縣有朋関係文書』1「伊藤博文」17（1899 年 2 月 12 日）

2. 中国語（拼音 abc 順）

・梁啓超『戊戌政変記』第 6 篇「殉難六烈士伝」「譚嗣同伝」
・『覚迷要録』巻 4「梁啓超与康有為書其七」
・「悟庵先生成仁録」「己亥文稿（改正范氏日記并批答）」
・ ── 「致黄奕叟書一」1898 年 8 月 12 日
・『自立会史料集』徐珂「自立会」

[定期刊行物　新聞]

1. 日本語（五十音順）

・『大阪朝日新聞』1898 年 10 月 21 日「両広叛乱の声援」
・『大阪毎日新聞』1898 年 10 月 22 日「日支協和会」
・ ──　1898 年 10 月 19 日「△△子筆談　附譚嗣同の訣別書」
・ ──　1898 年 11 月 3 日「日清協和会の総集会」
・『九州日報』1898 年 10 月 6 日、来城小隠「上海特信〈清国政変に就て〉」（上海、9 月 29 日）

・── 1898年10月7日、来城小隠「上海特信〈清国政変に就て〉」（上海、10月1日）
・── 1899年2月17日、18日、19日、古研生「清国通信」1-3
・『神戸又新日報』1898年10月9日「伊藤侯同行者大岡育造氏談」
・── 1898年10月13日「亡命韓人の着発」
・── 1898年10月27日「朝鮮独立協会示威運動」（京城、10月25日）
・『黒龍』第16号（1902年9月1日）まこと生「湖南の曾游」
・『時事新報』1897年3月14日「南京町」（1）
・『支那』第25編第2号（1934年）井上雅二「胡霞山公と東亜同文会の誕生まで（東亜会側より見たる）」
・『女学雑誌』第448号（1897年8月25日）成瀬仁蔵「日本女子大学校の組織并に大坂に設置する理由」
・──第472号（1898年9月25日）桜井鷗村「高等女学校の教育を論ず」
・──第473号（1898年10月10日）「当今女学の短所」
・『時論』第7号（1898年7月）「同文会報告」
・『東亜時論』第1号（1898年12月）「東亜同文会主意書」
・──第3号（1899年1月10日）井上雅二「清国遷都論」
・──第4号（1899年1月25日）井深彦三郎「北京政府政変後に於ける当局者之系統種別」
・──第8号（1899年3月25日）平山周「湖南地方視察一斑」
・『東京朝日新聞』1898年10月4日「清国政変と東亜会」
・── 1898年10月13日「孔子降臨祭」
・── 1898年10月16日「譚嗣同の訣別書」
・── 1898年11月5日「東亜同文会大会」
・── 1898年12月12日「伊藤侯の演説」
・『日本』1898年10月15日「清国政変記《其裏面及表面の真相》」（乾）
・『日本人』第126号（1900年11月5日）井上雅二「唐才常を憶ふ」
・──第128号（1900年12月5日）福本誠「佐藤宏君伝」
・『婦女新聞』第4号（1900年6月4日）「女学校」
・『毎日新聞』1898年10月22日、10月23日、10月25日「新来珍客の筆談」
・『横浜貿易新聞』1898年10月15日「徐勤氏と社員の対話」
・『早稲田学報』第21号（1898年11月25日）「同人会例会」
・──第22号（1898年12月28日）「同人会大演説会」「同人会忘年会」
・──第24号（1899年2月25日）「早稲田記事（明治32年調）」「横浜校友会」

2. 中国語（拼音 abc 順）

- 『国聞報』第 370 号（1898 年 11 月 8 日）「寓日華人崇祀孔子」
- 『清議報』第 23 冊（1899 年 8 月 6 日）「東京高等大同学校公啓」
- 『強学報』第 1 号（1896 年 1 月 12 日）表紙
- 『知新報』第 67 冊（1898 年 10 月 6 日）徐勤「横浜闔埠華人倡祀孔子公拝啓」

第七章「井上雅二と上海改革派」

[参考文献]

- 藤谷浩悦『戊戌政変の衝撃と日本 ── 日中聯盟論の模索と展開 ── 』第 7 章「湖南改革派と会党工作 ── 畢永年『詭謀直紀』を中心に ── 」
- 上村希美雄「興漢会の結成をめぐって ── 旧対陽館所蔵史料を中心に ── 」（『辛亥革命研究』第 5 号、1985 年）
- 徐興慶「『両広独立』をめぐる中日交渉史 ── 劉学詢と関連して ── 」（『孫文研究』第 34 号、2003 年）
- 翟新『東亜同文会と中国 ── 近代日本における対外理念とその実践 ── 』（慶応大学出版会、2001 年）

[未刊行史料]

- 『井手三郎日記』
- 『井上雅二日記』
- 日本外務省文書『光緒二十四年政変』清国駐在特命全権公使矢野文雄より外務大臣青木周蔵あて、第 237 号、1898 年 12 月 9 日発
- ── 清国駐在特命全権公使矢野文雄より外務大臣青木周蔵あて、機密第 14 号信「康有為ノ事ニ関シ清国政府ニ対シ注意ヲ促スノ件」1899 年 2 月 4 日
- ── 上海駐在総領事代理小田切萬寿之助より外務次官都筑馨六あて「清議報ニ関シ湖広総督張之洞ヨリ来電ノ件」1899 年 4 月 7 日
- ── バンクーバー駐在領事清水精三郎より外務秘書官三橋信方あて「康有為動静消息ノ件」1899 年 9 月 11 日
- ── 神奈川県知事浅田徳則より外務大臣青木周蔵あて、秘甲第 518 号、1899 年 10 月 25 日
- 日本外務省文書『革命党関係』警視庁「清国刺客渡来ノ風説」1899 年 1 月 21 日
- ── 神奈川県知事浅田徳則より外務大臣青木周蔵あて「清国亡命人ニ関スル報告」1899 年 3 月 8 日
- ── 警視総監大浦兼武報告「清国亡命者孫逸仙梁啓超ヲ訪フ」1899 年 5 月

2日
- ── 警視総監大浦兼武より外務大臣青木周蔵あて「清国亡命者梁啓超ニ付テ」1899年6月15日
- ── 神奈川県知事浅田徳則より外務大臣青木周蔵あて「康有為ニ関スル件」1899年10月28日
- ── 秘甲第523号、1899年12月26日
- 日本外務省文書『来派使節来朝』「清国派遣密使渡航後ノ状況」1899年7月31日

[刊行史料]

1. 日本語（五十音順）

- 井上雅二『支那論』（東亜同文会、1930年）
- 『内田良平自伝』24「西比利亜再渡航と実業練習生」
- 『近衛篤麿日記』1899年10月1日の条、附属書簡「森井国雄」（1899年9月30日）
- ──　1899年9月1日の条、附属書簡「白岩龍平」（1899年7月12日）
- ──　1899年11月24日の条、附属書簡「井手三郎」（1899年11月22日）
- ──　1899年12月2日の条、附属文書「南京同文学堂設立意見書」（佐藤正、1899年11月）
- 『対支回顧録』「福島安正君」の項
- 田野橘治『最新支那革命運動』第1章「哥老会巨魁唐才常」第2「唐才常将挙事時之日本人」
- 『内藤湖南全集』2「禹域鴻爪記」
- 『成瀬仁蔵著作集』2「書簡」(2)「麻生〈白木〉正蔵宛」(8) 1899年5月25日
- 平山周『支那革命党』第5章「革命党」
- 『宮崎滔天全集』2「亡友録」「畢永年君」
- 『宗方小太郎文書』「号外第4回　明治31年11月19日　文廷式及文式楷」
- ──「報告第41号　明治32年5月26日　小田切領事と密約」

2. 中国語（拼音abc順）

- 『大清徳宗景皇帝実録』1898年11月22日の条
- 馮自由『革命逸史』2「康門十三太保与革命党」
- 『宋恕集』巻九「詩詞」「題井上雅二《支那論》」1900年

[定期刊行物　新聞]

1. 日本語（五十音順）

・『大阪朝日新聞』1900 年 3 月 2 日、西村天囚「金陵漫録」（2 月 8 日）
・ ── 1900 年 4 月 21 日、西村天囚「金陵雑録」
・『九州日報』1899 年 2 月 21 日「支那の内乱に就て」
・『女学雑誌』第 479 号（1899 年 1 月 10 日）「女学生に対する悪口」
──第 482 号（1899 年 2 月 25 日）「時報」「学事」
・『東亜時論』第 26 号（1899 年 12 月 25 日）松岡好一「広東通信」（11 月 28 日）
・ ──第 26 号（1899 年 12 月 25 日）佐々木四方志「南京通信」（12 月 4 日）
・『日本』1899 年 11 月 11 日、12 月 6 日、12 月 9 日、平原君「滬上通信」（11 月 11 日）、同（11 月 27 日）、同（12 月 2 日）
・ ── 1899 年 11 月 19 日、平原君「蘇州に於ける近衛公」（11 月 11 日）
・ ── 1899 年 12 月 4 日、12 月 5 日、平原君「蘇杭航路」（11 月 25 日）
・ ── 1899 年 12 月 11 日、平原君「滬上茶話」（11 月 28 日）
・ ── 1899 年 12 月 22 日、平原君「上海通信」
・ ── 1899 年 12 月 23 日、平原君「滬上通信」
・ ── 1899 年 12 月 30 日「逐客康南海」
・東本願寺出版部『宗報』第 3 号（1898 年 12 月 15 日）「海外教報」
・ ──第 4 号（1899 年 1 月 15 日）「海外教報」
・ ──第 5 号（1899 年 4 月 18 日）「海外教報」
・『読売新聞』1898 年 10 月 9 日、10 日、11 日、12 日、時雨星「大陸嘯傲録」20、21、22、23（北京、9 月 30 日）

2. 中国語（拼音 abc 順）

・『清議報』第 23 冊（1899 年 8 月 6 日）「東京高等大同学校公啓」
・ ──第 25 冊（1899 年 8 月 26 日）「東京高等大同学校章程」
・ ──第 69 冊（1901 年 1 月 11 日）「漢変烈士事略」「林錫圭」

第八章「唐才常の自立軍蜂起」

[参考文献]

1. 日本語（五十音順）

・小林一美『義和団戦争と明治国家』（汲古書院、1986 年）
・津田塾大学 100 年史編纂委員会編『津田塾大学 100 年史』（津田塾大学、2003 年）
・狭間直樹「劉学詢と孫文の関係についての一考察」（『孫文研究』第 38 号、

2005年）
・藤谷浩悦『戊戌政変の衝撃と日本 ── 日中聯盟論の模索と展開 ── 』第8章「清朝政府の日中聯盟論の波及 ── 劉学詢と慶寛の日本派遣を中心に ── 」
・持田洋平「康有為のシンガポール滞在（1900年）とその華人社会への影響に関する考察」（『史学』第87巻第1・2号、2017年）
・山崎孝子『津田梅子』（吉川弘文館、1962年）

2. 中国語（拼音abc順）

・戴海斌「庚子年張之洞対日関係的若干側面 ── 兼論所謂張之洞的“帝王夢”」（『学術月刊』第42編第11号、2010年）
・陳宇翔『譚嗣同唐才常与維新運動』（湖南大学出版社、2012年）
・桑兵『庚子勤王与晩清政局』（北京大学出版社、2004年）

[未刊行史料]

・『井手三郎日記』
・『井上雅二日記』
・日本外務省文書『光緒二十四年』沙市駐在領事二口美久より外務大臣青木周蔵あて、機密第1号、1900年4月23日
・── シンガポール領事館事務代理外務書記生越智交五郎より外務大臣青木周蔵にあて「宮崎寅蔵外一名当地追放ニ関スル報告」1900年7月21日
・日本外務省文書『東文訳書ノ件』上海駐在総領事代理小田切萬寿之助より外務大臣青木周蔵あて、公信第383号、1899年12月30日
・日本外務省文書『革命党関係』上海駐在領事代理小田切萬寿之助より外務大臣青木周蔵あて「孫文ニ関スル報告」1900年9月5日
・── 神奈川県知事浅田徳則より外務大臣青木周蔵あて、秘甲第212号、1900年6月10日
・── 警視総監大浦兼武より外務大臣青木周蔵あて「清国亡命者送別会」1900年6月7日
・── 神奈川県知事浅田徳則より外務大臣青木周蔵あて、秘甲第203号、1900年6月6日
・── 兵庫県知事大森鍾一より外務大臣青木周蔵あて、兵発第300号、1900年6月10日
・── 長崎県知事服部一三より外務大臣青木周蔵あて「内田甲、南清地方ヨリ帰ル」1900年7月19日
・── 兵庫県知事大森鍾一より外務大臣青木周蔵あて、兵発秘甲第410号、

1900年7月25日
・── 神奈川県知事周布公平より外務大臣青木周蔵あて、秘甲第308号、1900年8月10日
・── 福岡県知事深野一三より外務省青木周蔵あて「孫逸仙計画ニ関スル件」1900年9月21日
・── 警視総監大浦兼武より外務大臣青木周蔵あて、甲秘第80号、1900年4月24日
・日本外務省文書『義和団関係一件』「清官ノ甲斐靖捕縛一件」漢口駐在領事瀬川浅之進より外務大臣青木周蔵あて、機密第三七号附属「尋問調書」1900年8月27日
・── 上海駐在領事代理小田切萬寿之助より外務大臣青木周蔵あて「沿江各省ニ於ケル富有票匪及自立会匪竝ニ之ニ協力セル甲斐靖ノ活動ニ付報告ノ件」1900年8月28日

[刊行史料]

1. 日本語（五十音順）

・『内田良平自伝』34「狐狸の欺ひ合ひ」、同39「香港太守の南清独立計画」
・『近衛篤麿日記』1900年2月1日の条、附属文書「清帝廃立に係る伏報」（東亜同文会本部、1900年2月1日）
・── 1900年6月19日の条、附属書簡「佐藤宏」添付「別紙」1900年6月18日
・── 1900年8月14日の条、附属書簡「堀内文次郎」年月日不詳
・── 1900年8月17日の条、附属書簡「白岩龍平」1900年8月11日
・── 1900年9月7日の条、附属文書「唐才常惨殺の模様、附甲斐少尉の無事」（岡幸七郎、8月24日）
・『対支回顧録』「柏原文太郎君」の項
・── 「安永東之助君」の項
・田野橘治『最新支那革命運動』第1章「哥老会巨魁唐才常」第3章「唐才常之運動」1「三万元の軍用金」
・『成瀬仁蔵著作集』2「書簡」（2）「麻生（白木）正蔵宛」（13）1899年10月、同（17）1900年5月22日、同（18）1900年6月3日
・『宗方小太郎文書』「報告第51号　明治33年3月13日」「立嗣後の形勢」

2. 中国語（拼音abc順）

・『蔡元培日記』1900年3月30日の条

・『大清徳宗景皇帝実録』1899 年 12 月 20 日の条
・ ── 1900 年 1 月 25 日の条
・『経元善集』「上総署転奏電稟」1900 年 1 月 26 日
・『自立会史料集』孫宝銓「日益斎日記」1900 年 7 月 26 日、7 月 29 日の条
・ ── 徐珂「自立会」
・ ── 張篁渓輯「戊戌政変后継之富有票党会」
・ ── 古哀洲后死者（林紹先）輯・趙必振増補「自立会人物考」
・『義和団』1、惲毓鼎撰「崇陵伝信録」

［定期刊行物　新聞］

1. 日本語（五十音順）

・『大阪朝日新聞』1898 年 6 月 10 日、草月生「上海近信　六月四日　改革の気運」
・『女学雑誌』第 511 号（1900 年 7 月 25 日）「女子大学校」
・『太陽』第 6 巻第 9 号、野口寧齊「文廷式芸閣氏」
・『東亜時論』第 19 号（1899 年 9 月 10 日）「北京廷と亡命者」
・『東亜同文会報告』第 8 回（1900 年 6 月 25 日）井上雅二「義和団後報」
・ ── 第 8 回（1900 年 6 月 25 日）井上雅二「清国に於ける新聞事業」
・ ── 第 10 回（1900 年 9 月 1 日）井上雅二「上海通信」
・ ── 第 11 回（1900 年 10 月 1 日）井上雅二「維新党の失敗と其将来〈八月廿九日〉」
・ ── 第 11 回（1900 年 10 月 1 日）岡幸七郎「唐才常惨殺の模様　附甲斐少尉の無事〈八月廿四日〉」
・ ── 第 11 回（1900 年 10 月 1 日）井上雅二「明の劉基か霊机隠語」
・ ── 第 12 回（1900 年 10 月 25 日）岡幸七郎「漢江（口）通信」4「漢口地方に於ける唐派残党の逆〔虐〕殺（九月廿四日）」
・ ── 第 13 回（1900 年 11 月 30 日）原口聞一「三合会の性質及其現状（十月廿九日）」
・ ── 第 13 回（1900 年 11 月 30 日）松岡好一「康孫両党ノ近情」
・ ── 第 14 回（1900 年 12 月 24 日）井上雅二「畿内、山陽、四国及静岡」
・『東京朝日新聞』1900 年 8 月 29 日、8 月 30 日、村井啓太郎（筑紫二郎）「北京籠城日記」1、2（8 月 21 日）
・ ── 1900 年 9 月 17 日、村井啓太郎「籠城中の陸戦隊、義勇隊」（8 月 27 日）
・ ── 1900 年 9 月 20 日「筑紫二郎君慰労宴」
・『日本』1900 年 1 月 5 日「清国正気会」
・ ── 1900 年 2 月 8 日、平原君「嗣統要聞」（2 月 1 日）

・── 1900年2月24日、平原君「滬上通信」(2月17日)
・── 1900年3月10日、平原君「滬上短信」(3月3日)
・── 1900年4月22日、4月23日、5月2日、5月3日、5月4日、5月6日、時雨星「杭蘇紀遊」1、2、3、4、5、6
・── 1900年5月11日、13日、平原君「滬上飛言」(4月22日)、同(5月5日)
・── 1900年5月18日、平原君「滬上通信」(5月12日)
・── 1900年5月26日、6月1日、6月7日、6月10日、平原君「滬上飛言」(5月19日)、同(5月23日)、同(6月1日)、同(6月5日)
・── 1900年6月8日、平原君「滬上飛信」3(6月2日)
・── 1900年6月22日、平原君「団匪乱耗」4(6月16日)
・── 1900年7月15日、8月3日、平原君「滬上通信」(7月9日)、同(7月28日)
・── 1900年7月20日、7月21日、7月22日、7月23日、7月24日、7月25日、平原君「清国朝野の人物〈草沢風雲の気をトす〉」1、2、3、4、5、6
・── 1900年9月4日「漢口の惨劇事《唐才常一味の惨死》」
・── 1900年9月9日「革命党の布檄」
・── 1900年10月5日、平原君「上海通信」(9月27日)
・『日本人』第126号(1900年11月5日)時雨生「唐才常を憶ふ」
・『婦女新聞』第5号(1900年6月11日)「女学校」
・──第33号(1900年12月15日)、第34号(1901年1月1日)、第35号(1月8日)、第36号(1月14日)、第37号(1月21日)「成瀬仁蔵先生《女子大学談》」1、2、3、4、5

2. 中国語(拼音abc順)

・『同文滬報』1900年7月27日「照録康有為書」、同7月28日「続録康有為書」

第九章「欧州留学と女子大学校」

[参考文献]

・稲野強「牧野伸顕と日露戦争(1)──彼の反黄禍論活動を中心に──」、同「牧野伸顕と日露戦争(2)──オーストリアの新聞から見た戦争世論──」(『群馬県立女子大学紀要』第8号、第10号、1988年、1990年)
・片山慶隆『小村寿太郎──近代日本外交の体現者──』(中央公論新社、2011年)

・茶谷誠一『牧野伸顕』（吉川弘文館、2013年）
・津田塾大学100年史編纂委員会編『津田塾大学100年史』（津田塾大学、2003年）

[未刊行史料]

・『井手三郎日記』
・『井上雅二日記』
・日本外務省文書『革命党関係』長崎県知事服部一三より外務大臣加藤高明あて、高秘第420号「清国人及東亜同文会員来崎の件」1900年10月23日
・── 神奈川県知事周布公平より外務大臣加藤高明あて、秘甲第467号、1900年11月5日
・── 長崎県知事荒川義太郎より外務大臣加藤高明あて、高秘第494号「清国人に関する件」1900年12月11日
・── 兵庫県知事服部一三より外務大臣加藤高明あて、兵秘第159号「外国人来往」1901年3月15日

[刊行史料]

1. 日本語（五十音順）

・『幕末明治海外渡航者総覧』
・『牧野回顧録』二「『ウィーン』在勤」

2. 中国語（拼音abc順）

・『蔡元培全集』1「愛国学社章程」1902年11月
・『大清徳宗景皇帝実録』1901年1月29日の条
・孫宝瑄『忘山盧日記』1901年3月24日の条
・楊天石・王家庄編『拒俄運動　1901—1905』第1編「1901年」「記張園会議電争俄約事」「紀第二次紳商集議拒俄約事」
・王世儒編『蔡元培日記』

[定期刊行物　新聞]

・『大阪毎日新聞』1901年9月7日、時雨星「維也納通信」（6月28日）
・──　1901年9月26日、9月28日、時雨星「維也納通信」1、2（8月14日）
・──　1901年10月8日、10月11日、時雨星「維也納通信」1、2（8月18日）
・──　1901年11月19日、11月20日、11月21日、1901年11月24日、時雨星「下江七百哩記」1、2、3、4

・── 1901 年 12 月 20 日、12 月 28 日、12 月 31 日、1902 年 1 月 17 日、時雨星「維也納通信」(11 月 9 日)、同(11 月 13 日)、同(10 月 20 日)、同(12 月 7 日)
・── 1901 年 12 月 23 日、12 月 24 日、12 月 27 日、時雨星「維也納通信」1、2、3(10 月 26 日)
・── 1902 年 1 月 8 日、1 月 10 日、時雨星「墺匈国老帝の話」1、2(11 月 26 日)
『東亜同文会報告』第 13 回(1900 年 11 月)「会報」「支那留学生募集遊説」
・── 第 14 回(1900 年 12 月)「会報」「南京同文書院留学生募集遊説の結果」「遊説員各府県巡回報告」
・── 第 19 回(1901 年 5 月)「南京同文書院職員及学生の出発」
・── 第 20 回(1901 年 6 月)「南清漫遊途上に於ける長岡子爵よりの書翰」「上海に於ける南京同文書院の開業式」
・── 第 21 回(1901 年 8 月 1 日)井上雅二「康有為の善後処分意見」
・── 第 25 回(1901 年 12 月 1 日)井上雅二「墺都通信」1(8 月 31 日)、同 2(9 月 11 日)
・『東京朝日新聞』1901 年 4 月 20 日「女子大学開校式」
・『東洋』第 2 巻第 4 号(1901 年 11 月)井上雅二「匈加利一瞥」
・『日本』1901 年 7 月 5 日、7 月 7 日、平原生「仏陀の霊場に遊ぶ」1、2(6 月 3 日)
・── 1901 年 8 月 5 日、平原生「錫蘭の過去と現在」
・── 1901 年 8 月 11 日、平原君「墺都通信」(7 月 5 日)
・── 1901 年 9 月 9 日、9 月 10 日、9 月 12 日、平原「バルカンに於ける墺露の角逐《墺露協商恃むに足らず》」1、2、3(6 月 28 日)
・── 1901 年 9 月 24 日、平原君「華元帥の帰朝」(8 月 14 日)
・── 1901 年 9 月 25 日、10 月 4 日、平原君「小亜細亜鉄道《独露の嫉視》」1、2(8 月 12 日)
・── 1901 年 9 月 28 日、平原君「帰朝後の華元帥」(8 月 17 日)
・── 1901 年 10 月 6 日、10 月 7 日、平原君「露帝の仏独行〈之に関する欧洲輿論〉」1、2(8 月 31 日)
・── 1901 年 10 月 11 日、平原君「露墺と馬耳幹《半島の危機迫る》」
・── 1901 年 10 月 18 日、10 月 28 日、平原生「墺都通信〈独帝と惇親王の会見〉」1、2(9 月 10 日)
・── 1901 年 11 月 12 日、平原君「墺都通信〈トルストイ伯の奇論〉」(10 月 4 日)

・―― 1901年12月15日、平原君「墺国国会」(10月29日)
・―― 1901年12月22日「無辺と墺国博士の経済論」
・『日本人』第141号(1901年6月5日)、第142号(1901年6月20日)井上雅二「新嘉坡便り」1、2
・『日本女子大学校学報』第1号(1903年7月)「校報」「校内記事」「開校式」
・『婦女新聞』第58号(1901年6月17日)森井生「清国の少女傑」
・『読売新聞』1901年4月21日「女子大学校開校式」
・―― 1901年10月10日・10月11日、10月12日、10月13日「東京に於ける女子教育　日本女子大学校」1、2、3、4

第一〇章「井上雅二と中央アジア」

[参考文献]

・鈴木智夫『近代中国と西洋国際社会』(汲古書院、2007年)
・加藤雅彦編『ドナウ河紀行 ―― 東欧・中欧の歴史と文化 ―― 』(岩波書店、1991年)
・金子民雄『西域　探検の世紀』(岩波書店、2002年)
・白須淨眞『大谷探検隊とその時代』(勉誠出版、2002年)
・井上精三『川上音二郎の生涯』(葦書房、1985年)
・熊達雲『近代中国官民の日本視察』(山梨学院大学社会科学研究所、1998年)

[未刊行史料]

・『井上雅二日記』

[刊行史料]

1. 日本語(五十音順)

・『東京朝日新聞編年史』(1899年)「論説の陣容と主な論説」「英帝の戴冠式への特派」
・『東京朝日新聞編年史』(1902年)「英帝戴冠式に村井啓太郎特派」
・井上雅二『中央亜細亜旅行記』
・鎌田栄吉『欧州漫遊記』第5章「独逸記」
・近衛篤麿日記刊行会編『近衛篤麿日記』1902年2月15日の条、附属書簡「佐々友房」(1902年2月13日)
・―― 1902年2月16日の条、附属切抜「国民同盟会の祝賀会」
・―― 1902年2月20日の条、附属書簡「白鳥庫吉」(1902年1月1日)
・―― 1902年6月10日の条、附属書簡「白鳥庫吉」(1902年5月4日)

- —— 1902年9月11日の条、附属書簡「伊集院彦吉」(1902年8月8日)
- —— 1902年10月8日の条、附属書簡「白鳥庫吉」(1902年8月30日)
- —— 1902年12月1日の条、附属書簡「白鳥庫吉」(1902年10月30日)
- 『北京誌』第15章「清国教育制度及北京の官公立私学校」第七節「外国人の設立に係る学校」
- 『夏目漱石書簡集』中野重一あて「大著述の構想」(1902年3月15日)
- 『成瀬仁蔵著作集』3「書簡」(16)「井上秀宛」(7) 1902年7月24日

2. 中国語(拼音abc順)

- 郭立志編『桐城呉先生年譜』光緒28年(1902年)の条
- 武安隆・劉玉敏点注『厳修東遊日記』

[定期刊行物 新聞]

- 『教海一瀾』第46号(1899年6月11日)武田篤初「支那布教」
- —— 第137号(1902年7月25日)「清国呉汝綸氏の来山」
- 『中外日報』(東京) 1902年6月27日「呉汝綸氏と大谷派本願寺」
- 『東亜同文会報告』第26回(1902年1月8日)井上雅二「英国外交論の変調〈英露協商説の崛起〉」(11月8日)
- —— 第26回(1902年1月8日)井上雅二「満、蒙に関する露清間の秘密交渉に就て」(1月16日)
- —— 第27回(1902年2月1日)井上雅二「墺都通信」(12月8日)
- —— 第28回(1902年3月1日)井上雅二「満州に蒙古に関する露清間の秘密交渉〈事義和団蜂起以前に在り〉」(1月8日)
- —— 第30回(1902年5月1日)柏原文太郎「南清及南洋地方視察談」
- —— 第31回(1902年6月1日)井上雅二「墺都通信」(4月13日)
- —— 第33回(1902年8月1日)井上雅二「日英同盟に対する欧大陸の反響」
- —— 第33回(1902年8月1日)、第35回(10月1日)、井上雅二「墺都短信」(6月10日)、同(8月14日)
- —— 第36回(1902年11月1日)井上雅二「南露通信〈九月八日午前裏海の東岸クラスノボドスク港にて〉」
- —— 第37回(1902年12月1日)井上雅二「海外通信〈十月八日アララット山麓エチミヤヂンなる『アルメニア』教大本山僧堂にて〉」
- 『東京朝日新聞』1902年8月2日、8月3日、筑紫二郎「戴冠式停止後の倫敦」1、2
- 『日本』1902年5月28日、平原君「墺都通信〈露国内相暗殺の詳報〉」(4

月 20 日）
・── 1902 年 6 月 6 日、平原君「維也納に於ける暹国太子」（4 月 30 日）
・── 1902 年 6 月 24 日「清儒呉汝綸」
・── 1902 年 7 月 6 日「呉汝綸氏請待会」
・── 1902 年 7 月 8 日、7 月 9 日、平原君「墺都の基督聖体祭《行列の奇観》」（5 月 31 日）

第一一章「井上雅二の帰国と再活動」

[参考文献]

・青木なを『安井てつ伝』（岩波書店、1949 年）
・石井米雄・吉川利治『日・タイ交流 600 年史』（講談社、1987 年）
・榎一雄「中山久四郎博士の業績」（『東洋文庫』第 6 号、1974 年）
・長田彰文『世界史の中の日韓関係』（慶應義塾大学出版会、2013 年）
・柿崎一郎『物語　タイの歴史 ── 微笑みの国の真実 ── 』（中央公論新社、2007 年）
・趙景達『近代朝鮮と日本』（岩波書店、2012 年）
・東京女子高等師範学校編『東京女子高等師範学校六十年史』（1934 年、第一書房再版 1981 年）
・村嶋英治「タイ華僑社会における中国ナショナリズムの起源」（『岩波講座　東アジア近現代通史第 2 巻　日露戦争と日韓併合　19 世紀末─1900 年代』岩波書店、2010 年）
・山口武「『シャム』滞在時代の安井女史に就て」（青山なを編『安井てつ先生追想録』安井てつ先生記念出版刊行会、1966 年）
・山辺健太郎『日韓併合小史』（岩波書店、1966 年）
・吉川利治「『アジア主義』者のタイ国進出 ── 明治中期の一局面 ── 」（『東南アジア研究』第 16 巻第 1 号、1978 年）
・和田博文・真鍋正宏・西村将洋・宮内淳子・和田桂子『言語都市・ベルリン』（藤原書店、2006 年）

[未刊行史料]

・『井手三郎日記』
・『井上雅二日記』

[刊行史料]

・『小川平吉日記』

・鎌田栄吉『欧米漫遊雑記』第5章「独逸国」
・『近衛篤麿日記』1903年3月12日の条、附属書簡「近衛文麿」（1903年3月10日）
・―― 1903年1月25日の条、附属書簡「柏原文太郎」（1903年1月3日）
・『対支回顧録』「伊集院俊」の項
・『続対支回顧録』「柏原文太郎」の項、附属書簡「稲垣満次郎」
・『東京朝日新聞編年史』（1903年）「須藤南翠日記（抄）」1902年9月29日の条
・『内藤湖南全集』6「旅行記」「禹域鴻爪後記（清国再游記要）」
・『成瀬仁蔵著作集』3「書簡」（16）「井上秀宛」（7）1902年7月24日
・『夏目漱石書簡集』高浜虚子あて「子規追悼」（1902年12月1日）
・『宗方小太郎日記』

[定期刊行物　新聞]

1. 日本語（五十音順）

・『東亜同文会報告』第41回（1903年4月1日）「本会記事」「近衛会長の全快」
・――第43回（1903年6月1日）「本会記事」「春季大会」
・――第45回（1903年8月10日）、第47回（1903年10月10日）井上雅二「近東及極東旅行談〈於東亜研究会〉」1、2
・――第49回（1903年12月1日）「本会記事」「井上成田両遊説員」
・『東京朝日新聞』1902年10月21日、筑紫二郎「莫斯科より」（9月13日）
・―― 1902年10月22日、筑紫二郎「タイガ駅より」（9月21日）
・―― 1902年10月29日、筑紫二郎「彼得堡より」（9月7日）
・―― 1902年11月1日、11月7日、11月19日、筑紫二郎「西伯利亜鉄道旅行」1、6、17
・―― 1903年7月8日「清国名門の来朝」
・―― 1903年7月31日「日露開戦の風評」
・―― 1903年9月11日「対露同志九州大会」「対露同志記者会」
・―― 1903年9月15日「対露同志会委員の首相訪問」
・―― 1903年9月18日「対露同志東北大会」
・『日本』1903年6月24日「満洲問題と大学七博士の意見書」
・―― 1903年8月10日「対外硬同志大会《対露同志会の成立》」
・―― 1903年8月11日「対露同志会」
・―― 1903年10月6日「対露同志会大会」
・―― 1904年1月3日「近衛公の薨去」

・── 1904年1月7日「近衛公の葬儀」
・『日本人』第192号(1903年8月5日)時雨星「満洲の時局とマセドニヤ問題」
・『日本女子大学校学報』第2号（1903年12月22日）井上秀「夏期休業中吾等が試みたる家庭の生活」
・『婦女新聞』第168号（1903年7月27日)・第171号（1903年8月17日）「暹羅のはなし（稲垣暹羅公使夫人談話)」
・──第178号（1903年10月5日)・第179号（1903年10月12日）河原操子「支那女学校務本女学堂」
・『読売新聞』1902年10月23日・10月24日・10月26日「女子教育諸大家の談話〈女学生の堕落問題に就て〉〈其三〉女子大学校長成瀬仁蔵氏」6、7、8
・── 1902年12月19日「昨日の暹羅皇太子」「日暹協会設立の成案」
・── 1902年12月26日「御退京後の暹国皇太子殿下」
・── 1903年4月18日「暹羅と日本及各国〈新帰朝者稲垣暹羅公使談〉」
・── 1903年5月24日「暹羅留学生の着京」
・『早稲田学報』第89号（1903年8月27日）稲垣満次郎「暹羅事情」

2. 中国語（拼音abc順）

・『湖北学生界』第4期（1903年4月27日）「留学紀録」「学生軍縁起」
・──第5期（1903年5月27日)「留学紀録」「軍国民教育会之組織」

結論

[参考文献]

・杉山正明『ユーラシアの東西 ── 中東・アフガニスタン・中国・ロシアそして日本 ── 』(日本経済新聞出版社、2010年)
・高崎宗司『植民地朝鮮の日本人』(岩波書店、2002年)
・木村光彦『日本統治下の朝鮮 ── 統計と実証研究は何を語るか』(中央公論新社、2018年)

[刊行史料]

・井上秀「大樹の蔭」
・井上雅二『剣掃録』
・『日韓キリスト教資料』四「新人」皓天生「韓国伝道の将来」(1907年11月)

[定期刊行物　新聞]

・『国民新聞』1904年4月14日、時雨星「漢城別信　四月五日」

― 1904 年 4 月 23 日、時雨星「漢城別信　四月十五日」
― 1904 年 4 月 28 日、時雨星「漢城別信　四月十八日」
― 1904 年 5 月 7 日、時雨星「漢城別信　四月二十七日」
― 1904 年 5 月 24 日、時雨星「鴨緑江北より　五月十一日」
― 1904 年 5 月 25 日、時雨星「鴨緑江北より（二）　五月十四日」
― 1904 年 6 月 6 日、時雨星「義州より（一）　五月十七日」
― 1904 年 6 月 7 日、時雨星「義州より（二）　五月十七日」
― 1904 年 6 月 7 日、時雨星「平壌より　五月廿五日」
― 1904 年 6 月 13 日、時雨星「漢城別信　六月四日」
― 1904 年 6 月 21 日、時雨星「漢城別信　六月九日」
・『家庭週報』第 4 巻第 147 号（1908 年 6 月 13 日）井上秀「米国だより第一信」
― 第 5 巻第 150 号（1908 年 7 月 11 日）井上秀子「米国だより第二信」
― 第 5 巻第 153 号（1908 年 8 月 8 日）井上秀子「米国だより第三信」
― 第 5 巻第 154 号（1908 年 8 月 15 日）井上秀子「米国だより第四信」
― 第 5 巻第 155 号（1908 年 8 月 29 日）井上秀子「米国だより第五信」
― 第 5 巻第 160 号（1908 年 10 月 10 日）井上秀子「米国にて試みたる天幕生活　米国だより（第六信）」
― 第 5 巻第 171 号（1909 年 1 月 1 日）井上秀子「米国女子教育の偉観（第七信）」
― 第 5 巻第 172 号（1909 年 1 月 9 日）井上秀子「米国進歩の一原因（第八信）」
― 第 5 巻第 179 号（1909 年 3 月 13 日）井上秀子「ワシントンに於ける家政学会に列る（米国だより第九信）」
・『支那』第 20 号（1934 年）「東方齋先生の追憶 ― 霞山会館に於ける座談会速記」